Friedrich Karl Fulda

Sammlung und Abstammung Germanischer Wurzelwörter

Friedrich Karl Fulda

Sammlung und Abstammung Germanischer Wurzelwörter

ISBN/EAN: 9783741184710

Hergestellt in Europa, USA, Kanada, Australien, Japan

Cover: Foto ©Andreas Hilbeck / pixelio.de

Manufactured and distributed by brebook publishing software (www.brebook.com)

Friedrich Karl Fulda

Sammlung und Abstammung Germanischer Wurzelwörter

Sammlung
und
Abstammung
Germanischer Wurzel-Wörter,

nach der Reihe menschlicher Begriffe,
zum Erweis der Tabelle,
die der Preisschrift
über
die zwen Hauptdialecte der Teutschen Sprache
angefügt worden ist,
von dem Verfasser derselbigen.

Herausgegeben
von
Johann Georg Meusel,
Fürstl. Quedlinburgischem Hofrath, und ordentlichem Professor der Geschichte zu Erfurt.

HALLE,
bey Johann Justinus Gebauers Wittwe und Johann Jacob Gebauer, 1776.

Zueignung
an die
Königliche Akademie der Wissenschaften in Göttingen.

Dieses Wurzelwörterbuch ist eine Belege derienigen Schrift, welche zu bekrönen der erlauchten königlichen Akademie der Wissenschaften gütigst gefällig gewesen ist.

Es ist eine würkliche, und über den ganzen Germanischen Sprachschaz verbreitete Ausführung der Säze, die in iener kurzen Abhandlung teils nur mit einer bestimmten kleinen Anzal von Beispielen belegt, teils auch nur schlechtweg hingestreut worden sind. Dieses konnte nur gelten bei der begrenzten Frage über die zwen Hauptdialekte der Teutschen Sprache; nur gelten bei der Absicht, eine gemeingermanische Sprachlehre zu stellen, da eine Sprachlehre ein Wörterbuch als bekand voraussezen darf; nur gelten vor richtenden Kennern; nicht aber bei andern gleichsam als aufs blose Wort, so zuversichtlich es auch gesprochen war; nicht vor der sämtlichen Gemeinde der gelehrten Republik, welche gröstenteils erst in der Warheit dieser Säze zu unterrichten ist.

Es ist eine der Früchte, welche die erlauchte königliche Akademie der Wissenschaften zur grosmüthigen Absicht gehabt hat, das Studium unserer Muttersprache aus ihren Quellen rege zu machen; und dieses Studium der gleichgültigen oder verachtenden Unkunde einer-, und den blos philosophierenden Wortforschungen und zügellosen Rudbekianismen anderseits entgegen zu sezen.

Und nun bittet dieses Wurzelwörterbuch um Erlaubnis, diesen seinen Absichten noch eine wesentliche hinzufügen zu dörfen. Es sei, (wie es ist,) ein öffentliches Zeugnis der Dankbarkeit und Ehrfurcht gegen die erlauchte königliche Akademie, und der lebhaftesten Wünsche für den in Aeonen steigenden Ruhm dieses schäzbaren Kleinods der Grosbrittannischen Krone, aus dem Herzen des Verfassers, der es für die gröste Ehre seines Lebens hält, sich nennen zu können

dieser erlauchten Königlichen Akademie der Wissenschaften

bemerkten vollkommensten Verehrer

M. Frid. Carl Fulda.

Verzeichnis der Subscribenten.

Der Herzog von Sachsen-Weimar und Eisenach.

Herr Abel, Professor bey der Herzoglichen Würtembergischen Militair-Akademie auf der Solitüde.
, Rath Adelung in Leipzig.
, M. Aller in Curland.
, Aschoff, Candidat der Rechte zu Halle im Magdeburgischen.
, Georg Ambrosy Ambach von Grünfelden, Churfürstlicher Bayerscher Rath und Leib-Apotheker in München.
, Andre, Edler von Mersi.
, Anton, Magister in Leipzig.
, Johann Bajer, Registrator des Wald-Amts St. Sebaldi in Nürnberg.
, Baumgärtner, Fürstl. Brandenb. Rath und Sekretar in Anspach.
, von Behr auf Kapseden.
, Beitler, Professor in Mitau.
, Benno, Abbt des Klosters Benedikbaiern.
, Berger und Boedner, Buchhändler in Weimar, auf 2 Exemplare.
, Bergsträsser, Rektor und Professor der Weltweisheit zu Hanau.
, von Beroldingen, Domherr zu Speyer und Hildesheim.
, Christian August Bertram, Candidat der Rechte in Berlin.
, Beseke, Professor in Mitau.
, von Beulwitz, Fürstl. Schwarzburg-Rudolstädtischer Oberforstmeister in Rudolstadt.
, Beuttel, Würtembergischer Geheime-Kabinets-Sekretar.
, M. Biberstein, Pfarrer zu Oefingen im Würtembergischen.
Die Bibliothek des in holländischen Diensten stehenden S. Gothaischen Regiments.
, Bibliothek des Waysenhauses zu Halle im Magdeburgischen.
, K. K. Bibliothek zu Inspruck.
, Akademische Bibliothek zu Mitau.
, Bibliothek des Königl. Preuß. Mitzlaffischen Dragoner-Regiments zu Sagan.
, Herzogl. Consistorial-Raths-Bibliothek zu Würtemberg.
Herr Biedermann, der Rechte Doktor in Leipzig.
, M. Binder, Pfarrer zu Oberstatt im Würtembergischen.
, Buchhalter Bießing zu Stuttgart.
, Böck, Professor zu Tübingen.
, Bürgermeister Böttcher in Bernburg.

Herr Boje, Stabssekretar in Hannover.
- Joh. Christian Bothe, Königl. Dänischer Ober-Gerichts-Advokat in Altona.
- Joh. Gottfried Brecht, Concentor an der grossen Stadt-Schule zu Stargard in Pommern.
- Joh. Christoph Bremer, Candidat der Gottesgelahrheit in Magdeburg.
- von Brenkenhoff, Königl. Preuß. Fähnrich bey dem Mitzlaffischen Dragoner-Regiment zu Sagan in Nieder-Schlesien.
- Regierungs-Advokat Brumbey in Bernburg.
- Oberconsistorial-Rath Büsching in Berlin.
- Burkhard, Hofmeister in Anspach.
- Conspruck, Medicus zu Vayhingen an der Enz.

Das Kaiserl. privilegirte Adreß-Zeitungs-Contoir in Hamburg auf 6 Exemplare.

Herr Joseph des H. R. R. Graf von Coreth rc. K. K. Kämmerer und Oberösterreichischer Gubernial-Rath, zu Inspruck.
- D. Culemann, Hofrath in Bernburg.
- Freyherr von Dalberg, Statthalter in Erfurt.
- Hofrath Deinet in Frankfurt am Mayn, auf 2 Exemplare.
- Subrektor Dittmar in Potsdam.
- Doden in Aurich.
- Heinrich Ludewig Domeier, Pastor Primarius zu Nortorff im Hollsteinischen.
- Eck, Professor in Leipzig.
- von Eckardt, Sr. Churfürstl. Gnaden zu Maynz Weyhbischoff in Erfurt.
- Heinr. von Egen zu Inspruck, auf 2 Exemplare.
- Professor Ehlers in Altona.
- von Einsiedel, Herzogl. Sachsen-Gothaischer Geheimer-Rath und Kammerpräsident in Altenburg.
- Eisenhart, Hofrath in Helmstädt.
- Consistorial-Rath Endemann in Hanau.
- Leonh. Ludw. Engels, Hofrath und Landgerichts-Advokat zu Hanau.
- Franz, des H. R. R. Graf von Enzenberg rc. K. K. Kämmerer und Oberösterreichischer Gubernial-Rath zu Inspruck.
- Ettinger, Buchhändler in Gotha, auf 2 Exemplare.
- Fischer, Collega Paedagogii Regii zu Halle im Magdeburgischen.
- M. Fischhaber, Diakonus zu Göppingen im Würtenbergischen.
- von Frankenberg, Hofmarschall in Gotha.
- von Freudenthal, Königl. Churfürstl. Braunschweig. und Lüneburgischer Zollverwalter zu Rethal an der Ale.

Die Freymäurer-Bibliothek in Mitau.

Herr Gadebusch, Justiz-Bürgermeister zu Dorpat in Liefland.
- Gäte, Candidat der Gottesgelahrheit zu Halle im Magdeburgischen.
- Obrist von Gall in Hanau.

Herr

Herr Hofrath Gese in Cöthen.
Die Herzogliche deutsche Gesellschaft zu Helmstädt.
Herr Baron von Gemmingen, Würtembergischer wirklicher Geheimer-Rath und Regierungs-Raths-Präsident.
= Pastor Girgelberger in Gernrode.
= Friedrich Adolph von Glauburg, R. Kaiserl. würklicher Rath, Aelter-Bürgermeister ꝛc. in Frankfurt am Mayn.
= Gmelin, Professor im Würtembergischen Kloster Blaubeuren.
= Goelz, Würtembergischer Regierungs-Rath und Oberamtmann zu Hornberg.
= D. und Professor Gruner in Jena.
= Joh. Heinrich Häßlein, Tetzelischer Stiftungs-Registrator in Nürnberg.
= M. Hasenmeier, Pfarrer zu Freudenthal im Würtembergischen.
= Haug, Professor am Gymnasio zu Stuttgart.
= Hehl, Stadtschreiber in Tübingen.
= Heidegger vom rothen Thurm, in Zürich.
= Nicol. Adam Heiden, Waldschreiber des Waldes St. Laurentii in Nürnberg.
= Heinzmann, Würtemberg. Hofrath.
= Justus Christian Hennings, Cob. Meining. Hofrath und Professor in Jena.
= Christoph Friedrich Herholdt, Pastor zu Dubena und Wersken in Curland.
= Heß, Diakonus zu Zürich.
= Heynatz, Rektor zu Frankfurt an der Oder.
= Hofrath Heyne in Göttingen.
= Hinz, Buchhändler in Mitau, auf 6 Exemplare.
= Hirsch, Consistorialrath zu Heilbronn.
= Hochstetter, Würtembergischer Regierungs-Rath und Geheimer Sekretar.
= Regierungs-Assessor Hofmann in Rödelheim.
= Joh. Hold, Bürger und Handelsmann zu Inspruck.
= Hopf, Amtsschreiber zu Lorch.
= Hügell, der Gottesgelahrtheit Beflissener aus Halberstadt.
= Superintendent Huhn in Mitau.
= Jäger in Mitau.
= von Irwing, Oberconsistorial-Rath in Berlin.
= Philipp Jacob Kamerer, Oberösterreichischer Gubernial-Expeditor zu Inspruck.
= Paul Andreas Katterfeld, Schol. Laurent. Collega in Nürnberg, auf 10 Exemplare.
= von Kayserling, Kanzler und Geheimer-Rath in Mitau, auf 2 Exemplare.
= Oberhauptmann von Kayserling, Erbherr auf Junkenhof in Curland.
= Baron von Kesteliz, Fürstl. lobkowitzischer Lands-Hauptmann in Sagan.
= M. Kinderling, Diaconus zu Kalbe.
Der Herzogliche Kirchen-Rath zu Würtemberg.
Herr Geheime-Rath von Kleist.
= Collaborator Kleffel in Halberstadt.

Herr

Herr M. Klemm, Diaconus zu Bahlingen im Würtembergischen.
= Hofmarschall von Klopmann in Mitau, auf 2 Exemplare.
= Consistorial-Rath Klüpfel in Gotha.
= Professor König zu Halle im Magdeburgischen.
= Joh. Franz Kohlbrenner, Churbayerscher wirklicher Hoffammer- und Commerzien-Rath, verschiedener gelehrten Gesellschaften wirkliches Mitglied, auf 3 Exemplare.
= Kahle, Pastor in Orstede.
= Koppe, Buchhändler in Rostock, auf 4 Exemplare.
= Professor Koppe in Göttingen.
= Kammerherr von Korff, auf Preculn in Curland.
= Johann Heinrich Kranz, der Rechte Beflissener, aus Quedlinburg.
= Arnold Krieger zu Lengerich in der Graffschaft Tecklenburg, auf 6 Exemplare.
= Kübler, Professor im Würtembergischen Kloster Blaubeuren.
= Kuhn, Modist in Urach.
= Professor Kulencamp in Göttingen.
= Kurz, Hofmeister bey dem Herrn Platzmajor Kretschmar in Nienburg.
= Maximilian Graf von Lamberg zu Landshuth in Bayern.
= Professor Lambert in Berlin.
= von Landsee, in der Würtemberg. Militair-Akademie.
Die Hochlöbl. Landstände zu Würtemberg.
Herr M. Lang, Informator bey den Würtembergischen Prinzen zu Mömpelgard.
= Laue aus Halle im Magdeburgischen.
= Lavater, Diaconus in Zürich.
= Doctor Lehmann in Frankfurt am Mayn.
= Johann Georg Leuchs, Gegenschreiber des Nürnbergischen Land-Almos-Amts in Nürnberg.
= Lindner, Hofmeister bey dem Herrn von Korff in Curland.
= J. L. Loseken, Syndicus bey dem adelichen Kloster Preetz in Hollstein.
= Lüder, Amtmann zu Herzberg im Hannöverschen.
= Gerichts-Amtmann Maas in Bernburg.
= Mack, Collaborator zu Winnenden im Würtembergischen.
= von Madeweis, Königl. Preuß. Legations-Sekretair in Stuttgart.
= Märcklin, Diaconus in Tübingen.
= Majer, Special-Superintendent zu Bietigheim im Würtembergischen.
= M. Martini, Pfarrer zu Kerkhofen in der Churbayerschen Graffschaft Wolfstein.
= von Massenbach, in der Herzogl. Würtembergischen Militair-Akademie.
= von Massow, Königl. Preuß. Fähnrich bey dem Mitschefalschen Dragoner-Regiment zu Sagan in Nieder-Schlesien.
= Canonicus, Franz von Mayrle, Tyrol. Landmann.
Frau Agnes Elisabeth, Kammerherrin von Medem, gebohrne Brucken, genannt Fock, in Mitau.

Herr

Herr Johann Joseph Menz von Schönfeld, K. K. Oberösterreichischer Commerzien-Rath, auch Münz- und Salzamts-Director zu Halle.
- Peter Menz von Schönfeld, Doctor der Arzneykunde und Krais-Physicus zu Botzen.
- Michael Meyer, Officiales des Nürnbergischen Land-Almosen-Amts zu Nürnberg, auf 2 Exemplare.
- Pfarrer Meyer zu Waldau vor Bernburg.
- Peter von Modesti in Triest.
- Möller, Professor in Greifswalde.
- Professor Müller in Genf.
- Christian Gottlieb Müller, Gegenschreiber des Nürnbergischen Stadt-Almosen-Amts in Nürnberg.
- Freyherr von Münchhausen, Königl. Preuß. Geh. Rath und Justiz-Minister in Berlin.
- Studiosus Mylius.
- N. zu Halle im Magdeburgischen.
- M. Joh. Nast, Lehrer am Herzoglichen Gymnasium in Stuttgart.
- M. Joh. Jacob Henrich Nast, Professor bey der Herzogl. Militair-Akademie in Stuttgart.
- Regierungs-Auscult. Nettelbeck in Bernburg.
- Niemeyer, Candidat der Gottesgelahrheit zu Halle im Magdeburgischen.
- D. Johann August Nösselt, Prof. Theol. Ordin. zu Halle im Magdeburgischen.
- Rektor Nonne in Lippstadt.
- von Normann, auf der Sollräde, Würtembergischer Kammerjunker.
- Carl Christoph Oelhafen von Schöllenbach, Oberamtmann des Nürnbergischen Reichs-Waldes St. Sebaldi.
- Rud. Aug. Oelrichs, Königl. Hofrath und Kämmerer der Königlichen Residenzien zu Berlin.
- Regierungs-Registrator Päßler in Bernburg.
- von Pannewitz, Königl. Preuß. Lieutenant und Adjutant bey dem Michlaffschen Dragoner-Regiment zu Sagan in Nieder-Schlesien.
- Lieutenant Paschen in Minden.
- Franz von Paula, Hauptmann, Gerichts-Oberschreiber in Aybling.
- Prinzenhofmeister Pauli in Ballenstädt.
- Pauli, der Weltweisheit Beflißner in Tübingen.
- A. F. Pauli, Studiosus im Maulbronner Kloster.
- Ernst Ludwig Pauli, Fürstl. Anhalt. Consistorialrath, Oberhofprediger und Superintendent, wie auch erster Prediger bey der Hofkirche zu Bernburg.
- Joh. Ulr. Pauli, Doctor in Hamburg, auf 8 Exemplare.
- Christoph Gottfried Peller von Schoppershof, Zoll- und Waag-Amtmann in Nürnberg.
- Landsyndicus Pistorius in Neubrandenburg, auf 3 Exemplare.

Herr Ploucquet, Professor in Tübingen.
- Oberkammerherr von Pöllnitz zu Ansbach.
- Maximilian Pontifeser, Oberösterreichischer Gubernial-Concipist, Mitglied der Akademie der schönen Wissenschaften zu Roveredo in Inspruck.
- Joh. Primisser, K. K. Schloß-Hauptmann zu Onras.
- Canzleyrath Raison in Mitau.
- Raskovius, Pastor zu Wirzau in Curland.

Frau Kammerherrin von Reck aus Neuenburg in Curland.

Herr Reichard, Herzogl. Unterbibliothekar und Direktor der Herzogl. Schauspielergesellschaft in Gotha.
- Canzlist Reinwald in Meiningen.
- Reiz, Professor in Leipzig.
- Joh. Mich. Riß, Oberösterreichischer Gubernial-Canzelist zu Inspruck.
- Ant. Leop. Roschmann, Oberösterreichischer Gubernial-Aktuarius zu Inspruck.
- Kaßian Roschmann, Oberösterreichischer Archivarius, Kameral-Schatz-Registrator und des K. K. Damenstifts Sekretar zu Inspruck.
- Hof- und Regierungs-Rath Rose in Ansbach.
- Pastor Rosenberger in Mitau.
- M. Roth, Präceptor zu Vayhingen an der Enz.
- Regierungs-Auscult. Rothardt in Bernburg.
- Rüling, Canzley-Auditor in Hannover.
- Pastor Ruprecht in Curland.
- Ruß, Regierungs-Rath in Wunsiedel.
- Johann Ludwig Anton Rust, Fürstl. Anhalt-Bernburgischer Gesamt-Archivar, wie auch Bibliothekar in Bernburg.
- Doctor Schäffer in Regensburg.
- Johann Gottfried Peter Schaumann, der Gottesgelahrtheit Beflissener, aus der Altemark.
- Scherf, Doctor der Arzneykunde in Ilmenau.
- Schirach, Professor der Philosophie zu Helmstädt.
- Schlegel, Rektor zu Heilbronn.
- Schlegel, Rektor in Riga.
- Johann Schmoldte Johann Sohn zu Kirchosten in der Teichreche im Bremischen.
- Schmidt genannt Phiseldeck, Professor in Braunschweig.
- Schmidt, Schloßküster in Hannover.
- Hofrath Schmidlin in Hamburg.
- Schütz, Professor zu Halle im Magdeburgischen.
- Jos. Edler von Senger, Sekretar bey dem Herrn Gubernial-Präsident Grafen von Heister, zu Inspruck.
- Seybold, Professor und Rektor in Grünstadt.
- Candidat Sleevogt in Curland.

Herr

Herr Smid, Advokat in Emden.
„ Hofrath Spiegel in Bernburg.
„ Regierungs-Rath und Geheimer-Archivarius Spies in Culmbach.
„ Spittler, Magister zu Tübingen.
Der Stadtmagistrat zu Stuttgart.
Herr Starke, Collaborator Scholae und Candidatus Sc. Ministerii zu Bernburg.
„ Lic. Joh. Leonh. Staudner, Reichs-Stadt-Nürnbergischer Consulent und Assessor bey dem Stadt- und Ehe-Gericht in Nürnberg.
„ Stein zu Frankfurt am Mayn.
„ Baron von Steinecker, Königl. Preuß. Lieutenant bey dem Mitzlaffschen Dragoner-Regiment zu Sagan in Nieder-Schlesien.
„ Buchhändler Strauß in Frankfurt an der Oder, auf 2 Exemplare.
„ Joh. Philipp Strobel, Handlungs-Bedienter bey Herrn Georg Niclas von Merz in Nürnberg.
„ Mich. Philipp Strobel, Waldschreiber des Reichs-Waldes St. Sebaldi in Nürnberg.
„ Johann Stuve, Candidat der Gottesgelahrheit aus Lippstadt in Westphalen.
„ Professor Sulzer in Berlin.
„ von Sydow, Königl. Preuß. Lieutenant bey dem Mitzlaffschen Dragoner-Regiment zu Sagan in Nieder-Schlesien.
„ Hof-Gerichts-Advokat Tetsch in Mitau.
„ Theller, Königl. Preuß. Auditeur bey dem Mitzlaffschen Dragoner-Regiment zu Sagan in Nieder-Schlesien.
„ Advokat Tiede in Mitau.
„ M. Samuel Tiefensee, der Schule, wie auch des illüstren Gröningischen Gymnasiums Rektor und Königlicher Professor zu Stargard,
„ Tiling, Ober-Hof-Commissar in Hannover.
„ Professor Tilling in Mitau.
„ Theodor Heinrich Graf Topor Morawitzky, Churbayerscher Kämmerer und Revisions-Rath in München.
„ Toze, Herzogl. Mecklenburgischer Justiz-Rath und ordentlicher Lehrer der Geschichte und des Staats-Rechtes auf der Universität Bützow, auf 6 Exemplare.
„ Caspar Ignaz Graf von Trapp, K. K. Kämmerer, Oberösterreichischer Regierungs-Rath, auch Ehren-Mitglied der Akademie der schönen Wissenschaften zu Roveredo.
„ M. Tritschler, Pfarrer in der Reichsstadt Eßlingen.
„ Carl Friedrich Trost, Königl. Preuß. Ucker-Märkischer Kriegs- und Steuer-Rath zu Neustadt-Eberswalde.
„ Kammerherr von Türk zu Ansbach.
„ Uhland, Professor in Tübingen.
„ Ungleich, Professor in Mainz.
Die Universitäts-Bibliothek zu Tübingen.
Herr Ursinus zu Halle im Magdeburgischen.

Herr Vischer, der Weltweisheit Beflißner zu Tübingen, auf 2 Exemplare.
- Johann Burkhard Volkamer von Kirchensittenbach auf Rasch, Ober-Amtmann des Reichs-Waldes St. laurentii, auf 3 Exemplare.
- Volz, Rektor Gymn. zu Stuttgart, und Pädagogiarch der lat. Schulen in Würtemberg.
- M. Wagenmann in Tübingen.
- Walde, Inspektor und Pastor Primarius in Jauer.
- Jos. Christ. von Walpach zu Schwanenfeld, K. K. Salz-Amts-Registrators-Adjunkt zu Halle.
- Warburg, Arzt bey dem Jüdischen lazareth in Breslau.
- Professor Watson in Mitau.
- Pastor Wehrdt zu Bahldohn in Mitau.
- Weidner, Königl. Preuß. Feldprediger bey dem Mitzlaffschen Dragoner-Regiment zu Sagan in Nieder-Schlesien.
- Wels, der Sohn, Kaiserl. Reichs-Postmeister in Erlangen.
- Heinrich ludewig Werkmeister, Königl. Churfürstl. Oberappellations-Rath zu Celle.
- Doctor Wichmann in Curland.
- von Wider, Regierungs-Rath und Hof-Kammer-Junker in Sondershausen.
- Hofrath Wieland in Weimar.
- Wirz, reformirter Pfarrer zu Wattenberg im Würtembergischen.
- Pastor Witt in Curland.
- Wittekopf, der Gottesgelahrheit Beflissener zu Helmstädt, gebürtig aus Braunschweig.
- Johann Heinrich von Wüstenfeld, öffentlicher lehrer der Polizey-Commerz- und Finanz-Wissenschaften.
- Benedict Wilhelm Zahn, Registrator des Nürnberg. landsteuer-Amts in Nürnberg.
- Hofrath Zapf in Augsburg.

Einleitung.

Es ist der Preisschrift, von den beiden Hauptdialekten der Teutschen Sprache, eine grose Tabelle beigefügt worden, um das ganze System vom Ursprung der Wurzeln und ihren Grundbedeutungen; von ihrer Ausbreitung in die Aeste der untergeordneten Begriffe, und ihren Verwandschaften unter sich; wie auch die allgemeine Verbindung ihrer aller untereinander, samt ihrer Natur und Eigenschaften, und Abänderungen, dem Auge des Forschers zu einem gemeinen und ungeteilten Blick ins Grose, und über das Ganze, mit einenmal darzustellen.

Die Absicht und der Ort war nicht, auch hinderte der grose Umfang, dieselbe, auch nur zur Nothdurft, zu erklären, noch vielmehr, sie gehörig auszuführen; und der germanischen (d. i. der, den hierzu gehörenden Völkern gemeinen) Sprachlehre, zugleich ihr gemeinschaftliches Wurzelwörterbuch mit beizufügen.

Der Verfasser hatte in einem engen Raum unendlich viel zu sagen; und enthielt sich sorgfältig, sogar in seinem Fach der gemeinen Sprachlehre, sich ins kleine und einzele der Regeln seiner lebenden Muttersprache, und ieder andern alten oder neuen Mundart, herabzulassen. Wie wäre es ihm möglich, oder verzeihlich, gewesen, in eine Art eines Wörterbüchleins auszuschweifen, welches keinen Zwek erfüllt haben würde?

Eine Sprachlehre sezt natürlicher Weise ein volles Wörterbuch voraus; oder sie hört auf zu sein, wann sie ihre Regeln nicht aus allen einzelen Fällen abgezogen, sondern nur bald hie, bald da flüchtige Einfälle gethan, und eilfertige und im ganzen unbedeutende Plünderungen begangen hat.

Die Auswal und Ordnung der Beispiele ieder Art durch die ganze Preisschrift kan schon den Nachdenker überzeugen, und die Zuversicht, mit welcher so manche Regeln auch ganz ohne Beispiel gegeben worden, denselben denken, wenigstens hoffen machen, daß bei Verfertigung der wenigen Bogen die gehörige Masse einzeler Fälle gesammelt, und in Ordnung vorhanden gewesen, und iede Behauptung aus einer reifen Uebersicht des Ganzen geflossen sei.

Nur der Mangel des nöthigen Zutrauens sezte den Verfasser dem Vorwurf zweifelhafter, warscheinlicher, willkürlicher Säze aus. Er wollte sich aber lieber in Gefar begeben, ob er

Zutrauen finden würde, oder nicht, als durch Beispiele, das ist, Unzulänglichkeiten, Verdacht erwecken, als wann ihn diese wenigen bewogen hätten, eine allgemeine Regel draus zu schnitzen. Und er hat in der That das Seine so lang nur halb gethan, bis er seine Säze alle durch den ganzen weitläufigen Sprachschaz hindurch zum Ueberfluß beweiset, oder durch sein ganzes Wurzelwörterbuch iedermann, dem daran gelegen ist, und der zur Beurteilung desselben Muse, Nachdenken und Unvoreingenommenheit genug hat, zur Ueberzeugung bringt.

Die Arbeit zerfällt in zwo Hauptabsichten.

Er mus die Allgemeinheit der Wurzeln durchs Germanische darlegen, mithin also zeigen, daß seine Wurzelwörter in dem grosen germanischen Reich, durch alle Völker und Zungen derselben, echte, bekande, gangbare, gewichtige Ware seien. Und

Er mus die Modificationen dieser Wurzeln, oder die Regeln alle, die er ihnen zugeeignet hat, durch alle Wurzeln und Stämme der ganzen germanischen Sprache führen.

Germanien hat hier einen andern Umfang, als vormals bei den Römern, die diesen Namen über die Einwoner in Teutschland und Scandinavien gezogen, viele Slavische Völker ienseit der Oder darunter begriffen, hingegen in nachfolgenden Zeiten die Gothen an der Donau im eigentlichen Verstand niemals Germanen genennt haben. Wir aber sind in Absicht auf die Sprache genöthigt, das grose gothische Volk in unsern Begriff des germanischen mit ein-, und die Slaven auszuschliesen.

Noch ist nicht Grund genug vorhanden, das Wort Germani für lateinisch, und dieses Latein für eine Uebersezung von Deutische, als alliirte zu halten, und sie vermittelst des Völkerbunds (sehr uneigentlich und unbequem) als germani d. i. Brüder anzusehen. Tacitus Worte germ. c. 2. gebens einmal nicht. Tuisken, eigentlich Tuisken ist der Originalname dieses Volks. „Celebrant carminibus antiquis Tuisconem Deum terra editum, et filium Mannum, originem gentis, conditoresque.„ Nichts felt hier, als daß Tacitus nicht ganz und völlig heraussagt:, Diß ist der Grund zur eigentlichen Benennung, diß ist der Ursprung vom wahren Namen dieses Volks. Dagegen ist „Germaniae vocabulum recens et nuper additum.„ Es kan ein Volk mehrere Namen haben, die einander nichts angehen. „Tungri tunc Germani vocati sunt.„ Es waren diese nachmalige Tungri vier verbundene Völker, nach l. Cæs bel. Gal. l. 2, c. 4: Condrusi, Eburones, Caresi und Pæmani, qui uno nomine Germani appellantur; und l. 6, c. 32. werden die Segni ex Gente et numero Germanorum, hinzugethan. „Ita nationis„ (TUNGRICÆ) „nomen, non gentis„ (TOTIUS TEUTONICÆ) „evaluisse paulatim, ut omnes„ (NATIONES TEUTONICÆ) „primum a victore„ (NATIONE TUNGRICA) „ob metum„ den sie den Galliern eingejagt, und wovon Cæsar in seinem Krieg mit Ariovist und hier, auch selbst Tacitus, besonders bei cæcinna u. s. w. viel lächerliches zu erzelen haben, „mox a se ipsis„ (NATIONIBUS TEUTONICIS OMNIBUS), „invento nomine Germani vocarentur.„ Was ist aber furchtbares im Wort Bruder, worinn sich bei der lateinischen Uebersezung der an sich schrekhafte Band der Völker verlieret? Zudem ist das Wort German, Tacitus Worten nach, weder Gallisch noch Römisch, sondern Tungrisch und gemein Teutsch, oder von Tungern, und sodann durch sie, von allen Teutschen erfunden oder ausgedacht und angenommen. Im Teutschen

Wort

Wort German muß man also das Furchtbare suchen, welches ihren Feinden den Galliern so schrekhaft, und ihnen selbst so ehrenvoll geschienen hat. ger, char heißt clamor, Wörterbuch §. CXLVI. gar, ger, promtus, CXLIX. paratus, cupidus, CXLVII, 1. CLVI. ira, vindicta, perditio, CXLVII, 2. (und relativ: fletus CXLVI. CXLVII. 2.) ger, guer (wer CXXIII.), bellum CLI. und har, her, illustris, CLII. venerabilis; honorificus CLII, 3. oder ger, ker, peregrinatio, Auswanderung, CLVII. oder gar, har, communis, congregatio, cohors, CLVIII. exercitus, totus, omnis CLXI. Und Man heist nicht homo und vir allein LXXXIX, 2. sondern auch dominus, XC. und communis, consors, multitudo, cohors, copia, §. LXXXIX. Diß sind Wurzeln, gleich alt, gleich schiklich, die angegebene Absicht zu erfüllen, man seze davon zusammen, was man wolle.

Tuitsk sagt Tacitus. Er hat diesen Namen aus dem Munde der Hermundurer Sueven; gut als schwäbisch Tuitsch; insgemein Teutsch; ein gentiles adjectiv von Teut. Teut ist pater, alit, alens §. CLXVIII. thiut heist auch inclytus, CLXXI. dux, princeps, dominus, publicum, populus, ibid. 2, 1. laudabilis, 2, 2. ursprünglich th, der höchste Hauch; und bisher durchgehends mit T ausgedrukt. Eigene Namen sind in ihrer alten Schreibart eigensinnig. Hierzu kommt noch, daß man: Deutschen, Deutschen, deutlich, deutlich machen, deuten, nominare, indicare, monstrare, significare, explicare, §. CXC. vom Teutschen, verteutschen, ins germanische, in unsere Muttersprache übersezen, gern unterscheiden möchte. Man wird also erlauben, die Schreibart Deutsch für eine niedere Schreibart, und für eine Neuerung im wahren Hochteutschen anzusehen, und beym Herkommen zu verbleiben, und Teutsch zu schreiben.

Von der Ankunft der Germanen auf ihrem Boden, von ihrem Weg dahin, und von der Zeit, in welcher diese Wanderung geschehen, hat man in der Preisschrift lieber geschwiegen, als geschwäzt; und vom Ursprung der beiden Hauptmundarten ist alles gesagt worden, was immer die Sprache selbsten gibt. Der Verfasser der Preisschrift sieht das niedere Altteutsche als die Axe oder Perpendicularlinie an, die sich, dem selbsteigenen Augenschein, und glaubwürdigen Zeugen nach, p. 44. §. 21. am Ende, iederzeit gleichgeblieben ist, und durch alle Alter hindurch keine wesentliche, oder Hauptveränderung gelidten hat. Dagegen im Suevischen von Jarhundert zu Jarhundert, auch über die Geschichte aufwärts, wesentliche Veränderungen angegeben worden sind, §. 21. durchaus. Daß also das Suevische als eine linie zu betrachten, die mit iener linie, dem Niederteutschen, einen Winkel mache, und mit iedem Schritt, oder ieder abscisse der Zeit, herab, in immer grössern Semiordinaten abgewichen ist, und immer noch abweichen wird. Sind diese zwo linien ein Ausfluß aus einem Punkt? oder ist das niedere die asymptote, und das hohe die umgekehrte hyperbolische linie, die niemal können aus einem Punkt geflossen sein? Glaube ieder, was er will, so wird niemand bös. Die Frage geht über das Germanische hinaus, und gehört nicht mehr, weder in eine Sprachlehre, noch in ein Wörterbuch.

Die Germanische Völker teilen sich in die hohen und die niedern. Die ober- und niederSachsen können nicht verlangen, daß in dieser uralten, und von beiden Teilen selbst anerkannten und gewönlichen Einteilung eine Veränderung geschehe. Dann das Hochteutsche im engern Verstand genommen, als die Sprache der Gelehrten, das schriftmäsige, das mandarinen Teutsche, ist unlaugbar nichts anders, als das gemeine Hohe in seiner Feinheit und Verbesserung; und hat nicht nöthig, in einem gewiesen lande zu residiren und gesprochen zu werden. Wer in der, von alten Zeiten angenommenen höhern Teutschen Mundart fein und regelmäsig schreibt und spricht, der ist ein Bürger und Insas des hochTeutschen Gemeinenwesens; er lebe übrigens, wo er wolle. Gründe siegen, und nicht Drukercorrecturen. Demosthene überreden in Athen, und keine Pisistratische Schwerter. Es bleibt also bei der Einteilung in die hoch- und nieder-Teutsche Sprache.

Die hohe Sprache gieng allewege die Donau herauf bis an den Rhein, mit einer Gabelspize längst der Oder bis in den unbekanden Norden. Die Völker, die diesen Raum erfüllten, sind noch vor der Geschichte zweimal unterbrochen worden.

Das Land der Sueven des Tacitus; oder der Strich, vom Rhein längst der Donau und der Oder bis in den fernen Norden, hat einen Abschnitt zwischen der Havel und der Ostsee. Plinius nennt diese Schiedwand Vandalien, (vindili, vandili, vandilici, l. 4. c. 14), die Wende, §. CXIV, 3. wovon unten weitere Rede werden wird, und wo überhaupt noch vieles zu erörtern ist, und vielleicht vieles unerörtert bleiben wird. Diese Wende teilte die weitläufige Sueven in engere Sueven, und Sueonen.

Die Sueonen, Tacit. Suiones sind sehr deutlich gezeichnet. Protinus ab oceano, zuäuserst nächst am Suevischen Meer, wohnten die Rugii et Lemovii. c. 44. Suionum hinc civitates, ipso in oceano. Die Römer stellten sich Schweden als einige Inseln vor. subitos hostium incursus prohibet oceanus. und c. 45. Trans Suionas aliud mare, quo cingi cludique terrarum orbem hinc fides, quod extremus cadentis iam solis fulgor in ortus edurat, adeo clarus, ut sidera hebetet, die lange Demerung und die helle Nordscheine. Diese Suionen sind Tacito schon ein ausgeartetes, aber doch richtig ein Suevisches, ein germanisches Volk, welches er von Fennen c. 46. sorgfältig unterscheidet. Es ist also kein Zweifel, daß diese Suionen unsere Schweden sind. Hat man, nach der Weltchistorie T. XXXI. Spuren, daß Finnen bis nach Smoland herunter gewohnt haben, wol: so folgt darum noch nichts weiters, als daß die Finnen zwar vor den heutigen Schweden; es folgt aber nicht überhaupt, daß sie noch vor den alten Suionen da gesessen; am allerwenigsten aber, daß die heutige germanische Schweden kein Stammvolk in Schweden seien. Es wird sich unten davon noch weiter reden lassen. Suionibus Sitonum gentes continuantur Tac. germ. c. 45. hic Sueviæ finis, in Plinii Nerigon oder Norwegen. Und unter den sieben Völkern, in welche Ptolem. die Suionen teilt, sind die gutæ, Gothland, und Hilleviones, Halland, sehr kennbar. Und Plinii scanden avia, skant, schanz, §. XI. oder skant, kant, limes, litus, §. XIV. schanzen au, oder Sekanten au, und Xenophons Balthia, der heutige belt §. CXL. u. s. w. sind immer germanisch gewesen.

Die A. 861. gefundene, und 874. erstmals mit Menschen besezte Insel Island hat durch ihre Abgelegenheit die alte Nordische Sprache am reinsten aufbehalten, welche durch Angrenzung und Umgang, in den heutigen Reichen Dänemark, Norwegen und Schweden, mit Beibehaltung ihres wesentlichen Unterschieds, ie neuer, ie niederTeutscher worden sind. Normannen sind ausgewanderte, und an ihrer mitgebrachten Sprache ausgeartete Schwärme.

längst

längst der Donau ist vor der Geschichte, villeicht zu gleicher Zeit und aus einerlei Veranlassung, wenigstens durch einerlei Volk, ein neuer Riß geschehen. Offenbare Suevische Brüder (die Mösogothen) sind durch die Jazyges, (ein Sarmatisches, oder Slavisches Volk,) am linken Ufer der Morau, (im heutigen Oberungarn) in einem für die Völkerwanderung höchst wichtigen Tummelplaz, von Sueven abgesondert worden. Aller aus Vandalien an die Donau hieher geschehenen anerkannten Auswanderungen unerachtet, müssen die echte MösoGothen weiterhin, um ihrer Masse, um ihrer geschichtlichen Unterscheidung von den eingewanderten, und vornemlich um der uralten griechischen Bildung willen, die in das Wesen ihrer Sprache eingeflochten ist, ein Stammvolk an der Donau bleiben. Wie wäre auch die so offenbare Gemeinschaft der alten, (und in vielen wesentlichen Stücken noch, der heutigen) Persischen Sprache, die ihre Heimat im alten Scythenland gehabt, mit der Germanischen begreiflich, wann nicht vom caspischen Meer her an die Donau noch Bänderstücke dieser gemeinen Sprache längst dieses Weges zu finden wären?

Die Sueven auf dem eigentlichen Teutschen Boden an der Donau bis an den Rhein, nennten ihre westliche Grenzen die Salen. So heisen zwen Flüsse, deren der kleine in den Main fällt, und seine Richtung zwischen Henneberg und Coburg gegen den grosen hat. Die grose Sal ist eine wichtige Grenze bis in die Elb. sal heist Sedes, habitatio, 2) possessio septa, 3) fundamentum, und 4) signum in limine territorii, CCL wordurch sich ursprünglich die hohe Sprache und Völkerschaft von der niedern abgesondert. Man bemerkt die In- und Ausgesessenen.

Ingesessene sind die Alemannen, die Thüringer, und die Boien. Die Alemannen sind die Schwaben; die Elsäser, so weit sie Alemannische Kinder sind; und die Schweizer, deren Sprache der gemeinen VorElterlichen Bildung am ähnlichsten geblieben ist. Hierzu kommt das Veronesische Völklein, welches kürzlich seinen ersten und lezten Glanz von sich gegeben hat.

Die Thüringer, so viel ihrer noch von den alten Näriskern oder Gebürgern §. XCVI. übrig, und von Franken und Ober- und NiederSachsen unvermischt geblieben sind, welche sich noch allein in die gothaische landessprache einschrenken möchten. Uebrigens gehört zu ihnen alles umliegende Sachsenland, in so fern es die hohe Sprache redet.

Die Boier sind echte Suevische Völker, wann schon dieser Name auf den Bömischen Wäldern haftet §. CXXV. und vormals auch einem gallischen Volk gegeben worden, welches unter Sigoves hieher gewandert ist. Sie sind die Nachkommen der ursprünglichen Einwoner in diesem Suevenland, mit den Kindern der Marcomannen, die unter Marbod hieher gezogen, und der Quaden oder bösen, in Gegenhaltung der gallischen Gothinen. Name und Volk hat sich weder unter den Römern noch Slaven in diesem uralten Suevensize ganz verlohren; und man ist zur Auskunft der Boiobaren im fünften Jarhundert ganz keiner Wanderung benöthigt. Sie sind die Väter der berühmten Baiern, und der glüklichen Oestreicher. Noch spricht mancher Schlesische landmann mit ihnen gut alt Suevisch.

Wer wird die ausgesessene Sueven übermessen? von denen schon Cæsar bell. gall. l. 4. c. 1. sagt, daß sie nach ihrer uralten Gewonheit järlich Schwärme ausgesendet haben. „centum pagos,„ welches Tacitus mor. germ. c. 39. centum pagis habitantur

tur allein schon den Senonen zuschreibt, „habere dicuntur, ex quibus quotannis singula millia armatorum bellandi causa e finibus educunt.„ Wir wollen, was über der Donau in Italien, Griechenland, Hispanien, Africa, in aller Welt, verlohren gegangen ist, hier nicht suchen, sondern blos beim Rhein verbleiben. Dieser soll die Ausgesessenen in zwen Teile teilen.

Jenseit desselben zeichnen sich diejenige HochFranken aus, die mit ihrer hohen oder carolingisch-Lotharingischen Sprache der gesamten HochTeutschen, auch der vaterländischen in Schwaben den Namen der Fränkischen Zunge gegeben haben, daß oft Fränkisch und Alemannisch gleichviel bedeuten. Cæsar hat die Sueven bei ihrem schon alten Handwerk der Auswanderungen und Einfälle in Gallien, und den ganzen Rhein in alten bebenden Erfahrungen von ihnen angetroffen. Die ganze nachfolgende Geschichte ist voll davon. Und alte Suevische Colonien jenseit dieses Flusses, auch tief hinein, müsen wol unter den alten NiederTeutschen Franken, als furchtbare Brüder, nur dem Namen nach versteckt, ihre geschlossene Verfassung, ihren Vorzug, und ihre hohe Mundart beibehalten haben. Schilter bringt in seinen Noten zu Königshovens Chronic, aus alten lateinischen Versen, ein carolingisches Geschlechtsregister bei, von einem Stammvater Ferreol, der des römischen Præfectus Galliæ (464.) Syagrius Tochter Papianilla geheuratet hat. Seines Enkels Ferreols Gemal Industria müse Clodovæus des ersten Tochter gewesen sein. Dessen Sohn Ansbert senator durch seine Gattin Blithildis des ersten Clotarius Tochtermann geworden; wodurch sich der Grund zu einer Hoheit gelegt hat, welche die NiederTeutsche Fränkische Macht und Sprache schon im Enkel, dem heiligen Arnulf, maior domus, dem ersten geglaubten Herzog an der Mosel; und im UrEnkel Ansegis, Pipins de Landes, eines grosen Herren, (Marggraven an der Schelde), Tochtermann und Erben, erschüttert; und in dessen Sohn Pipin heristall, Enkel Carl Martell, und UrEnkel Pipin dem König, vom Thron gestürzet hat.

Disseit des Rheins können insgesamt an und über den Salen, oder den uralten eigentlichen Grenzen beider Mundarten die Teutsche Völker ihre Vermischung nicht verleugnen, welche ihnen allen eine leichtere, volublere und feinere Aussprache gegeben hat. Mischlinge mit den NiederTeutschen sind der Pfälzer; der Heß an der Ostseite der Werre, und um die Siege; und der Frank im Fränkischen Kreis.

Die Pfalz am Rhein war mit Franken, Schwaben und Baiern immerzu verbunden.

Schon zu Cäsars Zeit sind die alte NiederTeutsche Einwoner, Usipeter und Tencteren, von den Sueven ausgetrieben worden. Immer hat man mit den Catten, die sich dahin nachmals ausbreiteten, und der Suevischen Wuth Bedachtsamkeit und Kunst entgegen sezten, die Kriege fortgeführet. Und endlich hat sich, bei der Aufkunft der NiederTeutschen Franken, unter die sich die Catten oft dem Namen nach verlohren, in diesem an sich disseit der Sal Hoch-, jenseit derselben zwar NiederTeutschen, aber von den Hohen meist besezten Lande, der regierende NiederTeutsche Name, Franken, festgesezt.

Eben dieses gilt auch an der andern, an der grosen Sal; besonders der bekande Krieg der Hermunduren mit den Catten um dieses Flusses willen. Tacit. annal. l. 13. c. ult. certatum magno prælio, dum flumen gignendo sale secundum et conterminum

minum vi trahunt. Und in germ. c. 30. Catti initium sedis ab Hercynio saltu inchoant, dem Harz an den Braunschweigischen Grenzen, non ita effusis ac palustribus locis, - durant siquidem colles, paulatimque rarescunt: et Cattos suos saltus Hercynius prosequitur simul atque deponit. Diß ist wol gegen Westphalen hin auser Streit. Ostwärts aber scheinen sie, diesen Worten nach, würklich damals vom Besiz ienseit des Thüringer Walds, und damit vom grösten Teil der Sal, oder diesem ganzen Fluß weg, verdrengt gewesen zu sein. Wovon weiter unten. Ja noch tiefer hinab erhellet aus Ptol. daß die Longobarden Sueven auch ienseitige Gegenden der Elb besessen haben. (In Magdeburg und der alten Mark.) Vermuthlich haben auch hier die Catten, bei dem Aufnemmen der Nieder Teutschen Franken, und der Geschäfftigkeit der Sueven an der Donau mit den Römern, ihre alte Grenzen wiederum erobert, denen die Narisker oder nachmalige Thüringer, die nach geograph. Ravenn. um die Nab und Regen in der ObernPfalz gesessen sein sollen, und sich mit den übrigen zu Haus verstärkt, solche wieder abgenommen haben. Mascov T. I. l. 9. p. 437. und Leibniz führen Gregorium Turonensem l. 3. an: Theodorich, Clovis Sohn, habe seine Franken gegen die Thüringer auch durch die Erinnerung erhizt, daß diese ihre Feinde ihren VorEltern ins land gefallen seien, welches vermuthlich geschehen, da die Sueven etwas von der Catten land erobert haben. Dieses gut Schwäbische Reich wurde zerstört, und durch die Unstrut in den Sächsischen und Fränkischen Anteil, zweier NiederTeutschen Völker, iener in Norden, und dieser in Süden oder den cattischen zerstükt, und damit die alt suevische Mundart in ein enges provinciale eingeschrenkt.

Alle Nordliche Schwabensize längst der Elb, welchen die nachbarliche Slaven besezt, fielen bei ruhigern Zeiten den Sachsen anheim. Schwäbische uralte gemeine Innsasen; slavische vormals Herrn, nun Knechte; ein Zulauf aus allen Gegenden Teutschlands; und das regierende NiederSächsische, welches sich HochTeutschen Befelen unterzog, so weit es darzu gezwungen war, errichteten endlich im zehenden Jarhundert eine neue HochTeutsche Mundart, die Meisnische, welche um ihres leichteren Mundes willen das Glük hat, durch ganz OberSachsen, die Mark, und den grösten Teil von Schlesien, gesprochen zu werden; und sich berechtiget, nunmehr im engern Verstand die HochDeutsche GelehrtenSprache zu heisen.

Wir ziehen nunmehr die Lebende Mundarten der hohen Sprache zusammen, und nennen: die Schweizer, Elsäser und Schwaben. Die Thüringer. Die Baiern und Oestreicher. Die Lothringer. Die Pfälzer, Hessen und Franken. Die Meisner, Märker, und Schlesier. Die Nordische Sprachen machen ihre eigene Classe, und sind das Schwedische, Dänische, Norwegische und Isländische. So bleibt auch das Mösogothische, besonders wann es in der Crimm noch leben sollte, ein eigener Abschnitt.

Die NiederTeutsche Völker sind von der Suevischen Grenze den Salen, von der Elb, dem Teutschen Meer und dem Rhein eingeschlossen. Man kan sie nicht auf gleiche Weise wie die Sueven ordnen. Tacitus germ. c. 36. hat schon einen Grund davon angegeben: Suevorum non una ut Cattorum Tencterorumve gens; maiorem enim Germaniae partem obtinent, propriis adhuc nationibus nominibusque discreti, quamquam in communi Suevi vocentur. Nicht daß er die Sueven für so viele von sich abgesongesonderte und untereinander fremde gentes oder Völkerschaften angesehen hätte. Er erklärt sich selbst; und will nur damit zu verstehen geben, daß sich dieses grose Volk in eigene Nationen oder Geschlechter und Namen abgeteilt habe. Die Geschichte gibt auch keine Gelegenheit zu denken, daß sich eins gegen das andere iemals feindlich erwiesen hätte. Marbod vertreibt ein fremdes Volk die Boien; und nur seine verhaßte Herrschsucht macht, daß die Senonen und Longobarden unter dem Arminius wider seine Person zu fechten kommen. So ist es auch seinem Feind, Catwalda, dem Gothonen, und dem Vannius vom hermundurischen Vibilius gegangen. Wir lesen von vielen Händeln verschiedener Sueven mit Burgundern und Vandalen —, niemals aber von einem unter ihnen selbst. Dieses einem Bund, einem Suevenbund, zuschreiben wollen, ist gesagt. Brüder eines Hauses bedärfen keines Bundes. Vielfältig haben sie sich, wie mit fremden Nachbarn, so auch unter sich, gegen einen gemeinschaftlichen Feind, zu einzelen Feldzügen, auch zu Aufrechthaltung ihrer innerlichen Freiheit, verbunden; niemals aber nöthig gehabt, unter sich einen Bund der Freundschaft und des Vertrauens aufzurichten.

Hingegen so viele Namen wir in NiederTeutschen ländern finden, so viel finden wir auch verschiedene, voneinander unabhängige, vielfältig gegen sich feindselige Völker, die nur eine gemeine Noth verbinden konnte. Die Sicambrer müsen u. c. 743. gegen den Drusus ihre Nachbarn um Hülfe bitten, und werden von Catten, mit denen sie Kriegshändel hatten, ohne Trost gelassen, die es so gar anfangs mit den Römern hielten. Und die Ausrotung der Sicambrer u. c. 745. schrekte die andern in einen Bund der Unterwerffung unter den Tiberius zusammen. Der grose Armin hat mehr Widerwärtigkeit und Unglük bis in sein trauriges Ende von den Häuptern NiederTeutscher Völker ausgestanden, als iemals von aller Macht der Römer. Segest sein Schwehr Herzog der Chassuaren und Dulgibinen hat ihn mehr als einmal verrathen; Inguiomer sein Freund und Oheim, Herzog der Bructeren, im Marcomannenkrieg verlassen; und Adgandester Herzog der Catten hat ihn u. c. 772. gar vergiften wollen. u. c. 803. werden die Amsibaren von Chaucen vertrieben, allenthalben abgewiesen, und müsen untergehen, Tac. annal. l. 13. c. ult. Tacitus frolokt germ. c. 33. über die gänzliche Niederlage der Bructeren u. c. 850. von ihren Nachbarn, den Chamaven und Angrivaren. Super LX. millia non armis telisque Romanis, sed, quod magnificentius est, oblectationi oculisque ceciderunt. maneat quæso duretque gentibus - certe odium sui. annal. l. 11. Chauci cum Cheruscis æternum discordans. Und germ. c. 36. Cherusci, unmächtige Feinde der gewaltthätigen Catten. inter impotentes et validos falso quiescas. - tacti ruina Cheruscorum et Fosi contermina gens, adversarum rerum ex æquo socii, cum in secundis minores fuissent. Vermuthlich im chariomerischen Krieg u. c. 836. Was Wunder, wann ein land voll solcher Völker zweifeln macht, ob es einen gemeinschaftlichen Namen habe?

Doch diß ist noch das wenigste. Wir sehen die Sueven, nur die nordlichen Gegenden ausgenommen, noch allenthalben in ihrem angestammten Vaterland, und immer noch so, characteristisch so, wie sie die Geschichte angetroffen hat. Die NiederTeutschen länder hingegen haben sich von Einwohnern ausgegossen, und neu wieder angefüllt. Das macht die Untersuchung schwer. NiederTeutschland im fünften Jarhundert ist von NiederTeutschland

eines

eines Tacitus wesentlich und gänzlich unterschieden. Sogar sein Nieder Teutschland ist schon nicht mehr, was es nur unter den Kriegen mit der cäsarischen Familie gewesen ist. Die Ubii, und Usipii und Tencteri sind am Main zu Haus gewesen; die Suevi haben sie den Rhein hinab getrieben. Die Ubier haben ihr Vaterland gar aufgegeben, und sind ein römisch gallisches PflanzVolk worden. Und die beiden leztern haben, den Ubiern gegen über, vom Untergang der Sicambrer fröhlichen Gebrauch gemacht. Die Amsibari, die Bructeri sind eines schmählichen Todes gestorben. Und es ist sehr lächerlich an Cluvers Charte, daß er circa Iul. Caesaris aevum Dulgibinen sezet, die blose Chassuaren sind, und ihren Namen vom Schlacht- und Winn- oder Siegsfeld bei Horn, der drei Legionen Niederlage, bekommen haben, als - bini, Einwohner, §. CXIV. und Dolg, clades, exitium, § CLXXII, 2, 1. Einwohner des Plazes, wo die varische Schlacht geschehen. Ptol. Dulgumnii, circa cladem. Und allem Ansehen nach sind selbst die Chassuaren keine eigene Nation, sondern Chassibari, eher Hessenwohner als Anwohner des Flüßleins Hase gewesen. Wenigstens lagen sie an der Catten oder Cassen Grenze, gegen die Angrivaren und Chamaver, wo Cattos suos saltus hercynius prosequitur simul atque deponit. Und Tacitus sagt deutlich Germ. c. 34. Angrivarios et Chamavos a tergo Dulgibini et Chasuari cludunt, aliaeque gentes haut perinde memoratae; a fronte Frisii (scil. Angrivarios et Chamavos) excipiunt. Also können die Chasuari unmöglich vom Fluß Hase, der weit unten in die Ems fällt, ihren Namen haben. Die Belgae, als die Batavi, eine cattische Nation, Cattorum quondam populus, et seditione domestica in eas sedes transgressus, in quibus pars Romani imperii fierent, Germ. c. 29. Die Mattiaci, Menapii, Morini, Ubii, Tungri, Treviri, Nervii, und wie sie alle heisen, wurden gar nicht mehr unter die Teutschen gerechnet. Plerosque Belgas, sagt Caesar bell. gall. l. 2, c. 4., esse ortos a Germanis, rhenumque antiquitus traductos - gallos expulisse. Es müsen noch ältere Ausleerungen NiederTeutschlands vorgegangen sein. Die ganze Brittannische Küste, sagt Caesar b. g. l. 5, c. 12. sey von Belgen besezt, die fast alle ihre zu Haus gehabte Namen führen. Weiter hat man zur Erklärung der verwanden cambrischen Sprache, welche die älteren Völker tiefer hinein getrieben haben, hier nichts nöthig. Und Tac. vita Agric. c. 11. Caledoniam habitantium rutilae comae, magni artus, Germanicam originem adseverant.

Wann hier eine kleine Ausschweifung erlaubt sein sollte, so wäre die hier angeführte, und mor. germ. c. 4. festgesezte Characteristik der Teutschen überhaupt, truces et caerulei oculi, rutilae comae, magna corpora, wol einer Betrachtung werth. Man baut durchgehends so viel auf Strabons Worte l. 7. statim trans rhenum post celticos populos orientem versus sita loca Germani incolunt, a Gallis parum differentes, si feritatis, corporum magnitudinis et fulvi coloris excellentiam spectes. sed et forma et moribus et victu adsimiles sunt Gallorum - itaque recte mihi videntur romani hoc nomen eis indidisse, cum eos fratres esse Gallorum vellent ostendere. Lauter Unrichtigkeiten vom Anfang bis zum Ende. Strabo ist schon u. c. 778. gestorben. Heist dann hier Germani würklich Brüder? Haben die Römer den Teutschen diesen Namen gegeben? Haben die Römer damit die genaue Verwandschaft der Gallier mit den Teutschen anzeigen wollen? Reimen sich die Wildheit, die leibesgröse, die Gestalt, die Sitten, die lebensart der Gallier gegen den Teutschen mit der Gallier eigenen Geständnissen und Cäsars Aussage, der ganz eigentlich, mit Fleis, und als ein Augenzeuge davon spricht? und mit der ganzen Geschichte? Die Sache ist zu weitläufig, sie hier auszuführen, und nicht werth, besonders Cäsars Gegeneinanderhaltungen abzuschreiben. Es ist wahr, die Gallier waren auch gros, wie alle rauhere Völker guter Himmelsstriche gegen Weichlinge; und spotteten der Römer: homines tantulae staturae, Caes. l. 2, c. 30. Aber sie selbst zitterten vor der Teutschen Gröse. Villeicht hat Strabo von einigen neusten Teutschen Völkern, die gallisch worden sind, von Tongern, von Ubiern - einen Schluß gemacht. 15 Jar nach Strabons Tod hat Caius u. c. 793. die grösten Gallier zu gemeinen -, und adelige Gallier zu Herrn ausgesucht, welche das Har färben und wachsen lassen, Teutsch lernen, und in seinem Triumph gefangene Teutsche Gemeinen und Fürsten vorstellen sollen. Das hat auch Domitian gethan u c. 836. Tac. vita Agric. c. 39. emtis per commercia, quorum habitus et crines in captivorum (Cattorum) speciem formarentur. Auch Caracalla, der sich oft Teutsch gekleidet, und sich ein gemachtes lichtes Har aufgesezt hat. - etiam flavam capiti caesariem imponens, ad modum Germanicae tonsurae, Herodian. l. 4, c. 7. Wie wäre das alles nöthig oder zwekmäsig gewesen, wann grose Körper und lichte Hare eben so wol den Galliern gemein, und keine sichere Kennzeichen der Teutschen gewesen wären? Nein. Tacitus spricht viel zu zuverläsig, und zu einstimmig mit der Geschichte, als daß man sich nicht sicher drauf verlassen dürfte. Dieser Character gibt einen Aufschluß ins tiefere Altertum, worinn die römische Unkunde noch alles zusammen Gallier nennte, was über ihren Alpen lag.

Der älteste Heerzug der so genannten Gallier ist der Schwestersöhne des celtischen Königs Ambigatus der Bituriger u. c. 164. Livius l. 5. c. 34. - In der Preisschrift p. 46. ist die Muthmasung angegeben worden, der Heerführer, der die Senonen, die lezte Colonie, die nach Gallien gewandert, und von den Teutschen Senonen ausgegangen, habe des bituriger Königs Ambigatus Schwester geheuratet, und sei in seinen zwen Söhnen Teutsch geblieben, welche beide wieder an und in die Grenzen der Sueven heimgegangen seien, und Gallier mitgenommen haben. Cäsars gallische Aussage bell. gall. l. 6. fuit antea tempus, cum Germanos Galli virtute superarent, et ultro bella inferrent, ac propter hominum multitudinem agrique inopiam, trans Rhenum colonias mitterent, wird sehr zweifelhaft, und zulezt zu einer wahren Pralerei, weil sie sich nicht nur nicht erweisen läßt, sondern durch unerhebliche Ausnamen würklich selber widerlegt. Erstlich gehören nach seiner Anzeige die Volcae Tectosages hieher: ea, quae fertilissima sunt Germaniae loca circum hercyniam silvam occuparunt, atque ibi consederunt. quae gens ad hoc tempus his sedibus sese continet, summamque habet iustitiae et bellicae laudis opinionem. Ich will die nachstehende Worte nicht verdächtig machen: nunc in eadem inopia, egestate, patientia, qua Germani permanent: eodem victu et cultu corporis utuntur; man kenne sie ja auf diese Art nicht mehr aus andern Teutschen, auser villeicht noch an der Sprache. Aber sie wohnten ja nur circum hercyniam silvam. - quae - oritur ab Helvetiorum et Nemetum et Rauracorum finibus, rectaque fluminis Danubii regione pertinet ad fines Dacorum. - Hier ist wol ein kleiner Misverstand. Zu Cäsars Zeit waren Rhätien, Vindelicien und Noricum noch keine

römi-

römische Provinzen; und, wann man sagen darf, noch zimlich unbekand. Cäsar rechnete sie zu Teutschland, wenigstens was das rechte Ufer des Rheins von seinem Ursprung an belangt, bell. gall. l. 1. init. Und ein hercynischer Wald gehe hier von der Schweiz durch die baierische Grenzen an die Donau bis zur Grenze Daciens; wie im Innern Teutschlands der Schwäbische Schwarzwald, Tac. germ. c. 28. das bömische Gebürg, Maroboduum hercyniae latebris defensum, id. annal. l. 2. das Schlesische, mor. Germ. c. 43. dirimit scinditque Sueviam continuum montium iugum -; und der Catten saltus hercynius, ib. c. 30. Livius läßt den Sigoves mit diesen Volscis Tectosagis, und den Boiis, die den grösten Teil ausmachten, über den Rhein durch den silvam hercyniam nach Bömen gehen. Das kan alles ienseit der Donau geschehen sein, ohne die eigentliche Grenzen Teutschlands zu berühren. Die Helvetii können sich in der Schweiz, die Tectosager in Baiern, und die Boii in Bömen, oder anfangs an der Grenze in den dasigen Wäldern, wovon unten, niedergelassen haben, ohne einen Teutschen zu beleidigen. Und diß sind die gallischen Völker alle, die so groses Wesen machen. Wir wollen sie nach einander besehen.

Die **Helvetier** sind in ihren Sizen von Cäsar durch das linke Rheinufer, das Gebürg Jura, und die Rhone eingeschlossen worden. Daraus sind sie gegen die Sueven nicht gekommen, bis die Marcomannen u. c. 745. ihren Siz verlassen haben. Erst alsdann sind sie zwischen den Schwarzwald, den Rhein und Main hervorgerukt. So sezt sie Tacitus mor. germ. c. 28. Zwischen dem Neccar und Main war kurze Freude; und oberhalb längst ienem Fluß immerwährende Angst für ieden Besizer. So sehr auch noch Claudian frolokt, de laud. Stilic. l. 1.

ut procul hercyniae per vasta silentia silvae
venari tuto liceat; lucosque vetusta
religione truces et robora —
nostrae feriant impune bipennes.

bis kurz drauf alles auf immer verlohren gieng.

Von den **Tectosagen** in dieser Gegend weist die Nachwelt nicht ein Wort. Tectosages aus Tolosa in gallia Narbonensi (gehe villeicht gallia Narbonensis über citeriorem in Italien, und an der Donau fort, so weit es Gallier gibt?) plündern u. c. 385. Istrien, dringen in Pannonien, unter einer Menge anderer zusamen ausgewanderter Völker. Das Jarhundert drauf sezen sie Griechenland und Asien in Flammen. Tectosages kehren mit einem grosen Schaz nach Tolosa heim; und von Tectosagen in Galatia sagt Livius l. 38, c. 17. procera corpora, promissae et rutilatae comae, vasta scuta, prolongi gladii. - cantus incohoantium proelium, et ululatus et tripudia, et quatientium scuta in patrium quendam morem horrendus armorum crepitus. Wer kan hier irre gehen? Sollen uns Tolosa und Aventinische Träumereien (annal. boj. l. 1. p. 64) hindern, hier die Ursache zu suchen, warum die Gegenden ienseit der Donau von Teutschen Völkern (als ein Tummelplaz) abermals leer, und endlich zum nachmaligen Wohnsiz slavischer Völker worden sind? Ein Wärtembergisches Tek hier suchen, sonderlich bei vermeinten Galliern, ist sehr lächerlich.

Die Boii, qui trans Rhenum incoluerant, et in agrum Noricum transierant, Noreiamque oppugnarant, Caes. bell. gall. l. 1. (und was geht das die Teutschen an?) kehren auch nach Gallien zurük, und erhalten nach ihrer Niederlage, als Gallier unter den Heduern wieder gallischen Siz. In Bömen wohnen armselige Gallier, die Gothinen, Tac. germ. c. 43. und erwarten ihren Untergang. Man hält es mit Recht für ein bloses Compliment, welches Tacitus ib. c. 28. Cäsars Ehren machen will: validiores olim Gallorum res fuisse, summus auctorum divus Iulius tradit. eoque credibile est, etiam Gallos in Germaniam transgressos; Ein schlechter Grund, und selbsteigener Zweifel, dann es ist nichts darhinder. quantulum enim amnis obstabat - ist blos raisonirt. Inter hercyniam silvam - helvetii; ulteriora boii, tenuere, mus ia bei den ersten auch schon zu seiner Zeit ein Ende gehabt haben; dann Ptolemaeus nennt nur einen eremum helvetiorum. Und: manet adhuc Boiemi nomen, significatque loci veterem memoriam, quamquam mutatis cultoribus, ist sicher ein Namenbetrug; dann Bömen ist von ieher, auch ohne Gallier, ein Waldheim gewesen. Diß ist der ganze, und zugleich der einzige Heerzug, den die Gallier, als Gallier, über Rhein gemacht haben.

Der Bruder Belloves bringt eine Menge Gallier mit sich nach Italien. Ihm folgt Elitovis mit Cönomanen. Villeicht an statt ihrer: alia subinde manus Germanorum, Liv. l. 5. c. 34. -, villeicht auch nicht. Cönoman ist schon auch Teutsch, (wie Dions cenni, audaces, die Alemannen, Preisschr. p. 45.) Ihnen folgen die Laewi, Salluvii; und den Reihen schliesen Boii und Lingones. 180 Jar nach Belloves u. c. 346. kommt ein Brennes mit Senonen; Florus l. 1. c. 13: gens natura ferox, moribus incondita, ad hoc ipsa corporum mole, warum nicht auch rutilae comae? perinde armis ingentibus, adeo omni genere terribilis, ut plane nata ad hominum interitum, urbium stragem videbatur. hi quondam ab ultimis terrarum oris, et cingente omnia oceano, ingenti agmine profecti - woher? wuste kein Mensch zu sagen. Jenseit der Alpen her hies eben alles Gallier. Livius l. 21, c. 30. nennt diese gallische Sprache semigermanicam; und c. 32. legatos Boiorum sermone non multum abhorruisse a Gallis alpes incolentibus. Rom sicht mit manchen Riesen, und oft sehr verzweifelt. Die Gäsaten, der Gallier Hülfsvölker ienseit der Alpen her, sind so ungewis, als die Lesart in fastis capitolinis und im Propertius l. 4. eleg. 10. v. 40. Malcov. Cluvers antiq. Germ. l. 1, c. 8. und 44. gaesa, gaesum, ein Wurfspies mit Widerhaken, ist gut. sonst nennt der Teutsche auch gœs, Niederländisch geschrieben geus, einen Dienstknecht. §. CLII.

Alexander der grose bewundert, da er ienseit der Donau die Geten bekriegte, der Celten Gröse und Munterkeit ihrer Glieder und Gemüther, und ist über ihren Stolz betretten, Arian. l. 1. Celten am Ende der Donau? Ja, characteristische Germanen, die gewis nicht aus dem fernen Teutschland Alexandern zugesendet haben. Sie sind die nachmalige Gothen dieser Gegenden, nach Procop, von weiser Haut, gelben Haren, grosen Körpern. Weiter hin vom Don längst dem Caucasus, und längst dem Nordlichen Ufer des caspischen Meers zeichnen sich Völker, unter dem unbestimmten Namen der Massageten, aus, alle gros und schön, von gelblichten Haren, grossen Augen. Sie waren Grenzvölker der Daher und Saken, von welchen die Bactrer, Parther und Perser ausgegangen sind.

Wie

Wir kehren wieder zu unsern NiederTeutschen. Tacitus teilt sein NiederTeutschland von der längst verlohrenen Sal mit dem saltu hercynio, und einem Stück der Weser, in zwen Teile. Caesar bell. gall. l. 6. nennt diesen silvam - Bacenis - (baken, bak, collis, §. CXIII. oder besser das nachmalige bochonia, bubuochonia, oder Buchenwald, CVII, 2.) pro nativo muro obiectam, Cheruscos a Suevis, Suevosque a Cheruscis iniuriis incursionibusque prohibere. Diß ist der Harzwald, und ein Beweis, daß schon vor Cäsar die Sueven ienseitige länder der Elbsal besessen haben.

Zwischen dieser Grenze und dem Rhein macht Tacitus wieder zwo Abteilungen. Man könnte seine Bataver und Mattiacer c. 29. das disseitige Rheinische Belgium nennen. Ultra hos c. 30. Catti mit den (Mattiacis und) Juhonen. c. 32. proximi Cattis certum iam alveo rhenum, d. i. wo der Rhein unstreitig die Grenze war, denn oberhalb waren ungewisse römische Besizungen; die Usipii und Tencteri. Neben diesen die Chamavi und Angrivarii, Ptol. Angriarii, auch Angarii oder Engern, mit Tubanten. Und diesen c. 34. a tergo, oder gegen die Catten, die Dulgibini und Chasuari, Chassuarii, Chattuarii, nachmals Hattuarii, Attuarii, dann a fronte waren die Frisen. Wir können diese Völker nach unserer Art ungezwungen in drei Classen teilen: Niederrheiner: Bataver, Usipii und Tencteren. Hessen, Catti, Chasuari, Dulgibini. und Westphalen: Chamavi und Angrivarii. So teilt Tacitus - hactenus in Occidentem Germaniam novimus. Er gibt diesem Abschnitt keinen Namen. Plinius aber nennt sie Istäwonen.

Im Nordlichen Teil von NiederTeutschland; c. 35. in Septentrionem ingenti flexu redit. Plinii Ingäwonen. Die Chauci vom Meer an, allen vorigen Völkern zur Seite bis an die Catten. Die Cherusken mit den Fosis. Leibn. um den Fluß Fuse in Hildesheim. Und Cimbrien. Ein übertriebenes lob für die ersten, als römische Freunde; ein Spott für die mittlern; und eine Widerholung alter Geschichten bei den lezern, müsen die lüken füllen. Man sieht, daß Tacitus hier im Dunkeln schwebt. Dann wir nähern uns einer Gegend, die noch völlig unberichtigt ist. Doch wir wollen sich NiederTeutschland vorher leeren lassen.

In der Mitte des dritten Jarhunderts kommt ein fremder Name im lande der Chamaver auf, der Name der Franken. Tabula Peutingeriana: Chamavi qui et Franci. Der sich bald zwischen die Lipp und Siege sezet, und in gar kurzer Zeit den ganzen Raum zwischen dem Rhein, dem Meer und der Weser füllet. War es ein Bund, oder Unterjochung, oder beides? wer will es wissen? Wenigstens, auch der Religion nach, sind die Franken hier ein feindliches, ein fremdes Volk. Das um so leichter ein- und um sich greifen konnte, wo vorhin niemals Einigkeit gewesen war. Kaum hört man vor ihm hie und da noch einen alten Namen, selbst der Catten. Die abgestorbenen Namen Ansivari, Bructeri, stehen wieder auf, weil sie auf dem Fluß der Ems, und Bruch, §. LXXVIII. dem Morast, beruhen. Es kommen neue, vorhin unerhörte Namen auf: Salii —

Leibnizens Meinung, daß sich schon mit dem MarcomannenKrieg Franken zwischen der Sal und Elb, dem Harz, dem rechten Ufer der Weser, wenigstens der Fuld, der kleinen Sal und dem Main, in Thüringen und Franken, gesezt haben sollen, woraus sie erst

100. Jar hernach sich den Rhein hinab gezogen, ist nicht nur ohne alle Urkunde, sondern wider die Geschichte. Beide sind länder der Hermunduren. Und nie sind diese Völker mächtiger, als um diese Zeit gewesen. Besonders da die Pfalhekke von Pföringen an der Donau durch Nordgau, Ellwangen, Oeringen und Odenwald, an den Main, welche die Römer frisch verteidigten, ihren Siz auf dieser Seite etwas enger zusammendrengte. Zudem sagt Capitolinus in vita Antonini Philos. c. 3. Catti in Germaniam et Rhaetiam irruperant. Catti und Suevi, alte Nachbarn, leben hier noch beisamen, und füren getroste Kriege. Wie ist es möglich, daß ein landfremdes Volk in ihren ländern sizen kan? Nimmermehr werden die drei Fränkische Gauen um diese Zeit hier zu land erwiesen werden. Die Urkunde von König Pipins Zeiten von Salagewe an der Fränkischen Sal, an welcher Carl der grose ein Schloß gehabt, das heutige Königshoven, ist immer wahr, und alt genug für den Zeitraum, in welchem sich der Catten Freiheit und Name unter die Franken gestekt, und dieser gemein NiederTeutsche FrankenName sich an der ursprünglichen Schwabengrenze, unter einerlei Namen der Sal, begrenzet hat. Uebrigens schikt sich die dreifache GauEinteilung in der Vorrede der Sallischen -, am besten der Hofgeseze, (sal, curia, iudicium in aula §. CCI, 2).) sala-, bodo -, und windo gev, für ein iedes ländlein, es sei so klein es wolle, welches an einem Ende an einen Fluß, und an dem andern Ende an eine anderwärtige Wende oder Grenze stößt; als ein salgau, Boden, das ist, festes oder Mittelgau, und Wendegau. Gilt für das lezte Wisogeve, und bedeutet es die Weser: so hat man, wie die Folge zeigen wird, wann wir auf die Size der Franken kommen werden, allenthalben Wal genug. Sonst zält man 4. Abgeordneten; Wiso-, Usogast; Bodo-, Boso-, Lesegast; Sala -, Salogast; und Windo -, Widi -, Arogast. Der Abgeordnete iedes Gaues hies gast; und gast heist promtus §. CXLVII, strenuus, illustris, CLII. auch peregrinans CLVII.

Vandalien ist die Quelle zu diesem neuen NiederTeutschland, und vielen andern Veränderungen, die sich in und auser Teutschland zugetragen haben. Wendel oder Wendeler heisen die Völker. Und Wende ist der eigentliche Name, den alle umliegende Völker dem Teutschen Nordstrand an der Ostsee geben konnten. Diese Gegend begrenzte die Ingäwoner, auf eine den Römern unbekande Weise. Sie scheidete und mischte die zwo Hauptmundarten der Teutschen Sprache. Sie trennte die Sueven von den Suevischen Suevonen; und die Sueven von den Slaven, (welche den Teutschen Begriff des Worts Wende, Grenze, und Wendel, Grenzler, fortgeführet haben, bis an das adriatische Meer,) mit deren Sprache sich hier, allem Ansehen nach, auch die Teutsche mischte.

Wie die Behauptung der Weltistorie T. XXXI. „daß das östliche Teutschland von Ausfluß der Elb bis ans adriatische Meer von ieher slavisch gewesen„, mit den römischen Urkunden, besonders des beliebten Tacitus, zu vereinigen sein möchte, ist nicht abzusehen, es wäre dann, daß der Ausdruk „von ie her,„ blos von dem Ende der römischen Kriege verstanden werde.. Diß reimt sich aber nicht mit der anderwärtigen Aeuserung, „daß Germanien vor 1900. Jaren von 3. oder 4. verschiedenen Völkern bewohnt gewesen sein solle, als 1) von Wenden oder Slaven von der Ostsee an längst der Elb durch ganz Nieder und Ober-Sachsen, Bömen, und den übrigen Oestreichischen Staten bis ans adriatische Meer.

2) West-

2) Westwärts von Belgen oder Kimren, welche die Sprache geredet haben sollen, die noch heut in Bretagne und Wallis übrig ist. 3) Zwischen beiden die eigentliche Teutschen; und 4) in Süden die Galen oder Helvetier und Boier, die zu dem, noch in Schottland und Irland perennirenden gallischen Völkerstamm zu gehören scheinen." Von den Galen und Belgen ist schon gesprochen worden.

Wie stehe es mit den Slaven oder Wenden? Am rechten Ufer des Suevus, (viadrus, guttalus, der Oder,) und ostwärts hin, ist von jeher alles slavisch, wenigstens Teutsch mit Slaven untermengt. Längst der Oder herauf wohnen die Rugii, die, nach dem Abzug der 7. verbundenen Völker, die abgeriische Insel besezt, und nach ihrem Namen genennt, und als wahre Slaven sich geoffenbaret haben; mit den Lemoviern oder Herulern, an der Ostsee, nachmaligen slavischen Bewohnern der Harula oder Havel. Die Sidini, mit den Carinis, und den Cutonen oder Gothonen. Schon dise Gesellschaft allein hebt Cluvers Freude auf, ein Landsmann der ulfilanischen Mösogothen heisen zu können. Weiter herauf die Burgunder, welche slavische Wörter und Urkunden in ihrem, auf 156. Jar entlehnten Siz im Fränkischen Kreis hinderlassen haben. Und die Burii. Höher die pannonischen Osi, und gallische Gothini. Bis zu den Jazyger Sarmaten an der Morau, die sie von den Quaden Sueven scheidete. Eine Donau Gegend, welche die Geschichte der Wanderung sehr berühmt gemacht hat.

A. 165. u. c. 918. 67. Jar nach dem Tacitus, wann die mores Germanorum A. 98. u. c. 851. geschrieben sind, erwekte ein Ausgang der Vandalen von der Ostsee, die Oder herauf, in das Land der Jazyger, den berühmten Marcomannen Krieg. Der Name Vandal wurde jezt das erstemal an der Donau gehört. Durch eine unbekande Veranlassung wurde aus dem innersten Vandalien diese erst beschriebene ganze Reihe Völker längst der Oder, über die Donau in römische Provinzen gleichsam hineingestürzt. Iul. Capitolinus vita Marci c. 14. aliis etiam gentibus, quae pulsae a superioribus barbaris, nisi reciperentur, bellum inferentibus. Auf einmal zeigen sich Latringes, Buri, Burgundi, Gothini, Heruli - über der Donau; und die Vandali werden von ihnen, und allen vorhin an der Donau bekanden Völkern unterschieden. So viel allein erhellt aus dem gedoppelten Frieden, daß diese neuen Ankömmlinge eher Freunde der Slavischen Oderbewohner, als der Donausueven gewesen sein müsen. Sintemal A. 175. nach Dio p. 809. neque Iazyges vel Burii societatem cum Romanis inire voluerunt, quam Marcus eis sancte cavisset, perpetuo se bellum cum hostibus gesturum. Und drauf A. 180. im Frieden mit den suevischen Marcomannen und Quaden ausdrükentlich bedungen werden, daß sie ohne römische Vergünstigung keinen Krieg mit den Jazygern, Buren oder Vandalen führen wollen. A. 215. hatten die Marcomannen, auf Caracallä Anstiften, würklich Krieg mit den Vandalen, die man nirgend anderswo, als im Lande der alten Jazyger suchen mus, unter welchen sich die Buren und andere inzwischen verlohren haben. Diese Vandalen werden A. 271. von Aurelian über die Donau zurukgeschlagen, und haben A. 291. Händel mit den Gothen. Ihr Name verschwindet hier durch Auswanderungen unter die Fahne des Rhadagais, und erscheint in Spanien und Africa. Rugier erheben ihr Haupt an der Morawa, ziehen mit Theodorich nach Italien, und lassen ihr Rugenland den Herulern,

rulern, die nach ihrer Niederlage auch nach Italien gehen; und das land kommt in der Longobarden Hände.

Es scheint mit dem Namen der Vandalen beschaffen zu sein, wie mit dem Namen der Sueven. Oft findet man alle einzele Namen der suevischen Völker auf einem Plaz, und doch darneben auch noch Sueven, daß man Mühe hat, zu ersinnen, was es für ein besonders Völklein sei. Vandal ist ein Grenzler. Es sind es nach Plinius Einteilung alle Völker an der Ostsee auf Teutschem Boden. Und es wird ein Rätsel bleiben, was für ein Volk von ihnen allen besonder unter diesem Namen möchte bedeutet worden sein. Die bekanden eigene Namen dieser Völker, der Rugier: Friderich -; der Heruler: Alarich, Rudolph -; der Burgunder: Guntar, Gundebald, Gundomar, Godegisil, Sigismund -; der Vandalen: Wisumar, Hunerich, Hilderich, Thrasamund -, sind so gut Teutsch, daß man sie wenigstens für Teutsche Basternen halten muß. Dadurch kan M. Praetorius orbis Gothicus l. 3. c. 3. der die Burgunder mit Recht für Sarmaten hält, mit Schiltern in Thesaur. T. III. p. 151. mit Schurzfleisch dissert. de regno burg. veteri, und andern, die sie zu Teutschen machen, vereinigt werden. Ohne Zweifel hat auch die Verschiedenheit der Religion, bey den unsinnlichen Sueven, vieles zu dieser Benennung einer eigenen Classe der Teutschen beigetragen.

Wir gehen nach Vandalien zurük. An der linken Seite des Suevus längst der Ostsee, über den Longobarden und der Havel, das linke Ufer der Elb hin, wohnte ein Bund von sieben Völkern, den ein Gözendienst der Hertha auf der Insel Rügen machte. Unter denen die einzigen Angili beim Ptolemaeus Suevi heisen. Dieser Name, der Süd- und Nordlich in grader linie fort geht, sezt sie unter ihnen allen am Oestlichsten, was es übrigens auch sonst noch für Engern- oder Angelnpläze an mehrern andern Orten geben mag. Anga, Anger, ager, pascua, possessio, CCVIII. Ango, angustia, CCXIX. Ango, Angl, Ankr, cuspis, CCX. auch Anc, Ancl, vinculum, CCXVII. Hier sizt Tacitus germ. c. 40. zu den Cimbern c. 37. und der vorigen Dunkelheit. Er spricht kein Wort von den Teutonen, welche doch den übrigen so wichtig sind. Plinius nennt unter den Vindilis die Burgunder, die Variner, die unter Tacitus Bundsvölkern stehen, die Cariner und Guttonen; und teilt die Ingävonen in drei Hauptvölker, Cimbern, Teutonen und Chaucen. Chauci beim Tacitus ein wichtiges, ein groses Volk. Und Cimbrien ein groses land von vielen Völkern. Im vorbeigehen merkt man an, daß Plinius die Cimbern zweimal nennt. Unter den Cimbern: proximi rheno Istaevones, quorum pars Cimbri, möchte er vielleicht die Advaticer verstehen, die bekandlich eine von Cimbern am Rhein zurükgelassene Colonie sind. Die ganze Stelle ist zweifelhaft: quorum pars Cimbri mediterranei hermiones -; und die Mosa ligt ihm auch in Germania. Sollten nun die Teutonen vom Tacitus ganz übergangen sein? Seine ungenannten Ingävoner sind Chaucorum gentes; Cherusci et Fosi; und die Cimbri. Kan er unter den Cheruscen und Fosen anderer Schriftsteller Teutonen verstehen? Nein. Die andern kennen die Cherusker auch. Es kommt auf einen geringen Unterschied zweier Buchstaben an: man seze, es sei im Namen Reudingi ein r für t geschrieben: so hat Tacitus auch Teudinger, in einerlei Gegend, Besizer von Inseln im suevischen Meer, Nachbarn und Zugegenossen

nossen der alten Cimbern. Nur mit dem Unterschied, daß er diesen Namen einem mit andern verbundenen Völklein gibt, welches Plinius zum Hauptvolk macht. Ptol. sezt offenbar seine Teutonoari und viruni, und Teutones und avarpi in diese Gegenden. Also schliesen Chaucen, Cimbern und Teutonen hier das land.

Nun hat man mit Leibnizen de orig. Franc. zwen starke Gründe, daß die Franken in der Mitte dieser drei Völker ihre ursprüngliche Wohnung gehabt haben. Den einen aus dem Geographus Ravenn. l. 1. c. 11. vom siebenden Jarhundert: ad frontem Albis maurungavia (meer gau) certissime antiquis dicebatur, in qua patria Albis permultos annos Francorum linea remorata est. Und den andern von Ermoldus Nigell. der vom Fluß Däna, dem alten Namen der Eyder, sagt:

Inde genus Francis adfore fama refert.

Die Franken sind zu groß, um ein unbemerktes Völklein in der Mitte der obigen drei Völker zu sein: denn sie haben bald ganz NiederTeutschland ausgefüllt. Sie sind nicht Chaucen, und nicht Cimbern. Was anders, als Teutonen? Der Palus maeotis, oder das schwarze Meer, von wannen die Franken bis an den Rhein gekommen sind, ist sicherlich nichts anders, als die Ostsee. Die Urkunde von A. 300. Galers Vertreibung der Franken non iam ab his locis, quae olim Romani invaserant, sed a propriis ex origine suis sedibus, atque ab ultimis barbariae littoribus -, geht auch dahin.

Eine abermals unbekante Veranlassung war es, daß sie über die Elb aus ihren Grenzen giengen. Dieselbige, die ostwärts den Marcomannenkrieg verursacht hatte, konnte es nicht sein, denn es liegen 76. Jar zwischen diesem Krieg und dem ersten Anfall, mit welchem die Franken A. 240. dem Kaiser Aurelian, nachmaligen legaten der 6ten gallischen Legion, ihren Namen kund gethan haben. Sind vielleicht schon damals die Mösogothen so mächtig worden, daß sie Eroberungen im tiefen Norden gemacht haben? Doch das hat erst Ermanerich, 100 Jar hernach, gethan. Oder sind viele Völker, welche sich im Marcomannenkrieg an der Donau zusammengezogen hatten, nach dem Frieden an der Ostseite des Suevischen Meers hinauf zurükgegangen, und haben andere gedrukt? Oder hat es schon damals einen Finnischen Eroberer gegeben, der sein Volk bis in Haland ausgebreitet, wovon oben gesprochen worden? Haben sich die Suevonen in Codanonien und das oberste Cimbrien gestürzt? sind darum die Teutonen alle aufs feste land gekommen, und dadurch gezwungen worden auszuwandern? wer kan es wissen?

Ihre vandalische bildliche Religion machte sie zu Feinden der Völker, die sie überschwemmten. Konnte ihnen beides nicht ihren Namen zugezogen haben? vrangh, trux, ferox, asper, §. XLV, 2. den sie sich zur Ehre rechneten. Dann der Begriff der Freiheit will sich hier weder zu NiederTeutschlands innerlichen Verfassung, noch zu der Verhältnis reimen, in welcher es damals mit den Römern stand. Die GemüthsEigenschaft der Franken war, nach dem einstimmigen Zeugnis der Geschichte, ohne das ja nicht die beste. Alles in NiederTeutschland lid dabei, nur die Sprache nicht. Die Franken zeigen sich als gute NiederTeutschen: und ziehen sich bald gänzlich an den Rhein.

Die Sachsen wandern ihnen auf dem Fus nach. Nur Ptolemaeus unter allen Alten weist von ihnen. Man gibt ihnen gemeiniglich Holstein zu ihrer Wohnung: und es kan nicht sein. Sie musten ienseit der Eyder sizen. Seeräuberei war ihr Handwerk von Geburt. Heiligenland ist vormals eine beträchtliche Insel gewesen; noch ist es der Nordstrand, mit mehreren Nachbarn, und der westlichen untern Küste von Dänemark; man kan ganz Schleswig nennen. Sie ergosen sich sogleich über die ganze Küste; und machten schon A. 286. die ganze Nordsee bis in Armorica vor ihnen zittern. Nach Verhältnis des Glüks der Franken über Rhein, rukten sie denselben auch zu Land in den Rüken, als wahre Feinde. Sie trieben A. 358. die Salier nach Batavien, und besezten Westphalen, so weit noch heut zu Tag die Sächsische Rechte gehen.

Sachsen und die neueste Friesen, einander fremde, und gleich trozige Völker, wollen sich zugleich auf einer Küste nicht vertragen. Wir sind also wol genöthigt, zu gedenken, daß die Suevischen Angeln nicht mit ihren vormaligen Bundsvölkern zugleich das Suevische Meer verlassen haben, sondern erst nach mehrerer Ausbreitung und Verteilung der Sachsen nachgefolgt, und so dann in ihren nunmehr festen Plaz gesessen seien. Noch sind hier und in Brittannien Spuren von dem Suevischen, die sie von Franken und Sachsen unterscheiden.

Drei neue Völker und Hauptmundarten, in welche ganz Nieder Teutschland zum leztenmal zerrissen worden.

1. Die Friesen, und durch dieselben die Engländer, die ihre Sprache, auch von Sachsen, und, fremder Völker nicht zu gedenken, von Britten, Dänen und Normannen gebildet haben.

2. Die Franken mit den Resten der Vorwelt geben die nieder Rheinische Sprache, in zwo Stufen, nemlich der obern und der niedern. Die obere macht erstlich das Nieder-Teutsche Hessen, oder lebende Cattische. Ob und wie es sich von seinen nord- und westlichen Nachbarn auszeichne, mus andern zu beurteilen überlassen werden. Hernach das eigentliche Reichs nieder Rheinische, in Bergen, Mark, Cölln, Jülch, Cleve -. Die zweite oder die niedere Stufe beschliest das Belgische oder Niederländische, und zwar das Belgische oder Brabantische; und das Statische oder sogenannte Holländische. Daß diese Nieder Teutsche Sprache erst A. 804. durch die Versezung der Sachsen in die Niederlanden von Carl dem grosen entstanden sei, widerlegt der Augenschein, weil sie nicht Sächsisch ist; und beruht auf einem unerweislichen Grund, daß belgisch und batavisch nicht germanisch, sondern eine eigene, die Kimbrische Sprache gewesen sei. Eelking dissert. de Belgis saec. XII. in Germaniam advenis, Göttingen 1770. wird das nicht erweisen, noch erweisen können.

3. Sachsenland macht nun die Helfte Teutschlands aus. Ihre Teutsche Heimat in Westphalen begrenzt zwar Geographus Ravennas l. 4, c. 17. an der Eyder, und den Dänen. Es mus aber nicht so streng genommen werden. Dann diese Grenze gehört offenbar den Friesen. Und man frage billig, ob die alten Härtzker, Cherusci, in Braunschweigischen landen nichts altes und eigenes beibehalten haben, welches sie noch von diesen Ankömmlingen, den Sachsen, unterscheiden möchte? Grose Heinriche des 12ten Jarhunderts breiteten das nieder Sächsische über das ganze alte Vandalien, durch Bejochung und allmälige Vertilgung der Wenden, welche den auswandernden Teutschen Völkern von der Oder her nachgefolget waren.

Also

Also ist das lebende NiederTeutsche mit drei Classen umschlossen. Es ist das Frisische in Frisland, Bremen und Holstein; und das Englische auf seiner Teutschen Seite. Das NiederRheinisch Clevische, und Niederländische. Und das NiederSächsische durch Westphalen, Hessen, Braunschweig, Lüneburg, Holstein, Meklenburg, Brandenburg, Pommern, und über die Grenzen Teutschlands hinaus.

Ein Duisburgischer Abstämmling von Arminischem Geist und Geblüte begeht das Angedenken seiner Vorfahren an einem festlichen Tag, in dem unbildlichen Haine des Teutoburger Waldes. Er erzelt die Untreu der Franken, und die Raubsucht der Sachsen, unter denen seine nähere Väter erlegen. Er mißt sein Schiksal mit denselbigen, und schauert vor der andenden Vorstellung der gänzlichen Zerstörung des kleinen verborgenen Ueberresss dieser heiligen Oerter, welche schon, drei Jarhunderte her, so manche Schmach und Entweihung erdulden haben. Das thut er in dem Augenblik, da das Gethöne der angehenden verzweifelten Schlacht zwischen dem Wüterich Clotar und dem Sächsischen Godwin, zwen unglichen Bilderdienern, die Luft um ihn erschüttert; etwa um das Jar 556. Oder A. 622. da Clotar, die graue Bestie, über die abgehauene Harschwarte seines Dagoberts erbost, den rasenden Sächsischen Berthold niederrennt. Wer wünschte sich nicht, seine Klage in einem alten BardenTon zu hören?

Sprachen und Mundarten sind dem menschlichen Schiksal unterworfen. Der Mensch verändert sich, so lang er lebt; er vermischt sich gemeiniglich mit seines gleichen; und hört im Tode auf zu sein, was er geworden ist. Er lebte, nahm ein Weib, und starb, ist kurz gesagt, von manchem Völkermund. Wolverstanden, der Mund, ein masculum, freilich nicht die Zunge, dann die vermält sich nicht, wol aber die Sprache, die sich mit andern, ehelich oder unehelich –, verbinden kan. Von dem Schiksal der Sprachen selbst ist hier nicht die Rede. Wir haben eine einzige vor uns, die Germanische, welche von ie her gelebt hat, im Ganzen auf ihrem Grund und Boden unvermischt geblieben ist, und frisch und munter keinen Tod befürchtet. Ganz anderst ist es im innern, im kleinern, beschaffen. Die Mundarten wandern mit einzlen Geschlechtern oder Völkern, und Teilen des germanischen Ganzen; sie sterben hier, und werden anderswo gebohren. Sie mischen sich; und ihre alte gelbe Hare nemmen alle Farben an. Sie mischen sich unter sich in allerlei Gestalten. Ein und eben dasselbige Völklein ändert den Gebrauch seiner Wörter, seine Wortbedeutungen, seine Zusamenfügungen, seine Aussprache, u. s. w. Das iedesmal lebende Menschenalter unterscheidet sich von seiner Vorwelt. Es hat seine lebende Sprache, und sein Altertum oder seinen Archaismus. Glüklich ist es, wann es immer die Summe von beiden ziehen kan; glüklich, wann es ein richtiges und vollständiges Verzeichnis seines Sprachschazes, aller seiner gangbaren Münzen, und ihrer Verhältnis gegen einander –; glüklich, wann es sein vollständiges Archiv aufweisen, und draus beurkunden kan. Eingebildetes Glük, wo bist du?

Wer hat sich iemals um die Verzeichnis der lebenden Sprache seiner Gegend, seines Vaterlands, bekümmert; und sich in dieser Absicht zu seinen Künstlern, seinen Handwerkern, seinen Bauern herabgelassen? Nichen, Ihre! welche Neulinge.

Und Altertümer der Sprache, was sind sie anders, als elende Scherbein, Moder, und Bruchstüke? Das übrige ist unwiederbringlich, auf immer und ewig verlohren.

Wir

Wir grübeln oft im Altertum nach einem Wort, dessen Ansehen wir nöthig haben: und es lebt uns doch, uns unbewust, zur Seite. Z. B. Oben ist char, clamor, aus Notkern angeführet worden. Es scheint sehr unschiklich daselbst zu stehen, wo das alte Feld- und Schlachtgeschrei, das schrekliche Getön beim Angriff, und das Gesänge eines schlagenden Volks in einer möglichen Verbindung mit dem Wort Germanen stehe. Es sollte gar, gear, går, ger, geheissen haben. In Balingen, einem der Würtembergischen Oberämter, spricht der Landmann: i haun dir geart, un du host mir nit bertonet, ich habe dir gerufen, und du hast mir nicht geantwortet. Also gerell, clamare, ger, clamor.

Unschriftlich lebende Sprachen sind für andere weniger als tode Sprachen, die doch archaisch, doch noch etwas sind. Sie sind auser ihrer Heimat und Grenze ein wahres nichts, ohne alle Kentnis, ohne allen Nuzen. Möchten doch Sammlungen aller Gegenden geschehen von lebendigen, so wie nunmehr iederman im Staub und Schimmel alter Handschriften zu stöhren, sichs, wie billig, für eine Ehre hält. Wie manches edle Wort in anpassender Bedeutung, und Kraft des Ausdruks, der einer verfeinerten Aussprache so fähig, als ein anders ist, würde das Altertum erklären und bestimmen, unsere gelehrte Sprache bereichern, einen Fremdling beschämen, und einen elenden Miedling seines erbettelten Amts entbinden.

Sorgfältige Sammlungen aller und ieder Gegenden einzeln unternommen. Nach der regierenden Sprache ermessen, das ist, iedes Wort für landseigen, Dialetisch, provinzial erkannt, weil es der gemeinschaftmäsigen ungewöhnlich ist. Nach der regierenden Sprache Model eingerichtet, das ist, von der pöbelhaften Aussprache gereinigt, verfeinert. So vollständig gemacht, als immer möglich ist. Alle einzele Sammlungen aller und ieder Gegenden in einen gemeinschaftlichen Schos einer belohnenden patriotischen Gesellschaft, einer gelehrten Gesellschaft, einer königlichen Akademie, geschikt. Daselbst unter sich; mit dem Altertum iedes seiner Gegend; alsdann mit der regierenden Sprache; und zulezt mit dem gemeinen Altertum verglichen. Gemustert; das edle vom unedlen, das echte vom unechten – abgesondert. Ein Ganzes, ein edles, ein vollständiges, ein echt germanisches Ganze daraus gemacht; verzeichnet; und zu iedermans Nachricht, Gebrauch und Nuzen öffentlich aufgestellt! Nein, dieses Stük für unsere Muttersprache ist zu gros, zu schmeichelnd, als daß mans hoffen könnte. Ein gesegneter Erfolg erfreue die Herzen der grosmächtigen Edlen, die unlängst einen so hohen Preis auf ein für ganz Teutschland gemeinnüziges Wörterbuch gesezet haben! Aber diß ist der einzige Weg dahin. Kein anderer ist nicht möglich. Und ein einzeler Wanderer ist, bei aller Kraft und Geschwindigkeit, zu klein darzu. Ist doch schon ein einzeler Sammler nur für vollständige idiotica eines kleinen Landes zu wenig.

So lang noch Vorurteile und Streit verschiedener Gegenden herrschen, wordurch der eine dem andern sein Wort verachtet und ausstreicht, oder abstreitet und ableugnet: das Wort ist nicht Meisnisch; es ist Schwäbisch, ist Oestreichisch u. s. w. Oder: das Wort wird nicht im Verzeichnis z. B. des AngelSächsischen gefunden, es ist also nicht AngelSächsisch; es ist nur Alemannisch, nur altnordisch, u. s. w. Es ist nur im Holländischen, nicht im Niedersächsischen –, nur in Holstein, nicht im übrigen NiederTeutschland zu Haus, u. s. w. Ohne zu untersuchen, ob es auch nie ie vormals daselbst gewesen sei, oder gewesen sein könne, oder müse; ob es nicht wenigstens in seiner wahren Wurzel da; ob es nicht gleichwol selbst

Teutsch,

Teutsch, gut alt und gemein Teutsch, und wurzelhaft: ob es kräftig, anpassend, schmiegfähig, edel –. Oder, so lange man keine Fundamente der Sprache aus ihr selbst, keine Philosophie der Teutschen, besonders der gelehrten Sprache erkennt, sondern sich blos auf Helden und Marodeurs, Eigenmacht und sündige Nachlässigkeit – zügellos verläßt, und aus dem eitlen Schlupfwinkel: Bei Regeln der Teutschen Sprache müsse man sich genau an die Mundart halten, deren Regeln man entwerffen will, heraus hefft, als wenn die Teutsche Sprache an sich keiner Regel fähig wäre – u. s. w. So lang, auf dem gemeinen Reichstag der Teutschen gelehrten Sprachrepublik, nur Meissen allein das Wort führen will, und kein anderer Teutscher freie Stimme, zu einem vernunftmäßigen und gerechten Abschied haben soll –. So lang, ja, leider! so lang ist keine Hoffnung.

Wir gehen zu den Kindern der Germanischen Sprache, wie sie sich oben geordnet haben.

Die Sueonische lebt in vier Hauptmundarten, Schwedisch, Dänisch, Norwegisch und Isländisch. Sie steht in vollem Flor, und gelehrtem Anbau aus sich selbsten; nur daß seit alten Zeiten das angegrenzte NiederTeutsche, (so fern es vom OriginalTeutschen unterschieden), sich in ihr Suevisches eingemischt; und ihr die regierende Teutsche Sprache von der Christlichen Religion her, auch besonders seit der Reformation, fast eben den Eintrag thut, den sie, die HochTeutsche selbst, aus der ersten Ursache von der Lateinischen Sprache gelitten hat.

Die 3. Dalecarlische Mundarten kommen dem Isländischen am nächsten, und sind ein lebender Archaismus von den übrigen.

Regner Lodbroks, des Dänischen Königs, Sterb- und Heldenlied, das ihm unter dem Biß der Vipern in einem Engelländischen Gefängnis A. 857. zugeschrieben wird; und Thiodolfs, Harald Harfagers Hofpoeten in Norwegen, LiederFragmente A. 875. sind die ältesten Urkunden. Wohin vielleicht auch das Lied: Visdom frända rogi – gehört, welches in einem alten Gesetzbuch in der koppenhagischen Bibliothek zu finden. —

Die ältere Edda oder Mythologie A. 1077. von Sämund Sigfusson, und die neuere, oder vielmehr ausgezogene A. 1222. von Snorre Sturleson; die Scalda oder Poesie von 1216. Und die Sagae oder Romanen, welche die Sagamadir, (Contadores, Cantores, Jugleres, Truanes, Bufones, und wie ihre fremde Namen immer heißen), oder Barden und Meistersinger, in Island gedichtet, die mit den Troubadors oder Provençal Poeten in Gallien starke Gemeinschaft gehabt haben; und die Steinenschriften, deren die meisten in Upland zu finden; samt den alten Gesetzen, sind herrliche Denkmäler, denen der Misbrauch ihrer Erklärung und ihrer Anwendung auf die Geschichte, die Hochachtung, die sie verdienen, nicht rauben kan.

Die Bemühungen eines Ioh. Magnus, Erzbisch. von Upsal, hist. Gothorum Suionumque, Rom 1554. und seines Bruders Olaus Magnus, hist. de gentibus Septentr. Rom. 1555. Eines Olaus Wormius literatura Runica antiquissima, fasti et monumenta Danica, Hafn. 1636. 4to, und sein Lexicon Runicum, Hafn. 1650. fol. Olaus Verelius Runographia, Upsal 1675. fol. und sein Index linguae vet. Scytho-Scandicae s. Gothicae, ex vetusti aevi monumentis collectis, Ups. 1691. fol.

Olaus Rudbek, der lezten herausgegeben, und seine Atlantica, fodern unsern Dank, und unsere Entschuldigung, was ihnen auch, der Art ihrer Zeit gemäs, menschliches widerfahren ist.

Gudmund Andreae Islandi Lexicon Islandicum, welches Petr. Io. Resenius, Hafn. 1683. 4t. besorgt. Runolf Ionae Isländische Grammatic in Hikesius Thesaur. Pontoppidanus glossar. Norweg. Und Erich Benzelius und Hikesius, und Stiernhielm - werden ihre Verdienste behalten.

Ioh. ab Ihre, CanzleiRath und Prof. in Upsal, sammelt, ein Wunder vor unsern Augen! die Schwedischen lebende Mundarten in Dissertationen, und dem Schwedischen DialectLexicon, Upsal 1766. 4t. Und glossar. SueoGoth.. 2. Folianten, Upsal 1769. Schlegels Abhandlung über die Vorteile und Mängel des Dänischen, verglichen mit dem Teutschen und Französischen, Schlesw. 1763. 8. Und die neueste Grammatic, die bei dem Befel herausgekommen, daß das ganze Kriegsheer Dänisch sprechen soll; wesentlicher Unterricht zur Erlernung der Dänischen Sprache, nebst einer Chrestomathie, und vollständigen Wörterbuch für dieselbe, Hamb. 1773. Diese, und Heilige- und KirchenBücher, mit Stiernhielms Ulfilanisch- und Isländischen-, auch Ihrens Arbeit, mit mehreren andern sind im Wurzelwörterbuch angewendet worden.

Das Mösogothische hat seinen Ulfilas, Bischoff der Westgothen, widerholten Gesanden an Valens in Constantinopel, wo er im Alter, mit seinem Volk, arianisch worden. Seine Bibelübersezung um das Jar 360. ist die älteste germanische Urkunde. Die Evangelien sind eine Schwedische Beute vom Teutschen Boden, und nun der Codex argenteus von seinem Kleide genennt. Junius, Stiernhielm und Benzelius haben sich in ihren Ausgaben verbessert, welche Ihre vollkommen gemacht hat. Etliche Blätter in der Wolfenb. Bibliothek aus der Epistel an die Römer: Ulphilae versionem Gothicam nonnullorum capitum epistolae Pauli ad Romanos e litura Msti in bibl. Guelpherbyt. asservati eruit Franc. Anton. Knittel, archidiac. Metrop. 4t. Das Gudslebische monumentum Arretinum; und Wörterklaubungen aus alten Schriftstellern, und aus den Legib. Gothicis, die, nach Isidor. hispal. in chron. Goth. was die Westgothen anbelangt, erst unter König Eurich A. 504. verfaßt worden sind: sub hoc rege Gothi legum instituta scriptis habere ceperunt, nam antea tantum moribus et consuetudine tenebantur. - sind alles, was von dieses grosen Volks weit ausgebreiteten Sprache übrig geblieben ist. Unzälige Commentatoren -. Eigenen Augen bleibt es allezeit erlaubt, von denselben, besonders von den Nordischen Lieblingsmeinungen, abzugehen. Io. ab Ihre neuestes Buch, Scripta versionem Ulphilanam et linguam Moesogothicam illustrantia. edita ab Anton. Frid. Büsching, Berol. 4t. 1773. bleibt, bei 3. uneigentlichen Coniugationen, und 36. Declinationen ohne übrige Ausnamen, u. s. w. eine vortreffliche Arbeit. Hieher gehört auch Busbeks Tatarisches Wörterverzeichnis. Und die gelegenheitliche Verbindung mit dem Persischen. Hier ist das Wurzelwörterbuch vollständig.

Der Suev - Alemann ist unstreitig an alten Urkunden der reichste. Interpres Isidori hispal. (archiepiscopi ab A. 595. ad 636. florentis, ad florentinam sororem suam, de nativitate domini -, contra nequitiam Iudaeorum), ein rechtglaubiger Teutscher in Hispanien, im 7. oder 8ten Jarhundert, ist der älteste Teutsche Schriftsteller.

ler. Io. Phil. Palthenius hat dieses Fragment erstmals heraus gegeben. Es steht in Schilters Thesaur. T. I. Parte altera zuerst. Und verdient einen Commentatoren.

Kero, Münch in St. Gallen, interpretatio vocabulorum barbaricorum (Alemann.) in regulam St. Benedicti abbatis, nach dem lateinischen Alphabet in Melch. Goldast script. rerum Allemann. T. II. P. I. p. 71-95. Und in Schilt. Thes. T. I. P. II. das andere Stük, ex Msto bibl. Monasterii St. Galli, eruta nunc primum per Bernh. Frank, capitularem St. Galli, cum notis Scherzii. Oft sehr lächerliche Uebersezungen, die dem Mönchen, nicht der Sprache müssen zugeschrieben werden.

Rhabanus Maurus, der Vater der HochTeutschen Sprache, Abt in Fuld. Seine glossae latino barbaricae de partibus humani corporis; mit den Namen der Monate und Winde, und den Nordmannischen Buchstaben, stehen im Goldast ib. T. I. P. I. p. 66-69. Wie sie Walafrid Strabo aus seinem Munde geschrieben. Morhof sagt in der Poeterei: Lambecius comment. de bibl. Vindob. nenne Rabani Mauri glossarium latino Theodiscum in tota biblia V. et N. Testamenti, dessen Anfang also lauten soll: Pikinnant samenunga uuorto fona dero niuun anti deru altun Euu. Etwa von A. 847.

Ruodebert, Magister St. Galli, hat in seiner siebenden Epistul, eine kurze Uebersezung einiger lateinischer Wörter ins Teutsche, die auch im Goldast stehen, ib. p. 65.

Otfrid, Benedictiner Mönch zu Weissenburg in Elsaß, volumen Evangeliorum in V. Büchern. In langweilig ausgedehnten Versen oder Reimen. Seine Zuschriften gehen, an König Ludwig, noch vor A. 872. an Luitbert (lateinisch), der A. 863. Erzbischoff in Mainz worden, und A. 889. gestorben; und an Salomon II. Bisch. von Costanz. Am Ende der 5. Bücher steht ein Gedicht an Hartmuat, der A. 872. Abt worden, und an Werinbert, zwei Mönche in St. Gallen, die seine Mitschüler von Rhaban gewesen sind. Man hat 3. Codices, zu Freisingen, in Wien, und im Vatican, der von Augspurg über Heidelberg dahin gekommen. In Wolfenbüttel sind auch 4. Quartblätter von ihm. Schilt. Thesaur. T. I. der mit Otfrid den Anfang macht.

Catechesis Theotisca incerti monachi Weissenburgensis saeculo IX. conscripta, ut et monumenta catechetica varia Theotisca. Omnia in unum collegit Io. Ge. Eccard, 1713. 8. ex Msto in bibl. Wolfenb. Und eben desselben

Hymnus magnus Ecclesiae, sive Te deum laudamus saec. IX. Teutonice conversus ib. 1713. 4to. Und Fragm. Evang. Matth. In Schilt. T. I. P. I. zulezt, stehen auch monumenta catechetica theotisca illustrata per Schilt.

Christi Gespräch mit der Samaritanerin Joh. 4. in Reimen. Aus einem Mst der Wiener Bibl. von Petr. Lambecius hervorgezogen. Auch in Schilt. T. II. paralipomena am Ende. Ist von Otfrids Zeit.

Tatiani Syri (Alexandrini) harmonia Evangelica e latina Victoris Capuani (A. 545.) versione translata in linguam Theotiscam antiquissimam, 244. Capitel. von Io. Phil. Palthenius zu Greifswald 4t. 1706. erstmals herausgegeben. Steht in Schilt. Thes. jenem unmittelbar voran. Und ist nicht viel jünger als Otfrid.

In

In der Cottonischen Bibliothek zu Westmünster liegt ein noch unedirter Codex quatruus franco theotisce scriptus circa tempora Caroli M. Ist eine Harmonie der 4. Evangelisten in poetischer Schreibart.

In dem zweiten HochTeutschen Alter stehen

Notker der dritte, labeo, von breiten lippen, Abt zu St. Gallen, der d. 29. Jun. 1022. gestorben. Psalterium Davidicum, s. Translatio barbarica Psalterii, Eine Uebersezung, Erklärung und Anwendung zugleich: 150. Psalmen, Cantica Ies. 12. Ezechiae (Ies. 38, 10.), Annae (1. Sam. 2.), Moysi (Ex. 15.), Devteronomii (c. 32.), Oratio dominica, Symbol. apostolicum, Ymnus Zachariae (Luc. 1, 68), Canticum St. Mariae (Luc. 1, 47.), fides St. Athanasii. Schilt. Thes. T. I. P. I. das zweite Stük, woselbst gemeldet wird, daß im Closter St. Gallen von ihm noch eine Verteutschung von Boetii consolat. Philosophica, vom organo Aristotelis, und von Martiano capella de nuptiis Mercurii et Philologiae, liege. Teutsch und lateinisch durcheinander.

Willeram von Babinberg, Benedictiner Mönch in Fuld, A. 1048. Abt zu Ebersperg in Baiern, stirbt non. maij 1085. in Canticum canticorum paraphrasis - altera veteri lingua Francica, ex Msto bibl. Rhedigerianae Uratislav. cum notis plurium, in Schilt. Thes. nach Notkern. Das Mst in Ebersperg soll so alt sein als Willeram selber. Man hat ausser diesem und dem Breslauer, noch ein Mst in Heidelberg und in Wien. Das Teutsche hat Paul Merula 1598. Lugd. Bat. 8. mit Holländischer Dolmetschung, und Marq. Freherus 1631. Worms 8. herausgegeben.

Rythmus auf St. Anno, den Cöllnischen Erzbischoff, der A. 1075. gestorben, ist gut Alemannisch, wann er auch in Cölln geschrieben wäre. Martin Opitius, Danzig 1639. 8. und in Schilt. Thes. T. I. P. II. zulezt, ex membrana bibl. Rhedigerianae Uratisl. cum notis Schilt. et Scherzii.

Das dritte Alter ist das fruchtbare

der **Minnesinger**, nach dem Bilde der französischen Troubadors, die Frid. I. herzugezogen hat. Schade, daß sie in zwei übervollen Jarhunderten durcheinander geworfen, und schwerlich ganz zu ordnen sind. Der Jenaische Codex. Die Manessische Sammlung, Zürch 1758. und 1759. 4t. CXXXVIII. Singer. Mit den versprochenen Erzelungen Gotfrits von Strasburg; der Trojanische Held Cuonrat von Würzburc. - und was schon herausgegeben, Chriemhilde. - Die Fabeln der Minnesinger, Zürch 1757. 8. und was jüngst Leßing in den Beiträgen zur Geschichte und Litter. hinzugethan. Mit den Fragmenten der Scherzischen Dissertationen. - Im BenedictinerCloster zu Weingarten soll noch ein vortrefflicher Codex auf Pergament viele Minnelieder, und unter andern ein langes Lied auf den Amor enthalten.

In den Anfang dieser Zeit gehört eine alte Alemannische Beicht: bigith thera alten kirichun, Gold. T. II. P. II. p. 146. Und in die Mitte eine andere chri dir alten kilchin, ib. p. 145. C. B. Strüpen hat 4. alte Beichtformeln zusammengedrukt, darunter drei Alemannisch, Hanov. 1767. 4t.

Ein

Ein altes Hohelied Salomonis, Schilter im Königshoven.

Einige Omelien (Homilien) in St. Gallen, deren Goldast T. III. p. 36. erwehnt.

Das Kaiserrecht, unstreitig älter, als das Alemannische land- und lehenRecht, oder der nachmalige Schwabenspiegel, etwa 1208. in Schilt. Thes. T. II. das zweite Stük; und in Jo. Heinr. Drümels Corp. Legum et consuet. I. P. Germ. a Carolo M. usque ad Aur. Bull. 1757. 4t.

Das Heldenbuch von Heinr. von Offtertingen. Herman von Sachsenhausen von der Möhrin. In laudem Henrici comit. Palat. A. 1209. Teutsch und lat. abwechselnd, ex Msto biblioth. Cambridg. in der Quaternio monumentorum veterum, und Fragm. Evang. Matth. von Jo. Ge. Eccard, siehe oben. Albrechts von Halberstate Ovid; Heinrichs von Veldek Virgil. -

Fragm. de bello Caroli M. contra Saracen. in Schilt. Thesaur. T. II. sechstes Stük. Jünger ist Striker Mst. de bello Caroli M. Hispanico, Schilt. in Anmerkungen zum Königsh. und Thes. T. II. fünftes Stük.

Mitten in der Zeit der Minnesinger befielt Friderich der Zweite A. 1236. im Mainzer ReichsAbschied, alle öffentliche Urkunden Teutsch zu schreiben; und läßt die Bibel (durch Rudolph von Hoheriembs) ins Teutsche übersezen, davon ein Mst in der Kraftischen Ulmer Bibl. bis 2. Reg. 4. geht, und ein ganzes in Wolfenb. liegen soll. Seine Freiheiten der Reichsstätte; sein landfrieden 1235. - Von nun an sind die Urkunden nimmer zu zälen.

In der Wolfenb. Bibl. sind 2. pergamentene Codices versionis theotiscae rythmicae, etwa von A. 1245.

Rudolph I. widerholt 1272. auf dem Frankf. Reichstag die Verfassung der Urkunden im Teutschen bei Strafe. Sein landfried 1281.

Das Augspurgische Stattbuch 1276. welches Schilter benuzt hat; mit Christoph Frid. Wengs glossar. augustano, oder altTeutschem Wörterbuch darüber.

Eine Menge Urkunden aus Chroniken und Rechten. Meibom Sammlungen von alten Chroniken.

Im vierzehenden Jarhundert zeichnen sich aus

Eine Menge Stattrechte, als Strasburg 1323. Wimpfen 1330. Reutlingen 1349. Herforden 1350. Frankfurt 1352. Achen 1356. u. s. w.

Der Welsche Gast ein Reimgedicht im Mst einer Ulm. Biblioth.

Conrad von Amenenhusen 1337. Eine Uebersezung Casals vom Schachspiel.

Jac. v. Königshovens Chronic bis 1386. von Schilter, Strasb. 1698. 4t.

und Kaisersperg.

Hugo von Trimberg schreibt 1350. den Renner und Sammler; und Freidank eine laienbibel.

Zeiler führt epist. 291. nach Morhofen aus einer Limburgischen Chronic an, daß um die Mitte des vierzehenden Jarhunderts die Teutschen mit ihrer Kleidung, zugleich ihre Gesänge und ihre Music verändert haben. Man spürt es selbst der Sprache an.

Sie hat hier Hauptveränderungen gelitten. Und hier ist ein Mittelstand, und ein Uebergang vom Minnesingerischen Genius zu dem heutigen.

Alte Bibelübersezungen, und andere Urkunden vom ersten Druk. Ein Vocabularium in Augspurg 1477. und ein anders, Buch der Natur genennt, daselbst, 1482.

Dr. Hartlieb von München Historie Alexand. M. 1488.

Sebast. Brand, Fischart von Strasburg, Demmerungen von untergegangenen Minne-, von aufgehenden Meistersingern. Hans Sachs mit 6840. Werken, in 53. Jaren 1514 - 67. Burkard von Waldis. —

Luther ist Epoche. Maximilian liebt seine Muttersprache; und Pfinzing, Probst zu St. Victor in Mainz, schreibt den Theurdank. Und die Propheten, gedrukt zu Augspurg durch Haynr. Stayner 1528. mögen den Reihen schliesen, unter den bisher erzelten Quellen, die meist alle in diesem Wörterbuch benuzt worden sind. Es wird genug sein, zu sagen, daß Goldast, Bezold, Drümel, Grupen - und so viele andere, besonders der ganze dritte Tom, oder das Glossarium in Schilters Thesauro, Ulm. 1728 - Und in demselbigen das Glossarium P. Bernh. Pezii (auctoris glossarii Monseensis); Thomae Reinesii vocabularium theotiscum; Io. Dieemanni observationes in glossar. Rhabani mauri; Stadenii s. Dietr. de Stade; Scherzii; Io. Phil. Palthenii, et aliorum, die ihm eingeflochten, und Boxhorn gl[illegible]ssar. Francicum, welches ihm hinden angefügt worden, enthalten seien; und die leipziger critischen Beiträge, so weit sie hieher gehören; und vieles von Jo. Ge. Wachter glossar. Germ. Lips. 1737. fol. und Haltaus glossar. Germ. med. aevi, zwen Fol. Lips. 1758.

Und nun die lebende Hoch- oder sogenannte OberTeutsche Sprache. Ihr Umfang ist in iedes gute Schullexicon eingeschlossen. Und die Summe der lebenden, doch unz technischen, Wörter desselben kan für eine uneigentliche Allgemeinheit gelten. Tode Sprachen sind eigentliche Bruchstüke, und so weitläufig sie auch sein mögen, gleichwol übersehbar; lebendige aber bleiben unerschöpflich, so lang es nicht aller Orten wachsame Idiotisten gibt. Doch selbst auch in diesem Falle werden ewig lüken bleiben.

Io. Lud. Praschius hat ein glossarium Bavaricum in dissert. de origine Germanica linguae Lat. Regensp. 1689. 4t. welches in Jo. Heumanns Opusculis Nürnb. 1747. 4t. ausgezogen und vermehrt worden ist. Wenigstens hat man hier den Io. Ge. Wakius, daß das Bayrische Syrisch sei, Regensp. 1713. 8. als einen baierischen Idioten angesehen. Vieles Schwäbische Provinziale ist eingeschaltet. Schilter hat provinzial Elsäsisch. Und Denzlers clavis linguae lat. ist, als ein Basler, zum Grund gelegt worden. Villeicht sorgen noch die Schwaben, die Schweizer, die Baiern und Oestreicher u. s. w. für ihre laudsEigenheiten in der Sprache. Christi. Meisneri Silesia loquens dissert. praeside Schurzfleisch 1705. —

Hieher gehören auch die veronesischen und vincentinischen Cimbrer, zwei Bücher von Marko Pezzo mit einem Wörterbuch, Verona 1763. im Büschingischen Magazin VI. Teil, II. Stük 1771.

Und

Und in Absicht auf das Ganze, Christo. Ernst Steinbach vollständiges Teutsches Wörterbuch, Bresl. 1734. 8. Henisch Thesaur. linguae German. oder Sprachschaz -. Das Weberische Universalwörterbuch 1770. - Stosch Bestimmung der gleichbedeutenden Wörter der Teutschen Sprache, 3. Teile, Frankf. Oder 1773. 8. Und der erste Tom von Adelungs Hochdeutschem Wörterbuch, dem die Preisschrift vorgedrukt worden ist.

Wann die Menschensprache, mit dem Menschen und der Nation, drei Stufen ihres Lebens hat, daß sie ein Kind, ein Jüngling, und ein Grauer; Hirte, Held, und Weichling ist; das erste im Wachstum ohne Urkunde auser dunkle Erinnerung und Sage; das andere in aller Kraft und Stärke; und das dritte in schwächender Verbreitung und Bequemlichkeit: so hat die Teutsche Sprache die Kenntnis ihrer Kindheit blos aus der Rüksicht auf den Ursprung, die Wurzeln, und ihre wesentliche Regeln oder Bildung und Verbindung derselbigen zu schliesen. Die Geschichte findet sie in ihrer blühenden Jugend oder dem Heldenalter. Heidnischer Barden Urkunden, die Carl der grose aus dem Gedächtnis auf Schriften sezen will, vernichtet sein Sohn aus beiden zugleich. Aus dem Mönchmonopol werden Minne-, und aus diesen Meistersinger. Und mit dem grosen Absaz 1350. rükt das Alter ein. Vorbereitung auf Luthern; Opiz; und Leipzig. Und was wird noch kommen?

Die Hochfranken haben ihren Namen zur unbestimmten Benennung des Hoch-Teutschen hergegeben, bis die Carolingische Familie abgegangen ist. Ihre Urkunden sind

Die Capitularia, welche Teutsch berathschlagt, verkündigt, und ins Gedächtnis gefaßt, und lateinisch geschrieben, und der Nachwelt aufbehalten worden, woraus man nur einzele Teutsche Wörter brauchen kan. Sie reichen bis an die Hohenstaufer. Und Friderichs des ersten pax Constantiensis A. 1183. und Nürnbergischer Reichsabschied 1187. sind noch lateinisch, mit eingestreuten Teutschen Wörtern. Nur ist

Capitularis Ludovici pii A. 819. translatio theotisca Trevirensis vorhanden, in Brouweri proparasceve annal. Trev. oder Lex Hludovici Aug. et Hlotharii Caesaris f. ex libr. IV. capitular. Francic. cap. XIX. von einem Mst der Bibl. in der Hauptkirche zu Trier, Schilt. Thesaur. T. II.

Der Bund Ludwigs, des ersten Teutschen mit Carl dem kalen von A. 842. steht in Schilt. Iure publ. T. II. p. 38. und Thesaur. T. II. p. 240. und an vielen andern Orten.

Das Heldenlied A. 883. auf König Ludwigs Sieg über die Normannen, ex Msto monasterii Elnonensis s. St. Amandi in belgio, per Io. Mabillon, cum notis Schilt. auch im Thesaur. T. II. ist eben so bekant.

Die Welt soll sich doch das Vorurteil vergehen lassen, als wann Rom eine Herrschaft auf dem Teutschen Boden ausgeübt hätte, die, wie in Gallien, einen Einfluß des lateinischen in die Teutsche Sprache gemacht. Nein! Teutsche Geistlichen und Mönche haben es gethan. Sie haben die lateinische KirchenSprache als ein Heiligtum betrachtet; sie haben sie lernen müsen, und dergestalt geübt, daß sie ihre Muttersprache drüber, als barbarisch und paganisch, vernachläsigt und verachtet haben. Unterdrukung war es, und keine Mischung, die Einführung fremder Wörter mit fremden Begriffen ausgenommen. Ein Rhabanischer Patriotriotisimus ist reiner, das ist, vom lateinischen ungemischter Teutsch, als unser heutiges. Nun wirft der gemeine Mann mit lateinischen Broken um sich, troz dem Gelehrten. Pabst Honor III. hat A. 1220. einen Bischoff in NiederSachsen abgesezt, weil er weder den Donat gelesen, noch die Grammatic gelernt hatte; Rambach zu Sarpii Concil. Trident. T. II. p. 655. Und Kaiser Rudolph I. ist A. 1275. auf dem Reichstag zu Augspurg einem Bischoff Bernhard ins Wort gefallen, der lateinisch reden wollte.

Die alten NiederTeutsche Franken kennt man aus ihrem Lege Salica, und dessen einzelen Teutschen ins latein gestekten Wörtern. Antiquissimae legis Salicae textus vetustior e bibl. Parisiensi, quo voces Germanicae quaedam retentae, Schilt. Thesaur. T. II. das erste Stük. Ihr Anfang ist vor Faramund schon A. 422. und ist immer vermehrt worden. Lex Salica recentior emendata - auctoritate Caroli M. A. 798. das zweite Stük.

Wendelini glossar. Salicum. - Glossarium du Cangianum: Caroli du Fresne - Cangii glossarium mediae atque infimae latinitatis, zwen Folianten. Glossarium manuale, ex magnis glossariis C. du Fresne, D. du Cange et Carpentarii, in compendium redactum T. II. 8. maj. Halae 1773.

Im NiederRheinischen blüht das sogenannte Holländische sehr schön, wann man die Bildung ausnimmt, die sich diese NiederTeutsche Sprache in der Schreibart der Vocale, und manchen Endungen der Wörter vom Französischen gegeben hat. Sie hat ihre Sprachlehren und Wörterbücher. Ihre Bibelübersezung und andere KirchenBücher, der Zuschauer, und eine Menge andere, sind in diesem Wurzelwörterbuch angewendet worden, besonders Moerbeeks Woordenboek der Nederlandsche Tal.

Abrah. Mylius de lingua belg. Lugd. Bat. 1612. 4t. behauptet wider Iust. Lipsius epist. ad belgas, worinn ein Glossarium, „daß das alte Niederländische, so derselbe aus einem alten Psalter, von Carl des grosen Zeiten her, in einem Brief an Schottum beigebracht, dasselbe sei, was heutigs Tags geredet wird. Er sezt auch den 19ten Psalmen nebst der latein. und neuen Niederländischen Uebersezung dahin. Nur ist in einigen Endungen ein Unterschied, und sind die alten Wörter gänzlich nach der Construction der lateinischen Version gesezt„ sind Morhofens Worte p. 235.

Gotfr. Hagens cölnische Reimchronik von 1270. ist nur in der Grundlage NiederTeutsch.

Vocabularius Theutonista oder Duytschlender ist ein Teutschlat. und lat. Teutsches lexicon, welches Gerhard de Schueren in zwen Teilen aus Hugwicions Teuthonista, und Ioh. de Ianua Catholico, in seiner clevischen Muttersprache, auf gut Flämisch zusamengetragen hat, Cöln fol. 1477. Ein seltenes altes Buch. Dieser Ioh. de Ianua, ein Dominicaner, vollendete A. 1286. ein Catholicon, oder Universallexikon, in 5. Teilen: Orthogr. Prosod. Gramm. Rhetor. und Etymologie. Dieses lezte ist ein Vocabularium, 5. mal gröser, als die andern zusamen. Der Vater aller Lexicographen, elendes Zeug, und eines der ersten Bücher, die mit gegossenen lettern gedrukt worden A. 1460. Ein

groser

groser Foliant, der in 60. Jaren wenigstens 25. mal aufgelegt worden. Jezt ist es blos in Raritäten-Kästen anzutreffen. Richey hat einen Auszug draus gemacht.

Corn. Kilian Dufflaeus etymologicum Teutonicae linguae, sive dictionarium Teutonico latinum A. 1588. und 1598. 8. vermehrt zu Alcmaer 1613. und Utrecht 1632. sehr rar. Hat alle brabantische Wörter, mit vielen Flandr. Holländ. Seländ. Geldr. Frisischen, und Nieder- und OberSächsische - nach dem A B C ins latein. übersezt. id. Richey.

Hieher gehört auf gewiese Weise auch der luxurierende Jo. Gorop Becan Cimmeriorum becceselana, Antwerp. 1569. fol. der sich gemeiniglich eine Lobrede hält, wann er ein Wort verwürgt hat. Gleichwol leben seine IndoScythica nicht unbillig wieder auf.

Lambert ten Kate aenleiding tot de Kennisse van het verhevene Deel der nederduitsche Sprake, Amsterd. 1723. 4t. zwen Tomen. Dessen Gemeenschap tussen de Gottische Spraeke en de nederduytsche ihre anführt.

Das neuste möchte sein nieuw Woordenboek door Matthias Kramer, en vermerderd door van Moerbeek, te leipzig 1768.

Im Niedersächsischen ist

Michael Richey idioticon Hamburgense oder Wörterbuch zur Erklärung der eigenen, in und um Hamburg gebräuchlichen NiederSächsischen Mundart, Hamb. 1755. 8. Mit Hinr. Frid. Zieglers Sammlung einiger Wörter und Redensarten, die grösteteils nur allein in Ditmarschen gebräuchlich sind, ohne seines gleichen, und wird für alle Gegenden Teutschlands als ein Muster zur patriotischen Nachahmung aufgestellt; und ist vollständig im Wurzelwörterbuch zu finden.

Strodtmann hat ein idioticon Osnabrugense.

Und Christoph Matthias Mölling, vom Vaterland der AngelSachsen in Westphalen, Bielefeld 1756. hat seinen Sprachnuzen.

Das Teutsche der Stiftung des Marggraven Gero, das Closter Gernrode betreffend, welche A. 964. geschrieben worden sein soll, kan vor dem 13ten Jarhundert unmöglich geschrieben sein; und ist schwerlich älter, als

Die Eidsformel, welche Albert von Braunschweig, dem Bischoff zu Halberstatt, geleistet worden, in Meiboms Sammlungen der Teutschen Sachen.

Joh. Stadtwegs Chronic vom 13ten Jarhundert ein Mst in Hildesheim.

Leibnizens glossar. Chaucorum, in Eccards hist. studii Etymol. Hanov. 1717. 8.

Epko von Repkow Sachsenspiegel in NiederTeutscher Sprache, leipz. von Carl Wilh. Gärtner, und andern.

Das Sächsische Lehenrecht aber, etwa vom 13ten Jarhundert, ist zimlich HochTeutsch.

Die NiederSächsische Chronic 1482. lübeker Bibel 1494. —

Heinr. von Alkmar (oder Nicol. Baumann 1522. NiederTeutsch geschriebener und A. 1577. ins HochTeutsche übersezter) Reinike Vos, lübek 1498. 4t. und Helmst. 1711. 4t.

Laurenbergs plattTeutsche Gedichte. Und die plattTeutsche Bibel 1565. mit Bugenhagens Anmerkungen. —

Möchten Micrälius Klagen, die Morhof, aus der Vorrede des dritten Buchs seiner Pommerischen Chronic, anführt: „wir andern Sachsenleute haben nun auch an unserer Muttersprache einen solchen Ekel gehabt, daß unsere Kinder nicht ein Vater unser, wo nicht in HochTeutscher Sprache, betten, und wir keine pommerische Predigt mehr in ganz Pommern hören mögen -„; und der neuste Vorwurf der Welthistorie T. XXXI. daß die NiederSächsische Sprache nicht einmal eine Grammatic aufzuweisen habe, mehreren Eindruk machen!

Das Friesische hat seine mittelalte Geseze, Leges Frisonum, in seiner Sprache. Ubbo Emmius rer. frisic. l. 32. p. 81. führt von A. 1494. eine Eidsformel an; und Io. Schildius de Caucis, Auricae 1742. 8. gibt, mit ihm, einzele Charactere. Die Welthist. T. XXXI. spricht von einer eigenen altFriesischen Sprachlehre in Holländischer Spräche. Piccardt antiquit. van't oude Vrieslandt. Dietr. von Stade vocabula Wursatofrisica (Bremisch), ein Handv. Mst. gehört zum Richey. Ueberhaupt fliesen hie herum die Friesische und NiederSächsische, wie auf der andern Seite die Friesische und Belgische Sprachen, in einander.

In Engelland sind vornemlich drei germanische Sprachen in eins zusamen geflossen, das Säxische, Anglische und Dänische. Ge. Hikesii Linguarum veter. septentr. thesaurus grammatico criticus et archaeologicus, Oxon. 1705. fol. hat darum die grösten Verdienste. Ihm nach sind vom Säxischen und Anglischen bis zur Ankunft der Dänen, in welcher Zeit sie sich unter einander, und mit dem Brittischen vermischt haben, oder vor König Alfred A. 872. keine Schriften vorhanden. Von der Ankunft der Dänen bis zu den Normannen A. 1066. habe man zwo Bibelüberſezungen. Hingegen zält er von den Normannen bis auf Heinrich den Zweiten A. 1154. welche Zeit er die Halbsächsische nennt, viele Urkunden.

Man teilt sie in kirchliche und politische.

Kirchliche sind

Vier Evangelien von A. 700. (ist zu bald), nach der Vulgata; erstmals A. 1571. hernach von Franc. Iunius mit Thom. Mareschallus Anmerkungen zu Dortrecht A. 1665. samt der Mösogothischen Uebersezung, herausgegeben.

Caedmonis monachi paraphrasis poetica Geneseos, ac praecipuarum sacrae paginae historiarum, von Junius, Amsterd. 1655. kan nicht älter sein.

Heptatevchus, hoc est, V. libri Mosis, liber Iosuae et Iudicum, ex avtographo Saxonico, cum psevdEvangelio Nicodemi et historia Iudith ac Holofernis poetica, von Eduard Twaites, Oxf. 1699.

Psalterium latino Saxonicum, von Jo. Spelmann, Lond. 1640.

Und Confessiones fidei, Doxologien, Gebetter, lieder, Beschwörungen, u. s. w. in Hikkens Thesaur.

Davon hat Grupen eine AngelS. Beichtformel, ex Canonibus A. 967. sub rege Edgaro, bei Guil. Lambardo in Archaeonomia, Cantabr. 1644. und Henr. Spelmann in Conciliis, und Dav. Wilkens Legg. AngloSax. und Hunfrid. Wanleio, antiq. litteraturae.

Schil-

Schilter Thesaur. T. I. P. II. hat einen index Evangeliorum dominicalium et festorum apud veteres AngloSaxones, und den

Decalogus Ecclesiae AngloSax. sub rege Alvredo, unter den Monumentis catecheticis, quam decalogi versionem edidit Marq. Freherus cum notis 1610. und

Boxhorn in primis religionis Christ. rudimentis antiquissima Saxonum et Alem. lingua scriptis, Lugd. Bat. 1650. et (una cum Symbolo apostol.) I. G. Eccard, in monumentis catechet. Theotiscis, Hanoverae 1713.

Henselius in harmon. ling. hat p. 470. das schöne AngelS. Morgenlied aus Hikesius Thesaur. —

Politische sind

Boethii de consolatione Philos. libri V. ab Alfredo rege Saxonice redditi, von Christoph Rawlinson, Oxon. 1698. Eine Uebersetzung des Orosius von dieser Zeit.

Alfredi regis praefatio Saxonica praemissa versioni suae libri Gregorii M. de cura pastorali, ist AltSächsisch mit einer Englischen und latein. Uebersetzung von Matth. Parker, Lond. 1574.

Chronicon Saxonicum, von Edm. Gibson, ex Mstis in theatro Sheldoniano, Oxf. 4t. 1692. von J. Cäs. bis 1154.

Ein anders noch unedirtes Chronicon Saxon. Abbendoniense von J. Cäsar bis 1048. und fortgesezt bis 1066.

Und mehr andere AngelSächsische Urkunden aus dem Catalogo Wanleiano, in Io. Ge. Eccard hist. studii Etymol.

Ins AngelSächsische übersezte latein. Aufschriften der Capitel ex libro scintillarum s. locorum communium a Beda T. 7. opp. ex SS. et patribus collectorum.

Einige AngelSächs. Vater unser ex codice Rushwortiano, Hottoniano, Io. Wilkins opere Anglico de lingua Philos. und AltSächsisch Freherus ex Ursini antiq. Eccl. Germ. —

Die vornehmsten Glossarien sind Franc. Iunius Etymologicum Anglicanum, leztmals edirt von Ed. Lye, 1744. Guilielm. Somner dictionarium Saxonico latino anglicum, cum Ælfredi abbatis Grammatica latinoSaxonica, Oxf. 1659. Und Somners Anmerkungen zu Lipsius gloss. in Mericus Casaubonus comment. de ling. Saxon. veteri. Henr. Spelmann glossar. archaeologicum, Lond. 1687. fol. Frid. Lindenbrog glossar. AngloSax. lat. ein Mst in Hamburg. P. Pithaei glossar. Saxon. antiquissimum. Th. Benzon vocabular. AngloSaxonicum, Lexico Iul. Somneri magna parte acutius, Oxon. 1701.

Grammatica AngloSaxonica ex Hikesiano lingg. Sept. thesauro excerpta, Oxon. 1711. ist von der Preisschrift und dem Wörterbuch in Saft und Kraft verwendet worden.

Nun wird uns allerneustens ein Dictionarium Saxonico et Gothico latinum des Eduard Lye, mit Wörtern und Beispielen, und einer Grammatic beider Sprachen vermehrt von Owen Manning, und mit altSächsischen gerichtlichen Urkunden, Instrumenten, Vermächtnissen und Verschreibungen vom 9ten bis 12ten Jarhundert; einer altSächsischen Homilie

vom

vom Antichrist, warscheinlich von den Zeiten Eduards des Bekenners; einem Fragment von einer Sächsischen Chronic aus dem Bücherschaz der ChristKirche zu Cambridge von 1043 - 1079: welches in vielen Urkunden von Gibsons Chronico Saxon. verschieden; und einigen Befreiungen von der Dienstbarkeit im altSächsischen, bereichert, Lond. 1772. in zwen Foliamten; durch die Göttinger gel. neue Zeitung dieses laufenden Jars 1774. angekündigt.

Diß sind die Quellen, so weit sie dem Verfasser bekand, die zwar noch sehr unvollständig, doch immer zureichend sind, genugsame Erkenntnis der Germanischen Wurzelwörter daraus zu schöpfen. Aus diesen Quellen hat iedes Wort seine Autorität oder Zuverläsigkeit, oder den Beweis seiner Wärklichkeit. Da der Umfang, oder die Masse der Germanischen Wurzelwörter an sich, für den engen Raum, den man sich vorgeschrieben hat, ohnedas schon sehr gros ist: so ist es darum nicht möglich gewesen, iedem Beweis eines Worts noch ein Beispiel oder etliche anzufügen, und sich dadurch in unerlaubte Weitläufigkeit auszubreiten. In diesem Fall mag von Liebhabern, denen daran gelegen, das weitere bei der angeführten Quelle, oder solchen Schriftstellern, die ins kleinere arbeiten, selbsten nachgeschlagen werden.

Die Quellen sind vor einem iedem Wort, weil sie unzäligemal vorkommen, so kurz als möglich gegeben worden, und ihre Abkürzungen wird man daher leicht entschuldigen. Sie sind aber vornemlich folgende:

Al.	Alemannisch.	hmb.	Hamburgisch.	sch.	Schwedisch.
Al.Conf.	Alemannische Confession.	Isl.	Isländisch.	schw.	Schwäbisch.
		Kaiserr.	Kaiserrecht.	schwz.	Schweizerisch.
AS.	AngelSächsisch.	kaispg.	Kaisersperg.	Schilt.	Schilteri thesaurus, eigentlich seine Zusäze.
b.hisp.	bellum hispanicum.	kgsh.	Königshoven.		
Bec.	Becanus.	Kil.	Kilian.	St.an.	Sanct Anno.
Busb.T.	Busbeks Tatarn.	LL. Goth.	Leges Gothicae.	S.	HochSächsisch.
Capit.	Capitularia.	fris.	- Frisionum.	Tat.	Tatianus.
d.	Dänisch.	sal.	- salicae.	ulf.	Ulphilas.
DS.	danoSächs. inEngell.	rip.	- ripuariae.	v.T.	vocabularius Teutonarius.
du Fr.	du Fresne.	Mns.	Minnesinger.		
E.	Englisch.	NT.	NiederTeutsch.	Wacht.	Wachters glossar.
eS.	Engelländ.Sachsen.	NS.	NiederSächsisch.	Wak.	Wakius.
fr.	Fränkisch altHochT.	Notk.	Notker.	W.Urk.	Sattlers Würtembergische Urkunden.
fränk.	fränkische Kreis.	Otfr.	Otfrid.		
fris.	friesisch.	Rab.	Rhabanus.	842.	Bundsformel.
gl.	Glossarium.	Rich.	Richey.	883.	Siegslied.
gl. monf.	glossar. monseense.	Ruod.	Ruodebert.	Will.	Willeram.
Gold.	Goldast.	Run.	Runisch, oder Nordischer alter Schriften.	1528.	Uebersezung der Propheten.
h.	Holländisch.				

N. soll ein ganz Nordisches, oder in Norden gemeines Wort;
T. ein Hoch- und NiederTeutsches;
G. und germ. ein allgemeines;
h. die hohe-, und
n. die niedere Ausprache heisen.

So

So sind auch Wörter, die in vielen z. B. Alemannischen Schriftstellern vorkommen, teils mit einer allgemeinen Anzeige: all. teils mit besondern, als: Otfr. ꝛc. oder Notk. ꝛc. - gegeben worden, die anderer Stelle zugleich mit sich vertretten sollen.

Die Germanischen Völker gehen nach ihren WurzelUrkunden immer näher zusamen. Man hat schon viel gewonnen, wann man nur zeigen kan, daß ein Wort z. B. Nordisch, oder Alemannisch, oder NiederTeutsch u. s. w. sei; es mag hernach beim Nordischen in Schweden oder Dänemark; in Island oder im Altertum; beim SuevAlemannen, hie oder da, unter seinen Kindern oder Brüdern, im OberTeutschen, alt oder neu - gefunden werden.

Das Althoch- oder OberTeutsche schliest, neben seinem eigenen weiten Umfang, auch das Althochfränkische in sich. Das NiederRheinische faßt die alte Franken zugleich. Das NiederSächsische begreift grose Strecken, und hat, mit ienem, das heutige Friesische, dessen Altertum ohnedas mit dem AngelSächsischen vereinigt ist, schon grösttenteils verschlungen. Selbst beide, das NiederRheinische und NiederSächsische, sind zusamen NiederTeutsch. Und das Germanische in der Englischen Sprache verbindet sich mit seinem AngelSächsischen Altertum.

Zulezt wird das gesamte Germanische ins Hoch- und NiederTeutsche, ins Nordische, ins MösoGothische und ins AngelSächsische, in fünf Sprachen oder Namen eingeschlossen. Und wann ein Wort in allen diesen fünfen zugleich gefunden wird: so ist an seiner Allgemeinheit nicht mehr zu zweifeln, und es sodann als eine gemein gangbare, oder wenigstens gültige Münze anzusehen, sie sei hernach noch frisch oder abgeschliffen. Dann privatim, oder im Winkel, oder unberufen prägen ist verbotten.

Wir haben wenigstens 600. Wurzelwörter von der genauesten Bestimmung, mit welchen man durch die ganze Germanische Welt kommen kan; dabei sich nur der heutige feine HochTeutsche allein dem Munde seiner Väter in etwas bisweilen nähern mus. Dann wer wird sich nach ihm bequemen? Und der mittlere Alemann mus Wörter zugestehen, die er, urkundlich, einmal noch nicht bezische gehabt hat. Es wird nöthig sein, ein ungefähres Verzeichnis davon zu machen. Wir wollen sie nicht weiter classificiren, und um Weitläufigkeit zu ersparen, anstatt der lateinischen Zalen der Paragraphen des Wörterbuchs, Teutsche nemmen.

Wol 300. brauchen gar keiner Entschuldigung.

Hur, scortum, 2. 149. Hals, 3. kin, maxilla, 3, 2. kop.f, mercatus, 4. kan, scio, 5. schů, calceus, 9. skip.f, navis, 12. skalk, servus, skal, debeo, 13. kos, selegit, skid, separatum, -avit, 14. hel, occultus, 17. skad, umbra, 18. skam, pudor, 19. kalt, frigidus, 21. lek, lambo, 22. lamb, ovis, 24. lob.f, folium, 26. lot, sors, 26, 2. lin, linum, 26, 3. flod, fluxus, 28. lit, vultus, 29. loh, flamma, ignis, 30. lek, exsultans, 31. lust, desiderium, 31. lib.f, carus; lon, munus; lih, placens, 32. lob.f, promissio, 32. fides, 33. lih, simile, 33. lib.f, vita; lag, positio, 34. blod, sanguis; blom, flos, 34. lid, artus, 35. slah, impulsus, 40, 2. luk, clausura, 41. las, collegit, 43. los, liber, 44. grub, fovea, fodit; brot, panis, fregit; brah, frustum, fregit, 47, 2. trub, tristis, - avit; gret, flevit, 48. frak, abominabilis, 51. fri, liber, 53. tru, fides; rast, quies; trost, consolatio; brut, sponsa; bruder, frater, 54. frod, prudens; run, mysterium; frah, interrogatio, 57. dri, tres, 58. fram, prae, 61. draſk, trituravit, 65. ſtraw, ſtratum, 65, 2. druk, preſſum, preſſit, 66. trank, potus, preſſura, 66. gras, herba, 67, 2. rör, movens, 68. drib.ſ, actus, egit, 68. 2. rek, tenſum, porrectum, 69. brer, latus; rum, latus, ſpatium; grund, terra, 69, 3. bruſt, pectus, 69, 4. ran, cucurrit; fram, procul; fremd, alienus, 7. ruh, aſper, hirſutus, 76. run, fluens; brunn, ſcaturigo; regn, pluvia, 78. mon, luna; manet, menſis; mark, limes; morgen, cras, mane, 81, 2. manh, mikil, magnus, 81, 2. mitt, medius, 82. muld, pulvis, 83. mat, cibus, 84. mag, volo, deliciae, 87. mad, vermis, 88. mit, cum, 89. mik, mihi, me, 89, 2. mag, poſſum, valeo, 91. mal, lingua; mark, nota, 91, 2. mis, perperam; min, minus, 94. mord, homicidium, 94, 2. ſned, ſecuit; nam, cepit, 95, 2. nomen, 97, 2. nuh, ſat, 98. na, nah, prope, 99. net, rete, 100.

Wart, coram, exſiſtens, 107. full, plenus, 108, 2. band, vinculum, ligavit, 108, 3. 137. fader, pater; quen, mulier; ſwin, ſcropha; bar, peperit, genuit, proles; barn, filius, 109. wak, vigil, 110, 1, 1. faſt, ſervo, ieiuno, 2. wit.4, ſcio, ſciens, ſcientia, lex, 3. bod, praecepit, lex; bar, manifeſtus, 3. quath, dixit; ſwor, iuravit, 110, 2, 1. fod, cibus; frud, panis, 111. ſpar, paſſer, 112. bord, menſa, 113. burg, vicus, 114. ſal, texit; barg, tegens, tuitus eſt, 114, 3. bad, petiit, bit, petitio; wan, ſpes, ſperavit; wil, volo, -untas, 115. (win, vinum, 115, 3.) ful, putris, 117, 1, 2. fed, inimicitia; wer, contra; fund, inimicus, 117, 2, 1. wond, vulnus, 118, 2. wan, un-, 118, 3. wit, opprobrium, 119. fot, pes; quam, venit; wag, motus, movit. 120. fah, capio, 122. fodr, theca, 122, 2. balg, utris, lagena, follis; bar, tulit, 122, 2. wag, arma, 123. foth, dux, ordinans; bald, audax; wer, werd, heros, 124. web.ſ, textura; wat.d, veſtis; fell, veſtis, cutis, 134. wand, vertit, 135. torſit, 137. boc, liber, volumen; fald, plica, -avit; quern, mola, 135. bog, flexit; barm, ſinus, 136. werb.ſ, torno, -atum, 137. wit, albus; ſwart, niger; bert, clarus, 139. wat, watr, humidus, aqua, 140. fiſk, piſcis; ſwam, natavit, 140, 2. ſpongia, 3. twog, lavavit, 140, 3.

Kan, ſcio, 145. hug, mens, cogitatio, 145. han, gallus, 146. ja, utique, 146, 2. hungr, fames, 147. hat, iurgium; ſcad, noxa, 147, 2. car, ſolicitudo, 147, 3. ſkin, fulſit, fulgor, 148. hard, durus, 150, 3. halt, claudus, 150, 4. gum, audax, heros, 152. haft, captio, haerentia; hand, manus; hald, teneo, 153, 2. hund, canis, 154. hab.b, habeo, teneo, poſſeſſio; hus, domus; heim, habitatio, 155. gud, deus; god, bonus; huld, gratia; help, auxilium; halb, ſemi, 156, 2. heil, ſalus, ſalvus, 156, 3. gab.ſ, dedit, 5. gang, itus, eo, 157. ſtat, theſaurus; her, exercitus; herd, grex, 161. hof, elevavit; hoſd, caput; hö, höh, altus; galg, gabalus; hert, cor; horn, cornu, cuſpis; hirn, cranium, 162.

Thal, τὸ; them, τῷ, 165. thin, tuus; thik, te; thu, tu, 165. 2. the, quum, 166. tam, cicur, 177, 1, 3. ſtob.ſ, pulvis, materia; del, pars, 6. thit, populus, 171, 2, 1. dom, iudicium; tam, decens, 171, 2, 1. tul, paſſio, patior; tarb.ſ, pauper, indigeo; turr, aridus, 172. thy, humilis, 2. toh, traxit; ther, bitumen, 173. dag, dies, 174. timr, camera, aedificatio; ſtir, taurus, 176. dot, mors, mortuus, 179. dob.ſ, dum, ſtum, ſtupidus, 179, 2. thib.ſ, fur; ſtal, furatus eſt, 179, 3. dip.ſ, profundus; dop.ſ, immerſio; dal, vallis, profundum, deorſum, 181. ſum, qui; ſo, ὁ, ἡ, τό; ſy, ἡ, 183. ſip, amicitia, 184. ſam, ſimul, ſimilis; ſun, filius, 184. ſak, ſaccus, 184, 2. ſagum 199. ſel, bonus, bea-

beatus, 186. ſin, viſus, 187. ſilbr, argentum, 188. ſoh', quaero; ſell, do, praeſto, 189. tong, lingua; denk, puto; ſing, cano, recito, ſang, cantus, cecinit; tekn, ſignum; ſigl, ſigillum; thank, cogitatio; tanh, puto; ſog, tal, ſermo, 190. ſundr, ſeorſim, 192. ſih, aeger; ſorg, moeror, 193. ſalt, ſal, 195. ſalb.f, unguentum, 198. ſof, ſopor; ſit, ſedes; ſat, ſedit, ſitl, ſedile; ſig, ſubſidens; ſol, ſolea, 201. ſtat, locus; ſtand, ſto, ſtatus; ſtol, ſella; ſtrr, ſtella; ſta, ſto; ſtaf, ſcipio; ſtir, regimen; ſtot, ictus; ſtih, ictus, pungens, 202.

Aſk, cinis, 207. heid, campus, ethnicus; odig, dives; akr, ager; eg', poſſideo; egn, proprius; axe, ſecuris; erd, terra; ar, aro; arf.b, haeres; ark, ciſta, 208. at, cibus, cibavit; ath, domus magna; ar, honor, 209, 2. lang, longus; land, terra, 211, 2. it-, re-, 212. all, omnis, 212. ald, vetuſtus; ar, ante; ur, ort, radix, origo, 213. at, ad, apud, 217. arm, miſer, 219. ni, non, ne, 220. not, neceſſitas; nich, invidia, 2. niw, novus, 3. ſne, nix; nakt, nudus, 4. af.b, ab-, 221. deorſum, 222. ut.e, ex, 222. 2.

Mit kleinen Veränderungen in der Ausſprache, welche man leicht bemerkt, und die nicht hindern, allenthalben verſtanden zu werden, gehören noch wenigſtens 130. hieher:

Kut, cult, uterus, 2. korn, granum, 3. loh, riſit, 23. lit, tranſitus, 26, 2. lid, navis, 28. luh, lucidus; glit, ſplendor, 29. led, laetus, 31. let, ſivit, 34. leb.f. panis; lak, medicus, 34, 2. lof, armus, 35. lit, parvus, 36. lug, mendacium, 40. lef, reliquum, 41. lid, paſſio, 42. frik, malitioſus, 45, 2. rah, vindicta, 46. rob.f, praeda; grip.f, captura, arripuit; fret, vorans, -avit, 47. rew, poenitentia, 48. frei, terror, 50. frer, clamor, 56. rad, ius, 59. reht, iuſtus, 59. rih, heros, poteſtas; fri, herus, 60. rit, creſcens, 67. ſtrik, linea, 69, 2. rad, iter, equitavit, 70. mer, mare, palus, 79. ſmer, unxit, macula, 80. met, menſura, 82. mit, merces, 82, 2. mak, machaera; mul, mola, 83. munt, os, 85. men, mens, 91, 2. mut, debitum, 92. mim, perfidus, 93. nip, ſodicatio, 95, 2. nadl, acus, 96. nas, uſus, uſus eſt, 98.

Wat, quis, quid; welk, qualis; wer, qui, 103. wi, quomodo, 104. werk, opus, 107, 3. bed, ambo, 108. fir, quatuor, 108, 2. ſweſtr, ſoror, 109. bat, obſervavit; arbet, labor, 110, 1, 2. ſpel, narratio, 110, 2, 1. wet, triticum; fie, pecus, 111. bod, menſa, ara, 113. berg, mons, 113. bu, habitaculum, 114. freh, laetitia, 115, 3. bat, bonus, melior, 116. wel, bonus, 116. bat, uſus, lucrum, 116, 2. werd, dignus, 3. ſpew, ſputum; bitr, amarus; ſpit, ſputum; wirs, peior, 117, 1, 1. fah, vilis, 1, 2. fig, odium; fra, far-, ab-, 117, 2, 1. wut, ira, increpatio, 117, 2, 2. furor, 118, 2. wed, orbus, viduus, vidua; wen, luctus, 118. fun, crimen, 119. weg, via; fer, procul; fir, ivit, 120. forn, ante, olim, 121. bat, bacca, 136. het, nomen, nominavit, 141. aſſeruit, 146, 2. he, hem, hen, der Artikel, 141. her, huc, illuc, 143. hin, illuc, 143. hit, calor; hert, focus, 148. ſkop.f, creavit, 150. got, fuſio, effudit, 150, 2. hew, foenum; hop.f, coxa, 4. hirt, cuſtos, 153, 2. hirh, domus, 155. hord, ianua, 155, 2. kos, elegit, 156. jung, iuvenis, 156, 3. gelt, reddo, tributum, 5. jar, annus, 157, 2. ju, vos, 158. joh, iugum, 159. hund, centum, 161. the, ὁ, ἡ, τό, 165. thet, parens; tit, mamma, 168. 2. thar, audeo, 171. tin, decem, 171, 1, 2. tar, lacrymae, 172. trin, virga, corbis, 175. ſtig, ſemita, aſcendit, 176. ſibn, ſeptem; ſehs, ſes, ſex, 184. ſelb.ſ, ipſe, 185. ſtain, lapis, 202.

Ahs.r, arista, 208. up.f, sursum, supra: ohs, os, bos, 210, 2. äln, ulna, 3. aht, octo, 212. aft, iterum, 212, 2. og, oculus: or, os, auris, 214. en, der Artikel, 216. unus, 221. eid, iuramentum; and-, ad-, 217. übl, malum, 219. naht, nox, 220, 4. öd, desertus, 221. othe, aut, 221, 2.

Noch sind gut 180. WurzelWörter übrig, die ie in einer dieser Sprachen felen, und uns doch überzeugt sein lassen, daß sie blos durch einen unbedeutenden Zufall abwesend sind. Bald sind sie würklich in einem davon abgeleiteten Wort vorhanden; bald blos um der Unvollständigkeit der Sammlung willen ausgelassen. Der Sprecher hat immer unter mehreren Namen die Wal, eine und eben dieselbige Sache zu benennen, und das gleichviel bedeutende Wort wird ihm geläufiger.

Am wenigsten ist es einer abgestorbenen Sprache zu verdenken. Wörter felen im Mösogothischen: scah, latro, 20. lip, labia, 22. lut, sonorus, 25. lind, tilia, 26, 3. list, ars, 33, 2. log, lex; ler, doctrina, 33, 2. slit, fissura, 41. krank, aeger, 48, 2. friund, amicus, 53. frid, pax, 54. kraft, robur, 60. drot, dominus, 60. rik, dives, 61. prik, stimulus, 67, 2. rat, actio, paratio, 68, 2. frum, idem, ib. drug, tulit, traxit, 73. rot, ruber, 75. ruh, fumus, 77. moder, mater, 84, 2. milt, comis, 90. mot, animus, 91, 2. quik, wiht, animal, 107. boc, fagus, 107, 2. far, actio, 107, 3. folk, multitudo, 108, 2. spor, investigatio, 110, 1, 2. span, persuasit, persuasio, 2, 1. spon, uber, 111. birk, arbor, 113. wen, carus, 115, 2. fe, paucus, 117, 1, 2. bar, post, 2, 1. qual, tribulatio, 2, 2. wundr, mirum, 3, 2. fall, casus, 118, 2. ben, pes, 120. wech, hebdomas, et nennts ordo, series, 121. win, victoria, 123. wal, proelium: wer, contentio, 123. wag, libra, -avit, 133. weder, tempestas turbida, 138. fogl, avis, 138. fyr, ignis, 139. bad, balneum, 140, 3. gir, cupido, 147. hug, solicitudo, 147, 3. harm, luctus, ib. geist, spiritus, 148. held, heros; her, dux, dominus, 152. hirt, cervus, 154. skir, clarus, 156, 4. gast, conviva, peregrinus; ker', verto, 157. stl, fio, 157, 2. dyng, fimum, 168. -dom, status, 169. thing, res, ib. torn, ira, 171. dom, pollex, 171, 2. duk', premo, 1, 5. tid, tim, tempus, 174. thon, tenuis, 175. stor, altus, 176. dil, asser, 177. dur, ianua, ib. thor, tonitru, 180, 2. samn, iunctim, 184, 2. sig, victoria, 186. tyd', interpretor, 190. stim, vox, ib. ser, dolor, 193. sut, dulcis; sur, acidus, 195. sal, aula, 201. ey, ovum, 203. nidr, deorsum, 205. is, glacius, 207. ak, quercus; alr, alnus, 209. alf, mons; olfend, camelus, 209, 2. eitr, pus, venenum, 219. idl, vanus, 221.

Im AngelSächsischen: blind, coecus, 29, 2. rop.f, vox, 56. red, vox, 57. bren, arsit, ardens, 64. ren, purus, 65. trad, calcavit, 72. tramp, ivit, ib. rad, celer, 72. knop, nodus, ligavit, 100. kni, genu, 102. wohs, crevit, 107, 2. fur, pro, 108. fym, quinque, 108, 2. Wort, sermo, 110, 2, 1. sell, sedes, 114, 2. -fald, -plex, 121. sal, mandatum, -avit, 124. wulf, lupus, 125. warp, iecit, 130. wind, ventus, 138. warm, calidus, 139. ferne, illuc, 143. gom, cura, observatio, 145. iat', assentior, 146, 2. get, hoedus, 154. gab.v, possessio, 155. gard, domus, 155. sepes, 159. himn.l, coelum, 155, 2. gat, platea, 157. tha, thar, ibi, 167. duv.f, columba, 170. dorn, spica, 175. arm, brachium, 208. ok, etiam, auctum, 212. äw, aevum, 213. ig, ego, 216. af.d, ad, 217. anst, gratia, 218. Hier ist gewis keine andere Schuld, als die Unvollständigkeit der Sammlung.

Im

In lebenden Sprachen felte es einmal nicht, oder gar sehr selten, wann man nur recht nachsuchen wollte.

Die Nordische Sprache bleibt dem Entfernten immer ein Fragment. Und blos seine abgebrochene Aussprache bringt ihn um manche sonst gemein bekande Wurzeln: slap, somnus, 39. bruh, usus, 53. bring, offero, 69. wiht, aliquid, res, 103. bi-, ad- 104. war, ubi, 105. wan, quando, 106. was, fui, 107. wurt, radix, olus, 107, 2. fyf, quinque, 108, 2. wan, aestimatio, 110, 1, 4. wic, vicus, 114. bed, lectus, 114, 2. wam, macula, 117, 1, 2. quist, perditio, 2, 2. spat, sero, 3, 1. forht, metus, ib. wop.f, fletus, flevit, 118. wil, hora, heist bili, 121. walt, imperium, 124. wih, sacrum, 133. spinn, textura, 134. swigl, aether, 138. wag, fluctus, 140. ja, et, 159. ga-, copulativum, ib. thes, rū, 165. twe, duo; twelf, duodecim, 165, 2. than, enim, 166. dur, per; tu-, ad-, ib. theh, profecit, 168. dohtr, filia, 2. thu, facio, 169. 171, 2. ter-, dis-; ske, privatio, 171, 1, 5. 6. thiw, ancilla, 172, 2. sin, sunt, 185. sunn, sol, 188. ah, aqua, 204. isr, ferrum, -eum, 207. in, in, 222.

Eben so felt es hie und da, bald dem Suev-Alemannen oder HochTeutschen, bald dem NiederTeutschen, dessen uns ein Reichsausfuch gewis überheben würde, wann es ia an alten Urkunden, und nicht an deren Kentnis mangeln sollte: stur, procella, 21. rasn, domus, 69, 3. mir, formica, 88. mot, obviam, 89, 3. snur, sapiens, 97. far, pulcer, 116. skir, clarus, lucidus, 148.

Noch sind sehr viele Wurzeln, von der bestimmtesten Bedeutung, unter den germanischen Völkern nur bei dreien, nur bei zweien in einer bekanden Uebung, und zeugen auf gleiche Weise von einem gemeinern vormaligen Gebrauch, der, aus schon erwehnten Ursachen, bei andern abgegangen. Diese Gemeinschaft hat der Teutsche mit sich; der NiederTeutsche mit dem AngelSachsen, mit Norden, mit dem MösoGothen; der SuevAlemann ingleichen; der AngelSachs mit dem MösoGothen und dem Sueonen; der Sueon mit dem MösoGothen; und dieser mit allen nacheinander, ohne daß im geringsten eine nähere Nachbarschaft oder Verkehr mit dem einen oder dem andern, oder eine Erlernung der Wurzeln von andern, daraus zu folgern wäre. Die Vorzälung derselben würde hier keinen Zwek erfüllen.

Wir gehen zu einem andern Stamm, und reden von Wurzelwörtern, deren Verstand sich unter den germanischen Kindern in Nebenbegriffe verteilt hat, die durch einen gemeinen Begriff unter sich verbunden sind; der auch oft selbst zugegen ist, oder den man sich doch eben so nothwendig dabei gedenken muß.

Es ist nicht leicht eine Wurzel, die nicht auf diese Art in vielerlei Begriffe zerfiele. Die Metapher ist der Einbildung so natürlich, als sie zu Bemerkung mehrerer Dinge nothwendig ist. Und iedes technische Wort ist entweder eine Metapher, oder ein gemeines, nur auf einen Unterbegriff angewendetes Wort. Je weiter wir ins Altertum der Sprache hinaufsteigen, ie mehr schieben sich die Begriffe ineinander; ie mehrere stecken noch in gemeinen Knospen; ie wenigere gibt es ihrer; ie ärmer wird die Sprache. Sachen und Kentnisse gehen mit iedem Tage weiter, und sammeln sich ins unzälbare, und gleichsam ins unendliche. Die Wurzelwörter, deren Anzal und Grenzen sich nach den wenigen Sprachorganen, und der Zusammensezung derselben richten, verlieren ihre Verhältnis zu den Begriffen ganz und gar. Villeicht wird noch viel davon zu reden kommen.

 Die

Die Sprachwurzel hat ihre Veranlassung ursprünglich von einem einzeln, und durchaus bestimmten Fall oder Gegenstand, den die Einbildung auf mehrere änliche Fälle oder Gegenstände ausgedehnt hat, immer noch ausdehnt, und so lang ausdehnen wird, als der Menschenverstand wächst und spricht. Dadurch hat sie aber ihren einzelen bestimmten verlohren, und ist zu einem gemeinen Begriff geworden. Natürlicher Weise haftet überhaupt iede Sprache iedes noch ungebildeten Volks, und damit noch vielmehr der Ursprung einer Sprache selbst, sinnlich an einem bestimmten einzeln Gegenstand; der Anfänger bezeichnet aber auch mit dem Wort, welches er diesem Gegenstand gegeben, zugleich desselben Eigenschaften, Beschaffenheiten, Verhältnis, und alles, was ihm änlich ist, und änlich scheinet. Der Ursprung ist sinnlich, und der Gebrauch ist gemein oder abgezogen. Man mus sich daher die Zweideutigkeit, die in dem Ausdruk „allgemeiner Begriffe, abstracter Ideen des Verstands„, zu liegen scheinen, nicht irren lassen. Eben dieses gilt auch von „Empfindungen, Affecten, Bewegung, Handlung und Gemüthsverfassungen der Wurzeln„. Es ist kein Zweifel, daß es ein sinnlicher Gegenstand gewesen, der dem Menschen Gelegenheit gegeben, in sich hineinzudenken, und das zu benennen, was er an und in sich bemerkt hatte. Anderst sind z. B. die Wurzeln: lev, blid, lieb-; err, fro-; smak, mug-; web, wag-; ha, gaw- u. s. w. unmöglich zu erklären. Es ist hier auch davon nicht die Rede, daß so viele Wurzeln „widerwärtige und oft grad entgegengesezte Begriffe„ zusamen in sich fassen, und benennen, dann das kan man unmöglich leugnen; sondern davon ist die Rede, wie man die Ursache davon ergründe, und die Weise erkenne, wie solche widrige Begriffe der Wörter in der Vorstellung, in dem Herzen, im Affect an sich, oder auch in der Sache liegen. Wir behalten uns vor, weitläufiger davon zu sprechen; und kehren zu unserem Zwek zurük.

Bei dieser Zerstreuung in Nebenbegriffe hört nothwendiger Weise das gemeinverständliche unter den Kindern der Germanen auf. Das Wurzelwort an sich bleibt zwar iederman bekand; aber seinen Nebenbegriff, den es mit iedem Alter und ieder Gegend annimmt, mus man erst nebenher zu ienem lernen, weil er der Willkür der Einbildung unterworffen ist.

Es ist zu weitläufig, auch nur solche Wurzelwörter, mit deren gemeinen Begriff man durch die ganze germanische Welt sicherlich reisen, und verstanden werden kan, alle zu erzelen, und alle ihre Nebenbegriffe anzugeben. Nachstehende 100. von einem Geschlechte ungefär immer etwa eins, sollen blose Beispiele sein. Sie sind die vorigen, und mehrere andere. Wir wollen sie, nach der obigen Einteilung, in zwo Classen geben.

Gemeingermanische Wurzelwörter mit vielen Nebenbegriffen, deren gemeinen Begriff man sich dabei denken mus: kelh, calix, coena, turris, ein rohrännliches Gefäß; 1, 2. 3. kus, tussis, titillatio, osculum, 6. skal, cortex, squama, ungula, tegula, scandula, 10. 11. skil, divisio, differentia, pactus, dissentiens, 14. leo, umbraculum, porticus, camera, asylum, sepulcrum, clypeus, 26, 3. flet, blet, casa, matta, area, cubile, tabernaculum, sepulcrum, ib. lid, potus, liquor, sicera, poculum, navis, 28. lâg, aqua, liquor, mare, lavacrum, ib. liuh, lux, lucidus, fenestra, visio, specula, 29. blâk, fulgurans, albus, pallidus, caeruleus, niger, 29, 2. sleht, aequum, planities, clementia, finis, similitudo, species, ib. lob.f, permissio, sponsio, fides, spes, 33. slap, deses, relaxatus, aegre traxit, somnus, obscurus, tacitus,

tus, 39. lad', voco, cito, aggero, congrego, turba, praeda, 43. grem, saevitia, dirus, lacesso, exacerbo, 45. rop.f, raptura, praeda, corrasio, collectio, vellicatio, praesepe, raptor piscis -, 47. grov.b, fissura, lacus, fovea, sepulcrum, fossa -, 47, 2. brut, sponsa, nurus, nubo, femina, 54. ref.p, iugum, corrigia, viscera, uterus, diaphragma, costa, funis, sera, pessulus, 55, 2. gret, fletus, cantus, clamor, 56. grem, risus, fletus, murmur, rictus, mugitus, 56. rahh, loquela, res, causa, cura, ib. frah, interrogatio, - avit, audivit, fama, 57. rat, consilium, senatus, legis peritus, lex, pactum, ordo, computatio - 59. recht, iudicium, iustitia, iustus, regula, rectus, 59. rich, princeps, rector, rego, regnum, potestas, 60. ris, crescens, germino, se extollens, surgo, surculus, radius -, 67.

Mbr, stagnum, humor, mare, palus, limus, 79. mal, terminus, scopus, tempus, vices, 81. mes, quadrans, mensura, patina, mensa, ferculum, 82. mal, modius, pera, sarcina, patera, - ib. nis, usus, status, sano, - or, lens -, delicatus, mollis, 98. nech, homo, genus, modus, cognatio, - atus, neptis, sponsa; 99.

Was, fuit, olescens, cespes - 107. frein, puer, discipulus, scropha, 109. quith, dico, solvo s. retribuo, clamo, canto, 110. war, circumspectio, custodia, aestimatio, asseveratio, sponsio, foedus, responsio, verus, os -, ib. bol, securis, vomer, pilum - 112. bord, mensa, scabellum, asser, tabula, 113. bur, casa, structura, camera, cubile, habitator, rusticus, civis, 114. wal, electio, voluptas, felicitas, opes, 115. fagr, pulcer, utilis, 116. fal, malum, atrox, postratio, - avit, error, 117. man, fletus, debilis, defectus, minutum, nisi -, 118. wit, poena, tormentum, supplicium, infernus, opprobrium, 119.

Gah, festinatio, locus praeceps, praecipitatio, imprudens, stultus, 149. ker, cupio, optio, probo, saporizo, carum, delectatio, 156. horn, cornu, tuba, cuspis, siliqua, angulus, 162. dech, accidit, crevit, profecit, educavit, nutrivit, 168.

Thig, servus, taceo, preces, peto, adoro, 172. toh, traxit, tenax, duxit, migravit, 173. fit, usque huc, post, vice, comes, thesaurus, iter, 184. fun, iudicium, pactum, transgressio, impedimentum, reconciliatio, 190. fit, plantatio, habitaculum, sedes, latus, quies, mos, soleo, 201. stund, stetit, momentum, punctum, articulus, tempus, hora, genus hydriae, 202.

Eg, proprius, habeo, occa, acies, meto, currus -, 208. ach, uva, quercus, acetum, 209. uf, aula, apertum, sursum, supra, super, 210. aht, attendo, cogito, taxo, numero, opinor - 214. ant, zelus, molestia, expostulatio, celeritas, 215. idl, vacuus, desertus, vanus, otiosus - 221.

Nebenbegriffe gemeingermanischer Wurzelwörter, unter denen der Hauptbegriff wörtlich selbst zugegen ist: scap.f, vas, hausit, as: schapf, scheffel, schaufel, schippe -, 1. fyt, *cibus*, olus, caro, 1, 3. kun, *genus*, generatio, uxor, virgo, proles, cunnus, 2. skut, *tegmen*, vestitus, calceus, 9. huls, *tegens*, culcitra, thorax, cutis, caro, 9. skyrt, *indutus*, supparus, tunica, pallium, humerus, 9. loh, *foramen*, spelunca, clausura, clausit, rima, cicatrix, 41. let, *passio*, passus est, poenitentia, impedimentum, detrimentum, accusatio -, 42. freh, *malitiosus*, saevus, avarus, libidinosus,

noſus, 45, 2. fri, *amo*, carus, pulcer, liber, 53. truw, *fides*, nubo, paciſcor, certe, 54. raſt, *quies*, menſura viae, milliare, ib. ring, *rotundum*, annulus, concilium procerum, conſeſſus, proceres, cortex, fibula, firmus, 55. rák, *clamor*, tuſſis, os, fauces, guloſus, cantus galli, rugitus leonis, 56. ród, *loquela*, ſententia, hiſtoria, diſputatio, documentum - 57. run, *arcanum*, magia, character, ſcriptura, 57. druſ, *preſſum*, faex, glis, quiſquiliae, ſeneciae, 66. trah, *trabo*, tardus, langueſco, diu, perenno, ancora, uncus - 73. rûd, *rado*, raſum, ulcus, ſcabies, aerugo, ruber, flavus, coeli firmamentum, 75.

Smör, *pingue*, unguentum, adeps, myrrha, butyrum, 80. mül, *mola*, molo, farina, contero - 83. man, *communis*, conſortium, aliquis, homo, vir, maritus, puella, puer, 89. mah, *potens*, poſſum, facio, res, ſtatus -, 90. mut, *animus*, ſenſus, ſermo, proverbium, hortatio, doctrina, 91. mut, *cenſus*, telonium, numiſma, ira, evito -, 92. mat, *laſſus*, victus, pauper, ſomniavit, miſer -, 94. nip.f, *roſtrum*, capto, hio, rumpo, conſtringo, ſeco, culter -, 95. net, *nodus*, rete, compages, maſſa, 100.

Bom, *altum*, arbor, operimentum, 117. weg, *motus*, vehor, via, porro, procul, 120. forn, *ante*, olim, ſupra, pridem, ante annum, vetus, 121. bos, *glomus*, globus, uva, bacca, ſinus, 136. wog, *fluctus*, lacus, mare, aeſtus maris, vorago, foramen in glacie, lavo, 140.

Hug, *mens*, fides, intellectus, cogitatio, attentio, memoria, 145. ſak, *ſonum reddo*, clamo, dico, confiteor, aſſentior, promitto, memoro, 146. het, *calidus*, calor, febris, ſerenitas, 148. ſcot, *iactus*, ſagitta, tormentum, iaculavit, concuſſit -, 150. her, *illuſtris*, dominus, imperium, honor, reverentia, venerabilis, 152. hak, *uncus*, calx, peſſulus, raſter - 153. hag, *omne circumſeptum*, agellio, manſio, domus, paſcuum, pratum, tribunal -, 155. hort, *copia*, cohors, pompa, exercitus, 161.

Til, *exerceo*, ſcopus, ad, intendo, feſtino, 169. thit, *publicum*, inclytus, felix, dux, populus, foveo, dono, laudo, bonum, 171. tak, *cuſpis*, pugio, crinis, ſurculus, virga, 175. dun, *turgidum*, pluma, culcitra, tempora, 176. dov, *obtundo*, *-or*, morior, ſurdus, mutus, deliro, maga -, 179. dov, *obſcurus*, coecus, nubilus, ros, 180. dip.f, *profundus*, abyſſus, umbilicus, ſinus, altitudo, abruptum, immergo, 181. dol, *canalis*, cloaca, tholus, fovea -, 182. ſer, *triſtitia*, doleo, laedo, dolor, vulnus, ulcus, ſcabies, 193. ſot, *fimbria*, villus, ſcurra, 199.

Not, *coactio quaelibet* - 220. in, *in*, intra, domus, cubiculum, 222.

Fragmente, wo Wurzelwörter nur bei dreien, nur bei zweien Völkern urkundlich vorhanden, und in Nebenbegriffe zerfallen, sind von nun an nimmer zu zälen. Sie gehen durch das ganze Wörterbuch, welches man bei fortgesezter Zusammenrechnung nur ganz abschreiben müste. Jede Untersprache ist ein Bruchstük der Hauptsprache. Man kan nicht von ihr fordern, daß sie das Ganze in vollem Gebrauch übe und erhalte. Man zäle in beliebigen Wörterbüchern einzeler Sprachen die Wurzeln zusammen; sie werden die Anzal von

dritthalb

drittehalb oder 3000. nicht überschreiten. Alle Untersprachen zusamen machen erst das Ganze aus. Jede hat ihre WurzelAbgänge, und ihre eigene Anwendung der gemeinen Wurzeln. Und es geht sehr natürlich zu, daß gemeinschaftliche Begriffe mit einerlei Wörtern, die im Zwischenraum unbekand, oder gar verlohren sind, in den entferntesten Gegenden zusamen treffen, z. B. daß das Schwedische gädi, gaudium, auch Bairisch ist - , 156, 3.

Es ist einmal ein Vorurteil der Gelehrten, „daß sie verwandten - , besonders Untersprachen Wurzeln und Hauptwörter unter sich absprechen„. Es ist gewis wahr: „Man hält oft ein Wort für ein Eigentum einer Mundart, und es ist es nicht„. Wann man recht nachsucht, so ist es entweder selbst, oder im abgeleiteten, da, oder ist es da gewesen. Und die Abwesenheit ist blos der bestimmten Summe, in einem Plaz zugleich lebender Wörter, zuzuschreiben, welche leben, sterben, und wieder lebendig werden. Z. B. Grupen beschuldigt Junium, er habe gehygan als AngelSächsisch angenommen, es finde sich aber nicht in Somner und Benson, wo es allezeit miman heise. Folgt es darum, daß das hug anderer Schwestern nicht auch AngelSächsisch, oder vom AngelSachsen nicht würde wol verstanden worden sein? daß das AngelSächsische mynd, mun, nicht auch anderwärts germanisch sei? — Richey sagt: mier, die Ameise, sei aus den Niederlanden nach Hamburg gekommen. Woher hat es dann der Dän, der Schwed, der Engelländer, der AngelSachs, der Isländer, der Tatar im Busbek, der Perser? §. 88. Man sehe seine Herkunft, und urteile selber. somtyds sei blos Holländisch. Ist som nicht allgemein? 183. — Wann man bei Wurzeln und Hauptwörtern die Beihülfe anderer germanischen Sprachen, zur gegenseitigen Erklärung und Auskunft, nicht will gelten lassen, oder aus den Augen sezet: so ist kein Wunder, wann man öfters strauchelt, wie Richey an fyrk, diabolus, 119. oder irre gehet, wie gemeiniglich geschicht.

Es gibt allenthalben glükliche Müttern von zalreicher Nachkommenschaft, so daß sie sich oft drengen; und, neben ihnen, verlassene Weislein, die ihre nächste Mutter miskennen. Ein doppeltes Ungemach. Diese weist man oft kaum anzuknüpfen, weil uns genugsame Merkmale und Aenlichkeiten mangeln. Und bei jenen macht die Menge der untergeordneten und Nebenbegriffe, und ein mehrfacher, zugleich im Wort liegender, so oft schielender Verstand, die Einteilung und Unterordnung schwer. Man mus trennen, und diese nöthige Verteilung gibt oft Weitläufigkeit, und rükt das Ganze des Wortbegriffs aus unsern Augen.

Bisweilen wird die Erklärung eines Worts selbsten schwer, wann man den Sinn nicht leicht mit einem lateinischen eigentlichen oder unmetaphorischen und ausdrükenden Kraftwort geben kan. Und was dergleichen Hindernisse mehr sind, welche Entschuldigung verdienen.

Jeder Paragraph, und wann er gros ist, jeder Abschnitt desselben, ist ein Geschlecht, unter welchem seine Gattungen und die bestimmtesten Begriffe stehen. Diese ganz bestimmten Begriffe sind gleichsam die äusersten Knospen, oder Stiele und Blätter, und die Gattungen sind die kleinen Zweige, daran sie sizen. Auch hier sind die Paragraphen von einander unterschieden. Oft ist der eine so arm, so eng bestimmt, daß er kaum verdient, ein Paragraph zu sein. Und der andere ist so gros, so reichhaltig, daß man Abschnitte machen mus, und kaum genug unterrinteilen kan. Hier ist nicht zu helfen. Sind doch selbst die Zweige eines Asts sich ungleich an der Fruchtbarkeit.

Und wer wird die Blätter zälen? Die Millionen Nebenbegriffe, die in ieder Gegend besonders gebräuchlich, noch gröstenteils unbekand, noch nicht gesammelt, und gleichwol werth sind, daß sie gesammelt, und mit einander verglichen werden. Wer wird die Blätter alle sorglich genug voneinander unterscheiden? Nähere Bestimmungen, gar besondere und so willkürliche Begriffe können unmöglich den ganzen Grund ihrer Bedeutung im Wortlaut, und in dem Verstand einer gemein germanischen Wurzel selbsten haben. Z. B. das Alemannische phellor, pfeller, heist Mantel, seidene Deke, Purpur; das kan der beste Kenner des Germanischen für sich nicht wissen, sondern er mus sich es erst sagen lassen. Was aber fell an sich heise, weist er wol, §. 34. Es mus endlich in dergleichen weit hergeleiteten Dingen ein Verstand herauskommen, der im gemeinen Begriff des Worts selbst nicht mehr gegründet ist.

Blätter, die villeicht eben so oft auch an einem andern Zweige sizen könnten; oder Begriffe, die mit dem gemeinen, unter dem sie stehen, oft einen Zusamenhang haben, der auch einem andern gemeinen mit gleichem Recht zukommen könte. Die Billigkeit wird daher dieser Sammlung leicht zu verzeihen wissen, wann sie manche Wörter an einem Ort findet, den sie in einen andern versezen würde.

Nichts ist hier von gröserer Bedeutung, als die Unkunde, welche Sprößlein, Zweige, Aeste und ganze Stämme, oder individual-, neben-, besondere- und gemeine Begriffe untereinander wirft, eins oder mehrere davon aus der Reihe läßt, oder sie wider die Natur versezet, wodurch nothwendiger Weise die Herleitungen verwirrt, unwarscheinlich, phantastisch, und zum Gespötte werden. Z. B. Gespenst, phantasma, 110, 1, 2. textura, 124. persuasio, 110, 2, 1; bar, clarus, 110, 1, 3. nudus, 118, 2; full, splendidus, 139. plenus, 108, 2. baptismus, 140, 3. — lassen sich nicht, nach Grupens -; ahten, observare, honorare, 214. persequi, proscribere, 221, 2; deo, humilis, 172, 2. und femur, 178. - nicht nach Schilters -; findung, Rechtsspruch, 110, 4. und Invention, Entdekung, 110, 2; schälen, disserre, 14. und schale, librae, 1, 2. - nicht nach Richeys Art zusamenfügen.

Doch, der grose Zwek, und die enge Einschrenkung vertragen keine Polemic. Sie verbieten so gar auch, derivative Wörter, wann sie anderst die Stelle der primitiven nicht ersezen müssen-, noch mehr die zusamengesezten, anzuführen, wann sie nicht eine besondere Merkwürdigkeit erhebet. Man wird zu denken belieben, daß diese Sammlung ein bloses Wurzelwörterbuch, und die Abstammung derselben ist, und kein Teutsches gemeines Lexicon.

Sie ist eine Entwiklung der menschlichen Begriffe aus den Sprachelementen, und eine leiter, woran die Sele vom allerbestimmtesten bis zum allgemeinsten auf-, oder auch vom allerunbestimmtesten bis auf das individuelleste herabgestigen ist.

Die Aeste oder die Geschlechter, die Paragraphen, sind und bleiben immerhin dieselbigen. Sie sind leicht zu zälen. Und eine lange Erfahrung, die gleich den Bienen unaufhörlich in die Fächer eingetragen hat, und noch einträgt, hat gelehret, daß sie vollständig, und zureichend sind, alles in sich zu fassen, was noch darin gesammelt werden soll.

Die Geschlechter stehen unter ihren Ordnungen, und die Ordnungen unter ihren Classen. Jedes mit mehreren Bedeutungen versehene Wort steigt an dieser leiter auf und ab. Doch ist keins so reich, daß es alle Sprossen belege, und keins so arm, daß es nicht auf mehreren Sprossen gefunden werde. „Man mus immer bei der Untersuchung eines Wurzel-

„worts

„werts mehrere Paragraphen vor und rükwärts –, und beim ganzen Umfang seiner Bedeutun„gen alle Paragraphen des Organlauts zusamen nimmt." Die Uebersicht ist leicht. Die angefügte Tabelle, welche keine andere ist, als die grose der Preisschrift, erfüllt hier vollkommen ihren Zwek, wann man dieselbe, zur Ausfüllung der Zwischenbegriffe, zu Hülfe nimmt. So reichhaltig oft die Wurzelwörter an Begriffen sind: so sind sie, in Absicht auf die Ausfüllung und Belegung aller Sprossen, doch noch als Fragmente anzusehen. Eine Sprache, welche so reiche Mittel hat, einerlei Begriffe mit mehreren Wurzelwörtern anderer Organen zu benennen, oder sich mit mehreren Wurzelwörtern von einerlei Organ zu helfen, wovon unten, würde sich selbst Gewalt und Unrecht thun, wann sie alle Geschlechter aller Classen, und noch vielmehr, wann sie alle Unterbegriffe, nur mit einem einzigen Wurzelwort allein versehen wollte. Die Bindbegriffe oder Sprossen, welche einem Wortlaut in der Leiter fehlen, müssen also, nach der Tabelle darzwischen gedacht, und in der Vorstellung, (oder, für sich, aus andern Sprachen,) ersezt werden. Beispiele je eins aus jedem Organlaut werden hier genugsame Erklärung geben.

Kul heißt cavum, vas, calamus, §. 1. (cavi species una, matrix:) genitor, 2. (cavi species altera: os) gula, (oris functio: ruminatio, obiectum ruminabile, cibus:) olus, 3. (et coctura:) culina, 4. (oris functio altera est sonus, articulatus:) sermo, 5. (inarticulatus:) murmur, 6. (cavernae praedicata sunt tectura:) tegens, 9. cella, 11. navis, 12. (scissura:) rima, 16. (oelatura naturalis:) occulens, 17. (moralis:) fraus, 20. (et frigedo:) frigidus, 21. So weit nun, dem ersten Anblik nach, ein Schlund, ein Sak, ein Kiel, ein Eber, die Kele, das Kolkraut, die Küche, die Rede, das Gemurmel, die Hülle, die Zelle, der Keller, das Schiff, der Spalt, der Keil, die Verhelung, das Caninchen, der Hintern (§. 19.), der Betrug, und die Kälte, der Abend, das Fieber –, immer von einander entfernt zu sein scheinen mögen: so hängen sie doch alle sehr natürlich aneinander, unter dem allgemeinsten Begriff des Holen, der Höle mit ihren Eigenschaften, und sind im Ursprung der individuelleste Begriff.

Loh (lingua:) os (glutiens) §. 22. (linguae functiones sunt: sonus) vox, 23. risit; mugitus, 24. (sonus cuiusque rei), pulsatio, 25. (et motus volubilis, volubile in genere, leve) capillus, floccus, et cursus, 26. (volubile elementi) aër, volavit, 27. aqua, lavacrum, 28. lux, 29. flamma, 30. (volubile animi, lepidum:) laetus, 31. amplexus, 32. (iustum) lex, 33. (lepidum corporis, vegetatio, -abile) olus, allium, sanatio, 34. (illepidum, perversum) vile, 36. (sordes) paludosus, 37. (in homine, infirmitas animae) stupidus, 38. (corporis) lassus, 39. (iuxta infirmitatem, protervia) mendacium, caedes, 40. (ruptura) scissura, 41. (iuxta proterviam passio) fatum, 42. – Alle diese so verschiedene, so widersprechende Begriffe stehen, bei gehöriger Unterordnung, unter dem Volubeln der Zunge ganz ungezwungen beisamen.

Naf.p, (crepat affectu, strepitu, motu, affectus est ira) iratus, nebulo, reprehensio, 45. castigatio, necavit, 46. rapere, corripere, (rumpere, fissum) tignus, 47. (taedium, passio, calamitas, mors) cadaver, 48. sordidum, 51. (affectus laetitia) alacer, 52. (pax, securitas) quies, 54. (chorea, gyrus, vinculum) plica-

plicatum, funis, 55. (ſtrepitus animalis, vox et ſocietas) clamor 56. numerus, turba, 58. (ſocietas publica) dominus, 60. (magnificentia, ornatus) veſtis 61. ſtrepitus in genere 63. (terere) tenuis, 65. (torcular) racemus, tundendo excavavit, 66. (Motus vegetabilis, vegetabile) vitis, rapum, ſurrectio 67. (motus animalis) agitatio 68. (extendi ſecundum dimenſiones, longum) tignus 69. (motus loco) cucurrit 71. celer 72. repens 74. (motus invegetabilis ſolidi, radere) cruſta vulneris, ſcabiei 75. (motus fluidi) ſtilla 78.

Mat (paſcit ſociatim; paſcua) pratum 79. (pingue,) caro, mel, mucor; 80. (praedium, limes, multum; cibi paratio et fruitio; paratio menſura) modus, modius 82. manducatio, 83. cibus, 84. ſat 86. (os, roſtrum, animal roſtratum) vermis) 88. (Societas, familiae membrum) puella, comes, 89. (publica) forum 91. cenſus, 92. (malum) pauper, debilis, 94.

Nat (roſtro paſcit ſociatim) roſtrum 95. capio, fodico, frango ib. (ſonus roſtri, ſpirare, vocare, fremere) pituita naſi, (odoratio) ſapientia, nomino, fremo, 97. (cibus) uſus, delectatio, 98. (Societas, copula) ſocius, genus, ſponſa, 99. (copula) compages, nodus, 100. (copula temporis) iam, nunc, valde, diligentia, 101. (iunctura, articulus) fractura crepitans, 102.

Was (ſpirat vita, affectu, motu. vita alens ſocialis. vita) aliquis 103. quid, quomodo 104. (vita) fuit, oleſcens, ceſpes, efficax, 107. (Societas, cumulus, vinculum. cumulus) opes 108. (familia) amita, domeſticus, 109. (Societas, loqui. mens) ſagax, 110, 1, 3. (alens) cibus, 111. (roſtrum) acutus, 112. altum, cacumen 113. (praedium) manſit 114. (affectus gratus, ingratus. voluntas, bonum. ingratus) transverſum, deſertum, 117. orbus. (animi) ſtupidus, obtuſus, 118. (crimen) perſecutio (poena) 119. (Motus) ivit 120. (capere, bellum, venatus) ſaltus, ſilva 125. agitatio 127. (prurire) puſtula 128. - (texere) veſtimentum 134. (volvere, convexum) glandula, tuber, nodus 136. (motus elementaris) aura, aſpirans, occidens 138. aqua, 140. limus, lavare.

Hat (halat halitum, communionem. halitus vita, fervor. vita, aliquis) ille 141. ibi, huc, 143. 153. (vita, mens, vox) clamor 146. (fervor et acquieſcentia. fervor) vehemens, ira, luctus, 147. fermentum, focus, fimum, 148. (agilitas) exercitium, propere 149. (molitio) vibratio, (ictus) durus, (caeſio) vomer 150. (fervor actus, bellum) dux, dominus, imperium, honor, 152. (capere) ad-, teneo, cuſtodia 153. - (acquieſcentia, poſſeſſio, inclinatio) manentia, pertinentia, haeres, (domus) cardo 155. - (communio) congregatio 158. (copula, copia) exercitus, 161. (auctum) altum, (longum) crinis, pecten (cuſpis) 162. -

Dy (violentia. vita, aliquis) ἡ, εἰ, tu, 165. (quomodo, cur) enim 166. quando 167. (vita, eſſe) proficio, nutrio, mamma 168. (violentia actionis) opus 169. (et actûs) domans, maſculus, 171. (domari, pati, ſervire) humilis, ſervus, 172. (tendere) traho 173. (tempus) dies 174. (extenſio in longum, altum, planum, denſum) femur 178. (obtundi, obſcurum, profundum. obtundi) mori 179. obſcurus 180.

Sel (Sibilus dentis et torrentis. dens sibilat vitam, sensum, affectum. vita, aliquis) iste 183. (vita socialis) cum, socius, (junctura) jugum, manubrium 184. (vita, esse) ipse 185. (vegetus, aptus) opportunitas, bonus 186. (sensus) (percipere, inclinare, dicere) anima 187. (instrumentum visus externum) sol 188. (inclinare, propensus) inquiro, dignitas, traditio, benedictio 189. (dicere, verum, affectio rei, debeo 190. (affectus: dens, ira, tremor) noxa 192. periculum, exilium 193. Sibilus torrentis per emissarium clathratum morati. torrens, aqua, bullire. aqua) rivus, 194. (bulliens, fermentum) sal, succus 195. (emissarium clathratum, sipho, qualus. Sipho, effundere. sipho, sugere) haustus, ebrietas, 196. (qualus, colum, textura, sativum. qualus, lotium) volutabrum, spurcities, pallidus, axungia, sebum, 198. (textura) texo, restis 199. (mora) celso, sileo, sedes, tabernaculum, domus, maneo, habito, diverto; aula. fundamentum - 201.

Ar (hietat mirum, carum, malum. miratur mirum) valde 203. (naturam, sensum. natura, elementa et universum. elementa, aqua) fluvius 204. (aër, ignis) aes 207. terra 208. aro, meto, accipio, possessio, arista, annus ib. (arbor, cibus. arbor) palma 209. (universum: valde) intensivum, (magnum, altum morale et physicum) super, honor, corona, palma, vir, legatus, dominus, aquila, (longum, acutum) spica 210. (multum rei) exercitus, (actionis) iterativum 212. (multum temporis) ante, prior, dudum, origo, exordium, 213. (sensus, animus. sensus) auris 214. (animus, navitas) ira, furibundus, naviter, 215. (carum, vita, communio. vita, aliquis) sum, est, ille, qui 216. (communio) ac -, ad - 217. (malum, dolor) male, perverse, mora, impedimentum, 219. (solus) unus, sine, a, de, ex, sepone 221. imum -.

Durch diese Sprossen, in Classen, Ordnungen, Geschlechtern, Arten und einzelen Begriffen, gehen alle Wurzelwörter, jedes nach seinem Organ, ohne Unterschied, Zwang, Ausname oder Künstelei. Und das um so zuverlässiger, weil sie nicht ein vorher aufgebautes System in Reihen zwingt, sondern weil sie auf Hausen gesammelt, auseinander gelesen, classificirt oder geordnet und untereingeteilt, sich diese Reihen selbst gegeben haben. Den Schein eines Zwangs oder einer Künstelung nemmen allein die allzubestimmten, zu weit hergeleiteten, meistens neueste Wörter an, wann sie, (wie bereits gesagt worden ist,) um die Wal und Willkür mehrerer Fächer streiten. Alte und damit gemeine Wörter sind keinem Zweifel unterworffen.

II

Wir gehen zur andern Abteilung, und reden von der Modification oder Bildung der Wurzelwörter, von der An- und Einkleidung, und der Veränderung derselben; und den Regeln, oder der Art ihrer Bildung durch das gesamte Germanische.

Viele liegen nakend da. Gemeiniglich sind sie von hohem Alter, oder aus der niedern Sprache, dem liebling und änlichsten Kinde des höchsten Altertums.

Blose äuserliche Bekleidungen sind Consonanten, oder bestimmter zu reden, Spiranten, vor dem AnfangsConsonanten eines Wurzelworts. Sind sie nicht -, wenigstens nach der Auskunft des Artikels nicht mehr, bedeutend, wie: be - §. 104. und ge -, 147. 159. 160.

160. 161. wie shc, - 165. 166. 167. 169. und si, - §. 183. 185. 186. 187. so sind sie doch noch nachdrüklich und emphatisch.

w, b, p, v, f, ph, pf, blasen gern die Wurzeln an, die mit L und R anfangen. Das uralte w, und das ph der mittlern Zeit, sind im HochTeutschen abgegangen, samt dem v; und man wünsche, daß das neueste pf wieder sterben möchte.

g, h, c, ch, k, behauchen die AnfangsBuchstaben der Wurzeln L, N, und R. h mag wol vormals von seinen Brüdern nicht verschieden, sondern ein gleichstarker Kehlaut gewesen sein: hlot, clot, inclytus; Loh, lok, Loch, foramen. hruk, krukе, kráka, krehe, cantus galli, monedula, cornix; trahene, thräne, lacrymae, trego, dolor –. h, ch, und c, sind abgegangen, und q thut allgemach desgleichen vor dem w.

th, t, d, stunden vormals sehr häufig vor W; und stehen noch oft vor R; und vor S, mit welchem sie in ein Z zusamenfliesen. Ulphilas sezt sie auch, nach der Griechen Art, vor L: thLahwus, mollis. t vor w wird nunmehr vom HochTeutschen, als ein z, völlig angezischt.

s ist der reichste Vorsezlaut vor w und p; h, c, ch, k; L, M, N und T. Es sei, daß ihn der Alemann jederzeit als ein volles sch ausgesprochen habe, z. Ex. slagen, in der Ausbrache schlagen, wovon aber vor dem grosen Abschnitt 1350. keine Urkunde vorhanden ist; so wäre gleichwol eine noch wichtigere Veränderung der Aussprache darinn vorgegangen, daß er z. B. schall und schein, schkall und schcein ausgesprochen, und sodann die den Wurzeln wesentliche h und k weggeworffen hätte. Dann die wahre Wurzeln sind: kall, vox §. V. sonus VIII. und kyn, taeda, §. CXLVIII. welche der German schlechthin angezischt, in: skall und skyn. Der HochTeutsche wünschte, dieses neuen ungeschlachten lauts entbären zu können. s vor ph ist Griechisch und nicht Teutsch. Der Teutsche sollte: Sphäre – §. CXXXV. entweder übersezen, oder wenigstens nicht Teutsch schreiben wollen. Er weist von keinem sk nicht, welches so wurzelhaft, und dem Altertum und den übrigen heutigen Kindern desselben so natürlich ist. Scorpion - §. X. ist seinem Munde sehr fremd; und Scepter, welches mit Schaft eines Sinns und Ursprungs ist, §. XIII. in: Zepter - übersezen, ist sehr frei. Sollen wir neue Feler machen, weil wir wissentlich alte Irrtümer: Zimmet, §. I. Zymbel, §. VIII. Zelle, §. XI. Zyther, §. VIII. Zitrone, §. III, 3.) beibehalten müsen? Fremde Wörter werden, wann man sie auch aufs beste naturalisirt und verbürgert, gleichwol ewig ihre unTeutsche Gestalt behalten.

II Wir haben auch drei zusamengesezte oder doppelte Vorsezlaute sp, sc oder jezt HochTeutsch sch, und st vor dem Wurzel R: als: Sprache, Schrag, strak - und sp auch vor L, jedoch sehr selten: Splint, Splitter —.

Hinden henkt sich dem WurzelConsonanten vielfältig noch ein anderer an, dessen die Wurzel für sich selbsten nicht bedarf.

w, b, p, v, f, ph und pf nach den WurzelEnden R, M, und S, auch R: karw, karb, karp, karv, karf, karph, karpf, carpio X, und crena XVI. - von kar, crusta, §. X. und pecten XVI.

Kamb, kamp, kamv, kamf, kamph, kampf, proelium CLI. von ham, ictus CL, 3. Mamw, sumtus, paratio LXXXIII. kenp, hanf, cannabis, §. I, 3. und asp —.

p spricht

p spricht ganz allein nach s. w und ph sind im heutigen Germanischen -: und p und v sind im HochTeutschen nicht mehr vorhanden. Möchte pf an ihrer Stelle sein: karf, wie scharf, Harfe -, Kamf, Damf -. trigw, manw' spricht nur Ulphilas, und wásva nur der Sueon.

g, h, c, ch, g, k folgen nach L, R, N und S.

falg, falch, falk. marg, mark, march, (equus). meng', manch, mank. g und k nach N sind fast durchgehends eine Verfeinerung des WurzelGutturals am Ende, daher ng, nk auch gemeiniglich im Wurzelwörterbuch unter dem EndGuttural anzutreffen ist: tak, tanch, Dank, gratiarum actio, CLXXII, 2. agis, agst, Angst, timor, CCXIX. Der Buchstab - qv: saggv, subsedit, sank, - und das Glarschen der Zunge - j': twipj', corona, lifj', surtum, levj', traditio, galaubj', fido, daddj', lacto - ist Ulphilanisch. h und c sind archaisch; und alle Gutturallaute zusamen nach dem Endwurzel S haben sich mit demselben im Teutschen vermischt, und in ein sch verlohren: asg, asc, ask, ash, Asche, cinis, CCVII.

l folgt dem Wurzel R: karl, perle -, und vormals auch in hohen Sprachen auf das w: gawl, equus; AngelS. sawl, anima. Viele andere: AngelS. sabl, anima, fugl, avis - werden nunmehr insgesamt zweisilbig geschrieben und ausgesprochen, und sind eben so oft im Altertum auch so geschrieben worden.

m und n sezen sich nach L und R: olm, ulmus, aln, ulna. arm, pauper, arn, aquila. Alle andere m und n dieser Art, oder nach andern Endmitlautern führen das Gepräg des zusamengezogenen zweisilbigen: ofn, ugn - fornax, u.s.w. Ulphilas nennt den Ofen auhn, zum deutlichen Beweis, daß er mit h einen Guttural ausdruken wollte. So ist das AngelS. ehr, eher, und altFränk. aher, auch aker geschrieben worden, und hat ohne Zweifel das h lebhaft und schärfer ausgedrukt, als wir das h in unserer heutigen: Aehre, arista, sprechen. Dann an den Dienst, den Vocal durch den Hauchlaut zu dehnen, haben gewis die Alten nicht gedacht.

t, d sind sehr häufig nach b, p, w, f; nach g, h, c, ch, k; nach l, m, n, r und s zu finden: haupt, haubt, hovt, hafd, caput, von heb, hof, elevavit, CLXII. gehugd,- huct, hug, mens, CXLV. Gold, Gelt. himt, Hemd, von him, tegmen, §. IX. hant, hand, traditio. gart, gard, septum. fost, fos, embamma. Dergleichen ist für das schlechte Wurzel S gibts unzälige: gar sehr selten findet man im Altertum nach s ein d: in Legg. Sal. mosd', exspoliatio, Ulphil. razd', loquela.

s folgt nach allen Endwurzelconsonanten: ribs, bacca, rips, corrasio, doch seltener rafs', increpo. feks, astutus, buchs, box, pyxis, von poh, bac, vas. fels, fiäll, rupes. fils, fill, vestis. bams, conferta sedes, CXXXVI. hans, socius, ganz, totus. thyrs, fera.

z ist meist nur Alemannisch; seufzen, lefze - ächzen -, und nach b.p veraltet, und fliest mit dem Endwurzel T als ein S zusamen: hat, hats, haz, venatio. Der Holländer liebt es sehr: rupzen, eructare, allermeist von vornen: zwer, swer, schwer, gravis.

Man siehe deutlich, in welcher Absicht diese Hinderlaute dem Wurzelconsonanten angefügt worden sind.

Der

Der Guttural hat hier seine adiectivische oder eigenschaftliche Bedeutung, und kan allezeit in unser heutiges — ig übersezt werden, wie: ölig, was die Eigenschaft des Oels hat. man, communio, mäng, manh, menge, mänige, manig, manch, communis, copiosus. al, altitudo, particula exaggerativa, CCX. alh, (alig, was hoch ist,) basilica, ein hohes Haus, alch, alce, ein groses Thier. mar, publicum, (marig) mark, XCI. mar, cibus, march, equa lactans, (cibosus -) LXXXIV. Sonst heist auch — ig, und das draus entstandene — ing, eine Kleinigkeit: Zeisig, Zeislein, Zeisigen, Zeisgen —. Es kommt aber mit dem ersten Gebrauch in keine Vergleichung.

l ist, wann es schon ein untrennbarer Anhang der Einsilbigen Wurzel scheint, gleichwol nichts anders, als das gemeine - el, welches bald eine Kleinigkeit bedeutet, wie - le, XXXVI. ber, bacca, berle, perala, margarita, CXXXVI. Bald ist es ein Werkzeug: arl, ornus, ar, palmula. Oder überhaupt eine Begabtheit, wann man sich anderst dieses Worts bedienen darf: hurl, commotus animo, von hur, vehemens, CXLVII. merl, merula, smirl, accipiter, (beschnabelt LXXXVIII.); werl, gryllus, (mit einer Stimme begabt CX, II, 2.) -. Wie - el ein Umstand, ein Thäter, ein Besizer heist: Handel, Büttel, Adel —

n ist ein Infinit, wie - en, oder auch der unbestimmte hinden angehenkte Artikel: barn, bar, filius. fern, fer, procul. Und m ist eine Modification von ihm. Und t, d, können ihren Participial- und PersonalDienst -, und s und sk ihre adiectivische, vergleichende, auch gentile Verrichtung, nicht verleugnen: hulan, tegere, hult, tegit, huld, cutis, caro, §. IX. hur, cito, hors, (horis) equus. Dieses s geht oft ohne weitere Bedeutung in st und sk über. auch horst heist equus, CLIV. und horsk heist cito, CXLIX.

So bindet der German oft drei Endmitlauter zusamen: glubsk, rapax, skobsl, daemon, kerasst, castigatus, rupts, ructus. rohsn', atrium, maihsk', fimentum. helst, falsk. cambs', ranst, vernunst, - numst. kürbs, burcht. werlt. bärmd. borsl, borts. — Ohne aus den griechischen Schranken in die Polnischen überzugehen.

Der Blaser ist am Ende eines Worts weiter von keiner Bedeutung, als daß er sich hören läßt, wann er den Mund wieder zusamenzieht und schliest: farb, lamp. — Eben so hat auch manchmal der Hauch, der Ess- und der Nasenlaut und andere einen blos mechanischen Laut, ohne besondere Bedeutung von hinden.

Alle diese Bildungen und Anzüge gehören nicht zur Wurzel. Wie viel weniger, wann dieselbe das Wort zweisilbig machen, und ihm einen hergeleiteten oder grammatischen Sinn und Nuzen geben: libs, carum, amas, libst, carissimus, amas, libt, amat, amatus. liebe, amor, amo, cara; liebel, tenellus, lieber, carus, carius, liebig, liebisch - isch, amabilis, liebet, liebest, liebend, liebung, lieben, amare. Besonders bei Zusamensezungen: beleiben, bleiben. gelauben, glauben. er -, ent - ver -, zer -; an -, zu -, ans - xc. mis -; und am Ende, - sel, - chen, und mit den eigenen Wurzeln: - bar, - heit, - tum, - lich, - lein, - nis, - sam, - schaft, - haft.

Man urteile selbsten, ob die Mehrsilbigkeit oder ein abgebrochener einsilbiger simpler Organton original und früher sei?

Die

Die germanische Wurzel unterscheidet sich von ihren Anhängen, die sie mehrsilbig machen, damit, daß sie das Gewicht, die Hauptzeit, den Tonhalt, oder den Accent, (wann man sich anderst dieses Wort, welches eine doppelte und damit schielende Bedeutung hat, bedienen darf,) auf sich liegen hat, und unwandelbar behält. Eine Characteristik der germanischen Sprache.

Zwo Regeln stehen felsenfest: Germanische wahre Wurzeln sind durchaus einsilbig. Und: wann ein Wort mit zwen Consonanten anfängt: so ist der erste allemal ein bloser Vorlaut; hört es aber mit zwen Consonanten auf, so ist der lezte ein bloser Umstand von der wahren Wurzel.

Wer daran noch zweifelt, der wird sich von iedem Blatt des Wurzelwörterbuchs eines andern überweisen lassen müsen, weil alle Augenblik angekleidete und hergeleitete zweisilbige Wörter oder sogenannte Wurzeln, vorkommen, welche die nakten und einsilbigen, aus dem Altertum, oder ieder andern Gegend neben oder vor sich stehen sehen.

Aber bestimmte Consonanten oder Mitlauter müsen schlechterdings, aus der blos willkürlich, und von der Gewonheit einmal angenommenen Schreibart einer regierenden Sprache, gelernt, und die Verwechselungen mit ihren Gleichlauten vermieden werden. Dann sie haben in sich selbsten keinen Grund, der uns für das eine, oder das andere, mehr bestimmen könnte. Z. B. plözlich kommt nicht von Bliz, §. 29, 2. sondern von ploz, pluz, illico, 26, 3. Wildbrät, von braten -; Breis, ein Band, und Preis, der Werth, das Lob. Glas, vitrum, Klas, monedula; gnik, cervix, knik, crepitus; Drat, filum, trat, calcavit. Der Falch, der Falk, die Falz; der Karch und karg; manche, Menge. Ein gelobtes Gelübde; der Vogt, die Magd; Gold und Gelt; bekand, notus, bekannt, confessus; Amt und Hemd; Geburt und Bürde. Gans und Ganz. —

Endlich ist zu bemerken, daß die Ankleidung den genau bestimmten Begriffen der Wörter oft so wesentlich geworden, daß man ihnen mit dem Kleide zugleich ihren bestimmten Verstand benemmen, und in einen allgemeinen verwandeln würde.

Die Spiranten der wahren Wurzeln selbst haben die Natur des Altertums, daß sich ihre Gleichlaute, nicht nur bei verschiedenen Altern und Gegenden, sondern auch in einerlei Zeit und Raum, ia sogar bei einerlei Schriftstellern, unter sich verwechseln; und daß sie auch in verwande Buchstaben übergehen; so wol von vornen, als von hinden.

Nichts ist am Ende dem Altertum gleichgültiger, als b und p; und v, f und ph; nichts den Mundarten, auch den allerengsten, gemeiner, als der Uebergang von p in f am Ende. Und nicht leicht spricht ein w von vornen, das eben denselbigen Begriff, (es mus aber ein Hauptbegriff sein), nicht auch mit b und f verbinden sollte: war, fuit; bar, se gessit, fecit; far, casus, contigit, actio, 107. wan, quot; ban, fan, turma, 108. war, mas, sponsus; bar, peperit, filius; far, proles, 109. wol, bol, fal, villa, mansus, oppidum, 114. wer, possessio; bur, habitatio, fur, domus, ib. wunn, laetitia, optio; bunn, favor, optio; funs, libens, 115. wurt, dignus, bur, fur, decus, ib. wat, bad, vad, malus; wal, bal, fal, malum, 117. quad, stercus; bad, inutilis, fat, paucus; wac, pak, fah, vile, inutile, ib. wan, fraus; ban, crimen; fan, diabolus, 119. —

g, h und k machen bekandlich zu unserer Zeit am Ende einen grosen Unterschied im Wortverstand. Im Altertum ists nicht allezeit eben so. loh, loch, log, luk, heist eins rima, spelunca, wie das andere, 41. — Auch von vornen verstehen sie einander oft: kun, quin, chun, cyn, gund, heisen matrix, uxor, genus, 2. hatt, species, gad, species, ket, catena (copula, iunctura) 169.

Am wenigsten bemerkt das Altertum einen Unterschied unter den Gleichlauten th, t, d: thu, tu, du, tu, 165. - und ihr öfterer Uebergang ins S, allermeist am Ende, auch nicht selten von vornen, ist nicht der hohen Sprache allein, sondern auch der Sprache an sich selbsten zuzuschreiben. Z. B. lut, laut, lus, losung, vox, §. 25. - tam, sam, rectum, 190. - Das geschicht auch bei den Consonanten M und N am Ende: wan, wam, defectus, 118. - nach einer gar natürlichen Mechanic; wovon am Ende.

Die Vocale oder Selbstlauter machen oft in der Wurzel, ohne das geringste von derselben Begriff zu ändern, höchst verschiedene Gestalten.

Die Diphthongen oder Doppellauter haben allezeit, wo nicht in ihrem selbsteigenen Alter und Gewende, doch in andern, besonders den niedern Sprachen, einzele Selbstlauter neben sich, die sie ihrer Herkunft halber berichten; und ihnen ihre Einbildung, als ob sie ursprünglich wären, ganz benemmen können. So wird

au, so gemein es, besonders hohen Sprachen ist, im wahren alten, und dem niedern, zu einem reinen o oder u; man sehe die Preisschrift Nro. 20, 8), p. 39. Dieselbige hat sich p. 57. erfreche, vom Griechischen zu sagen, es habe all sein Rauhes zur Polierung des Mösogothen hergegeben; und au ist unter andern mit gemeint. orum, Gold, ocus, Aug - sind bei den feinen Griechen und Lateinern rauh, bäurisch und archaisch. aurum, αυγη-, auch, brauch - sind fein und herrisch. Gut! aber: Ohr und Brod - sind auch herrisch und fein; und aur (Ulphilas griechisches aus), Ohr, und das Ulphilanische, Isländische, Alemannische braud, (Brod), sind rauh und bäurisch. Herren und Bauren sprechen also durcheinander rauh und fein: brauch und gaut (gut); rauch und naut (Noth) —. Was ist denn rauh? ist es ein reiner, einfacher, natürlicher Vocal, wann er auch gleich hoch oder verdumpfen ist? oder ist es ein, aus demselben, ohne weitere Bedeutung gemachter Doppellauter, nur daß er das Maul besser füllen soll? gedehnt, am Ende gleich verdumpfen? wer entscheidet? Vernunft, Gehör, oder die Gewohnheit, die ihre Machtsprüche sinnlos thut?

ao ist mit au einerlei, nur daß es seinen Ursprung, o, unzweifelhafter mit sich führet, wie

ou und eu ihr u; wie
ei sein i: ein, intra, in; wein, win —, und
ie sein e: viel, veel; sniet, schnied, sned. —

lang gedehnte oder circumflectirte Selbstlauter fallen vom Ton ab, und nemmen dabei allerlei Gestalten an:

o gehe durch alle Töne: oa, oe, oi, und bleibe in seiner Absicht o. Richey hat vom vocabularius Theutonista angemerkt, daß er alle seine klare und offene, das ist circumflectirte a und o, mit einem hinden angehenkten i bezeichne: ai, oi. Eben das widerfähret dem

u

u in ua, ue, ui, uo: huat, huet, pileus, guit, guot, bonus, hups, domus, hut, gut, hus. — Dem

a in ae: aem, animus. — Dem

e in ea: deat, —; in eo: deomuat, Demuth —. Dan

i in ia, ie, io, iu: dia, die, dio, diu, welche alle weiter nichts, als di, die, ή, δι -, besagen wollen.

Es ist ihnen schwer, den Ton in gleicher Stufe oder Stärke zu erhalten.

ei ist auf diese Art ein wahres e: ein, een; eid, eed —. Oft steckt dasselbige in ai: wais, weis, wees, orbus. —

Hier sind zwo Classen, unter welchen alle Doppellauter stehen, in denen der wahre und ursprüngliche Vocal einerseits von vornen, und anderseits von hinden einen Zusaz leidet. Jene steigt, und diese fällt im Ton. Der HauptTon bleibt derselbige. Kein Doppellauter ist original und selbstständig, oder von eigener Bedeutung. Und wann ein Vocal durch seine Verdopplung blos seine Dehnung anzeigen will, womit er dem hindern sein Wesen, seinen Selbstlaut, nimmt: so ist er zu bedauren.

Der Vocal, der SelbstTon, steigt aus der tiefen Kele, und kömmt bis vor die Spize des Mundes, oder töne aus vollem Hals und offenen Munde, bis in dessen engsten Spalt. Er ist eine musicalische Octav:

a, ä, e, ö, o, u, ü, i.

a ist der HauptTon. Er ligt auch immer den Wurzeln zum Grund. Man kan ihn den eigentlichen, und gegen andere den niedern nennen.

o ist seine Quint, und stimmt mit ihm. Das Nordische, und die Teutsche Provincialsprachen haben ein å, ꝍ, welches man in den einen und den andern Ton beliebig übersezen kan. Vom hohen o zu u ist ein sehr gemeiner Uebergang: forcht, furcht; sohn, son, sun. — Und diß sind die Vocale, welche den einfachsten, ganz ungemischten für sich bestehenden, reinsten und graden Ton gewähren.

Alle andere Nebenlieger sind teils von zweifelhafter, teils von offenbarer Mischung. Es geschehen offenbare Beugungen von

a in ä; o in ö, und u in ü.

Und so rein e und i im abstracten oder abgezogenen gedacht werden mögen, so sind sie doch nicht nur unwurzelhaft, und unselbstständig, oder von keiner eigenen Bedeutung, sondern auch ihres Ursprungs wegen selbsten, zweifelhaft. Hier hülft kein Unterschied des hellen oder dunkeln, hohen oder niedern, langen oder kurzen. Ist e tief: so ist es von ä -; ist es hoch: so ist es von ö, - (man darf nur Grade in beiden, oder halbe Töne, sezen), nicht mehr zu unterscheiden. Das Gothaische gäben, das gemeine gäben, und das schriftmäsige geben; das schriftmäsige heben, das gemeine höben, das Meisnische höben.

Eben so schielend ist das i im concreten, oder in der Anwendung, man denke es an sich so rein, und so fein, als man wolle. Verfolgt man das i einer Wurzel ins Altertum: so wird es ein wahres Ypsilon, die Zuflucht einer Otfridischen Unwissenheit, praefat. ad Luitpert.

Was ist z. B. bei uns reiner, als: dich? gleichwol hängt es, bei dem Niedern Sprecher auf der Schwebung nach e: dek, thec -, und bei dem Hohen, nach u: Ulphil. thuk, duch. Was scheint reiner, als: ich? und doch hat es im Plural des Isländischen: ykur; des Ulphilanischen: ugkis, ungkis; und des AngelSächsischen: ung, unk; und der niedere sagt: eg; ägan, meum esse, habere proprium, egen, eigen. Und wie viele Wörter haben wir nicht im gemeinen leben, in deren Schreibung ungeübte, mit dem besten Gewissen, zwischen e und i, wider den Gebrauch anstosen? e und i sind schwebende -, und gehören unter die gebogenen Vocale.

In die Beugung der reinen Selbstlauter mischen sich die Doppellauter auch. Ein Beispiel wird uns, gelegenheitlich, zugleich in einer andern Absicht, wichtig sein.

Die Originale, das ist, die zweite Germanische Conjugation, Preisschr. p. 26. hat die Natur, daß sie den Vocal der ersten einzeln gegenwärtigen Person des Indicativs durchaus in der dritten, und damit auch in der zweiten Person ib. p. 30. med. biegt: falle, fällt; lade, lädt -. Diese zwo sind an sich klar. Darnach bildet der Meisner nicht unrecht: komme, kömmt. Aber er irrt, wann er hängen zu einem eigenen Zeitwort macht. Das Activ ist: ich henke; das Neutrum: ich hange, er hängt. i und e biegen und neigen sich gegen einander auf gleiche Weise: bliven, blev -. Sie sind an sich schon keine reine laute mehr; und der Vorwurf der Verwechslung und des Uebergangs reiner Vocale in einander fällt weg. Es ist einerlei Bildung in einerlei Umstand mit: falle, fällt -. Also bleibt auch hier Wirklichkeit und Name der Beugung stehen: gebe, gibt; berge, birgt. Und hätte ü ein Zeichen höher über sich: so ist nicht zu zweifeln, daß man auch in: biege, biegt; schinde, schindt, gleiche Beugung bemerken müste. Der Schwab sagt ohnedas nicht: buigen, sluisen -, sondern: biugan, sliuzan; ich beuge, biuga, er buigt, sluist -. Daher der Imperativ, bei offenbaren Beugungen, unstreitig einsilbig ist, Preisschr. p. 29. fin. und durchaus in dieser OriginalConjugation sein sollte, wie das Imperfect.

Eben diese Beugung gilt vom Präsens des Subjunctivs ins Imperfect: gebe, gäbe; berge, bärge -. ü und ö nähern sich einander, als wahre i und e: büge, biege, böge; und dem erst angeführten fehlenden höhern ů nach: schynde, schinde, schůnde.

Was ist aus: falle, fiele, und: lade, lüde zu machen? Freilich merken wir das a im ersten nimmer, welches dem Alten bei dieser Beugung so wesentlich, so nothwendig war; und halten: fial, cecidit, für eine blos Schwäbische Rauhe. Gleichwol ist: ia bei dieser ersten Conjugation so allgemein, daß es der feinste NiederSprecher nicht in einen reinen Vocal verwandeln darf: fiel (fiäl), AngelSächsisch feol u. s. w. Wer sieht nicht, daß hier der Vocal, gegen welchen sich der WurzelVocal des Präsens neigen soll, blos vornen steht, weil er sich von der Beugungsart der zweiten gegenwärtigen Person von der ersten unterscheiden muß: falle, fällt; falle, feal oder fial. Diese Schwürigkeit hat: lade, lädt; lud, lüde, nicht. Der German hat sich hier auf eine andere gar natürliche Weise geholfen, die von der Vocalbeugung gänzlich unterschieden ist.

Es ist nehmlich nicht leicht ein alter Begriff, der sich nicht in zwo Wurzeln zugleich ausdrückte. Man würde sagen müssen: es sei kein alter Begriff, der diß nicht thue, wann alle laute ganz vollständig mit Zeugnissen oder Autoritäten durchs Germanische zu belegen wären,

worzu

worzu mehr gehört, als blose archaische Bruchstüke, so viel ihrer auch immer sind. Aber die Erfahrung gibts, so weit sie geht, und stellt die Regel fest: „ieder original- auch ieder abgelei„tete alte Begriff drükt sich mit zwei Wurzelwörtern aus, einem niedern und einem hohen „Vocal.„

Daher das Wurzelwörterbuch allezeit zwo Wurzeln sezt, in deren einer a, in deren andern u, ů punctiren oder ministriren; zwischen welchen zwo äusersten Schranken die übrigen Töne, Selbst- und Doppellauter, moduliren. Beispiele seien der erste Paragraph im Wörterbuch:

Kaf, cavum, kave, caminus, kefe, kefig u. s. w. Kuf, kufe, küve, kub, cupa -.
Kad, cadus -: Kut, fovea -.
Kan, kanne -, hain, vas -: Kum, chum, cacabus -.
Kah, kachel, skah, schacht, metalli fodina, schachtel, schage, calamus -: Kuh, köke, saccus, köcher, kyke, gugge, vas.
Kal, kelle, trulla, kalce, gelte, kelch, chela, calamus, gale, scal, schale -: Kul, gul, kuyl, hol, cavum, kolk, golv, vorago -, kiulla, pera, kolb, kiel, calamus.
Kar, karr, karch, carrus, kärl, harst, cartago -: Kur, korb, korg, corbis, skor, scher, caminus, schaur, kiskirr, geschirr, vas.

Der gemeine Begriff von diesen allen ist cavum, profundum, vas, cista, canna.

Und der lezte Paragraph im Wörterbuch, wo der Vocal selbst der regierende oder Hauptlaut ist:

Ab.f, deorsum, profundum, Eber, ever, scapha, vas -: Ub.f, sub, ubiza, porticus -.
As, aser, fiscus (crumena), ask, asche, situla, theca, navicula, cupa -: Us, ex imo, ösen, haurire -.
Am und Om, ohm, Umgelt, vectigal de vase vinario, imi -.
Ak, Ek, Anker, mensura fluidi: und Ok, ochshöfd, Uchs, Tiefe unter dem Arm.
Alm und Ulm, vas, scrinium -.
Arch und Urch, cista, urceus, vas -.

Der gemeine Begriff ist imum, infra, deorsum, sub; ex imo. intra, vas.

Das hälft dem Germanen, (um unser angefangenes Beispiel vollends auszuführen,) bei der Bildung seiner Coniugation, wo er vom einmal angenommenen Vocal des Zeitworts abgehen muss, wann er mit der ordentlichen Beugung desselben nicht alles bestreiten kan. Im: Laden, ist der eigentliche Fall. Lad, ein herrischer Begriff, §. 43. Die vornehmsten Abstämmlinge davon sind: das altEnglische ladi, femina; Ulphil. lathons. vocatio; schwed. blata, der Sachsen in Engell. gelathian, congregare; Notker kiladota, synagoga (wie begirida, Begierde,); Alem. blaiten, begleiten, geleiten, comitari; laden, schwed. ladda, congregare, citare; laeti, leti, leute, homines, plebs, comitatus -. So weit vom nie-

niedern. Nun im hohen Ton: lud, vocavit, citavit -; und lud, noch sagt der Hohenloher in der einzeln Zal, das Leut, plebs, homines, wie Otfrid der Liut, AngelS. Leode, gens, populus, iuvenis, Alem. Lito, libertus, ministerialis plebeius; die Leute, Lüde, Liuti u. s. w.

Vocalbeugung und Vocalwechslung bleiben immerhin verschieden. Und die zweite Coniugation: Lade, die nur 10. Zeitwörter hat, Preisschr. p. 27. ist nicht werth, daß sie die Regel: die Beugung des Vocals formt die tempora - ib. p. 29. fin. kränken könnte. Die Beugung der dritten Person des praesens von der ersten ist dem germanischen so eigen und nothwendig, als die Beugung der Zeiten voneinander. Das Gegenteil wäre wider die Natur der Sprache. Dann der ungebogene Vocal ist der Subiunctiv: du ladest, grabst, bachest -, er lade, grabe -. Luther: grebt und schlegt - mit dem Altertum.

Es ist eine sehr widernatürliche Sache, wann man im Schreiben die Herkunft eines Vocals, oder seine eigene Landsart, wider die einmal eingeführte Gewonheit bemerken, oder gar aufbürden will: gebächen, Gebärh -. Luther hat es gut gemeint, und nicht so unrecht gehabt, wann er die gebogenen Vocale ausgemerzet, und: Hende -, geschrieben hat. Man hätte ihm folgen sollen, und würde nunmehr so vieler Unregelmäßigkeiten und Parteilichkeiten überhaben sein. —

Zu den Bildungen der Wurzeln gehören auch die Versezungen oder Metathesen. Sie sind alle doppelt angemerkt, so viel ihrer von einiger Bedeutung sind. Viele davon scheinens nur zu sein, wie: an, ad, 217. na, prope, 99. einnan, 71. und yrnan, currere, 215. - Besonders haben: al, la, 211. und in, intra, ni, 205. und un, remotiv, nu, 220. ihre eigene Paragraphen.

Nun ist noch eine Hauptbildung der reinsten oder einfachsten, gemeinsten, ältesten und originalen Wurzeln übrig, an welcher alle ihre Kinder Anteil nemmen. Allesamt wechseln, mit Beibehaltung ihrer gemeinen -, oft auch ihrer besondern, ja der bestimmtesten Bedeutung, ihre hindere Consonanten unter sich. Zwei Beispiele, der erste und der lezte Paragraph, sind bereits gegeben, und mehrere würden überflüssig sein. Jeder Abschnitt im Wörterbuch gibt den Beweis davon, obgleich nicht jeder seine Originalwurzeln bei sich hat; die vor-, oder rukwärts zu suchen sind. Das System des ganzen Lexicons hat sich darauf erbaut, und sichs zum Zwek gesezt, die 10te Numer der Preisschrift zu beweisen, welche, ohne die Durchführung aller germanischen Wurzeln durch diese sechsfache Reihe, ein bloses Rätsel ist; nun aber jeden Anschauer überweisen mus.

Unter 222 Paragraphen oder Ordnungen, und Haupt- oder GeneralBegriffen sind 160. vollständig. Der Zischer, halb, t.D, oder ganz, s - felt niemal. 3 einzele haben keinen Nasenlaut n, m: 96. 100. 102. um der allgemeinen Regel willen, weil sich ein Laut euphonisch nicht gern selbst bedient. Der Hauch ist fünfmal ausgeblieben. 3mal wo er sich selbst bedienen sollte, 10. 15. 17. und 129. und 167. Der Blaser mangelt 17mal, 79. 81. 82. 86. 91 - 93. Bei M, weil sich Lippenlaute nicht gern selbst zusamensezen; so auch 103 - 5. 121. Endlich unter H, 160. iteratio; th 166. quomodo. S 185. esse, 188. lux, und N 206. aër, und 207. ignis. 13 mal felt der Zungelaut, §. 26. 27. 29. 32. 37. 40. weil er sich selbst

selbst nicht gern bedient, so auch 211. N 71. motus, und 60. dominus, kommen im folgenden, und W 128. prurire im vorhergehenden Paragraphen. Und villeicht sind die Begriffe N 49. frigus, 70. convulsio, und H 141. der Artikel zu bestimmt, als daß sie sich durchaus beilegen sollten. Endlich felt der Hundlaut 16 mal: §. 46. 51. 52. 54. 55. 57. 58. 59. 61, 64. 66. 72. weil er sich selbst bedienen müßte; und K, 4. coctura, und S, 183. der Artikel, sind zu special.

Doppelt felen 11: w.t, 106. quando; h.w, bellum, 151; w.l, 43. servus, n.l, in aqua, 205; und am meisten l.r, miteinander, unter L, aqua, 28. lactus, 31. dimissio, 44. N, rapere, 47. repere, 74. acer, 73. und S, 200. sativum.

Dreifach mangeln 6: Unter K: d, h, r.. sonus inanimatus cavi, 8. Unter N: n, l, r, asper, 76. Unter H: t, n, l, quomodo, 142. d, h, l, ubi, 143. quando, 144. Und unter A: d, l, r, aër, 206.

Vierfach felt 1: Unter K, frigedo, 21. der ganze Paragraph gehört zum 18ten, und S, effundere, 197. welches zu fluere 194. gehört, felt eigentlich ganz. Es ist aber dabei zu merken, daß die Tabelle nicht für das Germanische allein gemacht worden sei.

Je allgemeiner die Begriffe sind, ie sicherer sind die Reihen. Z. B. altum 113: bodn, supra, bod, altare; bom, altum, arbor; bok, excelsus; bol, collis; bor, altum. 162. hub, had, hom, hoh, hal, hor. 210. uf, super, ot, excelsus, ano, uch, al, ar. 56. clamor, rog, röst, rum, ruk. röl, rar. 101. cito, snup, snud, snim, snng, snell, snar. — Doch näherbestimmte Begriffe thun immer auch dasselbige: 155. possessio septa, hub, hüt, heim, hag, hall, herd. 172. servus, tib, diet, thion, theg, tal (humilis, obediens), thyr. 179. stupidus, dof, dos, dum, daih, dol, dor. 89. puella (genus femininum), mawi, mad, man, magt, mal (coniux,), mar. — Einerlei Gegenden füren oft einen Begriff, sogar für sich allein, z. B. der Alemann, — vollständig durch. Oefter sind die Reihen unter die Kinder der Germanen ausgestreut; allenthalben bekand, nur eins hier, das andere dort gewönlicher. Z. B. 120. motus, weben, wisan, winnen, wegen, wallen, werben. 157. peregrinari, gaw, (skewan), gast, gannan, gaggan, galen, garten. 187. sentire, seffen, sethen, sinnen, sehen, zillen, (sirt, cor). — Das thut die nakete Wurzel, wie die angezogene: 48. moeror, riuw, druß, gram, trego, rül, trur. — Die Jugend, wie das Alter: 9. tectura immediata, kappe, kittel, hemd, kogel, koller, garwe oder gher. 14. separare, schiften, scheiden, schinden, -eln, schichten, schillen, scheren. 75. radere, reiben, krazen, krimmern, friten, rellen, rühren. 99. accessus, sniwan, nadern, nenden, nahen, nalkas, när (prope,). 122. vas, pipe, pütte, binne, bak, pülle, büte. 147. fervidus, heftig, hastig, handig, hache, hellig, hurtig —

Aber auch durchaus einen ieden individuellen Begriff durch alle Reihen hindurch fordern wollen, wäre Unbilligkeit. Es ist ohnedas bei der Gewonheit, die hier regiert, keine haushältige Ein- und Austeilung, kein vernünftiger Aufwand zu suchen.

Die WurzelEndungen d, t, n, h, l, r, wechseln also unter sich, mit Behaltung des Begriffs der Wurzel. Sie sind demnach der Wurzel nicht wesentlich; und die Anwesenheit

heit des einen vor dem andern, oder ihre Anwesenheit an sich selbsten ist der wahren Wurzel und ihrem Verstand ganz zufällig, wie die Punctirung, oder der Vocallaut, welcher oft aus der Octav, gleich einem Glükstopf, herausgezogen wird.

Was folgt daraus? nichts geringers, als daß die wahre Wurzel mit ihrer Bedeutung ursprünglich auf einem einzigen Organlaut, auf dem vordern Buchstaben eines reinen Worts beruhe; und daß der 7de Paragraph der Preisschrift der Endschluß sei, der aus der Masse der Germanischen Wurzeln abgezogen worden, und habe herauskommen müsen.

K ist der hole laut der Kele und des Gaumen, und bedeutet das loch des Mundes, das Kauen und den Schall desselben, und damit iedes Hole, ein Gefäß, und eine Deke, sie sei mittelbar oder unmittelbar, natürlich oder sittlich; einen Ab- und Einschnitt, sittliche und natürliche Verbergung, Klang, Finsternis und Käle.

L bedeutet die Zunge (doch unschiklich die lippe), ihren laut, Bewegung, Gebrechen und Unanständigkeiten, auch die Thiere, die sich durch diesen laut vor andern merkbar machen. Das Volubile der Zunge bezeichnet lebhafte Empfindung so wol des lieblichen in dem Menschen selbst, leben, Munterkeit, leib, Narung, Ruhm und Unterricht; wie in der Natur alles leichtbewegliche und flüßige der Elemente: als auch die lebhafte Empfindung des Unlieblichen, es sei natürlich, etwas geringes, wüstes, schmoziges; oder an dem Menschen Gebrechen an Sele und leib, Bosheit, Zorn, Riß, oder leiden, Klage, Knechtschaft und deren Erlassung.

R rasselt, als eine heftige Regung des Gemüths in allen Affecten, im Zorn, Rache, Riß; im Unmuth vor leid, Frost, Furcht und Ekel; im Vergnügen, Freude, liebe, Friede, Tanz oder Reigen mit allen Bändern und Ründungen: Als ein reger laut so wol lebendiger Geschöpfe, die Stimme, Sprache, Gesellschaft, besonders die offentliche, Gericht, der Richter mit Macht und Pracht; als lebloser Dinge, alles Rasseln, Prozeln, Dreschen, Keltern. Es ist auch ein Ausdruk aller Vegetation, aller thierischen Regung und Bewegung, endlich aller übrigen Regungen des festen, reiben, rauh, herb, und des flüßigen.

M ist der lippenlaut, wann der Mund ißt und spricht. Zum Essen gehören alle Materialien aus dem Pflanzen- und Thierreich, eigentlich der Schmoz. Die Zubereitung, Beziehung des Bodens, Menge, Grösse, und das Mas des Raums und der Zeit; die Verarbeitung, malen, weichen, schlachten; der Genuß, die Speise. Der Mund, sein Geschmak, sein laut, auch Thiere, die sich durch ihren Mund auszeichnen. Zum Sprechen gehört die Gesellschaft, ein Verwandter, Gefärt, iemand; Obrigkeit, Macht, Pracht, Ruhm, Gesez, lehre, Strafe, Verbrechen, Gebrechen, oder alle Ermattungen, die mit Mangel, Unmuth, Tod, Schlaf, Krankheit, auch der Betäubung verbunden sind.

N ist die Nase und der Schnabel oder Spize, samt ihrem laut, die Speise, und die Gesellschaft, samt allen Arten von Verbindungen.

B bläst leben, Affect und Bewegung. leben, iemand, sein, wachsen, thun, Gesellschaft, denken, reden; Essen, der Schnabel hat allen änlichen, auch Bergspizen und Höhen ihre Namen gegeben; landgut. Affect, Verlangen und Abscheu. Bewegung wie überhaupt in Ort und Zeit, und nach Beschaffenheit der Gegenstände, alles fassen, Krieg, Held, Jagd, Fisch und Vogelfang; so ins besondere alles weben, fegen, haken, wimmeln, heftig, hurtig, pendere, texere, volvere, und der Elemente.

H haucht iemand, etwas, leben, Sinn und Stimme. Affect, als Begierde und Elementarferment, Handlung, Eile, Mühe, Krieg, Held, fangen, Jagd; und Besiz und Genüge. Höher auf G, Bewegung, und Vereinigung, Gesellschaft, Band des Raums und der Zeit, Haufen, viel, hoch, Masse und das Runde.

t.H, der zischende, der höchste Hauch, bedeutet iemand, etwas, leben, thun, heftig, übende und leidende Gewalt; Dehnung in alle Dimensionen; Betäubung, dunkel, tief.

S zischt mit dem Zahn, leben, iemand, Gesellschaft, Band, sein, und Munterkeit; Sinn, Sicht, Neigung, Rede; und den Affect des Zahns, welcher zischt, knirscht und klappert, oder zürnt, und zagt; und einem Wasser nachahmet, welches durch einen Fang läuft. Damit bezeichnet er fliesen, kochen, schmelzen, und den thierischen Ein- und Ausguß. Der Fang bemerkt die Dissipation und den Aufhalt. Von der Dissipation sind drei Siebe hergenommen, das Seihen oder Reinigen, der Webstul und die Sat. Es kommt vom Aufhalt des Wassers im Fang, daß das Biesen ein Zeichen des Stillstands und des Aufhalts ist.

A, der Vocal, wovon der 8te Paragraph der Preisschrift handelt, sagt O die Verwunderung; die Natur, Wasser, Luft, Feur, Erde, Aker, Baum und Narung; das all, sehr, gros, viel in Raum und Zeit; und Sinn und Heftigkeit.

E liebt, iemand, Gesellschaft, Band, Familie, liebe. Und

U heult das widrige, die Verlassenheit und die Tiefe.

Diese Endschlüsse sind in dem Wurzelwörterbuch, nach iedem vollbrachten Organlaut, kurz selbsten angemerkt; und in nachstehender Tabelle zur Uebersicht des Ganzen aufgestellt.

Sie erschöpfen zusamen die ganze Germanische Sprache.

Aber! K ist der hole Laut der Kele und des Gaumen –, und heist die Kele, der Gaumen, und die Höle mit ihren Eigenschaften.

L ist die voluble Zunge, die beim Gefül des wallenden leichten, und dem Affect des lieblichen und widrigen im Munde wallt; und heist die Zunge, Element, lieb und unangenehm.

R, die Zunge rasselt an den Zähnen in iedem starken Affect, und bei einer starken Empfindung eines Geräusches und der Bewegung; und heist Gemüthsrührung, Geräusch und Bewegung.

M ist der mampfende Laut beim Essen; und heist Essen und Gesellschaft. Eben das ist

N der Schnabel; und heist eben das.

W bläst im Affect, und bei einer heftigen Empfindung des Bewegten; und heist leben, Affect und Weben.

H haucht leben und Gemüth; G höher auf, in der Bewegung von der Stelle zur Vereinigung; und heist Lebhaftigkeit, Bewegung und Vereinigung.

t.H ein gemischter Hauch und Zischer, eine gewaltsame Gemüthsbewegung; heist Macht, und Strenge.

S, der Zahn, zischt seinen und des Wassers Ton; und bedeutet sich, leben, Sinn, Affect, und das Zischen des aufgehaltenen geteilten Wassers.

A der Vocal tönt

O, A, aus vollem Hals Verwunderung, Natur und Sinn.
E, A, verengt und zärtet den Ton in der geselligen Liebe.
U, A, heult; und der Ton heist alles dieses.

Das sind ia die Organe der Menschheit überhaupt. Urlaute, wie die Preisschrift sagt p. 59. fin. welche die Natur erzeugt hat; deren Begriffe mit den Organen eine wesentliche Verbindung haben. Zu welcher Mechanic nur Menschheit, oder Bewustsein seiner selbst, und Einbildungskraft gehörte, um auf dem Weg, den die Natur gebahnt hat, mehrere Begriffe zu verbinden, und unter mehreren Organen auszuteilen.

Was ist nun Mundart? was ist Sprache? Jeder Mensch, iedes Haus, iede Profeßion und Gesellschaft, iede Gegend, iedes Land, alles, was seine Begriffe, ohne fremde Hülfe, mit Lauten seines Munds bezeichnet, spricht seine Sprache. Andere neben ihnen machens eben so. Es liegen allen einerlei Organbegriffe und Organlaute zum Grund. Und über das alles sind sie, in Millionen willkürlicher Benennungen, die nur einen sehr seichten Grund in den Wörtern selbsten haben, von gemeinschaftlichen ältesten, entferntern, nähern Eltern unterrichtet. Grösere Gemeinschaften weiterer Streken, älterer Väter, machen eine Sprache gröser; und ein gemeinschaftliches Blut, und gemeine Naturorgane, machen zulezt aus allen eine einzige Sprache.

Die Summe der Zeichen oder Wörter ist den Begriffen proportional, in so fern, der Natur nach, ieder Begriff sein Zeichen haben mus. Wenige Bedürfnisse, schlechte Achtsamkeit auf die Gegenstände der Natur, mäsige Begierden, geben eine arme Sprache; und alle alten sinds. Abgründe des Herzens und der Vernunft machen den Menschen um die Zeichen ihrer Begriffe bange. Man vergißt aber auch wieder, und willkürliche fallen aus der Uebung. Man bettelt auch von andern. Und das gemeine Leben der mittlern Classe kömmt, wie, aus der Erfahrung, bereits angemerkt worden ist, etwa mit 3000. Wörtern aus, wann sie dieselben gut zu kleiden und zu knüpfen weist. Ein anderes Alter, eine andere Gegend hat, bei ungefär gleicher Summe, und bei der Wal aus den gleichviel bedeutenden Organlauten, oder Synonymen derselben, und aus der Einbildungskraft, welche so oft blos gelegenheitlich würket, eine andere Verzeichnis ihrer baren und geltenden Wörter, unter welchen manche, mehrere, viele, die meisten, aus der Wörterverzeichnis anderer, näherer, entfernter, sehr weiter Gesellschaften, Horden, Stämme, Völker, ausgeschlossen sind. Politische Verfassungen thun hier viel zur Sache, und haben auf Vorstellungen und Neigungen, Gemeinschaft und Absonderung, einen grosen Einfluß. Viele an sich originale und Hauptwörter gehen wie verlohren. Viele fallen von ihren Hauptbedeutungen auf Neben-, auf die gelegenheitlichsten Begriffe herunter. Viele werden gestümmelt und abgekappt; viele dergestalt anderst, als in andern Gegenden, angezogen, gekräust, und mit einheimischen und fremden Zusäzen geziert, geflittert, daß sie den Haupthaaren der Völker änlichen. Ist dieses nicht das Wesen dessen, was man Mundart heist?

Jede unserer Untersprachen, in lebenden und abgestorbenen Altern, ist in Absicht auf die Wurzeln, ein Fragment -; und in Absicht auf die Gangbarkeit und die verschiedene Bildung der Wurzeln, eine Mundart von der Germanischen Sprache. Und die Germanische Sprache, in ihrem Umfang eine Hauptsprache, ist eine nebenSprache mit denienigen, welche

che mit ihr offenbar grose Aenlichkeit, oder eine Menge Wurzelwörter, und deren Bildungen und Verbindungen, gemein haben. Sie ist in Absicht auf die Wurzeln, dann sie füllt nicht alle Fächer, ein Fragment -; und in Absicht auf gangbare und verschieden gebildete Wurzeln, eine Mundart von einer höhern Sprache. Nur mit dem sonderbaren Vorzug, daß ihr die allerwenigsten Fächer feien: daß sie die natürlichsten Bildungen hat: und die reinsten Wurzeln aufbewahrt, zu welchen tausend andere Sprachen ihre Zuflucht nemmen müsen, wann sie natürliche Herleitungen ihrer Wörter machen wollen.

Höhere, ältere Sprachen (nicht eben nur in der Zeit des Weltalters, sondern in den Stufen der Nationalmenschheit,) werden vernünftiger Weise ärmer, und immer nach Graden ärmer an Begriffen und Wörtern und deren Bildungen. Und die oberste oder erste, noch nicht Sprache, hat blos die äusersten Nothdürfte, und nicht so wol Wörter, als nakete, ungeschlachte Schälle, und stammt unmittelbar aus den Lautbegriffen oder Begrifflauten der menschlichen Organe.

Möchte es am Ende dieses Wurzelwörterbuchs erlaubt sein, die Organlaute zu ordnen: die Stammwurzeln, und ihre Synonymien oder gleiche Bedeutungen zu sammeln und zu vergleichen: die uneigentliche Bedeutungen von den eigentlichen abzuleiten, und damit die Metaphern, und etwa dabei gelegenheitlich, (den Machtsprüchen unbeschadet), zwo, drei der allerentferntesten Hauptsprachen, zu Rede zu stellen: und nur die allernothwendigsten Schlüsse daraus zu ziehen, alles zusamen in einen Raum, der nicht gröser ist, als diese Einleitung, die sich hiemit beschliesst?

Nun noch ein Wort von dem Gebrauch dieses Wurzelwörterbuchs. Es ist ein wahres Teutsches Lexicon, nur daß ihm die alphabetische Ordnung felt. Uebrigens ist

Die Enthüllung und das Aufsuchen eines jeden beliebigen Wortes leicht, natürlich, und gleichsam mechanisch:

1. Man trenne zusamengesezte Wurzeln, und suche sie einzel. Dann für zusamengesezte Wörter ist hier der Plaz zu eng.

2. Man nemme einem einzeln Wort seine grammatische Verrichtungen, prae- und suffixa, verbalia, nominalia, generis, numeri, casus, personae, temporis —

3. Man werffe, wo vornen oder hinden zwen Consonanten beisamen stehen, den vordersten und hindersten weg. Die Wurzel wird, ohne etwas von ihrem Hauptverstand zu verlieren, eine einzele Silbe werden, deren vorderster Laut regieret.

4. Unter diesem Regenten suche man, in der Tabelle, den Verstand, den das Wort hat: so wird es, wo nicht allemal selbst, doch wenigstens in einem oder etlichen seiner Blutsfreunde zugegen sein.

5. Oft findet sich das gesuchte Wort, wann man ein bekandes, eben dasselbige bedeutendes Wort sucht, welches nur einen andern Minister oder Endbuchstaben hat. Z. B. Ulphilas hruggja, virga, baculus. Wo soll ich es finden? Es fällt mir die Rute ein, die auch virga heist. Sie sind von einerlei Regenten R, und haben nur verschiedene Endbuchstaben. Ich suche Rute, und finde hrugga zugleich.

6. Oder umgekehrt. Man will den Verstand eines Worts wissen. Man durchgehe alle Reihen, worin dieses Wort zu finden ist, oder stehen kan, und ermesse, welche Bedeutung von den vorhandenen vielen, dasselbe nach seiner Stelle oder Verbindung haben möchte oder mus.

Metathesen sind, wie bereits gesagt worden ist, doppelt angemerkt. So auch die Wörter, die mit Qu geschrieben werden, unter K und W.

Da aber gleichwol diejenigen Wörter schwer zu suchen bleiben,

1. Die das lateinische C bezischen: Zelle, Zimmet, Zymbel, Zirk, Zirkel, Zicher -;
2. Die verschiedener Verhältnisse halber mehrmal, und verschiedener Orten vorkommen müssen;
3. Deren Verstand eine pure Metapher, wie: Wein, deliciae;
4. Oder so weit hergeleitet, oder so unbestimmt, und schielend, daß der Grundbegriff nicht für sich erhellet, wie: Pfenning;

so ist, für das gangbare HochTeutsche, eine alphabetische Verzeichnis angefügt.

Das Wurzelwörterbuch aber an sich selbsten wird ewig Zusäze und Einträge bedürfen, und ruft alle Kenner und liebhaber der Germanischen Sprache aller Enden und Orten zu dieser Absicht auf. Nur sich bedingt es, zu seiner Beurteilung, nochmal Muse, Nachdenken und Unvoreingenommenheit.

Einem leser dieser Art wird mehr selbst darzu zu denken übrig bleiben, als man ihm sagen mag und kan. Er hat unermeßliche Freiheit vor sich, so viele oder so wenige Wurzeln miteinander zu vergleichen, und Schlüsse daraus zuziehen, als ihm beliebt; Jedes, was, und so weit es ihm gefällt, ins kleinere, ins abgeleitete, in das zusamengesezte, in das verwandte, auszuarbeiten; das Altertum der verschiedenen Bedeutungen eines ieden Worts gegeneinander in Rechnung zu bringen, und viele andere Dinge mehr, die eines ieden Willkür und Beurteilung überlassen sind.

Z. B. man wirft §. 171, 1, 2. die Frage auf: komme die Zal zehen von dem Zehen des Fuses, oder der Zehen des Fuses von der Zal zehen? Mus man die Zehen, die Spizlein der Zwibeln, des Knoblauchs - §. 175. auch dabei in Betrachtung ziehen? Welches ist älter: zehen oder tehen? Da dieses selbst auch Alemannische Urkunden vor sich hat; tehen oder tdeh, toh? teh oder tin, oder gar ti? Sind leztere ursprünglich oder nur zusamengezogen, und dieses nur abgebrochen? Nichts ist gemeiner, als das Vorurteil, was im Teutschen mit dem lateinischen, Griechischen, und andern ältern, oder früher belanden und zum Puz gediehenen Sprachen Gemeinschaft hat, das müse aus diesen Sprachen ins Teutsche gekommen sein. Kommt teh von δεκα, tehen von decem, tigus und deker von decas? —

Solcher Betrachtungen gibts zu tausenden. Worinn man der Ordnung und dem geheimen Sinn des Verfassers beistimmen, oder auch von ihm abgehen kan, ohne dem Ganzen den geringsten Nachteil zuzufügen.

Daß

K Profun- dum Os cibi ſonu caver- na cuius de fun- qua ctio- prae- nes dican-

H halat

H hali- tum ens, aliquis, aliquid, articulus, pronomen 141
modus: quomodo, quare, ſi 142
ubi, ibi, unde, quo 143
quando, nunc 144
halitus, ſ. vita, et mens, actusque mentis, ſenſus, cogitatio, memoria 145
vox bruti et humana; 2. loquela 146
ſervor; cupido; 2) ira, odium; 3) ſtupor, indignatio, lament. 147
fermentum, ignis 148
agentis: agilitas, feſtinatio; 2) ſcurril. fraus cautel. ſcort. 149
tremor; metus; ſolus, exilium, aeger 193
torrentis per emiſſarium clathratum torrens, aqua, fluere 194
bulliens; fermentum, ſal, ſuccus. 195
ſipho; ſorbere; ſugere, lactatus 196
effundere, mingere, exhalare 197
ſtre- pitu ani- mali qualus; lotium, ſordidum, mundum; unctio 198
textura, linteum, filum; lenis. 2. fimbria, ſcurra 199
ſativum, fals 200
morati morari: ſedari, deorſum, ſopire; ſedes, ſixum 201
St: ſiſti, -ere; ſedes, habitaculum, latus, quies. 2. baculus, ſcipio; ſceptrum; acutus; truncus; ſtipare. pangere; firmare; fulcire; flagellare, pungere 202

---

inani mali A hietat O mira- tur miram, ſtupor 203
natu- ram elementa: aqua; vas liquidi 204
in, ſub aqua; vas aquar. profund. infra, humilis 205
aër, halitus, ſpirare 206
ignis: ſuſura, metallum 207
terra, praedium; aratio, meſſis; portatus; ſpica. 208
arbor, eiusque fruct. 2. cibus; acre, acetum; oleum, putre 209
motu Veget animal agit- tio univer- ſum valde. 2. magnum, altum phyſ. mons, aedes, animal; mor. dominus, honor. ſurſum, ſuper, trans. 3. longum tenue, acutum. 210
latum. 211
multum rei: omnis, copia; 2. actionis: ſaepe, iterum 212
temporis, aevum; ante, origo 213
ſenſum ſenſus, apperceptio 214
animus, -oſitas, affect. ira, indign. 2. ſuavitas, ſtrenuus, illico 215
moti E amat vita, eſſe; aliquis, articulus, pronomen. 216
communio: ad, propter, ergo, quia; circum. vinculum, lex, iuramentum; rectum, par, aequalis, planum. 217
familia, eiusque membrum quodlibet; amor, gratia 218
U plorat dolor, ululatus, timor; vae, malum, vulnus. 219
inani ſolia negativ. derogativ ſed; verum; 2. malum, neceſſitas, fatum, angor; laſſus, aeger, vulnus, mors, cadaver; nequitia. 3. inſolens, novus. 4. nobilum; mane; nudus 220
ſolus, ſine; vacuus; 2. partic. remot. adverſativae: aut, alius; ſed, ſi; contra, re-. excluſivae; non; ex, ſe-, a-. 3. pone, poſterior; extremum, finis, limes. uſque 221
fluidi imum, infra, deorſum, ſub; ex imo. intra, vas 222

Das Wurzelwörterbuch
belegt
die grose Tabelle der Preisschrift.

Dieselbe hat
222. siebenfache Einteilungen.
Sie seien hier
CCXXII. Paragraphen.
Die menschlichen Organe gewähren
dreierlei Laute:
Vocale, Spiranten, und Consonanten.

Der Vocal ist zwar der erste laut des Menschen, und hat seit dem grauen Ursprung der Buchstaben schon den ersten Rang. Allein er ist der schwerste laut in Absicht auf die Herleitung, und hat, nicht so wol durch die Gewalt der Gewonheit, als durch den ursprünglich unarticulirten Schall, die übertriebenste Wendungen, Beugungen und Combinationen, welche ihn hier in die lezte Classe sezen.

Den ersten Abschnitt begreifen demnach die Consonanten;
den andern — — die Spiranten; und
den dritten — — die Vocale.

Der erste Abschnitt
begreift eigentlich sechs Consonanten: K, L, R, M, N, S.

K ist unstreitig, in seiner Entstehungsart, ein Hauch, und ein Mitgenoß von h, ch, g, j; wie sie dann auch immer einander in die Gemeinschaft ihrer Bedeutung ziehen: und würklich einige gemeinschaftliche Bedeutungen haben, wie den Schall §. 5. und 146. und die natürliche — §. 11. und 154. und sittliche Hut, §. 13. und 152. Allein K, tief hinden im Mund in der Kele erzeugt, als eine Tiefe, ein loch —, ist im engern Verstand kein Hauch, kein Hast, der die luft vornen aus dem Munde heraus stöst. Es hat mehr gemeines mit dem tiefen, verdumpfenen Vocal, §. 222. und wird bedeutender, als ein Consonant, vom Hauch dem Spiranten, abgesondert.

S ist hingegen ein Consonant, in so fern es einem zischenden Wasser, der Natur, nachahmt. Es ist aber auch ein Spirant, und zwar der höchste, weil der stärkste Hauch th, in ihn übergeht. S steht also mit mehrerer Bedeutung unter den Spiranten. Und der erste Abschnitt behält fünf Consonanten:

K, L, R, M, N.

Der zweite Abschnitt

Die Spiranten blasen und hauchen, und machen Pronomina und Partikeln.

V bläst; H, G hauchen; tH bezischt den Hauch, und geht in S, den ganzen Zischer, über.

Der dritte Abschnitt.

Der Vocal A in dreierlei Gemüths-Bewegungen:

Verwunderung, Liebe, Widerwillen,

O, E, U.

Der

Der erste Abschnitt.

Die Consonanten.

§. I.

K

Cavum cum praedicatis.

Cavum, os. Cavum, Generatio. Cavum, vas, canna.

1. Cavum, profundum.

Kv: Kaf, alt. kafen, excavare.
Kuf
t.s: Kat
Kut, nS. kut, fovea
a. ZM. Cust, sinus maris, costa, die Küste, (kan auch als ein gremium, tegmen, §. XI. betrachtet werden.)
n.m: Kan
Kum, kump, gump, erl. Beitr. zS. St. iede Tiefe, See, (auch eine Menge fliesender Dinge, §. CLXIII.)
h: Kah
skah, Schacht, metallifodina.
l: Kal, (gal, vacuum, hat einen Begriff, der nicht hieher gehört, §. CL, 4, 1.)
Kul, nT. sch. kul, d. gul, Isl. hol, vorago. T. hol, h. kuyl, cavum; ulf. huljan, cavare; gl. monf. holan, sch. hola, Isl. hula, fodere. T. AS. hella, ulf. halja, Hölle, Wyl. sch. helw, infernus.
Jus in Will. kolp, sinus maris. T. kolk, h. golve, sch. kållor, vorago.
r
cambr. Cau, cavum.

2. Vas, cista.

Kv: Kaf, Denis. kefe, h. kevi, kouw, gl. monf. chevlu, Kefig. haf.v, olla, portus. sch. kapper, halbe Kanne, mensura aridi; kab, 2. Reg. 6, 25. h. cabas, Korb von Binsen geflochten. Al. scaf.ph, vas, hausit, scephan, schöpfen;

schöpfen; ofr. schaff, schw. schapf, sch. AS. scap, scepe, ME. schap. ME. Schapel, Scheffel, d. skiapp, klm. Schüssel. Schaufel (oder §. CLIII.). d. skapp, armarium. Schippe, pastorum, h. schop.

Kuf.v, Kufe, hmb. küve. b. hisp. koff, gl. monf. chopha, Gold. kuoff, cupa. kuän, h. kuip, hmb. Küpe, Kübel. Schilt. Gold. ME. h. kop, Kopf, coppa, cantharus. hmb. Kype, Kober, gl. monf. chovillo, cophinus. Covin, veter. Belgarum currus (f. a cursu, §. CLVII.)

e. scop, hmb. schw. Schop, mensura fluidi, Schilt. tritici.

K t.d: Kad, cadus; ulf. katil, sch. kettel, cacabus. h. kati, capsis.

AS. d. scath, theca, Schilt. schw. Schaz, mensura aridi. fränk. gescheid, ½ Simmer. ulf. kas, Tatar. kasan, Kessel, Nott. gl. monf. chezil. Denzl. gäze, situlus aquarius. h. kas, kast, All. pers. casti. e. chest, Kasten, arca; AS. cest, capsis.

Kut, hmb. kott, cista; e. cadd, pera. schwz. gutter, vas vitreum, h. kit, großer Krug. skot, ME. Schotel, Schüssel.

koz, schw. köze, geflochtener Deckelkorb; h. corsis, Gutsche, cisium. h. kous, Becher.

n.m: Kan, Schilt. kan, kanne, kante, mensura, spec. liquidi. h. kaan, corbis.

AS. Ham, vas, cild-, hert ham, uterus, praecordia; Schilt. hemethe, Himpte, mensura frumenti.

Kum, ME. praesepe; gl. monf. chuhmi, cacabus; hmb. kymer, victor. e. comb, darmst. kumpf, ¼ Simmer, h. kom, e. Kumpe, Schüssel, Becken, Hafen.

h: Kah, Kachel. kok, hmb. Köke, loculus, saccus; h. koker, gl. Lips. coccare, Köcher. skah, Schachtel.

Kuh, hmb. Kyke, Kolenkesselein; Denzl. Gugge, vas, schw. papyreum.

l: Kal, Kelle, gl. monf. chella, trulla. du Fr. caldus, schwz. Kalte, schw. Gelte, (franz. Kalesche, essedum.) sch. Kalk, Kelch, Nott. chelih, calix; ulf. kelikn, coenaculum.

skal, Schale, AS. scale und heler, statera, patera.

Kul, Tat. kiulla, pera. Kolb.

r: Kar, sch. kar, kiär, kärl, korg, ME. korw, Otfr. n. korp.b, corbis. armen. L. karr, karch, h. kar, currus. gl. monf. harstin, fannu, (Pfanne) sartago. h. kaar, e. Fischkahr, -Behälter.

Kur, skur, Luth. Schaur, Syr. 50, 10. colloq. Samar. kiskirr, Geschirr.

Koi, h. cavea, hmb. locus separatus in navi, carcer.

3. Canna.

Kv: Kaf, flandr. kave, caminus, Iun. in Will. schow, h. schoud, schaft, calamus.

t.d: Kat, gat, ME. foramen, AS. ostium, (durchbrochene Verschließung, §. CLV, 2.)

n.m:

n.m: Kan, Han, epistomium; Hanf, cannabis, h. kennep.

Kum, mr. kum 1) ein durchbrochenes Gefäß, kumet, §. IX. 2) eine Röhre, Handmühle; cinnamomum, Zimmet, h. Canel, voc. Teut. knele. 3) Camin, j. aug. chemh; kemad.t; bair. kindel. 4) Streitturn, kemat, Hochwacht; kam, turris, assurrexit; Buch. T. AS. Al. komen, N. E. koma.t, kommen, (hier a turri; §. CLXII. ab alto, und §. CLVII. a motu,) assurgere, venire.

h: Kah, skah, h. schagt, calamus.

l: Kal, v. T. kallgait, bitm. gale, rinne. ulf. kelikn, turris. gl. monf. chela, perf. kalem, caulis; Halm, caulis, culmus, stipula, signum traditionis, gl. monf. festuca. Holder, sambucus.

Kul, kiel, caulis, calamus. skilf, schilf.

r: Kur, skor, schor, caminus.

§. II. Species cavi una, generatio.

Kv: sch. Hafva, generare, häfva, agnoscere uxorem, hafvand, Tat. scaffant, gravida. Heldenb. Kebselind, - weib, meretricius (s. a clandestino, §. XVII.)

t.d: Kat, sch. käti, libido, alisch. gäta, gignere, (begatten, §. CLVIII.)

Kut, Al. kutt, cunnus; ulf. Al. N. AS. cunt, vulva, uterus, venter, schw. kuttentoll, furor uter. Al. N. h. kusk, kysk, keusch, castus; (s. a kust, virtus, §. CLVI, 2.)

n.m: Kan, AS. can, genuit, cennan, gignere; cimbr. cena, sHena, uxor. Schilt. ch. gange, pud. mul. Kam, AS. unriht Hämed, fornicatio, Euch. kamern, sch. kamra, fornicari. skam, scham, pudend.

Kun, 1) generatio, Al. 883. kunnan, sch. köna, gignere. 2) uxor, b. Isl. kon', ulf. Al. N. AS. E. cuen', ulf. quino, quens, run. quind, uxor, femina, virgo; armen. kin, uxor. (Otfr. ein kunne, uxoratus. E. queen, regina, quean, meretrix.) ulf. quinein, femineus. h. queu, gölt, nicht trächtig. 3) geniuale, kun, cunnus. Schilt. gunde, pud. mul. Scot. ius cunnagii. 4) genitum, proles, 883. ulf. kun, sch. kön, kyn, gl. lips. kunni: T. E. kind; 1528. kinden, parere, ulf. keinan, nasci. 5) genus, AS. cynne. Schilt. chun', semen, genus, familia; ulf. kunni, progenies, Iuch. Mns. - kunne, genus. AS. ulf. Al. - kund, insepar. adiect: godkund, divinus -. AS. cynd, Kero cunnat, natura, §. CLIX. Tat. cond, cognatus. Isl. kynsl, generatio -. gl. monf. sconi, species.

Kum, Merf. chunnberra, genus. Otfr. gimma, virago, gumisgl, genealogia. NS. kämpe, verres genitor.

h: Kah, oberS. hakisch, bätschel, idem verres. (§ CLIV.)

l: Kal, gl. monf. Halen, cognoscere uxorem. ulf. kalkja, meretrix, kalkinassus, fornicatio, adulterium. e. Käuler, Zuchtschwein, preus. Küyl.

h. Kul, coles; bair. kulla, virgo. AS. cild, infans; ulf. inkiltho, gravida, kilthei, uterus, sinus. gl. monf. LL. all. scelo, emissarius, schälen, schöllern. schw. e. gölt, virgo, de animalibus, CXLVII, 3.

r: Kur, Hur, AS. E. M. T. ulf. scortum; sch. hor, adulterium. (gl. monf. pihuoron, violare, K. Sigism. 1431. hurnen, condemnare de stupro; gl. monf. furi hurti, coelibanus.)

Gurr, equa, scortum, (s. a scurrilitate, §. CXLIX. 2. s. conductione, §. CLIII.) gl. monf. scorran, nasci.

§. III. Species cavi altera, origo et organum huius soni, os cum functionibus.

1. Os, gula, palatum.

Kv: Kuv, sch. kuffa, E. to cuffe, ulf. kaupatjan, colaphizare, (oder von ictus, §. CL. 3). AS. gifer, lurco, gifernesse, gastrimargia.

t.s: Kusc, schw. gosche.

n.m: Kum, belg. gumme, AS. come, Rab. giumo, gaum, palatum.

h: h. Kak, hmb. keke, os, gagel, palatum, gingiva.

l: Kul, belg. guls, gula.

Kal, kele, Rab. K. chela, Menf. kelwe, gula. ulf. T. N. Hals, collum. hmb. skalk, schalk, os, stomachus.

r: Kur, sch. gior, ingluvies. Rab. cuerca, gurgulio, Huruwa, palarus, gurgel.

2. Functiones oris, ruminatio, sonus. Ruminatio, coctura. Ruminatio, ruminandum.

Ruminatio, 2) ruminans.

Kv: Kuw, kuwen, gl. monf. chiwan, h. kauwen, kevelen, ruminare; kiefel, - er, h. kevel, Rab. Hiufilon, gena. 2) armen. kuev, vacca. Most. chever, käfer, bruchus, h. kever.

t.s: Kut, hmb. kuse, h. kies, maxillaris. All. kasseren, gl. lips. quezzon, schw. ketschen, quatsch, §. CXI, 2.

Kero kescutita, quassatum (s. ab ictu §. CL, 3.)

n.m: Kun, All. ulf. M. A. sch. AS. kin, maxilla, mentum; gl. monf. chini, molae. rhab. chinnezane, molaris.

h: Kuh, 2) kuh, vacca.

l:

r: Kur, 2) balec. kyr, vacca. h. kern, sch. kerna, E. chern, AS. cerene, NS. karne, Butterfass: karnen, h. kernen, AS. cernan, sch. kerna, b. kiarne, cogere butyrum, (vid. §. XVI.) s. a coagulo CLXIII.

kau-, kuen, All. ruminare. 2) sch. Kv, h. koey, pers. ghau, vacca.

h. kaa, kau, ruminatum.

3. Rumi-

3. Ruminandum, - abile, cibus, 2) germen.

Kv: Kuf, kif, cibus, bair. kipf, panis. 2) kiefe, kapis -
t.s: Kut, sch. kiöt, caro. küte, quite, cydonium. schw. keit, olus. ulf. kaus, quithr, ieiunus. skut, E. schoden, lac, Schilt. schw. schetten, serum lactis, §. CLXIII.
Kus, kos, gustavit, probavit, (§. CLVI, 2, 1.) cibus, germen, ulf. kausjan, gustare; kosen, - eln, olescere. hamb. kaß, nasturtium. Kero chase, käs, caseus, hamb. keesen, coagulum fieri, (kan auch von massa kommen, §. CLXIII.) hasel -
Kust, kost, victus, sumtus, hamb. cibus, nuptiae; E. chest, AS. cista, impensae; Isl. gysting, cibus, gesta, edere, gest, T. gast, conviva (f. a peregrinando, §. CLVII, 1.)
skos, schoos, germen. käste, castanea, §. X.
n.m: Kum, gl. monf. chumi, hamb. köm, h. komin, kümel, - ich, caminum. AL. cauma, prandium. 2) gl. lipf. et monf. kime, keim, germen; AL. chinen, ulf. keinan, kihnen, keunen, olescere. ulf. skamma, ficus.
h:
l: Kul, kol, köl, olus.
r: Kur, gl. monf. cuerder, esca. T. M. AS. korn, Mot. chorin, ulf. kaurn, ME. karn, (h. gran, ME. grein, triticum, §. LXV.); Mot. chern, kern. h. kervel, körbel. h. kers, olus (kresi). kirsche, cerasus, (v. c. 686.) karbei, kümel. gerste, hordeum. 2) ulf. kejan, germinare.

§. IV. Coctura, 2) cauponatus ciborum.

Kv: Kuf, AL. chauf, kauf, MT. kop, sch. kiop, v. T. kopp. T. AS. kyppan, mercari. Isl. kiöb, merces. ulf. kaupjan, AL. causan, AS. ceapan, altsch. kaupa, sch. köpa, d. kiöbe, E. cheape, emere. Schilt. kepsen, mutare; Alam. käpsir, mancipium.
t.s: Kut, v. T. cuyten, tauschen.
n.m: Kam, T. caupo; Schilt. camm, kamp, wirthshaus. kämmen, LL. lat. cambiare, Goth. campsare, mercari.
h: Kuh, kuche, hmb. kök, sch. kiäke, culina. koch, coquus. kuchen, placenta.
l: Kul, sch. kölna, cambr. cylun, AS. cyln, E. kiln, culina. kole CXLVIII.
r.

§. V. Sonus, oris altera functio, et quidem vox, praesertim articulata, sermo, cum intellectu.

Kv: Kaf, h. keffen, garrire, latrare.
t.s: Kos, Mot. chose, Wns. köse, loquela; schw. chosen, pomm. kosen, Otfr. koson, braunschw. köddern, loqui. h. kout, colloquium.

n.m: Kan, 1) Isl. kienna, ulf. kannjan, notum facere; sch. bekenna, Isl. medkienna, confiteri. T. sch. kund, notus, AS. kundeu, annuntiare, testari. 2) germ. kan, scio; ulf. AS. kunnan, sch. Isl. kunna, AL. kennen, (AS. canawan, E. know, XCVII.) 1528. künden, scire. ulf. kunna, consilium; h. kunne, kunde, AL. ulf. kundi, sch. kynd, 1528. kunst, notitia. vid. CXLV.

h: Kak; KU. kaken, belg. NS. kakeln, garrire, iurgare. h. kak, garritus.

l: Kal; KU. fris. belg. v. T. kallen, Isl. sch. kalla, d. kalde, pomm. kolzen, loqui. (Noti. calstrare, mathematici.) h. kal, garritus.

skal, hmb. schölen, garrire, h. quit schelden, absolvere.

r: Kor; Lüneb. kören, loqui. gl. monf. cherren, garrire, stridere.

Der Hauch spricht für sich selbsten, §. CXLVI.

§. VI. Vox hominis inarticulata quaecumque, 1) tussis, 2) murmur, 3) osculum, 4) cachinnus.

Av: Kuf, 1) hmb. kassen, tussire; schw. koppen, ructum edere. 2) sch. h. hmb. schw. kiv, Mnf. kib, murmur, iurgium; schw. hmb. kibbeln, kabbeln. §. CXLVII, 2. keifen.

t.s: Kut.s, 1) kust, hust, keuster; koz, AS. cusnis, vomitus, fastidium; kot, koder. 3) kuz, gl. monf. quizilung, titillamentum, kizilen, hmb. keddeln; kuß, Isl. koß, sch. kyß, osculum; AL. cussan, AS. cyssan, N. kyssa-e, E. kisse, osculari, CLVI, 2. 4) schw. kütter, h. geschater, cachinnus.

n.m: Kun,

h: Kuk, 1) Mnf. kuch, das keuchen, hmb. kagen, küchelen, tussis. 2) KU. kåken, iurgare. 3) ulf. kukjan, osculari. 4) v. T. kyklen, cachinnari, und kyghen, gurgeln.

l: Kul, 1) schles. külstern; 2) Mnf. kelzen, koldern.

r: Kur, 1) hmb. kören, vomere; 2) hmb. kere, murmur, d. kaere, lis, kaere og kifrs.

§. VII. Vox bruta; indeque animalia indistincta.

Av: Kuw, h. kauw, cornix. hmb. kywit, kybiz, gavia.

t.s: Kuz, kaz, kader, §. CLIII. kauz. kiz, MW. kizzi et zikki, §. CLXVIII, 2. hoedus. Denyl. kuter, keuter, columbus, kütin, columba.

n.m: AL. Kan, cornix.

h: T. Kuk, ditm. nestkuk, (CXLV.) sch. kykling, küchel, -el, pullus gallinaceus. Denyl. kukern, cucurrire. LL. all. E. chauh, S. kayke, KU. gay, cornix. h. kikert, rana. kaken, queken, leporis. quachsen, (§. CX, 2, 2.)

l: Kal, T. kalf. b, vitulus, §. III, 2.

skalt, schelten, cervorum.

r: Kur, kurren.

h. Kaa, kau, cornix.

§. VIII. Sonus inanimatus, proprie cavi.

Kv

t.s: Kut. κιθάρα, mönchlat. zither.

skut, schettern, h. schateren.

n.m: Kum, fr. cumbal, AS. cumbol, hercumbl, tessera militaris; mönchl. zymbel.

h

l: Kal, hall, gell, Kero calm.

skal, schall, schelle. schälling, crepido. schalmei.

r

§. IX. Praedicata cavi: tectura, scissura, celatura, frigedo. Tectura, quodcunque tegit et tegitur; proprie naturaliter, improprie moraliter. Tectura naturalis est immediata et mediata.

Immediata est vestis, et crusta.

Vestis, 2) villus, 3) villosum.

Kv: Kuf, hmb. köiffe, Huve, Haube. b. hisp. goffe, tegmen capitis equini. Demps. jup, E. Jope, tunica linea. kapa, gl. mons. operimentum, Gold. Besold. capitium, du Fr. pallium, chlamys; gl. monf. kaparoon, detegere. h. kap, kappe. h. keuvel, mönchskappe. skap, Wns. Lambus. schapel.

2) Bödt. schop, gausape, Mart. scapare, vellus. ulf. skuft, schw. schopf, tokhar.

3) Kero scaf, N. L. schap, schaf, schöps. gl. lips. scaphon, ovile.

t.s: Kut, kutte, tgch. pl. kutern, du Fr. cota, cottus, küttel, v. T. kedel, tunica. Hut, Kero huot, gl. monf. hout, sch. hut, hatt, hatta, hmb. hot, pileus; b. hisp. hot, galea. Haut, Ostfr. hut, Mart. hlut, sch. hudh, cutis.

skut, hmb. schüt, tegmen, Isl. skydde, vestitus, ulf. skaud, calceus; hmb. schot, schos, das unterste Teil des Segels und Kleides.

Kuz, koze, tegmen, h. kussen, küssen, pulvinar, tgch. kiessen und matzen, perizomata, Wns. G. kuter, culcitra.

schw. Hås, tunica. hmb. brem. Hås, tibiale, blm. Hüssen, hessen. M. AS. hos, du Fr. hosa, osa, houcia, h. chousen, b. höser - caligae, ocrea, tibiale.

gl. monf. scuzula, scutula.

n.m: Kum, AS. b. Hom, ham, induviae; haman, sch. håma, hamna, hambla, tegere; E. hammes, hommes, schw. kumet (§. I, 3.) belcium. Goth. cama, lectus brevis, a quo camisia, interula. T. Himin, tegmen; himmen, hinnen, b. hinne, tegere, Isl. himna, hinna, tunica allantoidea, fenestrarum, Anders. Rab. hinnuouili, viscera. himmet, hemd, indusium, Mart. hemida, tunica, M. hembe, veromf. T. hemel, camisia.

2) skun, Isl. E. skin, b. skind, pellis, cutis; schinden, excoriare. MS. schink, schunk, schenkel, artus principaliter tecti, (CLXIII.)

3) Hamster, cricetus.

h: Kuk, AA. cucal, Goth. Dengl. gugel, kogel, cappa, spec. monachorum. belg. hmb. heuk, toga. Dengl. jak, amiculum, jauk, mulierum. AS. Häcce, hacelo, b. hakla, palliolum.

skuh, ult. skoh; schuh; Kero kescuaht, ult. gaskoht, calceatus. isch. schek, vestis.

3) Wöbit. schök, capricornus.

l: Kul, Isl. Hul, Hülle; hula, ult. huljan, sch. hölia, hüllen, tegere. h. keel, köttel. AS. colla, b. kollur, kollner, T. M. AS. helm, cassis; G. koller, kolter, thorax coriaceus; kolter, b. hisp. culter, culcitra. (caltha, kleid, §. XXVI, 3). Kero. kalizjun, calciae, caligae. Rab. hail ancha, occiput (bedekte Anke); hmb. hülle, Müze. sch. huld, cutis, caro. schw. hulfter; ult. quilstri, feretrum, I, 2. skul, sch. skyl, tegmen, sköld, schild. sch. Rab. scultr, schulter, humerus principaliter tectus.

r: Kur, altsch. Horund, cutis. hmb. gher kammer, vestibulum; AA. karw, Schilt. NS. garde, vestis, pellis, exuviae; (Kero kikarawit, induatur), Offr. gigarawi, vestimentum. NS. garwen, h. gaerwen, gerben, coriare.

skur, skird, AS. indutus, b. supparus, hmb. schörte, schurz. h. keurs, Unterrok. Nott. skert, scapula, humerus. M. kirtl, AS. kertl, gegyrl, tunica, pallium.

skerm, Nott. scutum, gl. monf. ala; skirmen, Kero defendere, sch. beskärma, schirmen, Schirm.

altsch. Hua, hya, skya, tegere, tueri, munire; Ku, tego, tectum, tegens; kut, tegit, ku'n, tegere, ku'g, tectilis, kul et kur, rector.

germ. sco, scu, schuh, die fast reine Wurzel, ist am Begriff calceus hafften geblieben.

§. X. Crusta, 2) crustatum, 3) calvus.

Bw: Kuf, skup, schupe; schiefer am Zahn; bair. schift, Ueberzug, schaft; schäfe;
3) gubbe, senex.

t.s: Kut, küst, hmb. schw. köske, Brodrinde; §. III, 3.

n.m: Kun, skyn, schiene an Rad und Fus; hmb. schin, porrigo capitis.
2) Kam, veron. T. gamber, kleiner Gekrebs, h. kanker.
3) T. gumme, sch. gumma, vetula, N. AS. gamel, calvus, vetustus.

h:

l: Kul, Huls, Hülse.

sch. skal, schale, hmb. schell, E. shell, shale, h. schalie, schelle, cortex, squama. Frisch. schale, ungula, Otto M. schelo, schalthier, fera nobilior ungulata. schelp, schelfe, schulpe, h. schelp, schale, muschel; schil, cortex. schalm, silva decorticando signata, Frisch.

3) T. perf. kal, Nott. Wink. kalw. skal, schal, calvus.

r: Kur,

r: Kur, j. arg. kurde wer, (coriarius), sutor, h. korst (krusse, §. LXXV.). kürs, - ts, - as, - sch. (kürschner) thorax, ferreus. kürbs. (krebs, utroque sensu; cancer, reptile §. LXXIV.)

Kar, cutis, gl. Wacht. karniffeln, cutem verberibus rumpere, hmb. carniffel, hernia, (niffel, vide §. XCV, 2). T. sch. harnesk, harnisch. h. schors, cortex.

2) karp, karpf, Drayl. karpfer, - el, h. kerper, carpio.

§. XI. Tectura mediata, terra marique. Terra: casa, 2) porticus, 3) tegula.

Kv: Kuf, gl. monf. cuph', municipium; hmb. kisse, AS. b. kip, tabernaculum, tuguriolum, gl. monf. kubisi. Isl. kaupt', urbs, castellum. e. kobe, ME. kave, conclave, alkof, (CCX, 2). AS. bedcofa, cubiculum. h. kuf, wirthshaus, §. IV.

2) skop, schop.pf, porticus.

3) schiefer am Turn. schaub, Strohdach, (glomus, §. CLXIII.) schupfe, casa.

t.s: Kut, Schilt. h. kot, casa, latibulum, hmb. kate, käselken, casula.

3) skut, hmb. schüte, tegmen, operculum; schott, Schubthür.

n.m: Kum, b. hisp. chomenat, Wns. v. T. kemnat, kempnot, kammer, conclave, coenaculum. skun, ME. schüne, scheine, horreum. M. skant.j, schanz. Isl. skemma, casula.

h: Kuk, 3) hmb. küken, Pfropf, Drehschlüssel am Hahnen.

l: Kul, gl. monf. vurichilli, camera. Kero cella, monach. Zelle, CCI. cella. M. kalen-, kein-hof, mansus, coloni hobe. keller, Notk. cheller, h. kelder, quo esculenta et poculenta conduntur. kelter, torcular. pers. kalá, arx.

3) M. kalk, calx; kelle, instr. illiniendi. ulf. skalja, h. schalie, schelle, tegula, scandula.

r: Kur, scur, Otfr. Tat. LL. all. b. hmb. horreum, scheure. E. schor, fulcrum. Schilt. schuren, Brem. schauren, schirm geben. h. schoren, stützen. schaur, casa, Hiob 27, 18.

3) kork, Pfropf.

Der Hauch spricht für sich selbst, ex possessione, §. CLV.

§. XII. Navis.

Kv: Kuv, cambr. ceubal, LL. burg. caupulus, scapha.

skyp, germ. skip, Tat. scef, schiff, h. scheep.

t.s: Kut, skut, hmb. h. schüte, scheut. h. E. kit, Englisches Fahrzeug.

n.m: T. kan, scapha.

h: Kuk, Schilt. cog, kogge, E. h. kage. h. kog, kogge, Kauffarteischiff.

l: Kul,

l: Kul, keul, eS. cyul, AS. ceol, Mnf. Heldenb. kiel, (E. keyl,) ratis. HT. hmb. h. kyl, Grundbalken am Seeschiff, Schiffboden. h. hulk, Fahrzeug; jol, jütländische Barke.

r Kar, h. kaar, kleiner Kahn; karveel, rundes Schiff.
h. heu, navis.

§. XIII. Tectura moralis: 1) tutor s. praefectus,
2) tuitus, s. debitor, - um.

Kv: Kuf, kop, haupt, (eigentlich altum, erectum, §. CLXII.)
skop, schöp, schef, scheffel, scabin, schuft.

t.s: Kut, skut, schutt, schuz. M. sch. skot, schot, schos, gremium; sch. skidta, pflegen, tueri, §. CLIII, 2. h. schout, praefectus.
2) schot, schos, schaz, hmb. schalt, unschuld, tributum.

n: Kun, skon; sch. skona, schonen, Otfr. scinhan, parcere, tueri. M. como; gl. monf. cumisci vel herrun, senatores. M. kinig, kung, AS. cing, cyning, König. ulf. kindins, praeses.

h: Kah: slav. chacha, chagan, pers. schach, rex.

l: Kul, Kal, h. kalm, quies, securitas, kalmen, windlos liegen, XVIII.
skalt; schalten. j.Sax. sculteteus, LL. Goth. schultasius, - atius, LL. Long. schuldais, sculteis, Otfr. sculdheizo.
2) germ. skalk, servus. germ. skal, debeo, skuld, schuld, debitum, causa, crimen, damnum. ulf. skula, Otfr. scolo, j. aug. gescholl, reus, §. CLVI, 5.

r: Kur, hort. tuitio -
Der Hauch spricht, unter audax, viel kräftiger, §. CLII.

§. XIV. Scissura, alterum praedicatum cavi, est abscissio et incisio. Abscissum est curtum et rasum.

Curtum, divisum. (§. CL, 4.)

Kv: Kuf, T. N. kip, kippen, amputare, hmb. up de kip, in abscisso, praecipiti; schw. auskippen, abschnappen, mori. kop, capus; T. N. kap, kapen, capulare, köppen.
skuf, 2) hmb. schöve, schub, separatum, per vices, sch. skifta, dividere, per vices. hmb. schaven, dünn, blätterig schneiden; Schilt. schaph, moneta belgica, h. schiften, scheiden, fasern.
(Der Säbel kommt vom poln. schabia.) §. CC.

t.s: Kut, kyd, Kero keidan, discernere, hmb. kaddeln, discerpere. geuden, dissipare.
skid, separatum, distinxit, ulf. M. A S. sceidan, sch. skeda. ulf. skaut, lacinia, fimbria, sinus. scheid, iudicium, schidium. ulf. skai skaid, separavit.
Kus, kis, kies, v. T. gl. monf. keseling, calculus. kest, articulus in j. fris. kaz, cattus, Maurbrecher, (hic ex effectu; §. CL, 3. ex impetu.) Schilt. kezzen, dividere,
schw.

schw. misere lacerare. germ. kosan, kiesen, seligere; (et §. CLVI. resp. optionis).

skiz, ausschuss, ms. utschott, extractus.

n.m: Kum, kump. pf, m. stam, breve, curtatum. kin, span, schindel, scandula, schinderling, moneta Batav. ulf. kindus, obolus.

2) T. n. kant, limes, Moet. utkanten, evagari.

h: Kuk, holst. kog, eingeteichtes Stük ausser dem Haupteich, (polder).

skuk, 2) schek, differens, schicht, Wenf. sulcus agri, series, per vices, schichten, separare. schächten, mactare Iudaeor.

l: Kul, dim. Hülk, curtus, parvus. h. haillong, lacinia, et indutus veste lacerata, T. hal-, hollunk. Schilt. kala, holt. holz, lignum (schidium).

skul, AS. scyle, differentia, scylan, N. skila.e, dividere, T. N. skilling, schilling, schreibmünz. h. schilfern, in schiefer zerfallen. T. schel, differens, pactus, dissentiens, fchy. geschell und urlug, holl. verschäl, lis.

r: Kur, kort, kurz, curtus. LL. sal. charde, abscissio. AS. s. karr, scarr, rupes (abruptum, praeceps).

skur, Kero scurciu kamati, curta vestimenta. gl. monf. sceran, deputare, findere, MS. schyren, AS. scyrian, N. skära.e, scheren, comit. Nurnb. 1487. ascherren, separare; h. scheuren, differre, dissentire. holl. schoren, in Farbe abteilen, scheren, der Weberfaden Abteilung.

N. skerf, scherf, minutum, moneta argent. scherb, gl. monf. scirpi, testa, fragmentum, h. scherf; scherven, E. scharben, klein hacken.

Kei, Becan. belg. scelen, distinguere.

§. XV. Rasum. (§. CL, 2.) radens.

Rv: Kaf, AS. caf, holl. E. kaff, palea.

skaf, schaben; holl. schubben, terere. schüffeln, scharrend gehen. schabe, tinea. h. schaf, dolabra. MS. scheve, palea, §. X. schiefer, friabile.

t.s: Kas, skas, gl. monf. scessan, dolare.

n.m: Kum, skum, dim. schummeln, fegen, scheuren. E. kam, appluda.

h

l: Kul, Moet. gl. monf. Helwa, palea, schw. helben.

r: Kur, gerben, molae. keren, kehren, verrere, CL, 2.

Otfr. scerran, scheren, holl. schören, scheuren, schüren, holl. schurren, scharren, radere. Kero scurt, tonsura.

§. XVI. Incisio, vomer; 2) hiatus. 3) fossile.

Rv: Kiw, h. keep, crena, kip, 2) Schilt. gieben, gewen, oscitare. 3) kobald, cadmia, fossile. kupfer, cuprum, MS. koper.

t.s: bair. Kas, spina, sentis, Wak.

n.m: Kamm, Kan canap, camps, pecten, vomer. gr. kamp, campus, novatus ager. e. kimme, crena.
Kun, 2) v. T. kena, ae. gin, abyssus, hiatus, vastus; a. gina, ginnen, gähnen, ae. ganan, hmb. janen, oscitare, hiare. h. keen, rima.
h: Kuh, h. kegge, cuneus. schw. kolter, vomer.
* l: Kul, kyl, keil, hmb. rima, ht. cuneus. 3) kalmei, cadmia, fossile.
skal, schallen, schalten, interponere.
r: Kar, har, jar, pecten, tractus linearum in longum excurrens, Gernbergii Nomencl. h. hisp. gar, ae. ategar, b. finnr. ger, gladius; sch. jer, jarn, (ae. iren, CCVII.) ferrum; hmb. karre, karve, kerf, - be; karen, karben, kerven, kerten, incidere crenas; schw. karst, ligo. Richey karrn, Butterfaß, vom durchlöcherten Stöpsel §. III, 2.; karstik, Gitter von latten. h. karden, kämen.
skar, schar, vomer. hmb. schören, ht. schitten, scheuren, scharren, ab -, aufritzen; schurf, laesio cutis, scabies, Nord. kurfen, excudere. Nord. All. scarba, pelicanus, gl. monf. ibis. scharte, hmb. schörte, schore, h. scheur, rima, fissura. h. kooi, cuneus.

§. XVII. Tegere est etiam occulere, et tectum est obscurum. celatura naturalis et moralis. naturalis occultum, tenebrosum.

Occultum, 2) se occulens. (§. CLV.)

Kv: Kuf, ae. cofu, latibulum. Spate Sprachschatz, keb, clandestinum, §. II. skuf, t. schuvuth, ulula.
t.s: Kut, Hut, insidiae.
skyd, scheide, vagina, §. X. h. schede, schee.
n.m: Kum, Him, geheim, heimlich; fgsh. Heimburg, praeco, (secretarius). bair. gump, vermummt; baier. gäma, occulere.
2) sch. kunil, h. konin, kaninchen, cuniculus.
h:
l: Kul, Hul; ulf. huljan, sch. höllia, ae. helan, Wust. helen, occulere; Nord. hell, velamentum. germ. hel, occultus. Cfr. haling, dissimulatio, insidiae, dolus. fgsh. haltstatt, hinderhalt. ulf. andhuleins, revelatio, enthüllung.
skul, h. schuil, occultum, hmb. schulen, latere. ae. scalfan, mergere.
2) külle, cuniculus.
r: Kur, 2) v. T. göre, talpa, gl. monf. ker, bair. scherb, schermaus, XV.

§. XVIII. Tenebrae; 2) somnus, lassus, §. CXLVII, 3.)

Kv: Kuf, skuv, Tat. scuwa, tenebrae.
2) hmb. kuvern, lassum esse, kränkeln.

t.s: Kut, skut, AS. scydan, obumbrare; germ. skad, E. shad, b. schade, schatt, umbra.

n.m: Kum, h. kim, (skum) hmb. schumer, crepusculum. sch. skyn, nubes. h. schim, umbra.

2) AL. hmb. kum, lassus, (CXLVII, 3.) hmb. kumbeer, hangmatte. ulf. anakumbjan, accumbere, kumbitus, accubitus.

h: Kuk, skuk, a. skugg, nubes, umbra. Isl. skugga, sch. skigga, skyggia, obumbrare.

l: Kul, §. XXI. 2) kalm, XIII.

r: Kur, §. XXI.

sch. sky, AS. scua, umbra; AS. scyan, fr. skulan, obumbrare. h. kooien, schlafen gehen.

§. XIX. Celatura moralis est verentia, fraudulentia. Verentia, pudor; 2) solutio alvi, excrementum

(species cavi, ut §. II.)

Av: Kuv, skuv, b. schuw, scheu; Wil. scuwan, evitare.

2) gl. monf. coffa, clunes.

t.s: Kut, 2) kot (§. VI.), hmb. kötel, schw. kätlein, excrementum, bair. sched; h. schiet, scheet, excrementum, cacavit. tgsh. die schisse, diarrhoea. CXLVII, 3. h. keuselen, maculare.

n.m: Kum, (skym,) schimp.pf, Isl. skóm, AL. N. AS. skam, E. sham, scham, h. schaemte. LL. Al. scandi, schande; ulf. AL. AS. scaman, sch. skämas, erubescere. h. schamel, pauper; schampen, schimpfen. 2) scham, pudend. kuhn, putredo, §. CXLVII, 3.

h: Kuh, skuh, Offr. Wil. scuhan, expavescere, evitare; scheuchen. Nott. skihtig, fugitivus, schüchtern, h. schigtig.

Kak, h. hmb. pranger (ignomin.)

2) NS. huken, hoken, cacare, conquiniscere, §. CLIII, 2). h. kak, cacatio; bekaken, beflecken.

l: Kul, 2) v. T. culsak, hinderbaken. schal, putridus, CXLVII, 3. skul, tgsh. schölm, cadaver, schw. fäulnis am finger. gl. monf. scalt, polluit, (§. CXLVII, 3.)

r: Kur, 2) Frisch. Hor, NS. hare, AL. horb, Offr. herde, hort, gl. monf. AS. hork.g, lutum, pud. hmb. hurken, cacare. vid. §. CXLVIII.

skur, AS. fris. scern, dim. scheren, excrementa vaccarum etc., scheren, exonerare alvum.

sKu, scheu; Nott. skien, scheuen; NS. schou, b. skye, scheue.

2) h. kaien, stinkend werden.

§. XX. Fraudulentia, nebulo.

Kv: Kuf, talfeg. keib, skuft, schuft, h. schoft, nebulo. schw. schupf, fraus, irrisio, schupfen, 1528. contemnere, Schilt. mulctare, ditm. schuppen, fraudare. §. CXLVII, 2.) ulf. skobst, daemon.

t.s: Kut, skyz, tgsh. Wat. beschiß, fraus.
AS. scatho, fur. (s. a noxa, §. CXLVII, 2)

n.m: Kum, skyn, tgsh. schinder, latrunculus.
LL. sal. cham zy, furtum, (heimlicher Entzug.)

h: Kuh, Mott. kuh', Bodik. schok.h, stultus. AS. scucca, ulf. skohsla, daemon. Otfr. LL. Long. skah, Luth. schächer, latro. h. schaeken, schachern, furari. h. kogen, fraudare.

l: Kul, Hol, ulf. holon, furari, defraudare, Otfr. gelbon; b. fame. gelf, fraus, Otfr. gelpfheit, pravitas. N. kelt, homo vilis, (§. CXLVII, 3). h. kullen, decipere.
skul, Dentzl. schellig, vecors. AL. N. skalk, nebulo. sch. skalkas, Mnf. schelken, defraudare. LL. sal. schalt', furtum; Otfr. scelten, iniuriare. schelm.

r: Kur, AL. k.chere, k.ch.har, maleficium, delictum, mulcta, satisfactio. h. keuren, büsen lassen.
skur, hmb. schuren, iniuriare verbis. h. schurk, nebulo; scharen, listig entwenden.

§. XXI. Frigedo, geht im Germanischen nur durch zwen Minister, und möchte vom concussus, §. XL. kommen; oder villeicht am besten zu §. XVIII. gehören.

Kl: Kul, T. perf. kül, frigidus, gül ab, juleb, Olear. Reis. 549. Otfr. kulen, recreare, Mott. chelon, refrigerare; hmb. killen, frigescere, - efacere. germ. kalt.d, E. cold, h. koud. Isl. kuölde, vespera, köldu, febris. sch. skalf, tremuit, skälfva.

r: Kur, h. kaur, gl. monf. kauron, congelare. h. koers, korts, febris.
ulf. N. AS. skur, hmb. schur, h. scheure, procella, (AS. scurboga, iris).
h. schorr, torvus, schaur.
h. kou, kälte.

K

ist ein loch. In Ku spricht u selber mit, §. CCXXII. Der Schwab sagt kufinster, gewis von vacca nicht. Der Begriff ist eine der ersten Beschüzungen vor der Witterung; und der laut eine der ersten Metaphern, von seinem Organ, der Kele und dem Gaumen, hergenommen. Alle Wörter mit diesem regierenden laut, die nicht auf das Hole gehen, gehören zum Hauch. Und mit diesen beiden Begriffen wird dieser ganze laut erschöpft.

§. XXII.

§. XXII.

L,

Lingua, germ. abuſive Labia, inde cochlear; cum functionibus:
2) lambere, 3) ſugere, 4) glutire, et 5) lubrice
irrepere, §. XXVI, 3.

Lv: Luf, perſ. lib, leb, v. T. lebb, h. lepp, ſch. kip, d. läb, perſ. lab, M. AS. lipp, E. libbe, labbe, lubber, labber, gl. monſ. lapel; Kero leſſa, leſze; Schilt. gleſſ, hmb. ſlabbe, labia. hmb. lypen, dim. ſlypen, Maul machen.

Cochlear, MT. lepel, löffel, hmb. ſleef. gl. monſ. lapel, concha; Tat. labal, pelvis, XXVI, 3.

2) lambere, h. leppen, lappen, Boxh. gl. friſ. laffun. ſlup, ſlappen, canis.

3)

4) glutire, T. h. ſlupen; ſlobberen, ſchlubbern, wie die Enten.

5) lubrice illabi, Nott. ſliphen, Otfr. ſliafan, Will. ſluifan, gl. vet. ſloepen, ſluppen, Nott. ſliſton, 1528. ſchleufen, ſchliefen, ſchlupfen; ſlof, irrepſit. §. XXVI, 3.

t.s: Luz, hmb. ſloz, flöze, goſche.

3) ſugere, lozen, ſlozen. E. Lüdel, Schlozer.

4) glutire, AS. AS. hladan, haurire.

5) vid. §. XXVI, 3.

n.m: Lum, ſlum, ſlam, glutivit, ſlemmen; hmb. ſlampamp, ſchmaus. ſlund, ſchlund; Nott. h. ſlinden, glutire.

h: Luk, loh, gl. monſ. os, (das umgekehrte kol, §. III. - ſpricht auch mit).

2) lambere, MT. AS. likan, E. lik, d. like, lecken, alſ. laigwon, armen. lakiel, ſch. ſlika, dim. ſliken, ſlecken, lingere.

4) glutire, ſluken, ſch. ſluka, d. ſluge. MT. m. ſluk, ſchlung, ſchlingen.

5) irrepere, hmb. ſlikkern, ut anguilla, AS. ſlincan.

l: Lul, 3) ſugere, laiſpg. lullen, Denzl. lüllen, ſchw. lollen. h. lul, menelein.

r: Lur, 2) lambere, hmb. ſlyren.

3) ſugere, MS. lurken.

4) glutire, h. ſlurpen, ſchlürfen.

§. XXIII. Linguae Sonus et Motus.

Sonus linguae humanae, brutae, improprie cuiuscunque rei.
Sonus linguae humanae 1) articulatus, vocare, garrire;
2) inarticulatus, ridere. §. XXXI.

Lv: Luf, cambr. AS. clepan, vocare; Mnſ. goth. ſchw. claffen, Denzl. lafern, klappen, plappern, hmb. lef, vox. lieben 2 Sam. 22, 42. E. kleiben.

b. flubbern, slabbern, schlappen, - ern, garrire. h. klap, garritus.

t.s: Lut, Nott. vox, Otfr. clarus, manifestus, clamosus, laut. AS. gehlyd, clamor. Otfr. x. lud, vocavit, Kero ladon, ulf. lathon, laden, vocare, invitare, XLIII. hmb. fludern, pludern, plaudern, h. platteren, hmb. plätern, garrire, de pläter, das Maul.

h. leus, losung. lispen, balbutire.

2) risus, altsch. hlater; glys, irrisio; glessa, ridere.

n.m: Lum, Rab. lung, h. longe, pulmo.

2) sch. glen, glans, irrisio; glänta, glänsa, subridere.

h: Luk, AA. hlocchan, loken, Otfr. vocare, allicere, blandiri, solari, vet. psalm. loqui, h. lonken. Kero leinkan, respondere. h. klikken, garrire; klinker, vocalis.

2) sch. löye, risus; AS. hloh, h. luch, risit, ulf. Duet. T. AA. lahhan, E. laugh, AS. hlihan, sch. Isl. hlaya, hlöia, lachen, ulf. hlajan, lalloun, riserunt.

l: Lallen, lallare infantum. h. lellen, in die Ohren flispern.

r: Lur, 1528. lören, clamare; lerm.

h. fleur, narratio, fabula.

Lu, sonans, lut, sonat, lu'n, sonare; lu'g, sonabilis, lul, lur, sonator. Mns. Tanhus. glei, clamor, clamavit, glien, clamare.

2) altsch. hlo, b. lo, risit; hla.e, N. lee, ridere.

§. XXIV. Sonus linguae brutae; brutaque indistincta.

Lv: Luv, AA. luwen, rugire; luw, löw. h. blaffen, latrare.

t.s: Lut, gl. mons. lutan, mugire. h. blaten, bleeten, blöken. las: NS. klas, kläs, monedula.

n.m: Lum, AA. lomo, LL. sal. lem, b. lam, germ. lamb, (AS. pl. lambor), ovis.

h: Luk, gluk; lök, gl. mons. hlohunga, blök, mugitus. schw. glukser, schluchser, blum. sluckup, singultus. NS. lögen, mugire.

l: Lul, NS. lilauen, ululare. h. lollen, schreien wie eine kaze. lullepyp, dudelsak, sakpfeife.

r: Lur, lör, hmb. lyre, ploratus. blaren, plörren, plorare. 1528. lurgen, lorken, schw. lorpsen. h. leurik, lerche. hmb. flirre, grille. Denzl. schlier, bubo.

Lu (ul, §. CCXIX.) ululatus, Denzl. lüen, AA. luyen, loien, h. loeen, NS. lauen, mugire, de osse loeyt, Hiob 6, 5. sch. ley, leo. h. geloei, gebrüll.

§. XXV. Sonus improprie cuiusque rei.

Lv: Luv, n. leven, h. leben, tumultus. plov.v; h. ploft, plumpt. klop.pfen, klap.pf; sch. klappa; klappen, - ern.

t.s: Lut, T. N. AS. lud, laut, sonorus, gl. mons. luto, vehementer. tgsh. lut, sonavit, leuten, NT. AS. lutten, gl. lips. ludan, Nott. liuten, dalec. lioda, läuten.

ten. blim. hmb. klötern, crepitare pluviae. schlottern. klatsch. platschen, 1528. h. plozen, cum crepitu cadere. h. klateren, rasseln.

n.m: Lum, sch. lium, slium, sonus obscurior; lomma, hliumma, sonare. ulf. hliuma, auris. Schilt. gliunen, erklingen. h. kleunen, klopfen. E. planschen, crepitare. plumpen.

h: Luk, Kero clohhan, pulsare; glocke. klak, klang; klung, klingen, h. klinken. sch. leka, lauten - schlagen.

l: Lul, h. gekel, getümmel.

r: Lur, leyre, lyra.

h. gelui, geläut.

§. XXVI. Linguae motus volubilis, pro volubilitate naturae, ad extra; animi, ad intra. Naturae, volubile in genere, speciatim elementorum. Volubile: leve, agile, vacillans.

1. Leve, volubile, ut folium, sagitta, floccus, capillus, lanugo: animal.

L v: Luf, h. lof, hmb. löv, m. löff, AS. E. laf, ulf. lauf, m. louf, loub, laub, folium. (vid. nr. 3.)

t.s: Lut, b. led, sch. lätt, leve. flitt, flitter; AS. fliz, flitsche. slitt, traha. bair. schlauder, schleider, (§. XL, 2.)

n.m: Lun, lin, lind, lene.

h: Luk, mr. lyk, h. ligt, gl. monf. liht, leicht, leve. Dent. luk, loker. L. AS. E. lok, capillus. lok, flok, floccus, hmb. flucht, floccus, sagitta. gl. monf. flocho, lanugo, flachs.

2) animal: floh, h. vloy, AS. fleah, pulex. blim. botterlikker, papilio.

l.

r: Lur, blim. flir, kleines dünnes Stük, fleur, Wetterhan. 2) flörlörken, papilio.

2. Agile, celer; 2) ire, praeterire; 3) fieri, accidere; 4) solere, id est, saepe agere.

L v: Luf, hmb. klap un klar, fix und fertig.

2) cursus, mr. lop, sch. lupp, lauf, schw. pes; Isl. hlup, Wms. loff, luff, cucurrit, louffen, Kero hlauffan, Ostr. geleffhen, mr. loopen, Isl. hleypa, sch. löpa, b. löbe.

t.s: Lut, bair. schlet, plat, pluz, illico, plözlich, b. plotselik, - ng.

2) b. hisp. lite, transitus, Kero uz-, kaliti, ex-, recessus, recessit, ulf. af-; galait, discessit; galithun, ibant. m. lidan, ulf. laitan, AS. glidan, b. glide, moveri, ire, praeterire, labi. AS. E. h. hmb. lat, serus, sero; E. lat, h. hmb. b. led, Kero kelitan, praeteritus; AS. ulf. latian, differre, tardare. alth. lider, sensim provehor. Ostr. gilithan, transire facere, traducere, geleiten, begleiten.

3) acci-

3) accidere: ſors, E. M. belg. lot.d, AS. hlyt, alſch. hlut, ulf. hlauth, Al. loz, los. Isl. hlaut, ſortitus eſt; hliota, ſch. lotta, loſen, ſortiri. h. loß, timendus.

4) ſolertia, h. vlit, Al. fliz, fleis; Otfr. giflizan, contendere, giflazen, agere, conficere.

n.m: Lum, Al. gl. lipſ. ſllums. Nott. ſllemo, Ken. ſlima, ſchleinig, confeſtim.

3) accidere, AS. limpan; d. hmb. ſlump, caſus fortuitus.

4) ſolertia, gl. monſ. chleini. ſchw. balt. ſchlendern, ſolere.

h: Luk, AS. lungr, confeſtim. hmb. h. flikflogen, circumcurſare, ſchw. hmb. d. flink, promtus. T. h. flukſ, confeſtim. h. flock, tapfer.

2) ſch. laka, E. läken, currere, lakei, curſor. ſgeh. blenken, migrare. Kil. ley, St. an. leige, iter, via, (Schilt. leuga, milliare). hmb. uthlag, abweg. HT. hmb. umſlag, mutatio.

v. T. lechlich, nuper.

3) accid. ME. verlicht, villeicht, forſan. Denzl. lochſner, ſortilegus.

4) ſolere: AS. ed-, aſurlácan, repetere. Isl. glöggt, ulf. glaggwuba, diligenter. Otfr. h. plegen, ſolere, pflag, pflog, conſuevit; gepflogen.

l.

r: hmb. klar, promtus.

2) v. T. lyen, ire, peregrinari.

Nott. lu, olim (praeterit.)

3. vacillans; 2) praecipitium; 3) fuga, ſuffugium, §. XXII.
tegmen a) veſtis, b) vas.

Lv: Luf

AS. ſlyf, ſlef, manica; hmb. ſlef, ſchw. ſchlapp.ps, ſchlappiger Menſch; lapp, ſlepp, ſchweif am Kleid.

AS. glop, manica. klappe, valvula.

h. ſlep, E. ſleppe, frauenſchleppe, hmb. Schnepp.

2) praecipitium T. M. klippa; h. hmb. glipen, AS. ſlupan, praeceps agi §. XXII. h. ſlippen, ſchlüpfern, E. glipfern, ſchleifen. ſchleifen (activ.) h. ſlepen, acuere. d. klyve, klettern, klov.

3) ſuffugium, MT. lov, HT. lobe, laube. ſgeh. loube, gl. monſ. loupa, locus conſultationis civium, umbraculum, du Fr. porticus. hmb. löve, altane. d. lopt, AS. lyfte, camera. h. luif, wetterdach; luw, minder windig.

Wil. gelouben, velare. AS. hleow, hleowth, aſylum; clyſe, cubiculum; Isl. kleve, conclave, domuncula.

ſch. hlifa, tegere, hlif, hlifd, clypeus. ulf. hlaiw, ſepulcrum.

a) h. ſlop, überzug, ziechе, §. XXII. ſlof, Schürze; ſchw. ſchlauf, küttel; hmb. ſluffen, induere, ſchlupfen. gl. vet. ſloepe, ſluppe, ſpecus. ſchleifen, ex ovo.

b) lapel, §. XXII.

t.s: Lut, schw. lotten, -ern, hmb. fluttern, fladern. hmb. pluderbüchse, lotterige Hosen.

flotten, schlottern, hmb. fluddern; flötje, schw. schlutt, schlappiges Mensch.

hmb. pluisen, flattern, plüsen, mit franzen besezen.

2) praecipitium: sch. lid, Isl. hlit, leit, veronef. L. lait, h. ladder, Kero hlaiter, leiter, declive quodlibet, scala, riva. klettern.

gl. Lips. AS. glid, L. sch. glatt, lubricus §. XXII. glitschen, praeceps agi, gleiten, h. glyden. AL. clusa, close, klause, saxum praeruptum (ruptura §. XLI.)

3) suffugium, b. hlyd, AS. hlioth, hleoth, asylum, iugum montis.

verel. lid, porticus.

fr. AS. flet, flette, casa, domus, mensa, coenaculum; b. flet, cubile, cubiculum; sch. flet, flät, cubile, scamnum, lectus, pratum; ML. Kil. vlät, domus, appendix. AL. flodá, lacunar. L. lad, capsa, sch. horreum. laid, uter. v. T. latt, tegula, XXXV.

ulf. hleithra, tabernaculum, hleithrastakeins, lauberhüttenfest. Isl. hleid, sepulcrum.

ML. slot, AL. sloz.s, clausis, arx, gl. Lips. sera, pessulum, schloß, schlos; AL. slizan, sch. sluta, h. sluiten, obserare. schluß, schleuse. gl. monf. slizul, schlüssel. j. arg. slud, vagina. schw. schlot, caminus.

. AL. close, clúse, clausa, klause, cella monachorum. h. loos, tugurium.

a) AL. flezzi, mane, area, terra, vlies, cutis. sch. fletta, vestimenta. Dingl. lod, AL. kloot, pannus; sch. kläd, kleid, vestis. sch. läder, leder, ME. ledder, corium. hmb. plate, supparus. laz, brustluch; laz, plez, Tat. blezza, ML. plets, ME. platte, ulf. plata, sch. klade, hmb. sladde, assumentum panni; ML. pletsen, consuere.

b) lisk, ML. lisch, cophinus. lask, Isid. pl-, phlasca, Walafr. flasco, flasche, lagena, vas clausum.

n.m: Lum, lump, lamp, lacinia, dependens, lampen, schlampen, dependere. lump, hmb. slunt, h. sluns, feig und lodiger Mensch; schw. bair. schlendern

2) praecipitium, schw. klamm, gähe Tiefe zwischen Bergen, clinmax, scala. Schilt. glamm, fossa terminalis inter agros; brem. klamp, Steg über einen Graben. klam, klom, scandit, Kil. klimmen, E. climme, climbe; geklommen. schw. schlems, declivis (LXXII.)

ulf. hlains, collis. flints, rupes, petra, §. XXIX, 2.

3) suffugium: b. lum, sicher vor Sturm und Regen. v. T. loen, Erker. AL. lund, saltus, nemus. gl. monf. AS. altE. N. lind, tilia. sch. bland, sub.

a) altE. lähn, lorica. Tat. AS. lin, sch. lyn, linne, ulf. leina, leinen, linum; lein. ME. plünne, assumentum panni; plünte, supparus.

b) h. lommer, umbra. s. lomme, marsupium. brem. lamm, dreieckiger Hamm.

h: Luk, klik, schw. klunkern, vacillare, pendere; hmb. klunker, hangender Quast. slikern, schlenkern, h. slingern, hmb. slunkern, vacillare, S. schlokern.

flakke, flagge, h. vlag.

2) praecipitium: lag, läg, declivis, obliquus: hmb. leeg, b. laüg, Kil. h. leegh, laegh, humile, planum, vadosum; Kil. leeghde, vallis, locus humilis. sch. låg, humilis. Kil. hmb. flak, depressus, vadosus.

Nott. fluch, petra. slag, schw. schlagen, praeceps agi.

3) fuga, Mns. fluoch, flucht, AS. flyht; Mns. floug, floh, fugit, fluigen, Kero fleohan, Isid. x. fliugan, fliehen, ulf. thliuhan, thlauh.

Suffugium: lag, domicilium, flek, vicus. sch. låga, - er, ulf. ligrs, lectus, mensa; lager, sedes, castra, liegerstette. sch. lykta, septum, ager, pascuum.

Luk, clausura, §. XLI. Kil. blokhus, arx, propugnaculum, Kil. munimentum ligneum de palisadis. bitm. plank, halbe dissel, hmb. de pliht, kleines Schiffverdek, h. plegt.

a) Lak, pannus; leinlach; Kil. lahha, vestis, Kero linrea, pallium. flek, assumentum panni; fliken. schw. blah, paktuch.

b) Schilt. blah, mensurae genus, vas salis &c. luik, lade, dekel, klappe. vlugt, vogelhaus. gl. monf. lahul, pelvis.

l: Lul, h. lul, dreiekiges Segel. oerlel, ohrläpplein.

r: Lur, slur, hmb. slurig, h. slordig, vacillans.

Lar, slar, hmb. slarr, schw. schlarf, lotterschuh.

hmb. flarren, lottern am Kleid. flerr, lacinia; hmb. lören un lappen.

2) praecipitium: glir, bitm. glirrig, lubricus §. XXII. 5). XXXVII. S. lerschen, declinare, profundum petere.

3) Suffugium, tegens: Wetterau. lar, lager, vechtelar, schlacht-, frislar, friedens-, goslar, lager an der gose &c. Otfr. gilare.i, habitatio, mansio, domicilium.

2) praecipitium: Kil. Bocan. Lo, locus altior, stagno, torrenti adiacens. annal. Trev. ley, rupes, petra. Mns. fluo, praecipitium.

klo, klau, hmb. klauen, klimmen, klettern; klauer, altus homo, animal. altsch. la, declivis, humilis. (planus, CCXI, 3.)

3) Suffugium, Scot. le, lye. a. hle, hliđ, locus a vento, sole immunis. ulf. hlija, tabernaculum. h. ly, S. lel, Schiffseite, unter dem Wind.

fuga: le, le, agile (il, el, §. CCXV.) M. fly, AS. flean, fugere.

a) h. luier, windeltuch. NS. sly, schlüe, Hülse, XXXVI.

§. XXVII.

§. XXVII. Elementa: aër, aqua, ignis.

Aër, volare.

1. Aër, sursum; 2) flare; 3) inflatum, turgere.

Lv: Luf, luvt, luft, AS. lyft, b. Jsl. lopt, aether. E. aloft, sursum. ulf. hleibgn, lupen, lupfen, lüften, sch. lyfta, elevare.
2) AS. blawan, E. blow, flare.

t,s: Lut
2) h. fleute, flöte (cum sono, §. XXV.); fluiten, Kero plasan, blasen, flare, blies. Not. blaso, tuba.
3) turgere, Kero platen; blater, Rab. blatra, vesica. blase, vesica, bulla. plaster, emplastrum. schw. pflatschig, hmb. plüßig. schw. bair. p.blazen, ex tumore rumpi, §. XLI. h. bluy, bruse.

n,m: Lun
3) turgere, Dengl. blonnen. h. blein, blater.

h: Luh, hmb. lucht, h. locht, aer, sch. lucht, olfactus. T. lichten, elevare.
2) flare: hmb. flage, Kil. vlaeghe, procella.
3) turgere, Mns. blegen, blat, tumuit, blehen.

l:

r: Lar, AS. hleare, NS. leer, bucca. 3) h. blar, blader.

2. Volare, animal volans; 2) ala, penna, pluma.

Lv: Luf, d. flyve, volare.
2) laff, lauf, ala, armus, §. XXXV.

t,s: Lut, fluttern, pfludern, fladern -
2) gl. mons. floz, hmb. plüs, pennula; halber Samet, plüsch. fleder.

n,m: Lum 2) plum, pflaum, pluma. h. vlinder, schmetterling.

h: Luh, flug, AS. flyht, volatus; Mns. floch, fluch, volavit, fliechen, fliegen, flog.
2) veron. T. fligh, ala. AS. flien, hmb. d. flunk, penna. flik, aptus evolandi.

l:

r: Lur 2) NS. h. vler, ala, vlerk.
AS. flean, volare.

§. XXVIII. Aqua, fluere; 2) natare, piscis, navis; 3) lavare.

Lv: Luf, AS. flovan, E. flow, fluere. gl. mons. lapes, mare. 3) Tat. flewin, abluere.

t,s: Lut, flud.t, ulf. AS. N. flod, fluxus, inundatio; flott, fluens. hmb. fleth, canal, flöt, rheuma, flet, Dengl. fliete, laßeisen. lid, Not. liquor, Otfr. potus, sicera, poculum, ulf. hleitu, sicera; augsp. lithaus, caupona.
flad, stercus liquidum, fladdern; schw. pflitter, NS. splitt.
AS. floz, fluvius, fluxit, fliezen, NT. vlieten. h. vliet, rivus.

2) na-

2) natans, navis, AS. lid, b. leid; AS. lithan, navigare. bair. post-plätt, Jagdschiff: hmb. fleute, h. fluyt, E. flyboat, Lastschiff. flos. 3. flotte, hmb. flate, exercitus navalis.

3) lavare, Wtt. flotzen, ab.flözen. hmb. waschen un plaschen (cum crepitu), pladdern, pfladern, pflatschen, plätschern.

n.m: Lum, AS. flem, flumen. h. vlonder, flos.

2) hmb. flomen, schupen und flosfedern, flömen, abschupen.

h: Luh, AS. loge, lago, Run. lagr, aqua, liquor. AS. b. lago, mare. h. lekken, rinnen. sch. flyga, fluere. Ostr. Matt. fling, torrens. h. plengen, schütten, vergiessen.

3) T. AS. lauga, lavacrum. fulluhtan, baptizare.

l.

r.

h. vloy, fluxus. 2) schley, tinea. 3) lüen, hmb. flyen, b. flye, lavare, E. flauen, fleihen.

§. XXIX. Ignis, et quidem Lux et calor.

Lux, visus. Splendor, color.

1. Lux, 2) visus.

Lv: Luf, gl. monf. liup, lux.

2) visus: b. hmb. g. klipp og, glaurus; hmb. kluven, rimari.

t.s: Lut. g, Kero leoth, M. lys, lux; lysa, AS. lixan, lucere.

2) M. gl. Lipf. AS. lut, ulf. vliths, vlit, AS. ⟨e⟩S. b. sch. lit, ulf. liudja, M. analiut, visus, vultus, facies. Isl. leit, vidit, lyta, videre, ulf. vlitan, circumspicere, liuthei, simulacra. MT. M. blot, blos, apertus, manifestus.

v. T. loß, lynx, glozen, distentis oculis. Isl. flets, facies.

n.m: Lum, AS. b. liom, sch. hliom, lux.

2) sch. gluna, acriter -, schw. glaumen, MT. lonken, limis obtueri. plinsen, contractis oculis acrius adspicere. h. loens, schielend, scheel: lonk, Blik.

h: Luh, T. liht, AS. leoht, luhs, ulf. liuhath, Ossr. lioht, lux. hmb. lucht, sch. glugg, fenestra. ulf. liuhadeins, lucidus.

2) M. lugen, gl. lips. luccan, AS. locian, sch. glugga, videre. klok, alt sch. glögr, klug, prudens (circumspiciens). T. sch. blik, ictus oculi, blyka, apparere. M. AS. lug, specula. luchs, lynx.

l.

r: Lur, v. T. lorre, fax.

2) AS. hleor, frons, genae, (visus). sächs. glarren, glozen. Su. glaeren, gloren, sch. glora, glyra, plyra, MT. gluyeren, nictare, limis oculis adspicere; hmb. plyren, contractis oculis acrius adspicere.

gl, lucet; hmb. glau, gl. monf. klau, perspectus, lucidus.

2) visus: sch. lo, lynx. AS. flio, albugo.

2. Splen-

2. Splendor, 2) color.

Lv: Luv, AS. glew, splendidus.
2) blaw, coeruleus.

t.s: Lut.s, sch. bloß, fax, hmb. blüse, feurturmwache, blüsen, fulgere; bliz. bläd, AS. flamma, gl. lipf. blasma; blas, blast. AS. blase, fax. h. blos, blosse, fulgur.

Al. gliz, sch. glys, splendor; clizzan, sassp. glesten, sch. glesa, glysa, glistra, h. glinstern, AS. glitenan, splendere; ulf. glitt muniand, splendidus; glast, h. luster; glas. Otfr. glat, splendidus; hmb. kladden, purgare. glaze, calvities.

Al. luter, lauter, clarus; tgsh. lutzelig, purus.
2) blaß, pallidus, hmb. rubedo, fulgor; bleß, stirnflek, h. bles. h. bloos, rubedo. NL. plöz, weisfisch.

n.m: Lun, sch. glena, glimma, glindra, glänta, glänssa, hmm. gliesen, glänzen, hmb. glinstern; sch. glen, lampa, glampa, gläns, h. glans, glanz, splendor. E. glimmern, splendere. NS. glander, Eisscholle. h. glimp, fulgor. glimmer, lapis dilucidus lamellosus.
Lent, lenz, AS. lenet, veron. T. langhez, ver.
tgsh. blempern, fulgurare; Otfr. blenden, occoecare, ulf. T. N. blind. h. hisp. vlin, gl. monf. vlind, AS. fris. flint, silex; hmb. flintern, h. flentern, fulgurare. flinte, bombarda; eS. flints, rupes, §. XXVI, 3).
2) blont, subflavus.

h: Luh, ulf. luccan, liugan, Mns. luhtan, leuchten; liht, Mns. lucidus, clarus. ulf. lukarn, lucerna, lukarnastatha, candelabrum. AS. leg, lyg, ligeth, fulgur.
flik, flink, coruscans; h. flikkern, hmb. flinken, flunkern, splendere.
Nott. blig, pliechl, fulgur; h. hisp. blechen, Nott. blechezen, fulgurare. T. sch. blank, candidus, blinka, blänkia, tgsh. blenken, hmb. blänkern, blinkern. hmb. blaker, wandleuchter. sch. h. blix, -xt, tgsh. bligze, fulgur, Nott. plichfiur, Tat. blehezunga. sch. slokna, verlöschen.
2) NL. sch. blek, albus, pallidus, bleich; sch. blak, subalbus, blekia, candefacere, blekna, pallescere. hmb. blag, coeruleus. AS. E. blac, niger, hmb. atramentum, (ad §. seq. astum). lachs, salmo, esox (aurata).

l.

r: Lur, sch. gler, vitrum. klar, clarus. h. glor, fulgor, rubedo.
2) hmb. klör, color; afklörern, abschiesen.
h. blare, schwarze Kuh mit weisser Stirne.
altsch. hla, gla, glia, glea, gloa, splendere; hmb. glei, splendidus, pulcer.
2) Schilt. blae, blau, Al. N. bla.
schleie, tinca. h. blei, weisfisch, §. XXVIII.

§. XXX. ustio, calor; 2) candens, metallum.

Lv: Luv, 2) Kero pliwe, plumbum.

t.d: Lut, M. dim. glöd, A.S. gled, glut. pruna. lodern. glus, scintilla, glosten. Nott. lojen, h. slissen, h. lesschen, blusschen, löschen, extinguere. M.T. blostern, igne torrere, (§. XXXIII, 3).

2) M.T. loih, v.T. loit, plumbum, stannum.

n.m: Lum, glummen. flamme. lampe. lunt.

2) h. slan, stannum.

h: Luh, All. loh, Nott. loug, Kero lauga, sch. logha, låg, flamma; ulf. liuhada, ignis, lauhmoni, fulgur.

Will. loghen, All. lohezen, schw. flokzen, hmb. flukkern, flammare. h. dleug, flamma. d. slukke, auslöschen. h. blaken, urere.

2) M.T. blek, Will. blach, blech, A.S. blik.

l. Lul: b. lollepot, kolentopf.

r: Lur, hmb. glören, glimmen ohne Flamme.

Luth. glu, candens; sch. glö, glüen. lau, tepidus. d. lue, flamma.

2) Schilt. blae, blei, plumbum.

§. XXXI. Volubilitas animi (affectus) lepida, illepida. Lepidum animi, corporis. Animi: laetum, iustum. Laetum, carum.

Laetus, felix; 2) saltare, ludere, (risus, §. XXIII.)

Lv: Luv: hmb. kluft, laetitia.

2) A.S. hlyp, saltus, hleapan, ulf. hlaupan, saltare, exsilire. schw. luft, lustiger, posierlicher, leichtsinniger Mensch.

t.d: Lut, A.S. lida, ulf. led, laetus, tranquillus. M.T. sch. glad, Kero clat, hilaris; altsch. hlator, voluptas, risus. Otfr. A.S. h. sch. blid, laetus, blidu, gaudium, bliden, laetari, gaudere, ridere. ulf. unledis, pauper.

Lust, gl. monf. affectus in genere, (All. leidlusti, tristitia), 1) desiderium, 1528. wie euch lust; schw. gelust, ulf. T. A.S. E. sch. lust, d. lyst, desiderium; 2) delectatio, Kero lustida. h. loß, lossig, b. hisp. lustsam, delectabilis. A.S. lesia, campi Elysii.

n.m: Lum, h. luim, laun, gemüthsstellung.

2) ulf. plinsjan, saltare.

h: Luh, sch. hlöye, laetus, h. klucht, laetitia, lusus. geluk, glük; h. mislukken; sch. lykas, Nott. Wms. lingen, lung, gelung.

2) sch. lek, ludus; ulf. lailaik, saltavit, laikan, All. leichen, exsultare, leken, A.S. lihtan, salire. A.S. plega, saltatio, lusus histrionum, plegan, saltare, ludere. Mösog. [illegible]AINSGAN. saltare.

l. — v. praeced.

r.

h. bly, laetus. 2) A.S. gliu, facetiae.

§. XXXII.

§. XXXII. Carus, favor, amor; 2) placere, ornare; 3) donum, tradere.

Lv: Luv, sch. liuf, AS. leof, NL. lev.f, AL. liaf.g, leib, liuf b.p, ulf. liub, lieb, carus. Liuban, AS. lufian, amare. Kero libe, conversatio, gl. mons. liupi, gratia, liupen, cupere. sch. bair. löfferln, unterbrochen lieben.

2) placere, b. hisp. lieven, Otfr. biliben. Otfr. Nott. liben, parcere.

3) tradere, ulf. levjan, Otfr. liwun. Nott. liuwen, commodare. hmb. leven, AS. belävan, hmb. h. levern, liefern.

t.d: Lut, sch. AS. h. dim. blid, gratiosus, mitis; sch. blydka, mitigare, placare.

2) placere: Nott. les, omnino, prorsum; AL. los, laus, consensus, Otfr. concedens, gilosan, exaudire.

flod, AL. ornatus, SueoGoth. mulier ornata.

3) Kero loth, merces; j. argent. lete, pretium. leisten, praestare.

n.m: Lum, Kero castluamy, hospitalitas. lind, gl. mons. lenis, Otfr. humanus, mansuetus.

2) placere, AL. p. blanten, Nott. planzen; Schilt. inblanden, molestum esse.

3) donum: b. hisp. len, sch. lán, AL. leen, feudum. AL. lon, h. loen, frs. lán, AS. lean, N. lön, ulf. laun, merces, munus, redditio, fructus; T. lenen, sch. lána, d. lane, E. lend, AS. länan, lendan, mutuum dare.

h: Luh, gl. mons. lochen, hmb. flukern, ulf. thlaihan, demulcere, amplecti.

2) Nott. lih, placens; licon, lichan, tgoth. lichen, AS. gelician, ulf. leikan, sch. lyka, placere. tgoth. lichhaben, anhalten, gebieten, leich.f, placitum.

Wms. flug, ornatus; AL. AS. gläng, ornamentum, pompa, superbia, (§. XXV.) hmb. flege, ornatus, h. flikkern, ornare, (§. XXIX, 2).

3) donum, AL. lehin, leyhin, lehen. AS. leag, laxa, donatio, privilegium. AL. AS. lihan, AL. ulf. leihan, Wms. lichen, luh, mutuum dedit.

l.

r: Lur, 2) hmb. flyren, fláren, ornare, mundare; flar, clarus, XXIX, 2.

3) h. lorssen, entlehnen.

h. bly, amoenus. 2) bley, ornatus; d. fly, flie, hmb. fleyen, ornare.

3) AL. lu, dedit, donum. bair. lau, en, accipe. d. leye, conducere.

§. XXXIII. Iustum, lex, gloriosum.

1. Iustum, aequum, simile; 2) decens, licitum; 3) obligatio, sponsio, fides, spes.

Lv: Luv, 2) licentia, lob.f, AL. urlob, - lub, - laubg, aur. bull. laub, h. ver-, orlof, sch. loff, e. lave, lof, Isl. leyff, gl. lips. geluvi, E. leave, AS. geleafe, lyfnisse. ulf. Kero lauban, Isl. loffa, leifa, sch. lofwa, AS. alyfian, permittere, 3) sponsio, lob, louft, tgoth. lift, glibete, gelupte, globde, gelübd, MG. sch. löft. fr. lowan, fidem dare et accipere, MG. löven, sch. lofva, ge-, verloben. d. lav, amt, zunft. fides,

fides, Ml. laub, h. hiſp. loub, lobe, gelob, glaub, AS. kilauba; ulf. galaubei. geleafan, gelyfon, ulf. galaubjan, hmb. löven, h. hiſp. loven, Nott. louben, glauben, fidere.

ulf. lubain, ſpes.

t.8: Lut, Kero pilidi (Bild, §. CXVI, 3). Rab. bileth; ſch. beláte, ſimile, forma, Kero pilad, exemplum, h. gelat, ſpecies, ulf. affix. - laud. j.arg. lot, glöd, pondus librae (aequandum, ſ. minimum XXXVI. ſ. metallum, §. XXX.) b. lade, forma.

AS. laſt, veſtigium (forma plantae); liſte, E. laſt, leiſt, modulus calcei. h. ſliſſen, ſchlichten.

2) AS. agalod, indecens, diſſolutus; ulf. aglaitei, impudicitia (indecentia).

n.m: Lum, Ml. limfan, decere, oportere, congruere, kalimph, decuit. glimpf, tgſch. compoſitio amicabilis. ſch. lámpelig, accommodare.

h: Luh, lik, gelik, ulf. galeik, gleich, iuſtum, aequum, T. ſleht, ulf. ſlaiht. hmb. ſliht, eben, glatt, geſchlacht; Otfr. ſlihti, planities, aequanimitas, clementia. N. lykta, ſch. ſlychta, ſchlichten. T. AS. bilage, finis litis, ſch. lykt, finis, (perfectum), luka, ſolvere. hmb. ver - überſchlagen, aqua tepida. tgſch. er entſlug mit im, zerfiel.

ſimile, Ml. NT. ſch. lik. h. ch, b. lig, ulf. leik, adject. affix. - lik. g. ch, Isl. leg, balr. - lá; ſubſtant. bibl. mog. 1462. wunniglich, gloria, Isl. weikleika, infirmitas; ulf. manleika, AS. b. manlik, ſtatua, effigies hominis, Otfr. analichi, facies, imago, ſimilitudo. Mnſ. allerleige, allerſlahto. Isl. ſlyk, talis, T. ſlag, Ml. ſlaht, geſchlecht, ſimilitudo, ſpecies; hmb. ſlacht. licht, portion, hmb. verſchlag, ſufficientia, verſchlagen, - ſlan, ſch. förſlá.

Otfr. kleken, b. klakke, hmb. kliken, ſufficere. ulf. glaggwuba, accurate.

3) ſponſio: ulf. liugan, nubere. Ml. fliht, homagium, mandatum, h. plicht, pflicht, AS. plihtan, ſpondere.

ſpes: Otfr. langen, Nott. be -, er -, verlangen, deſiderare, (§. antec.)

l.

r.

aller -, mancher - lei, ſpecies.

2. Lex; 2) doctrina; 3) ſapere, iudicare, ſtatuere.

Lv: Luv, b. low, lex.

2) Otfr. liwol, libellus. ſch. ſlåppa, manuducere, Io. 10, 3.

3) Ml. AS. glaw, prudens, ſapiens, diligens, perſpectus. gl. lipſ. verglaven, tgſch. verglaſert, inſipiens. ſlaw, ſchlau, callidus, h. beſlepen; beſlepen, conſiderare.

t.8: Lut, laudum, iudicium, leuwtern, iudicare. W. Urk. 1348. geleʒ, h. laſt, mandatum, belaſt, mandavit. plaʒ, LL. &. placitum, conventus procerum, forum iudicii, decretum, lis iudicialis, Beſold. h. pleit, Rechtsſache, pleiten, rechten.

2) h. leß,

2) h. leß, last, Otfr. listi, ulf. laiseino, doctrina. Isl. lüterinq, explicatio. M. lidan, fr. leodan, T. h. leiden, Isl. sch. leita, leiten, docere. schw. gleis, trames, XXXV. let, littera. h. letten, lezen, Kero, AS. lesan, sch. läsa, legere.

3) h. letten, d. lete, AS. emtwlattan, ulf. afleithjan, attendere, observare. losen, Mns. attendere, cum dat. M. audire, obedire, gl. monf. attendere. AS. hlyst, auditus, hlyse, fama. hmb. lüstern, auscultare, observare, obedire, laustern, lauschen, d. lyde.

3) fr. Mns. AS. d. sch. list, scientia, ars, Mns. remedium. be-, entschluß.

n.m:

h: Luh, d. log, laug, Isl. lög, loy, sch. lag, AS. lah.g, leg, lex. St. an. plegan, regere, Otfr. fovere, Nott. inphliht, protectio. Kero fleger, praepositus.

3) sch. laga, ulf. laggan, statuere, ordinare, hmb. rechten un plechten; überlegen, überschlagen; sch. anslag, iudicium, propositum. hmb. slicht, Rechenpfenning. ulf. faurlageins, propositio.

l: Lul, h. selul, notio, cognitio.

r: Lar: 2) M. hmb. h. leren, sch. lära, docere; Kero lera, sch. lärdom, doctrina. AS. lareow, doctor. erklären.

discere, h. hmb. leren, sch. lära, Otfr. W. lernan, Kero lirnen, gl. monf. gileran, recitare. Kero leera, instrumenta.

AS. d. lae, lex.

3. Gloria, laus, carmen, pompa. (§. XLIII.)

Lv: Luv, M. T. lof, AS. gl. monf. Blast. lop, lob, laus; Otfr. lobon, laudare. Kero lob, hymnus. KU. altfand. fleuwen, blandiri.

t.s: Lut, XU. lud, hlod, inclytus. lassp. clüseln, blandiri. vid. §. XLIII.

Lid, M. lioth, gl. monf. leod, cantilena. ulf. liudan, cantare, glorificare, gratias agere; h. belyden, confiteri, laudare, plaudere. AS. ulf. blotan, sch. Isl. blota, deum colere. blostar, ulf. Isid. Tat. sacrificium, Rab. caerimonia. (§. XXX.)

n.m: Lum, verf. Ev. lumet, Carl V. laimut, fama. Nott. Will. gl. monf. liumunt, nomen, praeconium, existimatio. Schilt. liumon, j. aug. leunden, famam conciliare. Will. liumhaftig, celebris. Mns. lulmd, fama. h. flemen, blandiri. Nott. planzen, plaudere.

h

l

r: Lur, gl. monf. lura, laurus. N. E. Lord, inclytus, spectandus.

E. lye, AS. ley, cantilena, carmen. d. fly, flie, hmb. fleyen, laudare, blandiri.

§. XXXIV. Lepidum corporis: vita, corpus. vita, alimentum.

1) vita, esse, manere, insidere; §. XXVI, 3. 2) vegetatio animalis et vegetabilis.

Lv: Luv, M. lib.p.v, St. an. liph, sch. lif, AS. lip, vita; libban, lyfian, M. levan, leban, ulf. liban, h. M. T. leven, N. lefva.e, E. live, Nott. gleben, vivere. AS. lefnan, vivificare.

manere, Otfr. liben, Kero piliban, beleiben, bleiben, sch. lefva, blifva, ulf. aflifnan. klieb, insedit, kleiben, ex insitione valere, adolescere. hmb. klever, trifolium. Isl. lif, knoblauch.

t.s: Lut, sch. lüsa, quies (mansio). Al. liez, Isl. liet, sch. lät, manere fecit, sivit, lazzan, lassen, ulf. lethan, MT. laten, sch. läta, sinere. XLIV.

2) veget. Kil. h. lot, flunte, hlot, v. T. laid, palmes plantationi idoneus. lattich, lactuca. ulf. liudan, crescere, AS. gluttan, adolere. Al. p.blut, plöt, AS. NS. N. ulf. blod, LL. sal. blitto, h. bloed, sanguis. Otfr. blut, blüt, blust, h. bloezem, flos. p blatt, NS. sch. E. blad, folium (§. CCXI, 3.); w.blet, bläd, blad, AS. blada, fructus pendens, immaturus, bletsche. h. bloesen, AS. blosma, blösm, flos. Denzl. pluzer, melopepo. h. lies, lilia.

n.m: Lun, Al. bilun, sivit, desiit; linnan, AS. alinnan, blinnan, desinere (manere, manere facere); sch. lämna, lembna, manere, (superesse, §. XLI.) hmb. klemm un föhl, leben und Gefühl.

2) Veget. p.blum, gl. monf. ploma, MT. blöm, sch. blomma, ulf. bloma, flos. sanguis menstr. AS. pluma, pflaume. plante, Notk. pflanza, Will. phlanza, planta.

h: Luh, Al. ulf. lag (manentia) situs, fuit, iacuit; liegen, Otfr. liggen, ulf. ligan. sch. liggia. legen, AS. leccan, ulf. laggan, h. leggen, AS. lecgian, sch. läggia, d. legge, ponere, manere facere. an-, unterslagen.

2) veget. animal. ulf. liugan, concumbere cum uxore; belegen; AS. legnisse, fornicatio. slag; slahta, gl. Lips. generatio; Will. genus, geschlecht, (§ XXXIII, 1.); gl. monf. gileihter, matrix, (loh, § XLI. kul, §. II.)

veget. hmb. lahte, talea. AS. leah, gl. monf. louch, cepe, olus, allium.

l: Lul, 2) lulch, lollium. Lilie.

r. Lur, 2) flor, flos. Lar, XXVI, 3.

La, sino, (§ XLIV.)

2) h. bloei, flos: bloeyen, Otfr. bluen, florere. kle, Mns. Tanhus. ostercloi; schle, prunum.

2. Alimentum; 2) mater, speciatim Scropha, (das einzige grose Thier, neben dem Hund, mit vielen Dutten, ein uraltes und allgemeines Bild der Fruchtbarkeit, §§. LXXXIV, 2; CIX; CXI; CLXVIII; CXCVI.); 3) curare, mederi.

Lv: Al. laib.p, hlaf.p, ulf. hlaif.b, Isl. hlaif, sch. leipa, lepa, lef, AS. laf, hläf, fris. läf, h. lef, panis.

2) Luppe, canis femina, lupa.

3) Laben, Mns. delectari; Notk. laba, refectio, Otfr. salus, (§ XXXIII.)

t.s: 2) Gesn. Denzl. Los, scropha. d.flad, libum, placenta, XXVI. CCXI, 3.

n.m: 2) Gesn. Leen, scropha silvestris.

h: 3) Al. Lach, ulf. leikeis, AS. läce, AS. lece, d. läger, sch. läkiar, fland. lacke, laeke, medicus. Ottfr. lochon, sch. läkia, b. läge, Isl. läkna, AS. läknian, ulf. leikinon, sanare, mederi, leikinassus, medicina.

sch. släkia, securare. b. släkke, alere, educare. pflege, refectio.

l
r

§. XXXV. Corpus; 2) artus; 3) iunctura.

Lv: Luv, Isl. sch. lyf, hmb. lyv, All. lib.p.f, Leib. Ottfr. biliban, mori: Isl. aflysa, necare.

Rab. Lebera, iecur.

2) ulf. lofa, sch. lofve, cambr. lowa, law, Scot. luff, vola, manus. T. laff, lauf, armus, §. XXVII, 2.

3) h. lob, lobbe, kragen, krause. Lauf, slup, schlupf, schlauf, iunctura.

t.s: Lut, las, lask, holst. lasch, n.T. vlees, Mns. fleiz, Mott. fleisc, fleisch, AS. fläsc, caro, (f. a mucido §. XXXVII.)

2) germ. lid, lit, n.T. sch. led, Glied, artus. AS. lith, ulf. lithus, articulus, nervus.

3) All. &c. lid, sch. led, iunctura, annulus in catena, articulus, T. Dekelgewerb. AS. hlid, operculum; lutan, se incurvare.

sch. loda, hloda, adhaerere; löda, löten, ferruminare; klädda, compingere, §. XXXVII.

Lad, asser; Latte, tigillum, v.T. latt, regula.

hmb. liz, ligula. h. lys, leitseil; lies.sch, limbus. Dengl. lismen, connodare.

fgoth. lez, All. lyst, b. hisp. liste, Leiste, ora, extremitas, limbus, fimbria. subscus, Dengl. diaphragma.

T. h. Lasche, iunctura, §. XXVI, 3.

n.m: Lum.

2) Isl. limia, sch. lem, artus.

3) Dengl. lun, lon, e. lyn, leine, lehne, linse, lunse, lönse, lünsch, embolon. hmb. lyne, h. lint, ligula. hmb. glind, schw. glender, clathrus, XXXIX.

Isid. lumblo, Rab. lendi, lende, lumbus; Kero lenti, renes. hmb. klunen, krös, viscera.

h: Luh, m. lic, lihhi, ulf. leik, T. lihham, liht, sch. lekam, caro, corpus vivum et mortuum. (hmb. lyk-, leichdorn, hüneraug. Lichtmeß, leiblosung.)

2) gleich, artus. Schilt. die gleiche, poda-, chiragra. gelenk. lenken, dirigere, flectere.

3) gleich, iunctura. Lancha, Rab. ilia, Mott. ren, Kero, gl.monf. lumbi. schw. kling, hmb. klink, viscera. fgoth. klink, schlagbaum. Verel. klungitr, vepres (als eine Hafte, oder Einfassung, Heke). klinken, heften.

hmb. flåk, flechte, cratis viminea. flechten, flocht, Otfr. giflaht, concinnavit. flechse.

flik. schlik, schlinge, ligula; h. slingeren, circumplicare. schlag, ligatura, Mus. uffslag, auf-; hmb. umslag, involucrum, tegumen, cataplasma.

l: Lul, h. lellig, sehnicht, voller flechsen.

r: Lur, hmb. lurr, lumbi, femur.

3) AA. Lor, lór, lorum, fascia; schilt-, helm-, brinnlór. h. luur, windel.

3) h. vlyen, einschalten. hmb. h. ploye, plica, adhaerens.

§. XXXVI. Illepidum in genere, s. naturae, et in specie s. in homine. Naturae illepidum, sordes.

Illepidum, perversum; 2) vile, gluma, paucum, vacuum, despectuosum; 3) parvum.

Lv: Luf, Schilt. lufter-, lefterhand, sinister, perversus. h. flauw, schwach, wenig, kalt. S. h. hmb. Laff, un-, abgeschmakt, ME. liflaf.

t.s: Lut.z, AA. Lez, perversus, Otfr. lezen, perverse agere. ulf. hleidumei, sinistra. leis, insulsus.

2) pauc: AA. luz, luzic, -il, MS. lut, v. T. luttik, hmb. lüttk, gl. Lips. luticon, AS. litling, HT. lot, paucum. AA. einluz, einzel, singulus. Mock. luzzen, imminuere. affix. -los, ulf. Isl. schw. laus, vacuus, expers, inanis. blos, blutt, sch. blott, MT. blot, vacuus, spoliatus. lot.tt, despectuosus; bair. schlet, proiectivum.

3) parvus, N. lit.d Isl. litel, AS. lytel, h. luttel, ulf. leitil, Gotb. T. lista, sch. list. hmb. plyte, kleine Art plattfisch, kleiner jähzorniger Mensch; kluttern, kleinigkeiten treiben. animal: fgoth. AS. MT. lus, h. luis, laus, pediculus.

n.m: Lum, link, h. slink, perversus, sinister, slinken, minuere.

2) klem, vacuus, paucus. fgoth. blunder, schlecht Geräth.

3) affix. - lin, - lein, - ling, MT. kleen, klein. gl. monf. linsi, h. linse, lens. animal: hmb. lünke, passer, hemplünke, Hänfling, avis, homuncio. lind, minus, lindern, b. lindre, minuere, XLIV.

h: Luh, luchterhant, chron. Sax. dithm. sinistra, - er, perversus. S. flak, insipidus.

2) vile, luk, loker; flecht, hmb. flicht. gluma, siliqua, flake. loh, coriariorum. v. T. lak, paucus, laeken, minui, - ere. W. Schomd. lichen, Heu, foenum vellicando minuere, heuliecher, - ropfer, den Wald, silvam minuere, hinc inde lignando.

3) parv: suffix. diminut. alsch. bair. - lach, Hohenloh. plur. - lich. gl. Lips. lucucu min, paulo minus, luctik, pusillus, Kero luczil, parvus; ulf. klah, parvulus.

l: Lul: 3) b. lille, parvus.

r: Lur, leiren, saurer Wein; nachdrug von Trestern, leure, lauer, loria.

2) va-

2) vacuus, Nott. lar, 1528. lár, leer; Otfr. irlaren, evacuare. h. leur, despectuosus.

3) parvus, hmb. lütt lüttk, klein klein.

h. Le, leelik, vile. hmb. slue, MG. slú (§. XXVI, 3.) schw. kley, siliqua. S. slau, insipidus.

3) schw. - le, bair. - el, suffix. diminut. anim. parvum. hmb. kley, made.

§. XXXVII. Sordes, lutum, gluten, pingue.

Lv: Luv, j. arg. lob. láub. leublin, cloaca. h. slibb, argilla; sch. libber, gummi. Otfr. kleib.p, illivit, kleben, kleiben, AS. clifian, adhaerere, hmb. klyve, klette.

T. laff, sordidus. Dengl. lab, MT. Kil. lebb, libbe, sch. lópe, laf, coagulum; sch. libbras, lefras, Dengl. láben, coagulari. sch. klubb, corpus coagulatum; belg. klyven, MT. kleven, kleben, glutinari. h. sloven, garstige arbeit thun, slabben, schmuzen. Isch. lúppen, vergifften.

t.d: Lut, luder. lod, lutum, koth, hefe; lette. b. lad, putris. hmb. kladde, impuritas, schmuz. h. klad; kladden, inquinare. flad, stercus, §. XXVIII.

MG. lúß, sumpf, schilf. b. sleß, morast. vleß, fleisch (§. XXXV.). gl. monf. phlastar, lutum. h. plas, Morast, Pfüze, Meer, See.

gluten: gl. monf. chletta, klette, lappa; hmb. klatte, klebrig Har, wichtelzopf, plica polonica, mahrklette, equorum. Kero unslit, sebum.

n.m: Lum, MG. lúmen, leimen, Isch. glum, lalsp. luml, mollis. AS. laem, argilla. LL. Long. lama, lacuna, lanke. Otfr. klan, illevit, klinen. slam, slim, schlam, schleim, sch. slem, impurus. AS. lim, Nott. leim, bitumen. hmb. Kil. klamm, glutinosus. hmb. b. flomen, bauch-, nierenfett. h. sluim, schleim, qualster; slenk, morastiger ort. h. kloen, kalfatern.

h: Luk, hmb. h. slik, limus; v. T. lunke, hmb. slake, schm. sch. lak, lache, lacuna. flek, klek, Schilt. blak.ch, hmb. plakk, klak, macula. b. hisp. beklekken, polluere. frif. blok, paludosus. h. klieken, vomere, polluere.

Lak, siegelwachs, salzbrühe, pfüze. klecken, intingere, hmb. v. T. klaklos, ohne Festigkeit, (kleblos).

N. h. lyk, AN. leik.ch, Wnf. phlag, cadaver, funus, §. XXXV. leich, semen piscium. log, lauge, §. XXVIII. unschlicht, sebum. ulf. thlahtwus, mollis. schw. leichen, h. lugten, foetere. h. slak, schnecke.

l.

r: Lur, bitm. glirrig, lubricus, (§. XXVI, 3.)

b. sch. lerpott, -kar, irden gefäß, b. ler, argilla.

h. hmb. lür, loy, putre; slyen, b. slye, inquinare. ME. h. glaer, kley, argilla; kleyen, graben ausschlagen, schmieren, klettern. b. slae, morast.

§. XXXVIII. Illepidum in homine (animali): Infirmitas, protervia, passio. Infirmitas animae, corporis. Infirmitas animae, stupidus.

Lv: Luf, hmb. verblüffen, stupefacere, obtundere.
T. h. laff, lap, stultus, stupidus.

t.s: Lut, AS. blith, blöd, simplex; gl. monf. ploden, pavere. hmb. slötje, dummer, fauler Schlingel; ulf. afslauthnan, stupere. d. sch. lad.t, AE. laet, timidus, piger, S. lätsch, schw. latsche, stupidum. T. sch. blöd, Isl. blaudur, Scot. bleat, meticulosus.
(ulf. us ga lisith, demens)

n.m: Lum, sch. glömsk, obliviosus. d. glemme, oblivisci. h. slommer, Bekümmernis.
Lam, Mott. stupidus.

h: Luk, hmb. klik, slicht, h. slecht, T. lak, stupidus. schw. blaug, scheu, blöd; sch. blyg, pudet.

l: schw. Lale, bair. läly, stultus, h. sulle pels.

r: Lur, h. loer, rudis, stupidus. lors, stupida, negligens, lorssen, negligere. h. sloor, stultus.

§. XXXIX. Infirmitas corporis, lassus, somnus; iacere, clinare.

Lv: Luv, h. lof, lassus, Rab. lewe, pestis, Otfr. lewe, miseria, calamitas. h. flauw, lassus, debilis. Mott. slewen, tabescere, AS. släv, piger; Kero slaff, T. sch. slapp, deses, relaxatus, hmb. slyppern, saumselig sein. T. sleppen, d. slepe, Isl. sleffen, tarde, aegre trahere, hmb. slöpe, schleife; slubbern, unachtsam machen; AS. slebe scoh, dim. sluffen, crepida (§. XXVI, 3) h. slof.
h. slaf, n. slap, somnus; MT. ulf. slep, dormivit, slepan, MT. AS. slapan, Busb. T. schlipen, Otfr. slafan, sclavan. gl. monf. irslauvet, obscuratum. ulf. slavan, tacere, obmutescere.

t.s: Lut, dim. fluttig, schwer, träg. ulf. uslida, paraliticus. leed, wüst liegender Platz.
d. AS. lad, piger. Otfr. laden, lud, oneravit. MT. lat, All. laz, laß, hmb. lösig, lassus, piger. last, onus. schlitte, traha. h. lodder, geil, - lodderen, E. lauschen, faul daliegen. h. onlede, Beschäftigung. Boxh. gl. fr. flizzan, agonizare.

n.m: Lum, h. loom, lummern, -rig, lassus; h. lommerig, tenebrosus, §. XXVI, 3. slummern. lümel, plump, tardus, rudis. All. sch. d. lam, debilis, mutilus. h. lomp, plump.
bair. laun, schlaftrunken, launen; hmb. lunen, verdrieslich sein; lünschen, infantum. lungern, schlenden, -ern, tarde incedere. h. slenter, schlitte, schleife. schw. luntschen, auf dem Faulbett liegen. d. blund, Schlummer. gl. monf. lengan, trahere.
gl. monf. lin, Schilt. len, belg. leining, reclinatorium; T. lenen, linen, leynen, E. leane, sch. läna, reclinare, Tat. recumbere, gl. monf. inniti.
hmb. glund, gländern, §. XXXV.

h:

h: Luh, h. log, A. lak, lassus, langsam, v. T. lantzem und huggich, tardus. v. T. Kil. lak, clank, defectus; hmb. lakband.k, groser Tölpel, flegel, schlingel. hmb. klunk, lahm, schw. klunkern, deminere. Beda sleac, piger. Wis. blach und hungrig, Bob. 63.

Lag, iacuit, clinavit, h. lei sich, sich vleyen, sich legen, Wis. ligen, Kero lickam. Nott. irlikken, erliegen, deficere. gl. monf. slihan, trahere.

l: Lul, h. lillen, zittern, beben.

r: Lur, hmb. slurig, mauterig schw. der schlier, ulcus, h. klier.

h. sleur, schlendrian, sleuren, schleppen, ziehen.

Becan. le, nieder; Isl. la, Wis. lie, iacuit, lit, iacet, list, iaces; li'n, iacere; lig - qui iacet -, lur.

§. XL. Protervia, ruptura. Protervia, percussio.

1. Protervia, malitia, fraus; rudis.

Lv: Luf, ulf. hlift, fur, h. klifjan, furari. a. liufve, mentiri. h. laf, malitiosus, leep, astutus. v. T. lupen, lauren, hmb. glupen, insidiose adspicere, a. glubsk, rapax, ex insidiis promtus.

rudis, slup, schliffel, hmb. slef. slubb, Baurenhund, plumper Mensch. §. antec. h. sluip, clam.

L.s: Lut, gl. Lips. los, dolus, malitiosus, AS. leas, mendax. bair. lez, derisor, Wis. luizzen, contemnere, detrahere. Nott. gl. monf. loscen, Kero hlosan, losen, lauschen, laustern, hmb. lüstern, h. luisteren, clam observare. Nott. lise, Will. lisno, leis, tecta voce, hmb. flustern, flistern. bair. lusch, löesk, meretrix. Laster, Wis. crimen, ignominia, irrisio, gl. monf. reprehensio. lot.er, sch. AS. lat, ingratus, invisus, otiosus, piger -, AS. lytig, vafer. Nott. loter, vanum, Kil. loterer, fallax. ulf. liuta, dolus, - osus, Isid. letigan, mentiri. Luder, lüderlich; hmb. leidig, astutus. a. lyde, lauschen.

hmb. fleut, h. fluit, blandum, mendacium; flausen. h. afluizen, ablosen.

n.m: Lun, sch. lön, Isl. leyne, occultatio; löna, v. T. leunen, inficiari, mentiri, occultare se. hmb. lungern, gierig lauren, bitm. lunschen, lauren, v. T. schmeicheln. gl. monf. chleini, versutia.

sch. lymsk, falsus, mendax. slem, slimm, malus in genere, malitiosus; Otfr. bisliman, laedere. h. klommer, fraus, mendacium.

h: Luh, Lug, h. leug, Kero luki, Otfr. loug, (adj. et subst.), sch. liug, lögn, ulf. liugn, mendacium; log, mentitus est, W. liugan, h. liegen, AS. leogan, ulf. liugnjan, sch. liugna, liuga, mentiri. ulf. laugnjan, W. lougnan, h. lochenen, sch. lögna, inficiari. Isl. logn, sch. lugn, silentium, ulf. laugnjan, se occultare, analaugnei, occultum; adv. - nibs. j. arg. lehener, saecularius. Denys. leichen, conspirare, h. lichverdig. hmb. schw. luchsen, Otfr. K. lichtsan, simulare, imponere, Tat. lachijen. chron. Sax. beclofen, defraudatus.

Lgoh.

isl. log, insidiae, Otfr. &c. p.blug, dolus, mendacium, h. nebulo; Nott. lagen, AU. laeghen, lauren. slich, schleichen, §. XXII. fluch, execratio. Isl. läging, vituperatio. lak, flamb. libidinosus, scortator, AS. vitium, vituperium. leker. h. laaken, calumniari. hmb. leg, sleht, mor. et phys. ulf. sleiht, saevus.

l.
r: Lur, hmb. lurr, AS. leor, praevaricatio. sch. lur, all. loer, laur, nebulo, insidiator; h. luren, lauren, sch. lura, retortis oculis, ex insidiis intueri. h. lorren, betrügen. h. gluren, slieren, furari.

E. lea, falsus, ley, mendacium. alsch. lee, irridere. ulf. lailou, maledixit; laian, conviciari, vituperare.

2. Percussio, 2) unguis.

Lv: Luf, ulf. losa, alapa. Schilt. bliwen, percutere, cambr. blif, ballista. h. blouwel, Hanfbreche. lap, slappe, hmb. h. f.klapp, ictus. AS. clifrian, scabere. h. klip, klouw, impulsus.

2) All. LL. fris. claw, klaue. h. de klove der klauwen in twee klieft, Lev. 11, 3. kluppe. biem. glipp, hamus. AS. clypan, d. clypa, forfice torquere; gl. monf. chlufft, schw. chluffta, forceps. klauben, bair. kluſern, abnagen, h. kluiven.

t.d: Lut, v. T. isl. blide, blinde, catapulta. schleider, §. XXVI, 1. E. blot, ulf. blautjan, delere. Nott. luzen, irritare, hmb. plusen, zausen (§. XXVII, 2.) h. klözen, impellere.

Otfr. lezen, laedere, Dengl. lösen, vapulare, gl. monf. bliusan, conterere. ulf. liusan, perdere, laus, lusans.

n.m: Lun, d. klöne, scabere. blinde, catapulta. bair. schlendern, schw. schlenkern, disiicere.

2) klamm, forceps, hmb. gedrang, eng, statt. klemme.
h. fluin, fluwyn, martes.

h: Luh, log, lag, Mus. urlig, T. h. orlog, ur-, verlug, AS. orläg, proelium, caedes, bellum; urleugen 1235. bellare.

Schilt. p.blaken, blanken, praedari. plag, sch. pläg, plaga. ulf. blagg, flagellavit, bliggan. d.flag, inflictus, schw. flegel; sch. flängia, flagellare. All. flaugen, fleugen, Mus. floigan, pavorem incutere. h. vlag, sturm; vlaken, Welle schlagen.

Nott. analägan, molestare. gl. monf. slihan, scalpere, slihtan, palpare.

T. ulf. slaga, plaga, inflictus; slug, slog.h, percussit; All. ulf. slahan, AS. slägan, caedere, occidere; Otfr. slahta, occisio, schlacht, slaege.

l.
r: Lur, gl. monf. vlor, internecio, vloran, vastari, vorari; Kero floring, perditio, Nott. fluren, perdere.

d. blie, ballista. h. plei, folter. Schilt. blien, pluan, bluun, bluian, bliuan, bläuen, percutere. sch. flå, excoriare; hmb. fleyen, filzen.

sch. flå, d. Isl. flaa, AS. h. flaen, impellere. h. flel, Hammer, Klöpfel. LL. fris. cla, unguis, gl. mons. cloa, klau, ungula. hmb. kleyen, unguibus scalpere.

§. XLI. Ruptura, scindere: frustum.

L v: Luv, kil. klove, hmb. klöve, schw. club, klob; kluvt, fissura. brem. klave, klob, schidium. ME. klöven, klieben, AS. cleofan, clyfan, Isl. klyufa, sch. klyfva, glupa, Isl. glepsa, findere. gl. mons. cliuba, kleuwen, furfur, (§. XXXVI.)

klippe, (§. XXVI, 3.) klaffen. h. slopen, schleifen, zerstöhren, zerbrechen.

Lapp, scissum; h. lappen, sarcire. h. v. T. lubben, kluppen, castrare. Kero libban, partiri; d. klippe, forfice secare. AL. glev.f, quiris, lancea, hasta; eques; lanze, d. i. vier Reiter; E. gleav, clava, falx, (§. XXVI, 1.) schw. glufe, acus, (s. ligula §. XXXV.) AS. laf, sch. lef, Tat. leibb, AL. ga-, aleiba, ulf. laib, frustum, reliquiae, remanens; Offr. leiben, relinquere; ulf. aslif-nan, restare, superesse, (§. XXXIV.)

t. s: Lut, gl. mons. plodi, dissolutio; AS. plat, ferüt, plätan, gl. mons. giploden, dissolvere. hmb. plyte, ensis. splitt, hmb. splete, Engl. spleis, fissura, festuca; splyten, Isl. d. splita.e, splittern, act. neut. plez, lacinia, plezen. h. pluis, faser, pluizen, reissen, pflüken.

AS. slit, fissura: slat, scidit, slitan, MT. slyten, terere, discerpere, sch. a. slyta, -de, schleisen, schlitz; schlies, AL. sleiz; capit. Carl M. herizliz, poena desertae militiae. hmb. slet, verschluss, verbrauch, abnuzung -. bim. sleten, geschnittene Bühne Bälken. h. slet, sez. clus, klause, §. XXVI, 3.

hmb. kladdern, dissipare, klettern; klöterig, lumpig, zerrissen.

n. m: Lun, kluns, klamme, fauces (§. XXVI, 3.) hmb. splint, stest, splinter, h. E. festuca. h. flonzen, rumpere. M. Urt. glen, lanze, lancea. lam, hmb. lämmel, Messerklinge, plampe, ensis, mucro.

Lämna, superesse, §. XXXIV, 1. h. vlym, vliem, lanzette. h. flenter, feze.

h: Luh, loh.ch; Offr. luk, a. luge, lüke; Tat. loh, AL. loch.g, luag, spelunca; Kero piloh, clausura. sch. lok, luka, operculum; lyki, claustrum. L. ulf. AS. lukan, M. luka, lykia -, claudere. ulf. lauk, clausit, h. look; luiken. M. L. lek, rima, rimosus, lech. gl. mons. lucha, cicatrix.

klek, hmb. klinke, Mns. klak, fissura, rupit, Offr. kleken, rumpere, schw. dissipare. blecken, plöken, hiare, distendere. AL. MT. plug, sch. plog, aratrum; plöga, plügen, findere agrum. plüken, abrumpere. schlag, beschlag, clausura. d. flak, dissectum; fliken, belukan (claudere), sarcire; flek, lacerum. hmb. lehe, falx messoria maior. klinge, lamina.

l: Lal, h. lel, läpplein.

r: Lar, flarr, hmb. schnitt, hieb, blm. fel, lapp, schw. flerr; b. flard; leur, lor, lorre. hmb. flarren, distendere. slarr, schw. schlarf, zerrissene Schu, §. XXVI, 3.; flören, verschleisen, abnuzen.

W. Urk. 1480. gli, lancea. b. flye, sarcire, reparare. sch. lya, falx, blm. lee.

§. XLII. Passio, servitium.

Passio, impedimentum; 2) lugere.

Lv: Luv, 2) blm. slippen, mit der Heuke zur leich gehen. §. XXXIX.

t.d: Lut, sch. lid, mk. led, h. let, leid. Mns. leit, lied, passus est, M. lidan, sch. lida, leiden, pati, Mns. poenitere, in fastidium adducere, verleiden, Otfr. k. leidon, abominabile fieri; angere, contristare, accusare, ulf. galeithjan, detrimentum facere, Carl IV. 1377. leidingen, beleidigen. Not. leidezen, anathematizare.

h. let, impedimentum; v. T. letten, ulf. latjan, impedire, lathon, consolatio. sch. blott, b.plutt und blos, nudus, Mns. privatus, (§. XXXVI.) ulf. bleith, misericors, (beileid) §. XXXII.

n.m: Lum, hmb. belemmern, impedire, h. lemmeren.

2) hmb. klönen, b. klynke, quiritari.

flannen, Not. os contorquere, schw. ululare, flere.

h: Luh, b. orlog, W. orlag, fatum, adversitas. Leiche, funus, (XXXV.), nS. lykhoon, Leichhuhn, ulula.

2) Kero k. clage, praetextus, acceptio, causatio, (impedim.); ch. clagen, causari. klage, h. klacht, querela, Schilt. claggelt, - schaz, sportulae.

flehen, ulf. flekan, plangere, falflok.

l. §. XXIV.

r: Lur, flor, peplus. schleier, ricinus.

Tat. fluober, consolatio, fluobiren, consolari (luctum, passionem suam adferre?)

§. XLIII. Servus, plebs; 2) comitatus, turma, indeque 3) glomus in genere.

Lv

t.d: Lut, lud, e. lüde, lütte, liuti, leudi, leodes, leutes, litones, laeti, leti, Leute, h. leet, homines. lid, Otfr. der liut, AS. leode, - dda, gens, populus; iuvenis; Schilt. lito, libertus, ministerialis plebeus. Besold. homo lidius, totaleibeigen. liedlohn.

AS. glerd, carastha. sch. lida, obedire, Isl. hlydug, obsequiosus; b. lyde, obedire, audire, lauschen, XXXIII, 2. (correlat. §. XXXIII, 3.) Lóthar (Lot här, Lut hër, dominus servorum). aS. leode, ladde, ladi, femina, AS. laß (ladesse).

Laz, laß, subiectus quicunque, tertius f. infimus ordo Saxonum. Befold. Schilt. servus; lazin, lasina, ancilla. leist, obsequium. ulf. laistjan, Otfr. losen; gilos, obediens. ulf. lausjan, exigere; los, loe, leot, laud, laudemium, steur, Märnb. losung. sch. lása, orare.

2) aS. hloth, comitatus, turba, cohors; gl. Lipf. hilothu, praeda. sch. hlata, aggerare, aS. gelathian, congregare, convenire; laden, sch. ladda, aggerare, citare. Nett. keladota, synagoga. b. lidur, comes viarum. ulf. lathons, vocatio.

Schilt. blaiten, be-, geleiten, comitari.

Loz, pilot, nautarum, lozen, viam navis ostendere. Kero eban lozzon, consortes. Jsl. lest, reisgesellschaft. fr. ulf. lisan, aS. AL. lesan, congregare, T. aS. lese, collectio; las, collegit, ulf. galesun, collegerunt.

n.m: 2) v. T. clant, socius. gl. monf. gilendigo, affinis, (landsmann, §. CCXI, 3.) flesw. lansten, lehenbaure.

h: Luh, lig, homo ligius, immediate et totaliter subiectus. AL. lehnR. die leigen, laien. aS. laec, servus (lakey). sch. leya, conducere. ulf. laggan, legare, mittere.

L

r: Lur, 2) aS. a. hyre, hleor, consors, socius, homo, frater. gl. monf. gileran, colligere, gilire, adinventio; verlieren, amittere.

Lai, h. de luyen, homines. a. fler, plus, flest, plurimus.

3) Glomus in genere.

Lv: Luv, klobe, cumulus, fascia. hmb. kluve, clava, kolbe. h. kluft, Hauffe, Vorrat. E. clove, gewicht von 7 Pfund. bresl. laep, Stein, ¼ Centner. Riga loof, mensura aridi maxima.

NS. löp, Büschel Garn. schw. lupfen, Kolben am Hanf.

t.s: Lut, oberschw. lod, Balle Tuch etc. ditm. klod, acervus, klödern, acervare. hmb. klot, testiculus, NS. cubus; braunschw. klüte, 20 Pfund. hmb. klute, gleba, klos. h. sch. klot, kloz, massa. Kil. klot. j. globus; tgsch. clozbüss, kugelbüchse. hmb. kluster, compactum, klump; v. T. klysken, Hünerfricasse.

NS. lies, ⅛ Centner. sklos, schlose, gleba.

h. vlet, menge, rochfisch.

n.m: Lyn, aS. leoma, globus. sch. T. klump, gleba. klunt, massa compacta; h. kluntchen, hmb. kluntsken, globula.

plunz, glomus; Dngl. plunzer, apexabo. b. blande, miscere.

h: Luh, T. N. E. p.blok, glomus, hmb. trochlea, Schilt. truncus, massa rudis. p.pflok, hmb. pluk. h. plug, frume. b. flok, cumulus, copia.

ditm. fluchter, acervus.

hmb. klunk, schw. kling, viscera, §. XXXV. W. Weinsp. klingelich voll, gestampft voll.

S. heuleickje, Heuhaufe, 20 Ellen lang, 2 breit.

l.
r.

klau, hmb. klauen, kläuel, knaul, globus.

§. XLIV. Dimissio, redemtio.

Lv: sch. lefa, relinquere, deserere, ulf. levjan, und AS. lævan, (auch tradere, §. XXXII.) §. XLI.

sch. släppa, dimittere, d. slippe, slap, dimisit.

l.s: Lut.s, ulf. linsan, farlinsan, AS. losian, forlysan, E. loose, leese, amittere, ulf. farlos, amisit. germ. los, ulf. Isl. schw. laus, liber; T. losen, ulf. lausjan, AS. loesan, lysan, Isl. leysa, sch. lösa, d. löse, liberare, redimere; losota, liberavit. lassen; laten; d. lade, lod. d. lise, quies, intermissio, XXXIV. AL. leiz, liaz, liez, di-, permisit. ulf. fra,-aslet, remissio, lath, redemtio, consolatio; lailot,-misit; fra-, afletan, -litan, re-, di-, permittere. Mns. ledig, K. Rud. 1286. ledig und loz lazen. b. hisp. lethegan, liberare, deserere, evacuare, exsulare. verel. antlat.s, mors (amissio vitae), Kero ahtlazza, induciae. Offr. agaleize, solertia, unablässigkeit.

hmb. fleut, fort, verlohren.

ulf. laushandja, habens manus vacuas.

n.m: Mns. ich lan, si lant, lassen. ulf. linnan, AS. alinnan, blinnan, cessare. XXXVI.

h: Lah, ulf. aflageins, remissio. b. slaaken, losmachen.
l
r

Mns. la, dimitto.e; lie, dimisit; lat, läßt, lan, mittere. la'g, missus.

L

ist die Zunge. Ihr laut und ihre voluble Bewegung haben dem damit verbundenen Affect, und derselben änlichen Dingen, die Namen gegeben. bl, fl ist vornemlich die Flüchtigkeit, und gl der Glanz.

Noch ein la.o stehe, als ein umgekehrtes al, altum, longum etc. §. CCXI.

§. XLV.

R,

Crepat Affectu, Strepitu, Motu. Affectus: Ira, Taedium, Laetitia. Ira, rixa, rapere. Ira, protervia.

1. Ira, 2) Canis.

Rv: Rav, v. T. rapp, unbändig, S. M. rappelköppisch, iratus. h. revelen, rasen. Riuv, hmb. kribbsch, jähzornig, kribbeln, irritari e ad iram.

balt. drafla, furibunde agere; h. straf, streng; drift, zorn, hang, leidenschaft.

t.s: Rut.z, A. riz, h. reiz, ira, b. hisp. irritatio. Tat. raz, rabiosus. Nott. brassen, exacerbare; Otfr. in brust in heiz muati, exardescere; bristan.

sch. ret, ira; gl. Lips. raton, irritare; Nott. rotigen, scandalizari. sch. h. w. d. fred, E. wrat, ira. h. wreed, crudelis. S. fretten, allicere.

2) canis mas, rid, 1528. rüd. S. rette. ulf. kriustan, kritschen, frendere, h. kryßelen.

n.m: Rum, c. grimni, saevitia, Kero Tat. dirus, isl. sch. grim; Kero gecremiter, irritatus. Otfr. h. grimmen, saevire; AS. gräman, Nott. graman, greman, lacessere, exacerbare.

Nott. prennen, fremere, entbran, exarsit.

h. rimmelen, rasen.

2) AS. grinian, b. grine, ringere canis.

h: Rah, pers. rächg, iracundus, h. wrok, groll.

2) canis, M. L. ragg, hmb. schw. rakker; LL. Long. veltrans, vertagus, (feldragg). Wms. NS. brak; Wal. bräkin, hündin. S. projen, allicere.

l: Rul, groll, h. grol; grollen, irasci. krul, Eigensinn. pruilen, murren, schrollen. hmb. schrull, raptus, furor.

r

eRR, b. in erre moede, irato animo; erren; ernst. §. CCXV, 1.)

2) h. reu, canis masc.

2. Protervia, libido; 2) fraus, insidiae, seditio, calumnia.

(Der änliche L laut, §. XL.)

Rv: Ruv, A. belg. ribaud, rabaud, LL. Gal. hrabo, extrabo, nebulo, scortator. M. T. vreiv, h. wreev, malus. frafal, Kero protervia, Nott. arrogantia, A. malitia et poena, frevel, h. wreevel. b. rave, besoffen sein.

2) hmb. dörtrappt, durchtrieben.

t.s: Rut, h. wroet, protervus. A. AS. fret, A. frais, fraisch, malitiosus, criminalis. Kero fredig, gl. monf. freidar, apostata; Kero, boxh. gl. fr. freidon, apostatare; AS. frätgang, profugus. gl. monf. froaz, renitens. h. groz, tro-

dig,

sig. prat; pratten, trozen, murren, prozen. rasen, h. razen, furere. graß; trůz, h. trotsch, trux. rausch, crapula.

2) St. an. raten, insidiari; Otfr. rathoni, calumnia, temeritas, irritatio. ulf. usthriuran, calumniari. schw. brutt, hechs, §. LXVI. h. droes, diabolus.

Mot. chrize, fraus.

n.m: Run, sch. AS. wren, ferus, libidinosus, scil. equus emissarius, gl. vet. wrenis ros. sch. wrenska, hinnire.

brinnan, intbran.

2) sch. skrymta, heucheln. Mns. schranz, adulator. h. schranssen, gierig fressen. h. drommel, diabolus.

h: Ruh, Mot. ruoche, stultus, Mns. verruochen, verruocht, ex ira malitiosus. h. een vrek, homo malitiosus avarus. b. frek, saevus; freka, asperare, Isl. odio habere; AS. frecnan, exasperari. frech, libidinosus. ulf. frik, fr. frech, avarus; boxh. gl. fr. Mott. n. frechi, avaritia, (f. a rapacitatis promtitudine, §. LXXII.) ulf. faihufrikei, avaritia.

hess. rang, h. vrangh, asper, trux, ferox; vrenghen, odisse, aversari; AS. wrang, E. wrong, iniuria. h. rank, tük.

sch. trug, atrocitas; strik, schw. nebulo, hmb. meretrix. h. schrok, geizhals.

2) J. arg. reg, saccularius. pers. renk, insidiae. Otfr. frank, fraus; kränken, laedere. Mott. scranc, insidiae, screnken, supplantare.

Bibl. 1462. sch. d.trag, insidiae. pers. b.hisp. NS. drog, h. droeg, trug, fraus; hmb. drog, callidus, nebulo. trog, fefellit; hmb. dregen, All. drugen, driagen, tragen, gl. mons. truganon, fallere. Mns. vertragen, occultare. h. treek, list, betrug.

Isl. draugr, spectrum.

l: Rul, h. rul, Eifer, Hize, Brunst. 2) All. drol, daemon, Kil. cacodaemon ruber; sch. truldom, zauberei. schw. schwz. drölerei, fale Ausrede. N. troll, spectrum, trolla, fascinare.

schw. hmb. stral keri, - hore, Erz-. schw. d.troll, schwz. tröler, nebulo, trülle, prostibulum. h. krols, hizig, geil.

r: Rur, NS. ror, upror, E. uproar, fris. röring, aufruhr, rebellio, seditio.

h. w.vree, malitiosus. 2) AS. dry, zauberer, (magus bono sensu, §. LVII, 1.)

h. pry, nebulo.

3. Rixa; vindicta.

Rixa, minae, exsecratio, increpare.

Rv: Ruv, Mns. getröwen, minae; Otfr. threiwen, Kero drawen, arguere, comminari. h. grauw, stichelwort. krib, rixatrix, kribbig, rixosus.

Raf, gl. mons. raffung, invectio, calumnia, virga, percussio; reffen, obiurgare. AS. girafan, censor; Kero kerafter, - rafister, castigatus, deprehensus; gl. lips. refagmussi, redargutio. Otfr. raffen, Kero refsan, increpare. h. schrob, schrap, verweis. strepen, increpare.

t.s: Rut, fr. rit, riot, sch. ret, AA. roz, rixa; 1528. rozen, lästern; schw. rezen, hmb. anrytten, irritare. h. dryschen, minari. wryten, zanken.

belg. Kil. Luth. rispen, reprehendere.

hmb. kret, iurgium, kreteln. ulf. birodjan, murmurare, h. preutelen, schw. pruddeln, prutschen. sch. trät, iurgium, d. trett, rixosus. gl. monf. strith, altercatio; hmb. stryd, streit; Kero einstrity, contumacia. AS. stredan, fervere.

n.m: Run, AA. gren; Eberh. der grener, contentiosus.

hmb. wranten, murren. h. prangen, zanken. h. wrant, rixosus.

h: Ruh, hmb. wruk, zänkischer Mensch; ulf. wrohe, accusatio, wrohjan. jun. in Will. wrok, simultas; h. ditm. wraken, acc. fluchen; h. wrak, d.wreken, gewroken. ditm. wröckeln, wörteln. schw. brigan, murrisch sein.

rak, hmb. rakken, schelten, zanken. Mark brand. krak, rixa, krakeln, krekeln; h. krekelig. h. kriegel, homo rixosus.

droch; drohen, h. dreigen, minari.

l: Rul, schw. droll, ein Schimpfwort, vrie. Beitr. 18.

r

Otfr. threau, minae; dräuen, d. true.

§. XLVI. Vindicta; vexare, castigare; luctari, bellum.

Rv: raf, h. bref.v, treff, ictus, §. LXXIII. das treffen, proelium. sch. straff, strafe, poena.

sch. drap, necavit, drápa, §. XLVIII, 2). hmb. drapen, castigare.

t.s: Rut, hmb. bruden, molestum esse, illudere, corrumpere. LL. rip. LL. all. fred, vindicta, poena. gl. monf. strit, militia, tumultus, conflictus; conflixit. Nott. stritten, vincere. ulf. writs, vindicta; gawritsan. tgsch. getrüste, kampf, gedräng: gereze, geregeze, conflictus.

h. brusten, klopfen, schlagen.

n.m: scrama, §. seq. 2. h. pramen, quälen. Isl. hraun, ruina, destructio, Erdschlake oder lava.

h: Ruh, AA. roch, rach, vindicta, Monf. vindicavit; Otfr. u. rahan, rechen, richen. Otfr. riche, Nott. kirihchi, Kero rihti, vindicta, Otfr. ringen, hmb. rangeln, ringen, prügeln, schlagen, reissen.

h. brok, alter Haß; h. wrak, vindicta, vindicavit, NS. wrog; ulf. wrakja, persecutio; wrikan, h. wreken, AS. wrecan, persequi, exsecrari, devovere diris, vindictam sumere. ulf. praet. wrak, wrekun.

Schilt. bruch, delictum, laesio, iniuria, mulcta; briga, geprög, tumultus, seditio; Otfr. firbrach, transgressus est.

ulf. brugga, prük, prükel, prügel. z. m. krig, bellum.

AS. droh, castigavit, dreccan.

l: Rul,

l: Rul, h. brillen, t. trillen, vexare.
r

wRR, werra, bellum, §. CXXIII. h. brul, ictus; beupen, klopfen; taumeln; hindern, irren.

§. XLVII. Rapere; rumpere.

1. Rapere; 2) corripere s. capere; 3) vellere.

Rv: Ruv, isl. rôf, T. rob.p, raub, raptura, praeda. pers. rûba, raptor. LL. sal. reffan, AS. raefen, N. T. roven, isl. rôfva, rappa, LL. sal. raban, ulf. Al. rauban, hmb. rappen, pers. rubaden, rapere. j. arg. ryfion, saccularius. h. strop, raub, beute, stropen, streifen, plündern.

2) Kil. rapen, colligere, levare, auferre; raffen, corradere. Kero keryfsan, pers. ghiriftan, arripere. dim. ruffeln, suchen, sammeln, zusamen raffen. ripsen, schrapen, corradere.

griff, N.T. grep, captura, arripuit; Al. greifan, ulf. greipan, AS. N.T. gripen, E. isl. grypa.e, St. an. grifin. h. hmb. schw. grabbeln.

isl. gryp og glyp, rete. Nott. chraphi, ungula. gl. monf. growila, fuscinula. E. trap, falle; hmb. trappen, capere. ruppe, alraupe, ruffolken, ein raubfisch.

schw. chrippen, Nott. chripsen, furari. AS. hraebn, schw. krapp, rab, corax. unde rapp, equus niger, schw. kol rappel schwarz. §. LVI, 2). LXXV.

3) vellere, rapen, raffen; roppen, ropfen; röpen, ruppen, raufen, Al. ropphen, E. reap, h. reupen, ulf. raupjan. raufe, krippe, Nott. chripho, h. kreb, krib, ruif, ruiffel; reffen, blan. h. repen, rooven, repeln, cannabin. hmb. rebbeln, ausfasern, aufstriken.

t.s: Rut, gl. monf. ruzan, sumere. Tat. raz, rapax. Otfr. ratt, eripuit; er-, ar-, irretten. preis, raub. h. ruiten, plündern.

Isid. AS. strudan, diripere, spoliare. grit, geiz, §. LXXII. h. reete, Hanfbreche. frat.s, (isl. frâssar,) epulo, voravis; ulf. AS. N.T. fretan, isl. frâta, frâssa, Al. frezen. gl. monf. frizen, depascere. goth. veras, fras (veretern, von at, §. CCLX, 2). bair. schw. praze, unguis. Mus. Fab. ruost, cervus, §. LXXV. rutte, trusch, treusche, trütsche, alraupe.

n.m: Run, fron, K. Rup. erwonnen und gefronet, acquirere.

ram, verm. T. corvo.

e. brante, p. branke, unguis.

h: Ruh, E. hmb. rook, raubvogel. AS. hragra, reiger, ardea. Al. reihhan, N.T. raken, Jul. raka, attingere; N.T. erreken, AS. arrejan, erreichen, h. krigen, assequi, §. LXIX, 1. h. prachen, geizen, zusamenscharren.

l
r

tRR, zer-, t. zerren, §. CLXXI, 6. h. prol, raub.

2. Rum-

2. Rumpere: 2) findere. (L, §. XLI.)

Rv: Rav, gl. monſ. ravo, Dengl. raſen, h. rave, tignus, (truncus) §. LXIX, 1. h. repen, ſchleiſſen.

Ruv, 2) Rab. cropa, fiſſura. ſch. grop; gruve, grube, gruvt. gl. lipſ. gruova, lacus, ulf. grob, fovea. M. L. A. S. E. grav, grab; Kero pigraban, ſepelire. T. ulf. grob, grub, fodit, graban, AL. greban, M. L. grafen, ſch. grafva, Isl. grefa, greptra, gl. monſ. grupilan, fodere: Otfr. grubilan, inveſtigare, penetrare; gl. monſ. crephti, caelatura, crepirt, tumba. blem. ruffel, ſpate, inſtr. foſſorum; griffel, h. greft, §. LXXV. h. grevel, h. d. M. S. grâving, ſch. grâfswin, grav, taxus. h. grieven, ſtechen, bohren, pfriemen. ſchreef, ſpalt, a. riſt. o. rive, reiſſen. ſtreifen, ſtrupfen, b. ſtroven.

L s: Rut, M. L. ſch. rit, h. hmb. ret, AL. riz, riß, ruptura, fiſſura; ret, ries, rupit, fidit, riten, reiſſen, rizen. perſ. rize, minutim contritus, riß, vulnus, ulcus (§. LXXV. ſeq.), riz, fundens, ſpargens. h. rotſen, ſchleiſſen, reiſſen.

ulf. gakrotjan, conquaſſare, (§. LXVI.) ſch. kroſſa, confringere. kröſpel, cartilago. A. S. brytan, Otfr. brutian, brittan, brettan, ſch. bryta, frangere; brot, fregit, fractura. AL. brod. th, fragilis, panis; Otfr. bruzzi, Kero prody, Will. brothe, fragilitas; gl. monſ. prodi, Schilt. brotten, caro. Wak. preze, panis frangendus. h. hiſp. uitbraſſen, erumpere, h. broſen, frangere, brö- ſeln, broſam. AL. bruſt, rupit, briſten, ſch. briſta (berſten, §. CXIII.). Menſ. prätſchen, culcola. M. S. h. brod, broß, fragilis. h. bres, breſche. M. S. treite, tröte, Hanfbreche, nr. antec.

2) hmb. krete, rima, fiſſura. h. grot, grotte, fovea. ſch. kreta, ſkråda, ulf. ſkreitan, ſchroten, diſcindere. ſchrotel, ſtüklein, lappen. Notk. aba- geſcroten, abſciſſum. M. S. ſchraden, oblique ſecare.

h. bryſen, findere. gl. monſ. ſprid, ſplitter, ſprie, ſpreis.

h. brodden, fezen, lumpen, fliken. (vroeten, in der Erde wülen. Isl. wri- da, bergfall.)

n. m: Rum, ram; ſch. remna, berſten. tram, tgoth. trom, teutſch. trouw, Menſ. tremel, trabs, vectis. rump; trum, trieme, h. dreum, - mel. tronk, truncus, ſtamm; tronen, trennen. ſtrumpf, tgoth. abgehauener Stoz, hmb. art weis- brod; tibiale.

M. S. Schilt. krume, mica, fragmentum, neu umgeriſſener Boden; hmb. krömkjen; krömen, - eln, brökeln, act. et neutr.

2) AL. Schilt. runß, Dengl. runz, runſt, ſchw. ſchrunne, ſchrunde, ſchramme. LXXV. Menſ. ſchrinden, ſcindi; Dengl. ſchranz; ſchren- zen, lacerare, findere. hmb. ſchrynen, ſchmerzen von verlezung der Haut. h. ruinen, caſtrare, ruin, wallach. Isl. gren, fovea.

ſch. grand, ulf. gramſt, feſtuca. LL. viſig. ſcrama, genus gladii, §. antec. M. S. prummel, fruſtum. pfriem §. LXXII.

h: Ruh, AS. p.bruch.t, brok, sch. bråk, AS. b. brak, ulf. gabruko, frustum, fractum. T. ulf. brak, brach, fregit; brikan, brehhen, sch. bråka.ia, rumpere, frangere, findere. hmb. brak, Deichloch. brach, tempus novandi agrum, fissura agri inculti. h. kroken, e. kröchen, zerstoßen. h. wrak, gescheitertes Schiff. b. sprak, ruptus est, spräke; sprengen, rumpere, springen, rumpi. strunk, dim. strumpf ohne Vorschu, hmb. krautstengel ohne Blätter. h. stronk, strunk stamm, stok.

2) baier. brechsen, gladius. v. T. crucht, crypta. h. gragt, wassergrabe, krek, grabe.

l

r

2) h. schroyen, schroten, mit dem Eisen sengen; schroeyen, geld beschneiden.

§. XLVIII. Taedium, algor, pavor, nausea.

Taedium: Passio, Defectus.

1. Passio, tristitia; 2) poenitentia; 3) lacrymae.

Rv: Ruv, ruw, Otfr. riuwi, molestia, adversitas. h. treuw, todesschweis.

truw, trüb, h. troef, tristis, droev, morosus. Tat. thruiwen, AS. drowian, pati, E. throwes, dolor parturientis. AL. d.truoben, h. droeven, AS. dresan, sch. drôfva, ulf. draiban, tristare; ulf. drobian, turbare. h. drift, hmb. dreit, leidenschaft, laune, §. XLV, 1.

2) ruw, row, rew, reue, h. rouw, AL. Conf. ruue, Kero hriwu, Wins. riuw, poenitentia; Otfr. riuon, AL. ruwen, AS. hreowan, ulf. hraiwan, Kero hriwan, eT. reowrian, poenitere.

3) Otfr. riuw, lacrymae, ploratus.

t.s: Rut, ret, sch. råd, tristitia. h. wret, tristis.

hmb. drus, v. T. croedelik, verdrüslich. Wacht. druß, verdruß, molestia, Wins. urdruz, N.T. drot, sch. trôtt. 1528. urdruz, greul. AL. druzzan, driuzzan, driezzen, taedere, moleste ferre.

straus ausstehen.

2) Otfr. ruz, roz, poenituit, deploravit; riozan, riuzan; rozzag, lugens.

3) T. gred.t, sch. gråt, ploratus; Bast. T. criden, N.T. kriten, ulf. greitan, Isl. grata, sch. gråta, b. gråde, flere. ulf. gaigroth, flevit.

n.m: Run, h. kreun, tristitia, kreunen, contristare.

h. ramp, hmb. dramm, gram, tristitia, adversitas; AL. sris. E. gremen, contristari, dolere. hmb. b. wranke.en, klagen, unmuths sein.

3) AL. grun, grunni, sch. skrin, AS. hrino, ciulatio, lamentum; hrinan, b. hrine, AL. grunnen, E. grunte, schw. greinen, Otfr. grinzen, deplorare.

tran (tarn, §. CLXXI), thräne. 1528. threussen und achzgen, Jes. 38.

h: Ruh,

h: Ruh, ulf. inrauhan, infremere, Jo. 11, 33. gl. lipſ. trego, dolor; AS. tregian, tribulare. Schilt. betragen, taedio esse. Suec G. trega, tardare, invite facere; tregi, aegritudo, angor, desiderium. ulf. idreiga, poenitentia.

3) Will. trahene, b. hisp. threhene, 1528. trähern, lacrymae.

(Scot. grank, questus) kränkung. b. kruchen, seufzen.

l: Rul, belr. rüken, roken, flere, tremere.

r: Rur, trur, traur, h. treur; b. hisp. AS. troren, Oefr. treuren, moerere. Isl. herö. poenituit, tuan. treu. b. rou, tristitia.

2. Defectus, calamitas omnis generis: lassus, aeger, pauper, exul, mors, funus. (L, §. XXXIX.)

Rv: Ruv, h. rouw, luctus. gl. monſ. hrew. funus; AS. hräw, cadaver. AS. b. drep, causa mortis; R. drepa, occidere, §. XLVI. AS. threowan, agonizare. h. krap, taunn. knap.

t.s: Rut, ſch. tröit, lassus. (ulf. gred, fames, gredan, §. LXXII.) ndtrudja, segnis. Becan. frued, parcus. h. veroid, arm, verwirrt.

gl. monſ. prodi, imperfectum. AL. Dengl. Isl. breste und hunger: brast, ulf. gibrust, defecit; brestan; Schilt. gebrosten. Leibn. trosch, NS. dresch, dreisch dreisk, ager quiescens.

Med. rud, ulcus, raude (§. XLVII, 2. LXXV.). hmb. drus, belr. dries, beule: Dengl. drusch, maser ulf. thrutzfill, CXXXIV. leprosus, lepra. gl. monſ. druosi, NS. dröse, drüse, tuber. (glandula LVIII, 7.) ſchw. fratt, wund.

n.m: Rum, Oefr. romen, deesse, deficere, (§. LXIX, 3. raunnen). b. krimp, defectus, krimpen, deficere. riegt, paucus §. LXV. b. trang, indiguit, tränge.

h: Ruh, AS. trucan, deficere. h. truggelen, betteln.

rah, träg, lassus, §. LXXIII. Schilt. brah.ch, a. E. brak, sterilis (§. XLVII, 2); Wmſ. elanguit; brechen, gebrechen. hmb. brach, der Bettel; prachern.

b. krank, Isl. krang, arm, schadhaft; AS. crangan, gemitu dolores, mortis nuncios, testari. L. b. krenken, kränken. Oefr. krankolon, vacillare, stolpern.

scrak: hmb. schrökel, elender Kerl.

gl. monſ. hrechi, exul, AS. wräcca, Jul. wrehher; AS. wracan, exulare. res naufraga, Eſthn. rek, brach, cimbr. hrak, b. vrag, belg. wrak, LL. scot. wrek; b. wraken, chron. Sax. wreken, eiicere.

l: Rul, dem. rulk, schlecht, elendig. h. kriel, minimum; schral, §. LXV.

r: rar, rarus, mangelhaft, §. LIII. LXV.

gl. monſ. hre, funus. fr. hreo, hreu, a. hrä, cadaver.

§. XLIX. Algor, frigus; mane, tenebrae.

Rv: Ruv, rif, rip, reif, pruina.

t.s: Rut, gl. monſ. riti, goth. ritt, febris. Nott. rido, tremor; ridon, Wachſ. ridiwen, tremere. Denyl. frut, frigus. E. breath, hmb. brathem, fenſterdunſt von Kälte, e. pradem brodem, NS. frathem.
v. fries, n. v. fres, algor. friſel. v. friſch. froſt h. vriezen, algere.

n.m: Run, h. rym, pruina. E. fram, fenſterdunſt. h. krimp, froſt.

h: Ruh, h. vroeg, fruh. ulf. rikwis, tenebrae, riquizeins, tenebroſus. Isl. rökr, crepuſculum, rökwa, tenebraſcere. h. krieken, crepuſculum matutinum.

l

r: Rur, fror, alſit; frieren dim. freren, febris. §. LXX.
v. fru, Otfr. frua, mane.

§ L. Pavor, angor, metus.

Rv: Ruv, gl. monſ. ſtropolon, horrere. (§. LXV, 1.)

t.s: rad, ſch. räd, Isl. hräd, E. drad, timor; gl. lipſ. andreden, AS. ondrädian, Al. intraden, timere. betretten.
Rut, ſcrut, hmb. ſchruttern, ſchaudern, grauſen.
Nott. bruttien, perturbare; pruttina, terror; brutt, turbatio, diſperſio, Otfr. turbo, §. LXIII. h. pratten, haeſitare, dubitare.
h. vres, Al. Wachſ. frais.ſ, terror, periculum, gl. monſ. pernicies, gl. lipſ. interitus, Al. ius torquendi, iurisdictio criminalis maior, §. XLV, 2.). ulf. fraiſan, ſch. freſta, d. friſte, tentare, §. LVII. ulf. fraiſtubni, tentatio.
h. gryz, gruis, grauw, horror; ſch. gräſelig, Nott. griuſig, gräßlich. hmb. graſen, ſchauren vor angſt, froſt.

n.m: Run, h. dreunen, E. drumen, drönen, tremere. (§. LXX.)
h. ſchrom, furcht.

h: Ruh, h. hmb. ſch. v. frucht (furcht, §. CXVII, 3, 1.), E. fright, d. frycht, pavor; frycte, paveſcere. AS. fräcernesse, periculum. Kero forachtan, pavere.
AS. tregi, angor; h. dreigen, dubitare. bregan, Tat. bruogan, terrere, (§. LXX.)

l: Rul, h. gril, horror, tremor. rillen, tremere, trillen.

r: Rur, Raod. intrerteda, intemperies, §. LXX.

(RR, devius, §. CCXIX.

§. LI. Nauſea, ſpernere, deſpuere; 2) ſordidum. (L. § XXXVI.)

Rv: Ruv, Al. h. gruw, graw, nauſea. h. ſpreuw, contemtor.
2) v. T. rapp, ſordidus, crudus. h. drabbe, faex, ſtercus.

t.s: Rut, E. bruden, ſpernere, XLVI.

a) gl.

2) gl. monf. roz, mucus. Notk. rozen, foetere cadaverum. h. drus, pituita; droessem, faex, limus, LXVI. drас, limus. e. drusen, Schnupfen, pferdkrankheit. h. gruisen, inquinare. h. schw. ĭraj, torvus, deformis.

h. rot, putris, putredo, pituita; ne. ratten, rotten, putrescere. Jsl. sch. ae. drit, ne. driete, stercus; h. dryten, cacare; dreutel, zwerg, gassenkoth.

n: Run, Ran: ranz, putredo oleosi, ranzig. e. h. stront, strunt, stercus, LXV, 2.

fgoth. fris. grien, lutum, foetidum, faeces olei olivarum, amurca, arena limosa, coenum, excrementa in extis. hmb. grimmeln, schimmlig, faul, schmozig werden. h. grommelen, inquinare.

h: Ruh, Rah, rak, Eccard frak, h. ne. s. wrak.g, abiectus, nullius momenti; e. rekel, hmb. rang, homo contemnendus. alsch. raka, sch. wråka, h. wraeken, hmb. wraken, despuere. ulf. fracan, contemnere. ae. gl. lipf. all. fraclich, abominabilis. h. kreng, cadaver, putris. hmb. rangen, wild, wüst thun. Denys. brögen, illudere.

2) hmb. rakken, schmutzen, wüst thun, schinden; trägliк, deformis, lugubris. drek, stercus. (as. threk, s. dråk, sch. tråk.) h. brak, salzig wie Seewasser, niedrig, schlecht. h. dragt, Eiter der wunde. roch, säuisches Mensch; rochel, speichel. ne. krak, scoria.

l: Rul, greul, abominatio. h. grol, gerumpel, fratzen; prul, nichtswerthe Sache, prullig, schlecht. h. drol, stercus.

r

e. brüm, eludere, spernere. h. gry, cadaver, nebulo.

§. LII. Laetitia, caritas, pax, chorea. (L, §. XXXI. 11.)

Laetus, 2) alacer.

Rv: Ruv, ai. frow, frew, Otfr. frauw, hilaris; frowi, frewi, laetitia. Kero frewan, Otfr. frawan, exhilarare.

2) Schilt. brave, alacer, s. h. T. integer.

t.d: Rut, ae. ret, laetus. b. hisp. Otfr. x. frothe, gaudium, freude.

2) Denys. frut, alacer.

h. ras, rasch, Wms. Campl. resse, Lutk. risch, T. h. v. frisch (h. barsch), alacer, recens. Schilt. rusch, aggressus, impetus.

n.m: Run, h. troonen, locken, reizen, §. seq.

h: Ruh, sch. h. v. frogd, dregd, laetitia. froh.

2) reg, alacer.

l, §. seq. h. kruil, cachinnus, risus.

r

v. fro, laetus. ae. frofre, paracletus. freuen.

§. LIII. Carus; 2) pulcer; 3) utilis; 4) liber.

Rv: Ruv, gl. monſ. vrowi, iucunditas, oblectatio.
E. trifle, h. trenfelen, hmb. treuſelen, blandiri, pellicere, ineptire.
3) hmb. h. be-, geryf, gebrauch, behuf, dienſt, bequemlichkeit; be-, gerysen, verſehen, verſorgen. d. trives, gedeihen: treves.

t.s: Rut, AS. frithe, freothe, ulf. fraithja, (friathwa) dilectio. alth. vryden, amare. riz, triz allectio. h. troetelen, blandiri.
2) E. frett, ornatus, AS. frätwan, ornare, fratoh, tapes. d. prydelſe, ornatus.

n.m: Rum, AL. frum, fromm, h. vrom, pius, gratioſus. AL. frund, friund. t, fründ, frewnd, freund, AS. freond, ſch. fränd, amicus. M. frände, conſanguineus. h. tronen, blandiri.
2) Otfr. froniſg, pulcer. rein, mundus, §. LXV.
3) Mnſ. fromen, ſubſt. der Nutzen, fromen, prodeſſe. Otfr. u. fruma, utile, factum bonum, fructus, uſus, Otfr. medulla panis, felicitas. AS. from, medicus.
4) T. h. d. frank, frei.

h: Ruh, frig, carus; AL. frihan, ulf. fryon, frigan, amare; ulf. frigond, ſch. fränk, amicus. h. NE. trek, luſt, Neigung; h. troggelen, blandiri.
2) E. trik und trim, elegans et perpolitus, §. LXI.
3) AL. bruch, uſus; AS. breac, bräc, uſus eſt; brucan, ss. bruchan, Kero pruhchan, brauchen. ulf. unbrukja, inutilis.
4) AL. frig, ingenuus; Tat. frige tag.

l: Rul, E. belg. drollig, feſtivus, lepidus, NE. drullig, h. E. drol.
2) h. pril, artig, ſchön.
3) ſch. frälſa, iuvare.

r: rar, rarus, pretioſus.
fry, amor; alth. vryen, AS. freon. ſch. fria, amare. altfrieſ. fricen, AS. freo mag, conſanguineus.
2) h. fray, pulcer.
4) germ. v. fri, frei, liber; St. an. vria, libertas; ulf. frija, liber.

§. LIV. Pax (ſecuritas), quies; 2) tectum, domicilium,
§. LXIX, 3. 3) fides; 4) ſponſio.
(L, §. XXXIII.)

Rv: Ruv, AL. ruw, Mot. gl. monſ. rawa.s; rawen, Will. rouwen, ruowen, 1528. riiwen, quieſcere.
2) h. roef, AS. hrof, Ja. räfr, tectum.
3) AL. AS. truwa, D. triwa, fides; ulf. trawjan, fidere, (h. trauwant, trabant), AL. getrewen, zutrauen; Mot. zur triuwe, perfidus, §. XLV, 2)
4) NE. truwen, nubere; AS. threowtha, pactum, foedus.
NE. vruw, h. vrouw, AL. fraw, uxor. t.s:

t. d: Rut, AS. sch. frid, MA. d. fred, pax, quies. AS. fred, mulcta fractae pacis. frist, mora, mussa, Kero occasio, AS. dilatio, pax temporaria.

rus, gl. lips. arust, cura; sch. rost, AS. rast, rust, resti, AE. rest, quies; sch. rasta, rasten, rusten, (h. ont-, entrüsten). ulf. rasta, T. Ran. rast, rost, mensura viae, milliare.

2) AS. frid, gl. mons. turris, locus securitatis, terminus, territorium, iurisdictio.

3) d. trut, traut, AS. amicus, dilectus, fidelis; AS. tret, fidelis, (B. Ulf. homo proprius, §. LXII.) Elevtherius factus intarta, Weish. XVIII. h. troetelen, amare. unsers herzens truz, Otfr. drost, sch. tröst, ulf. schw. MG. traust, confidentia. Capit. 860. trust, tutela. sch. trösta, ulf. gatrastjan, confidere, consolari. Isl. traust, getrost. tröster med. aev. Bürg. ulf. gatrastel, -eins, consolatio.

4) Isl. rad, res uxoria. d. trut, drutina, dilectus, a. Minnes. truten, liebkosen. gl. mons. friudiler, -ilinna, amator, concubina.

germ. brut, sponsa, ulf. et nurus. AS. pruten, nuptias celebrare; pruderlih, nuptialis. T. Bued. T. bruder, ulf. brothar, pers. brader, frater, (fidelis-) Isl. brudur, AS. bryda, femina.

n. m: Rum, MA. t. drom, Minnes. Tanhes. troun, traum, somnium, quies. (Es ist aber eher eine Metath. von torm, (§. CLXXX, 1), dormio.)

2) Isl. rannur, domus.

3) traun, fideliter.

h: Ruh, rug, ruhe, quies. trug, Pax const. 1183. treuga, pax.

2) trug, §. LVIII.

3) truh, fides. sch. trog, fidelis. gl. mons. truhting, sodalis.

4) LL. sal. druchte, sponsa. ulf. tryngi, testamentum, Luc. 1, 72. triggws, fidelis; triggiwa, pactum; -waba, certo.

l: Rul, 1) h. krol, casula; priecl, Sommer-, Lust-, Gartenhaus. §. antec.

r

AS. ru, sch. ro, quies. 2) Isl. kro, casa.

3) AS. tru, sch. tro, treue, fides. Minn. truen, certo, amen.

4) MA. d. fru, d. husfru, uxor; AS. frau, materfamilias, mulier, Sgsb. meretrix. d. frien, freien, nubere. ulf. fraigths, desponsatio.

§. LV. Chorea; vinculum.

1. chorea, series, gyrus, rotundum; 2) vertere; 3) plica.

§. LXVI.

Rv: Ruv, AS. 1c. hrif, ref. d, rip, reif, h. reep, omne rotundum. belg. krop, curvus.

2) vertere, rotundare, (§. LXVI.) kruv. Hans. schruven, in Gold 1c. fassen. MA. Hans. schruve, schraube, schrause. schrov. b, cochleam gyravit; schrauben, schruven; geschroben. Dasyp. straube, schraube.

3) plica-

3) plicatum (geflochten): schw. reff, Tat. burdref, holl. grep, sch. skräpp, blm. schrap, pera; hmb. grape, geschirr (proprie korb), schw. krebe.

t.d: Rut, hmb. ruten, fensterscheiben. h. ruit, raute, schribe. rad, rota. h. roozel, Schnecke an der Uhr.

krue, hmb. krüsel, kreusel, turbo (rund umlaufend.) kreis, gyrus (§. LXIX, 3) h. rist, reihe.

2) kraus, crispus.

der drat; gl. monf. drat, tornavit; dretan, tornare. Tat. trado, fimbria.

3) Dengl. kratt, schw. krett, j. aug. kreze, geflochtener korb.

n.m: Rum, rund. krone, kranz. h. trans, kranz, ganz oben um den Turn.

3) krumm; v. T. rympen, runzeln; wrympen, rümpfen; h. rimpel, frons, fronsel, kronkel. runzel. krempe. hmb. kramp, krammeisen, krümmung der Gliederkrankheit. sch. krympa, E. crumple, schw. schrumpfen; h. strumpen, hmb. h. schrumpel, ruga.

h: Ruh, rig, ryge, reige, reihe, h. reks, chorea, series, ordo. Wil. broihen, anreihen, musaenulam; gl. monf. proht, corona; Isid. brucha, cingulum; AS. brik, rotundum; LXI. Buds. T. rink, ringo, rotundum; ring, T. sch. annulus, concilium procerum, Otfr. consessus, Rab. proceres. N. AS. h. kring. k. h. krok, Erbse.

2) ringen, hmb. h. wringen, winden wäsch, Hände -. h. wrikle, hmb. wrikkeln, in seinem Gelenk hin und her bewegen. rank.

h. w.vrong, wulst, gedrehtes Band.

3) krag, plica, hmb. mesenterium; kröskel, h. kreuk, plica, ruga; kröskeln, rugare. schrenken, obvertere.

l: Rul, rolle, kraul, kräul, krail, kreul. 1528. trol, bacca. h. krulling, kleiner Apfel; kral, koralle. h. bril, brille. hmb. prall, Ball, vollgestopfter Beutel.

2) rolle, Mns. Cangl. h. krulle, hmb. loke; krullen, krausen. h. krille, torquere.

3) h. krölle, plica libri. hmb. krillen, umsaumen. gl. lipf. trilon, fimbriae. S. drall, tornatus, stria tornata, geralle linie.

ry, reihe. h. strue, cochlea et plica. h. brei, gestrik, breyen, breiden, knütten, striken.

2. Vinculum; 2) viscera (implicat.); 3) costa (incurvat. involvens); 4) funis; 5) pessulus.

Rv: Ruv, ryf, gl. monf. bio reif, iugum; ulf. raip, corrigia, reif, h. rapp, cortex.

2) gl. Lipf. ref, Otfr. reve, Eingeweid, Bauch; AS. hryf, alvus; hrip, uterus. LL. all. rev-, hrefwunt. E. h. middel riff, diaphragma; b hisp. hirnrebe, schedel. robb, Seehund, Magen eines grosen Fisches. krop. pf, struma, ventriculus avium; S. kriebs, kröbo, gröbschel, larynx, granarium mali.

3) ribb.

3) ribb.ppe, ral. ribbi, hmb. rifft, costa, h. rif.

4) N. MT. reep, Isl. reip, AS. rap, MT. E. rop, funis; pers. risas.k, quo pes ligatur. h. strop, strik.

5) gl. monf. hriuun, sera, pessulus.

t.s: Rút, Nott. brittel, bridel, h. brendel, E. bridle, frenum; Nott. brittolon, frenare, AS. rásn, laquear; hmb. rester, reyster, schw. riester, gehefteter Schu. breis, halsbreis, vinculum &c.

2) krôs, h. krost, viscera, Rab. crozdarm, extales. btm. wriddel, baust, ausgestopfter kranz, lasten drauf zu tragen. h. wraddel, hangende haut am ochsenhals.

4) drat, AS. thread, filum, pannus, extrema pars panni, Otfr. trad, fimbria, nr. 1. AS. resc, risc. MS. rusk, restis. S. brasse, restis antennae, brassen, velum vertere, h. bras.

n.m: Rün, hmb. prünen, inepte sarcire, der Stümpler. h. sprink, knote am Tau. springe, compedes.

2) E. h. brain, cerebrum. 3) Otfr. rintu, rinde, h. rin, crustula, cortex, (f. ab ora, LXIX, 3.) h. grom, Ingeweid eines Fisches; gromen, ausweiden.

4) gl. monf. rium, riem, hmb. reem, lorum. h. trens, rundschnur; trense, capistrum, S. Streite, strang.

5) Sueo G. grind, fores clathratae. belg. hmb. schwz. grindel, grendel, AS. grindle, obex ductilis, Will. Nott. pessulus, vectis.

h: Rüh, rig, rik, gl. monf. riccula, ligatura. Tat. fuoz truhi, gl. monf. - druh, compedes; h. drieg, weiter stich, faden schlag.

2) NS. hmb. breg, cerebrum; brilche, intestinum; gl. monf. rinch, crustula, cortex. krag, mesenterium, nr. 1.
roch, Meerfisch.

4) funis: rik.g; ring.k, Rab. hringa, AS. hrungiá, fibula, serta. ulf. tringwaba, firme. strik, strang, AS. sch. stráng, btm. streng, funis, umbilicus. h. pranger, Halseisen, Reife, Zwinger, Anker, Halfter.

5) rigel, pessulus; Otfr. rigilon, custodire, praeservare. Schilt. grang, grengel, repagulum, claustrum, (§. LXIX, 3.). h. sprenkel, rattenfalle.

l: trilon, nr. 1. fimbriae. sprallhuis, §. LXIII.

r.

hmb. rey, hast, reyen, heften; h. breyen, striken, nr. 1.

§. LVI. Strepitus animalis, inanimalis. Animalis: vox, societas. Vox in genere, et Sermo. Vox in genere hominis et bestiae.

1. Vox hominis in genere; 2) clamor; 3) os. (L, §. XXIII.)

Rv: Ruf, Nott. ropfzen, h. ruipzen, röpsen. eructare. h. rabbelen, unverständlich, geschwind reden; brabbel, murmur, gerevel.

 2) cla-

2) clamor, ruf, rop; a. rab, mr. riep, h. rief, clamavit; mr. rupen, ropen, ulf. hropjan, sch. ropa, d. rabe, AH. ruofan, vocare, clamare, invocare, orare. h. kreuw, h. schreuw, clamor; tgsb. schruw, clamavit, schruwen, hmb. schrauen.

3) os, sch. strup, fauces.

t.s: Rut, ulf. krust, stridor, angor, AS. gristbitian, Not. h. hisp. gl. monf. grisgramen, stridere, frendere. kreischen parturire. h. rispen, rölpsen. reusper. hmb. prusten, sternutare. schw. ratschen, hmb. rätern, plaudern, plarren. h. reutelen, röcheln, schnarchen, murren. h. E. krisch, clamor. hmb. kryschen, bkm. kröschen, krägeln der Kinder. Mas. krezen, keifen, zanken. kryschen, h. kryten, ulf. greitan, d. groete, flere, §. XLVIII, 1.) AS. creoth, cantavit, crathan. Isl. hrota, rhonchus.

2) h. rusie, geschrei, getös. sch. röst, h. kret, clamor; altkreten. AH. c.g. kruajen, clamare, Not. x. provocare, incitare hostem, irritare, Not. Tat. Will. nominare, Otfr. praedicare, meditari, inquirere, St. an. salutare, grüssen, hmb. gröten, h. groeten. AS. lakruazan, provocare.

3) hmb. präte, os, (§. seq.) AS. throta, E. throat, drossel, 1400. druzzel, h. strot, schw. stroß, guttur; drossiln, iugulare. h. ras, faux.

n.m: Run, run; Not. x. Mas. belg. hmb. runen, AS. runian, raunen, gl. Lips. rundan, gl. monf. runezan, Not. runzin, hmb. rummeln, h. bronen, brimmen, -eln, murmurare, mussitare, susurrare spec. arcana, in aurem. h. brom, murmur. gl. monf. grinan, gannire, hmb. grynen, ridere, westph. flere, greinen, a. grine, murmurare. AS. grennian, mugire, grånning, rictus. AS. drynian iubilare. h. grimmen, murmurare. h. ronken, schnarchen.

2) gl. monf. ruam, clamor.

3) os: gl. monf. ramft, labra, §. LXIX, 3).

h: Ruh, gl. monf. rihunga, anhelitus. hmb. krücheln, keuchen. bkm. krük hallen, zanken, streiten. schw. krächzen. röcheln; 1477. rühling, clamor. AS. hraka, wrâk, tussis; brechen, vomere. h. rachelen, röcheln, husten.

2) Mas. brecht, gepråchte, clamor. Tat. scrihen, tgsb. schrigen, clamare. ulf. hruk, clamor. h. krieken, pfeifen.

3) AH. racho, AS. racha, belg. raak, os, fauces. bair. ruach, fressmaul. Rab. bracho, sublingium; bracchon, maxillae.

l: Rul, rülp.z, ructus. grill. triller.

2) hmb. gerôl, clamor; bkm. schralen; h. Sachs rullen, brüllen, E. brawle, a. brole, sch. wrala. h. krollen, clamare. h. geral, gerel, geschnader.

r: rar, hmb. ploratus; raren. plarren, laut weinen, Mns. schw. vocem inconditam edere. gl. monf. reren, balare; h. reeren, ME. raren, AS. raran, E. roar, clamare.

cRR, f. grr, gurr, kurr, §. CXLVI.

2) tgsch. krey, clamor bellicus; E. crye, clamare, v. T. creyeren, schreien, jauchzen. hmb. kraien, nöthigen, zusprechen. sch. skri, skrei, schrei, Dergl. losung, symbolum. h. hisp. scrien, Mns. schrien; schrei, schrie, clamavit. h. bryen, lispeln; brui, murmur.

2. Vox bestiae, bestiae indistinctae, volatilia; 2) quadrupedia.

Rv: Ruv, E. crowe, AS. crawan, krähen, AS. crawa, cornix. rab, §. XLVII, 1.) ulf. hraiwa dubo, turtur. h. spreuw, Star. h. sprouw, der pfiff; spruw, E. sprau, übel an geschwollener Zunge.

2) Nott. riwehan, rugire leonum.

t. s: Rut. s, Mns. russen als der brem, rauschen, susurrare. gl. monf. grocezan, crocitare; d. trossel trostel, droschel, AS. throstle, thrise, E. thrush, trottle, h. trost, sch. trast, turdus.

rat: sch. hane krat, cantus galli. h. kras, rabengeschrei.

2) sch. ritha, rugire leonum. (rusc) Mns. h. brieschen, asinorum. LL. sal. christiao, verres. Dergl. raussen, rugire leonis. Nott. ruode, mugitus. Jsl. hrota, anser.

n. m: Run, gl. monf. riumen, pittacus. Nott. rammo, corvus, §. XLVII, 1). LL. baiov. cranno, accipiter, cranoh, kran, kranch, Mns. krank, grus. kramet. h. rommelen, wie eine Biene summen. T. M. h. breme, bremse. NS. spren, sturnus.

2) Nott. premen, leonis. v. T. rynne, porca; grunzen. brummen, S. brünen, porci in libidine. sch. rama, bromma, Jsl. rymia, AS. hreaman, bremman, brummen. h. grinikeu, hinnire, runniken, a. vrinske.

h: Ruh, ulf. hruk, cantus galli; hrukjan, krähen; krähe, sch. kráka. Norw. rage, NS. kruke, monedula. AS. bricsa, E. breze, bremse. h. krekel, grille, kriek.

2) Nott. ruhan, rugire leonis. h. brikkekrikken, coaxare; ruchelen, asini. LL. sal. brace, porcella.

l: Rul, grill; grille. h. relmuis, feldmaus.

2) brüll. veron. T. krollen, krellen, wie eine Kaz.

r: rar, LL. sal. braredo, porcus castratus.

Mns. kra, kraye, krá, AS. chrae, h. krai, hmb. krey, cornix. krean; Otfr. krat, cantavit gallus.

2) ru, Nott. rilon, irrilan, rugire. gl. monf. screie, ululatus. E. bru, bremse.

§. LVII. Sermo; scriptura. (L, §. XXXIII.)

1. Sermo; 2) interrogare; 3) cogitare, sapere.

Rv: Ruf, 2) sch. pröfva, hmb. pröven, prüfen, interrogare, probare, gustare.

t. s: Rut, ulf. rodjan, alsch. röda, ráda, loqui. gl. monf. rath, reda, o, Jsl. rádil, sermo, sententia; ulf. razda, loquela, vox. Otfr. anarati, verrat, proditio. Kero redina, relatio, historia; Otfr. redinon, loqui, ratiocinari. Nott. roton, psal-

psallere, rotta, psalterium, Otfr. instrum. musicum; sgoth. rödel, documentum; ulf. birodeins, disputatio.

ML. h. hmb. prat, loquela, pröteln, garrire; AL. Wmf. bretten, loqui. Otfr. κ. prediga, praedicatio, concio.

v. T. krysten, loqui, garrire; gl. monf. scruzan.

2) interrogare, altsch. fretta, Isl. frietta. friett, oraculum.

Nott. scrodon, scrutari.

fr. AS. ulf. frasan, d. friste, interrogare, sciscitari, tentare, §. L.

3) cogitare: altsch. frode, mens, AS. gefredan, sentire. ulf. frathja.o, T. rede, Nott. redeaftn, ratio, intellectus; redina, Isl. redha, ratio; AS. rädan, legere, intelligere. Nott. Kero fruati, ulf. frodei, gravitas, sapientia; altsch. befrode, eruditio. AL. frut, h. vroed, ulf. AS. N. frod, prudens; ulf. frodaba, prudenter; altsch. frodur, doctus. ulf. frathjan, scire, sapere, frotha, sapuit. altsch. fräda, Nott. fruoten, docere, AS. fruodan, senescere, MS. fruden, intelligere. ulf. frathi, prudens, unfrodei, stultitia.

Isid. tradung, translatio, interpretatio. Otfr. d. thrat.o, sane. h. rede, enim. Tat. girado, ecce. AS. groetan, adiurare. Schilt. drudd, magus, drund.

rath, coniectura, Nott. ratisca, - issa, h. ratsel, räzel, AS. rädels, resung; arädan, geraten, divinare, Wmf. geriet, divinavit.

Nott. fristen, interpretari, transferre, librum edere; Kero frista, scrupulositas. ulf. du frisahtei, ad exemplum.

n.m: Run, germ. run, sermo, Nott. wales run, lingua rom. prov. rust. ulf. andruna, disputavit. Otfr. renton, dicere, narrare, respondere. altsch. runa, loqui, disputare.

2) interrogare, hist. Lomb. runen, AS. befrinan; fran, interrogavit. sch. röna, renna, rimari, sciscitari. ulf. run, mysterium, arcanum, AS. ryne, Isid. chruni, Tat. giruni, Rab. caruni, germ. magia. Isid. chrunnan, abscondere. AS. runian, incantare, fascinare. AS. d. run, character magicus. AL. sgoth. κ. AS. germ. runa, - er, maga, - us.

AS. drym, magus, veneficus; drymer, spectrum, §. XLV, 2). dryming, susurrus, §. LVI, 1). d. rimelig, wahrscheinlich, glaublich.

3) cogit. ulf. garuni, consilium.

h: Ruh, ruch, 1528. rucht, gerücht, sch. ryckte, Isl. rykte, fama; Otfr. rihtan, dicere, 1245. berichten, pronuntiare. Kero κ. rahha, sermo, loquela; rahhon, Kero enarrare, Nott. interpretari. gl. monf. urrechen, edisserere, explicare. Otfr. gl. monf. rihtan, ordinare, docere, Kero urrechida, expositio.

sgoth. wriegen, ansagen, betrügen. h. wroeging van gewetten, rüge. sch. braywise, ars poetica. Kero rahhon und sprahhon, fabulis. sprahha, Kero eloquium, Otfr. eloquentia, concilium. sprach, sermo, dixit; ML. spreken, AS. spräcan. dän. sprik, hmb. sprök, spruch. Wmf. gesprehe, contentio, controversia, accusatio; versprechen, abdicare. AL. Conf. vesprah, calumnia. versprugnis, defensio.

AS.

AS. traht, expositio: thrahtnian, interpretari. h. stryken, sprechen.

2) v. frag, Kero antfrahidu, interrogatio; h. vroeg, frug, alf. frah, interrogavit, fragan, fraihnan, AS. frágnian. altsch. frág, fama; ull. freha, audivit.

3) Otfr. reken, cogitare. Kero rahha, res, causa; Stad. irrachen, causari, excitare. b. hilp. röchen, Otfr. rc. ruachan, AS. reccan, observare, curare, recc, cura, roht, curavit. (recceleas, ruchlos, negligens, malitiosus). tsch. betrochen, curatum; betrachten. m. v. trahten, tractare, meditari, gl. monf. ordinare; Otfr. irdrahton, begreifen.

l. Ral, h. ralle, schwäzerin, rallen, durcheinander reden. rellen, schwäzen.
r.

AS. dry, magus, §. XLV, 2.)

2. Scriptura, (f. a radendo, §. LXXV.)

Rv: Ruf, Carl M. brev, m. v. briaf, Brief. böhm. bref, citatio iurid.
sch. skrifva, schreiben; schrev, schrieb, scripsit. schriwt. ft, h. groep, gruppe, Figur und Stellung.

t. s: Rut, alf. wrata, AS. gewrit, E. write, littera. m. T. riten, reissen, scribere, signare, insculpere.

n. m: Run, Fortunat. runa, littera barbarica, sch. rc. scriptura. h. E. print, druckschrift, h. Abdruk eines Kupferstichs; holl. prenten, zierlich, fractur schreiben, h. drukken, prägen. §. LXVI.

h
l
r

LL. sal. brio, litterae.

§. LVIII. Societas, status publicus. Societas: turma, et cumulus in genere.

1. Societas, turma, numerus; 2) mercatus.

Rv: Ruv, Kero rc. ruab, roava. n, numerus. du Fr. rupta, LL. all. trus, trop, turma. Isl. repp, umfang von 20 Höfen.

t. s: Rut, m. ruta, rutte, rott, turma militaris, h. ruytery. tatsch. rüter, reuter, eques turmalis, et turma ipsa, Denzl. Rudel, gächer wilder Kerl. alf. writ, grex (porcorum). Isl. hrutur, aries, LXXII. AS. trud, multitudo, tread, turma. tross.

sch. ena reso, einmal, vice, iteratio; en-, fem resor, -mal, h. reis. h. froost, familia.

2) greth, Denzl. kram, h. preutel. h. roezen, handeln ohne Mas und Gewicht.

n. m: Run, alf. garuns, forum, vicus, (§. LXIX, 3. LXXI.) thrins, tres; trinsig, dreissig. Wend. renla, coetus.

 2) kram,

2) kram, mercatus; h. hmb. Wochenbett. Dängl. schram, forum.
kran, geranium, libra; LL. all. grania, Sammelhaus, Scheune, Banse. h. krengen, kriemelen, feilschen.

h: Ruh, ulf. trycig, dreisig.

2) NS. h. krug, caupona, (proprie septum §. LXIX, 3). S. kretschmer.

l: Rul, 2) h. ruilen, kaufen, wechseln.

r

germ. th.dri, drei. Ottfr. AS. d.thrinissa, AS. Isid. Nott. trihas, -heit, Trinitas.

2. Cumulus in genere.

Kv: krop, krap, §. LV, 2, (2). krapf.

t.s: Rus, h. ris, ries, bündel LV, 2. reist. hmb. brass, cumulus. T. N. drus, dros, st, AS. throsme, cumulus; drüse, XLVIII, 2. drossel, claviculae. h. gros, 12 Dutzend. das ganze. NS. grötje.

n.m: ran, LL. sal. de hranne, prima, foetura, bürde, wurf, cumulus. ranz, bündel. gl. monf. grant, collectaculum, coagulum.

Rum, rummel, schw. rümpel, grümpel, schw. hmb. kram, congeries indigesta, plunder. hmb. umkramen, aliter coordinare. h. grimmelen, wimmeln, voll sein.

h. drom, cumulus, turba, glomus.

h: Ruh, schw. rok, funkel; h. beroken, füllen. blm. regel, kühstelle, die versammelte Herde zu melken. h. rook, cumulus.

l. Rul, h. k.grielen, wimmeln, voll sein, krioelen; kriel, gewimmel, gedreng, triel, LXIII.

r.

h. braie, fura.

§. LIX. Status publicus: Iudicium: Dominus.

Iudicium; 2) Iustum; 3) Rectum, ordo, §. LV. (L, §. XXXIII.)

Kv: §. seq. T. N. brav, rectus, iustus, laudabilis.

t.s: Rat, rath, W. Urk. 1336, - 74. raut, sch. råd, consilium, concilium, senatus. ulf. garaidjan, disponere, sch. rödia, richten, (råda, herrschen, §. seq.) Rath, h. rad, legumperitus.

2) AS. x. gerad, lex, pactum, conditio; gl. monf. prod, isl. N. rett, ulf. raid, iustus.

3) b. rad, pers. rede, hmb. radt, Kero reiih, ordo, regula, series, §. LV. AS. gerad, computatio, ulf. rathja. Rechenschaft, rathan. numerare.

Schilt. freidan, tessera, symbolum. gl. monf. spraida, norma, regula, linea. pers. rüst, restet, ordo, series. Kero terisit, convenit, concedit, oportet, decet.

n.m: Run, fron, Gesch. commune publicum et populare; Schilt. quidquid privato opponitur et sacrum et politicum; fronen, opus publicum praestare; publicare, proscribere. frenen, arrestare.

3) gl.

3) gl. monf. hrim, feries; rimen, A. All. h. congruere, apte cadere, quadrare, AS. numerare. Otfr. AS. rim, reim, numerus, Isl. calendarium.
Dan. frimen, tatt. fchremmen, ordinare.

h: Ruh, rug, iudicium. gl. monf. girih, defenfio; Otfr. ruogen, accufare, rügen; h. wroegen. §. XLV, 2. vroegen. ertigen, agere, indicare. LL. fal. rip. rachimburg, iudex, comitis affeffor. ulf. ragineis, confiliarius.
gl. monf. reht, Otfr. AS. rihti, gericht. ulf. garaihtjan, AS. geretcan, Al. girichten, richten. rugftab, ruogland, roland, iurisdictio; ftatua rolandica, rulandsbild, idem quod weichbild.
2) reht, rihti, iuftitia, Otfr. rectus, verus, Notk. regula. reht, ulf. raiht, AS. riht, E. right, rectus. Otfr. Nott. c.greht, gerecht, ulf. garaiht, adv. raihtaba; raihtis, enim; garaihtei, iuftitia.
Otfr. rahtung, compofitio litis, aus -, abtrag.
3) teut. rege, ordo, feries. Otfr. rachen, rechnen, rationem facere. ulf. rahnan, h. rekenen, sch. räkna, d. regne, rechnen, numerare.
T. m. rang, feries. h. rygen, reihen, ordnen, reeg, ordinaris. regel, h. reeks, Reihe.

l: Rul, h. rol, rolle, penfum, ordo, feries.
r ...

§. LX. Dominus cum fua magnificentia.

Dominus; 2) ftrenuus, fortis.

Rv: Ruv, Schilt. ruwart, gubernator, tutor, locum tenens. Schilt. reve, greve, gref, grav.f, grove, AS. gerefa, gl. monf. frave, iudex pagi ordinarius, comes, exactor, cenfor, fifcalis. ulf. gagreft, edictum. AS. crafan, b. frefia, poftulare.
belg. gl. Lipf. druftia, dominus, Deus.
2) T. sch. AS. craft, d. kraptur, robur, virtus, ars, (Isl. krapta verk, miraculum). sch. dräpelig, potens.

t.s: Rut, AS. d. drytta, domina.
Al. th.druthin, sch. drottin, AS. drithen, dryt, dominus, Deus. sch. drotna, dominari. (Paltthenius leitet die drunden, drudden, von Gott.) E. droft, drotfet, iudex, h. droffart. AS. rafwa, dynafta.
2) gl. monf. d.fradi, ftrenuitas, efficacia. (Kero fradithan, proficere, §. LVII.) All. droes, vir fortis, quadratus; ulf. athrizi', potior. ries, hmb. ryfe, h. reus, gl. Lipf. wrifit, gygas.

n.m: Run, fron, dominus. d. dronning, regina. altIsl. gram, rex.
2) Schilt. fran, audaciam, fiduciam induens, audacter, adv.

h: Ruh, AS. rika, regn, d. ragn, rogn, ulf. reiks, princeps, rector. St. an. rek, heros, Isl. magnus, eximius, Mas. gygas. Otfr. rihen, richifon, teut. richfen, ulf. reikan, reikinon, raginon, altsch. rykia, regere. Al. sch. rich.t, Kero rihchi.

rihchida, regnum. ulf. reiki, potestas; fidurraginis, tetrarcha. Al. CS. AS. driht, Al. N. D. thruhtin, threhtin, dominus, Deus. truchses, iudex.

2) AS. D. threc, robur, audacia, strenuus, ferox. dreng, rinc, D. rekur, vir fortis, miles; D. freg.k, strenuus. NS. E. drak, mas, sch. andrak, antrecht, anas mas.

fr. craht, h. kracht, robur, L. hisp. krehte, potentia, Otfr. maiestas, gloria. Kero kiwrathi, piwruthi, meritum.

I
r: Rur, h. roeroe, die Richterstelle auf dem land.

fr. rei, rex. AS. frea, frio, freo, fri, ulf. fraujа, dominus; fraujan, dominari. AS. frie, heros. alrsch. frea, T. fru, frau, domina.

Alfrici gl. Sax. Lat. dry, magnus.

§. LXI. Magnificentia; comitatus.

Magnificentia, dives; 2) vestis, ornatus, §. LXV, 2).

Rv: Ruf, fr. ruof, AS. rof, clarus, illustris. hmb. rybe, liberalis, prodigus. trefflich, hmb. drepelik, D. drabelig, praestans, venerabilis, h. treffelyk.

2) E. roba.e, Al. rauba, AS. reaf, vestis.

t.d: Rut, pers. rad, magnus, honoratus. Kil. pratten, superbire; AS. prut, superbus, Kero preit. preity, AS. pryt.de, superbia.

D. roes, gloria, rose, laudare.

h. ryz, Al. Mns. gruoz, groz, groo, magnus, magnificus. L. pryzen, prees. h. sch. pris, pries, preis, pretium, laus, laudavit. hmb. prazig, (schw. strazig, §. LXX.), superbus; NS. praschen, superbire, pralen, bair. gros werden (§. LXVII.). prassen, Denzl. bröselen, laute vivere.

Al. D. th. tres, tris. sch, AS. tresor, thesaurus, (wovon es Frisch und Richey leiten), T. h. kasten, hmb. archiv. Tat. trismen treso, recondе thesauros. triss. tresseler, Schatzmeister, Drümel corp. LL. p. 160.

2) AS. präte, ornatus, alrsch. prud; pryta, ornare.

Schilt. crusene, - ina, krusne, pallium, mastruca.

n.m: Run, Al. fron, illustris, eximius, splendor, decus. germ. fram, prae. AS. ulf. Al. frum, principium, initium. Al. AS. ort fromon, autor. ulf. fruma, prior.

N. run, cantio. Al. rum, Isid. hruom, ruhm, gloria, gratia, beneficium, solatium.

2) AS. reon, reno, vestis pellicea, mastruca, stragulum. Al. brun, brin, (AS. byrne, §. CXXIII.) lorica, galea.

h: Ruh, T. N. ryk, Al. reche, reich, magnificus, dives; Isl. richen, bereichern.

2) Goth. rocc, rok, suprema vestis. Kero rocinum, sagum. AS. hräcli, amiculum; ränc, superbia, vestium cultus.

Kero pruah, NS. hmb. brok, h. broek, Isl. bruch, bracca, Tat. G. 17. h. priken, prangen, D. pracht, h. bragt, pronk, S. prunk, NS. prounk,

orna-

ornatus vestium. -breht, clarus, §. CX, 1, 3). Winsb. abrehen, Isl. braa, splendere. AS. prechentag, fest. epiphaniae. trek, diadema regis; fris. ornamentorum capitis virginum locupletiorum. E. trik, elegans, §. LIII. tracht, h. dragt.

l: Rul, ral: pralen, superbire, h. brallen; pral, pompa.

2) hmb. trill, Kleidertracht (Richey von Drechseln).

r

§. LXII. Comitatus, plebs, servus. (L, §. XLIII.)

Rv: Ruv, trup, §. LVIII. h. grauw, plebs.

t.s: Rut, h. trott, comitatus. troß. AS. tret, homo proprius, §. LIV.

n.m: Run, Notk. frumar, minister, fronon. frohnen, Herrendienste, öffentliche Dienste thun. h. trein, gefolg.

h: Ruh, fr. druht, AS. driht, familia, plebs. sch. dräng, servus. ulf. gadrauhts, miles, gadrauth.

l: sch. Isl. träl, servus.

r

§. LXIII. Strepitus inanimalis in genere, in specie.

Strepitus inanimalis in genere. (L, §. XXV.)

Rv: Rav, v. T. rappen, rauschen.

t.s: Rat, hmb. räteln, -ern, roteln. brut, geräusch, (Otfr. windes brut, turbo, §. L.). Tat. stridung, stridor.

h. geras; Mns. razen, rasseln, hmb. rastern; prasseln, Denzl. braschen. raspeln, §. LXXV. rätsch. rauschen, AS. räscettan. h. bruisschen, pruisschen, sch. rusa, AS. rusen, prusten. h. roes, E. rush, crush, h. ruiß, gedruisch, dräuschen. gl. monf. hruozzun, sambucis. schw. Kruzen, currus in nive. braus, brus. h. bridsen, britschen, icere cum strepitu.

n.m: Ram, rammen, §. LXXIII. hmb. ramenten, rumoren: rummeln, tonitru, ventris, rumpeln. flav. h. grom, AS. grummel, tonitru. h. rammelen, klingen, klappern; rinkelen, klingeln. trumm, E. drum, h. trom, instr. sonans in genere, hmb. iedes runde längliche hole Gefäß, Röhre, Büchse, §. LXVI. belg. trompe, Tat. gl. Lips. b. trumba, tuba. h. tromp, Brummeisen, Jägerhorn.

falsp. trunzel, crepitus ventris. schw. Kranzen, sonus frictionis.

h: Rah, hmb. h. krak, krach, fragor, Ull. domus ruinosa, iumentum coriaginosum. v. T. krekelynk, kringel, breze. h. kricken, krachen.

Bruch, §. XLVII, 2.

l: Ral, blm. sprallhus, Gehäus in Aepfel, Birn, §. LV, 2. rollen. h. triel, Schwarm, Saus, LVIII, 2.

r

§. LXIV. Strepitus in specie: Ebullitio; Tritura; Torcular.

Ebullitio; 2) Assatura.

Rv: Ruv, Kil. bruwen, browen, miscere, zythum coquere; AS. briw, Brühe, Brei.

t.s: Rut, rudel, strudel, prudel, hmb. pruddeln, anfangen zu kochen; prozen, -eln; Schilt. braß, Malz; Kil. brassen, zythum coquere. E. bras, sch. brasa, ignis; brasen, urere. Isl. brys, fulgurans.

Nott. Kil. brueden, bruten, fovere ova; die Brut, NS. brot, E. brood. E. broth, Brühe.

2) briet, assavit, p. braten, hmb. braden. AS. gebredd, assus. h. fryten, fruiten, röschen, braten. v. T. frilpanne, sartago. rosch, rost; röschen; AS. girostod, assus. Nott. friscing, victima, agnus paschalis, Schilt. ex indice Schadaei, assum. schw. schwz. frischling, porcellus silvester, vervex.

(frusta, Otfr. cortex panis, §. XLVII, 2. et LXXV. LXXVI.)

n.m: Run, alt. bron, Otfr. x. bran, arsit, accendit, brinnan, sch. brinna, alt. brannan. brinno, febris. Kero prunst, ardor. brun, braun, fuscus, fulgurans. AS. b. grind, rost.

sch. branna, ebullire, fervere. h. brom, schaum.

2) Bass. T. breen, assare.

h: Ruh, gl. monf. Will. intruchan, Kil. ede-, eriken, ruminare. schw. hmb. richt, demensum cibi. Mns. bruege, Brühe.

2) prägeln, assare. h. sprank, sprankel, funke.

l: Rul, h. brulen, prudeln. E. grill, rost.

h. prol, saft, suppe, prollig, dik, zäh.

r

NS. broi, h. broye, brue, Brühe.

bitm. brie, gekochte Grütz. Schilt. brei, cambr. bray, NS. bry, massa quaevis coctilis. brüen, hmb. breuen, mit südendem Wasser, Federn, Hare-; Brüten der Hüner. brau, brauen, coquere. hmb. kroien, anbrühen, h. broeyen. broei, brut.

§. LXV. Triticum, sternere.

1. Triticum, messis; 2) terere, tenuis. LXXV; 3) secernere, cribrare.

Rv: Ruv, AS. ryp, seges et messis. NL. AS. E. rip, W. ryf, reif, maturus. AS. ripian, rippan, hriopan, metere, falcare.

triwe (h. terwe, §. LXXI, 1, 6), triticum.

2) NL. riven, AS. hrysian, Al. riwen, reiben, terere; AS. concurrere; h. wref, wryven; strif, streifen, strobeln, concurrere, verwirren. graupe, gerissene Gerste.

T. h. brav, tenuis.

t.s: Rut, tryd, treid, triticum, tretten, §. LXXI.

hansv. reß, palea, ressen, abfallen.

2) AL.

2) AL. drescan, drascan, E. thresh, sch. tröska (b. tårske, h. dorschen, AS. dårscan) tundere, pulsare; drosch, triturauit. ulf. gedrask, area (AS. gedårsc, verbera).

3) h. redi, AS. hriddel, cribrum. Otfr. redan, råten, sch. reda, Tat. ritron, AS. hridrian, h. rederen, cribrare, rütteln, sch. rysta, ulf. hrisjan, concutere.

n.m: Run, AS. grein, gran, (kern, korn, §. III, 3), triticum.

2) tenuis, ran, rahn, h. rank. rin, E. sch. b. ring, Kero rink, gering, lenis, facilis.

3) AL. ulf. Isl. altsch. hrein, h. reyn, N. AL. reen, belg. rain, rein, purus, mundus; Otfr. rinen, Kero, ulf. hrainan, Isl. hreinsa, sch. reena, rensa, Dan. runschen, mundare, secernere. ulf. gahraineins, purificatio, §. LIII.

trennen, h. tronen, secernere, XLVII, 2. h. strampn, Sieb.

h: Ruh, b. hmb. rogg, roggen, triticum, siligo. schw. rükenmeel, woraus das feine gezogen. v. frucht, §. LXVII. (reche, rastrum, LXXV.)

2) terere, tenuis: AS. hmb. straken, streichen, -eln, demulcere. hmb. stryken, glätten, begeln, streichen, eben machen, (stryk-, b. stryg-, dråhholt, streichholz, zur fruchtmas).

3) hmb. renlik un reken, purus. belg. rank, dun, smal, tanger.

l: Rul, Denzl. rellen, terere.

2) h. schral, mager, schlecht, XLVIII, 2.

3) strål, pecten; h. strelen, streicheln.

r: rar, tenuis.

sch. rea, hrea, secernere purum ab impuro.

2. Sternere, tegere.

Rv: Ruv, AL. strôwen, strewan, ulf. strawan, E. straw, AS. strealwigan, sternere. Jorn. strawa, Lactantii strabus, stramentum solenne super sepulcrum. Otfr. strewen, deprimere.

Nat. spriwer, palea.

t.s: Rut, Wil. gradan, sternere.

AS. scrydan, tegere, obducere, vestire, scrit, scrydd, scrud, vestitus (§. LXI.). breiten, Otfr. spreiten, sternere, §. LXIX, 3.

n.m: Run, Ion. in Will. h. stront, hmb. strunt, strohwist, §. LI.

h. grins, Larve, Maske.

h: Ruh, AS. streccan, Kero strahan, sternere. strich; strigel. tgsb. zerdregelen, zertrennen, streuen. trechen, tgsb. betracht, be-, getrochen, deken, (das Feuer) löschen, §. LXXV. AS. wroh, texit, wriguan.

(cambr. brycan, instratum) brüke, pons, §. LXIX, 3). schwz. rik.

l
r

gl. monſ. ſtro, ſtipula, palea; h. hiſp. ſtro'n, h. ſtroejen, ſtreuen, ſch. ſtrö. ſtru, ſtreu.

ſpreu. gl. monſ. ſpriu, peripſema. h. ſpree,i, deke.

AS. wreon, tegere. ſtru, hmb. överſchroiet, dünn überzogen, wie Waſſer mit Eis.

§. LXVI. Torcular, tornare; 2) premere, ſiccum; 3) vas.

Rv: Ruv, truwe, traube, gl. monſ. drupo, ſch. druf, uva, botrus, h. druif.ve.

2) ulf. AL. dreiban, treiben, ſch. drysva, tundendo excavare, §. LXXV. treber, Denzl. drappen, racemus, terebrum. h. draf.ve, trott, treber. ſcruv, ſchraube, §. LV, 1.). 1528. verſtrupft, compreſſus, clauſus. h. prauwel, hippe, oblate.

3) AS. hrop, lacune, §. LXXVIII. h. ſchreetwe, = 1/8 ohm, LV.

t.d: Rut, trott.d, torcular. hmb. dröteln, druken, zaudern. dretan, drat, §. LV, 1.). a. wride, AS. writhan, torquere; d. hmb. wriſt, Gelenk an Händen und Füſen. trödel, circuitor. Jeſ. 16, 10. 1528. ſch. triſſa, E. drieſel, v. T. tryß, trochlea, tryſen, winden, hmb. dryſen, ſtrik aufwinden. ſchw. dreſen, hmb. dryſeln, druken, zaudern; ſchw. drotſch, hmb. droſt, zauderer, trödler; trödeln.

2) AL. d.preſſa, Nott. freſſa, preſſura. ſpries, ſpreiſen, - zen, reniti; h. ſpriet, NS. pret, gabelſtange. drus, drutt, Denzl. 1528. ſchrett, incubus; NS. bedruſen; den druſen kriegen. bair. drut, ſaga, ſchw. drottenfuß, ſcriptum occultum, §. XLV, 2.). tretten, pedibus conculcare, §. LXXI. ulf. trudan, gatrudon.

Siccum: AS. dros, Isl. AL. ſchwz. h. 1528. d.trus, faex. gl. monſ. throſe, glis, - tis, treſtir, treſter, ſeneciae, quiſquiliae, AS. dreſten. dreoſan, ulf. driuſan, AL. druſen, ſch. droſſa, deprimi, evaneſcere.

3) vas: HT. d. h. krus, hmb. kros, urceus cum operculo. hmb. krüſel, cruſelinum, Hänglampe. h. roede = 2 Faß, ſ. 10 ohm, bair. rüdel, lachel.

n.m: Run, hmb. drönen, drünſen, ſchw. dronſen, lente diducere, alsbg. tranten, trantſelen, trenſen, lente ire, §. LXXI. III. h. t.drent, cunctator, - elen.

2) drung, drang, infr. h. pramen, premere; pram, mamma. prenten, druken, prägen, LVII, 2.

3) vas, trum, §. LXIII. ſchleſ. thrune, truche. Läbec dromt, = 12 Scheffel. h. tremel, Mülentrichter. Denzl. ſchw. brenke, brinke, prunk.

h: Ruh, wruk; AS. h. wringen, ſtringere, premere, torquere; wrong. AS. gewrinc, tortura; blem. wrungels, dik gemachte Milch. hmb. wrikkeln, tornare. ulf. thraih, threihan, drehen; Muſ. drat, tornavit. drechſeln.

2) AL.

2) AS. drug, druk; drung, h. drong, pressit, dringen; drengen, AS. d.thrangan, sch. d.trángia, premere, cogere, urgere. thráng, Isl. thraung, gedrang, angustus. h. gedrocht, incubus. drangsal. sch. thrángsel, AS. drenging.

prágen, (scalpere, §. LXXV.) AS. phrengen, premere, pharantsal, prangsal, frantsal, angustia. h. prangen, druken, klemmen. sch. drágg, E. dregs, trester.

Siccus, drog, hmb. drög, troken; hmb. die dröge, trokne. ulf. draggk, AS. drenc, d. drekur, gl. monf. tranch, potus, Kero tranh, bibit, trinchan, AS. MS. drincan, ulf. driggkan, sch. drika, Isl. dreka, bibere, sorbere. AS. druncnian, inebriari. gl. monf. trenchen, aquare, Notk. trangen, ulf. gadragkjan, tränken, potum praebere. §. LXXVIII.

3) vas, h. trog, truche, AS. truhe, cista, theca, AS. sarcophagus. trichter, h. tregter. AS. trucá, trulla. krug, AS. crog, h. krulk, lagena, urceus. E. strik, ½ comb, vas aridi, östr. strich, vas maximum.

l: Rul, trill, spindel, AS. tornus. AS. thryl, dyrl, dyrel, foramen, thyrlian, M. drilla.e, h. AS. drillen, gyrare, forare. (§. CLXXVII.) hmb. drall, compactus, contortus. sch. trilla, rollen, volvere LV, 1. ditm. krellen, tornare.

2) hmb. riol, fach, repositorium, loculamentum, tabulatum.

r

d. wrie, tornare, h. draien, drehen; drai, schwung, richtung, lauf, drehung.

§. LXVII. Motus vegetabilis, invegetabilis. Vegetabilis est vegetatio et animalis agitatio. Vegetatio, et vegetabile s. planta.

1. Vegetatio, generatio, fructificatio; 2) crescere, assurgere. (L, §. XXVI.)

Rv: Ruv, ulf. fraiw, semen.

2) Tat. urresti, resuscitatio; aufraffen.

t,d: Rut, sch. frodig, vegetus, fructiferus. h. fruit, obs. ulf. gawrisqan, fructum ferre. Mons. gros, groß, gravida, lgsh. grossen, gravidari.

2) AS. risen, reisen, h. ryzen, AS. risan, E. ryse, d. reyse, crescere, germinare, se extollere. Isl. reis, AS. ras, crevit, T. germen. ulf. urraisjan, suscitare, erigere; urrisa, rais, surrexit, urreisan, Isl. uprysa, sch. resas up, assurgere (contrarium dalen).

groo, magnus. LL. sal. traslo, taurus birnus; §. LXI.

n.m: Run, AS. strynan, generare.

2) Notk. ulf. runs, ortus. ulf. AS. AS. fram, E. from, sch. frán, a, ex, de. fruma, initium, §. LXI. d. oprinde, assurgere.

h: Ruh, frucht, sch. frugt.kt, §. LXV. ulf. rihis, novus.

 2) h.

2) h. ryk, sch. rök, crementum. Otfr. tc. irrechen, excitare, surgere facere. praken, increscere, prakrt, densus, magnus.

l
r

2. Vegetabile, germen, planta.

Rv: Ruv, rub., rübe, hmb. röve, rapp, h. raepe, rapum. Will. reve, 1528. räbe, rebe. E. grow, grew, gramen. Denzl. greube, Schilt. griebe, reissich, cremium (Schilt. a cremando). h. struvelen, gebüsch, heke, dorn.

h. NT. prop, pfropf, zweig, pflok, stöpsel. d. ribs, Johannisbeere.

t.s: Rut, sch. d. rot.d, radix. rute, h. roed. raute. h. ruit. riet, h. riet.d, rotting, AS. reod, arundo. gl. monf. ratich, radix. rettich. All. reut, riet, rode, loca silvestria in agrum conversa; riet; reuten, h. ruiten. hmb. raden, d. udrydde, AS. arydan, Kero arriutten, ausrotten, eradicare. h. gruiten, fossam expurgare, §. XLVII, 2). Eiffl. röden, silvam exurere.

krut, gl. monf. chrut, Nott. chriut, kraut, sch. krydda, gröda. AS. croda, ramus. h. kroot, rote rübe. sch. hmb. Mns. ris, surculus, germen, propago, reis, reiser, -ig. blm. rüssch, iuncus. AS. hrisil, radius, §. LXIX, 1.) ras, raser. rose, h. roze, rosa. ulf. T. gras, sch. AS. gräs, Isl. grased, herba, olus, (AS. gärs, h. gers, gars); k. greß, olus. AS. crod, pampinus. Denzl. Schilt. kresche, cremium. h. kros, Meerlinse.

gl. monf. proz, grossus; T. p. broß, broste, surculus, 1528. brosseln, germinare. sproß, h. spruit. sprot, germinavit. spruiten. gl. monf. bruosi varrio, inguina taurorum, rute. straus. trespe. lollium.

n.m: Run, h. rins. sch, grün, jung. d. gren, surculus. sch. groma, schw. grommet, grummet, herba, olus, gramen; grün, h. groen, hmb. grön, viridis, blm. jung, kindisch. h. greene, tanne. griend, weide. Denzl. brom, brem, Otfr. bram, rubus, AS. genista. Boxh. gl. pramun; schles. rambeere, h. braam. h. pruim, pflaume. ron, rohne, rande, beta, rahne. range, gentiana. h. branke, surculus, rank. strunk, stiel, stengel.

h: Ruh, ulf. hrugga, virga, baculus. sch. krykia, pedum pastorale, krökia, curvare. blm. schrökel, bengel am pferdfus. Denzl. kriech, pflaume. schw. krähe, büschel reissig.

h. pryk, surculus, aculeus, pryken, steken, plantare. hmb. prikkel, prökel, prügel, AS. pricca, stimulus; pricca, hmb. d. prik, punctum; d. prikke, E. prikken, h. priegelen, prikkelen, hmb. prikkeln, prökkeln, pungere, §. XLVI. LXXIII.

struk, h. struyk, strauch.

rauke, h. raket, rokkel, eruca, weisser Senf.

l: Rul, hmb. rölke, millefolium.

r: Rur, ror, Kero rorri, Isl. reyr, iuncus &c. gl. monf. girourige, rörig, florens, viridis. sch. d. frö, Isl. frio, semen.

sch. gro,

sch. gro, gry, E. gra, h. groeyen, hmb. gröyen, germinare, virescere. h. groei, wachsthum. sch. rôô, ulf. raus, arundo. h. roe, ruthe, männliches Glied. h. praei, schnittlauch.

§. LXVIII. Animalis agitatio, in se, et motus loco. Agitari, extendi, convelli. Agitatio animalis; facere.

1. Agitatio neutr. et activa s. stimulatio.

Rv: Ruv, h. repen zich, sich regen. hmb. krauveln, rabbeln, grabbeln, sich arbeitsam bewegen; jenes klettern, schw. krepseln; dieses wie aus dem Morast. streben, hmb. streven, d. stræbe, AS. stræfan. trieb, agitatio, - avit, treiben, d. dryven.

t.d: Rut, rad, motus quilibet; rad. hmb. grasseln, grabbeln, greifen, tasten. Al. LandR. riste, carpus, pars manus.

n.m: Run, AS. ahrinan, - ran, tetigit. gl. monf. scrennen, commutare, §. LV.

h: Ruh, Isl. reka, sch. wräka, hmb. rögen, regen, tangere, und reg machen. hmb. h. raken, streichen, fegen. h. weikken, wakeln.

l: Rul, hmb. schw. trillen, treiben, vexare, exercere milites. NS. drell, drall, vegetus, promtus.

r: Rur, ryr, (grund rur); h. roeren, rüren, hmb. rören, regen; Otfr. x. ruoran, k. hruaren, AS. hreoran, ulf. reiran, N. röra.e, moveri, Otfr. tangere animum -.

h. rep en roer, in Bewegung.

krauen, moveri, sich regen.

2. Facere, parare.

Rv: Ruv, NL. dryven, AL. d.trivan, AS. drifan, dräfan, ulf. draiban, sch. dryfva, 1528. thröwen, Nott. treben, trebenen, h. druipen, bedryven, treiben, agere et impellere; AS. draf, AL. dreib, ulf. drib, trieb, egit, impulit, impulsus.

t.d: Rut, geriet, geraten, Mus. pleonasm. cum infinit. simplici, (incidere in rem), isgh. incipere, accidere. Kero, garat, praeparavit, AL. gereten, hmb. reden, Isl. at reide, bereiten; Otfr. reit, hmb. red, paratus. rad.t, gerade, instrumentum, supellex, Mns. fysh. cibaria. E. ausraden, aussteuren. rhede, locus, ubi navis paratur, §. seq. 3. beraten, versorgen. ulf. rathizo, facilius. rust, Otfr. praeparatio, instrumentum, armatura, gerüst, rüsten.

stryd, NL. hmb. bestryden, bestreiten, vollbringen.

n.m: Run, AS. frumen, fromen, AL. AS. fremman, sch. fremia, facere, formare, producere, promovere, exercere, begehen (j.aug. mord -), Isid. creare, Nott. dare, Otfr. cum acc. satisfacere, ducere, gl. monf. tollere, mittere, solvere. AS. fremung, consummatio. h. vriemelen, sich sitzend mit dem Unterleib beugen.

h: Rah, Kero rahe, b. wrag.ch, opera; wrochen, würken, thun. Otfr. x. rihtan, exsequi, rehti, opera, industria, meritum. Nott. frenken, componere.

h. be-

h. bedragh. AU. sich dragen, se gerere; Isl. dryja, drygt, thun, treiben (-hor, unzucht). h. gerak, Hülfleistung.

l

r

§. LXIX. Extendi secundum dimensiones:
Longum, planum, erectum. Longum, directum.

1. Longum; porrigere.

Rv: Ruv, Rav, ravo, tignus, §. XLVII, 2.)
h. streep, stripe, streife, radius, schreef.

t.d: Rut, Nott. ruoto, hmb. rode, rute, mensura, meßstange. h. roeden, messen. AS. rietan, d. rieta, porrigere. grad, gradus, mensura. Kero ieprer, trabs, (L nr. 3.)
AS. hrisil, radius, §. LXVII, 2. rüsel, proboscis.

n.m: Rum, riem, lorum, §. LV, 2). teisp. strym, altd. strimer, radius solis; h. stram, strem, striem. hmb. d. strimel, schmaler strich; ditm. stremel, penis, rute der kälber, die die Milch gerinnt. brame, longum tenue, virgula, LXVII, 2. pfriem, LXXII. bremen, pungere. sch. Scot. brand, gladius.
hmb. strüne, erwachsene Dirne.

h: Ruh, reken, Will. x. rahhan, rechan, reichen, h. hmb. reken, AS. räcan, ulf. rakjan, sch. räkia, d. reke, E. reach, tendere. reichen, h. hmb. raken, streken, kommen, hingerathen. Isl. raka, AU. ulf. reichan, b. hisp. rehen, porrigere. ragen, prominere; trak.chstein, proceres. h. bereik, umfang.
ulf. briggan, AU. AS. bringan, Kero pring.kan, bringen, porrigere; ulf. AU. brahta, Otfr. bräng, AS. brohte, obtulit; AU. AS. p.brungen, oblatum. §. XLVII, 1.) handv. prange, stange. hmb. runksen, sich liegend faul streken, runks, groser Hund, tölpel.
streke. strich. h. rek, stange, gestell. strook, strich, streife, langer Riemen, strooken, streichen, -eln.

l: stral, d. straler, radius.

r

h. roelen, messen, visiren.

2. Directum, scopus.

Rv: Ruv, d.trof, traf; Otfr. Nott. x. dreffen, h. betreffen, referre, attingere; over-, wider dreffen, contrariari. trift, h. drift, directio navis, fluminis.

t.d: grad, directus, rectus.

n.m: ram, Cäsm. in act. Berol. scopus; Otfr. altS. LandR. ramen, d. ramme, collineare, ictum dirigere, scopum ferire. hmb. naramen, imitari. gl. monf. rame, intentio. Etrof. raumen, figere.

h: Ruh, gl. monf. rihti, trames, Kero karihtan, dirigere. trachten, contendere. sch. draga, vergere, ducere. strak, directus. strich, trames; strich, E. sch. strek,

strek, d. streg, E. stroke, ulf. striks, lineola, spec. sch. strika, striken, tractim producere lineam, LV.

l
v

3) Planum; 2) ora; 3) septum; 4) domicilium, §. LIV.

Rv: Ruv, h. rif, latitudo, tryf, Isl. aidreifa, expandere. hmb. streve, schräge (§. LXXII), querholz, stütze, spreitze; strüven, sträuben, breitmachen, sch. sträfva, sperren, §. LXXIII. h. rib, sparre.

2) hmb. schreve, linea pro termino descripta. h. brawe, E. brow, ora, palpebrae, Rhab. Mott. brawa.

3) h. drev, trift, du Fr. croft, pratum clausum instar horti, Weide auf anderer Boden.

4) h. roef, Schiffkämmerlein, Sargdekel.

t.d: Rut, rute, raute, rhombus. M.T. sch. bred, E. broad, Run. brat, M. ulf. braid, breit, latus, vastus. M. spraitan, extendere, §. LXV, 2.). M.T. A.S. bred, A.S. sch. bräd, britt, brett, (h. berd, §. CXIII.), A.S. räsn, asser. pritsche, N.S. brize, h. bridse, d. brix, hölzerne liegerstette. drat §. LV, 2).

2) sch. brädd, margo. rhede litus, §. antec.

N.S. fres, h. fries, Rand, streife, borte; fimbria, zottel; mittlere Teil des Hauptgesimses.

3) raite, schw. hofraite; tgch. grunt und grot, fundus, solum. fries. griet, abgesondertes land. sch. frez, h. kreits, kreis, ora, §. LV, 1.), b. hisp. kriez, kreist, circulus, tractus, regio. (b. hisp. grizwartel, Turnir Richter).

4) Isl. hreid, nidus. b. hisp. rutar, ruptarius, colonus. ulf. A.S. hrot, tectum; h. krot, casula. d. rede, nidus. ulf. razn, alsch. rasn, A.S. räsn, domus; ulf. garazna, vicinus. pers. rüste, pagus, rüstak, rustai, rustar, rusticus. A.S. rest, lectus.

n.m: Run, gl. monf. A.S. sch. rum, d. E. rom, h. rhym, raum, spatium, distantia, intercapedo. ulf. rumis, locus. germ. rum, latus, spatiosus, hmb. ledig, adv. plane, affatim, Oestr. procul, late. h. raem, ramie, planum, extensum; raemen, distendere ad quatuor palos; bram, Segel am Obermast. h. pram, prame, flaches Schiff. Fähre.

fram, frum, Oestr. longe, procul, longinquus, §. LXXI.

2) ora, ram, rame; h. hmb. beramen, d. beramie, comit. nurnb. 1470. be-, verramen, anberaumen, definire, determinare. hmb. krempe; h. krimpen, einfassen. A.S. hrama, ora, litus. rand, ora, A.S. d. clypeus. ranf. ranke, rinde, §. LV, 2). h. grenz, grenze, graniz. h. franje, franze. h. front, grenze, äussere Seite. tronie, angesicht. strand, ora, litus. brand, brinn, sch. bryn, E. bram, T. N. bräm, Isl. brim, A.S. brynime, ora. bram, sch. brun, bryn, braun, M. brawo, augbraun, palpebrae.

3) septum, scran, Schilt. lantschran, territorium, iurisdictio. Frisch. schranne, schw. schranke, locus septus in foro. Kero scrannon, schranne, h. schryn, schrein, schrank, scrinium.

4) domicil. germ. grund, h. grond, E. ground, fundum, terra. Isl. rannur, domus. sch. grannar, vicinus. LL. all. grania, horreum, §. LVIII, 1. Schilt. grangia, curia.

h: Ruh, rik.ch, quaelibet regio, gl. monf. ambitus. greich. streke. h. rag, spinnewebe; rak, raum, weite, tisch. trok, tafel, billiard. bruk, Besold. ager, fesd. belg. broek, hmb. brok, Schilt. brouk, bruch, terra paludosa, §. LXXVIII. locus apertus ad inaedificandum. Dengl. brige, MS. brikke, asser, tabula; hmb. brük, N. brikka.e, hölzerner Teller, Stein im Schachspiel; bruggen, pflästern, §. LXV, 2.). h. E. brik, ziegel, bachenstein.

3) septum, ditm. krog, ein eingefaßtes Fruchtland. schrag, schrank, hmb. schrange, locus septus, h. rigchel; h. rak, rek, schrein.

4) AS. reced, aula. roche, rocca, arx, tgsh. roch, signifer, der Turn (Elephant) im Schachspiel. ulf. rohsna, atrium. AS. rihae, villa, villosus. krug, §. LVIII, 1.)

tgsh. bruch.k, (bruk-, blokhus) raubschloß, pons, domus munita vallo. Schilt. brugel, capit. Car. M. brogil, Eva. 1, 821. broilus, lucus muro septus.

l. Rul: h. kreel, schmale Borte. 3) h. trali, Gitter, Verschlag. 4) h. krol, casula.

r: Rur, gl. monf. prort vel ramft, gl. Pezii labium, prora, ora.

h. hmb. raa, Quersegelstange groser Schiffe.

2) E. brau, ora. 3) h. roe, roede, gebiet.

4. Erectum.

Rv: §. LXVII, 1.)

t.d: Rut, AS. rode, rad, gealg, crux; hmb. rode, Pfal, hohe Stange. rab, dorsum. Mons. grat, apex, cacumen, fastigium montis. gerad, erectus. h. krat, Hindergestell.

sch. rost, fastigium aedium, (schw. fundamentum, nr. 3). ulf. AL. AS. p. brust, sch. bröst, (borst, §. CXIII.) pectus, Otfr. ubera.

Isl. kroß, Dengl. greuz, kreuz, crux.

n.m: Rum, Sächs. ram, crux, ara, collis; ulf. hramjan, crucifigere; thramstel, cacumen montis, N. bryn; Dengl. grum, flog, §. LVIII. 2)

h: Ruh, hmb. rikke, lange Stange. ruk, Kero hruk, gl. monf. rucci, vet. Pl. roke, spina dorsi. fr. croc, E. crocur, uncus (apex); LL. sal. crocare, unco suspendere. AS. hroc, grallus. kruke, crux. M. Mansbr. raihe, stiva.

scryk: ditm. schrik, schw. hmb. h. schrag, gerüstbok, hmbv. Holzhauf 3 Klafter lang, 1 hoch.

l

r

Dengl. schw. rey, converum plantae pedis. dorsum pedis.

§. LXX.

§. LXX. Convelli, convulsio, concussio; 2) rigor.

Rv: Ruv, h. drup, gicht. 2) streve, streben, §. LXVIII, 1); LXIX, 3); LXXIII. h. straff, bair. brav, starr, steif.

t.s: Rut, Mns. riten, rütteln, §. XLIX; L; LXV.

2) sprie, §. LXXIII. Denzl. breisen, spreissen, -zen, §. LXVI. frais, krampf. strazen. stroz.

n.m: Run, hmb. drönen, tremere, Saite, Gloke-, §. L. sgch. strumpf, schlagfluss.

2) hmb. ram, spasmus, kramp.pf. h. S. stramm, starr, steif.

h: rek, reh, enervatus.

2) reken, verreken. ulf. birekjal, periclitari. h. T. strak, steif. sch. sträk, schrök, h. schrik. erschrak, horruit, Mns. Fab. 67. intremuit, §. L.

d. rokke, schütteln, schwanken vor alter.

l

r: Rur, alf. reiro, tremor, reiran, concuti, tremere, d. röre.

staRR, §. CCII.

§. LXXI. Motus loco: Ire, repere. (L, §. XXVI.)

Ire (loco moveri); propere; laboriose. Ire.

Rv: Ruv, Rav, gl. monf. traf, cucurrit. Wil. drephan, Schilt. drawen, ire, currere. trap.b, h. draf, ve, incessus; hmb. trappen, incedere, gradi. treppe, gradus, scala; schw. trippel (Kil. dorpel, deurpel, LL. sal. durpilus, §. CLXXVI.); treppeln, hmb. trippeln, h. dribbelen, trippelen, d. drippe, passibus nimis brevibus incedere. LL. sal. austrappo, desertor. h. trip, holzschuh.

drift, Fart, Gang, Gebrauch.

d. skräv, hmb. streve, weiter Schritt; streven, skräve, weit schreiten. streifen, vagari, h. stropen.

t.s: Rut, Rat, AS. rad, iter, equitatio, Ml. rada.l, rit, reite, vectura equo, rotis. Notk. reita, currus, gl. monf. reito.i, rheda. j. arg. reite, expeditio militaris; NS. ryd, ritt, equitatio; ritter, reiter, equitator, (§. LVIII.); Mns. reit, rict, AS. rad, equitavit; Ml. AS. ridan, riten, reiten. Denzl. roden, movere. (sch. utfridwa, expellere, §. LXVIII.)

ulf. wratjan, ire. cimbr. braith, Sueo G. braut, via.

Tath. greten, ire, gradi. bair. grǒten, grätschen, graiteln, schw. grateln, divaricari. gl. monf. scilti, NS. schryde, h. schred, schritt. schriet, ivit, schreiten.

trat, incessit, Ml. dretan, tretten, sch. träda; ulf. gatruden, conculcatum, §. LXVI. strat, stras, Ml. straz.ß, stroß, aug. landstrauzz, via.

hmb. stryd, schritt, tritt.

pers. resan, pervenire faciens, perducens; Ofr. ros, animal vehens, asinus-, roß equus, belg. ryssa, equa. Ofr. reisit, introitus solennis, reisen, venire. comit. Numb. 1187. reisa, expeditio militaris; reisig. kopmanni (hmb.) observantes reisas, Anderf.

n.m: Run, gl. monf. run, meatus, E. currere; Otfr. rinen, venire, accedere, attingere. W. ulf. ran, cucurrit, rennen, sch. råna, d. rende, currere, (A.S. arn, cucurrit, arnan, yrnan, currere, urnon, cucurrerunt, §. CCXV, 2.). entrinnen. ulf. rinnan, ire. e.S. ryne, A.S. runung, cursus. gl. monf. runs, trames; h. hmb. trant, gewonheit, schlendrian, §. LXVI. h. tranten, spazieren. d. trin, schritt, tritt. hmb. tröndel, das fortrollen einer Kugel, act. neutr. W. Weissp. ränzen, hinc inde moveri, possen. ulf. urruns, exitus, (oriens, §. LXVII.) berennen, circumvallare; schw. brennen, überlästig besuchen. rum, procul; rumen, raumen, amovere; Otfr. romen, deficere, Nott. ferroumen, removere, romen, hinc inde volare, Otfr. ruman, averruncare.

ulf. A.S. e.S. W. fram, foras, procul,a, sch. her-; A.S. from, sch. från, ifran, a, ab, procul, (fern, §. CXX.) §. LXIX, 3). ulf. framathja. W. fremd, d. fremmede, sch. främmande, h. vremd, fremd, peregrinus, (All. a verheymed). framen, alienare, LL. fal. adframire. h. frambees, Hindbeer.

ulf. anatramp, ivit, N.S. trampen, ire, d. sch. trampa.e, tretten, trampeln. h. fris. drempel, schwelle, limen. stramp.pfen.

h: Ruh, ruk, ultra, retro; ruken, movere; cedere, hmb. raken, Otfr. rugg. Otfr. x. rechen, movere, Isl. reika, ambulare, (utreka, expellere; usbrikan, rellicere, §. LXVIII, 1.). belg. rochen, trappen. pers. rahsa, multum peregrinatus. Kero pruah, femoralia. sch. wråka, A.S. wråcnigan, vagari, wråcca, peregrinus. sch. wrakfogl, Zugvogel.

N.S. treken, ire; trek, chron. Sax. zug, heertrek, hmb. Gefolg. h. stryken, strichen, streichen, meare, (Will. thurh strenchan, pertransire, Nott. uber stricchen, transilire). Segel stryken, streichen, herablassen, (strykledder, leiter, 2 starke Bäume, Fässer ab- und aufzulassen).

l

r: Rur, ulf. reiro, motus, LXVIII, 1.

h. ryen, equitare. Isl. til og fra, hin und her.

h. schreyen, schreiten.

§. LXXII. Propere, cito; 2) praeceps. 3) animalis; 4) teli-

Rv: Ruv, Rav, h. hmb. rep, repen, properare; rapp, rapidus, celer, (rapphon, rephun, perdix; rappsnabel, voreiliges Maul).

trab.p, cursus. h. grif, hurtig. schrap, fix und fertig.

2) praecipitium, kroff, schroff, rupes, praeceps; hmb. streve, schräge, declive.

3) animal praeceps: trapp, tetrax, ornis.

t.d: Rut, Rad, W. h. celer, velox. Otfr. redu, promtus. chron. Sax. rede, h. N.S. rade, iam, cito, statim, hmb. raden, properare cum impetu et celeritate. Wacht. ult. rath. facile, unrithe, quam cito, hmb. rüten, rennen. E. drat, All. hmb. drade, W. d.thrad.t.th.tto, statim, cito, facile, valde, vehemens, nimius, praeceps. gl. monf. drati, impetus, alveus; Nott. dralen,-aha, torrens.

A.S.

AS. gred, inhians, Hmb. grade, - ig, h. gretig, festinanter; grit, griz: En. gritig, greitig, Tosch. gritig, ulf. gredag, Isl. alrich. gradug, AS. grädig, h. graadig, E. greedy, gierig, hungerig, §. XLVII. &c. (gird, §. CXLVII.).

ulf. sprauto, subito, sch. bratt; drad, citus.

ras, rasch, h. zoo ras, roes, quam cito. Nott. rosch, velox. risch, §. LII. rüstig, h. rustig, gl. monf. rasco, vivax, ardens; resci, fervor, alacritas, alacer. AS. ahrus, - reos, cecidit praeceps, ahreosan, reosan, dreosan, ruere. ulf. drus, casus, ruina, praecipitatum, drausjan, praecipitare, draus, cecidit, driusan, cadere. anddruoso, cursus praeceps. ulf. hrisjan, sch. hrista, rista, excutere, §. LXVIII. LXX. Otfr. grazzo, valde; schw. grezen, h. rotsen, rapido cursu equitare. St. an. spreizen, salire.

2) praecipit. roz, h. rotse, AS. hrusa, stroz, rupes, praeceps.
Hmb. schrad, declivis, obliquus.

3) anim: LL. sal. freodo, vitulus, a saliendo Schilt.

gl. monf. struz, straus, struthio, a velocitate. (s. magnitudine, §. LXVII, 1.)

4) teli: Mns. ar-, armbrost, arcus, (brust, rupit, §. XLVII, 2) §. CCVIII, 2.

n.m: Run, Ran, ran, cucurrit, rennen. rammeln, leporum, infantum. fram, valde, omnino (ulf. framwigis, sch. framwäges, E. allwaies, allwegs). h. schrander, schnell, klug.

2) praecipit. rain, locus praeceps. Hmb. schreem, (schw. schlems, §. XXXIX) declivis. h. strompelen, stolpern, XLVII, 2. sch. brand, praeceps.

3) anim. gl. monf. reinno, admissarius. rind, vitulus. ram, All. schw. NL. aries, gl. monf. vervex.

4) teli: ram, iaculum; Becan. römen, iactare. Otfr. rammen, schiesen, §. LXIX, 2. Tac. 6. framea, pf. priem, LXIX. XLVII, 2.

h: Ruh, Rah, Hmb. rek, promtus, paratus, reken un rede. AS. gethräce, Schilt. argent. 1448. gericht, apparatus, supellex. §. LXVIII, 2). 1528. rigfertig, propere. E. ready, promtus. Isl. reka, proiicere. E. rake, motus nubium a vento. ulf. frik, fr. frech, avarus, inhians, cupidus, §. XLV, 2) h. graeg, cito, avide.

Otfr. Nott. scrikken, scrigen, salire (Nott. marto screcch, mat-, heuschrek), h. krekel. Nott. screchen, praecipitare. Nott. sprangen, sprengen, velocissime vehi: gl. Lips. sprinko, locusta. sprung, saltus, exsilit, springen, AM. sprungezen.

ulf. thragjan, currere. T. sch. strax. ko. h. strak, illico. j. arg. strichg, articulus, momentum temporis.

2) praecipit. E. Asm. roc, roche, E. rok, rupes. schräg, obliquus, declivis, ulf. wraiqs. Isl. brekur, N. S. brink, rain, locus praeceps, (ora §. LXIX, 3.) strauchelen, h. struikelen, XLVII, 2.

3) anim. 1528. rech, reh, caprea, LL. sal. frico, vitulus, a saliendo Schilt.

4) teli ictus, strich, streich.

l: Rul, trollen, currere. hmb. drullig, belg. drollig, lepidus, posierlich, §. LIII. trill, meretrix, XLV, 2.) -

4) prellen afl. wie die Füchse; neutr. hmb. prallen, resilire, elastice. stral, Nott. sagitta, telum.

r

S. gra, gray, propere. h. dra, quam cito; ree, promtus, paratus. h. hmb. zoofra, quam cito. AL. vru, früh; mox, propere; frei, in instanti (frei (stand) recht, - schöp, - grav, - mann, Besold. 3) guRR, §. CXLIX.

belg. ree, rhee, E. roe, eS. raa, Wil. rei, caprea.

4) frgl. ru, celi ictus.

§. LXXIII. Laboriose ferre; 2) trahere, 3) impellere, §. XLVI.

Rv: Ruv, trieb, LXVIII. streben, streve, sträuben, §. LXIX, 3. h. stribbelen, 3) h. strepen, mit ruten hauen, geiseln. treffen, b. schlacht. trouwen, prügeln.

t.s: Rut, Denzl. frett, laboriosus, fretten, magnis laboribus se exercere.

spries, gl. monf. spriuza, fulcrum, spreisen, reniti, §. LXVI. spriet. Segelstange, Stange, Spies. h. aabrassen, Segel richten.

2) gl. monf. ruoder, AS. roedra, ruder, remex.

gl. monf. gidrozen, protrahere, LXVI. 3) h. rossen, prügeln.

n.m: Rum, ram, hmb. b. stramm, steif, hart angestrekt, strammen, e, sperren, steif machen, §. LXX. h. stremmen, stemmen, aufhalten. h. trein, gefolg, geschlepp, LXVI.

2) belg. riem, hmb. rem, remus; remen, rudern, rinnen, ruderstange.

3) rammen, - eln, arietare; strammen, stramp.pfen.

h: Ruh, AL. AS. d.trug, tulit; Kero tracan, AS. dreogan, sch. draga, tragen, ferre, ducere, pati; Wns. vertragen, verzeihen.

AS. Schilt. fracht, merces vecturae, h. vragt.

2) Nott. recchen, MZ. treken, trak, getroken, sch. dröga, AS. dragan, trahere. sch. drog, Kero trago, träg, tarde. gl. monf. tragen, languescere. v. T. traken, exspectare. b. thrauge, perennare, AS. thrage.o, diu; hmb. drag, jäh, mor. dracht, Joch zum Wassertragen; dim. draggen, Hakenstange. NS. E. dragg, uncus; S. drach, ancora, h. dreg, dregge. rangen, ranken, pandiculari, Denzl. der range, cynanche. h. trek, zug.

strecken. strak, Isgsh. tetendit, tensum, strang. Otfr. streng, durus, acerbus, Tat. fortis; strengisan, confortare. b. hisp. strang, strenuus, §. LX.

hmb. krek, Schiebschlitten. 3) h. ruk, schlag, stos. strek, streich. LXVII, 2.

l. Rul, h. treil, Seil zum Ziehen eines Schiffs, treilen, AL. treylen, hmb. treueln, fune navem trahere. h. dral. lente, dralen; dril, Bohrer, locheisen, drillen, bohren; ein Schiff fortwinden. druil, kleines Segel, Zauberer, druilen, zaubern, §. LXVI.

r: Rur, hmb. ror, h. roer, remus; rorpinn, clavus, gubernaculum.

gl. monf. droa, onus. raa, Segelstange, Zwergmast. LXIX, 3.

2) h. roey, remes, hmb. roien, remigare. h. kruyen, Schubkarren ziehen.

3) tri bol, instrum. bellic. 1322. inventum, ab impulsu.

§. LXXIV.

§. LXXIV. Repere.

Kv: Ruv, rup, h. rups, raupe. h. repen, gl. Lipf. krepan, repere. blm. krup an quit, allerlei Vieh, §. LXVIII. krabb. krappen, krupen, h. kruppen, repere; hmb. bekrupen, agnoscere femellam. krappeln. krüppel (repens); kropf, parvulus. Dengl. gropp, grundel. belg. rupse, eruca. krebs, §. X. h. kreft. b. krybe, repere, krob.

t.s: Rut, belg. rot, rat, hmb. rötte, ratt, glis. Dengl. frett, Isl. krott. blm. kraut, krabbe. schröter, scarabus. h. wroeter, vermis.

raz, gl. monf. crioz, glis; boxh. gl. fr. krisan, serpere; Nott. chresent', reptile. v. frosch (h. auch vorsch) rana.

n.m: ram, reptile. alf. thramstein, locusta, §. LXXII. grundel, gobius.

h: Ruh, (Slav. rak, cancer). Kil. rach, aranea. rog, roch, rogen, rechling, ova piscium. Otfr. drach, h. hisp. drahche, draco, serpens.

kroch, repsit, kriechen. blm. prikkel, krbte.

l

r

hmb. krauln, repere.

§. LXXV. Motus inveget. inanimalis Solidi, fluidi.

Solidi: Radere, Asper.

Radere, serrare, scalpere, fringere; 2) Calculus, aerugo - scabies.

§. XLVII, 2.

Kv: Ruv, h. ryf, reibeisen. rywen, reiben, h. wryven §. LXV. gl. monf. roupan, fringere. S. rapen, rappen, raffen, h. krabben, krauwen, radere. sch. rappa, rappen, linere. h. grif, glatt; troffel, kelle. grawen, graben. §. XLVII, 2). sch. skrifa, Kero scriban, §. LVII, 2). schrepfen, scarificare. h. schrap, S. schrapp, schab; Dengl. schrappen, sch. skrapa, radere, hmb. h. schraben, schrapen, schröbben; schrubben, hart scheuren.

alf. gadraban, excisum, (AS. abrisene fatu, sch. drifvit werk, getriebene Arbeit); alf. drab, excavavit. graw, calvus (abrasus).

h. ryven, rechen; gl. monf. riffila, serra, rostrum. h. roffel, Hobel, rouwen, glätten, rollen. h. tripel, trippel, Erde zum polieren.

2) hmb. riff, Sandbank zum stranden. Tat. ruf, riob, AS. hreofnis, lepra, hreof, callosus. h. rof, rappe, hmb. rave, S. rava, rufe, crusta vulneris, scabiei. h. krevel, juken der Haut. h. hmb. tryp, halbgeblümter Samet, Plüsch (excisum). h. schrab, schramme.

t.s: Rut, rit, gl. monf. riz vel stuph, apex, circinus, exaratio, riß; riten, rizen; Otfr. reiz, ries, rasit, scripsit; gl. monf. reiza, linea.

AS. gratan, LL. fris. craten, krazen, b. kradse, rodere. (LL. all. ather grati, cauterisatio, besser ather girati, curatio, §. LVII.) hmb. schw. 1528. krizeln. hmb. kröse, faßkerbe. kreide, creta. greis, calvus.

h. ros-

h. rotten, radere, (putrescere LI. h. rosten, radere. schw. rutschen. Kil. raspe, radula, tyrocnestis, raspen. kraut, h. kruit, pulvis.

2) Notk. rud, ulcus, h. ruide, raude, gräze, scabies, §. XLVIII, 2), gries, Notk. griez, arena, AS. gris.z, calculus. Dengl. grüsch, h. gruys, furfur, pars minuta, festuca. grut, minimum rei. M. AS. h. rust, gl. monf. ruost, T. sch. rost, Kero roso, ulf. ridwa, alsch. Isl. rid, aerugo. kruste, crusta, §. LXIV. h. w.vrat, warze.

h. roet, rus, fuligo; Mns. ruost, corvus, pica, a colore fuliginoso, §. XLVII. LVI, 2.

h. ros, T. rot, Offr. ruber (fricatus), gl. monf. purpura; AS. read, flavus, fulvus; d. schw. raut, ruber. (fr. rador, AS. roder, firmamentum coeli, eS. rodere, coelum, AS. gram. a rutilo colore. nonne a motu §. LXXI. gyraro, §. LV?); hmb. ross, rubidus, subrufus.

n.m: Rum, AS. grima, striga. schles. krimmern, juken. striem, rasum. h. schramme XLVII, 2. schramen, krazen.

h. run, runne, Pulver von eichenen Rinden, Leder zu gerben, loh.

2) Dengl. tzsch. grien, calculus, arena. grind, scabies.

Eüsm. raam, fuligo; veron. corvus, §. XLVII. h. kram, e. kramp, eiserner Haken.

h: Ruh, schw. friken, fricare, Henisch Sprachschaz. reche, rastrum; rechen, trechen, §. LXV, 2. streichen ib. h. schroken, sich an etwas brennen.

l: Rul, rellen, radere, trellen; hmb. prulle, verlegene Waare. (§. LXV.)

r: Rur, rur, dysenteria.

Run. rya, eradere. grauen, sculpere, grau, ravus. h. krauw, das krauen.

§. LXXVI. Asper: Acer.

Asper, durus.

Rv: Ruv, M. ruw, belg. rouw, rauw, ruuw, hmb. ruue, struw, asper. h. ruiven, die Federn ändern.

2) grob, durus. hmb. raff un rekel, harte Art dürrer Seefische.

t.s: Rut, rust, ulf. usruft, asper. schw. reisten von Tuch. h. ruiden, mausern der Vögel.

2) krospel, krespel, AS. grisl, cartilago, sch. brusk. §. LXVII, 1. 2.

n.m

h: Ruh, ruch, rauch, rauh, hmb. ruug, h. ruig; M. roch, roh, asper, durus. Kero ruha, vellosus. sch. d. rugh, AS. ulf. rih, hirsutus, ulf. wraiqus, W. Weinsp. regel. hmb. ruugen, mausen, avium, rauhen.

l

r

ru, ro, belg. rou (cambr. garu) d. rae, roh, rauh. h. roujen, mausern der Vögel.

§. LXXVII.

§. LXXVII. Acer sensui.

Rv: Ruv, hmb. struv, herb.

t.s: AS. hrad, cimbr. hradur, acer; hmb. wreed, herb, olfactui, widrig, h. saur, herb. §. XLVIII. S. schw. räs.

n.m: Run, h. rynsch, räs. wrang, saur, herb.

h: Ruh, AA. ruch, roich, rauch, geruch, odor; roch, odoravit, riechen. LVII, 1. fumus, AS. rec, h. hmb. rook, Will. roich, gl. monf. rouch, ruch, rauch; Besold. Ruchen Feurherd, Bürgerrecht. Nott. riechen, Tat. riochen, rouhen, fumigare. AS. reocan, belg. rooken, rauchen, fumare. AS. räcels, thus, recan, vaporare et fumare.

l.

r.

§. LXXVIII. Motus fluidi, fluidum. (L, §. XXVIII.)

Rv: Ruv, (cambr. riw, torrens.)

trop.pf, h. trupp, drop, hmb. drup, drap, gl. monf. troupfi, trauf, stilla; hmb. drüppen, gl. monf. triufan, Will. troffezen, tropfen, tröpfeln, triefen. träufen act. humectare. blam. bedrabbeln, trielen, polluere. hmb. drove, colum, droven, colare; struven, schw. straubezen, zukerbachens, strauben, sträublein, sprüzkuchen, striblita.

hmb. dryven, treiben, natare, fluitare. h. drifsteen, Bimsenstein.

hrop, lacuna, §. LXVI.

t.s: Rut, pers. rud, hmb. Magaz. I. p. 176: rhudon, rodaun, rhus, ros, altpers. arasse, fluvius, AS. hrid, vadum. Dengl. ros, wasserfurch, rosen, wässern. Nott. Wms. risen, riseln, defluere. wend. brud, S. brudel, Sumpf.

hmb. bruse, das löcherige der Gieskanne; h. bruys, schaum. brüsche, fluv. Alsat. brizen, sprizen. bair. spruz, conspersio. h. sprits, sprizbachens.

schw. strizen, conspergere. bair. tritscheln, profluvio ventris laborare.

h. ruiting, Molken, geronnene Milch.

n.m: Run, ron, ran, fluxit, rinnen, Otfr. :c. rinnan, Will. rennen, sch. rinna. Runren, ductus aquarum; AS. hrän, unda, flustra. rhyn, rhein, rhenus; gl. monf. Nott. Dengl. runs, fluvius, alveus. rinne, hmb. rönne, sch. ränna, canalis aquae. ulf. ataruuja, inundatio, rinno, torrens, urruns, latrina. gerinnen, coagulari; schw. bair. ram, rom, raum, h. hmb. rom, AS. ream, E. cream, flos lactis, cremor. ulf. sch. ramman, humor. h. runsel, lab, Milch, Käs gerinnen zu machen. stremmen, gerinnen, stoken; stremsel, molken. vrongel, geronnene milch.

AS. ren, E. rain, fris. reyn, pluvia; renian, pluere. v. T. rynsen, ausspeihen. hmb. tran, gutta, §. XLVIII, 1.)

strom, gl. monf. stroum, alveus.

ulf. Buxb. T. All. sch. brunn, bronn, (born, §. CXL.) brenz, fluv. Würt. brunzen, mingere. sprenzen, inundare.

h: Ruh, gl. Lipſ. AS. ryhe, torrens. AS. racu, Isl. hregg, rign, Goth. T. reghen, D. rökia, alt. rign, T. N. AS. regn, pluvia; alt. rignan, sch. regna, regnen. AS. broca, fluvius. E. bruch, NS. brök. brogel, brögel, (brem. blok, §. XXXVIII.) terra aquosa.

gl. monſ. gitrahti, fluctus, motus. Isl. drekas, sch. drunkna, ertrinken, submergi aquis; Otfr. irdrenkan, suffocare, ertrenken. dragk, trank, infusio animalis, §. LXVI. Nott. Ali. strang, sons, rivus. gl. monſ. scranchon, fluere.

Dänſ. spriken, -eln, sprengen, spargere. h. sprugtel, Arm eines Flusses.

l: Rul, rol, fluxit, rollen. Ali. riol, rivus, canalis, fossa, lira, sulcus, cloaca; holst. riolen, ein Land furchweis tief umgraben. h. brulen, fluere. H. Sachs priel, osnabr. prull, NS. brül, AS. broel, palus.

schw. tricken, triefen, polluere. h. trielje, wachstuch.

W. Weinſpg. strollen, stark regnen.

r: Rur, ror, rohr, canalis. fr. AS. dror, dreore, D. dreyre, cruor.

(frl. ru). h. reuj, Bauchfluß, reuyen, Durchfall haben.

spryen, h. sproeyen, wässern, sprizen.

R

ist die, an den Zähnen rasselnde Zunge, der Hundslaut, in allerlei Affect, und zur Nachahmung eines Geräusches, und der Bewegung. Mit L eines Ursprungs, nur von höherem Grad. Ihr Gemeinschaftliches im Germanischen ist angemerkt; dasselbe ist, obgleich in verschiedenen Absichten, zimlich gros. Was Wunder, wann manche Völker das R durch L versehen?

§. LXXIX.

M,

Pascit sociatim. Pascit cibus et cibatio.
Cibus, Praedium (s. praebens cibum). Cibus:
Olus (regni veget.) et pingue (regni animal.)
Olus; 2) pascua, 3) paludosum.

Mv

t. s: Mut, muts, pomum, obs, (mutu monat, September.) h. mont, Maly.

mus, gemüs, Kero muas, cibus, muz, pulmentaria. mos; mosen, holst. in pulpam redigere, schw. das Grasen des Rindviehes aus dem Fluß.

Mispel, mespilum.

2) mat, tgsb. matte, pratum. (Nott. mato scregh, locusta). Isl. mod, Heusame.

3) paludosum: mos, palus. alt. asmes, locus.

n: Man,

n: Man, man mon, olus. mandel, amygdalus. mangelt, -old, beta. E. münze, olus.

2) Schilt. die menen, pascua inter utrumque Rheni ostium.

h: Mah, gl. monf. mag, papaver. ulf. smakkans, ficus.

l: Mal, smelle, häufiges Akerkraut. malz, hordeum madefactum ad cerevisiam. melo, melone. h. melde, melten, atreplexum. h. maluwe, malva.

r: Mar, Dengl. marr, Eichel, Castanien. Nott. mur -, gl. monf. murpaum, morus, caprificus. h. muur, alsine. mör, rapum. gl. monf. merugi, frutex. morchel. E. schmirle, olus. Isl. smare, trifolium; mura, potentilla.

2) Schilt. mar, mor, marsch, ager feralis, niederes Weidland.

3) All. mor, moer, sch. myra, limus, palus; S. mor, terra aquosa; Dengl. mur, 1528. mür, lutum; belg. mer, mor, moer, stagnum; Nott. muorra, humor. Nott. der mer, das meer, 1528. mör, M. AS. mer, ulf. marei, h. mer, maer, meyr, mare. (Tat. merigrozza, AS. meregrot, Stadenius in gl. florent. a gris, sabulum, margarita.) ulf. saura marei, regio maritima. AS. merso, palus lacustris, uligo, sch. myra, moras, ulf. marisaiw, stagnum, palus, morast, h. maras; h. maersche, NT. NS. marsch (hmb. masch), niedriges, feuchtes, fruchtbares Land an grosen Wassern. §. seq.

§. LXXX. Pingue, caro, adeps, medulla, mel, lac, butyrum.

2) Mucor, inquinans; §. antec.

Mv, Muv, Dengl. maw, caro.

2) muff, mucor, was anbrüchig riecht und schmäkt.

t.s: Mut, uplând. mat, E. meat, (armen. mis), caro. schw. hmb. mus, maus, musculus, i. e. caro; Rab. musi, lacerti. muschel, h. mossel. h. smout, schmalz. gl. monf. medo, mel. mast, pinguis, Nott. maston, pinguefacere.

2) schw. moz, mozen, balgen, das weiche drüken. h. meuzelen, inquinare. smoz, NT. h. smet, sch. smitt, pingue, inquinans. NT. smet, inquinavit, ulf. bismaith, unxit; smitten, sch. smitta. belg. mos, lutum; hmb. musseln, schmozig sein und machen. h. mossel, lutum, pudend. muliebre. mot.d, marde, hmb. mudde, h. modde, -er, schlam; moder, Verwesung, hmb. Hese, schw. muter; hmb. mudde, mudder, dike Unreinigkeit auf dem Boden; muddig, dik, trüb, schleimig; moth, Schaum auf dem Bier rc. sch. d. smita.e, E. smitch, NT. smette, Kero pismiz, macula; sch. smetta, linere; smitta, NT. smitten, E. smutche, All. smizen, schmizen, schmeissen, inquinare, ulf. smeitan, smait. hmb. smaddern, schmieren, schlecht schreiben; smuddeln, unreinlich thun, sein. hmb. mess, h. mest, mist, fimentum; gl. monf. mistin', sterquilinium. hmb. miete, Misthause auf der Geest.

n: Mun, dän. mun, mucor; münig, muchig, hummig, drummig.

S. mantschen, besleken.

h: Muh, mah, Dengl. mägen, gestandene Milch. Isl. mauk, molkenschaum.

 2) h.

2) h. mucht, mucor; hmb. muchas. mäkeln, meuchelu. lgsh. smac, foetor. h. moggelen, besudeln.

hmb. mynge, lotium; mygen, mz. migen, d. meie, meiere, meg, be-megen. ulf. maihstur, fimentum.

l: Mul, ulf. miluh, mel. Lac, melk, milch; melken, molk. molken.

mal, smalz. hist. Samar. smal, pecus domesticum, vacca, capra, ovis. Run. bit smali, armenta.

2) mal, sch. mål, macula. hmb. smullen, schmuzig handeln.

r: Mur, smer, adeps; smeren, sch. smória. ulf. smyrna, myrrha. Rab. gl. mons. mark, h. merch, AS. mearch, dim. murk, medulla.

sch. smör, gl. Lips. suo smer, butyrum.

2) Schilt. murk, vini faeces. h. moer, moder; morsen, schmieren, besudeln; gemors, unreinlichkeit.

d. mele, mingere.

§. LXXXI. Praedium; Limes; Multum.

1. Praedium, campus, planum; habitaculum.

Mv

t. s: Mat, al. mezmat, mansus. h. mat, beschränkter plaz.

n: Mans, mansus, Bauren Hof, - Gut; mansum, domus. Gold. 12. iugera, mansmat, in pratis, mangrab, vineis, manwerch, agris, manstofel, in alpibus.

h: Mah (gall. - magus, oppidum). boxh. gl. fr. gimahida, contubernium, gemach, conclave. LL. sal. machalan, sive spicari, horreum sine tecto.

l: Mul, N. AS. E. mold, molld, mould, humus.

r: Mar, sch. mark, campus, fundus, terra, silva, humus, regio.

der morgen, campi spatium.

2. Limes, terminus plani, et 2) temporis, luna, messis.

Mv

t. s: Mat, Otfr. mez, limes, mezikan, exulo. fluvii mas, mosel.

2) AS. missare, annus, semestre spatium, §. LXXXII. et CCII.

n: Man, 2) Luna, al. mane.o, h. maen, d. maane, sch. måna, AS. mona, E. moon, ulf. mena, Bush. T. mine, schw. mon, mond. mensis, al. manoth.o, Rab. monath, ulf. menath, menoth, AS. monad, d. maaned, Isl. manadur, E. moneth, sch. månad, h. maend, v. T. maynt. Mat. mandare, messor.

h: Muh, Mah, hmb. mikken, terminum figere, zielen; h. mik, Ziel, Schnellgalgen.

2) gl. Weche. mag, E. mach, luna. pers. mah, mensis.

l: Mal, mal, sch. mål, terminus, scopus, (malbaum).

2) mal, sch. mål, ulf. mel, tempus, vices.

r: Mar,

r: Mar, germ. mark, limes. argent. anmereu, Offr. gimieren, littori applicare; Kero marchon, terminare. L. WestrG. thakmark, finis. Isl. móre, marz, limes, signum. h. marken, einen Saum machen.

2) M. AS. sch. Isl. morgen, on. un, AS. mórigen, b. h. mergen, E. morrow, cras; ulf. maurgin, Kero morkane, mane.

LL. Sal. meo, h. may, messis; maeyen, altsch. maa, mähen, metere. mey, majus mensis.

3. Multum, magis, magnum.

Mo

t.s: Mut, h. myt, acervus; gl. monf. meitisen, increscere. ulf. mais, magis, maist, sch. mäst, meist, magis, plus, Offr. Kero x. maximus; ulf. maiza, maior. (mastbaum) schw. misenl, tritavus.

n: Man, manig, manch, M. menig, AS. mánige, b. mange, sch. mång, E. many, ulf. managa, multus, multitudo, menge, Offr. menigi, sächs. meinge.

Lanth. bair. mandel, Zal von 15, Garbenhaufe.

h: Muh, M. miog, multum, valde; sch. mykket, - el, germ. mikil, multus, magnus. ulf. gamikljan, Kero mihhilon, multiplicare, magnificare. Isl. miuk, magnificus. ulf. mikilei, magnitudo. hamb. mäkler, langer Pfal, hohe Spize. E. mah, magnus.

l: Múl, myle, meile, mille scil. passus.

r: Mur, M. M. mur, maur, murus, (altum, f. sepiment. nr. 1. et 2.) Kero mer, sch. meer, Isl. meir, mehr. Isl. balec. marg', multus. M. meron, augere, exaggerare, Offr. merran, crescere, augescere.

bair. marsch, trabs magna. du Fr. marla, merges.

M. sals. R. me, magis.

§. LXXXII. Cibatio est Paratio et Fruitio.

Paratio est Mensura et Molitura. Mensura, Mercatus.

1. Mensura, 2) medium; 3) vas.

Mo

t.s: Mut, Mat, M. mat, met, b. made, sch. mát, AS. gemet, M. mez, meß, ulf. mitath. d, mitadjo, mensura, modus. Notk. mezzen, mitigare. mat, maz, mas, mensuravit; Offr. mizen, mezzan, M. AS. metan, sch. mita. model, muster.

2) M. sch. mitti, AS. midde, ulf. midja, mitte, medius. das mittel, b. midt, E. middle, midst, ulf. midums. Notk. metemer, medius. AS. middum, inter. (Isid. mittin-, Tat. mittili-, AS. middan-, sch. midiungard. th, orbis terrarum, mundus.) h. mits, vermittelst.

 3) bair.

3) beir. mut, Denzl. mütt, Offr. Tat. rc. muttu, Goth. müt, AS. mitta, midd, NS. muddel, schw. mittle, h. madde, modius, vas. hmb. matte, Abgab in der Müle, Mütter. Rab. mutteo, metreta. h. mut.d, mudde, 4 Scheffel; muite, kesig.

Kero mez, quadrans. mas, mensura fluidi. ulf. mes, patina. ulf. mes, mesa, AS. mesa, myse, Kero mias, muas, moas, mensa; E. messe, ferculum.

n: Mun, b. AS. mun, mund, manus, (monnes eln, munda aln, cubitus). h. monster, muster.

2) hmb. mankt, inter.

3) AS. h. v. T. mande, corbis. h. mamlering, lederner Schlauch.

h: Müh, h. mingel, ½ stoop, s. 2 pinten, fluidi, brem. mengel. h. mengelen, halbe Mas.

l: Mul, Mal, mal, sch. mål, mensura; måla, metiri. h. mal, caliber; mall, modell.

2) AS. N. mil, mille, inter, in.

3) Offr. mal, malaha, male, pera, sarcina. b. mal, felleisen. ulf. mela, modius. AS. mele, patera, melas, carchesia. Goth. maldius, maltra hält 4 mütt, matter. NS. molge, hmb. möllje, hölzerne Wanne, mulde, malte. E. malter, cubic Holzmas.

r: Mar, mar-, marzal, tgsch. W. Urk. rc. proportio, libra, pondus, portio auri, argenti.

3) h. mars, mers, korb.

2. Mercatus.

Mo

t.s: Mut, die meß, festum (licht-, AS. hlafmässe, festum primitiarum, §. XXXIV, 2. §. XXXV. mutschiren, vicissim dare, Besold. Schilt. Ka. mupten und schiren, dividere.

tgsch. müte, AS. AE. E. med, gl. Lips. miedo, j. arg. miet, ulf. mizdo, miete, merces, proemium, donum, munus, W. mieta, NS. miede. gl. mons. mieti, proemium. Kero mietan, conducere.

n.m: Mun, hmb. mynnern, zum Verkauf ausrufen. j. arg. mengeler, propola; Capit. Carl M. 789. mangones, mengen, vagabundi.

moneta, münz, sch. mynt.

h: Mah, W. maior, majer, villicus (§. LXXXI.), procurator, gl. mons. conductor. mäkeln, mercari, h. makelen.

l: Mal, altsch. mala, merces, stipendium, spec. militare; malaman, conductitius. cambr. milwr, miles, ulf. militondans, militantes, §. XC.

r: Mar, markt, mercatus, marken, emere, vendere. mark, mensura librae, pecuniae. Frisch merzler, fürkäufer.

§. LXXXIII.

§. LXXXIII. Molere, ruminare, concidere; 2) gracile, exiguum, molle, pulvis; 3) liquare metallum, cudere, aerugo. 4) madere, fluere, urinare,
(§. CXL.) LXXIX. LXXX.

Mv: Muv, meiwen, ruminare. schw. hmb. muffeln, zahnlos beissen.

t.d: Mut, Mat, ulf. matjan, matzjan, manducare; baier. mozen, sugere. smaxen. conc. Worm. 868. meda, gl. monf. meto, meth, mulsum. hmb. mettgoot, -wurst. most, perf. must, mustum.

ulf. maitan, maimait, gl. vet. meizzan, scindere, secare, h. matsen, mezeln. Nott. metemen, dividere. Otfr. mazalar, mezger. h. mes, hmb. mest, messer; Kil. masse, alrp. masia, securis; mater, matarus, telum. b. mez, steinmez. Isl. meida, mutilare, meisla, mutilatio. h. mot, Span von Zimmerholz, Stük Torf.

2) b. moden, maturus, hmb. smätisch, e. schmätsch, gracile, junceum, tenue. AS. smethe, mollis, planus, smoed, planus, politus; hmb. smödig, schmeidig, Will. smethelich, mollis, lenis, mitis.

3) fr. smithan, mollire, mitigare tundendo, Will. smithan, gl. monf. smidan, cudere. smet, der schmid. Will. gesmithe, metallum; Mns. gesmide, metallum, Eisen, Edelstein, geschmeid. hmb. smyten, smettern, schmettern, schmeissen, schmiß. XCII. möß.

n.m: Mum, Mam, ulf. manwjan, praeparare; manwi, sumtus, manwus, paratus. mamp.pfen, baier. mumfeln, schw. mummeln, manducare. 3) Menin, minium, minien. mine, metalli fodina, suffossio; mineral.

h: Muh, Mah, fr. maki, AS. meca e, Theot. T. mycha, d. mäki.er, machaera.

2) Kil. muyk, mollis, lenis, h. mak, sanft; meuken, mürb werden; smakken, tundere.

3) h. moker, Schmidhammer.

l: Mul, Mal, ulf. malan, AS. mylen, An. mulen, MT. molen, moulen, d. mölle, E. mill, sch. mala, molere; mole, mule, müle, mola. Nott. malen, mulen, conterere. Otfr. mela, meel, farina. Schilt. mulzer, molzer, mülter, molta, multura, Abgab in der Mül. malmen, concidere, quassare.

2) smal, AS. smael, gracilis, exiguus. mild, mollis. h. mals, mürb, zart, delicat, mollig. pulvis, MT. mul, AS. Isl. myl, mol, mul, tgsh. müle, gl. Lips. mül, Tat. mel, sch. hmb. mull, (terrae, ligni-), (maulwurf); tgsh. gemuls, ulf. m. muld, AS. Isl. mold, E. mould, b. hisp. St. an. molt; gl. Lips. melm, mulm, pulvis. ulf. malm, arena. Nott. melewe, lutum figuli. sch. malma, redigere in pulverem.

3) sch. malm, aes; smälta, h. smelten, smolt, schmelzen. b. hisp. smelz und gold; gl. Lips. sconi smelzes, species electri. gl. monf. militow, rubigo. h. mall, Drattring. h. e. smalt, blaue Farbe.

r: Mur,

r: Mur, Mar, schmarr, decoctum; hmb. smor, caro assa, smoren, im Tigel braten. hmb. murs, schw. morsch. mörsch LL. all. marck.ch jan, maxillaris. ulf. maurgan, abscindere, merzen. Isl. mira, mordere.

2) hmb. mör, mürb, mollis, h. murw, b. mor.

3) mergel, merga; smergel, smyris. mertel, arenarum, mixtura calcis, arenae, aquae, Denzl. mörter, §. LXXXIX. mörteln, in Broken zerfallen. h. afsmeren, abschmieren, rundere, XCII. Schilt. Millen, quassare. alts. Mia, concidere, abscindere. gl. monf. gimait, evulsus.

2) Isl. mior, små, sch. sma, gracilis, exiguus. h. gemoei, geschmeidig. h. mee, mech.

§. LXXXIV. Fruitio est Esca et Os. Esca seu Cibus et Cibans.

1. Cibus, prandium; panis, bolus.

Mv: Muw, h. mop, Pasteßein, (gebachener Stein).

t.s: Mut, Mat, T. M. ulf. mat.d, (ulf. nahtamats, - matjus) AS. mâte, met, esca, prandium. Al. muas, Notk. mazze, h. moes, mus, esca. (allmilsen, 1528. allmosen, cibaria publica). fr. mast, esca altilis, Besold. smus, schmaus; schmausen, hmb. smuddern. h. moot, Scheibe von einem grosen Fisch.

n: Mun, Au. munig, E. coena, munus.

h: Muh, mok, bolus.

l: Mul, Mal, mal, sch. mål, coena, vices cibandi. hmb. müllje, gemüs; smullen, schmausen. sch. smol, bolus, E. schmolle. h. smul, schmuzmaul, verschwendung.

r: Mur, Mar, mar, b. hisp. merthe, coena. j. Sax. prov. meren, coenare. Denzl. murr, bolus, panis, E. murk.

2. Cibans, lactans, mater. 2) Scropha (§. XXXIV, 2.)

Mv

t.s: Mut, Mat, pers. madar, Al. muader, h. moeder, M. MT. mod.ter, mater. NS. medder, hmb. dim. mödderske, müttjen, muhme.

2) sch. meid, motsch, equa. meze, canis femina, meretrix.

n.m: Mum, h. mam, mamma, mater, fris. mem; hmb. dimin. mömeken, dalec. munna, uber; Schilt. in sch. finder meme, schw. memele, Tat. manjon, ubera. (h. min, Säugamme, minnen, säugen.)

h: Muh, 2) Denzl. mok, scropha.

l:

r: Mur, Mar, b. moer, hmb. moor, armen. mair, mater. gl. monf. maria vegili, teneros foetus.

2) salisb. mor, mohr, scropha. mar, mär, märre, h. v. T. merrye, hmb. mähre, equa, LL. all. marach, Besold. marc.ch, equus militaris. (hmb. mahr reddik)

§. LXXXV.

§. LXXXV. Os, rostrum. Os et Sonus ruminans. Os et Sapor. Os, stomachus.

Mv: b. mave, stomachus.

t.s: Mut, AS. mud, E. mouth, os.

n: Mun, Man, sch. a. munn, Isl. munnur; All. mand, mund.t, ulf. munth, h. mont, os.

h: Muh, hmb. muk, os, muken, maul krümmen.

Mns. mag, Rab. mago, magen, stomachus.

l: Mul, hmb. mul, maul. gl. monf. mula, rostrum; h. moel, smoel, Maul, Schnauze. AS. multi, Rab. miltzi, milz, splen (concoquens), h. milt.

r: Mur, h. murf, maul.

§. LXXXVI. Sapor, sat: 2) deliciae, carum, pulcrum; 3) subridere, blandiri.

Mv

t.s: Mut, Mat, sch. mätt, sat.

2) E. met, aptus. Mns. gemeit, laetus, elegans, dignus. Offr. k. gimuat, commodum, aptum, laetitia. hmb. unmoit, unmuth, unlust.

h. moefje, schönpflästerlein; mutsen, vergnügt sein.

3) hmb. smustern, schmuzern, subridere. schmuzern, schmazen, osculari.

n.m: Mun, Man: h. monden, wol schmäken.

2) Nott. mammen, in deliciis esse et habere. Offr. k. mamunti, deliciae, dulcedo, mansuetudo, gl. monf. blandimentum, sinus; All. Conf. mammendi, verzärtlung. AS. All. Mns. tgsh. h. minna.e, amor, carus, minnan, beminnen, amare; tgsh. geminnen, cohabitare. Schilt. anmin, anmuthig. Offr. gumane, gaudium. Kero, Nott. k. mendi, gaudium, blandimenta; All. menden, gl. Lips. mendian, gaudere; mendisse, laetitia. Isl. men, pulcer; mina, mynda, ornare, formare.

3) NS. smunzern, subridere.

h: Muh, Mah, NS. smak, gl. monf. smach, geschmak, sapor. Mns. smacht, odoravit, smeken. NS. smöken, schmauchen.

2) h. sch. mak, deliciae; h. vermaken, vergnügen. hmb. möge, schmak, Appetit. Mns. gemach, glük, wolfart, hmb. gemak, bequemlichkeit; Offr. gimah, idoneus. T. ulf. mag, R. Lub. 1323. mug, AS. mäg, volo; All. NS. magan, mögen, mugen; mocht, NS. miht, voluit. b. NS. smuk, pulcrum; schmuk, schminke, ornatus. b. hisp. smeken, schmuken, apparere.

3) Kil. h. hmb. smeken, Mns. smuken, schmiegen, schmeicheln, hmb. smekelen, blandiri, palpare. hmb. smukken, osculari.

l: Mul, h. smeulen, schmauchen, rauchen, glimmen. XCIV, 4.

3) b. hisp. smielen, E. smile, belg. smuylen, smollen, subridere. b. hisp. ersmielen, blandiri. h. gemal, Scherz, getändel.

r: Mar,

2) AS. unmer, unmerlich, unlieb, verdrießlich.

3) schmarozen.

h. mooi, schön; moe, las, moe en beu.

Wal. smeuch, delicatus, blandus.

§. LXXXVII. Sonus proprie ruminans, mussitare, murmur, mugire.

Mv: Muw, h. mau-, meuwen, wie die Kazen; moppen, murren.

t.s: Mut, mutern, Denzl. mautern, mussare. Not. muzen, eructare.

n.m: Mun, Denzl. munzen, mussitare; maunzen, mutire felium.

sch. mumla, murmurare, h. mommelen, mompelen, mummeln.

h: Muh, muken, muchsen, mussitare. hamb. munkeln, b. monkeln, schw. maunkeln, murmurare, leis reden.

Denzl. mugen, mugire.

l: Mul, S. maulen, murren.

r: Mur, h. moren, murren, AS. muronian, Kero, belg. murmulen. Al. Conf. murmulode, AS. murcung, murgnunge, das murren. murmel, murmur. mauen, der Kazen.

§. LXXXVIII. Rostratum animal: vermis; 2) Passer, 3) quadrupes.

Mv: Muw, h. hamb. mewe, nisus. h. mof, spinus, zeislein.

t.s: Mut, Mat, Not. mado, MT. made, ulf. matha, AS. mada, sch. matk, b. maddik, Isl. mad-, modkur, brem. meddeke, hamb. mattke, vermis. gl. monf. modo, motte, tarmes. hamb. miete, Gewürm im Meel, Käs, (der fette Käs kriegt Maden, der trokene wird mietig).

gl. monf. mizzu, culex. pers. musch, musca.

2) gl. monf. mez, gl. Lips. musca, passer. h. mees, meise, parus. meisel. osnabr. massen, turdus. h. mos, mus.sch, sperling.

3) T. pers. mus, maus, Denzl. muzer.

n: Mum: h. memelig, milbig, wimmelnd: memel, Kornwurm.

h: Muh, muke, musca. gl. monf. mucca, culex. MT. maye, E. maggot, vermis.

2) gl. monf. meh, larum.

l: Mul, Mal, mol, sch. maal, Isl. mölur, motte. sch. mal, AS. mulbe, milbe, Tat. miliwa, tinea. gl. monf. mol, stellio, papilio. h. molm, wurm.

3) h. mol, molch, Maulwurf und Salamander. (Wachs. mul, mulus, villeicht equa, §. LXXXIV, 2), oder magnus, §. LXXXI, 3). schw. mull, felis.

r: Mur, h. mir, hamb. miere, Dan. T. miera, b. myre, E. mire, sch. AS. myra, Isl. maura, pers. mur, formica.

2) merl, merula, h. marle. Denzl. smirle, aesalon, genus accipitris. h. marlyn, Falk.

3) Nort.

3) Nat. murmenti, erinaceus, murmelthier. marder, martes. mye, apis. b. maie, made.

§. LXXXIX. Societas in genere, et publica. Societas, Familia, Comes.

1. Societas, invicem, 2) turba, 3) miscere.

Mv

t.s: Mut, Mat, Isl. mote. sch. imot, erga; medan, inmittelst, §. LXXXII. M. miz. alf. misso, mezo, invicem. cum, AS. mit, ulf. E. mith, AS. mid, N.T. met, sch. b. med. h. mas, masche, am gestrik.

2) AS. h. mut, mot, gemot, turba; ulf. mota, conventus, b. matschap, societas. hmb. mascopei, Handlungsgesellschaft.

3) Tat. gimis, gl. monf. gimiscida, mixtura; Kero K. missen, mischen, Not. miscelen.

n: Mun, Man, man, communis. Otfr. K. mein, meina, chron. Sax. meinheit, Nott. menunga. gemein, alf. gamain, L.L. Sal. chamin, communis. AS. gamana, consortium, Otfr. gimana, conventus, gimeinida; Kero. M. Conf. gemansami. Nott. gemeinsame, communio. allmand, blam. meen mark; ment, Recht zur gemeinen Weide.

2) b. hisp. bimeinen, consociare; Otfr. gimeinen, publicare, communicare. Egsch. vermeinsamen, excommunicare. Ku. mon-, mumnighen, communicare, conferre, participare, sacra administrare. Mas. gemeinde, populus, turba. Lüd. unmein, incomparabilis.

3) Nott. mengen, AS. maengen, miscere, b. mengen, -elen.

h: Muh, Mah, Otfr. gimah, communis; Kero kamachon, iungere, sociare; boxh. gl. fr. kimahida, copula; Kero intmahhon, disiungere. b. mekaer, invicem. mag, sch. maka, AS. meig, mang, h. makker, socius.

2) alfsch. muger, sch. amoge, turba, multitudo. b. hisp. mag, gens. AS. meeg, contribulis. chron. Sax. magdum, provincia.

3) gl. monf. gimagirin, miscere.

l: Mul, Mal, sch. emellan, erga, inter, §. LXXXII. v. T. mall, quivis, h. mall ander, invicem. -mal, vice. mal, sch. mäal, coniunctio; h. malen, conversari, cohabitare, Hiob 31, 10.

3) molzer, mulzer, argent. montalben, mixtura frumenti et tritici, Schilt.

r: Mar, 3) mertel, §. LXXXIII.

1) b. ma-, meren, das Seil fest binden.

2. Familia, homo, quodlibet membrum familiae; 2) ego, meus.

Mv: Mav, ulf. mawi, dimin. mavilo, puella, virgo.

t.s: Mut, Mat, homo. Isl. madur. amin, hmb. mutjen, §. LXXXIV, 2). puella, virgo, AS. maden, E. schw. maid, ku. mait, pers. madch. Kero mez, hemina;

mina; Otfr. gamaza, socius, comestor. h. maatje, mütterchen; meidje, mägdlein.

2) ulf. mik, mihi, me.

n: Mun, Man, pronom. impers. Otfr. Isid. Mons. man, ulf. mann, h. hmb. auch men. aliquis, homo, man, (ulf. manaleik, AS. man-, monlica, sch. mans lykneße, imago, statua hominis. ulf. mana seth, mundus). jemand, ulf. manahun. AS. uterque sexus, wärman, masculus, wif-, wifman, woman, femina. homo, T. AS. E. N. man, ulf. manna, AS. mon, d. mand. (AL. manngelt, poena homicidii pecuniaria, Besold.) Subst. mensch, Notk. x. mennisco, AS. mennisc, d. menniske, sch. menniskia, minniiska, ulf. manniſk, mannik, ND. minske, minsche. adiect. gl. Iun. mennisk, ulf. mannisk, Kero manaski, humanus. vir, mann, (mansmad, was ein Mann in einem Tag mähet, Besold. §. LXXXI.) cognata, matertera, mume, gl. monf. muoma. maritus, Otfr. mann. mannbar, nubilis. puella, virgo, Morh. man, mon, moen. puer, Otfr. mann, (Christus).

2) ND. min, ego. min, T. ulf. mein, meus. AL. W. Urk. mynner maye, Eigen Nuz.

h: Muh, Mah, familia, b. hisp. mag. cognatus, Mons. AL. LehnR. mag, (swert-, spill-, nagel mag), AS. mage, d. mäger, mogur. Otfr. altmaga, maiores. cognata, amita, h. moeye. sch. mäg, altsch. mager, affinis, socer, gener; mägd, affinitas; mägas, affinitatem contrahere. maritus.a, sch. mak, AL. gimahh, gemächede, AS. gemaecca. puella, virgo, AL. maget, tatf.R. meget, Notk. magede, AL. Conf. maigede, magd, ulf. magath, h. maegd, AS. magath; AS. meocola.e. AS. maeghade, fr. magetum, ulf. magathel, virginitas. schwz. entmägden, devirginare. puer, ulf. magus, AS. mäg, d. mägr, mogr; 883. magac jogo, educator, tutor, g. monf. nutritius.

2) mich, ulf. mik, me; altsch. mik, sch. mig, d. meh.k, mihi, me.

l: Mal, mal, coniux, Will. desponsatio; gemal. Otfr. Tat. mahalen, desponsare, vermälen.

r: Mur, mar, puella, virgo, sch. mär, mör. gl. monf. meri hunsa, meretrix, merre. h. maarte, magd.

2) AL. Isl. mir, mihi.

altsch. d. Isl. mey, sch. möd, d. moe, AL. moia.e, moye, puella, virgo. h. moei, Muhme.

2) AS. me, (fr. moi), ego. h. me, my, mir, mich.

3. Comes, 2) Iter, 3) obviam.

Mo

t.s: Mut, Mat, ND. E. mat, comes.

3) AS. metan, NS. hmb. möten, bemöten, h. moeten, ontmoeten, ulf. motjan, sch. möta, d. möde, antreffen cum acc. obviam venire; h. te gemoete, ergo, obviam. hmb. möte, AS. mitting, occursus, Begegnung.

AS. gemetan, invenire. ulf. inmaidjan sik, apparere, inmaidei, permutatio.

n: Man, mann, Vasall, subditus, lehen-, burg-, malman; manbuch, lehenbuch; mangericht, iudicium de feudo inter dominum et vasallum.

2) All. menon, mennen, ducere, vehere, minare.

h: Mah, mag, AS. maca, gemaca, comes.

l

r: Mar

2) Schilt. marchiren, von marcare, equitare (per territoria, §. LXXXI, 2)

§. XC. Publicum: Dominium, Edictum.

Dominus, potens; 2) celeber, comis; 3) ornatus, vestis.

Mv: Muv: 3) h. muf, manica (ornatus).

t.s: Mut, fr. AS. metod-, ad-, ud, deus. muth, NS. moth, potentia, valor. Otfr. gimuato, -mpato, fortiter, animose, constanter. Otfr. muaz, mus, valeo, possum, ulf. gamoste, potuit. Nott. meisteron, conficere, fabricari, regere. schw. muspet, vegetus.

2) Otfr. Nott. metar, carmen, metrum, §. LXXXII, 1.). Kero, mit, comis, mitis; Isid. mitiwary, mansuetudo; All. h. medwaerigh, -weibigh, comis. Otfr. gimuat, benignus, gratiosus, modestus; tranquillus, §. LXXXVI.

3) Nort. 1528. muzen, ornare, tegere; muze, corcappe, canonicorum; belg. mutse. schw. muz, tunica. Denzl. maze, matraze; tgsb. questen oder mazen, storeae, matten; masche, Busch auf dem Hut, Schlaufe. matte, hmb. geflochtene Deke. h. myter, infula. schw. müder, Denzl. pectorale femineum, capitium. gl. Haltaus. medeyr, Federbusch.

n: Mun, Isl. mun, ich mag, werde, soll. infinit. ulf. munan. All. menon, All. mennen, proferre, agere; meinen, gl. monf. Otfr. agere, facere. man, dominus, burgmann, dominus, possessor, manhus, curia, Besold. mund, Rheinl. monper, protector, tutor. LL. Long. mundium, fr. mundeburdium, momberbye, mandiburgium, mamburgium, tutela, LL. rip. mundiburdis-. K. Frid. II. 1235. muntmann, Schutzherrwender; gimunten, protegere. LL. Long. selpmundia, sui iuris. fr. mundbar; mündlin, unmündig. du Fr. amunt, liber a tutela. munter, vegetus.

2) h. uitmunten, sich hervorthun. All. muntwar, comis, mitis; manmunti, Otfr. mansuetudo, gl. Pezian. lenitas. 3) mantel, mantelum. h. mane, mähne, iuba, Harbusch.

h: Muh, Mah, All. mah.g, ulf. AS. mag, possum, valeo; All. ulf. AS. magan, Isl. meiga, sch. mága, h. meugen, miegen, W. urt. mugen, 1528. vermügen,

gen, mögen. 1528. müglos, matt. gl. monſ. maga, A. ulf. maht, potentia, valor; gl. monſ. megin, virtus. ſch. magut, potens, magnus; Tat. gimagen, invaleſcere, maiori poteſtate eſſe; Kero furimagan, praevalere. v. T. manghlen, militare, fechten. ulf. mahteig, potens, unmahtei, infirmitas.

facere, machen, Otfr. K. machon, macon; Kero imahchan, aptare. Otfr. gimah, res, opus, factum, conditio, ſtatus, natura; Otfr. thia gimacha, das geſchehene; gl. monſ. gimahti, idoneus; membr. virile, teſticulus, (beſchaffenheit). h. maak, mache, arbeit.

Maieſtas, Notk. mahtheit, magencrefte, Iſid. meghine.

3) ſmuk, ornatus, §. LXXXVI.

l: Mul, Mal, (ulf. militondans, militantes, §. LXXXII, 2.)

2) Otfr. mal, ſolennitas. T. AS. ſch. mild, comis, mitis. bibl. 1462. unmilt. Otfr. milti, Iſid. miltniſſe, clementia. AS. miltſung, miſericordia. mildern, lenire.

r: Mar

2) Otfr. mari, AS. mare, celeber. b. biſp. unmar, infamis. Otfr. mara, i. e. marida, Willr. marthe, AS. mere, gloria. h. vermart, celeber. Notk. ummaren, clarificare. gl. Lipſ. gimarſan, mirificare, AS. mærſian, magnificare.

Isl. ma, d. maa, ſch. må, E. mey, poſſum, poſſe.

3) hind. maue, manica (ornat.), h. mouw, Ermel, mamchen (Schleppe.)

§. XCI. Edictum et Sanctio poenalis.

Edictum forenſe, Mens.

1. Forenſe.

Mv

t, d: Mut, AS. Scot. mot, mut, conventus populi, placitum, iudicium. ulf. mathl, forum. j. arg. muk, gemute, indultum, diſpenſatio. Capit. fr. muzzungu, immunitas; Notk. muoza, licitum; j. arg. muibuch. all. muzen, aufmuzen, accuſare, imputare.

n: Mun, Man, j. arg. manen, agere in iudicio. LL. rip. mannire, manniare, citare; mannita, citatio, admonitio.

Isl. muna, mynda, ordinare, diſponere. ſgoth. gminen, dat. erlauben.

h: Mah, Rab. mahal, curia.

l: Mal, mal, cauſa, lis; actio, accuſatio; iudicium; forum. LL. all. mallare. LL. ſal. malberg, locus iudicii; ius, Lex Salica.

r: Mar, mark, iuriſdictio, territorium. markt, locus iudicii et negotii, ſgoth. territorium.

2. Sen-

2. Sententia, mens, animus; 2) docere, dicere; 3) nota.

Mv

t, d: Mut, mens, armen. mit, hyb. mite; Kero ꝛc. Winf. AS. muat, hmb. moth, Gesinnung, Entschluß, Vermuthung; Winf. gemuot sin, gesinnt sein. Ottfr. ꝛc. gimuat, ingeniose. hmb. moden, sch. formoda, vermuthen. ulf. mithon, cogitatio, - are. 1462. wir massen, iudicamus, Rom. 3, 28.

animus, AL. muat, AS. mod, d. mot, sch. modh, E. mood, h. moed, gemüth, AL. animositas. Ottfr. muat willen, voluntas (Christi). Ottfr. muaz, mus, volo.

2) AS. mot, sermo, colloquium, proverbium; AS. mādan, ulf. mathljan, loqui; medel, mathlei, AS. māthel, loquela, sermo.

hortari, AS. motan. Schilt. muten, postulare, etiam iudicialiter; petere. zumuthen. h. aanmoedigen, commendare.

docere: ulf. gamaudjan, suggerere. sch. Isl. madr, doctor. Goth. modelich, meisterlich. Kero meister, meistar tuam. ulf. faura mathleis, praefectus.

3) nota: AS. metan, pingere.

n: Mun, mens, AS. men, E. mind. ulf. man, putavit, munan, AS. menan, T. menen, Ottfr. meinon, gimeinen, sch. d. meena, e, cogitare, sentire, statuere; intendere, quaerere; intelligere. Isl. man, recordor; muna, sch. minnas, d. mindis, AS. minan, AS. AL. ulf. gamunan, Ottfr. meinon, AL. gamuntigan, recordari. Isl. mynd, idea, imago. sch. minne, ulf. gamunja, AS. gemynd, AL. gemunt, memoria. Ottfr. meinon, velle, iubere.

2) Ottfr. gimeinen, intentionem exponere, publicare, significare, Isid. vocare. Tat. muntigan, eloqui, memorare; h. bemunden, calumniari. Vormund, §. XC.

sch. minna, Ottfr. manon, monan, h. manen, mahnen, monere, Notk. postulare, gl. mons. expectare. AS. munigan, monere, Ottfr. bimunigen, adiurare per sacra. h. monstering, musterung.

Ottfr. gimeinen, docere. minc, frz. indicium animi per vultum.

h: Muh, Mah, mag, volo.

2) St. m. meihen, admonere. pers. magus, sapiens (doctor). hmb. mak, lenkbar, (docilis).

3) hmb. anmikken, auszeichnen, bemerken; h. gemik, das zeichen.

l: Mal, mens; h. malen, im Sinn haben.

2) T. M. AS. mal, lingua, idioma; colloquium, loquela. Notk. malon, alloqui; AS. mālan, sermocinari. ND. mellen, melden, ulf. Goth. Tat. mathljan, dicere.

3) mal, sch. mål, nota. malen, pingere. ulf. mel, gameleins, scriptura, ufarmeli, inscriptio, ufarmeleins, titulus.

r: Mar

2) mar, már, A. mara, mariba, ulf. meritha, fama, rumor. Otfr. mari dum, Isid. chimaren, ulf. merjan, nunciare, publicare, celebrare, docere, mer-nan. Vnl. Cangl. marner, steuermann.

3) A. AS. E. mark, sch. márke, d. h. merk, nota. ulf. AS. h. marken, merken, sch. márkia, signare, notare, observare; significare; cernere, animadvertere. gl. mons. marchon, notare; marchunga, institutio, doctrina, lex. v. T. marren, warten.

§. XCII. Sanctio poenalis: Census; malum.

Census, debitum, vitare; 2) vituperium, verbera.

Mo

t.s: Mut, N. mut, h. mus, debeo; hmb. möten, A. muazzen, müsen. dim. moet, debitum, schuld. Schilt. mut, ulf. mota, MS. maut, census, telonium; AS. mot, numisma census; Schilt. mutter, telonarius, ulf. mutareis.

vitare A. midan, mitan, Otfr. x. AS. bimidan, B. ucl. müden, meiden. MS. midern, meticulose evitare. Otfr. Nott. gimeit, aversio; vanum, vanitas; arrogantia.

2) ulf. mod, ira, modags, iratus. h. moeite, rixa. A. muten, commovere, irritare. h. smad, sch. smád, contumelia. j. ang. mussen, mizzen, schelten, schimpfen.

n: Mun, mun, debeo, §. XC.

h: Muh, Mah, dim. möcht, debitum.

2) bair. machen, schw. auemachen, hmb. mákeln, vituperare. smah.ch; schmähen. smink, MS. rutke. mang, hmb. mangel, walke, (leinwand zu glätten, §. LXXXVI.)

l: Mal, A. mal, census. h. smalen, schmälen, vituperare, d. smálde, smald.

r: Mar

2) gl. Lips. bismer, opprobrium; (b. sch. smaera, LXXXII, 2.) Otfr. bismeron, opprobrio afficere, Kero, Tat. irridere, illudere. Becan. mart, rumpit, confringit, §. LXXXIII. martel, malleus.

d. ma, debeo.

§. XCIII. Malum activum s. morale, et passivum.

Malum morale, malitia; 2) fraus; 3) stultus.

Mo: Muo: h. mof, ein verächtlicher fremder; moffelen, betrügen.

t.s: Mut, A. mot, prostibulum. AS. unmod, contumax. muttern, meutern, h. muiten. h. mots, meretrix.

2) mos,

2) mos, fraus, furtum; Schilt. mosen, schw. mausen, bair. mauschen, furari. LL. sal. mosdo, exspoliatio.

3) muz, maz, h. mats, besoffen (stupid.) §. sq. 3.

n: Mun, Man, AS. man, myn, sch. men, h. mein, Otfr. main, perfidus. ulf. gamainjan, profanare, inquinare. Otfr. firmonan, Will. vermanen, contemnere, Kero, Rab. framanaa, contemtor. Kero farmamen, ulf. bimamin, spernere, deridere. bair. meumel, convitium, malus homo; Besold. mumer, verräther.

2) E. maumet, idolum, maumetrie, idololatria (Grupen von Mahomed, dem Bilderstürmer).

3) hmb. mymeren, phantasiren, verwirrt reden. falsbg. munk, munaf, Holzbaf. Lambecii form. conf. mammendi, pusillanimitas, mollities, teneritudo, §. XC.

h: Muh, muchen, meucheln, (meuchelmord). h. mok, meretrix.

2) schw. maunkeln, h. smokkelen, betrügen; smuig, verstohlen, smuigen, heimlich naschen.

3) mak, stultus.

l: Mal, NT. h. mal, mall, stultus. h. malen, rasen. mallen, geil, närrisch sein.

r: Mur, hist. Lomb. mör, diabolus. AT. marrire, marrassen, altercari, calumniari, Goth. AS. mirran, ulf. gamarzjan, scandalizare. afmarzeins, scandalum. gl. Lips. bismer, blasphemia, §. antec. mord.

§. XCIV. Malum passivum quodcunque: Defectus, Lugere, Tabescere, Nubilum.

1. Defectus, paucus; vilis, humilis, despectuosus.

Mv:

t.s: Mit, germ. mis, perperam, defectus et erroris; varium, diversum. missen, amissum desiderare, Otfr. carere; altsch. missa, sch. mista, perdere. ulf. missadeds, missethat; missaleik, ungleich, varius. muse, AT. muoze, gl. monf. muoze, muzze, vacatio, otium, immunitas, cessatio a labore; Lud. I. 819. muzzung, immunitas, (concessio §. XCI, 1.). Kero muazzon, vacare, belg. muysen, otiari, §. LXXXVI.

Otfr. x. mithont, vix, nihili, modo, nuper.

n: Mun, chron. Sax. h. N. men, sed, quidem. NT. hmb. man, tantum. h. mank, gebrechlich, lahm, schlecht. gl. Vulcan. moina, nequaquam. Tat. min, ne, nec, quo minus, Kero minus, minime; h. hmb. minus, paucus. Kero minner, minor; ulf. AT. minnist, sch. minst, mindest, minimus. Mons. hmb. minren, gl. monf. minniron, mindern, gl. Lips. AS. minsan, diminuere, mönch, monachus, (solus).

h: Mah, AS. meh, sed. makel, mangel. Otfr. ic. smah, parum; vilis, tenuis; humilitas; firsmahan, verschmähen, pro vili habere. (h. hmb. smakke, klein Seeschiff).

l: Mal, smal, Isid. subiectus, popularis. Nott. smal vogela; smalthier (klein). schmelzen, deficere, tabescere.

r: Mar, h. maer, alchmb. mer, sed. Otfr. merran, boxh. gl. fr. ttmerran, impedire, turbare, gl. monf. gamarren, terrere, Nott. fermeren, corrumpere. h. marren, saumen, verzögern; gemar, das zaudern.

tgoh. me, sed.

2. Lugere; lugere facere, vexare, angere, §. XCII.

Mv: Muv, vet. Pf. muiden, vexare, angere.

t.d: Mut, Mons. tgoh. müte, muote, vexavie.

hmb. maddeln, martern.

n:

h: Muh, mühe, vexatio, inquies. Nott. ic. muohen, Mons. muegen, tgoh. mühen, vexare, verdriessen.

l: Mul, gl. monf. meil, querela. hmb. mulen, maul henken, Nott. tribulare. h. mollen, töden. gl. monf. anamali, plaga, percussura.

r: Mur, Mar, Kil. h. E. hmb. mar, merrie, incubus, ephialtes. margeln, tabefacere, hmb. marachen, fatigare. Otfr. ic. AS. murnan, ulf. maurnan, E. mourn, moerore affici.

Nott. martira, passio, gl. monf. martra, nex, marter, el. T. m. AS. mord, ulf. maurthr, E. murder, homicidium. morden, sch. morda, hmb. murken, iugulare.

MT. smert, Otfr. smerza, schmerz.

Otfr. ic. Wllen, vexare, angere.

3. Tabescere; 2) somnus; 3) vulnus, aeger, mors.

Mv: Mav, h. maf, lassus, debilis; meeps.sch, kränklich; h. moffelen, töden.

t.d: Mut, Mat, matt, mat, pers. mortuus, Mons. victus, ad incitas redactus; belg. mat, pauper. ulf. gamaid, debilis, mancus, meidan, debilitare.

W. Urk. vermasigt noch geswechet.

müd, Otfr. muad, h. moed, lassus; hmb. moit, h. moeite, lassitudo; Kero muadan, lassiscere, gl. monf. gimuott werden, agi, tribulari.

2) AS. mätinc, somnium; gemätan, altE. meten, somniare.

3) mas, mos, mase, masche, maser, cicatrix; gl. monf. mascu, macula. maser, gl. monf. rupes ex lignis, §. LXXXIII. mat, belg. miser, h. hisp. Isl. exitium, pernicies. Nott. mazleidi, fastidium. gl. monf. miuz

suhti,

fühel, dysenteria. Isl. myd fun, misericordia. All. gl. monf. misel-, masel fuht, lepra; Noet. misoler, leprosus.

n: Mum, h. mennen, ermüden, roh reiten.

2) h. mym, somnus, mymering, schlummer, -eren, rasen, phantasieren.

h: Muh, All. mank, debilis. mühe, Noet. muohen, debilitare. h. mok, moek, Nähe, Steife der Pferde. Mah, dalec. makli, lentus. mager, gl. monf. magari, tenuitas; gimagirin, tabefacere, attenuare. All. smeh charen, tabescere; sch. försmachta, verschmachten. schmächtig.

l: Mul, Mal, Bib. AS. mal, vulnus, macula. malz, lgoth. moloz, lepra; j. all. prov. mallatsch, v. T. mallaitsch, leprosus, h. melaats.

r: Mur, Mar, gl. monf. marw', marcidus. marr, smarr, vulnus, cicatrix. mor, smor, mors; h. smoren, töden, versmoren, sterben. pers. murd, mors, morden, mori. hamb. smoren, smurten, act. neutr. erstiken. AS. smoran, suffocare. Schilt. schmurren, schmorchen, perire. h. mergelen, mergeln, auszehren: d. mork, mühsam.

h. moe, lassus; moeyen, lassare.

4. Nubilum.

Mo

t.d: Mud, h. E. mist, nebula, h. mot; motten, nebeln. Isl. mistur, schwarzer Staubregen.

n: Mum, h. mymer, obscurus; vermomen, vermummen. Schilt. mummel, mummart, quo pueri terrentur. h. mom, maske.

h: Muh, All. monken, hamb. munken, nubilare, nubilum fieri. E. schmauch, fumus ligni madidi, h. smok, dampf.

l: Mul, hamb. mul, nubilus. ulf. milhma, sch. moln, nubes. h. molik, feldscheiche wider die vögel. h. smeulen, schmauchen, rauchen, glimmen.

r: Mur, N. mörk, obscurus. sch. mörkret, Isl. myrkrid, myrkur, tenebrae. mohr, aethiops, maurus. h. morlen, im dunkeln arbeiten.

d. moy fem. dunkel, finster.

M

ist der eigentliche mampfende Laut unter dem Essen; und schliest die Gesellschaft, als eine dem Menschen so natürliche, und gleichsam angebohrne Metapher, ein. Der Ess-, als selbst ein lippenlaut, meidet euphonisch die Minister b. p. w.

§. XCV.

N,

Rostro pascit sociatim.

Rostrum, eiusque sonus. Rostrum, aculeus. Rostrum, fodicare.

1. Rostrum, Nasus.

Nv: Nuv, ML. hmb. nüff, nibbe, neb, rostrum. Kil. nüf, nasutulus.
hmb. snüff, snibbe, snabel, gl. monf. snabul, h. snab, sneb, rostrum. snepel, fisch, dessen Nase vorm Absterben bleich wird. h. snavel, nasus.

t.s: Nut, nas, Rab. nasa, hmb. nese, N. näs, h. neus, nasus. hmb. nüster, Naslöcher.
hmb. snut, Denzl. schnoz, rostrum; schnauze, proboscis. hmb. wyd snut, nasweis. h. snater, maul, schnabel.

n
h: nah, snak, culex; hmb. h. E. kleine giftige Schlange in alten Gebäuden. snek, gl. monf. snecco, testudo.

l
r: Nur, Denzl. schnorr, rostrum.

2. Fodicare, capere, diripere, rodere.

2) Sugere more avium.

Nv: Nuv, M. ML. nypen, E. nipp, Kil. kneipen, sch. niupa, knypa, fodicare, vellicare. ulf. hniupan, rumpere. NS. snappen, captare, hiare.
blem. knäve, stärke. d. gnabe, gnov; hmb. k. gnauen, -eln, h. knauwen, schw. knopeln, h. knabbeln, etwas hartes zerbeissen. Kil. hmb. knappen, dentibus pinsere, molere, confringere, secare. h. knypen, kneipen, klemmen; h. kneep, knip, zwik, pfetz, klemme; knip, schlag, knipen, schlagen, fangen, schneiden. knüffeln, schlagen. AS. cnif, E. N. hmb. h. knif, kneif, kneip, culter; h. knipmes, knab-schnapmesser. niffel, §. X. schnipfeln, ludendo secare, in frusta minora, S. schnippen, h. NS. snippern, -eln.
2) hmb. nibben, schnäbeln, sugere more avium.

t.s: Nut, Mns. nodern, rostro fodicare. AS. Tat. Will. knisan, -stan, Kero chnussan, Kil. fris. knosen, kneusen, quassare, frangere, contundere; Notk. ch. knisti, contritio, knusten, 1528. zurknütschen. hmb. knust, brodrinde.
Notk. snolen, frangere. gl. monf. gnozan, pulsare.
AS. notian, occupare, possidere. ulf. niutan, sch. niuta, capere, assequi. gl. monf. gnida-, nidiren, Notk. kniden, gnezan, at-, conterere, deiicere. gnaddern, rodere, d. gnide, gned; hmb. gnyddeln, corradere. hmb. gnaz, scabies. h. knutselen, schnizen-, eln.

NS. snede, AS. snäde, schnitt, sectio, frustum. sned, Mns. sneit, ulf. snaith, schnied, secuit; Offr. ic. snidan, ulf. sneithjan, AS. snädan; h. gesnoden, sectum. Offr. snita, AS. snäd, buccella, bolus, schniz. hmb. gnitter, zerbrochenes Stük. ulf. sneithan, mactare, metere. AS. as -, ossnäsan, occidere; du Fr. assnasare (§. CCLX, 2.)

n.m: Num, nam, Isid. gl. monf. nama, noma, tgsh. nome, praeda; AS. naeme, captio. T. ulf. AS. nam, Mns. nan, cepit, rapuit, AS. ulf. T. niman, sch. näma, nemmen. ulf. biniman, furari, numft, sumtio. tgsh. nontag, dies ascensionis.

nonne, sus castrata, Besold. a scindendo.

2) hmb. nünken, sugere, nünke, Memelein.

h: Nuh, Nah, nagen, fodicare, rodere, h. knagen. gl. monf. gniken, ginichan, kniken, b. gnugga, con -, atterere. hmb. gnuk, b. knäk, impulsus. Schilt. gnak, Art T. Münz, (sectum). kniken, hmb. gnegeln, kargen, quetschen.

h. snoek, Hecht (captor).

l: Nul, Denyl. nülen, rostro fodicare. schnalle, talitrum, ictus digito. h. knel, zwik, pfetz; falle; h. schw. knellen, E. knillen, zerklemmen.

2) schw. nollen, sugere; noller, bair. schnoller, schlozer, lübel. hmb. nülken, more avium.

r: Nur, Mns. norren alsam ein swin, fodicare, fab. Isl. sndra, tangere.

2) h. snirs, suctus.

Isl. mia, ulf. bnauljan, hmb. gnauen, conterere. ulf. snejan, secare, metere. h. snoejen, secare.

§. XCVI. Aculeus, unguis; apex.

Nv: Nuv, nep, neper, terebra, neppen, forare. hmb. nipp, acutus von gesicht, gehör. snep, hmb. snibbe, schnepp; und der schnepf. gl. monf. snepha, onocrotalus. h. nep, neppe, nepte, neperha, Kazenkraut.

t.s: Nut, Nat, netel, nessel, gl. monf. nezila, sch. näßla, nättla, urtica. ulf. nethla, b. AS. nädl, E. nedle, nadel, acus. Isl. naut, Hornvieh.

Denyl. nossel, ohrenwurm, nassel, asellus.

n.

h: Nah, nagil, -el, unguis, Rab. nagal, ungula. nak, Spize, Ast. h. nok, first, gibel. h. snik, Achst, Beil.

l: Nul, Nal, Isl. nal, b. neal, sch. näl, nåol, All. tgsh. nold, All. h. sch. nald, AS. näld, acus. gl. monf. nuoil, runcina.

apex: Rab. nuilla, AS. hnol, vertex capitis. Offr. nol, Tat. nollo, collis.

r: Nur, Nord.t, aquila, ab apice, vertice, narde, virga, frutex, (f. ab odore, §. seq. f. fructu, §. XCVIII.)

hmb. snau, was vornen spizig ist.

§. XCVII. Sonus rostri: spirare, vocare, fremere.

1. Spirare; 2) odorare, gustare, intelligere.

Nv: Nuv, hmb. snuben, h. snuysen, schnaufen. hmb. snöve, der schnup; schnupfen. hmb. snapp, AS. snofel, mucus narium. hmb. snövel, rozlöffel. lümmel. h. snuif, schnupftobak.

2) odoratu perquirere, h. snuffen, -eln, hmb. snuben, snüffeln, schnüffeln, schnuppern. h. snof, wissenschaft, art, mode; snuf, gestank. §. V.

t.s: Nut, gl. monf. ginesan, respirare, vivere, convalescere. AA. niusan, niesen, sternutare. gl. monf. niosunga, sternutatio. Drayl. nösch, singultus. h. Iun. in Will. snot, pituita nasi, hmb. snütten, schneuzen. p. pfnüsel, pituita, e. schnuder, -el.

2) odorare, taiss. h. neusen, AA. neisen, erneisen, neischen. e. nüseln, h. neuseln, explorare. AA. Conf. ginuisan, Kero kanuuison, AS. neosian, visitare; sch. niosn, nosning, exploratio. Nott. chnaden, schw. gneisen, cognoscere.

ulf. snutr, sch. snoter, AS. snater, snyter, sapiens. hmb. snöde, wizig, selten.

n: Nun, AS. numol, docilis. Nott. neimen, altsch. náma, intelligere, discere. hmb. vernimm, wizig, aufmerksam. Offr. firniman, sch. förnimma; vernam, percepit, intellexit. vernunft, Nott. fernumeft, sch. förnunft, Mns. vernunst, Kero, AS. farnuft, sch. MT. vernuft. vt, intellectus.

h: Nuh, Nah, Kil. snak, anhelitus, respiratio. holst. hmb. snuk, bair. schnekezer, singultus. ditm. gniggern, laut der Pferde, wann jemand in Stall kommt.

2) d. snög, scitus, -ulus. ulf. niuh seins, visitatio.

l: Nul, d. snildhed, Schlauheit.

r: Nur, Nar, hmb. snorken, snurken, schnarchen, stertere; h. snaren, schnarren. ditm. snurren, brummeln, h. neuren, AS. gnyrran, stridere.

2) Isid. chnarichen, odorare, cognoscere, considerare.

2. Vocare, loqui.

Nv: Nuv, Nav, d. Isl. nafn, nomen. Kil. snap, garrulitas; bair. e. schnappen, blaterare. hmb. gnysen, subridere.

t.s: Nut, AS. cneodan, Will. chnuodelen, nominare. snadern, garrire.

h. kneut, kneuter, kneu, fink. kneuteren, zwizern, stammeln.

n.m: Num, Nam, AA. ulf. namo, AS. noma, pers. nome, E. name, h. naem, nahm, nomen, sch. namn. Nott. niman, Kero nemman, nemnan, Offr. nennen, Isid. chinennan, appellare. benennen; hmb. nömen, erwehnen. sgsh. benemede, descriptio. Nott. benemeda, dispositio, propositum, testamentum; benemdon, sibi proponere, vornemmen.

h: Nuh, Nah, snak, h. hmb. loquela, nugae, nugator. d. snög, lepidus, concinna facie, schnak. d. sch. snaka, -en, loqui, garrire, blaterare, iocari.

l

r: Nur, ditm. snurren, garrire, nugari. h. neurien, canere.

3. Fre-

3. Fremere irae. (CCXX.)

Nv: Nuv, hmb. h. snuven, h. snuysen, schnauben, trozig pochen, snieb, h. snof. snipp.bbisch, bissig, zänkisch. h. snauw, grobe Rede, snauwen.
sch. nepa, nepsa, bedrohen, züchtigen. h. knibbelen, zanken, nibbelen.

t.s: Nut, sil. knotern, hmb. gnadden, murren canis. ne. gnaschen, E. gnashe, frendere. sch. tandagnisla, zänklappen. schw. anschnauzen. h. knyzen, zanken, murren. d. fnyse, schnauben, snos.

n.

h: Nuh, hmb. nukkern, murren. knikken, genau merken, um den preis.

l

r: Nur, nerren, ringere. hmb. nurken, murren; nurk (murk, wrak, knurrhahn) murrischer Kerl. h. snar, schnorrig, trozig; snork, troz, praleri; snorren, snorken, schnauben. bkm. snurren; sch. knorra, d. knurre, knarre, hmb. k.gnurren, gnarren, murren. h. knarsen, knersen, knirschen, frendere. h. nar, narr, narrig, murrisch; nors.sch, tappelköpfisch.
d. knye, muchser, laut.
hmb. gnauen, pauen un snauen, zanken, beissen; sil. snau, loses maul; schw. anschnauen, h. snoeyen.

§. XCVIII. Pascere: Cibus, Deliciae.

1. Cibus, foetus; 2) usus, servare, sanare; 3) sat, multum.

Nv: Nuv, h. snoep, cibus, snoeperye, nascherei; hmb. snopen, edere. foetus, knab.p, §. II.

t.s: Nut, gl. monf. nuzzen, pasci; naschen, cibare. nis, niss, lens. nuss, ne. hnut, nux.
2) nr. nut, sch. nytt, dkm. nütt, nott, sil. nuz, usus, utilis. nieten, gl. Lips. nieton, nutun, a.S. notian, Otfr. niazan, niesen, geniesen, nuzen. Nork. ferniuzzen, corrumpere. - nis, nissi, Germ. insepar. fr. ganesan, conservari, liberari, 1528. parturire. ulf. ganisan, sanari; ganasjan, sanare, servare; ganas, sanatus est; genas, sanavit. ulf. nasjand, servator, nasein, salutiferum, salus. Isid. chinisti, Nork. genista, salus, venia, restauratio, Nork. kniest, commodum. ulf. hnasqvja, mollis. h. nutzel, narung, snes, wucherer.
3) Mns. gnot unde gar, penitus. Kero kanuotsami, abundans. Nork. Will. t.durhnatig, - noht, perfectus, - nothe, perfectio.

n: Nun, ulf. annom, annona, stipendium. brab. h. noen, meridies, noen mal, prandium - (XCVI. culmen solis.)
2) Otfr. nemen, frui, gustare.
3) ulf. ganamhjan, satis habere, luc. 5, 4.

h: Nuh
3) St. an. genihen, sch. nögia, h. vernoeghen, satiare. N. ae. nog.h, ulf. ganah, ganoh, sil. gnuch, E. enough, h. genoeg, sat, multum. Otfr. ginuagi, ginuh.

ginuhti, societas, sufficientia, abundantia; Egab. genuhtig, satians, sufficiens. Otfr. ginuagan, Kero kenuackan, gl. monf. nichan, Isi. nâgast, sufficere. Nott. cnuege, ulf. ganohai, multi; AS. genegan, multiplicare. ulf. ganoh, suffecit, ganohan.

l nal, snall, schnalle, papaver.

r: Nur, Nar, Mns. nar, Isid. gl. monf. naro, narung; nâren, gl. monf. nerigen, sustentare, pascere.

2) Isid. nara, liberatio; Nott. suhtneri, curatio a morbo. Otfr. Mns. generen, AS. nerian; -igan, Mns. Sab. naren, servare, liberare, sanare. Nott. genora, Isid. nerendeo, AS. nergend, salvator. Otfr. rc. nerien, Mns. Canzl. neren, defendere.

hmb. nehrig, h. naerstig, sparsam, geizig.

Denzl. schne, aphrogala. genau, sparsam. h. snoepen, obst naschen.

2. Deliciae, gratum; 2) mucere.

Nv: Nav, h. knap, artig.

t.s: Nut, Nat, Otfr. niut, gratum, niot, delectatio. Nott. niet, desiderium; com. Numb. 1470. genyet, gratus, acceptus; Wil. nieden, nioton, oblectare. nett, niedlich, v. net.

nad, genad, Wil. natha, gnade, gratia. Kero kinade uns, eleison. Nott. genieton, salutare. AS. hnese, nesc, ulf. hnasqwi, delicatus, mollis; holst. nasker mensk, amans delicias. naschen. AS. nest, epimenia, donum.

n: Num, Nam, ulf. andanem, angenem, gratus; Nott. namer, acceptior. Nott. nemen, velle, genemen, belieben.

Nott. niumon, canticum, canere, iubilare, laudare, dat.

h: Nuh, Otfr. nugi annate. 1528. vernügen, Otfr. nuagen, vergnügt sein. sch. benögen, propensus, geneigt. h. snogger, e. nekisch, artig, hübsch.

2) mucere, Denzl. nüchteelen.

l

r: Nur, hmb. nürig, niedlich, artig. AS. gineord, contentus.

h. snerken, prägeln.

hmb. neiut, leckerhaft (f. a novitate, §. CCXX.)

h. gena, gnade.

§. XCIX. Societas, Copula. Societas, ad.

1. Ad, apud, vicinus, accedere, aliquis.

Nv: Nav, hmb. neffen, neben, iuxta. ulf. sniwan, ire, snau, ivit, sniwun, iverunt.

t.s: Nat, nad, accessus; h. naderen, accedere.

n: Nun, Nan, sch. genom, per. Nott. nenden, accedere, insurgere ad, contra aliquem, bona, mala parte. vernemen, K. Carl 1373. trew und vernunft, societas, amor.

chron. Sax. mynich, einiger, aliquis. Otfr. nan, genan, 883. nan, illum. (f. inan, ihn).

h: Nuh,

h: Nah, Nah, nah, ulf. nehwa. AS. neh, neah, nih, E. nigh, ad, apud, prope, iuxta. Kero nah, Mns. nach, gl. Lips. naho, ulf. atnehwa, prope, pene. Otfr. nahi, nähe, vicinia. Otfr. nahan, h. btm. naken, nahen, accedere. sch. någon.r.t, aliquis.d. b. nogen, -et; nogle, einige.

l: Nal, sch. nalkas, accedere.

r: Nar, sch. b. når, AS. naer, E. near, prope, iuxta. h. naar.
Mns. sch. na, når, nest, prope, -ius, -ximum. h. na, ad, secundum; naajen, accedere.

2. Societas; 2) Novem (multum); 3) Nepos (ad manus).

Nv: Nav

2) cambr. naw, novem.

3) St. an. nev, b. neef, nepos; knab.p, §. XCVIII, 1.). gl. Iun. nift, E. niftel, neptis, privigna.

t.s: Nut, AS. not, genot, 883. notstall. Mns. genoß.st, W. Urk. als genozze, 1312. socius. h. genotschap. Kero kenozstaffi, consortium. Kero noz, iumentum, (a iugo), AS. nyten, E. nete, Scot. noute. AS. nith, homo. altsch. nidh, genus, cognatio, propago; nidiar, ulf. nithjis.ja, ganithe, cognatus,a. Kero chnuat, natura (§. II.). not, node, genus, modus, Will. nôte. (engl. note, nota musicalis, §. XCVII, 2.)

3) b. nidur, nepos. cambr. nith, neptis. hanöv. nöche, sponsa.

n: Num,

2) E. nine, AS. nün, neun, Kero niun, novem; Cmilloger naum und neiunzig. Kero niunzegost. neunzigst.

h: Nuh

2) h. hub. negen, AS. nigone, novem.

3) nepos: knecht, Rab. chnehta, E. knight, servus. Tat. puer (de Iesu et Io. bapt.) Otfr. discipulus, miles-. gikniht, famulitium. AS. cneoht, puer, discipulus. (LL. baiuar. angergnag, karrengaul). nichte, neptis. h. nyge, femina, (cara, Iun. §. XCVIII, 2). AS. nagil mag, affinis per uxorem (affixus ad famil. §. seq.)

l.

r: Nur, 3) snur, nurus.
b. ni, sch. nye, Isl. nyu, novem.

§. C. Copula, Iunctura. Copula rei, temporis. Copula, glomus.

1. Copula, iungere; 2) Sutura, filum.

Nv: Nuv, Nav, h. naf, nave, nabe, mediolus rotae. altsch. hnop, knop, nexus, nodus; Will. cnupfe, iunctura. Mact. chnuphen, knöppen, knüpfen, ulf. hnaupnan. cnob, knief, ligavit; cnipan, kneifen, gekniffen, Bödik.

2) Tat. naidan, assuere. pers. nas, b. hisp. navel, Rab. nabulo, nabel, umbilicus. gl. monf. snob -, snuobull, muraenulae, funiculi de plexis filis. bouh. gl. fr. snúaba, vitta.

t.d: Nut, Nat, Dengl. nut, compages. niet -, hmb. nydnagel, der umgelegt hafter. kneten, h. kneeden, pinsere; gl. monf. chnet, massa. MT. net.tt, AS. nett, nyt, E. nett, ulf. nati, sch. nät, sch. Isl. not, AL. nezze, rete. nest, 1528. nöst, nidus. Mart. nesten, nidiculari.

2) nat, ulf. naat, h. nad, sutura. Schilt. nez, filum. gl. monf. nuosel, Schilt. nusche, nüschin, nusca, nüschel, fibula. nestel, b. hisp. lorum, vinculum, gl. monf. funiculus. nudel. NS. knüten, d. knyte, AS. cnittan, nectere, fila texere. nuster.

e. schneide, schneisse, tenus; h. snuit, werg, grober flachs.

n.
h: Nuh, Nah, nagel, gl. monf. nagal, clavus, ligamen; sch. nykel, clavis. hmb. knuk, büschel flachs, h. verknocht, ligatus.

2) gl. monf. ginagelten scuohun, clavatis caligis. ulf. snaga, vestimentum (consutum). hmb. knuken, contorquere.

l: Nal, snalle, ligamen, obex, pessulus. nald, nadel, acus, §. XCVI.

r: Nur, Nar, AL. snur, snore, a. snöre, b. hmb. snirre, filum. Wil. h. snare, chorda, fides, nervus. h. nerf, nerve. sch. besnära, verstriken. (AS. spran, be spriwan (omisso n, ait Richey), illaqueare, §. CLXXXIV.)

AS. nye, nidus. 2) nehen, suere.

genau, aptus.

2. Glomus, globus, fasciculus; 2) fustis.

Nv: Nuv, Nav, sch. näsver, cortex; schw. nusnaise; ausneisen. h. nop; kipper, knöpflein auf zeugen. sch. knipp, fasciculus. hmb. knap -, schw. schnapsak. knebel, AL. knevel, knovel, nodus. hmb. knevel, knöchel an fingern -. knob.p.pf, nodus; knoblauch; hmb. knubbe, kloz, knorr, geschwulst, h. knobbel; knuppel, knüppel; stük holz. schw. knüpfel, nodus, tumor.

2) hmb. knebel, fustis; knepel, glokenschwengel; a. hmb. knüppel. knüppeln, fustigare.

t.d: Nut, Nat, AS. cnotta, a. knude, hmb. knütte, knote, knod.t, knutt, nodus. hmb. knust, Büschelband der Hutschnur. hmb. knast, knosp, h. knupst, nodus arboris; knods, kolbe, keule.

h. hmb. net, niß, gl. monf. niz, lens. nut, nuß, b. neut, noot, nux. nast, nodus, h. noest. h. snees, Zal von zwanzig.

n
h: Nuh, Nah, hmb. knake, knükel, knoch.k, AS. cnucl, h. kneukel, knöchel. hmb. knagge, dikes Stük; knikker, globulus.

l: Nul, Nal, knoll, knaul, h. knelling. tgsch. nold, nodus. sch. nälfver, viscera.
2) Denzl. knüllen, fustigare. E. nail : 7 Pfund.
r: Nur, knorr. nirn, globulus, nodus, h. nier, E. niere.
h. knor, knorpel. knorz, nodus.

§. CI. Copula temporis, iam, nunc; 2) cito, valde; denuo.

Nv: Nuv, Nav, Ottfr. nuwe, iam, nunc. h. T. knap, hurtig.
2) Denzl. nufer, h. nyver, citus, alacer. d. knap, celer, velox. Biern. snup, momentum temporis, confestim. hmb. snuven, propere ire, ulf. sniwan, ire, venire; faursnau, praevenit. hmb. snappen, springen, wie ein Thürschloß. NS. snaps, cito. h. snap, schnapp, schneller, augenblik.
t.s: Nut, b. hisp. genote, iam, nunc. com. vienn. 1460. niot, exercitatus.
2) NS. snude, cito, denuo. d. snudugr, Isl. snoter, hmb. sneidig, celer. Ottfr. gnoto, ginoto, Nott. enodo, tgsch. gnote, valde, studiose. Schilt. ginote, valde, cum cura, studiose, necesse, propterea. Ottfr. x. not, diligentia, cura; vehementia, valde. AS. Conf. not nunft, violentia, j. aug. not nunft, stuprum violentum. NS. nyd name, raptio. h. noest, fleißig.
n: Nun, Nan, nun, iam, nunc.
2) Kero sniumo, alsch. snema, cito; sniumin, velocitas. ulf. sniumjan, properare. nendan, Will. nirt, Nott. audere. Ran. nenna, animum inducere, audere, confidere, sch. nännas, ulf. ananthjan. Run. nanno, audacia, nannogr, audax. tgsch. sygenünftig, sieghaft.
h: Nuh, Kero noh, ulf. nauh, nauhthan, h. nochtans, AL. nugena, noch, iam, nunc, adhuc.
2) d. snög, cito. Isl. snögger, snygger, hmb. snigger, celer, alacer.
l: Nul
2) fr. NS. snell, cito. schnellen. eis sneller, zelotypus.
r: Nur, Nar, sch. d. när, so bald, da, wann.
2) vet. gl. fr. h. snar, sch. snarliga, snart, cito. hmb. snirren, zu schnell braten. schw. schnurren.
T. ulf. nu, nunc, modo, ergo, iam, Nott. no.
2) Isl. snu, sno, cito, AS sno, snua, cito ire.

§. CII. Iunctura, articulus, flexura; fractura cum crepitu, ut ramorum, §. XCV, 2.) et ossium.

1. Iunctura, articulus, flexura, claudicare.

Nv: Nuv, ulf. kniw, genu; hneiwjan, inclinare, humiliare. gl. vet. knouel, articulus. knappen, claudicare. bair. nepfen, pedes impingere. holst. snubbeln, straucheln, stolpern.
t.s: Nut, verm. T. knieden, knie beugen. ulf. kniussjan, ad genua provolvi. knozen, sizen wie die Türken. h. kniezen, sich krümmen.

n

h: Nuh, Nah, nik, genik, nak, h. neke, knik, cervix. hmb. kniks, genu flexio. AS. hnag, h. neeg, inclinavit, fanigan, hnigan, All. hneigen, Ostr. ginigen, d. neje, altsch. hnyga, nyga, hniga, hneiga, inclinare. Nort. 2c. nichen, niechen, niken, incurvare, declinare. hmb. kneyen, Weiden zum flechten. niken, annuere.

l: Nul, hmb. nül, vorwärts nieder. h. knielen, knien, d. knäle.

r: Nur, Isl. sneraſt, inclinare, vertere se.

Knie, Rab. chnin, sch. knä, genu.

2. fractura cum crepitu.

Nv: Nuv, Nav, Kil. hmb. knappen, -ern, knuppern, klatschen, knarsen, mit krachen zerbeissen; knippen, concrepare digitis; knipken, Schnellen der Finger.

t.s: Nut, Nat, hmb. knittern, k.gnastern, knirschen, knarsen, etwas hartes zermalmen: k.gnetern, geprassel, gekrach, beim Donner, und zertrümmern; knastern, gl. monſ. gneisto, Mns. geneist, igniculus, scintilla, d. gnist.

n:

h: Nuh, Nah, knik; knak.

l: Nal, knall. schnellen, schnalzen, crepare digitis, lingua; schnalle, klappe an der Thüre.

r: Nur, Nar, knarr; knarsen. knirr; hmb. knirfiker, schmächtiger Mensch. kn'.

N

ist eins mit M, wie der Schnabel mit dem Mund. Daher es bei andern, wie dem Grönländer 2c., das M versieht.

Es sind noch zwey N Laute, welche umgekehrt -, und §§. CCV. und CCXX. zu suchen sind.

§. CIII.

§. CIII.

Der zweite Abschnitt.

Die

Aspiranten blasen und hauchen,

und machen

Pronomina und Partikeln.

Es blasen W, P, F.

Sie seien nach der Art der Alten,

V.

Spirat Vita, Affectu, Motu.

Vita, alens (vitam sustentans). Vita socialis. Vita seu esse, et aliquis. d.

Aliquis. d, et modus.

Aliquis. d, (Articulus, Pronomen).

Vv:

t.s: **Vat**, ulf. hwas, quis, aliquis, genit. hwis, weß, cuius; hwazuh, quicunque. was, al. waz, swaz, etwas, quid ulf. hwis, quid, item; hwizuh, quidquid. M.L. wat, sch. wat, wet, sch. Isl. hwad, quid, aliquid. Ostfr. wit, aliquid, res. A.S. hwát, gehwát.d, ulf. hwather, quodnam, quis, quid?

n.m: **Van**, wenn, gewenne, W. Urk. 1381. aliquis. ulf. hwanimma, qui, qualis; hwammeh, quicunque. wem, dat. wen, acc. sch. hwem, dat. acc. Al. med. aevi swen, quem. h. wien, wer?

h: **Vuh**, **Vah**, al. wiht, weht, ulf. waiht, A.S. wiht, wuht, awiht, (auht, uht, E. iht, §. CCXVI.), aliquid, res, creatura. (Ostfr. arm-, h. bes wicht; A.S. na-, Kero neo wiht, nihil). Al. wihtelin, homuncio. Isl. hwort weggia, utrumque.

l: **Vul**, Wm. wel, qui, genit. wels, dat. acc. welm. hol. wol, quis? aliquis. M.L. welk, A.S. sch. hwilk, E. which, Kero hwelih, al. hwialik, 1528. wöllich, med. aevi, swelch, qui, qualis. A.S. willic, wylc, wislic, hwilc, Isl. hwilykr, talis. A.S. swilk, ulf. hweileika, qualis.

r: Wur, War, Al. alts. wer, Kero hwer, Jsi. hwôr, huor, qui, aliquis; 1528. etwar, Al. med. aevi swer. sch. hwart, Jsl. hwort, quilibet. ulf. hwarj', qui ae. od; hwarjiz', unusquisque.

Ml. wy, qui, quis. AS. hwa, qui ae. is, gehwa, aliquis. ulf. hwa, quid, aliquid; hwe, quid, cui; hwo, quid, qualis; hwei leiks, qualis.

§. CIV. Modus s. Particulae: Quomodo, ubi, quando. Quomodo; quare, si.

Wo

t.s: Wat, wat, was? ulf. waite, watei? gl. Lips. wether, numquid. ulf. swaswe, quomodo.

n: Wan, Isch. wan, wann, wenn, S. Schwb. swen, si. (Wml. nit wan, non nisi). wan, wende, h. wand, ulf. hwan, quia. Wnl. W. Urk. 1373. wande, siquidem. Otfr. wanana, Kero hwanta, quare.

h: Wah, ulf. hwaihwa, quomodo. wegen, propter, Jsl. mina wegna, propter me.

l: Wul, Wal, wyl, weil, quia. ulf. qualthro, unde.

r: Wur, War, Jsl. hwôrnet, quomodo, hworin, wormit, - durch.

Otfr. b. hisp. we, Otfr. wio, wie, AS. wou, fr. wiou; Isch. wo, ulf. swe, quomodo. ulf. AS. Al. swa, so wie (§. CLXXXIII.). ulf. swaswe, sicut, swaleiks, - leik, talis; swaei, itaque. Kero hweo, qualiter; hwia lihho, wea lihnissi, qualitas.

sch. hwi, Al. bi wie, quare.

Al. biu, bediu, propterea. Al. ulf. AS. E. bi-, Al. be-, pi-, ad, apud, con-; per, per- (insep. perfectionis); sub, in; de, ex; post; pro; ob, propter; circum; super; contra; secundum. Otfr. bi dun, claudere. Isch. bi, fere. Kero py, secus.

§. CV. Ubi, unde, quo.

Wo

t.s: Wat, ulf. hwad.th, quo? hwathro, sch. hwadan, unde. Al. widar, trans. ulf. hinnan bedis, a modo, linsfär.

n: Wan, ulf. hwon, Kero hwanan, Otfr. wanana, von wannen, unde. AS. hwonan, undecunque; Kero, alles wanan, aliunde.

h: Wah, ulf. hwalhwa, qua parte.

l: Wal, ulf. qualthro, unde.

r: War, Ta. n. war, Isch. wor, Ml. woer, Kero, ulf. hwar, AS. hwår, sch. hwar, ubi. AS. ahwar, alicubi. Otfr. wergin, ullibi.

Al. wo, wa, med. aevi swa, S. Schwb. swe, ubi,

§. CVI.

§. CVI. Quando, forte.

Vv
ts

n: Van, wann, AS. wen, wan, wanner, med. aevi swenne, ulf. hwan, E. when, h. hmb. wanneer, quando. ulf. hwanhun, unquam. Otfr. wanne, olim, forte, aliquando. AS. wen, wenunge, twiningendlice, forsan. (schles. go wandsweise, fortuito, obiter, h. hmb. quansways, quasi vero.)

h: Vah, ulf. hwaihwa, forte.

l: Vül, wyl, derwyl, dieweil, während. St. an. wil, wila, olim. Nott. wilon, Wnf. wilent, zuweilen, interdum. weiland, quondam.

r: Var, hmb. wor, forsan.

Otfr. wio, quando.

§. CVII. Vita, sustentans vitam, alens. Vita est esse; crescere; agere.

1. Esse, fieri; 2) vivere, animatus, vivificare.

Vv: Vuv, Vav, weven, weben, ulf. wiwan, vivere, gaquiwnan, reviviscere.

t.s: Vut, Vat, T. ulf. was, fui, T. AS. wesan, ulf. wisan, esse. Otfr. K. sch. wist, gl. Lips. gewesanusse, exsistentia. Nott. anawist, natura, sch. aehwist, praesentia. ulf. swes, substantia, manifestum.

bis, es, esto; bist.

W. fat, fast, es, est; Isl. fäst, fiat, erit.

n: Vun, Van, Wnf. went (werdent), fiunt. Otfr. giwant, conditio; bewand, beschaffen. ben, bin, Wil. ich bim, Kero pim, fr. bium, AS. beom, sum. Nott. wir bin, sumus, bint, estis; h. wy, gy, sy bent.

h: Vuh, Vah, wah, vivus, -ax; gl. Stimh. wahan, wehan, spirare. Wil. sch. quik, quek, AS. cwic, vivus, animal, pecus, vegetabile, hmb. pullus, frisch, munter; E. quichgras, unkraut; queken, stark fortwurzeln; wychel, salix. Wil. AS. wiht, animal, ME. infans, sch. kukinol, animal, (quecksilber), altsch. wykt. h. quak, Geschichte, Begebenheit, Knab.

AS. cwican, Otfr. irweken, (Nott. irchichen, §. CXLV.) Wil. erqueken, vivificare; er-, h. verquiken, Kero erqhuichan, sch. wederqwekia, recreare, (hmb. quekholt, wachholder, Rich. odore recreans). sch. quikna, reviviscere.

feoh, vivens, animal. MT. veh, Otfr. fehe, ulf. faihu, AS. feoh, Wil. fihe, Vich, ovis, opes, pecunia. sachen, spirare, Att. Apost. 1462. anfecht, oritur, incipit, anfangen.

l: Vul, Val, hmb. wel, Munterkeit, Gesundheit; wal, will, (muthwill, petulantia, kützel).

Schilt. fal, Nott. falgo, fall, (quod fit, accidit), casus, status, conditio, occasio.

r: Vur, Var: war, fui, AS. wär. ulf. warth, sum, fui. Wil. ward, wurt, exsistens. altsch. warda, coram. Otfr. giwurtia, essentia; Wil. AS. ulf. andwart, prae-

praesens, - entia. atwarti, absens, Nott. extraneus, gl. monf. surdus -. h. wierd, ward, factus est. wird, Ottfr. Mns. wirdit, ulf. wairth, fit; wairthan. werden, fieri, gl. Lips. nasci. chron. friburg. verwerden, verwesen; alsch. firwerda, AS. forwyrdan, AL. farwertan, h. ver-, antwoorden, interire. ulf. frawairthjan, exterminare. ulf. withrawairths, widerwärtigkeit.

Isch. gewurtunen, gewirnen, AL. AS. belg. geburen, sch. byria, fieri, contingere.

a) NS. warr, frisch, lebhaft, waker. Ottfr. giwurti, promtitudo, alacritas. Schilt. bar, species, insep. - osus, cum habitu; - bert, (breht, §. LXI.). AL. AS. gebar, se gessit, gestus; Mns. baren, hmb. beren, berden. AL. birum, sumus; Tat. birut, Will. birt, estis: Nott. birint, sunt.

Schilt. fara, casus. fuar, contigit; Nott. faran, contingere, widerfahren. Isch. ver-, AS. forfaran, mori; Nott. zefaren, dissolvi; ferwarenni, praeteritum, vanitas.

b: fior, AS. feorh, AL. ferah, b. ferh, vita, anima, vis vitalis. AS. feor feoh, animal vivens, id est, pecudes et servi.

AS. beo, sum, fio. sch. fä, esse, fieri; fä, fie, AL. fio, vie, animal, pecus, oves, pecunia.

2. crescere; herba, germen, ramus - §. CXI.

Vv: Wüv: wip, wipfel, ramus, CXXXII.

t.s: Wut, Wat, was, olescens, crescens; h. wasdom, crescentia; wasen, olescere. Isch. NL. wassen, crescere. h. wies, crevit. h. wase, cespes, hmb. Erdschölle mit dem Kraut, gl. monf. waso, gleba. wiese, hmb. wisch, Ottfr. wisgu, pratum. ditm. quitsch, Gras, dessen Wurzeln nicht auszurotten. Rab. weisunt, arteriae. Will. gewast, statura, gewächs.

hmb. wede, gl. monf. wida, weide, wied, vimen, salix, thomix. Mns. wid, poena laquei. hmb. weden, jätten. sch. quist, NS. quispel, wispel, ramus, §. CXXVIII, CXXXII. belg. pot, planta, Becan. sch. beet, pascua. h. bot, botte, knospe; botten, sprossen. b. pode, planta.

v. fas, quidquid crescit, olus; 1528. fös, ves, spelt, kern im Spreur.

n: Wun, ulf. winja, b. beind, pascua. gl. monf. finachal, fenchel, foeniculum. (h. veen, torfheide.) §. CXL, 1). quendel, serpillum.

h: Wuh, Wah, ulf. wohs, wuchs, crevit, statura; ulf. wahsjan, Tat. wahsen, sch. wäxa, crescere. ulf. walhstus, statura, Ottfr. rc. wahsmo, incrementum; Isl. awöxt.gst, fructus.

wak, AS. twig, zweig, germen. SuioGoth. winga, pascua, AL. wong, campus. gl. monf. wachar, germen, §. CXI. h. queken, erziehen, wachsen machen, wachsen.

Pers.

Pers. bagh, hortus. p. bak, ramus. ulf. bagm, arbor. sch. bog, AS. boc, buche, fagus, (§. CXIII.) A.S. bocce, bece, MS. boke, böke. buchs, stark, dik wachsend, h. boesboom, von bos, büschel §. CXXXVI.

h. vaag, blüte; vokken, anqueken.

l: Bul, Mod. felewa, felbe, salix, (stark wachsend). h. foeli, Blüte, folie; veil, epheu; welig, stark wachsend.

r: Bur, Bar, wurt, wort, gl. Lips. wurti, e.S. wyrt, herba, gl. Lips. wirte, olera. Rab. wurz, wurz, olus, ulf. waurts; wortel, wurtel, wurzel. gewürz. wersich, brassica. AS. wurton, e.S. wyrtun, hortus. e.S. worm, olus. gl. monf. werna, varix.

bar, anizpans, quidquid fert terra; baren. W. urk. 1480. bernde bom. Nott. birigen, fructificare. bard, börd, fruchtbar, eben land, Besold. MS. westph.

h. spurie, sparg, Dasyp. spars, a sparagus. h. sport, sprosse.

Isl. fåra, tragen der Bäume.

h. wei, weide, wiese, weimand, Iunius.

få, animans, oriens. spå, spåen, serere (vivere-, crescere facere) §. CXI, 1.) CXXVII.

3. Agere, opus.

Vv: Buv, Bav, gl. monf. giwepan, ordiri; weven, weben.

t.s: But, Bat, Kero hwasliche, efficaciter.

h. bezig, laboriosus, diligens; hmb. pöseln, still und fleisig arbeiten. schw. balr. posseln, päscheln, pästeln, schäffeln; pizel, puzel, Geschäftlein. d. passe, agere.

ulf. biuthi, consuetudo.

n: Bun, Ban, AS. wan, opera. Tat. giwonu, sgsh. wonheit, Kero, gl. monf. selwonaheit, h. wennis, d. vane, consuetudo. Nott. wanan, solere, h. gewon worden, gewohnen, sich gewennen.

Isl. winna, sch. wanda, laborare, wandur, labore plenus. ulf. wandjan, Minf. be-, anwenden, adhibere, applicare.

h: Buh, Bah, gl. monf. giwihan, conficere.

b. hisp. behten, comparare. ulf. biuhti, consuetudo, biuht, solitus.

fahen, Kero fangen, aggredi, Nott. zufangen, anfangen. ulf. fulla fahjan, satisfacere. ulf. gafahrida, perfectum.

l: Bul, Bal, wal, wul, will, h. gewoel, Trieb, Geschäftigkeit. sgsh. widerqual, Widerstrebung; AS. anawellan, Nott. insurgere contra aliquem.

sgsh. spulk, consuetudo; Nott. spulgen, solere, consuetudinem habere.

r: Bur, Bar, gl. monf. giweran, facere; giweri, diligentia. AL. LandR. gewär, autor. ulf. gawaurth, fecit. S. warph, negotium; Ostfr. werben, bewirbin, agere, efficere, procurare, comparare, emere, conversari, degere; j. ang. wärben, den, geschäftig sein. werf, werft, bauplatz am ufer. werk, AS. weork, b. wirk, irk, isl. wärk, Al. werah.ch, wercha, ulf. waurstw', opus; waurkjan, AS. worcan, wircian, Al. Conf. giwircan, wurkan, würken. verwürgen, perdere.

Schilt. beren, facere, bering, promtitudo; hamb. verbören, b. verbeuren, verwürken, misthun. entberen. isl. fullborda, vollbringen. Kero furi p.burt, abstinentia. h. peuren, unternemen.

far-, f.ver-, fir-, intensivum. Al. M. AS. fara, actio, modus procedendi; Otfr. gifuar, negotium, propositum; fuora, Kil. voere, mos, actus, gestus, aufführung; verfahren. gl. monf. vartig, fertig, confectus, promtus. Kil. verghen, schw. förken, exsequi.

M. fá, agere. b. hisp. gedie, fecit, perpetravit.

§. CVIII. Vita socialis.

Societas, Loqui. Societas, Familia. Societas, Cumulus, Vinculum.

1. Societas: nos. ambo; invicem, ad, cum; socius.

Vo

t.d: Vut, Vat, wit, ulf. nos, AS. nos duo, isl. ad, apud, circum. Al. widar, invicem, erga, iterum, isl. äter, §. CCXII. ulf. withra, circa, ad, apud. Al. weder, unum alterumve; AS. hwäder, E. whether, uter? AS. hwäther, uterque.

Lud. I. 819. bit, cum. Otfr. bed.th', Kero pedo, Al. paid, AS. butu, batwa, ulf. batha, isl. bäda.e, MT. beede, bode, beide, ambo.

n: Vun, Van, St. an. winnisaft, societas. AS. twin, geminus. twen, zwen, duo, §. CLXV. Kil. quant, socius, spec. commercii; verwand.

AS. benne, bäne, homo. gespan, socius.

h: Vah, AS. begen, isl. bägge, ulf. bajoth, baigoth, ambo.

l: Vul, schw. bul, socius, Kil. poll, concubinus, §. CXV, 2).

AS. filaga, a. felaga.i, socius; b. fylger, folgen, comitari.

r: Vur, Var, Al. Isl. wir, nos. isl. wár, noster. bar, homo, socius. Al. par, par, ambo; sich paren. h. beurt, ordo, series. isl. inbördes, invicem. h. bism. bur, Kero kepur, Schilt. burô, p.bursch, socius, vicinus. h. buurt, buurschap, Schilt. in lgsh. Denzl. bursch, sodalitas, vicinia. lgsh. gebureschaft, socialis. bürst, epulae, potatus, Zech. bursa, börs, thesaurus, conventus.

vor, fur, ulf. faura, isl. hmb. för, für, pro, ad, iuxta. Ost. Grunt vert (Denzl. ürt, §. CCXVII.) symposium, symbolum.

gl. monf. giuuoran, comitari. gefärt, socius, §. CXX.

MT. wy, ulf. weis, nos. ulf. ba, bai, AS. ba, ba twa, ambo.

Al. hmb. bi, Al. pi, K. Lud. 1323. pei, bei, ad, apud. bair. p.beien, accedere.

2. Cumu-

2. Cumulus, Coetus, grex, turma; multum, numerus; quinque, quatuor.

Vv: Vuv, h. vyv, AS. fif, E. five, feif, Busb. T. fyuf, schw. med. aev. fuf, quinque. h. vyvtig.

t,s: Vut, ulf. wethi, wistris, ovile; gl. vulcan. cvit, grex. AS. sweot, s. sueit, turba, turma, AS. swithe, multum; gl. Lips. suitho, nimis. ulf. sweds, divitiae.

bat,z: Busb. Tat. bazer, pers. bezar, mille.

n: Vun, Van, ulf. hwan, quot.

AL. p. ban, insigne conventus, societatis; turma; vocatio ad castra. bamyr, b. paner, bande, h. bende, turma. ulf. bandwo, signum. bannus, praefectus regius Hung. qui vexillo praeit; bandophorus, qui ducit regis signum. nov. Graec. βανδον. Procopii bandum rom. signum militare; banderium - cohors 400. militum. pers. penz, cambr. pump, quinque. alt. pfinz -, pfinsttag, donnerstag (quintus).

f. van, AS. fana, s. fani, turma, vexillum. sax. venre, vexillarius. Rab. fendeo, falanx, multitudo. sch. s. fem, Isl. fim, LL. sal. fimmitha. Tat. finevi, AL. ulf. fimf, Kero funf, finf, fünf, quinque. E. fime, -mal, wie ulf. - fyntha.

h: Vuh, Vah, gl. Lips. suega, Nott. Verh. sueiga, Schilt. schweig, grex, armentum. fredegar wanga, phalanx, ordo. AS. chwech, sex.

Verh. cambr. bagad, turma.

balec. folad, populus. fris. hmb. chron. Sax. vaken, voken, saepe, (multum).

l: Vul, Dan. wul, tumultus, turba; gl. Lips. gewilice, abundantia.

ulf. Otfr. filu, fr. AS. fela, e, N.L. veel, viel, multum. Otfr. sc. f. vol, voll, ulf. full, NE. vull, sch. fuld, plenus; AL. ulf. AS. fullan, implere; Kero fully, Tat. fullida, satietas, ulf. fullo, supplementum. constit. Lud. vollocaman, pervenire. Otfr. sch. folk, AS. folc, Volk, multitudo.

r: Vur, Var, AS. werod, coetus, exercitus. Minf. wirtschaft, epulae, bewirthen. Nan. verel, Otfr. worolt, Kero weralt, AS. weráld. b, AL. sch. h. werelt, bibl. arg. 1466. werlt, s. verden, Welt, mundus, Otfr. multitudo.

fris. werf, warve, sch. warph, AL. warb. ph, concilium, conventus; Nott. gewerf, symbolum, collatio. werben, bewerben, congregare, spec. milites.

LL. all. suergen, stabulum vaccarum, mulctrum.

Run. firth, exercitus; ulf. gafaurd, concilium. falthwus, mundus. quatuor Otfr. sc. fiar, fior, vier, sch. s. fira. e, Isl. fiorer, E. for, four, Kero fiorEo, AS. feover, feoder, fyder, Busb. T. fyder, ulf. fidur, fidwor, (cambr. pedwar). Otfr. gifiarun, quadrare, adaptare, praeparare.

3. Vinculum, §. CXXXVII.

Vv

t.s: Vut, Vat, ulf. gawath, coniunxit, withan. belg. wedemen, widmen, appropriare, destinare.

n: Vun, Van, van, vinculum, obligatio; MG. binnen, nectere, Tanhus. Mns. er bunnen, entbinden, privare. T. ulf. pers. sch. band, Rab. pand, Isl. bond, Wall. p.binta, Otfr. gibenti, vinculum, gl. monf. alligatura. T. ulf. AS. band, ligavit, bindan, sch. binda, bånda. ulf. enbban, dissolvit. ulf. T. AS. bunden, ligatum. Bund, R. Lud. 1340. punteissi, vinculum.

biscn. penn, repagulum; pannen, claudere.

h: Vuh, AL. fuag, eS. fog, fogging, h. voege, fuge, ligatura; fog, fug, ligavit; Will. r. vougen, voigen, vogen, Otfr. AS. fuagan, sch. foga, iungere.

l

r

sch. boy, vinculum, T. boie, beie; schwz. beie, vinculum ligneum; E. boie, h. boei, d. boi, sch. boia, E. buoy, lignum ancorae innatans.

§. CIX. Familia: parens; filius. a; cognatus. a.

Vv: Vuv, Vav: AL. MT. wyv.f, wyp.b, gl. monf. persona, (wypheit, sexus), Not. virgo. AS. wifman, Norm. wimman, uxor -

b. papa, pater; Schilt. papa, pabis, bab. bobest, quilibet episcopus, pfaff. boxh. baba, bube, pupus, Bub; du Fr. bob. bubii, - iones, servi, Igsh. ge bübe, tross. Schilt. bavian, simiae species von babe wiit, puerorum amicus. LL. sal. babene, porcus castratus, suke (scropha).

t.s: Vut, Vat, m. G. wodan, guodan, pater. sch. qided, mater, uterus, §. CXXV. HT. hmb. wase, amita. Kero hwiske, familia.

Kero, Tat. boxh. gl. monf. suas', domesticus. Non. sues, AS. suaes, proprius, ulf. swes, opes, bona propria, proprius. ulf. swistar, Suab. T. schwester, AL. suester, soster, AS. swuster, AS. MT. sister, sch. d. systar, E. sistre, soror, §. CLXXXIV.

h. peet, path, pater ex bapt. AL. baes, paterfamilias, amicus; basan, Rex Sicambr. basan got, dominus deus, Schilt. gl. monf. pas, pasa, Base, amita. sch. pusa, uxor. Schilt. bås, amicus.

f.vod, proles, foetus. AS. s. foth, futh.d, matrix; sch. föda, generare et parere. d. feda, AS. fedan, parere. Otfr. r. f.vater, sch. MT. f.vader, alsch. fodur, pers. phedar, pater. ulf. fadrein, familia, parens. gl. monf. fetiro, Vetter, ad parentelam pertinens; pfetterich, path. AS. fatha, hmb. vade, amita.

f.vas, soboles. AL. v.fasel, foetus in utero, Sicambr. soboles, Not. semen. AL. faselen, liberis operam dare.

n: Vun, alſ. wen, AS. win, cwen, AN. quena, alſ. quein, quino, quen, ſch. quin-na, E. queen, mulier, holl. junge Kuh: E. queana, meretrix, (Kona, §. II.)

AN. win, wand, cognatus, verwand.

AS. Isl. ſwein, d. ſuenn, ſueim, puer; Isl. lære ſwein, diſcipulus. AN. d. ſuin, AN. NT. AS. Isl. ſch. ſwyn, E. ſwyne, alſ. ſweina, h. tſwin, ſchwein, ſcropha, (§. CXCVI.)

N. bonde, §. CXIV. paterfamil. ſch. ankt bonde, anas mas.

Maſ. Tanhuſ. mer fein, ſirena; d. ſeyma, AS. ſämne, femina, virgo, ſexus ſequior.

h: Vuh, Vah, ſch. pig, puella; d. pog, puella; verw. T. poch, d. pog, (fnn. poika) puer. otnabr. wyk, mas, anas mas.

fränk. ſchweih, agnatus. Otfr. ſuehur, er, alſ. ſwaihra, ſchweher, ſocer. Otfr. x. ſuiger, alſ. ſwaihro, ſch. ſwära, ſchwüger, ſocrus. AN. ſwa-ger, ſuehur, ſuer, AS. ſwäge, d. ſwoger, ſch. ſwåre, ſchwager, ſororius, levir. ſch. ſwåger, affinis.

l: Vul, Val, Schilt. bul, böle, affinis, propinquus. ſch. pilt, infans, pullus; holl. pielken, junge Gänſe, Enten. NS. Bölkenkind, conſobrinus. Isl. bill, maſculus.

bair. falle, pater. oberſchw. föhl, puella. Schilt. fol, foln, AN. v. fole, AS. ſch. fola, E. fole, foal, h. vol. veulen, vuel, alſ. fula, füllen, pullus.

r: Vur, Var, AS. wer, alſ. wair, Otfr. wirt, herus. a, ſponſus. NS. warte, mas, anas mas, h. word, ſch. ſwära. e, ſocrus, ſororius. germ. bar, peperit, genera-vit; beran, d. bera, ſch. bära. ſgeb. Adam gebar, bor, bur. Notk. ꝛc. burt, natura, generatio; alſ. gabaurthai, patria. h. werde, hervor-, zu Welt; ſch. börd, berde; (Brut LXIV), ſchw. bürde, eadem progenies. alſ. beruſ-jos, parentes. T. N. Boeth. T. ꝛc. bar, bor, fr. abaro, avaro, AS. a-, eafera, -fora, proles. AS. d. byr, bur, Kero parn, T. alſ. barn, AN. bern, AS. bearn, filius. a. gl. monſ. unter purga, filia. alſ. baurs, natus; unbarnahs, ſine liberis; barnilo, infantulus; barniſki, infantia.

1528. fordern, ſgeb. altfordern, Kero fordroron, maiores, §. CXX.

ſch. föda, generare, parere.

ſchw. bu, bua, E. bou, boy, puer.

§. CX. Loqui: Mens, Sermo.

I) Mens, 1. attendere; 2. obſervare; 3. ſcire; 4. iudicare.

1. Senſus, attentio, vigilia, -antia.

Vv

t.s: Vat, Schilt. guaita, gueta (gaita, §. CXLV.) excubiae, du Fr. aguayt, inſidiae.

n: Vun, gl. monſ. gawinnen, providere.

ſch. finna, finnen, finden, empfinden, ſentire, -fand, fund.

h: Wuh, Wah, NT. wak, h. wach, vigil, waker, AS. wacor; wacone, insomnium. belg. wak, Lud. I. wacta, AL. wahta, ulf. wahts, wahtwo, vigiliae; AL. wahan, ulf. wakan, AS. waclan, sch. waka, wachta, Isl. wakta, wachen, wachten, vigilare, excubias agere. weken, ulf. wakjan, sch. kueikia, excitare.

l: Wul, v. ful, hmb. föle, gefül, sensus; Otfr. fuelen, fualan.

gl. monf. gipili, frons, facies.

r: Wur, War, Otfr. wara, giwari, -wert, vigilancia, circumspectio. hmb. wahren, bewahren, custodire. E. unawares, hmb. unverwahrens, unversehens, ungefär.

spur, spüren, sentire.

Herodoti spu, oculus (Arimaspi). Heldenb. anespehn und anschauwen.

2. Observare, agnoscere, considerare, visitare, explorare, quaerere.

Vv: Wuv: h. spinwen, spiewen, ausspähen.

t. d: Wut, Wat, ulf. witan, withan, fairweitjan, videre, intendere; weissan, Otfr. Will. Kero 2c. wison, visitare, genit. ulf. atwitwins, observatio.

AS. bidan, AL. p. biden, -ten, beiten, ulf. beidan, Kero peiton, sch. byda, bida, beiden, observare; ar-, erbeit, labor, ulf. arbaidjan, sch. arbeta, altsch. arw. arfoda, laborare. AS. bath, exspectavit.

Nott. fasen, quaerere; schw. fäsig, gesucht, selten. ulf. fastan, servare, (legem), T. fastan, fastnan, AS. fästan, sch. d. fasta. e, ieiunare. fest, festum. ulf. fastubni, ieiunium; witoda fasteis, legis peritus.

n: Wun, Wan, sch. fan, ulf. fanth, cognovit, finna, finthan. Otfr. finden, quaerere. Kil. vanden, invisere, schw. fanden auf einen, inquirere. h. fonmelen, unordentlich betasten. h. peinsen, (pensare), denken.

spenst, phantasma.

h: Wuh, Wah, Otfr. giwagen, h. verwachen, hmb. wachten, exspectare. Mns. weh wegen sich, genit. Otfr. giwagen, befahren. gewagen, AL. er-, verwegen, agnoscere.

Nott. speh, exploratio. spok, visus, vorspok, omen; spok, h. hmb. sch. d. phantasma; bair. spiken, speken, spuken, mentiri, unsicher sein von Gespenstern. spigel, NS. spegel, speyel, speculum, d. speil.

l: Wül: fülen, d. h. foolen, betasten. (h. polsen, untersuchen, betasten, von pols, puls (pulsus, §. CXXX.) E. h. peilen, messen (die Wassertiefe).

r: Wur, War, war, gewar, war nemmen, -schauen, Will. wara duon, AL. weren, observare, custodire; wart, custos; Otfr. 2c. warten, prospicere, attendere, custodire, cavere, Kero exspectare. ulf. andwairthi, facies; daurawarda, o, ianitrix. Otfr. warnon, Mns. warnen, praecavere. h. waren, spuken. Nott. borgen, observare, meminisse.

AL. gespor, investigatio. Kero, Otfr. x. spor, spur, sch. spor, vestigium. b. spier, index. AS. spyrian, gl. Lips. gespuren, Otfr. spurian, b. naspooren, investigare, uitspeuren, sch. sporia, interrogare.

Otfr. fira, gl. monf. virra, feir, feriae, festum, (quod observatur-) otium sabbatum; Nott. firron, gl. monf. virron, sued. fyren, feiren, celebrare, otiari, quiescere. Otfr. fiar, tranquillitas, - us, otiosus.

Otfr. x. faren, gifaren, erfahren, tentare, intendere, periclitari. erfahren, sch. forsara, visitare. AL. forscon, forschen. Will. v. forderon, fordern, quaerere, inquirere, voce ciere. ungefar, inexspectate.

ulf. swikunth, manifestus, adv. swikunthaba; gaswikunthjan, manifestari.

b. hisp. spe, explorator; spaen, belg. spien, speculari, indagare. b. bie, exspectare.

alem. sea, spectrum.

3. Scire, sapere; 2) Lex, obligatio.

Vv

t.o: Vut, Vat, AS. wat, ulf. MG. wait, Isl. weit, MT. wet, AS. wit, scio, scivi, scientia. gl. Lips. wit, gewitti, scientia; ulf. AS. witan, MT. weten, Isl. wita, sch. weta, wissen, Kero wizzen, weiz. sued. witt, Isl. witr, sapiens. ulf. unwiti, stultitia; gl. Lips. witte, prudentia, AS. witedom, ulf. witubnja.

MT. N. AL. sued. wis, weis, sapiens. wiz, Otfr. giwizzi, intellectus, AL. Conf. sapientia. gl. vet. wassi, Kero hwassi, sagacitas, gl. monf. wezti, habitudo, b. hisp. weste, h. quist, intellectus.

2) Lex, AS. wite, sued. wit, MT. wet, gl. Lips. witut, fr. witud, wizod, ulf. witoth. AL. wizzod, eucharistia. AS. wed, AL. wette, LL. all. wadium, pactum, pignus. quiten, Will. enquethan, - ban, h. quyten, retribuere, solvere, satisfacere; quit, liber solutione.

ulf. witoth, AS. witiga, propheta.

Schilt. bot, Kero pot, n-, gibot, sch. bod, lex. bed, beet, obligatio, tributum. sch. boda, biuda, beden, AL. peotan, p. biutan, Frid. II. 1235. verpieten, ulf. anabiudan. AS. beodan, mandare; Kero peitan, exposcere. AS. bad, bad, ulf. buth, bauth, Isl. baud, sch. bod, bot, praecepit. sch. bota, bieten, citare.

Schilt. baß, iurisdictio.

n: Van: Otfr. x. bann, Lex, mandatum, obligatio, bannen, mandare.

pand. t, pfand, pignus.

h: Vuh, Vah,

Kero spahi, sapiens, artificiosus; spahe, Tat. spahida, Stan. speke, sapientia. Frid. II. 1235: noch gepogt noch rat, weder Gebott noch Rath.

l: Vul, bil, lex, aequitas, §. CXVI, 3. du Fr. billage, liber legum, XXXIII, 2.

r: Vur,

r: Bur, Bar: Al. sch. bar, MB. v. T. baer, Mys. isch. bár, ber; Al. b.parta, p.bertlich, ulf. bairhr, alts. blart, (bret, bright, §. LXI.), AS. beorht, byhrt, (briht), Al. bereht, berht, bert (breht), Otfr. berahtia, manifestus, apertus, clarus; berta, brigitta, clara. polit. §. CXXIV. phys. §. CXXXIX. gebärde, gestus.

a) E. warph, werff, worff; werf.ch, iudicium, terminus iudicii, Besold. CVIII, 2.

Isl. spia, praedicare, spamann, propheta.

4. Iudicare, aestimare, putare.

Vv

t.s

n: Bun, Ban, Al. wan, wene, Kero fuana, iudicium, (Isl. suan, arbitrium); suanan, iudicare (§. CLXXXVII. et CXC.). Notk. ubarwanida, superbia. AS. wenan, ulf. wenjan, Kero wanan, wannan, Otfr. biwannen, Mys. wenen, wand, aestimare, iudicare.

h. vonnis, holl. finnung, findung, decisum, iudicium; finnen, Mys. be vinden, decidere. Notk. gl. monf. findan, statuere, definire, iudicare. ulf. finthan, scire, funthi.

h: Bah, gl. monf. wago, iudicium; Otfr. waga, wega, consideratio, ars. Mys. 2c. wag, aestimavit; Notk. 2c. wegen, Otfr. giwagen, erwegen, iudicare, excogitare, considerare.

l: Bul, Bal, wal, gl. monf. well, walja, deliberatio.

h. gewoel, gesinnung.

r: Bar, Otfr. in war min, meines Erachtens. Al. gewár, aestimatio. wardein, aestimator.

II) Sermo; vox.

1. Sermo, dicere, explicare; affirmare, verum, hortari, cautio.

Vv

t.s: But, Bat: ulf. wita, dico. Al. quit, Isid. quhidhe, Kero kequit, AS. cwethe, sententia, dictum. ulf. Al. quad.t, Kero qhuad, E. quoth, dixit; AS. cwethan, Al. quedan, -tan, ulf. quithan, sch. quäta, E. quoth, dicere. AS. wot, facundia. h. verwaet, maledictus, excommunicatus. Al. gl. Lips. quetteren, h. kwetsen, schw. waschen, schwätzen, garrire.

Al. LandR. wissen, beweisen, Otfr. gewizzen, probare, assecurare. Tat. quitti, gl. Lips. gewitscapi, AS. gewitscype, -nysse, ulf. weit woditha, Kero ke wissida, giwizzida, Tat. giwiznessi, -scaf, testimonium. ulf. weitwods, sch. witne, testis.

verum, gewiss; holl. wiss, certus, fixus, sch. wist, witerlig, wisserlig, AS. gewislice, certum. Otfr. wisen, weisen, ostendere; wiso, dux, LL. Goth.

Goth. wisius, rex apum. Will. gewisse, informatio. MS. wyse, weise Kero wis, modus, mos.

sch. Isl. boda, annuntiare, citare; hisp. verbaden, citare, bieten, bot, citavit. Ags. beodan, praedicare. holl. bad, T. bod.t.n, Kero poto, b. bud, nuntius, apostolus, W. Urk. 1319. der zwelfbot. ib. 1312. gebuttel, legatus, iudex. büttel, MS. badel.

arbed, - phed, asseveratio iuratoria.

(cambr. faidh, vates). LL. Long. fastermanes, fideiussores.

n: Wun, Wan: wenen, erwehnen, memorare. ulf. bandwjan, significare, indicare, (CVIII, 2.) bandwo, signum. AS. spone, persuasio, spon, All. spun, persuasit, spanan, sch. spana, pellicere, suggerere, hortari. Otfr. spenst, Kero tispanstt, adhortatio. Otfr. spentare, doctor.

Isid. finden, demonstrare.

h: Wuh, Wah, Otfr. wahen, memorare, referre, narrare; wahi, memorabilis; giuwag, effatus, proposuit, ordinavit, iussit, interpretatus est. h. gewag, Notk. gl. monf. giwaht, mentio.

gl. monf. pouhha, pahaunga, AS. bauh-, beacnunga, significatio, nutus, beacnian, Kero pauhnan, Otfr. x. bouhnen, annuere, nutu signum dare, §. CXXXII.

l: Wul, Wal, wählen, declarare. spel, AS. declaratio, gl. monf. et Lipf. parabola. ulf. spill, narratio; spillan, AS. spellan, Isl. spialla, narrare. AS. Isl. godspel, - spial, verbum dei, Evangelium; Isid. forespel, vaticinium; AS. larspelle, doctrina; gl. Lipf. Wnf. bispilla, parabola, beispiel, exemplum. All. spellen, E. spell, sillabicare.

b. veilig, certe, veiligen, versichern.

r: Wur, War, All. wár, belg. waere, All. tewara, guarenda, asseveratio, sponsio. AS. wáre, gl. theut. wara, foedus. Wnf. wár, sponsor, j. feud. all. gewár, testis; All. wáren, geweren, praestare, solvere; gewáren, b. hisp. bewaren, tradere, largiri.

war, All. Conf. giwair, gewar, Wnf. gewer, verum; bewáren, firmare. All. wara, responsio, Will. waran, respondere. war, gewár, titulus. wort, altsch. ulf. waurth.d, sermo. ulf. andawaurdi, antwort, responsum; filuwaurdei, multiloquium. All. sch. b. swar, AS. answer, responsio. AS. T. sch. swor, Isl. soor, (§. CXC.) iuravit; ulf. swaran, All. h. sweren, Kero swerran, AS. swerian, sch. swária, Isl. swera, E. swear, b. swerge, iurare. LL. bai. swiron, firmare, sancire.

ulf. usbairan, respondere; All. ir-, openbaren, altsch. birta, ulf. gabairhtjan, declarare, manifestare. Isl. T. burst ar.s, pramulgatum est. AS. b. borg, All. burig, bürg, sponsor, fideiussor et debitor; MS. borge, creditor. AS. borhoe, fideiussio; beorgan, Kero piporagen, bürgen, cavere. gl. monf. pi-, gipirnen, animare, hortari.

MS. bae, nuntius. Isl. spaa, dicere, explicare.

2. Vox, clamor, cantio; os, labium.

Vv: Wuv, Wav: Stirnh. gl. vop, (altsch. op, §. CCXV.), vox, clamor; ulf. wopjan, (altsch. opa), vocare, clamare. v. T. wuwen, latrare. h. bauwen, clamare.
papen, -eln, garrire. v. T. baffen, beffen, canis, vulpis. me. Jsl. pipe. u, pfeife.

t.s: Wut, Wat: Kero ghwedan, clamare. sch. quäda, cantare. wissen, Kero katwisan, vocare, convocare. zwizern, §. CXCI. h. quetteren, plaudern.
bisen, sibilare (CXCI). baß, sonus gravis, inferior (§. CXI, 2.); h. basuyn, posaune. Dengl. bauzen, latrare. Al. bizzen, murmurare; bisa, turbo. h. bassen, bellen; gebas, geschnaber.
h. vois, stimme, ton, vox.

n: Wun: bum, bom: h. bommel, Hummel, Hornis.

h: Wuh, Wah: gl. mons. weigin, Al. wichelin, wiehelen, wiehern, hinnire. queken, §. VII. ae. swög, sweg, sonus; swegan, sonare; Al. swegelpype, Rab. M. swegala, -ila, -elo, fistula, suegalar, pfifara, tibicen, (§. CXV, 3. CXXXVIII.) quaken, plaudern.
h. boeha, lerm.

l: Wul, Wal: ae. weler, (cambr. gwefu, gweusl), labium. h. quelen, zwizern, singen. bell, gebill, latratus; bal, bol, latravit; Mns. bellen, Nort. pillen. hmb. bölken, bmm. balken, mugire, ructum edere, h. schreien wie ein Esel. h. bollart, schwätzer, bollen, schwätzen.
gl. mons. palz, cantio, paean. balenc, balada, belg. saltatio, chorea, Norm. cantio, ball. gl. Isid. valle machia, inhonestae cantiones, carmina, ioca turpia.

r: Wur, War: sch. war, Isl. wor, ulf. wairila. o, labium. guttur, CXVII, II, 2. werre, werle, me. twäre, gryllus (a sono), schwirren, gryllare. h. work, rana. bar, vox, murmur, Ponan. baren, clamare, Al. baren, beren, gebäran, barritum edere, ursorum. Mns. Meisters. bar, cantio. frisch. gespirk, cantus. bar, schlachtgesang, Tac. baritus, barditus, Ammian. Marc. wie h. bar, meereswellen. ae. berian, e. bären, altfrk. baria, sonare, clamare.
gl. mons. weis, hinnus.
h. nog boe nog ba, kein Wort, weder guts noch gats.

§. CXI. Alens f. cibum praebens est cibus, Praedium. Cibus, Rostrum. Cibus, Cibatio.

1. Cibus, panis; fructus, arbor (§. CVII, 2); Lac, lactans. CIX.

Vv: Wav, pap, puls. T. h. wafel, oblate, kuchen.

t.s: Wut, Wat: weida, Otfr. cibus, pastio, comestio. gl. mons. herba, Nott. pascuum. sch. hwete, ae. hwäte, e. wheat, ulf. hwaitei, Al. hwiezze, Kero hweizzo, h. weitsen, gl. mons. weiz, triticum. Otfr. wast, wist, cibus, epulae. Nott. wisung, esca, oblatio. ulf. bwesan, epulari.

bit,

bit, biz, cibus; S. biez, büz, mamma; beze, peze, E. bitch, canis femina, meretrix. chron. Mst. umbiten, AL. imbizen, reficere; in-, imbiz, imbis, refectio. Mnl. spiz.e, h. spyz, speise. schwz. spies, cibavit, spizen.

AL. byst, blm. büst, hmb. holst. best, AS. beost, colostrum, primum lac in animalibus. h. pit, bair. päz, hmb. peddje, petik, medulla et sanies. hmb. pödder, lödder, Angelspeise; beize, lokspeise et maceratum. Isl. spad, Grüz Suppe.

MT. boter, hmb. botter, butter, butyrum, 1482. puter;

AL. v.fod, E. food, AS. foda, Isl. fáda, sch. föda, ulf. fodeins, cibus, alimentum. germ. feud, panis, salarium. MS. sch. v.foder, fuder, Carol. Otto fris. fodrum, annona militaris. ulf. fodan, h. voeten, MS. v.föten, AS. fedan, d. föde, AL. fuatan, fuotiren, sch. fodra, d. fostra, alere, pascere. AS. fostra, cibus. v.fett, pingue, feist, Kero feizt, Otfr. feizzit. gl. monf. v.feizti, tsch. vessete. feiste, crassitudo; feiztan, pinguescere.

n: Bun, Ban, (armen. pan, panis). MT. pampe, puls. sch. blm. h. spen, Rab. spini, Will. spunne, mamma; AS. spana, h. sponne, blm. spön, zapfen am Kuheuter. sponkalv, span verkel, sch. spena barn-, Säugling. Notk. spunhaft, mammosus; östr. spän, schw. gespind, lac. westph. spunner, kuheuter.

Denzl. binst, primum lac. Notk. spint, adeps.

h: Buh, Bah: weck, h. wegge, panis. (Otfr. gl. monf. wega nest, cibaria, viaticum, §. CXX.) wak, palmes. wachar, Kero fructus, Otfr. quaestus, b. hisp. woker, wocher, Notk. wochir, wuocher, bibl. mog. 1462. wucher, fructus. Kero wacharhaft, fertilis. hmb. wokern, häufig brüten. wuchern, erwerben. Schilt. schweig, schwaich, schafweide.

AS. bice, sch. bykja, canis femina.

Phryg. bec, panis; gl. monf. pecchi, panificus. buch, coxit panem, bachen. schw. bähen, torrere. schw. bach, scropha (§. XXXIV.). capit. 813. baco, gl. monf. pacho, perna. östr. pachen, schweinen rükenshik (CXVII, 2. 1.) h. big, bigge, ferkel. speck, lardum. spiken, pinguefacere; hmb. spikern, alere.

fah, S. fähe, canis femina; h. fokken, erziehen.

l: Bal: gl. monf. palu, offa. spelt, far.

r: Bur, Bar: bar, urbar, reditus, Will. decimae. AS. bur, penuarium. d. byrga, victualia suppeditare. AS. beer, E. barley, hordeum; ulf. barizeins, hordeaceus; bier, bior, AS. hmb. beer, AL. bier, byr, Rab. peor, potus hordeaceus.

AL. bira, biere, birn, pirum; biren, vinum piraceum, CXXXVI.

schw. furen, alere, nr. 2.

bu, lac, vacca. Schilt. fe, fee, panis, salarium; AL. fio.u, Isl. fie, d. sch. fä, pecus, oves, pecunia, §. CVII, 1.). spöen, serere, (CVII, 2.) W. Urk. 1315. holz, wald, wasen, zwi, (zweig, ib. 2.)

 2. Ci-

2. Cibatio, esus.

Vv

t.s: Vut, Vat: Otfr. weida, cibatio, esus. hmb. quösen, blam. quitsen, quetschen; gl. mons. quaja, minutum, didragma, (§. III, 2). AS. Sax. quas, prandium.

AS. byt, biß, bies, Marf. beis.z, manducavit; bissen, AL. peizzen, Schilt. beitten, bizzen, comedere, mordere. Otfr. gabissa, fornwurm.

n: Vun, spun: spendan, AS. consumere, AL. im-, ex-, dispendere. Tat. spentan, consumere, Marc. 5, 26. schw. spende, beneficium certo tempore distribuendum.

h

l: Vul, spul: spillen, consumere, prodigere, expendere, Kero spildan.

r: Vur, Tat. gifuro, sumtus, j. all. prov. unfur, prodigalitas.

AS. byrgan-, igian, gustare, &c. CX, 2.

spáen, dispendere (supra).

§. CXII. Rostrum, Cuspis.

1. Rostrum, proboscis; animal rostratum.

Vv: Vuv: pip, pullus (§. CIX.). biber, AS. beber, befor, bever, fiber. h. piewit, kybiz.

t.s: Vat, spat: spaz, passer.

n: Vun, Van: bin, biene, apis. AS. pand, vespa.

AS. fina, picus; finc, fink, fringella.

h: Vuh, Vah: (gl. mons. wachtala, coturnix, CX, I, 1. et 2.. h. quakel.)

pik, h. bek, Schilt. bihe, rostrum; AL. p.biken, beken, Schilt. behchen, sch. pika, rostro tundere, pungere. hmb. piken, klauben, pflicken, zwaken, auch stehlen CXXX. speche, picus.

l: Vul: pul, hmb. pulen, klauben, pflicken, ropfen, zausen, CXXX.

r: Vur, Var: h. pier, vermis, CXXIX. Notk. u. sparo, h. sparre, all. spier, sperk; sperling, e. sparrow, AS. speara, spearwa, b. spurre; sch. sparf, sperf, ulf. sparwa, sperber, passer.

(h. quartel, wachtel, CX, I, 1 et 2.)

T. bie, AS. bio, veron. T. palen, apis.

2. Cuspis. Altum. Cuspis, acutus.

Vv: Viv: hmb. pipp, pips, schw. pfipfs, harte Zungespize, eine Vogelkrankheit.

t.s: Vut, Vat: westph. wate, b. hisp. waze, Otfr. wassida, acies ferri; was, wasser, acutus. h. hisp. wajan, wezen, AS. wetten, sch. hwdsta, acuere.

h. bits, acutus. pesel, genitale tauri, balenae, maialis, h. pezerik. h. pieterman, Meerdrach, Seefisch mit scharfen Stacheln, männliches Glied eines Kinds. peuteren, mit einer Spize graben.

belg.

belg. ſpet, MS. ſpeth, gl. Lipſ. ſpiet, AS. ſpiz, ſpies, haſta. h. ſpeet, acuit, ſpyten. Goth. ſpiz, cornu, gl. monſ. hinnus. E. ſpit, gl. monſ. ſpize, veru. h. ſpits, ſpize, aculeus. AS. ſpata, gladius; ſpate.

fas, feſtuca CXXXIV.

n: Bün, Ban: hmb. h. pinn, pflöklein, zwek, ziel: pinnſuhl, Schuſterpfriem, Gelzhals, ſchw. punſel. hmb. pint, h. punt, cuſpis; punten, ſpizen, ſchärfen.

ſpon, ſpan, ſegmentum ligni, feſtuca. gl. monſ. ſpenala, acus. ſchw. binetſch, ſpinat, ſpinacia.

h: Büh, Bah: St. an. wahſer, b. hiſp. wahſam, acutus.

h. wig, wigge, keil. wiek, tocht; E. wieke, zäpflein in die Wunde. hmb. zwik, zwek, zäpflein am Faß; zwiken, anzäpfen CLXXV.

ſch. pyk, pygg, cuſpis, mucro. pike, hmb. bikke, bikel, ligo. Sueo Goth. bikel, teli genus. gl. monſ. pigo, acerbus; ſchw. piken, acere. ſch. ſpyk, clavus, omne cuſpidatum, hmb. ſpyker.

pok, h. ſch. pugio, ictus, vulnus, hmb. Stich, elendes Meſſer; poken, pöken, pungere. h. ſpok, gl. monſ. ſpeihh, ſpeiche, radius.

l: Bül, Bal: hmb. pal, pfal, E. bole, cuſpis; h. paling, anguilla. pal, fr. paele, ligo ligneus. Iun. in Willer. palſter, AS. paleſter, pugio. MS. D. E. bolt, h. bout, cuſpis; hmb. bolt, balkennagel. P. bolz, telum.

Denyl. biel, beil, ſch. bil, h. byl, ſecuris, MS. bihl. AS. E. bill, chalyba, AS. ſecula, ſch. vomar. alſch. bula, ſecare. E. biliche, bilch- Spiz-Maus. pyl, pfeil, alſch. byl, Isl. billda, pilum. CXXIII.

hmb. ſpyle, hölzern Spieſlein. ſpel, ſpiel, alea, (vermuthlich die Vogelſtange, §§. CLXXVI. CCX.) h. ſpelle, ſpelt, Steknadel; ſpyl, eiſerne Gitterſtange. alſ. ſpilda, ſch. ſpiäll, tabula; ſpiäla, ſpalten, diſſindere; AS. ſpialt, ſcidit; ſpalt, fiſſura, CXVII, II, 2.

h. ſpalk, Schiene; ſpalken, weit auſſperren.

AS. fealga, felge, occa; falgen, felgen, iterare agrum, vineam, CXXXV.

r: Bür, Bar: h. bor, terebra; bohren, forare. MS. bare, bard, ſch. bard, E. barte, Notk. parta, ſecuris. Igeb. barte, beyhel; Hellepart, h. hallebard. ſch. barr, Spize am Tangelholz; borre, carduus. h. bars, ſecuris. h. bars, E. bärſch, berſich, perca. h. barſt, ſciſſura, rupit; berſten, XLVII, 2. h. poer, Angel; h. hmb. purren, porren, mit einer Spize graben, ſticheln, ſtimulare.

hmb. ſpyr, E. ſpire, ſch. ſpira, ſpizlein, zäſerlein. ſper, AS. MT. haſta, Denyl. fragmentum ligni, feſtuca, hmb. Stange. ſch. ſpira, ſceptrum. ſporen, ſporn. gl. monſ. ſporah vel wehhalter poumo, iuniperus.

h. vor, furch, b. hiſp. furhe, ſulcus agri, CXXXVI. forſan a tractu CXX. hmb. forke, furca, gabel.

h. ſpie, hölzerner Nagel.

§. CXIII. Altum; 2) animal; 3) mons.

Vv: Büv, Bav: h. alt S. Chron. boven, hmb. baven, supra.

2) Büffel, bos, bubalus, CXXV. CXXX.

t.s: Büt, Bat: gl. monf. wassi, cacumen. wisbaum. 3) Schilt. wos, mons, wosgaw.

2) Bison, wiesant, CXXV. bison, urus. 3) bosem, osnabr. caminus. bod, mensa, altare, fr. wihbod, AS. weobod, -beod, -fod, alf. biud, LL. sal. beud, Otfr. gotes biete. h. bodem, mensa rotunda.

h. faas, gibel.

n: Bün, Ban: alf. hwan, quantus. hmb. swyn, der lange Balken, worauf der Mast stehe.

pers. bam, summum rei. N. NT. bom, AL. p.boum, AS. beam, altum, arbor. schw. bair. baumen, exaltare. h. boom, operculum.

cambr. ban, altum. Mns. Tanhus. boun, arbor. NT. bune, Schilt. binna, p.binne, bine, Damm, Höhe, Brett, Stange, Diel, Gerüst, obere Deke; hmb. böhn, h. boen, obere Teil des Hauses, Deke des Zimmers, obere Gaumen. e. punt, operculum. h. panne, tegula, §. seq. 3.

span, Deke; spund, tegula; sponde, (Himmel) Bettlade.

3) T. E. pen, pin, pinne, cacumen montis.

h: Büh, Bah: gl. monf. weigri, fastigium.

hmb. buk, bok, Gestell der Mäurer, Zimmerleute. Heldenb. bugeberg, excelsus. beig, strues. d. bekur, AS. benc, AL. bank.c.g, abacus. hmb. pook, puuch, schlechtes Bett.

Buche, fagus, CVII, 2.

2) bah, CXXV.

3) e. bake, AS. baka, d. bakke, collis, NS. prora; sch. bak, wachfeur, E. beacon, Holzhaufe darzu. e. buk, bieg, collis, cumulus. sch. bergs bygd, cacumen montis.

l: Bül, Bal: wal, wall, vallum, agger, mons, hmb. h. ufer, leeger wall, seichtes Gestad. hmb. wehl, locus editus.

2) belg. wal, Tat. wel, E. whal, AL. hwal, AS. hwael, wallfisch. pal, phala. sch. pall, scamnum. Bollwerk, (rundel, CXXXVI). AS. N. bäl, rogus. Balk, sch. bielk, trabs, (glomus CXXXVI.) schw. Zahnbulen, Rab. bilorna, gingivae. pfeiler, pyler, pila.

2) Schilt. hmb. boll, bull, bos, canis magnus. schw. bulle, boll, e. bolz, felis mas. du Fr. trespellio, -ius, taurus, qui de 3. villis vaccas communes habet.

3) Nott. buol, buel, puol, bül, collis, acervus, NS. bult, bulten. h. pullen, hervorstechen; puilader, grose-, krampfader, CXXXVI.

Isl. fyll, animal grande; fiall, sch. fiäll, mons altissimus; fels, gl. Lips. felis; Otfr. felisa, lapis. d. field, fels, berg.

r: Bür,

r: Bür, Bar: Deutsch. wur, Damm; Frid. II. 1235. ein wer, wehr; ditm. wurt, hmb. wurth, worth, würde, wörde, in Marschländern, locus ab inundatione tutus; werd.t, werder, tumulus ad pascua et sementum aptus, Besold. b. bar, vor, AS. ware, ufer. sch. afwerga, transscendere.

LL. wisiG. wardja, wart, specula, CX, I, 2.

Schilt. p. bor, altum, empor, enbor, en-, enbor; sch buren, empören, aufbören, bären, buren, attollere; burinne, burunge, emburung, seditio. Mat. burlich, altus, burligan, exaltare. Otfr. Mat. irburan sih, surgere. sch. Isl. AS. h. bord, mensa, ulf. fotu baurd, altsch. fot bord, scabellum; ulf. baurd, fr. berd, e. board, (bred, brett, LXIX, 3.) asser, tabula, §. CXXXVI. §. seq. Tat. burst, h. borst, (brust, LXIX, 4.). borz, Deutsch. barz, bair. pärseta, AS. byrst, prostans, turgens. T. M. borst, schr. borte, seta. bürste, CXXVII. AS. byrige, eS. byrgen, gl. Lips. burgisli, tumulus, sepulcrum, monumentum; AS. bebyrgan, sepelire, CXIV, 3. Kero widar pirkig, arduus.

b. birk, birke, AS. birc, beorce, e. birch, sch. biork, h. berke, ME. barke, arbor, §. seq. 3. §. CXI, 1. CXXXVI.

2) Schilt. ber, bär, animal grande in genere, CXXV.

3) pyr, pyrn, Gebürge durch Europa; berg, Kero perege, ulf. bairg, altsch. biarg, AS. beorg, byrg, mons; gebürg. sch. bur, borg, T. p. burg. ch, arx, turris. ulf. bairgahei, regio montana; bairgahein, montanus.

vor, envor, supra. ulf. ana-, infairgani, super, in montem. first, dachspize, forst, h. vorst.

bo, Sü. altum. bu, bos (CXI, 1.). sch. pä, supra, sursum. h. pul, Gibel des Hauses.

§. CXIV. Praedium; manere; limes.

1. Praedium, vicus, domus.

Vv: Buv: buw, b. paw, aedes, Deutsch. agricultura, et fimus.

t. s: But: Otfr. wisi, wisti, gast-, heimwissi, heimwesen, nr. 2. Meibom. wedel, folk-, stein-, norch-wedel, domicilium.

Isl. bud, M. b. bod, ME. bode, boden, h. boede, schles. baud, casula. h. boedel, boel, Erbschaft.

Schilt. bodel, Meibom. büttel, aedicula, casa. ditm. boos, abgesonderter Teil des Hauses, Viehstall. Ravensburg. pesel, triclinium amplum et ornatum, Richey.

gl. monf. peti, bett. lectus, area, vid. nr. 2. 3. bude, taberna, §. CXXII, 2.

n: Bun, Monf. wunni, praedium. AS. a. wang, campus, planicies. h. veem, werk-, arbeitshaus. sch. bin, marktflek. h. hmb. binnen, intro.a, intus, §. CCXXII. AS. bunda, buande, bonde, a. bonda, habitator, colonus. h. bünder, groser Strich landes.

h: Wuh: Otfr. wik.ch, AS. wic, aS. wyg.k, ulf. weih, vicus, castrum, arx; (§. CX, I, 1.) Isl. wighus, vestiarium; wich-, weichbild, ius oppidanum, K. Frid. I. diplom. Brem. h. hmb. winkel, krambude, werkstatt.

du Fr. bugia, sch. bygging, domus; bygd, villa, pagus, praedium. NS. bucht, casula. Schilt. baga, pagus, district. Otfr. spichiri, hmb. spyker, speicher, spicarium, granarium, §. CXI, 1.

l: Wul, Wal, Besold. wölle, welle, wyl, weiler, villa. wal, b. weilandt, praedium, campus. willich, wilke, villicus; AS. wylne, ancilla.

sch. bol, LL. Scaniae boel, mansum. sch. byle, aedificium, byla, bola, aedificare; d. bolig, habitatio. schlesw. bole, Hufe Aker. du Fr. palata, locus palis obseptus; Capit. fr. palice, Otfr. palinza, phalenz, palz, domus regia, curia; 1528. die pfalz, pallast, Jes. 32, (14). Schilt. p.baley, ballia, districtus. kirchspel, -spiel, territorium, iurisdictio.

sch. falu, oppidum, olim circumseptum; faland, AS. falaed, septum, quo includuntur pecudes. E. fell, d. fioll, AS. feld, locus vastus montanus. d. E. AS. folde, d. feld, terra; Mecl. gefilde, (opponitur montanis.)

r: Wur, War: B. Urk. 1312. gewer, possessio; entweren, possessione privare.

bur, Schilt. casa, structura, AS. sch. NT. camera, cubile, AL. gebur, vogelbur, -baur. LL. all. burica, E. AS. bord, casa, domus, tabernaculum. AL. p.burg, ulf. baurg, sch. borg, AS. byrig, burug, burh.g, h. borg.cht, burcht, Isl. borg, vicus, civitas, urbs, castrum, (oppos. thorf); Schilt. berewik, oppidum in plano, oppos. burg, (§. CVII, 2) Mecl. parg, Schilt. barre, barrig, parcus, parricus, park, locus septus, forum, v. T. circulus. h. gepercht, umgeben. perch, pferch.

T. bur, gebur, Constit. de exped. Rom. buring, sch. bor, Mecl. buari, habitator, colonus, rusticus, baur; nabor, nachbar; gl. monf. gipur, contribulis. Sueon. bur, civis, ulf. baurjans, sch. borgare, burger.

Otfr. gifuare, domus.

sch. bo, bu, bye, bying. Isl. gebu, gebäu. ulf. bauains, NE. b. boe, habitaculum; bulich und hebelich, f.l. monf. pilhaft, wohnhaft. sch. by, vicus; h. boey, Holzkammer im Schiff.

2. Manere, morari, quies; struere.

Vv: Wuv, Wav:

K. Frid. 1315. buwen und wider buwen, aedificare. Otfr. bouwen, habitare. Aug. 1281. pawlich und habich in der statt.

t.d: Wut, Wat: Otfr. ulf. witan, habitare, manere, durare, perseverare, §. CVII, 1.); wis tranquillitas, malacia. E. swet, quietus.

Mons. bit, Otfr. &c. bita, biet, mora, beiten, NS. beiden, b. beyden, morari. (CX, I, 2.). schw. aufbeit, frist, borg, §. seq. 2. ulf. bad, badi, NT. bedd, bett, Kero pet, lectus, AS. beed, culcites.

h. hamb. poſa, pauſa, intermiſſio. bair. pauſen, belg. poſen, paſſen, intermittere, exſpectare, (CX, I, 2.)

n: Wun, Wan, Nott. wanan, A. S. wunian, Al. wonen, habitare. gewonen, aſſueſcere, §. CVII, 3.) h. won, wohnung.

h: Wuh, ſchw. byggia, ſtruere.

l: Wul, Wal, ulf. hwila, ſch. wil, hwila, ſedes, quies; gahweilan, quieſcere. weile, Isl. dwol, mora; ſch. dwålias, morari, habitare.

r: Wur, War: Oſfr. warin, währen, hamb. wahren, ſch. wahra, durare, manere; hamb. wahr, Nott. wirig, durans, langwührig.

Nott. burgen, civitatem conſtituere.

bair. borgen, exſpectare, manere. ſchw. borg, friſt, harre; borgen, A. S. borgian, N. borga.e, entlehnen, leihen. §. ſeq. 2.

ſch. bo, habitat, - are, bö, habitant. Al. buan, ulf. bauan, habitare, ſedere, manere. Oſfr. buen, Kero puan, ult. bauan, A. S. byan, ſch. boo, bua, d. bye, bauen, ſedem ſtruere, nidi -, aedificare.

3. Limes; tutus, tectus; abſcondere.

Vv

t. d: Wut, Wat: Schilt. but, limes, terminus; butſe, marinus. bed.t, biet, Aug. 1323. gepiet, ditio, gl. monſ. peti, bett, Will. wurzbette, beet, areolae in hortis. A. fad, ulf. fatha, ſepes. Oſfr. feſti, veſte, arx, baſtia, - en, baſtida.

n: Wun, Wan: Oſfr. gl. monſ. wand, wante, wende, (and, §. CCXXI.), limes, paries, crepido.

bann, ban, ditio; h. bant, limes. vindo bona, bonna, oppid. terminale, marktplaz. panzer, lorica. fenn, §. CXL, 1.

h: Wuh: pyk:

l: Wul, Wal: ſch. wall, ſwal, A. weller, ſwelle, ſchwelle, fundamentum, limes (§. CCL). gl. monſ. giwiloti, velatus; Oſfr. antwelti, latibulum.

hamb. to pall, firme.

alſch. fala, Isl. alſch. fela. tegere, abſcondere; ſch. fula, res abſcondita. (furto §. CXIX.) fiål, fiöl, integumentum, operimentum, aſſer, pala. Friſch f. veilig.k.ch), tutus; veligen, veiligen, ſecurum facere. ulf. gafalh, abſcondidit; fulgan, abſcondere, fulgin; fulſni, fulhſni, occultatio, filigrja, ſpelunca. filegri, latibulum. ſch. fiålſtra, abſcondere, aſſeribus obtegere. gl. theot. biſolahan, condere. ulf. filhan, falh, altfriſ. bifellan, Oſfr. biſallen, ſepelire. ſtraſb. ubber villhede, friſ. bifelling, ulf. ufilh, ſepultura, fil, ſepulcrum, tumulus, §. antec. ulf. fulgins, occultus.

r: Wur, War: 1528. war, gewar, Oſfr. K. were, propugnaculum; A. S. wár, ver, propugnator; warian, b. varia, bewaren, defendere. ſch. war, wacht, Al. guarde, cuſtodia, §. CX, I, 2). ulf. warajan, cuſtodire, gawairthi, pax, gawairtheigs, pacificus.

T. barre, septum; barra, sparra, tignum; gesperre, contignatio. AS. pearroc, clatrum; barren, sperren, sgeb. verbarren, Otfr. bi-, insperren, includere. h. baar, wapenballen, gerichtsschranken. AS. birn, byrn, byrna (brin LXI.) lorica. sparen, tueri, b. hisp. cavere, defendere, Notk. procrastinare; gl. monf. spari, abstinentia.

v. T. bargen, latere; bergen, AS. beorgan, ulf. bairjan, sch. bùrga, borga, alfch. byrgia, biarga, tueri, evitare, cavere; bergen, borgen, Notk. burgan, Kero uporagen, abscondi, -ere; barg, borg, AS. beorh, occultavit, cavit; barge-gerk, grundbruhe, Besold. constit. de exp. Rom. halsperga, munimentum colli ferreum. holst. berg, tugurium. T. N. E. b. bark, E. bork. Isl. borkur, extrema cutis arboris, §. CXXXVI.

bord, porte, ora, margo, extremitas, fimbria, sch. bord, Isl. bard. berd, asser, §. antec. h. berden, borden, scandula.

ulf. fera, limes, pars, terminus.

§. CXV. Affectus, gratus, voluntas; ingratus, Indignatio.
Voluntas, Bonum. Voluntas, Favor, Laetitia.
1. Voluntas, cupido, spes; allicere.

Vv:' Wiv: weben, cupere, allicere; webel, weibel, incitator.

t. s: Wút, Wat: Otfr. quitan, cupere. ulf. inweitan, adorare, inwityn, (§. CX, I, 2. CXXIV.)

Kero pittan, AS. biddan, ulf. bidjan, sch. bedia, bitten, cupere, petere; germ. bad, cupivit, petiit. Otfr. ic. beta.e, M. T. bedde, bidu, bid, ulf. bida, bitte, petitio. Kero kepete, kapet, -bet, gebett, preces; peloen, beten, orare; betteln. ulf. bidagwa, sch. betlare, h. bedelaer, bettler, mendicus. E. puttern, allicere, stimulare.

E. spud, studium, §. seq. spuden, allicere.

n: Win, Wan, Kero wan, ulf. wen, AS. wanza, spes. med. aevi wen, went, volunt. Otfr. wan, fides, unwan, consternatio. AS. ulf. wenan, sperare. sch. wána, ulf. atwenjan, exspectare. Kero farwannan, desperare. h. wenst, wensch, wunsch; wünschen, sch. önska.

sch. bön, preces. spanan, allicere, §. CX, II, 2.)

Isl. funs, libens; boxh. gl. fr. funson, anhelare.

h: Wuh: wig: E. weigeln, allicere. h. pog, poging, nisus; pogen, anniti, contendere. AS. beggen, petere, mendicari; E. beggar, mendicus, med. aev. beghard, beguin, Bettelmönch, gl. fabul. Mns. voce birggerren, Fab. 43. M. pigg.k, stimulus, §. CXII, 2. b. forpikked, erpicht, cupidus.

l: Wul, Wal, will, ulf. wilja, voluntas, volo; Kero. AS. willan, ulf. wiljan, jamb. willen, wüllen, wollen, velle; jamb. will, AS. AS. wald.t, voluit. wal, electio; AS. walen, Kero er-, kiwellan, sch. wällia, 1528. wölen, gl. Lips. welan, wälen.

r: Wur,

r: Bur, Bar: wurb, warb, ambivit; Isgoth. bewerben, niti.
Otfr. fergen, Kil. verghen, ambire, poscere, petere. fordern, cupere, citare coram, §. CXX.
(h. porren, reizen, anspornen, §. CXII, 2.). b. bor, muß, verbum auxiliare.
gl. monſ. wa, euge!

2. Favor, amor, carus, placere; dare.

Vv: Bav: b. favn, Umarmung, favne, herzen, fave, schön, heiter.
t.d: Büt, schw. bot, oblatio, obtulit; Otfr. biten, bieten, offerre; All. bette, concessio, hmb. bade, das Anerbieten; bot, Strikrest, zum Nachgeben. schw. beit, frist, borg, §. antec. 2.
n: Bun, Ban: All. AS. Isl. win, wen, sch. wän, carus, amicus; winnen, amare. Notk. bunnen, gönnen, wünschen. schw. bump, frist, borg.
h: Buh, Bah, Notk. x. wag, favit; wegen, gewegen, favere; gewogen. Mas. x. fuegen, placere, convenire, §. seq. 3.). sch. fik, dedit, §. seq. 2).
l: Bul, Bal, buł, böle, baal, Luth. amasius honestus, Schilt. procus sensu malo. bulen, Sueo Goth. sch. bela, bola, Isl. beila, h. boelen, amoribus irretire. h. boleri, scortatio. balz, libido tetraonum.
h. bollen, behagen, angenehm sein.
h. v.fal, gev.fall, placitum, carum. Notk. valgo, opportunitas; Schilt. valgen, phleglich halten. Kero kiwalkida.u, donatio. [illegible], fala, gratus, [illegible]
r: Bur, Bar: war, gewären, concedere; b. hisp. gewerde, gratia, auspicium. Isgoth. geburesch, gebursch, comis, humanus. ulf. gabaurjaba, libenter. borg, frist, §. antec. 2.
h. fooi, treu, glaube, (franz. foi), AbschiedGeschenk.
h. paai, bezalung, Sold, payen, stillen, zufriden stellen.

3. Laetitia, voluptas, felix.

Vv: Buv: b. puf, lust, Neigung.
t.d: But, Bat: gl. monſ. gipoſi, poß.z, h. beuze, pots, spaß, Dengl. fazwort, iocus, facetiae, nugae. h. beuzelen, nugari, blandiri; poesse, käzlein; bazig, muthig, frech.
Notk. fison, instrum. musicum; All. vitula, Otfr. fidula, fidel, viola; fideln, fitscheln, §. CXXVIII.
n: Bun, All. Mas. AS. wune, wonne, laetitia; Kero wunnilust, voluptas. T. Isl. Bueb. T. win, All. ulf. wein, vinum; winzer, vinitor; Dengl. wümmen, vindemiare.
h. femelaer, possenmacher.
h: Bäh, Bah: All. feh, Tat. gifehe, ulf. fahed.ih, laetitia. Tat. gifah, gavisus est, salit. Otfr. fagon, exhilarare. ulf. faginon, AS. fägnian, sch. fägnas, -na sig, gaudere; fägnad, gaudium.

 ulf.

ulf. swegnan, exsultare; swignitha, sweginitha, gaudium; swiglian, Kil. swegelen, 1528. schweglen, tibiis canere, §. CX, II, 2); CXXVIII; CXXXVIII. schwenk, facetiae.

l: Vâl, Val: Kero wela, Mz. welde, voluptas. AS. wela, Mott. wale, felicitas, opes; ulf. waldan, contentum esse; wiljudons, gratias agens; waila wisan, epulari.

h. veel, violin, geige. Otfr. spil, exsultatio (Ioh. in utero). 883. spilodund', alacer.

r: Var: pers. ferah, laetus.

ulf. gabaurjoth, voluptas. h. boerk, scherz, lustigkeit; boerten.

o. var, ver.

§. CXVI. Bonum, Suave, Pretiosum.

1. Bonum, 2) pulcrum.

Vv Vav: o. fav, §. antec. 2.

t.s: Vut, Vat: wat, Will. watuh, pulcer, ornatus. Mz. bat, bet, bonus; Mz. bat, melioratio, Schilt. AS. bether, pers. beheter, sch. bätire, ulf. batizo, melior; batista, optimus. AS. gabetan, ulf. gabotan, sch. bota, restituere, mederi.

bas, Denkl. ius; Otfr. baz, bonum; med. aevi bas, Otfr. baz, Kero paz, pezzir, Otfr. bezir, besser, melior; Al. bezzisto, Otfr. bezist, best, optimus. Tat. bazen, bessern. p. buaza, buse, emendatio, reparatio, supplementum, sanatio, Mns. buos; lüke büsen, reparare. hmb. tobote, zubus, additio. h. wedde, gnadengehalt.

2) Schilt. but, puz, h. poez, ornamentum. h. boot, Halsschmuk; §. CXXXVII. h. opvyzelen, verschönern.

n: Vûn: bon, hmb. bohnen, puzen, blank reiben. h. boenen, CXXVII. sch. pynta, schmüken.

fyn, v. fein, pulcrum; h. ongeveinsd, ungeschminkt.

feim, reticulum; feimen, depurare; femelhanf, cannab. tenerior.

(femen, despumare, faum, spuma CXVII, 1. 2.)

h: Vûh, Vah: wag, bonum; Denkl. Mns. weger, melior; W. Urk. 1357 wegst, optimus. ulf. swik, swikn bloth, innoxium sanguinem. schw. hmb. wakker, hübsch, artig.

fag, sch. fager, AS. fäger, pulcer.

l: Vul, Val: wol, bonum, subst. et adj. Mz. AS. Isl. wel, gl. Lips. wal, v. T. wael, ulf. waila, sch. väl, bene. [handwritten annotation, illegible]

r: Var, war, bonum, Otfr. ubil odo war; war ithe man, vir probus, §. CX, II, 1.) AS. N. far, ulf. E. fair, pulcer, ulf. unfair, ingratus.

2. Suave,

2. Suave, molle, delicatum; 2) utile, lucrum, opes.

Vv

t.s: **Wut, Wat:** bat, AS. augmentum, Becm. lucrum, hmb. usus; h. boet, und baat, usus, d. bade; schw. hmb. baten, h. batten, AS. baeten, sch. bâta, e. boot, ulf. botan, prodesse, iuvare; gabatnis, sch. bâtna, lucrum, commodum. gl. monf. spuoti, successus, profectus; Isid. spuodi, substantia; Nott. framspuotig, prosper; boxh. gl. fr. spuathighi, prosperitas. h. pater, herrliches Stük fleisch: patich, acetosa.

E. swet, dulce (suet, sut, §. CXCV.)

hmb. fys, fyst, delicatus, lecker.

n: **Wün:** win, gewinn, lucrum, gewinnen, lucrari, §. CXXII, 1.)

d. pen, fein, sûs.

h: **Wüh, Wah:** Heldenb. wehe, Tat. weih, weich, mollis, subtilis, tener; Kero gewihhet, mollitus. h. gedweg, sanft, gefällig, biegsam.

2) wucher, usus, lucrum, §. CXI, 1.)

ulf. fagr, utilis; Isgth. verfohen, Nott. Mns. verfangen, prodesse, iuvare.

l: **Wül,** Nott. welch, mollis, lieblich, sûs, von worten.

r: **Wur,** Will. füre, gefuore, gl. monf. giwuori, utile, commodum. gl. Wirzb. ungi-, -gafuori, -fori, dispendium, incommodum, difficultas. Otfr. gifiaran, adaptare, §. CVIII, 2.

h. beu, sat, moe an beu, übrig genug.

3. Pretiosum, dignum; 2) iustum, aequum, simile.

Vv

t.s: **Wüt, Wats:** bider, probus, iustus; villeicht von bed, obligatio, aequum §. CX, I, 3. ein gesezlicher Mann. beders, biders, (biderb, §. CLXXI, I, 1.)

2) h. hmb. pas, rechte Art, Mas; passen. h. bots, simile; nabotsen, imitari; passer, zirkel; passen, spannen, zielen, messen. d. passe, veranstalten.

n: **Wun, wun,** 1462. dein wunniglich, dignitas, gloria. ulf. inwind, iniustus.

2) h. zwemen, änlichen, sich neigen, zwem, gleichnis, Bild.

h: **Wuh, Wah:** AS. beg, beag, altE. byghe, gemma; Run. bagua, baugua, aurum, argentum; baugie, ornamentum, decorum, §. CXXXIII. h. puik, das beste, köstlich.

2) fug und recht; fuge, concinnitas, adaptatio; fügen.

l: **Wül:** T. E. bil, aequitas. Heldenb. nimmt mich unbild, miror; Will. bilithlih, billig. T. N. bild, beld, Nott. bilde, AS. bilide, pilade, gl. Lips. gebilithe, icon, exemplar, statua, species, imago, pulcritudo, exemplum, Nott. umbra; Otfr. &c. bilidon, bilathen, bilden, formare, imitari. (pilade, §. XXXIII, 1.)

r: **Wur, War:** h ward, sch. wärd, Otfr. &c. werd.t, AS. veord, vurd, ulf. wairth, dignus, pretiosus, pretium; ulf. unwairth, iustus, frawaurth, peccator, §. CVII, 3.) Mns. ungewürt, ungunst. Otfr. wirdi, giwurti, wurde, digni-

tas,

tas, - atio, meritum; giwerdan, h. warderen, würdigen, dignari. Kero erwirdy, reverentia. ulf. andawairthi, pretium.

ulf. swer, pretiosus; swerian, honorare. h. zwier, mode, art. bur, decens, - entia, gebür; sch. bör, decet; hamb. böhren, decere, AS. gebyrian, pertinere; All. Conf. geburen, imputari; lgob. angebüreit, assignari.

2) par, par, simile, aequum; gl. monf. giparide, species; ulf. gabairan, assimilare.

fur, Monf. f.uuor, decentia; lgob. unfur, indecentia, dedecus, unfürig leben.

2) Isid. farawa, forma, §. CXXXIX.

§. CXVII. Indignatio; Dolor; Transgressio.
Indignatio, Odium, Pavor. Indignatio; vile.
I) 1. Indignatio, taedium, spuere.

Vv: Vuv: Drayl. h. foppen, despicere, eludere, E. fuppen. fopp, fatuus. AL. spew, AS. spaw, ulf. gaspaiw, spuit; AS. spiwan, ulf. speiwan, AL. spaiwan, spiuwan, h. spouwen, spuere; All. Conf. angespiuwit. ulf. spiwun, spuerunt.

t.s: Vut, Vat: ulf. hwato, spuma. h. vads. OT. faz, E. bad, malus. ulf. baitr, AS. biter, T. sch. E. bitter, amarus; ulf. batio, insulsus; baitraba, amare. AL. spittan, h. spitten, E. b. spitte, AS. spätan, spättlan, sch. spotta, Buch. spizen, Drayl. speizen, spuere. E. spile, h. hamb. spyt, spott, despectus; sch. bespotta. h. spyten, reuen, verdriessen; gesputis, pöbel, hefen, lermen.

bos, bös, malus; W. Urk. 1312. beyzern und nit bösern, h. verbastern. bastert; Besold. bastardus, unecht, (gall. bas, bast, vile, despectuosum, (humile CXL, 2.)

hamb. basch, herb; byster, b. bister, inamoenus.

h. vies, ekelhaft, zärtlich, seltsam.

n: Vun, Van, wan, wond, wund, (ond, §. CCIX.), malus.m; veron. T. wum, spuma, T. faum, §. antec. 1. b. wämmes, despuere.

h: Vuh, spuk; spuken, speichen, speihen, spuere. E. spähe, zärtlich, reinlich, ekelhaft. gl. monf. weigri, fastidium, weigern, wegern; weg, apage.

l: Vul, Val, Schilt. wala, malum. AS. belg. walg; h. walch, fastidium. gl. monf. tuals, b. dwal, insipidum.

AL. bal, bale.o, AS. balo, bealo, b. baul, bol, malum; fal, §. CXVIII, 2. 3)

h. balhorig, übelhörig.

r: Vür, Var: wer, malum; h. beweer, incommodum, bewerlik, beschwerlich. sch. wärr, peior. wermuth, gl. monf. wermota, hamb. wörmke, absinthium.

AL. AS. wirs, ulf. wairs, AS. E. worse; sch. wärst, AS. b. werst, Kero wirsist, peior, pessimus. lgob. beste wurster. h. wars, ekelhaft, überdrüssig.

schw.

schw. p.ba! sch. fa-, fä-, un-. h. by-: by sinnig, aberwizig: by zien, übel sehen -. sch. spee, fastidium, despectus; hmb. spey, sputum; Otfr. speen, Nott. spiuen, speien, sch. spy, b. spye, vomere, spuere.

2. Vile, inutile; Sordidum, putre, foetor.

Vv: Vuv, Vav: ulf. fav, E. few, AS. feava, paucus. bair. bavel, (avel, §. CCXIX) verdorbene, verlegene War. gl. monf. asuueissa, -pha, quisquiliae, purgamenta.
h. hmb. pup, pupen, crepitum edere.

t.d: Vut, Vat: Kil. quat, quaed, Schilt. quad, quot (kat, koth, §. VI. CXLVII, 3.), stercus, oletum, schw. quatsch. wust, wüst, sordidum; gl. monf. wes-nen (verwesen, sch. fartwisna, §. CVII.), verwelken; gavissa, quisquiliae. Isl. wesaling, minimus; wisch, vile, wischen, abstergere.

b. hisp. watt unde mos, h. wed, E. woad, waid, glastrum. AS. wete, alts. watta, res minima, pulvisculus, (§. CXLVII, 2.) h. zwadder, unflat.

hmb. butt, parvulus, schw. verbutten, klein bleiben. MT. betten, bißchen; hmb. nich dat bitterste, ne minimum. h. poeder, puder, pulvis, pulver.

E. bad, inutilis; schw. bair. bettel, NS. bödel, budel, budell, plunder, hausrat.

fgoth. pot, stercus; Schilt. potth.r, bolecha, E. pfosch, cadaver; h. spat, beflekung, hmb. spuddig, schmuzig, armselig. E. sad, illepidus, insipidus, bimm. vattig, schmuzig, schlappig: sch. fat, fattig, Isl. fätäk, paucus; E. Deutsch. fazen, despicere, eludere. fusel, schlechter Brandenwein. schw. feiseln, hmb. fisseln, fysten, pedere, foetere; E. fist, h. veest, Schiß.

n: Van, wan, hefig, trüb. AS. wam, wamme, ulf. gawamm, macula, -osus; Kero unbewamt, immaculatus; Nott. bewemmen, contaminare; h. wammen, schlam ausstosen. schw. bampen, cacare.

ulf. fani, AS. fenn, lutum. sch. fäne, homo nihili; Nan. fant, h. vent, servus; Mns. Emmenbas. vend, vendel, fenden (wenden), Bauren im Schachspiel. h. vuns, schimmelig, muffig.

h: Vuh, Vah: AS. wac, wacke, vile, inutile. ulf. waiht, hilus, res minima. b. swang, leer, ohne kern. pak, res et turba nihili. hmb. spook un spucht, homunculus.

h. bagger, schlam, moder.

hmb. pogge rana, poggenstöle, Erdschwämme. bair. puk, paks. crepitus ventris. spak, caries, spaken, hmb. faulen. b. pankert, E. pankbein, spurius, (scamnum CXIII. toro oppositum) AL. fahe, NS. foeg, sch. föga, b. föje, ulf. fagr, paucum, vile; E. fokken, illudere, despicere.

l: Vul, Val: AS. wil, putredo; AS. wile, turpe, sordidum, cadaver, Grup. schles. wuyl; wal. MA. bewal, macularis; p.bewellan, inficere; welk, gl. monf. welch, marcidus. bimm. quilen, trielen der Kinder; hmb. quwalster, koder. NS. twalch, zizania.

bair.

bair. pilm, vile, pilmes kind, - zotten, unartiges Kind, - har.

AL. ulf. sch. hmb. ful, h. vuil, faul, putre, schmozig, rostig. AL. AS. fulitha, putredo. hmb. fulk, schmuzflek. sch. förfalna, putrescere. hmb. feuel, wischlump; fulichkeit, h. vuyligheid, schmuz, unrath. hmb. fülen, sine crepitu pedere.

r: Vur: hmb. purren, crepitum edere. Frisch sport, coenum, scorea; h. sporkel maent, Februar. (mensis spurcus.) beurs, beurzig, weich, faul.

blm. firrig, von üblem Geruch, Geschmak; furz, crepitus, farzen.

Isl. fair, paucus, vilis.

schw. p.ba, sordide. h. fui, foei, pfui; h. verfoeyen.

sch. få, d. faa, fie, Isl. faer, AS. fea, Kero fo, foi, foer, paucus.

II) Odium; Ira.

1. Odium; contra, apage.

Vv Vüv, h. quips, unmuths: weps, widrig, ungeschmakt.

t.d: Vut, Vat: quit, weg, ab; AL. widar, ulf. withra, contra; v. T. weder achten, reiicere. Kero dwidaro, tamen. hmb. dwas, transversum.

AL. bosa, odium.

AS. foeth, feind, belg. vede, veyde, vied, fr. longob. faida, inimicitia, spec. homicidii. Scilmb. faida, diffidare, bellum denuntiare. h. vadzig, invidiosus, feitelyk, hostilis; vittery, tadelsucht, filzigkeit.

hmb. spaddeln, - tteln.

n: Vun, Van: von, fon, a, partic. separat. h. van.

Denkl. W. Urk. 1373. span, krig und zweiunge, odium.

ulf. andwairdjan, aversare, §. CXXXV.

h: Vuh, Vah, weg, apage, weg -, partic. separat.

pak, bauh. gl. fr. bah, sch. Isl. AL. bak, d. bag, AS. bac, semotus, posterior. sich paken, secedere. Schilt. bah, pacho, hmb. bak, tergum; bakel, Rukleehne am Stul.

Denkl. figen, fehen, AL. fihan, ulf. figan, AS. feogan, odio habere; AL. fehd, L.L. Long. fehed, sch. fegd, odium, diffidatio, inimicitia.

l: Vul, bol, fel, nr. seq. filz, avarus. d. fål, garstig, fürchterlich.

r: Vur, Var: wör, wer, M. weer, contra; 1528. wören, weren, wehren, Mns. werren, Kero piweran, ulf. warjan, sch. wária, prohibere. Otfr. were, wertisal, prohibitio, seditio. Isl. hwörke, nie, weder, noch.

sch. twärt, contra; hmb. h. dweer, dwars, dwers, quer, zwerch, transversum.

du Fr. barra, sperre, CXIV, 3. hmb. sparreln, sich sperren. Mett. spornen, Tat. bispurnen, AS. ätspurnian, Otfr. firspirnan, sch. spjerna, impingere, cespitare, recalcitrare. Mett. spurnida, - edo, offensio, scandalum, §. CXII, 2.)

far -,

far-, Nuodeb. fer-, v. fir-, fur-, ver-, AS. b. Isl. ulf. fra-, ab, de, se-. St. an. vilr, vilra, contra. AS. afor, b. afur, odiosum.

fiy, odium; ulf. Kero fyan, AS. fian, feon: particip. ulf. All. M. fiand.t, h. vyand, sch. b. fiend.t, AS. feond, fynd, M. lat. vint.d, feind.

h. spul, speul, Schleuse. (contra.)

2. Ira, Rixa; Noxa, turbare, vastare.

Vv: Wav: baff. schw. beffen, zanken, widerbellen, canis. h. boffen, pochen.

t.s: Wut, wut, iracundia; Otfr. witto, tyrannus; ulf. hwotjan, hwatjan, comminari; quotjan, obiurgare; Mm. chron. Sax. quat, iratus. gl. Lipf. witinon, gl. monf. wizinon, tribulare. Isl. awit, increpatio, awita, increpare, h. wyten; wyte, verwotis CXIX.

twist, zwist, rixa. Otfr. quist, afflictio, Kil. perditio, profusio; Otfr. h. hmb. quisten, perdere, perturbare, prodigere; ulf. quistjan, frafistjan, perdere; quistnan, perdi, perire.

gl. monf. wostan, verwüsten, vastare; wosti, solus. Otfr. wosti, wastin.a, AS. westene, belg. woestyn, wüste, desertum, inculta solitudo; belg. woest, vastum; AS. weste, desertus. vet. Psalm. verwassen, desolare, profanare, Mus. perdere, exsecrari.

bos, bös, hmb. basch, iratus, severus. erbosen, exardescere ira. h. bits, trotzig, boud. Mat. x. bizzen, fremere. peitsche, flagellum, CXXX. Schilt. baizen, persequi, supprimere; baiz, beita, incitatio; beitten, mordere, fremere; ulf. andbeitan, castigare, increpare; AS. beotian, minitari; beot, minae. schw. pudeln, anfetzen.

hmb. butt, rudis, importunus. but, sax. bute, h. buyd, sch. byt, beute, privatio; Schilt. butteil, ius mortuarium.

Dan. fäzen, altercari; carpere, pfetzen, (§. CXXXVI.)

n: Wün, Wan, hmb. wanne, vah! admir. reprehendentis. All. Conf. zwetie, zweiung, discordia. AS. twäman, separare; twämdh, discordia. ulf. usquiman, occidere, et §. seq. Mot. b. hisp. verswant, perdidit; Otfr. swenten, Mot. suendon, verschwenden, perdere. ulf. distwinthjan, comminuere, §. seq. 3.

sch. bann, convicium, Isl. AS. pernicies, damnum. a. bande, fluchen. span, spennikeit, lis. AS. pinan, torquere, peinigen; Rab. phinon, cruciare, atterere; h. vinnig, giftig, zornig.

h: Wuh, Wah: wyg, gl. Lipf. weigan, vexare, Tat. (mit tode) weigen, (morte) afficere contumeliose et cum cruciatu, O. vulnerare; Mot. geweichen, infirmare; Isl. wege, occidere, sch. wäga, caedere; AS. wäccan, affligere. §. CXXIII. b. swige, decipere.

Schilt. p. baga, lis, contentio, retardatio, Otfr. contradictio; bagen, rixari, Mot. Tat. expostulare, balgen. späka, sch. domare. b. pik, haß, groll. pochen.

All. anfehten, irasci, impugnare, Will. wuht, impugnavit, §. CXXIII.

l: Vul, Val: wal, AL. bi-, far-, irwellen, perdere, evertere. ulf. uswaltein, ruina; wilwan, rapere. qual, tribulatio; Otfr. quellen, tormentare, irquelen, interficere, Isl. quelia. AS. qualle, Isid. qualm, excidium.

bol, ira, rixa; balg, rixa, duellum; h. verbolgenheit, ira. AS. bealh, iratus est, abelgan, h. belgen, irasci. Kero abulky, AL. Conf. apulge, Tat. gibulihti, ira; Wachr. abulgig, Kero erpolganer, iratus.

ulf. balwjan, torquere, balweins, cruciatus; h. beul, folter, scharfrichter, grausamer; beulen, peinigen; paley, tortur. hmb. spillen, AS. forspillan, verspielen, perdere, dissipare. verspillen, differre, spiel, differentia, §. CXII, 2. Kil. fel, Becan. phel, E. fell, atrox, crudelis; gl. Lips. fellon, destruere, befillen, AS. afillan, Nott. befellen, prosternere, praecipitare; Nott. fallan, fällen, irvallen, supplantare, b. hisp. vallen, caedere; fellina. fall, ruina; fellen, tradere, prodere, verrathen. AS. faldcan, interficere. LL. sal. wadfalthe, percussio sine sanguine. folter, tortura, CXXX.

r: Vur, Var, E. warre, MT. AS. wers, contentiosus, contrarius, adversarius, Kil. werseler, contentiosus, refractarius; 1528 unwyrs, iratus. LL. bav. awursa, animal ex laesione peius. AS. werig, malignus, exsecrandus, wer-, wirigan, maledicere, wer-, wirian, wergan, wyrgan, exsecrari. j. ang. gewersen, rixari. h. warkop, rixosus.

St. an. wirran, nocere, turbare, verwirren. Nott. farweren, corrumpere, inwerren, contaminare. Nott. x. warten, AS. werdan, corrumpere; Otfr. irwartnissi, corruptio, damnum, imminutio. Mus. wiursen, laedere.

Otfr. x. werren, intricatum haerere, verwirrt sein; h. war garen, verwirrt Garn; warren, wirren; h. warrig, werg, §. CXXXIV. gl. monf. wurgan, strangulare, würgen, sich würgen, worgen, hmb. quurkhalsen, gorksen, (wor, guttur, §. CX, II, 2.), h. worg, angina.

ulf. thwair, irk, iratus. AS. thwyr, thwur, discordia; thwyrian, adversari.

gl. monf. parrana, rigide; Worh. parthet, superbus; hmb. barsch, severus, (acer, nr. I, 1.), h. bars; sporrelig, zänkisch.

far, Nott. gifaren, gefähren, persequi; anfahren, AL. anafarian, impetere, infestari.

hmb. pallen, zanken, widerbellen. h. paai, ein alter verdrieslicher Mann.

III) Pavor; Stupor.

1. Pavor; 2) cedere, silere; 3) tardus.

Vv: Vův, Kero biben, Otfr. bibinon, MT. beven, sch. befva, beben, h. popelen; poplesy, schlagfluß. gepopel, pavor.

twivelen, zweifeln, CLXV, 2.

t. d: Vat,

3) Otfr. AS. spato, MT. spad, spät, tarde, sero; ulf. speidiz, spedumist, novissimus. (bat, infra CXL.)

n:

n: Wan, Notk. wanen, wenen, vereri, besorgen; angl. won.

3) Notk. twellen, tardare.

h: Wüh, Wah, Otfr. giwagon, Luth. sich erwegen, genit. besorgen. CX, I, 2. bang, (eng, §. CCXIX.)

2) MT. wiken, MG. wichen, b. hisp. wehin, weichen; Otfr. u. wenken, wangan, evitare, recedere; biwanken, ausweichen. (§. CXXXII.) h. zwigten, cedere.

silere, Kero, Wms. swigen, b. hisp. swihen, AS. swigan, schweigen. Kero u. swiki -, - galn, taciturnitas, silentium. schw. schwaigen, hmb. beswichten, - tigen, silere facere.

3) b. hisp. vaig, MG. veyg, feig, iners, timidus, h. weekig, Lev. 26, 36. Wms. fechten, anxie in agendo festinare; b. facht; gefochten. anfechtung.

l: Wal:

3) Notk. twelan, tardare.

r: Wur, War, Becm. var, metus; gl. Lips. vort, eS. forhte, Al. forhta, forcht, (frucht, §. L.), ulf. faurht, - ein, - ei; faurhtan, AS. forhtian, - igan, Kero furihtan, timere. Lyeh. fone und vorhsam, fürchterlich. Notk. var, sch. fara, gob. far, periculum. sch. befara, befahren, vereri. sch. farkas, farkas, pavere.

balt. schw. wallwan, terriculum.

2. Stupor; 2) error.

Vv: Wüv: ulf. biabrian, stupere.

t.s: Wut, Watz, h. hmb. verbasen, stupere, attonitus.

2) hmb. basen, incogitanter oberrare; verbystern, errare; MG. bister, erroneus, horridus, obscurus.

h. fout, feit, error.

n: Wun, Wan: Otfr. wuntar, wunder, belg. wonder, mirum; AS. wundrian, mirari (sch. undra, ond, §. CCXIX.)

2) Al. belg. wan, wahn, error; Otfr. wanan, wenan, wehnen. h. verwant, vorurteilig.

h

l: Wal: sch. dwala, stupor, h. hmb. dwal, error; Al. dwalen, Kil. dwaelen (dolen, §. CLXXIX.) errare, vagari; AS. dwellan, dwollan, errare, seducere, ludificare. h. bedwelmen, erstaunen, zerstören.

fel, error, felen, fehlen, sch. falla.

Isl. felm, stupor, felmtra, stupere. ulf. usfilmei, stupor; - ans, attoniti.

r: Wur, War: spur, Tat. firspurnen, aberrare, nr. II, 1.)

AS. fer, stupor; faran, b. forfarde, hmb. verfeeren, terrere; Isl. furdade, erschrak.

§. CXVIII. Dolor; Languor; Inopia.

1. Dolor, miseria, gemitus.

Vv: Wuv, Wav: Otfr. weiwa, dolor, angustia, cruciatus &c.; gl. Lips. AS. wop, woph, Kero waffe, waft, Nott. woft, gemitus, fletus, luctus. Tat. wuf, AL. wiaf, AS. wiep, flevit; wepan, weopan, gl. monf. wopan, ulf. wopjan, AL. wofan, wafan, gl. monf. weviran, Nott. wofharon, flere, ululare. h. weuw, vidua.

hmb. pypen, klagen, stehnen.

t.d: Wût, sch. qwyda, dolere, hmb. weekeren, flere. ML. wed, viduus.a, Otfr. witua, ulf. widuwo, witwe. h. witting, ulf. widuwair, orphanus. Will. withem, wedem, widim, AS. weotoma, wituma, withum. ML. wees, Otfr. weis, wais, Monf. wislos, pupillus, orbus. Otfr. wizze, quist, dolor, afflictio, aegritudo.

ML. pyt, tristis, pyten, betrüben. h. hmb. spyt, E. spite, verdruß; spyten, taedere. ulf. usbeidan, pati, hmb. böten, büsen. h. buite vader, waisenvater. h. spoed, fatum.

Schilt. bosa, pernicies.

n: Wûn, win, ulf. winnan, pati. AL. winig, weneg, weng, miser; Kero weneky, miseria; Otfr. gl. monf. wenagklibo, lugubre, miserabiliter. ML. wenen, AS. wanian, AL. weinon, ulf. quainan, E. sch. b. hwyna.e, weinen, winseln, wimmern.

Nott. bina, Otfr. pina, pein, dolor, miseria; ulf. banja, plaga.

h: Wuh, Wah, AS. wah, E. woh, miseria, wehe; gl. monf. wehmuoti, teneritudo. hmb. wiegern, winseln; swögen, ulf. swogjan. b. swige, ingemere.

l: Wul, Wal, qual, dolor, miseria; Isl. kwelst, dolore affici. Isl. bol, dolor; h. bal, Otfr. x. p. balo, miseria, pernicies.

r: War, gl. monf. quar, ingemuit; werna, aerumna; Nott. x. wartsal, adversitas. Otfr. x. swero.i, molestia, aegritudo, Tat. plaga, Monf. iniuria, beschwerde; beschweren; gl. monf. swirit mih, doleo. swer, ulf. swar, schwer, gravis; Kero kaswaran, gravari; belg. swer, Nott. swerd, dolor.

bar, miser, -ia, barm, bärme, Monf. bärmde, commiseratio. h. ontfermen, erbarmen, §. CXXXVI.

Otfr. we, weh, vae! belg. wee, ulf. Ihm. wai, miseria, dolor.

2. Languor, deliquium,

corporis: aeger, vulnus, mors; 2) animi: fatuus, stupidus.

Vv: Wuv, Wav: AS. swefn, sopor; altsch. swasa, gl. Lips. besueven, soporare, (CCI) ulf. swaif, cessavit.

2) h. boef, fatuus, babok; dwepen, phantasiren.

t.d: Wût, Wat, Mon. quiddel, hmb. quaddel, vulnus. Nott. swâden, emplastrum.

2) AS.

a) AS. woda, amens, ulf. insanus, daemoniacus; AS. wedan, insanire; gl. vet. Isid. wotnissa, dementia, watag, furiosus. wut, h. woed, furor. ulf. hwathjan, spumare.

h. dwaes, hmb. dwatsch, stultus. waffen, dunst §. CXL.

Wert. bos, infirmus. Schilt. buß, symptoma, leibschade. b. hisp. erbalzen, supprimi, succumbere. schw. pfeis, ulcus, §. CXXXVI. h. byster, heßlich, verwildert, elend. h. wyt, nagelgeschwär.

hmb. pusten, mouteren, klagen, matt sein, schlebauchen. sch. spitelsk, lepra, -osus.

2) Schilt. butt.tt, h. bot, nx. bott, ulf. baud.th, Wms. Canzler boß, stultus, stupidus, mutus -. h. badzig, fatuus, futzelen, zaudern, -aer, schw. futsche. h. bewand, stupidus.

n: Wun, Wan, ni. wan, debilis. AS. wam, wamm, livor. ulf. Isl. nx. wond, ulf. ni. wunda, -ta, vulnus. Ottfr. ME. wimmen, ulf. gawundan, vulnerare, laedere. LL. all. fresfuunt, vulnus interioris membri. ulf. wundand, vulneratus; wundufni, vulnus.

ulf. usquiman, occidi, §. antec.

h. quinen, hmb. quynen, AS. cwinan, cwanian, b. quinie, ni. quynen, quenen, languere. 2) ni. quenen, ineptire.

AS. Isl. swima, h. zwym, deliquium; AS. swiman, b. beswime, ni. swinen, hmb. beswynen, Ottfr. x. swintan, Wms. x. swinden, schwinden, -eln, deliquium pati, vertigine corripi. Wms. bysch. geswand, languit. h. be zwymen.

Schilt. panes, macula a nativitate; ulf. bani, vulnus, ulcus; schw. pfenne; j. sug. f. phinne, glandula. ulf. fama, mancus, handfamma, §. CCXIX. b. famle, im dunkeln tappen.

h: Wüh, Wah, hmb. b. wog, insomnis. gl. monf. wehhi, weihhi, imbecillitas; gl. wihan, deficere. Ottfr. x. wank, haesitatio, wanken, wenkon, wengon, deficere, vacillare, §. CXXXII.

swach, sch. swag, h. zwak, schwach, infirmus; h. syn herte beswek, Gen. 45, 26. bezwyken, schwach werden. b. pok, AS. pokka, t. b. poken, h. poken, alfch. pokor, variola, CCXVIII. CXXXVI.

b. vaek, sopor; gl. Lips. fakon, dormitare. AS. fage, ME. veng, h. feig, b. veeg, moribundus. h. vaig, waldig, träg.

l: Wul, Wal, wal, sim. wal, Strieme; Ottfr. walen, moribundus. ni. quelen, languere. sch. dwala, sopor. Wms. t. swalt, mors, ulf. mortuus est; swultun, mortui sunt. swiltan, AS. swaltan, mori. schwüle, §. CXXXVI.

2) h. wulpsch, stolidus, rudis.

ulf. dwala, hmb. dwalsch, fatuus; ni. dwaelen, ineptire. alfch. dwalm, caligo mentis et aëris, Wil. torpor; sch. dwala, vaporare, §. CLXXX, 3. ulf. dwalman, insanire. hmb. bair. qualm, dampf, ME. smalk, h. walm. h. bezwalken, benebeln. CXL.

gl. Lipſ. balen, ſchw. baile, cicatrix; tyeſ. byle, carbunculus, peſtis; holl. bule, Schilt. pûle, L.L. all. 616. puli, beule, tumor cutis; pelle, ſchw. pfelle, glandula, §. CXXXVI.

Schilt. fal, fall, mors, Oſfr. deliquium, fatum, caſus; fallen, gl. monſ. vallan, Notk. irvallen, AS. feallan, ſch. falla, feela, falli, labi, deſtitui. ſch. faalna, faalſna, vaneſcere; (Oſfr. untarfallan, ſupplicare.)

r: Wur, War, h. weer, zwer, ſwer, ſchwâr, geſchwûr, ulcus; Oſfr. ſuero, aegritudo, (§. CXCIII.)

a) dwer, fatuus; dwerlicht, irrwiſch, huc illuc transverſus, f. obtundens, §. antec. II, 1.)

3. Inopia, defectus; fames: nudus.

Vv Wav: waſ: ulf. ſwaiſ, ceſſavit, ſweiſan.

-faw, ulf. fawai, pauci.

t.s: Wut, Wat: but, bus, einbus; holl. inbôten, einbûſen, ſchw. geboſſen.

ſch. fat, deficiens; fattas.ſt, deeſſe; fattig, Isl. fâtâk, pauper, §. antec. I, 2.)

n: Wûn, Wan, Oſfr. wan, defectus, Al. ulf. AS. belg. h. partic. inſep. un-; ulf. Kero wan weſan, deeſſe; Al. Conf. wan, niſi; AS. wanian, minui, -ere. E. want, Minſ. Lucb. wandel, defectus; ſch. deſ wânda, aufhören.

wen, AS. hwen, hwân, hwon, Oſfr. wenig, weng, ſwinig, paucus, b. hiſp. parvus.

E. AS. wam, menda; erk. Beitr. wammen, feler finden. wimp, paucus; h. wimpelen, minuere.

Al. ſuinan. Oſfr. minui, humiliari, gl. monſ. decreſcere, Notk. deficere; h. verdwinen, ſchweinen, ſchwinden, ſch. ſwinda, evaneſcere. Will. winſtre.a, b. venſtre, finiſtra (minor, deterior).

ſch. fam, pauper.

h: Wuh, Wah, AS. wac, debilis, fragilis, (wac mod, weich muot, Al. Conf. puſillanimus); ulf. unwahs, inreprehenſibilis. AS. hwâg, a. huoeg, hugu, parum, aliquantum.

ſchw. focht, mendicatus eſt, fechten.

l: Wal, Oſfr. dwala ſin, carere, expertem eſſe.

ſch. ſwalt, fames; ſwâlta, eſurire.

fel, defectum, feler; fehlen, ſch. feela, deeſſe.

r: War: tyeſ. quierch, gl. monſ. gtuerch, AS. duerg, zwerg, nanus (parvulus), h. dwarg, dwerg.

Minſ. Canzl. bar tuen, deeſſe; ich enbier, entbehre, careo; gutes bar, mund bar, -los. gl. monſ. par, Al. bar, AS. bâr, Minſ. ber, bâr, nudus. (tyeſ. barhaber und barfus; AS. bârfot; holl. barſt un barbeens, ohne ſchu und ſtrumpfe). E. bare, nudimus. h. bar, nakt, rauh, kalt, unfruchtbar.

§. CXIX.

§. CXIX. Transgressio, crimen, malitia: Damnare, iudicium: Poena, poenitentia.

Vv: Buv, buf, stm. buffen, defraudare. bub, jsl. bowe, böse, sch. bof, böswicht; buben, büberei (CIX).

t, s: But, Bat: al. wet, wette, poena; al. schwab. wetten, punire. AS. wite, al. wizze. i, supplicium, poena, cruciatus, tormentum; j. arg. wizsener, AS. wizzinard, AS. witener, tortor. al. wizzi, infernus; Mat. wizesi, gl. monf. wizisig, dolosus, astutus. AS. ed-, gl. Lips. et-, AS. edwit, al. itwiz, ver-weis, sch. för-, hmb. verwyt, opprobrium, ulf. idweitjan, sch. wyta, expro-brare. al. fraiwaz, h. verwart, excommunicatio; Mat. galwazzi, persecutio. ulf. gaaitwitan, ludibrio afficere; fraweito, vindicta; gl. Lips. gewittenon, afflictum.

Aur. bulla quot, gäsdem abc quad, gl. quad, Stan. chron. Sax. quat, malus, malitiosus; tgsh. quot werk, geschäft, Misethäter zu tödten.

Schilt. bosa, bosheit, h. baatsaerig, malitiosus. hmb. pudel, fehler, versehen: pudeln, fehler begehen, schw. strafen. Schilt. du Fr. bota, hmb. bote, gl. bitt, n. boete, al. Wes. buozz, buos, b. puaza, K. Carl 1360. pene und buzze, buse, expiatio, restitutio damni, poena; besserung, §. CXVI, 1.) Schilt. bassus. m, iurisdictio, §. CX, I, 3).

E. bawd, leno, bawdy, spurcus. h. pots, betrug, potter, spötter, CXVII, I, 1.

LL. Long. faida, vis, dolus, contentio, §. CXVII, II, 1.). Mat. ficisi, dolosus; h. ontfutselen, furari.

n: Bun, Ban, al. wan, fraus-; gl. monf. wandag, wantlig, impius; j. feud. all. wandel, damnum. 883. ane wani, sine fraude; tgsh. wandel, satisfactio.

h. quant, böser Bub.

Schilt. bann, AS. banna, crimen; isl. bane, homicidium; bana, necare; AS. erdbana, Cain (primus homicida). bann, iurisd. crimin. et civ. et citatio. bann, pön, poena, relegatio, exilium, mulcta pecuniaria, confiscatio, excommunicatio; Ostf. erbannen, excludere; tgsh. verblen, proscripsit; verbundest, verbannetest: LL. Rip. forbannitus est.

h. bommel, Hinderlist, geheime Schandthat.

h. fun, Schurk: hmb. fünnisch, tückisch: funseln, heimlich thun, stehlen.

h. fymelen, heucheln, veinzen.

sch. fan, diabolus. Brschw. vemen, fehm, iudicium; feimer, veimar, scabinus.

h: Büh, Bah, wah, culpa, malus. ulf. unwah, inculpatus. Mat. swach, malus, subdolus, perfidus. Ostf. Mat. aswih, scandalum; Tat. aswihhen, offendi; Tat. besuik, fraus, scandalum; besuihhan, sch. beswika, scandalizare, decipere; Kero pisuichaner, deceptus. AS. geswican, resipiscere, abstinere; geswicenesse, poenitentia.

Schilt.

Schilt. bac.g, latro. NS. h. bihte, beichte, confessio (kommt eigentlich von gih, confessio, §. CXLVI, 1.), alter Psalm, AS. Conf. be-, bigiht, bigith.)

AS. foken, fugken, furtim colligere; hms. fycheln, schw. fekeln, mentiri, heucheln; h. feks, listiger Mensch. isl. gefengnis, exilium.

l: Vul, Val, Schilt. wala, malitia, fraus, pernicies; gl. monf. hwelli, pertinacia. h. woelen, muthwillen treiben. Schilt. bale.s, malitia, fraus, falsitas, AS. h. bal, crimen; NS. bal dâd, Ottfr. palo tat, maleficium; da Fr. Balgard, carcer maleficorum, iurisd. crim. Tat. Ottfr. balwe, -awe, malitia; Id. unbalawig, innocens; altsch. bolva, maledicere; balwenden, h. calumniari, j. all. prov. pro falso rutore declarare. Notk. balawe, piaculum. h. balling, exul; pol, Hurenjäger. h. overspel, Ehbruch.

fel, crimen; sch. feela, delinquere. d. fal, fál, fault, d. fals, Mns. Fab. der valsch, ulf. ufelein; Friesz. L.L. sal. acfalla, furtum avis de trappa aliena. NS. falsan, blasphemare; sch. falsk, falsch, falsus. h. fielt, schelm. Schilt. gevall, obligatio, dies exactionis, caducum iuris, verfall.

r: Vir, Var, Notk. werra, scandalum. Isl. sat swor, insidiatus est, swerian, insidiari, unswerian, inhonorare. AS. warg, fur, latro; ulf. wargjan, damnare. Isl. wargur, L.L. sal. wargus, exsul.

AS. NS. for-, ver-, falso, perperam. Notk. fare, Ottfr. u. fara.n, Mns. d. far, gevêrde, tentatio, dolus, fraus; gefähr, mendax; Ottfr. faren, insidiari. NS. firen, ulf. fairina, AS. firina, sch. firnerwerk-, tat, crimen, scelus; NS. firnan, peccare. Tat. ferhane, dolus; ulf. ferj, insidiator; hms. fyrk, diabolus. h. fier, trotzig.

h. part, list; Betrug.

§. CXX. Motus. Motus in se, et elementaris.

Motus, Agitatio. Motus, capere. Motus loco, temporis.

Motus loco, ire, vehi, pes; 2) via, plaga; 3) porro, procul.

Vv: Vav, Kero hwabban, redire; weben; sweven, schweifen, vagari.

t.s: Vut, Vat: Ottfr. wisen, ire; Tat. erwisen, discedere.

2) h. west, gewest, plaga.

3) NS. sch. wid, weit; h. verwydern, sch. utwidga, erweitern. Mns. tagweide, -reise.

pad, patte, planta pedis. NS. hms. pote, pfote, patte, pes; pedden, tretten.

2) AS. pad.t, NS. pat.d, hms. padd, Ottfr. Notk. ph.fad, pfad, via, trames, AS. boda, boden, fundus; bodmen, boden machen; d. NS. bodmerie, Schiffgarantie, §. CXL, 2.

3) hms. bett, porro, usque, bis.z, (Ottfr. bithaz, hactenus). AS. furbas, -basser.

MS. vot, h. voet, MS. AS. E. N. ulf. fot, AL. vut, fuot, fuz, Rab. phuoz, Kero fuazz, pes, (gl. monf. fuoz suht, podagra. ulf. ana-, bifotuns, compedes). fussen, ire.

2) fus, mensurae genus. Tat. fud, AS. fad, trames.

n: Vün, Van, Notk. winnen, grassari; AS. cwiman, Kero qhweman, ulf. AL. 883. quiman, (kommen §. I, 3.), venire, accedere, quam; sch. bequam, conveniens.

wandel, meatus; gl. monf. wantalon, wantlon, mutari, negotiari; sch. wandra, wandern.

AS. ban, bain, Rab. bein, MT. sch. ben, pes, via. du Fr. bunda, meta. b. bund, fris. boem, fundus.

hmb. fimmeln, vagari.

h: Vüh, Vah, T. ulf. N. wag, weg, motus; AL. wagen, wegen, wigen, ulf. wagjan, AS. wegan, Kero wekkan, -chan, sch. bewekа, (ággia, §. CCXV, 2.), bewegen. hmb. wogen, wanken, moveri, versari, ire. Isl. waga, gl. monf. gawihan, vehi. Hass. T. waghen, AL. wagan, currus.

2) ulf. wig, AS. weg, wág, Norm. weig, Kero wec.k, weg, via. AS. ealle waege, E. alwaye, ulf. framwigis, allerwegen, ubique, semper.

3) weg, porro, procul.

hmb. pag, equus. 2) bog, Richtung im Segeln, §. CXV, 1.

Otfr. fahen, progredi, misse fahen, aberrare. hmb. fakkeyen, vagari.

l: Vül, Val, AL. wallon, -en, ambulare; AS. weal, wealh, extraneus, peregrinus; Wms. waller, pilgrim. ulf. walu, wanderstab.

b. pilger, Kero piligrim, belgerin, peregrinans.

r: Vur, Var, Kero hwarban, Tat. werben, ulf. hwairban, ire, trans-, praeterire; AL. werbe, via publica.

2) plaga: -wart, wärts; Kero inwartun, intimo; Notk. furiwart run, praeire. gl. monf. sih puren, se movere, proficisci; spurt, ulf. spaurd, AS. spyrd, stadium. hmb. Isl. burt, sch. bårt, porro. MT. pard, pferd, Wms. pherit, Schilt. veredus, equus.

far-, v. fer-, v. fir, for-, v. fur-, (fra, fram), ulf. fair-, pro, ex, per. Wil. fure, AL. furi.o, hinfüro, furbaz, porro: fort, AL. furdir, förder, pro, trans; fördern. (blom. förfro, obstetrix.) Kero fer, ferro, AS. fyrr, feor, E. farr, MT. vere, verde, ulf. fairra, sch. fiärran (från), fern, procul.

AS. får, fåreld, iter. AS. MT. v. for, AL. fur, ivit; AL. ulf. AS. faran, sch. fåra, fårdar, ire, peregrinari. Otfr. feren, ulf. farjan, sch. fåria, traiicere; Otfr. ferjen, navigare; AL. ferg, vörg, gl. monf. ferio, nauta; vero, remex; ferid, navigium.

gl. monf. vart, pes, incessus, rota; AL. fersn, versan, h. versen, AS. fiersen, ulf. fairzna, calcaneum. Otfr. ferti, via, occasio; fara, vadum, fretum:

tum; fáre, furt, Beda forda, traiectus. AS. fort, N. forte, via. ferte, index viae. Ottfr. allafart, ubique, semper.

vor, ante loci, ulf. faura daurja, plateae (ante ianuam). Monf. vertane, gratteind, (ver tuon, auseinander -).

§. CXXI. Motus temporis; vice.

Vv:

t.d: **Vut,** schw. AL. bott, singulis vicibus, (Wacht. - istibus, §. CXXX). holl. bett, magis, amplius, iterum.

NT. wissel, holl. wessel, vicissitudo.

n: **Van,** wandel, - talon, mutari, negotiari, §. antec.

h: **Vük,** ulf., wiko, vice, ordo. sch. wik, wek, b. weke, AL. wehha, AS. wuca, u, woche, hebdomas. Isid. Tat. Kero wehsal, ul, vicissitudo.

l: **Vül, Val,** AL. wila, hwilu, b. wyle, AS. hwile, E. while, ulf. hweila, Isl. hvil, hora, momentum, tempus; Kero twala, Ottfr. dwala, mora; dwalen, dwelen, dwellen, morari, §. CXIV, 2.) §. CVI. Willer. alle wila, semper, schw. allerweile, iamiam, modo.

- falt, vice; ulf. ain -, sch. en - fald, simplex; ulf. managfalth. -

r: **Vur, Var,** Ottfr. thia warba, hac -, tysch. ander -, vierwerbe, secunda, quarta vice. Notk. analwert, iterum.

holl. bört, b. beurt, vice.

vor, fur, für, ante; furir, - ist, prior, primus; sch. fört. Tat. forn, olim. AL. foran, forna, u, ante, supra, vornen. AL. AS. gefyrn, pridem. Such. firn, fernd. Rasp. fernerig, prioris anni. AL. forn, ulf. fairnja, fairni, vetus. sch. fyrnas, Notk. firnen, veterascere. ulf. fairhwus, mundus, §. CVIII, 2.)

§. CXXII. Capere; Bellum; Venatus. Capere; Vas.

1. Capere, accipere; manus, digitus.

Vv

t.d: **Vut, Vat:** fot, holl. potje, schw. pfote, manus.

fat, capit, E. Schw.N. emphet, accipit; ME. faten, b. vatten, sch. fatta, AL. fazzen, fassen.

sch. fast, T. v. fest, firmus. fest, dies fixus, (observandus, §. CX, I, 2.); sch. fasta, Kero festinon, firmare, firmum servare. ulf. fasthan, sch. fässla, vincire; ulf. fastja, fessel, fascia.

n: **Vun, Van,** win, gl. Lips. gewin, gewunst, possessio, b. winst; gl. monf. gewinne, rapacitas. b. won, Ottfr. giwunn, acquisivit, emit, gl. monf. apprehendit; giwinnan, vendicare; Kero arwinnan, lucrari, nancisci, §. CXIV, 1. et CXVI, 2.)

fan, emphan; AS. onfon, amplecti. sch. finna, Ottfr. finten, Kero AS. findan; fand, b. vond, AL. fund, invenit, inventio. tysch. append. funt, forte, ungefär.

h:

h: Wük, Wak, (twac) duanc, Ottfr. thuangta, coegit; zwang, coactio, coegit. §. seq. sch. twinga, capere. AL. dwinghen, Ottfr. Wms. ML. dwingen, Tat. thuingen, zwingen. h. wang, flamme, wangen, den mast füttern, befestigen.

pakcn, capere.

fah, fang, ulf. gafahts, captura; AL. fahan, 1462. emfahen, Mott. in Kero infangen, empfangen; AS. fangan, fengan, AL. ulf. fahan, capere; ulf. faifah, AS. foh, feng, AL. pheing, fianc.g, sch. fik, cepit. veron. T. finghen, finden, trovare. ulf. figgr, T. M. d. finger, digitus.

l: Wul, Wal, Ottfr. felgan, vindicare, anmaßen.

fr. folmo.u. AS. folm, sch. (falma) famla, palma, manus.

r: War, far, AL. irfaren, ertappen.

Norm. va rech, strandrecht. Isl. faa, sch. få, M. fa'n, capere; b. hisp. bevie, amplexus est.

fa, capio; fat, capit; fan, capere; fach, qui et quod capit; fal, far, captor.

2. Vas, vannus, puteus. 2) Profundum, pudendum.

Dv .. Wav: NS. quabb, uter, crumena.

E. pipe, fuder, vas fluidi, h. pyp, groses Faß.

t.s: Wut, Wat, wad.t, bulga. 2) abyssus, Mott. wazzer michil, - tieffi, §. CXL.

bos, b. bosse, sch. byssa, NS. büsse, pyxis. E. bushel, ½ comb, mensura aridi. h. bos, bus, bussa, büchse, dose.

bat, Schilt. Dengl. batus. Schilt. bot, pott, mensurae genus. Schilt. but, bott, Kil. bote, calceus. E. b. bot, pot, brem. put, olla, (top), vas, dolium. butt, bütte, Wms. büttin, schw. brem. bütte, E. butte, buttel, bottich, b. h. botte, AS. sch. bytta.e, Rhab. piutto, vas ligneum, brem. priesterfut. Lgsp. bot, mamla. MS. h. bot, sch. båt, bat, AS. bate, båte, pers. betif, navis. Schilt. bude, bode, bothe.a, taberna mercatorum. Isl. byda, alvearium. Schilt. bodden, lagena; bydm, cupa; bodem, batus. beutel, crumena.

2) h. putt, brem. pütte, Ottfr. K. p.buzza.i, puteus. putten, schöpfen. h. byt, loch in das Eis gehauen, CXL, 2.

pot, belg. fotte, Rom. fod, fud.t.tt, M. d.fotz, futt, pudend. mul.

ML. vat, brem. vatt, Kero faz, faß, gefäß. fuder, mensurae genus. futer, sch. b. foder, foer, furr, AS. fodder, fodre, ulf. fodr, h. voeder, theca, vagina, operimentum. sch. fodra, füttern, fulcimento inducere.

n: Wun, Wan: wanne, de vimine in modum scuti, Gold. Schilt. schw. mensura foeni.

panne, AL. fann, pfanne. Schilt. Dengl. h. NS. benna, benne, E. behner, behnerich. ulf. banst, LL. all. banse, horreum, NS. congeries frugum; bansen, fruges constipare, CXIV, 3. E. banzen, panze, der erste widerkäuende Magen, CXXXVI.

binn, E. canistrum. AS. binne, praesepe. NS. bön, bünne, pinte, gölte; bühner, Kübler. osnabr. bunge, milkenschrank. h. spinde, Speiseschrank. MS. spint, 1/16 Scheffel.

h. van, Mas, Kanne.

h: Vuh, Vah: bak, hmb. vas, quodlibet receptaculum. Schilt. bach, bekin, becken, et, pelvis. AS. beacn, h. bake, vas littorale, signum accessus navium, hmb. Stange, Zeichen der Untiefe, CXXX. CXL. AL. bakar, -er, NL. beker, Isl. bikar, sch. begar, becher. E. pek, 1/4 bushel, mensura aridi minor. h. E. pegel, Eich, Meßgefäß.

AS. poha, pocca, ulf. pugg, AS. sch. pung, marsupium. h. booget, Felleisen. AS. box, büchse, pyxis. buchse, Schacht.

h. vak, fach. schw. hmb. fike, marsupium. fuge, eingekerfte Tiefe.

l: Vul, Val: AS. wal, E. well, puteus. gl. Lips. wal, wala, abyssus, profundum. ulf. hwilftri, loculus, Hulfter, IX.

bal, hmb. ballie, wanne, kübel; h. balien, schöpfen. d. sch. h. baljea, E. pail, NS. balge, zuber. hanöv. balg, 1/2 himten, Kalkmeß; h. E. peil, Eich. ulf. Tat. h. balg, AS. sch. bälg, E. belly, uteris, lagena, follis. Schilt. balker, genus navigii.

Schilt. bull, pull, AS. sch. bolla, cyathus; bulla, diploma. h. pull, großer Krug; pulen, E. bullen, trinken. Wart. Creichgau boll, schapfe. h. pel, Schale. NS. pull, Becher. pult, pluteus. Draut. bulge, Festi bulga.

gl. monf. vala; vulva; fielu, phiala. futter, theca; futtern, fulcimento inducere.

r: Vur, Var: war, AS. hwer, lebes.

Otfr. K. bara, gl. monf. para, sch. bâr, bähre, hmb. böhre, feretrum; bar, bahr, cymba funeralis. Goth. reite born, lectica. AL. p. baren, beren, sch. bära, ulf. bairan, AS. baran, beoran, beran, pers. beren, portare; ulf. AL. AS. bar, gl. monf. par, tulit; AS. geboren, latum. bar, bur, por, puer, portator. AL. pi-, AS. to-, AS. aberan, offerre; aber, afer, victima. hmb. böhren, portare, attollere, CXIII. Schilt. buren, auferre. h. burry, feretrum.

AL. burde, Kero purdi, bürde, onus, gl. monf. pondus. ulf. spaurida, sporta. h. bartse, Orlogschiff. börse, marsupium. Schilt. barret, birretum, Doctorhut. 1528. barn, Krippe, E. Trog, schw. Scheurenabschnitt.

bark, genus navigii. h. berkemeyer, Pocal.

AL. vur, fuhr, onus ductum, vexit, CXX. vuren, fuoren, führen, sch. föra, h. voeren, portare, ferre, ducere. hmb. fyren, Seil nachlassen. E. firkin, doliolum.

E. wey, mensura aridi.

h. boeyer, naviscula.

§. CXXIII. Bellum. Dux.

Bellum, praelium, strages, vincere, domare.

Vv: Wüv, Wav, Schilt. wissa, wippa, ulf. wepna, AS. wápn, gl. monf. giwepene; sgab. woffen, arma, et insigne scuti, wapen und wafen. Otfr. wasan, gladius, gl. monf. framea; belg. wapen. wapen, wafen, instrum. rustícum. sgab. weffen sich, bewafnen. AS. wápman, masculus.

t.d: Wüt, Wat, wat, AU. giwett, armatura. h. quet, luctatus est, quiten, ringen, sich wehren. bat, AS. beado.u.um, praelium, caedes, crudelitas. (Herod. aeor pata, viricida, Amazo). sgab. battelen, du Fr. batalare, praeliari.

Denzl. basten, - gen, domare. Capit. Carl. b.vassus, du Fr. humilis; v.basallus, deditus.

f.ved, bellum, §. CXVII, II, 1.)

n: Wün, Wan: AS. giwin, bellum, pugna, victoria; winnen, sch. winna, Kero uber-, h. verwinnen, vincere, überwinden.

h: Wuh, Wah, b. hisp. wig, giwich, bellum; Kero widarwigo, rebellio. AU. ulf. wigan, bellare, pugnare. z.dwingen, vincere, §. antec. 1.) Notk. kedwinch, kedwang, gl. monf. gidwinch, Otfr. - thuinge, - inc, lex, disciplina, frenum, censura. h. zwoegen en zwitten, ringen und schwitzen.

AU. feho, fehta, sch. fegd, gefecht, bellum, pugna. focht, AS. feaht, pugnavit; feohtan, Kero fehtan, sch. fáchta, - gda, pugnare, bellare. fuchtel, gladius, h. vochtel.

l: Wül, Wal, wal, praelium, locus praelii; AS. wál, strages: b. walur, cadivum in acie. balg, pugna; balgen.

r: Wür, War, war, E. warre, AU. were, Capit. Carl. 877. werra, Pax Const. 1183. guerra, (gere, §. CLL), AS. wyrre, bellum; AU. h. werren, weeren, werian, sch. wirra, contendere. Otfr. rc. were wór, gewehr, arma; gl. monf. suert.th, sch. swärd, pugio, mucro. Otfr. rc. werr, victoria; b. hisp. giwerren, vincere; Otfr. rc. wernon, h. worstelen, pugnare, luctari.

§ CXXIV. Dux; audax, robur; gloria, prae.

Vv: Wuv, a. wowe, audere.

t.d: Wat, AS. wáta, dux. AU. waidich, b. weidö.sch, strenuus. Schilt. spett, vicarius, wesel, verweser. sgab. baschá, dux. du Fr. b.bassus, missus dominicus, strenuus. b. baas, Meister, Herr; baazin, Frau; beste vader, - moeder, avus, avia, (prae). ulf. fad.th, dux; fr. E. faden, fathen, AS. fadian, sch. fatha, ordinare, disponere: Otfr. fazzon, praeparare, gefaßt halten; fassung, AS. fadung, dispositio, §. CX, I, 2.)

n: Wun, Wan, AS. wunne, gloria. ulf. swinth, fortis, validus; ulf. swinthei, robur; swinthian, corroborari. h. bewind, regimen.

(slav. pan, dominus), p.banir, dux, bann, heribann, imperium; banniti, schöpenbare freien.

(fan, dominus) h. faam, gericht. schwz. fenner, qui magistratum habet, Frisch.

h: Wüg, Wah, wag, audax, St. an. wagen, audere. weg.h.ch, wig, heros. AS. wiga, wigend, b. hisp. wigant, St. an. wighaft, dux, miles, pugnator, bellicosus. MG. vagt, h. vogd, b. hisp. voget, Mon. phogat, sch. fogd, Vogt. b. hisp. Carl M. romische voget; Mins. Canzler Gott, vogt im himmel. Tat. fagari, -nessi, gloria.

l: Wul, Wal, wal, AL. wåll, dim. well, MT. weld, AL. gheweld, sch. wåld, wald, Ostr. walt, gewalt, ulf. waldufni, potestas. AS. welt, Otfr. wialt, imperavit; ulf. AS. AL. waldan, -tan, sch. wålda, imperare, procurare, verwalten. dim. wellig, potens, robustus. Mins. Tanhus. waleis, heros. AS. ulf. wuld.th, gloria; ulf. wulthag. AS. wuldor, mirabilis, splendidus, gloriosus; ulf. wuldrian, gloriari.

bal, potens, altsch. balec. bålla, posse; båld, audax, fortis, AL. p.bald.th, Otfr. animosus; ulf. balth, AS. balder, princeps; balthi, familia regum VisiGoth. balden, Not. firmare, Kero, Otfr. audere, praesumere. ulf. balthaba, audacter.

bef.vel, bevelch, sch. befall, mandatum. bev.fal, ulf. anafalh, mandavit; ulf. anafilhan, Kero pifelahan, -falahan, befehlen. ulf. anafilh, traditio.

Kero, Otfr. follon, fullen, folgen, obsequi, CVIII, I.

r: Wur, War, T. AS. wer, ulf. wair, MT. werd, wirt, sch. wård, heros, dominus. Schilt. Heldenb. bar, dominus, superior, heros; LL. all. bar, -us, AS. beorn, -rna, d. berne, vir, satrapas. bar, ber, LL. all. masculus, homo liber, adj. liber, libertus. bart, Buxb. T. bard, barba; pers. berber, tonsor. AS. båran, beran, geberan, praecellere. b.pert, illustris, §. CX, I, 3), St. an. besti pertir, eo illustrior, (breht, breiht, E. bright, illustris, §. LXI.)

T. var, vaer, Run. firthar, Buxb. T. ferd, vir, dominus, dux.

v.for, prae; Otfr. furir, praecellens, maior, melior, furist, primus, summus; AS. d. first, fürst, h. vorst, (sch. fråmst, §. LXI.); princeps. AS. forma, fyrmesta, primus. AL. furi-, ulf. faura-, prae, sch. fiara, superare.

altE. Scot. wy, wye, dux, victor, miles.

§. CXXV. Venatus; viscus. Venatus, 2) fera, 3) saltus.

Vv: Wuv, 2) büffel, bos ferus, §. CXIII.

t.d: Wüt, Wat: wyd, Not. weido, weid, venatio, captura.

2) wido, Verel. mas ad coitum pronus, LL. sal. troch wido, cervus, chanas wido, gallus gallinaceus. gl. monf. widar, widder, vervex, §. CIX. gl. monf. wisant, -ent, LL. all. bissons, bos silvester, CXIII.

3) AS. wude, E. wood, h. woud, silva; Otfr. witu, d. våd, sch. wed, wid, silva, lignum; LL. all. langwit oder farn, medulla aut carruca, das Holz, das durch den ganzen Wagen geht, Schilt. Schilt. wasti, giwast (gast), forst, wald, wüste, CXVII, I, 2).

2) baz,

2) baz, Schilt. baez, bez, Jsl. beſſe, urſus; bernenſis moneta baz. Schilt. bbez, ſch. baſſa, verres, maialis.

3) Schilt. buſch, boſcus, wald, ſpec. ein freier, offener.

2) NT. vos, vulpes.

n: Bün, Ban, fr. wano, wiano, animal venatorium; LL. ſal. chunatwano, canis argutarius; wintl, canis; gl. monſ. wind, feltrices.

h: Büh, Bah: Wuſ. wige, weihe, LL. ſal. wejano, accipiter. W. Weinſp. wacker, canis, §. CX, I, 1.) bok, hircus, CXIII. h. bake, S. bacher, ME. beker, alfric. bacharus, ſchwein, §. CXI. d. bagge, equus, CXX. ſch. aries. ſch. bágga, ovis. T. v.feh, mus ponticus. Wal. r. foh, ulf. fauho, fuchs, vulpes.

l: Bül, Bal, belg. wilt, wild, fera, - us. AL. wulph.ff.p, wolf, NT. wolp, ulf. wulf, (N. ulf. §. CCXIX.) Wuſ. welpe, lupa (CXVII, 2, 2.) 2) wald, ſilva, plur. ſgsb. welde; ulf. wilthi, ſilveſtris, S. b.polk, verres.

falk, falco.

r: Bür, Bar, Schilt. bár, ber, animal grande in genere, §. CXIII. urſus, bár, Nott. per, h. ber, bers, bors, AS. b. beorn, ſch. biörn. Verres, NT. beer, non caſtratus; hmb. borg, ME. pork, barg, caſtratus; LL. ſal. barco, AS. bearug. AL. barg.ch, borg, j. all. prov. perſwein. LL. Long. ſono pair, verres, dux gregis. hmb. börgern, pingueſcere.

vervex, Illyr. ber; LL. ſal. berbic.r, (ber vih). Lupus, AS. baers.

AL. far, Nott. phar, farr, taurus; h. verſe, vacca. AL. v.ferk, AS. fearh, porcus.

3) Schilt. barſe, berſe, birſe, parcus ad ferarum cuſtodiam circumſeptus, wildhele; birſen, venari, telo petere, configere. ſch. berſa, Jsl. birſa, birſchen. birſt, venatus, birſch. v.forſt, ſaltus circumſeptus.

h. warande, Thiergarten.

T. buw, bow, boy, h. wou, ſaltus.

h. wouw, geir.

§. CXXVI. Viſcus, viſcoſus; 2) rete (filum, §. CXXXIV.)

Vv: Bav, pap; papel, gl. monſ. papulla, malva.

t,d: Bat, fad, §. CXXII. CXXXIV.

n: Bün, b.hiſp. pin, AS. pinn, belg. pyn, viſcus; - boom, - treowe, pinus.

h: Büh, hmb. pik, NT. pek, Otfr. beh, AS. pác, pech, pix; peken, firum ſedere. AS. bepácan, fallere. Otfr. bethe, tenebrae, caligo; Schilt. p.bech ſwarz. pichen, bachen, ME. bakken, adhaerere, figere. fr. ſbeh, ſbehö, pix; ſpechshart, ſilva ad francof.

fichte, pinus.

2) hmb. pukkel, reuſen, fiſchernetz, h. fuik.

l: Bal, gl. monſ. val, laqueus, ſcandalum; Nott. fal, falla, decipula, laqueus, inſidiae, (CXIX.)

r:

r: Wur gl. monſ. foraha. forche, picea; forle, förle. fürnis. fören. LL. Lil. fura, tanne.

2) AS. fierſt, laquear.

§. CXXVII. Agitatio. Agitare. Pendere. Texere. Volvere. Agitare impetuoſe. Agitare, Scatere. Agitare, Prurire. Agitare; 2) verrere.

Vv: Wuv, Wav: wev.b; weben, weven, weiſen, agitare. ME. weiſe, flagellum. b. hiſp. ſwaben, volutare (die vanen). AS. ſwipan, agitare; hmb. ſwepe, flagellum. gl. monſ. zweipan, ventilare, diſpergere, ſeminare, diverberare, diſſipare.

2) hmb. wype, ſtrohwiſch; dwevel, wiſcher auf dem Schiff; ſwypen, E. ſwep, kehren, fegen, h. zwabben, S. ſchwabben.

t.s: Wut: wett; wetten, wezen, agitare. S. ſchweiden, linere. wiſch, wiſchen (CXVII, 2.) verrere. All. b. hmb. byſen, biſſen, violento impetu agitari, §. CXXX.

2) beſen.m, 1528. böſen, gl. monſ. peſam, hmb. beſſem, ſcopae. hmb. filtjen. fitſcheln, mit dem federwiſch; fizen, caementarii.

n: Wan, Oefr. wannon, wannen, ventilare. bonen, verrere, §. CXVI.

h: Wuh, Wah, hmb. wog, inquietus; wogen, motitari; Oefr. Tat. wegen, ulf. wagan, agitare, motitare, concutere. quek; ME. quekſtert, hmb. quikſteert, bachſtelze, inquietus homo. ſuah; Kero keſuahida, diſcuſſio. hmb. ſpenkern, agitare, pellere.

S. bakeln, bökeln, radere pellionis.

fegen, ſch. ſäpa, verrere, agitare.i, h. vagen; veeg, bürſte, wiſcher.

l: Wul, Wal, wal, wallen, agitari. verm. T. poltſtab, Rührlöffel. ſpulgm, ſaepe agere, §. CVII, 3).

2) h. dweil, Beſen, lappe, zwele, CXXXVII. dweilen, ſcheuren, fegen. gl. monſ. fila, feile, lima; All. fuhlon, limare; AS. fullian, polire. h. feil, fegtuch, beſen; feilen, ſcheuren.

r: Wur: werben, ſch. ſwirra, AS. ſweoran, agitare.

2) Oefr. werren, verrere. ulf. Tat. Kero, ſwerban, tergere; ſwarb. Denzl. burren, burrire. ſchw. barren, tummelnd ſpielen. h. ſpartelen, S. ſpertelu, ſich bewegen, ſpringen, ſchlenkern.

Not. gl. monſ. furben, purgare; Oefr. yfurben, E. furbiſh, expolire. AS. furh, ſcobs.

ulf. bauljan, verrere.

§. CXXVIII. Prurire; 2) Palpitare, §. CXXXII.

Vv: Wuv, Wav: wibel, rote flecken.

2) hmb. h. wabbeln, webbeln ſchwabbeln vor Fette, Weiche, Flüſſigkeit. ſchw. h. waizeln, wakeln. h. quaps, fieber habend.

t.s:

t.d: Bat: hmb. quees, wibel, hobbelein, hautblätterlein. 2) h. quispelen, wispelen, wakeln, §. CVII, 2. wissche, weidengerte.
fideln, prurire, agitare.
2) hmb. fussig, palpitans, loser, los. schw. quatteln, der fette; schwatteln, fluid.

n: Bun h. weene, verruca, §. CXXXVI. hmb. wummeln, schwabbeln eines fetten.
2) hmb. bunnjes. schw. bunges, fetter Mensch, Bub, (parvulus, §. CXVIII, 2. f. CXXXVI. nodus.)

h: Buh, Bah, swag; swegeln, prurire, agitare.
fiken, -eln, fricare.
2) wakeln; wanken, wenkon, vacillare, §. CXVIII, 2). schwanken, spec. fluidi. schwenken, eluere vas. h. zwik, verrenkung, zwikken, wakeln.

l:

r: Bar: hmb. quarl, wibel, quer. warze, verruca, §. CXXXVI.

§. CXXIX. Scatere, agitari rependo; et 2) multitudine.

Vv: Buv: wibel, j. arg. vermis, Dengl. curculio, gl. mons. scarabaeus.

t.d: Bat: wuseln, hmb. pudeln, -ddeln; schles. puttch, putke, puttel, kleine Kuchlein, §. CXVII, 1, 2). h. wezel, wiesel, blm. wesk, mustela. quadde, käferraupe.

n: Bun, Ban: wanze, wentel. h. bunsing, wiesel, marder, dachs.
2) wimmeln, gl. mons. wimidon.

h

l: Bul: ms. polk, carabus.
2) gewul; h. woelen, schwärmen.

r: Bur: wurm, ulf. waurm, sch. orm, pers. kerm (qw'), vermis. werre, käferraupe (CX, 2, 2.) Kil. pir, pier, lumbricus; Dengl. burren, wimmeln.
2) wirr, gewirr, hmb. wirrwarr, confusio; wirren, h. werren, sch. wirra, turbare, confundere. hmb. swyr, pompa, Gefolg, Umschweif im Reden: swyren, h. zwieren, schwirren, schwärmen. ag. swarm, h. swerf.

§. CXXX. Impetuose. Vehementer. Celeriter. Vehementer, Impulsus.

Vv: Buv: Sabile. p.buff; ag. buffa, alapa. blm. buffen, stoßen. h. boffen, pochen, verhärten. S. buffeln, hart arbeiten.

t.d: But, Bat: wed: hmb. weder, wetter, gewitter, tonitru; wettern, wittern. h. quetteren, zerstoßen.
quetschen, quatere, III, 2. schw. zwetschgen, prunum Damasc. CXI, 2.)
ulf. wulsfareis, fullo.

bat, M.T. h. bot, ictus; AS. beot, impulit; bátan, beatan, Schilt. batin, LL. lat. battire, battern, Kil. botten, impellere. hmb. pütjen smyten, Steinlein, die auf dem Wasser aufspringen. hmb. betel, d. h. beitel, E. beutel, bittel, scalprum fabrile. tgoth. erdbidem.

h. bas, kleines Geschütz, Steinbüchse; busgat, -trult, Schiesloch, -pulver. gl. Lipf. bisa, turbo. E. biß, bissen, beissen, cuneus.

bos, ictus; ambos. bosen, h. botzen, impellere; bots, Beule, CXXXVI. tgoth. bossen, dreschen; hmb. buzen, klopfen. Dengl. putsch, allisus; bäz, Schlegel, Stößel. schw. batsch, Handschlag: batschen, 1528. baschgen, schmettern. K. Frid. 1474 betschad, petschaft, pittacium, pistacium, Besold.

fez, scissura, CXXXII. fast, valde.

n: Bun, Ban: h. bom, bombe; bommern. 1482. bumhart, grose pfeife. hmb. pümpel, pistillum; pimpeln im Mörsel.

m. ban, h. bons, ictus; sch. bana, h. bonsen, E. bamsen, schw. wamsen, pulsare. Kil. hmb. panter, ferula, Schulsteken.

vin. h. vinnig, vehemens.

h: Buh, Bah: wag; alf. wigan, quatere, concutere. hmb. Westph. verwegen, valde.

bak, sch. bok, bair. bek, beker, ictus; sch. pak, bagal, bängel, bair. bagl, bakel, bair. bangel, bengel, baculus; sch. banga, bängia, d. banke, E. bang, pulsare; bengeln, fustibus caedere. schw. bachen, dativ. fustigare. beken, hmb. bökern, schw. boken, bokeln, klopfen, hämmern. pochen, pauken.

gl. monf. spahhi, malleolus.

pik, ligo, CXII, a. piken, h. bikken, hauen. h. bikkel, haue, Knöchlein, hervorragender Stein am haus. hmb. schw. bikkelhart.

hmb. ME. bunge, Trommel, eingefallener Schacht.

h. boxen, hinder die Ohren schlagen. buchsen, buchsern, d. bogse, durch rudern schleppen, wenden.

h. beeg, hieb.

l: Bül, Bal: sch. wal, Isl. walur, alf. walus, baculus. walk, fullonis; walken. wall, Kero walm, fervor; Otfr. wallen, fervere (febris). alf. waltidet wegos, fluctus impetum fecerunt.

Dengl. wül, tumultus. alf. wullareis, fullo.

bal, icit; bellen, bellern. E. boll, durus, arctus. h. bollen, schlagen, tödten. böller, species tormenti. belle, sch. bielka, Schelle. E. bolz, 1482. akerbolz, tribula.

hmb. spalk, lerm; spalken, stürmen, heftig hantieren.

bull, hmb. buller-, donnerwetter; bullern, hmb. h. buldern, poltern. hmb. pulen, dim. bülsen, fustigare, büls, ictus. h. billen, einen Mülstein schärfen oder aufhakken.

full,

fill, Kero fillo, verbera. AS. fullere, h. voller, volder, fullo (CXVII, II, 2. CXXXIV.) Otfr. Notk. fillan, AS. fyllan, j. vet. fris. filen, gl. monf. villan, All. h. villen, fustigare, flagellare, vellere, excoriare, deglubere, NS. hamb. fillen, (sch. flå, flångia, cutem detrahere, flagellare, §. XL, 2.)

r: Vur, Var: worp, wurf, Kero alweraf, abiectio; warf, worf.p, ulf. warp, iecit; AS. werfen, ulf. wairpan, NS. werpen, sch. wårpa, iicere.

bar, pulsus, pulsavit; bären, beiern, h. beyaerden, pulsare. h. bort, schneller Anfall von Krankheit.

far, CXVII, II, 2. an-, auffahren. Will. vard, impetus. h. vergen, mit Ungestüm zwingen.

h. buy, Schlagregen, plötzliches Ungewitter; buyen, stürmen.

§. CXXXI. Celeriter.

Vv: Wiv: wip, hamb. wips, celeriter; h. wippen, glitschen. Notk. wephar, histrio. d. flitpe, cito rapere.

t,s: Wit, Vat: hamb. witz, subito. 1528. wüschen, er-, hinaus-, entwischen. schw. weidlich, celeriter.

h. bot, subito; patrys, rebhun.

hamb. spod, belg. spoed, Notk. spuoti, festinatio; spuotig, h. spoedig, celer; spoeden, spooden, spuden, E. speed, festinare.

h. biz, cursus; bizzen, S. bisen, currere. h. bezig, beschäftigt.

AS. d. fus, promtus; AS. fysan, festinare, instigare; d. fyse, promte expedire.

Otfr. fazzon, sich gefaßt halten, CXXII. CXXIV.

n: Win: win: tsch. swinde, geschwind.

Isl. fum, festinatio. Otfr. funs, Kero funser, promtus, idoneus.

h: Wuh: wug: h. zworgen, schnaufen vor Arbeit und Eile, CXXIII.

E. h. fiks, celer, alacer.

l: Wul, Val: bal: M. balde.o, cito, confestim.

r: Wur, Var: far, E. AS. ferlike, fårenga, subito; gl. monf. vartig, fertig, promtus.

Kero furist, quam primum.

spur, festinatio; h. spuen, festinare.

§. CXXXII. Pendere; Oscillare.

Pendere; 2) flabrare: 3) nutare, §. CXXVIII.

Vv: Wiv, Vav: wev, web, geweb; weben, Notk. weibon, gl. monf. weipon, sweven, schweben, pendere. Otfr. sueben, insueben, einwiegen.

h. wuft, wankelmüthig.

2) wip, swipp, swiff, schweif. hmb. wippern, h. wapperen, E. schwappern, wedeln, wakeln. wipfel, CVII, 2.

h. zwep, peitsche, CXXX.

3) wipp,

3) wipp, hmb. Fallbrett, Schnappgalgen, Schwengel; wippen, ost. sichten, gägen, aufheben, neut. an einem Ende auf- am andern niedergehen.

h. wappe, Schnellgalgen, Balken am Ziehbrunnen. h. wuiden, winken.

t.d: Wüt, Wat: wid, wed, ramus, §. CVII, 2). wedel wadel.

h. zwad, S. schwade, Reihe abgemähtes Grases, Strich, Lage.

but: h. buitelen, taumeln.

pudel, zottiger Hund.

Otfr. fass, capillus, Not. fimbria vestis. Drust foz, villus, fozdeke, gausapia.

hmb. fisse, abhängender Strangfaden; fissig, faselig; fudden, lappen, lumpen. blim. vattig, schlappig; h. vod, vodde, lumpe, Fetze.

n: Wün, hmb. wuim, Frisch wiemen, Aufhängstange; h. rauchkammer. h. wimpel, flagge. swimen, -eln, stopmslagen, wanken, schwindeln. schwanz, (-nkt).

hmb. bummeln, bammeln, baumeln, hangend schweben; pumpbüren, -hosen.

h: Wüh, Wah: Otfr. waga, h. wieg, wiege, cunae. hmb. wyggelwagel, vacillatio; wakkeln, AS. swaken, wanken, schwanken; schwang; h. zwang; schwung, schwingen. AS. geswang, flagellavit, geswingan. hmb. swank gracilis, flexilis; swenge, Gerte. h. swak, AS. twig, zweig. wak, abgebrochener Zweig, zwek, §. CXII, 2). gl. monf. giwehhi, curvus, wehhan, frangere.

2) AS. wenk, wink, nictus. alt. waggarjo, cervical.

pouhha, nurus, §. CX, II, 1.).

Rab. fahs, AS. feax, crinis.

l: Wul: wull, wolle, boxh. gl. fr. wolla, lanugo, §. CXXXIV. wilge, salix, §. CVII, 2). hmb. pull, poll, schw. boll, Wipfel, Schopf, veget. et anim. pöllen, wipfel brechen. balg, Zottel, Hure. hmb. a. palt, pult, lacerum vestis, panni. Schilt. baldakin, tectum super mensis principum; balcanifer, vexillifer. S. boll, samet; bölen, depilare cerdonis.

schw. hmb. fell, Zottel, Hure.

r: Kil. verghen, exbibere, gägen, neigen.

h. zwerk, starke Trift der Wolken; zwerven, schweifen.

h. zwai, schwung, zwajen, kehren, wenden.

§. CXXXIII. Oscillare; sacrare; libra, mercatura.

Vv: Wüv, web; weben, vovere, sacrare.

t.d: Wüt, hmb. büten, a. bytte, v. T. buyten, tauschen. bieten, licitare, §. CXV, 2). CXVII, II, 2).

n: Wun, Wan: holl. quanten, mutare, merces; quanterei, mercatura; Kil. quantselen, mutare merces; gl. monf. wantlun, negotiari; Kil. quant, socius commercii (§. CXX.).

h. ven, Handel; venten, feil bieten.

uk

alf. sch. AS. pund, E. pound, MT. pond, Must. phund, Al. fund, d. fynd, pondus (pendere).

h: Wüh, Wah: wag, oscillans, -avit; T. AS. wägan, oscillare. T. AS. wog, libravit, wägan. wag, sch. wäg, hmb. wacht, libra; wacht, wicht, h. t'wigt, gewicht pondus. tgsch. weik-, Zoll-Haus.

2) AS. wig, sacrum, idolum, templum; wig gyld, idolum aureum; wig-, wibod, altare. AL. wih, alf. weih, sanctus; weihan, Kero wihan, weihen, sanctificare, benedicere. alf. inwaiht, adoravit.

3) alf. bugjan, bauhjan, emere, vendere; frabauth, venditus. AS. bycgean, emere; bebycgean, vendere; boht, alf. bauhta, vendidit; E. bought, emtus, §. CXVI, 3.)

v. T. panglen, tauschen.

l: Wül, h. Dengl. v. feil, venalis; felsen, schw. failschen, licitari.

r: Wur, War, T. d. war, merx. swer, schwer, gravis massa.

AS. wi, weo, sacer; sch. wya, weia, sacrare, benedicere.

§. CXXXIV. Texere; 2) vestis.

Vv: Wuv, Wav: wub, wob, texuit; weben, Ostr. webben, gl. mons. wepen, sch. wäfva. h. webbe, geweb, spinnewebbe, Dengl. wubb, tgsch. weppe, gl. mons. wepp, textrinum; sch. wäf, textura, tela. schw. wabe, Wit. Stod. wabe. n, favus. hmb. wepse, vespa.

2) fr. AS. gewebbb, purpura; sch. wepa, AS. wäfels, tegmen, pallium. sch. wefva, alf. biwaibjan, amiciri, involvere. h. web, T. webe, leinwand. h. bobyn, spule.

t.d: Wüt, Wat: gl. mons. wessa, wespe, vespa.

2) Must. MT. gl. Lips. wat, h. gewat, wade, AL. watt, Kero ta-, giwati, AS. wäda, gewede, vestis. alf. wasti, pallium. weste, camisia. Kero wattan, alf. wasjan, vestire, gawaseins, vestimentum. AL. gewett, gürtelgewand, Besold. alt. bibl. wadel, Schurz.

sch. alf. paida, tunica. h. hisp. pisse, byssus. E. balze, pannus.

altsch. fath, indusium. fad, fas, fibra, filum, §. CXXXII. hmb. fadem, fahm, sch. fammar, h. vadem, vaam, E. fadom, faden, Klafter, §. CXXII, 2.). h. fasten. fatsen, kleine Segel. h. vessemen, einfädeln; veter, nestel, heteren, nesteln; vezel, faser.

n: Wün, Wan, T. AS. wand, texuit, windan, awindan, intexere. h. hmb. wand, gl. Lips. wanda, gewand, vestimentum. Schilt. h. want (guant, gant) chirotheca, h. dike Faust, Handschu ohne Finger, CXXXVI.

wams, tgsch. wambesh.

h. bonnet, kleines Segel, Reff, Mütze.

alf. fana, pannus; AL. fanon, linteolum, mappula, mantile.

span, spon, texuit; T. AS. alf. spinnan, d. spinde, E. spinne, nere. sch.

 spänspánna, spannen, extendere, (§. CXXXVII.); spanne. Vod. spien, teren- dit, spannan. spinne, aranea. AS. spind, T. b. spindel, E. spindle, gl. monſ. spinnala, fuſus. h. spind, spint, das Weiſe zwiſchen der Rinde und dem Stamm.

h: Vuh, Vah: h. wachs, favus.

Oefr. gifang.k, tunica. E. hmb. büxen, buchſen, Hoſen, h. boxen, bokſen. T. h. fok, langes und breites Segel. h. vagt, Fell, Haut.

l: Vúl, Val: tgeh. wile, vela muliebria.

altſch. pell, tegumentum, St. an. textum pretioſum, byſſus. h. leichentuch. pfeler, pfeller, purpura.

ſch. páls, pálls, pelz, veſtis pellicea. LL. all. palc, balg, pellis.

Al. MT. spill, fuſus; spol, spule, textorum.

Al. fil, fill, v. fell, AS. fel, felle, ſch. fáll, fiáll, veſtis. Kil. hmb. vilt, b. filt, pellis, vietrum, ſagum, pannus coactilis. ulf. fillon, ſupplementum veſti- menti; fillein, pelliceus. Mnſ. phellor, gl. monſ. phellol, Mantel, ſeidene Deke. h. fali, weibliche regenkappe. h. E. felp, folp, ſammet.

ulf. fill, E. b. fell, ſch. fáll, AS. film, cutis.

r: Vúr: Capit. Lud. I. geweri, veſtitura. Mnſ. werk, gl. monſ. awurchi, ſtupa; wúr- ken, texere. hmb. bühre, bettzeug.

h. ſpier, flechſe.

holſt. pi, hmb. pey, boy, pannus, ſch. boi, d. bai, MS. baje, h. baey. h. py, grobes tuch, Schifferrok.

h. wa, veſtis.

§. CXXXV. Volvere. Convexum. Faſciare.
Volvere, rota; 2) vertere.

Vv: Vúv: ulf. wippja, waip, corona. Denyl. weife, Haſpel.

t.s: Vút: ſchleſ. fizen, falten, runzeln; h. vize, ſchraube, ſpille; -en, ſchrauben; vyzel, ſchraubenwinde, mörſer.

n: Vún, Van: wand, wond, wund, volvit; T. ulf. windan. wand, vertit; Al. wenden, -ten, ulf. wandjan, ſch. wánda, Kero pitwintan. die winde. E. winſter, bcat. Al. giwindan, molere, giwand, giwunden. Mnſ. wandel, umkehr, beſſerung; wank, mutatio concilii et viae.

h: Vuh: h. zwigten, aufrollen. T. zwinger, umkreis. AS. boc, bóc, Jsl. MT. ulf. bok, d. bog, h. beuk, Al. p. buoh. ch. k, p. boch, p. buch, liber, epiſtola, litte- ra; plur. St. an. tgeh. buche. Otfr. buochari, ulf. bokareis, ſcriba.

h. bag, bagge, ring; beugel, bügel, ring, band.

l: Vúl, Val, wal, wálle, volvens. walz, volvens, Otfr. volvit; wallen, Otfr. willin, MT. welken, hmb. wöltern, d. woltere, Otfr. welzen, ſch. wálta, giwálſoa, ulf. walwjan, h. woelen, volvere; Kero aſwaldan, -faldan, pro- volvi. ulf. ufwalteins, everſio.

h. wiele,

h. wiele; rota; AS. hweolrad, orbita. AS. fuelweald.t, Wal. fulwel, isl. hwelfel teres, rotundum, (§. CLXXXIV, 2).

bal, rotundum. v. T. palen, trochlea. bull, diploma, §. CXXII, 2); du Fr. bill, bila, libellus; p. bollet, epistola sigillata pro securo passu et transitu, Besold. h. bollen, zusammenrollen. bolz, gyrans.

sch. fäll, hamb. fole, Isl. falld, falte, fals, plica. ulf. fefalth, plicavit; hamb. folen, sch. falla, falta, AL. ulf. faldan, AS. fealdan, e. folde, plicare. h. falbala, falbel, plicatura. Kil. veighe, felge, curvatura rotae; veighen, felgen, versare, vertere (agrum, §. CXII, 2.)

r: Wir, War: e. wire, wirr, werr, gyrus, (wovon Leibn. werlt, mundus, §. CVIII, 2.) sch. wirra, querre, swerma, surva, suerva, hwersa, AS. hweorfian, Otfr. hwarben, Otfr. h. werben, volvere, volvi, vertere (Stirnh. librare, fluctuare, mutare, redire; et §. CXLVIII.) Otfr. wurbi, vertex, axis. wirbel, sch. hwersil, h. werbel, (sch. hervil), girgillus. Tat. umbiwerft, AS. middelhwyrft, orbis terrae. AS. hwurf, vertit, hweorfan, Kero hweraben, vertere; Tat. erwerben, subvertere. schw. worben, vertere foenum. h. wieren, sich umsehen, umdrehen. e. wiren, volvere; AS. e. wire, drat. h. dwarlen, wirbeln, querlen, zwirbeln, h. warlen. h. worbel, wirbel. wirtel.

gl. monf. quirn, A. quern, sch. quarn, AS. cwarn, cweorn, cwyrn, ulf. hwairnus, mola. ulf. hwella hwarbs, inconstans. AS. acwern, e. squirrel, sciurus.

Dras. b. purzeln, se volvere, (§. CXIII. CXXVII.)

h. vou, vouw, plica; vouwen, vouden, plicare.

§. CXXXVI. Convexum; 2) concavum; 3) glomus.

Vv: Wuv: Frisch wip, fructus cynorrhodi; belg. wep, wepp, fructus corni arboris. hamb. qwubbel, fettes Gewächs an Ochsen, Menschen - (§. CXXVIII.) AS. qnabbe, Dickbauch, ein Raubfisch. swib, schweif, convex, schwibbogen.

h. papje, pupe, Convolut der Insecte. AS. popaeg, h. pepoen, cucumis. schw. b. popel, knaul Garn. pebe. pfebe, glandula. e. bobe, faba. h. bobel, wasserblase; bobberellen, Judenkirschen.

t.s: Wut, Wat: hamb. quees, glandula (CXXVIII.). Kil. belg. hamb. OT. quast, tuber, centrum, nodus arboris, bündel, büschel -. AS. wispel, mensura aridi magna.

Reb. wad, sura. weid, §. seq.

2) gl. monf. witi, sinus. hamb. twyte, winkel, enges nebengäßlein.

3) hamb. wadd, wattke, holst. waddik, Molken, (serum lactis; §. CXI., 1.) A. bos, besje, ulf. basi, (weina basi, uva), e. bese, AS. besing, bacca. (cambr. pys.) AS. pisan, pisum. hamb. bosel, kugel; hamb. pas, wurst. hamb. pust - schw. p. pfausbaken; pusten, b. puste, flare, (§. CXXXVIII.). h. puist, schw. pfeis, aufgeloffene Haut; pfizen, aufslaufen; pfezen, aufslaufen

fen machen, klemmen, (§. CXVIII, 2.). NS. pust, pers. buster, polster; schw. baust, Dengl. bausch. bausen, -schen, turgere. Schilt. bast, clitellae, sedile, sella, sarcina; basterna, lectica, (thoro opposita, unde Schilt. bastart, spurius, §. CXVII, I, 1.)

2) busen, h. boezem, AS. bosma, sinus.

3) h. bos, büschel, busch, glomus. östr. boze, knospe, globulus. S. buz, kerngehäus.

E. hmb. butt, h. bot, E. botte, bitte, rhombus piscis, platteise. S. bot, sarcina, fasciculus. sch. bota, coxa. h. bot, bein, knochen, patyn, klumpen. h. spat, kropf, knob. blm. budden, büdel, hmb. E. pudding, Meelknopf.

n: Bun, Ban, wan; h. weene, verruca, (§. CXXVIII.). AS. wand, glomeravit; windan. h. wam, T. wamp, Rab. hwamba, ulf. Isid. Tat. wamba, womb, venter, spec. uterus; wanst. S. bams, conferta sedes. h. wammen, ausweiden.

ulf. baina, morum. AS. bean, cicer. bone, bohne, faba. d. bonne, Isl. baun, AS. bean, cambr. faen. h. peen, rübe.

finne, pfenne, glandula, §. CXVIII, 2.). NT. AS. pening, Mns. phenning, pfenning, pecunia, Goth. panting, (a behanden, pfandeen, manualis, §. CX, I, 3), d. penge, pecunia. NS. panse, pancia, pantex, h. pens.

3) NT. been, bein, os; sch. kindbeen, kinbaken. (§. CXX.). h. hmb. bünk, bein, knorr, geschwür. bund, fasciculus; bündel, h. bundel, AS. byndel, S. büngel, pungel, pung, AS. sch. d. b. punga.

h: Buh, Bah: wike, gl. monf. wicha, vicia. cambr. boch, bake, wange, gl. monf. wanga, gena; ulf. waggari, culcitra. argent. bekenhube, eiserne bakenhaube; Otfr. buchel, bukel, umbo, media pars scuti, bukelhaube. Egoh. bukeller, h. beukelaer, scutum; Otfr. buchalan, armatus clypeo. schwanger (conferta), h. zwanger (von zwang, schwang, CXXXII. auch zwar, schwanger, schwer CXXXIII.) AS. bog, fornix. sch. hmb. buk, Nott. buch, bauch. S. bok, fornix, instrumentum curvum.

2) NS. wik, d. wyg, sinus fluminis, maris. AA. wyk, wig, inwig, winkel, ulf. waihsta.e, angulus.

bog, Gath. T. boga, arcus. Mns. bueg, sattel, empuegen, absatteln. bog, AS. beah, flexit; AA. beugen, AA. ulf. biugan, AS. bugan, bigean, sch. böya, bögla, Nott. pegan. hmb. böge, bucht, AS. begd, flexura, sinus. bögeln, bügeln, falten, glätten, bögel-, platteisen.

gl. monf. spahha, gremium.

fuge, hölung, h. voege.

3) Schilt. bak, pak, sch. E. bagg, sarcina; d. paken, compingere. bok, trabs, truncus. E. bek, Gewicht von 16 Pfund. bair. spaken, auseinander schlagen.

l: Bul,

l: Wul, Wal: AS. hwalf, convexum; wölb, gewölb, h. gewelf; wölben. hmb. wulst, glomus, globus, compages; hmb. schw. quillen, intumescere, quol. Ottfr. swilen, swellen, turgere; schwüle, schwulst, §. CXVIII, 2. h. zwel. swol, intumuit. ball, pila. b. bol, faba, rotundum, boll, bölle, Schilt. schw. bulle, cepa; globulus, boll. h. peul, poeul, Erbse. dim. ball, kloß, gekochte knöpflein, hmb. globulus; h. pel, hmb. pale, Hülsen von Erbsen, -uthpalen, abschälen. bolle, bulben, fränk. bolzen, rotundum. bole, walze. h. beuling, wurst, wulst, ausgestopftes, bolling. h. bul, pfausbake. pel, schale, CXXII, 2.

h. ME. bill, gl. monf. Rab. oro p.belli, nates. pille, pillula. pfelle, glandula, §. CXVIII, 2). dim. billen, glomus, h. bult. pul, puel, AS. pyle, gl. monf. phuli, phulawi, Tat. phulvini, h. peluwe, pful, pfulbe, pulvillum; Kero polstar. h. bolster, grüne Nußschale, kloz.

2) fals, Hölung. fris. balge, sinus maris.

3) Conr. v. Würzb. bale, corpus. Schilt. bole. ME. bale, alter crassior. sch. h. bol, truncus arboris, bolen, bretter, dielen, belegen. h. bolk, stok-, schellfisch. wall-oo. bille, globus, kopf, stük holz. bilz, fungus, CXL, 2.

r: Wur, War: wurst. warze. h. zwerd, zward, schwarte, crusta cutis. sch. bädr, Schilt. birin, beer, bacca, (§. CXI, 1.); b.perle, gl. monf. peraln, margarita. h. berk, E. borke, rinde, birkenbaum, §. CXIII.

2) furch, Hölung, §. CXII.

ulf. Ottfr. AS. sch. barm, sinus, gremium, viscera; LL. fris. barmbrac, schoshund.

3) berd, alter crassior CXIII.

dim. bei, bacca. 2) bay, sinus. h. zwey, winkelmas.

3) holst. h. waje, serum lactis. E. wey, 182 Pfund oder 6½ tod.

§. CXXXVII. Fasciare.

(§. CVIII, 3; CXIV, 3. CXXII. CXXXV.)

Vv: Wüv: wep, sch. swepa, wikeln; b. hisp. besuifen, ulf. biwaibjan, complecti. sch. wif, vitta. b. swob, windel. hmb. beff, kragen, überschlag (gekräus).

t.s: Wüt, Wat: sgeh. hmb. welde, eingeweid, intestina, venter; uthwenden, exenterare. h. zwezerik, kälberkrebs.

Tat. biten, complicare, den buoh, librum.- schw. patter, potter, angereihte Schnur Perlen rc. Rosenkranz; bazer, h. boot, §. CXVI. Denyl. buz, umbilicus. büzen, sarcire. bast, Schilt. virgula, 1528. werk, von schilf geflochten; h. Hülse, Schale. schw. basten, umfassen; bos. fascia. östr. bästling, Hanf. h. bies, bieze, riet, binse; pees, Nerve, Saite, Schnur.

gl. monf. b.fasca, malagma; ulf. faskja, sudarium.

h. feitel, windel.

n: Wun, Wan: wand, fasciavit, torsit, T. ulf. AS. biwindan, sch. bewinda, gl. monf. wintan, contorquere, involvere; windel. h. wandt, tauwerk.

Schilt. ban, fascia in genere. ulf. bandi, band, ligamentum, ligavit; CVIII, 3. Wil. binta, binde, vitta. Schilt. bint, fasciculus; bunt, b. bunted, h. bont, multicolor, radiatus. bund, hmb. windel, pfetschet. binze, e. bents, beut, ME. bend, iuncus. hmb. bünken, einwikeln. spange, amplectens.

Schilt. v. fan, fascia in genere. Al. fuller, schnur, bendel. Otfr. fanen, fanden, involvere.

h: Buh, Bah: hmb. wukk, kunkel. wikel, -eln; zwikel. gl. monf. wicta, vitta. h. zwagtel, binde, windel.

Schilt. bouh, boge, bage, baja, boja, compes, catena, torques; sch. boy, carcer, captus. v. T. handbaich, armband. Notk. bogen, vincire. sch. pung, gürtel.

Notk. bewah, amplexus est; Al. bifang, septum; Al. pbifangan, -bohan, amplecti, circumdare.

l: Bül, Bal: quele, MT. twele, schw. zwele, hmb. dwehl, Kero dwele, dwahila, Kil. fland. dwaele, mappa, mantile. Stainhöw. binden und twyler, ligamina. hmb. wulk, wulkenkragen, collare tabulatum. h. woelen, winden.

Kero siwelf, pedules sunt indumenta pedum.

Isl. bült, windel. sch. belte, balteus. h. peel, breites Harband; pellen, abwinden, schälen. §. antec.

r: Bür, Bar: hmb. wyr, gezogener Drat; warvel, wirbel, repagulum, torcile. h. war, das einwikeln.

sch. hwärfva, tornare; omhwärfva, AS. ymbhweorfan, ulf. bihwairban, circumcingere.

hmb. quarder, kragen, Hemd-, Hosenpreis.

b. bark, baumrinde, §. antec.

hmb. wey, intestina. Al. sch. boy, compes; h. boey, fessel, anker; boeyen, zwingen. h. wul, wult, worauf man das Schiffseil windet.

§. CXXXVIII. Elementa: Aër; Ignis; Aqua.
Aër, ventus; volare.

Vv: Büv: hmb. wöbke, kleine wilde Ente, E. teal. h. pöffen, blasen.

t.d: Büt, Bat: gl. monf. giwada, flatus, spiritus. AS. sch. a. wäder, Notk. u. weter, Otfr. wetar, wetter, tempestas bona et turbida. west, aura lenis, aspirans, T. AS. occidens. h. wassemen, hauchen.

hmb. pust, flatus, §. CXXXVI. posen, federkiel. pusten, busen, flare, h. puisten. Al. fed.ter, Dengl. fider, AS. fether, pluma. füttich, fettich, Dengl. fettsch, hmb. fittje, Notk. fettacho, -ga, Isid. fethdhahha, ala.

n: Bün, T. ulf. Isl. wind, Kero wint, Bugs. T. wintch, ventus. T. ulf. winter, hyems.

Sc. an. silettan, volare. h. pen, feder.

Dengl. bis fön, auster. v. fenster, fenestra, E. windore (span. ventana, wind-, rauch-, dachloch.) §. seq.

h:

h: Wüh, Wah: ag. wahan. wehan, wehen; Wurf. wate, flavit.
h. wik, sch. wingar, schwinge, ala. fr. swigli, AS. swägl, swegl, ulf. swighans, aether.
fachen, wehen. hamb. h. fokke, dreieckiges Vordersegel. fak, Denyl. fekten, ala. LL. sal. focla, ag. fog. fugal, Mot. fugeli, n. fugl, fogl, AS. fugl, -el, fuhl, e. foule, avis.

l: Wal, wal, wallen, flare. wolke. h. swaluwe, schwalbe, d. swale.
falk, §. CXXV.

r: Wur: gl. monf. wort, aura.
Otfr. wäen, hamb. weyen, ulf. wajan, flare. wallo, flavit. hamb. weyer, ventilabrum, wedel.

§. CXXXIX. Ignis; 2) Lux; 3) Color.

Vv: Wüv, Wav: ag. wip, wop, fax, lux micans. ulf. hwapjan. sch. quäsva, quafna (Isl. kidse), exstinguere; hwapnjan, exstingui. §. antec. ulf. swibla, schwefel, sulphur.

t.s: Wüt, wit, AS. n. hwit, ulf. hweit, ag. wiz, weis, albus. swizern, micare. h. hisp. wait, rubicundus, flavus; sch. betr, fermentum, -are; sch. badd, calor solis. ulf. beist, fermentum. hamb. böten, Cimbr. inbeuten, feur machen, einheizen. 2) hamb. verpetern, abschiessen, entfärben.
3) venatorum fasch, faisch, sanguis (color).

n: Wun, Wan: wand, spiritus. AS. acquanc, exstinxit; acquencan, §. ant.
ulf. fon, Isl. fune, ignis. funk, h. vonk, scintilla; aanvonken, anflammen. AS. fanung, laterna. AS. fengen, anfengen, accendere. v. finster, schwarz. (verbrannt), §. CXVIII, 3.

h: Wuh, Wah: h. hamb. bakern, wärmen. d. swige, urere.
spuk, gespenst, §. CX, I, 2); hamb. spöken mit dem füer, zündeln, unvorsichtig fakeln.
fak; fakel, gl. monf. fhachala, flamma. AS. fag, rutilans, cruentus; fagan, rutilare. Mot. feh, multicolor, varietas. Freher. vehi fueter, pelles variae et maculosae. h. fok, brille; fokken, durch die brillen sehen.
(fumus) gl. monf. fuhti, odor; fuhtal, libamen.

l: Wül, Wal: ulf. wil, (mundr. bel) sol. wallen, fervere; h. wellen, zusamen schmieden. Kero walo, tepide; hamb. welg, decoctum; swelen, brennen ohne Flamme. AS. swell, ustio; swälan, accendere. sch. swala, kühlen; schwall; schwül, h. zwoel. e. balch, bleich, pallidus; bolch, h. bolk, kabeljau, §. CXIII.
fal, Belisarii vala, AS. falo, falb, gilvus; falch.

r: Wür, War: warm, calidus; ulf. warmjan, Isl. werma, wärmen.
ulf. sch. M. swart, AS. sweart, h. suert, d. sort (§. CLXXXVIII.) ag. suarz, schwarz, niger (ustum).

bernen (brennen, §. LXIV.), isgoth. bürnen, verburnen, urere. h. bern man, Johanniswurm. hmb. barm (fermentum) faeces cerevisiae; barmherzig, - hartig, §. CXVIII, 1.)

Denisl. spör, aridus.

alrsch. biart, AS. beorht, lux, clarus; biarta, ulf. gabairthjan, illuminare, §. CX, I, 3). ulf. bairhthei, lux, fulgur, bairhtaba, manifeste.

h. paers, violet, braunrot.

sch. AS. fyr, fyrn, hmb. fur, h. vyer, AL. fiur, Kero fuir, feur; sch. fyra, vára, ignem excitare. gl. monf. erdfiur, sulphur. h. fornuis, fornax.

Wal. var, varwe, AL. farawy, h. verfe, werwe, color. gl. Pez. verich, verh, E. färch, sanguis. fore, forelle, trutta, auratm, h. voren.

SueoGoth. swea, exurere, d. swie; swed, ussit.

§. CXL. Aqua; 2. Mergere; 3. Lavare.

1. Aqua, stagnans, fluens.

Vv: Wav, E. wawe, aqua, fluctus. hmb. wabbeln, NS. schw. schwabbeln, fluctuare, CXXVIII.

t. s: Wüt, Wat, sch. wad.t, humidus; ulf. wato, pl. watna, ML. water, AS. wäter, gl. monf. wazar, wasser. AS. wás, d. vos, aqua. gl. monf. wasal, pluvia, wasconolant, Aquitania. Annal. Fuld. 852. wisar acha, visurgis, Weser. h. wassem, E. schwadem, dunst, CXVIII, 2, NS. swasen. phryg. bedy, aqua. E. buttein, sprudeln. h. spuit, Sprize. spatten, sprizen.

pissen, mingere. h. buis, rinne, canal, guß, betrunken; buizen, trinken, zechen.

n: Wun, Wan, AS. geofon, fr. geban, mare. AL. AS. E. fenn, h. ven, vene, venne, palus, locus aquis exundans, Becan. pascuum palustre, Schilt. ein mit einem Graben umzogenes Salz land, §. CVII, 2. h. torfheide. d. vand, aqua.

h: Wuh, Wah, wag, Otfr. waga, h. NS. wage, ulf. wegs, hmb. wacht, fluctus, flumen, lacus, mare, aestus maris. AS. wäg, fluctuans. wyg, wallend Wasser. bibl. mog. 1462. sintweg, diluvium.

p. bach, beke, sch. bäk, rivus. brab. pleb. pinkeln, mingere. h. biggelen, rinnen, abtröpfeln. ML. vocht, vucht, feucht, madidus. Notk. ze-, in vohtun, ad, in matutinum, diluculo.

l: Wul, Wal, h. wal, aqua; Notk. wellen, fluctuare; AL. wallen, AS. wällen, wellen, bullire, gl. monf. uswellen, ebullire; wälle, welle, fluctus. h. wel, quelle, fons. swal, h. zwalp, ebullitio. h. quyl, geifer. walm, CXVIII, 2.

bolg, hmb. bülge, Isl. bylg, welle. NS. balge, regio paludosa, canalia. sch. bulra, brausen. gl. monf. ufarpulzan, ebullire. belt. hmb. pülschen, ins Wasser schlagen, Wasser rühren, schütteln. sch. Isl. spilles.st, fundi, §. CXXX. h. spoelen, netzen, feuchten.

ML. pul, pful, alter Pfalm, hmb. pol, palus; AL. polder, locus paludosus; 1477. phule; h. peel.

r:

r: Wür, War: warb; werben, AS. hweorfian. §. CXXXV. fluctuare.
wyer, weyr, Otfr. wiari, weiher, lacus pecorum, piscina, h. vyver.
born, Isid. burn, Schilt. rivus eiusque origo, (brunn, §. LXXVIII.); AS. burna, byrna, rivus. hmb. bornen, tränken. AS. birilan, biriligan, haurire, (birilan, §. LXXVIII.) h. borrel, das prudeln der quelle, flasche.
bar, Isl. welle, MG. fluvius.

2. Mergere, lacuna, profundum, §. CXXII, 2): natare.

Vv Wav: wip, sweip, ulf. midja, (LXXXII.) sweipains, diluvium, (inundatio mundi).
h. seppen, saufen.

t.d: Wut, Wat: wud, waden, Bödr. watten, vadare. schw. wette, aquarium. h. wadde, furt. Isl. vada, turba natans. Al. AS. wase, E. wose, limus, lutum, coenum.

AS. pyt, hmb. pütte, püze, pfüze, 1477. pucze, lacuna; h. puyt, rana. padde, kröte; putor, rohrdommel. hmb. pattjen, schw. patschen, -eln, pfatscheln, (§. CXXX.) hmb. pöschen, trinken wie die Vögel.

Profundum: Schilt. baz, Mart. hina baz, infra; baß, bassus.m, inferior vox, §. CX, II, 2). (ex imo) MS. hmb. buten, h. buyten, j. Sax. feud. buzen, Isid. buuzssan, foras, extra, (ut.8, §§. CCXXII. CXXII, 2.) S. beisen, declinare, deorsum ferri, böschen; böschung. (slav. bod, infra) §. CXX.

natans, v.fisk, fisch, Al. fisg, ulf. N. E. fisk, AS. fisc, Buss. T. fiskt, piscis. Plin. h. 9, 4. phys eter. AS. fix, piscis; fixian, fisciga, Al. fisgon, piscari. ulf. fiskjans, Al. fiscare, sch. fiskiare, piscatores. (§. CXXXI.)
h. vos, schwanunig.

n: Wun, Wan: wam: swam, swom, natavit; swimmen, Mart. suummen, AS. swymman, E. swim, h. swemmen, a. swemme, (sch. simma, §. CXCIV.) natare. ulf. swumsl, piscina, §. CXXIX. h. zwan, schwan. S. wüne, loch im Eis.

bun, Schilt. bonen; bünen, Dempl. beumen, mergere; Al. bönen, inquinare colore aut maculis. pumpen, haurire. bimsenstein, h. puim, pumex, lapis spongiosus natans. h. pont, fähre für wägen und pferde. Al. vinne, vimine, finnain, Anders. fin, feen, finne, finder, pinna, squama.

h: Wuh, Wah: Otfr. wago, vorago; hmb. wak, bak, loch ins Eis gehauen. h. feucht. Mns. wyger, wiger, weyer, teich. h. veeg, Schluk.

Dempl. bichen, mergere. hmb. pegeln, trinken wie die Vögel. Tat. spunga, AS. spinge, spynge, spong, spongia.

l: Wul, Wal: h. wal, blm. wel, teichloch von der See. Dempl. wulk, angina. balr. swalg, obere Teil des Schlunds. sch. N.T. swalg, E. swallow, gurges. swalg, hausit; N.T. swelgen, h. zwelgen, schwelgen, Otfr. firswolgan, b. hisp. verswalhen, sch. swalgia, E. swill, ingurgitare.

spul, spol, pinna, crit. Wetr. hmb. pilz, Schilt. bilz, bolz, genus fungi; hmb. pilzig, spongiosus.

c: Bur: born -, birilan, nr. 1.

b. poyen, trinken, ausleeren.

3. Lavare.

Vv.

t.s: Wat, sch. wâta, wâtta, twâtta, twetsa, T. dwâden, wässern; ulf. waskan, wazkan, diluere, lavare. die wasch, sch. wask, b. wassch. b. wed, schw. wette, lavacrum. swet, CXCVI. T. N. bad, Kero pad, AS. bâd, balneum.

n: Wun, Wan: ulf. swamm, AS. swam, All. gl. monf. suam, h. suamme, sch. swamp, b. suomp, spongia, nr. 2. instrum. lavandi. schwemmen, luere. AS. E. belg. font, baptismus, b. vonte.

h: Wuh, Wah: wag, AS. ulf. thuoh, lavavit; T. twagen, dwägen, ulf. thwahan, Otfr. thuahan, thwagen, Nott. tuahan, lgsch. bair. zwagen, AS. thwehan, lavare, abluere.

Schilt. buchen, hmb. bühken, bauchen, macerare, lavare. E. büch, buk, E. buk, lixivia; bökeln, macerare.

l: Wul, Wal, wal, Nott. tualon, lavare. Kil. fland. dwehlen, tergere, §. CXXVII. spul; Nott. Kil. spuolen, hmb. spölen, spülen, eluere. spüle, sordium latrina.

ful; belg. vollen, eluere. AS. fulwian, purgare; fullian, fulwian, baptizare; fulluht, baptismus; fulluhtere, baptista; fulwad, baptizatus.

r: War: ulf. swarb, luc. 7, 38. swirban, tergere, lavare.

sch. twå, Isl. thuá, T. dwaen, dwan, AS. dwean, athwean, lavare. belg. bajen, lavare.

W, W, P

zwängt den Hauch durch die Lippen, und bewegt damit Lebhaftigkeit und Bewegung. Es ministrirt sich nicht gern selbst.

qw, tw, und sw sind bisweilen nur erhöhte h oder k, t und s, deren eigentliche Heimat bemerkt worden ist.

§. CXLI.

§. CXLI.

Der Hauch

steigt in Stufen auf,

und ist

einfach und gemischt.

Halat halitum, Communionem, Violentiam.

H

Halitus: Vita; Fervor.

Vita, Aliquis.d. Aliquis.d, Modus. Aliquis.d, Articulus, Pronomen.

(W, §. CIII.)

Hv: Hav. - haft, adject. qualitatis, - hafti, - skaft, - skap, - schaft, qualitas.
Willer. jefthes, einiges, sommiges.

t.s: Hüt, Hat: Isl. hit, alt Hoch und NL. het, Willer. hiz, τὸ, illud.
AS. hade, E. hoad, sch. het, T. - heit, - keit, gl. monf. Isid. Kero heit, persona, altsch. nomen, personalitas, conditio, qualitas, status. ulf. haiheit, NL. hiet, hies, nominavit, - atus est; ulf. haitan, AL. haizen, med. aevi gehaissen, b. hieten, NL. heten, sch. heta, altsch. heita, heisen, nominare.i.
h. jet, jets, aliquid. Isl. gletur, jeder, quivis. schw. balt. gottig, gozig, singulus.

,n: Hün, Han: Isl. sch. han, ille, hin, der, ein, hiner, ὁ; hen, Isl. hun, ἡ, illa; hennar, illius, med henne, cum illa, henna, illam.
AL. himo, Hoch und NL. hem, ihm. AL. hin, NL. hen, ihn, ihnen, (§. CCXVI.) AL. b. hisp. hein, ullus, be -, nehein, Tat. heinig. kein, ullus, nullus, NL. keen; AL. LandR. chein, AL. urk. chain, kein, nekein - (§. CLXV.). ullus, aliquis, quisquam.
sch. hiun, - on, hiuna, persona.
h. gen, Otfr. gener, - na, - ez, ulf. jains, - na, ille.a, jener, e, NL. jenne -; holl. jüm, illis; jüms, aliquis; h. 'tgunt, illud.

h: Hüh, Hah: holl. en heken, masculus, (hic).
jeglich, Otfr. joglih (jogilih), und ja giwedet. (iht, §. CCXVI.)

r: Har: AL. her, er, ille. ulf. qar, quivis.
  MT. he, hy, hic, ille. sch. ho, qui, hui, quid. gl. Lips. hue, AS. hua, E. who, quis.
  je, h. ge, ille, singulus. Em. I. 819. jo welih, MS. je welich, (E. eo so wer, ewerie, §. CCXVI.). Otfr. Mat. ja man, Tat. iman, jemand, aliquis.
  ulf. qas, quis; qa, quid.

§. CXLII. Modus, s. Particulae: Quomodo. Ubi. Quando. Quomodo; Quare, si. (B, §. CIV.)

Hv: Hüv, Hav: ulf. qaiwa, quomodo.
  AS. gif, if, ef, ulf. gabai, jabai, j.gau, si, (da, pone, §. CLXI.)
t.s: Hüt: isid. chit, ita que.
n:
h: Huh: ulf. gauhwa, numquid.
l
r: Hur, sch. huru, quomodo.
  AS. hu, h. hoe, quomodo, quam. sch. hui, cur; gl. Lips. huo, quanta.
  je-, sch. iu-, Otfr. ja mer, je mehr, je mer, (immer), semper, gl. Lips. aeternum, Otfr. unquam.

§. CXLIII. Ubi, ibi, unde, quo. (B, §. CV.)

Hv
t.s: Hut: sch. hit, ulf. hidre, AS. hider, E. hither, huc, illuc; hmb. hutt un hoh, hotte und schwude, schw. hott und jüst. d. hist og her.
n: Hün: hin, T. illuc, sch. huc. Otfr. hina werden, perire, mori, Not. hina werdi, ecstasis, Tat. hinafart, obitus. Otfr. hina, foris, Mat. postea. AS. heonon-forth, hinfort. ulf. fram hinma, von hinnen. AL. hinz, usque (unz, §. CCXXI.); ulf. hinda, -ar, -er, trans, T. post. sch. hinsidan, jenseit. hindern, gl. mons. hintran, fraudare. S. hindbeer, schw. himbeer (§. IX.) mora rubi Idaei, (und, CCXXII.)
  Isid. jene.a. Mus. Landsch. jender, irgend, forte. T. jent, ulf. jainar, ibi. T. jent, ulf. jaind, h. gynt.s, belg. ginder, hmb. günt, illuc. ulf. janthro, inde. Isid. gyne sit, jenseit. h. ginds, gins en weer, hin und her.
h
l
r: Hür, Har, sch. hár, T. ulf. her, ibi, huc. ulf. hir, hiri, hier, hic, huc.
  MM. jergen, irgend, forte.
  T. hie, ibi, hic. Otfr. zi hiu, quorsum.

§. CXLIV.

§. CXLIV. Quando (B. §. CVI.), nunc.

Hv
ts: Hût, ulf. hita, M. hiutu.a, hiude, Carl M. huita, NT. h. heden, huiden, heut, hodie, (h. van-, sch. i-dag). Notk. hitemon, tandem.

AS. gyt, git, posthac, partic. futuri. ulf. gistra dagis, cras. gestern, h. gisteren, M. gesteren, AS. gystran, -ondag, gistra, E. yesterdag, heri. (CLVII, 2.)

n: Hûn, ulf. himma, nunc, modo; himma-, hinadag, hodie.

(gilloto) Otfr. innoto.i, Isid. v.T. ignote, -en, hodie, nunc.

b

l

r: Hur, Schilt. hur, heur, hoc anno.

b. sch. går, i går, alsch. i girr, AS. georstra, gyrstendag, heri.

Kero giu, ulf. ju, adhuc, ju so, ju than, iam, nunc (§. CLVII, 2.)

§. CXLV. Halitus: Vox.

Halitus seu vita; et Mens, actusque mentis, sensus, cogitatio, memoria. (B, §. CX, 1.)

Hv: Huv, Hav: haw, halitus, hawen, spirare. W. Urk. 1321. behuwen, iudicare. sHuw, h. schouw, schaw, Kero scawunta, -ga, consideratio. Otfr. scowen, videre, Kero pischauwohan, considerare.

b. Huf, animus.

Haff, Moat. chaffen, vigilare; gaffen, b. gapen. Otfr. kapfen, aspicere, explorare, fr. onus excubiarum.

Mus. skap, animus, ingenium; schaffen, iudicare, geschefft, testamentum; bischaft, exemplum, fabula.

ts: Hut, Hat: Kero lihuen, memoria, inhueti, conscientia. gl. monf. chutan, meditari. AS. ongytan, intelligere; gåtan, b. gåta, aenigma solvere; forthgåtan, explicare; T. vergetan, Kero erkezzan, oblivisci, akezzalo, oblivio. hamb. h. gissen, iudicare, coniicere. gis, coniectura. gaita, excubiae, §. CX, I, 1.) h. kees, off.

sch. skåda, considerare, h. schatten, schäzen; h. schets, Entwurff.

n: Hun: Otfr. kumen, recordari. Otfr. gouma, alsch. gauma, belg. gom, goem, cura, custodia, observatio, attentio, recordatio, memoria; M. C. gaumen, coumen, Denys. gaumen, Kil. goomen, alsch. gauma, sch. gaum gifva, gidma, ulf. gaumjan, curare, custodire. Otfr. goumpten thes fehes, pascebant, (§. CLIII, 2) Kan, scio, §. V. hand, ulf. handugei, sapientia.

h: Huh, huch, hauch. AS. cuc, Otfr. x. kec, Stat. cheh.ch, vivus, animal. Notk. irchicchen, vivificare, §. CVII, 1.)

M. hugi, hiugi, sch. håg, hog, hugh, AS. hige, b. Isl. hugur (armen. huegi), mens. Otfr. u. hugu, fides, intellectus, cogitatio &c. ulf. gahugds,

AS. gehygd, AL. thucti ꝛc. cogitatio &c. Kero tehuke, - cti, memor, memoria, h. geheugnis, t'heugt mi, memini -. heugen, gedenken, heug en meug, Sinn und Wille. AS. ꝛc. higian, attendere, hugdig, meditans. AL. hogen, hugen, huggen, hucten, AS. gehygan, ulf. hugjan, sch. hyggia, Isl. huxa, Kero tehunkan, meminisse.

hmb. h. kyken, guken, attente aspicere, §. CCXIV. d. kige, keg.

l: Hal: sch. halla, hälla, T. halten, iudicare, aestimare, cogitare. schw. östr. halt, dico, puto.

r: Hur: ch. koren, aestimare, tentare; gl. monf. anacherran, intendere. ulf. kar, cura (CXLVII), unkarja, incurius. ger, cura, östr. gerhaber, Pfleger, Vormund, §. CLVI, 1.)

d. hu, animus.

§. CXLVI. Vox. Loquela.

(K, §. V-VII. W, §. CX, II.)

1. Vox indistincte bruta, humana, inarticulata.

Hv: Huv: Mon. huwen, bubo, hiuwelu, noctua, §. CCXIX. Otfr. hiwilonne, iubilum. hmb. jippen, pipire. h. ginnegabben, unverschämt lachen. h. schuifelen, Zischen der Schlange.

ts: Hüt, bair. gjäit, clamor inconditus. h. koeteren, kauterwelsch reden; kauter.

AS. hise, hisse.a, hirquitallus, imberbis; h. heesch, Mon. heis, heischer, schw. heiser, raucus. NS. host, hust, tussis. E. herscher, singultus. hmb. goos, sch. gaas, anser. NS. heister, pica. heze, graculus (agel CCX, 2.)

n: Hun, Han, Germ. hana.e, Busb. T. ano, hahn, gallus. hun, Otfr. huan, henne, NS. häne, sch. höna, gallina. gl. monf. han chrat, cantus pullorum. NS. h. d. hanebalken, (ein Document der alten Bauart.)

T. gehum; hummen, sonare; hummel, fucus. hmb. hymen, keuchen. h. hinniken, hinnire.

gans, Plin. gansa, h. gans.z; gent, gansert, gänserich, anser mas.

h: Huh, Hah: Dengl. hichsen, singultire, h. hik, singultus. heher, graculus, §. CLIV.

AS. geac, gukkug, Dengl. gukgauch, cuculus. gachsen, geksen, - er. h. gagelen, wie eine Gans. Isl. gagl, anser. gauch, jake, gake, gakke, kaiken, E. chauh, chouh, jakdow, - monedula. h. gichelen, lächeln. gokler, gallus.

h: Hul, Hal, hall, sonus. hell, 1528. häll, laut; Otfr. hellen, hillen, sonare, correspondere, referri, (§. CLVI.)

AL. gal, gall, sonus, vox; Schilt. galen, cantare, gellen, sonare. d. gale, cantare galli, gol. SueoGoth. gelld, vociferatio. v. T. galpen, crocitare. v. T. h. Otfr. galm, widergalm, widerhall, echo. h. gil, durchdringendes geschrei, gilling; gillen. Norm. gaul, anser.

scal,

scal, schall, sonus, sonuit; gl. Lips. irscal, erschol, insonuit; Will. skellan, Notk. scillen, sonare. schalmei.

hul, heul, ululatus, §. CCXIX. hmb. hulsern, ululare.

r: Hur, Har, Notk. charo, clamor, spec. fletus; charen, Kero, Otfr. haren, clamare, Würt. baling. gáren, h. gieren. harp. s. ph. pfe, cithara. hmb. harken, screare. h. hor, ein dünnes Blättlein, das geschwungen brummt. hornis, Denzl. hurnus, hurnaus, h. hork, crabro. h. horsel, roßbreme, horselen, brummen.

k. gurren, girren.

h. schor, heiser.

E. jay, NS. b. kae, Marm. kaa, kaye, h. kaw, monedula.

2. Loquela.

5v: Huv, Hav: ulf. andhof, respondit; andhafjan.

ts: Hüt, Hat: heten, vocare. hetan, sch. heta, heita, ulf. haitan, AL. heizzan, biheizen, -hiaz, asserere, -uit. ulf. gahaitan, AS. gahatan, NS. verheiten, verheisen, Kero kiheizan, promittere. AL. gl. Lips. giheita, heiting, AS. gehat, votum.

játhen, sonum reddere, dicere. Isl. jaata, confiteri, assentiri. sch. jatta, dicere, asserere; játta, praedicere, promittere. alisch. gáta, dicere, memorare. ulf. jathan, probare, pl. jethun; frajathan, improbare.

n. Ham: hem! h. hemmen, vocare.

h: Huh, Hah: Kero lehucti, commemoratio.

Denzl. jáhen, sonum reddere, dicere.

gich, fama; AL. LandR. man gicht. jih. ch, gih. ch, affirmatio, confessio, assensus; jehen, j. gichen, ichen, verjehen, - jechen, - gihen, - gehen, 1374. vergenhen 1383. Kero gehan, hehan. gl. Pezii verjach, confessus est. urgicht, postrema confessio; gichtig, reus confessus; Kero pigihti, promissio; pigihti, piuht, beichte, confessio; pyhte, confessor. Notk. jehare, testis; jihtungo, martyrium.

gl. monf. scahho, lingua.

l: Hal, h. verhal, narratio; gl. monf. challon, effari.

SueoGoth. gala, carmen canere. Isl. galdur, cantilena.

r

M. heia, votum, vovere. T. ulf. N. ja, AS. ja, ya, gea, gá, 1528. iha, utique. sch. jaa, AL. gian, begian, bejan, dicere, affirmare; S. LehnR. jed, AL. giet, git, affirmat; je, confiteatur.

§. CXLVII. Fervor: Fervor et Acquiescentia s. placidum.

Fervor in se, et actionis.

Fervor animi et elementi. Fervor animi: Fervor: 2. Ira; 3. Stupor.

1. Fervor; cupido. (V. §. CXV, 1.)

Hv: Hav; h. hevig, Ottfr. hebig, T. h. heftig, vehemens. belg. NS. happen, hebbern, inhiare; hmb. jappen, hiare; japen, gaffen, ringi. h. jever, Eifer. h. guwen, sich sehnen.

ts: Hüt, Hat, hmb. hätisch, hätsch, Ottfr. heistig, valde, vehemens. hmb. hiß! (irritans), h. kissen, hetzen, reitzen. AA. heiz, ardens; heizzo.i, Ottfr. ardor, gl. monf. fervor, hize. gl. monf. hei-, heitmodi, Ottfr. haizmuoti, furor, gl. monf. ignis.

hast, g. jast, jäst, fervor. Besold. gast, promtus. Isl. gasa, lascivire. Mns. git, AS. gitsung, AA. gyz, geiz, nimia aviditas. tgsh. gitig, gytig, avidus, avarus; gitan, geiten, petere. gl. Lips. gittolon, superbire; AS. gl. monf. gitigi, voracitas; Mns. gitekeit, nimia cupiditas. b. gide, velle, gad, voluit.

n: Hün, Han; T. sch. handig, behändig, solers; ulf. handugei, dexteritas, sapientia; hin, hina.e, formula aggredientium aliquid. ulf. hinl;an, inhiare. h. hunkeren, gierig sein, streben.

sHyn; AS. scyntan. hmb. schünnen, Nott. gl. monf. scunden, sch. scynda, e. schunden, schünden, allicere, incitare, suggerere; AS. scynde, scynnelse, suggestio.

Chron. Friburg. k.chindig, avarus. h. began, begierig, gerührt.

gem, gemel, gämel, cupido, ferocia; Denzl. gämo, gems, ferox; h. gemelik, cupidus, schw. libidinosus. tastrg. gammel, penis.

h: Huh, Hah, hach, vehemens, cupidus; h. hacht, heftig. T. hang, cupido. b. haken, sich sehnen; hygen, keuchen, schnappen, sehnen.

j. gach, Mns. vehemens, animi studium; dir ist so gach. h. bejag, gesuch. ulf. huhr, N. AA. AS. E. hunger, h. honger, esuries; ulf. huggrjan, sch. hungra, hungern; hungrog, -ig; T. hager, macer.

l: Hül, Hal; schw. hmb. 1528. hellig, durstig.

AS. gal, AA. gyl, geil, nimie cupidus; AS. galferhth, libidinosus.

T. kal, avarus, Kero keil, elatus; keily, Isid. geili, superbia; tgsh. gyler, mendicus; geilen, hmb. galstern, inverecunde flagitare.

AS. gilp, sch. gelp, instancia.

r: Hur, Har; hur, hor, Nott. hir lichs, vehementer. sch. hyra, yra, hurra, horre, horsva, -fervere-; Kero hort, industrius; horsli, industria. Ottfr. N. Mns. hart, vehementer; St. an. harte genedig, valde gratiosus; e. harden, allicere. h. korsel, heftig, hitzig.

hmb.

hmb. hurtl, commotus animo, stupore, ira -.

AS. k.gar, promtus. Offr. rc. ger, cupidus. Kero i. e. Desiderius; [illegible]
kereg. karg, v. T. carich, avarus.

Mns. gir, begier; Offr. ugiri.ll, avaritia; kerida, girida, begirde, Nott. gerih, kirege, cupido. belg. ghieren, altsch. giriast, Tat. girdinen, cupere. sch. gior, ingluviosus; girughet, AS. gernesse, cupido. h. gieren, begierig sein.

shuren, e. schüren, schw. schieren, scheren, schirgen, allicere.

ha, ho, hoi, hui! aggredientis.

ulf. gá -, T. AS. ga -, ge -, gi -, ka. e. i -, chi -, emphaticum.

v. T. gae, hizig, ungestüm.

2. Ira, odium, despectus. (B, §. CXVII.)

Sv: Hiv: d. hevn, vindicta, h. haitwen, trozen. jouw, schimpf, spott. bair. schw. geiffern, conviciari; geifer. sch. gelpa, geepa, effutire, begabba, illudere. Lib, §. VI. schuf, schw. schupfen, illudere.

ts: Hut, Hat, sch. hat, ulf. hatiza, ira. AT. hat, sch. had, hader, iurgium, convicium. AS. hatan, AS. hatian, ulf. hatjan, E. hate, d. hade, sch. hata, h. haeten, All. hazzan. haß, odium. adj. fgsb. gehaß und holt. bair. haz, hmb. hisse, iurgium. fgsb. hitzen und schrigen, expostulare. Isl. hota, minari. gl. Lips. hatong, iracundia. bair. heteln, spotten; hudel, opprobrio expositus.

Offr. hetti, Isl. háte, hetta, hilus, res despectuosa, minima, (§. CXVII, 2.)

Isl. hasta, minari. LL. all. haistera -, haist handi, minaci manu.

fr. hoske, hosche, hosch, AS. husce, hisse, - ing, opprobrium, illusio; husca hiscean, subsannare.

sHad, sch. skad, schad, noxa; AS. sceatha, hostis; AS. scadan, ulf. skathjan, N. skada. e, E. scathe, schaden, nocere; gl. Lips. scathan, condemnare.

All. k.costen, ulf. kausjan, AS. costan, - ian, - igan, tentare; All. gl. Lips. kestigan, castigare, angere. gl. mons. St. an. k.chest:ga, plaga, indignatio.

Isl. geysa, furere.

n: Hun, Han, sch. ham, ira, vindicta; hámma, hámna, hámda, ulcisci; hámnar, vindex; hembdgirug. handel, lis, iurgium. h. gekant, feindselig, entgegen.

h. schamper, frech, trozig.

hon, Denzl. iratus, opprobrium, hohn. Nott. irchunnen, arguere.

h: Huh, Offr. huhe, huoh, huahe, ludibrium, hohn; Kero furhokan, AS. forhogian, spernere; Nott. huohen, huoen, tehúhon, huonon, höhnen. oberschw. hegen, vexare, Denzl. schwaggen, odio habere.

schw. hagel, rixa; h. haakelen, rixari.

bair. jah, iratus; hmb. jagd, rixa.

l: Hal, jal; dalec. jålot, iratus. h. heel, störrig, murrisch.

r: Hur, Har, hart, iratus; AS. heardnisse, rigor. ulf. hardu hairtei, durities cordis. T. heren, sch. haria, verheren, perdere; (NS. haere, pruina corrumpens plantas; herlingt, planta corrupta, Richey. §. CL, 3.)

gl. monf. girran, sollicitare, conturbare, destruere, scandalizare, violare, depravare, (geirren, §. CCXV. CCXIX.). b. hisp. gerih, gerica, Notk. kerih, vindicta, Schilt. appetitus irascibilis, (gerih, §. XLV.)

Frisch nierda io, clamor vindicantis caedem.

AI. huoen, ludibrio habere; St. an. Kil. h. heien, schw. keien, vexare, molestare; schw. dalr. es keyt mich, taedet.

3. Stupor, Indignatio, Lamentum. (B, §. CXVIII.)

Hv: Huv, Hav: ulf. hufun, doluerunt; hlufan, AS. heofan, -igan, lamentari. ulf. haif, AS. heaf, luctus. Tat. hevig, AS. hefig, gravis, molestus; hefignesse. h. huiveren, beben vor Kälte.

hap; sch. hapen het. stupor; sör håpa, stupere. S. Keib, cadaver.

ts: Hut, Hat: dim. hödel, blöd. Kil. heysig, eysigh, (§. CCXIX.) horridus; ulf. usgeisnjan, stupere. usgeisan, percellere. d. gyse, horrere; kyse, terrere, kos. jun. in Will. kies, fastidiosus; d. kedes, taedere.

Kil. kat, flandr. kaet, koth, stercus, (§. CXVII, I, 2.) XIX. kutter, ejectamentum. h. schots, grob, unhöflich, lumpig.

S. jautsen, winseln.

n: Hun, Otfr. hono, miseria, contemtus; gl. monf. honida, macula, crimen, humilitas; Wil. verhunden, despicere, mortificare, capere, corrumpere, verhunzen.

ulf. gaunen. Otfr. kumen, lugere, lamentari; belg. kuymen, gemere; Reb. chumung, querimonia; sgoth. kummer, damnum, moeror, egestas; du Fr. c.chomber, kummer, impedimentum, ejectamentum, incumbrare, impedire; Kil. kommer, arrestum, verkummern, arrestare.

Otfr. b. hisp. erkumen, defatigari, §. XVIII. Mart. :c. ch.kumig, debilis, deficiens; Tat. chumidi, morbus. kume, kaum, vix, aegre. d. kun, kuns, tantum. kuhn, macula, mucor. S. kan, h. kam, kiem, hmb. kyin. gl. monf. chuun, commaculaverunt. NT. schum, schaum; hmb. schumen, defaecare, XIX. §. seq.

hmb. gunseln, lamentari.

jammer; sch. jåmra, lamentari. h. jangelen, S. janken, winseln, betteln, zanken.

h: Huh, AI. huk, Kero pihucti, -ida, Isl. ahyggi, sollicitudo; AS. hogan, -ian, angi; sch. högelig, anxie; hugna, consolari. schw. heigel, ekelhaft. S. håkclich, h. hachelyk, mislich, zweifelhaft. Kero c.gaugron, vacare.

hmb. sik verjagen, terreri.

l:

l: Hül, Hal: ulf. hali, mora. Notk. chala, chelunga, tribulatio, qual; chalelibo, anxie; chelen, cheli uuon, quälen. gal, gall, LL. all. rhevina, spec. equorum. h. gal, Rab. galla, Offr. gallu, galle, fel. gal, vacuum. Bat. ungebauter aker. h. gyl, ungegohren Bier; ungebohren, §. II. AS. gil, vae, pus; LL. all. teuere gil, tabes lethalis. schw. gilfen, hmb. jilschen, lamentari.

felt, homo vilis, §. XX.

sHol, tgsch. schollighelt, imbecillitas. schelm, j. arg. contagium, tgsch. cadaver, alter Psalm pestis. XIX.

r: Hur, Har, Notk. charlih, lugubre. Kil. h. hort, offensa.

harm, karm, Offr. hermida, luctus. frif. herm, tristis, dolens. AS. hearm, damnum, gl. Lipf. harm, calumnia; Kil. hermen, nocere; sch. harmia, härmen, lugere.

ulf. gaur, tristis, gaurjan, tristare, gar, vacans. v. T. carich, cariosus. garstig, detestabilis.

Offr. Notk. gorig, -eg, -ag, pauper. g.f. choring, tgsch. bekorung, tentatio, tribulatio; 883. koron, Schilt. choren, tentare, probare. hmb. kür, wunderlicher Einfall, kürig, seltsam, wunderlich. h. gur, herb, unfreundlich.

schw. bair. scheren, irritare, tristare, molestare.

Rab. chara, funeralia. ulf. AS. E. car, cura, sollicitudo; d. sch. kaere,a, AS. cearian, queri, carian, curare. LL. visiG. carricare, gravari, ulf. kaur, gravis. h. kerm, querela.

h. schars, beklemmt, schlecht, wenig.

E. jo bule, o leute! vim patientis. schw. frur jo!

h. ke! Ei doch. b. schoyen, betteln.

§. CXLVIII. Fermentum; ignis, (aquae, aeris, proprie motus fluidi, §. CLVII.) (B, §. CXXXIX.)

Sv: Hav: AE. häf, sch. heffe, hefe, Dengl. hepse, hefel, hebel. h. hop, hopfe, lupulus (fermentans). Luth. hawend, fulgurans. Isl. kidsa, extinguere.

ts: Hüt, Hat, AS. hat, omne fervens. MT. sch. het, heis, calidus; MT. hit, sch. heta, Offr. hizza, calor; ulf. heito, febris; hmb. hetschkold, heftig, brennend kalt.

ulf. haiza, lux. d. helde, coeli serenitas; fr. hedro, MT. heter, heiter, AS. hadre.o, serenus; heitaran, heitern.

hmb. hiddern, ardere; h. schittern, fulgere.

jäs, fermentum; Will. jesen, jäsen, sch. jäsa, SueoGoth. gepsa, concitari. All. hmb. E. h. gist, gest, jäst, E. yest, spuma faeculenta cerevisiae. NS. göst, güst, brem. gost, göse, gose, siccum, exustum; geestland; gosten, Milch verlieren; jils, mager. h. juys, ius, Suppe. NS. hase, E. haze, dunst, grau, dikker dampf; h. hosen, mit wasser begiesen, hoos. d. wasserhose.

ges,

gees, geis, lux, ignis. geest, AS. gast, Al. AS. k.geist, Isl. gheist, spiritus, plur. tgab. geyste. Mns. geislih, ecclesiasticus, monachalis, devotus. h. ghesteren, scintillare.

n: Hún, Han, ch.ham, aestus maris, illuvio. kin, taeda, pinus. AS. can, cand, candens; canfara, feurprob. Dengl. kenden, bair. ankenden, accendere. Tat. kentil, chandal, -tal, candel, altd. kindil, candela.

§. antec. 3.) sHum, schaum, spuma, fermentum. E. shine, Otfr. gl. Lips. AS. scimo, Otfr. scin, sch. skien, sken, splendor. Al. skein, ulf. skain, AS. scean, MA. scheen, schien, fulsit; AS. sciman, Al. AS. scinan, ulf. skeinan, sch. skyna, d. skinne, E. shine, h. schynen. scheinen. ulf. skeinia, fax, laterna. h. schim, Luth. schein. schimmer. schimmel, candor. S. schemering, dagering, crepusculum.

h: Huh, Hah, hak, lux; sch. skak; uiskákia, extinguere.

bitm. hüchel, tepidus. h. juch, hmb. jüche, Suppe.

l: Hul, (cambr. haul, sol); hell, lucidus. kole, sch. kohl, pruna, ulf. kol, kul, §. IV. gl, lucidum, §. XXIX. Dengl. gilg, jlg, lilia. gel, geld; goll. gold, Kero cold.

r: Hur, Har, armen. hur, Isl. hyr, ignis. ulf. haurja, Al. herth, E. hearth, AS. heord.th. h. hert, haert, sch. härd, focus. NS. har, grau, dampf. h. harsten, hersten, braten, dörren, harst, rippstük.

g.jár, pers. kerm, fermentum; hmb. göre, johre, gore, fermentatio, spuma. h. geur, geruch, rauchwerk. gl. monf. gor, CLXII. NS. gare, gor, hor, har, Isl. sch. skarn, AS. scearn, NS. scharn, E. scheren, fimum boum. harn, urina, §. XIX. j.gähren, j.gohr, fermentavit.

Otfr. kerze, h. karse, candela.

E. shire, shere, gl. Lips. scier, lucidus. Isl. skiár, lux. sch. skár, skyr, AS. scire, E. sker, clarus. sch. skyra, skára, ulf. gaskeirjan, illustrare, declarare.

§. CXLIX. Fervor actionis: Agentis et Actûs.

Agentis Agilitas et Molitio. Agilitas, Scurrilitas.

1. Agilitas, festinatio. (W, §. CXXVII. CXXXI.)

Hv: Huv, Hav, haw, shaw, Mns. Tanhus. zhoie; Luth. zauchen, festinare. h. schie, propere. Otfr. MA. gaw, alacer, Kil. solers, cautus, attentus ad rem; hmb. gauigkeit.

Frehr. gob, gobius. Mns. höst juffel, locusta.

ts: Hut, Hat: hud; husch! MA. hast, mox; NS. d. h. hasten, festinare.

scot, schot, schoo, festinavit; schieten, schiesen, AS. sceotan, festinare.

n: Hun, Han, hand, heud, behend, tgab. behand, illico; Nott. handeg, impetuosus; sch. behändighet, solertia, dexterims. AS. gehend, -dor, prope, -ior. hmb. kandig, alacer.

Otfr.

Oftr. scono, schon, iam. E. skime, gl. Lipf. sciumo, cito. sch. skena, skipna, festinare, d. skynde sig.

h: Hüh, Hah, hach, festinans. ulf. ahaks, AS. hikse, columba.

k. gah. ch, Otfr. gahi, algahe, festinatio. Mns. gach, locus praeceps, gäh. ch, praeceps, Dengl. gächen, praecipitare; schw. gägen, in praeceps dirigere, §. CL, 4, b. Nott. gahen, Nott. kahon, jagen, properare.

goge, geige, hmb. gygel, fides; gygeln. shik, geschik, habilitas.

l: Hul, Hal, hill, gl. monf. chiel, v. celox; hmb. hild, hulter, festinanter.

gl. monf. hali, Schilt. heel, lubricum. Boxh. gl. fr. gl. monf. haldo, praeceps, vergens. Schilt. hellen, inclinare dolium; heldelen, capite in latus inclinato incedere. Nott. helden, Dengl. hälden, halden, halten, inclinare, vergere, Kero framhalde, pronus. Dengl. hål, praeceps, climacter; Isl. sch. helle stein, - berg, petra.

h. gilling, schräg durchsägtes Holz; scheel, §. CL, 4, b.

b. hisp. galine, galeen, galere, triremis, gll. navis velocissima.

r: Hur, Har: hur, hor, hort, hurt, horsk, cito, festinatio. gl. monf. kahertt, horskern, praepropere. Nott. hursken, accelerare. sch. hyra, hurra, horsa, ora-. Nott. hartung, exercitatio.

Otfr. gar, garo, Kero, Nott. karo, kearo, promtus, paratus. Otfr. Nott. c. garawi, AS. gearwe, gearu, Kero carwi, praeparatio; Tat. garo tag, parasceve. Otfr. garen, gl. Lipf. gerwon, AS. gearwian, Kero karawen, praeparare. h. geer, E. gähre, schiefe, geeren, schief laufen.

Luth. ger, ala. karr, rupes, praeceps, (§. XIV.)

shir, schier, cito. W. Weinsp. Odenwald, schorgen, festinare. hmb. scher fort, veni propere, gescharen, properasse.

hu; huen, festinare. h. schie, propere. hui, subito! h. heyen, tief schiffen.

j. Sax. go, cito; E. gay, E. gau; Kil. go graf, iudex causarum, morae impatientium, Schilt.

2. Scurrilitas, fraus cauculatoria; Scortum.

Hv: Huv, Hav: hmb. hebeln, ineptire. schw. hopeln, cauculare. j. aug. hubsterin, scortum.

ts: Hut, Hat, hudel, -eln; schudel, -er, -eln, schaudel, -eln; schuß.

h. guit en gek. Dengl. guzlen, procari, kuzeln, §. VI. h. guyse, irrisio, iocus; gust, junges noch unträchtiges Thier, CXLVII, 3.

haspen, -eln, cauculare.

n: Hun, gum, gummel, scortum; gemel, petulantia; Mns. gemmelich, petulans, stultus, ridiculus. Dengl. gumpen, tripudiare, lascivire.

hmb. schummel, zuttel, Schlutte; schummeln, schlutig einhergehen.

lgob. schimpf, sch. skiämt, iocus, lusus; schw. schimpeln.

h: Huh, Hah: huch; hmb. huchheln, inepte cachinnari; heucheln, sch. hykla, h. huichelen.

Hechs, maga.

gauch, Nott. gouh, AS. gek, sch. giäk, stultus; 1528. gäh, imprudens; Schilt. chauc, iners, ignavus. LL. Long. cauculator. gaukler. Ruf. gö-chel, Kil. h. guych, fraus. 1528. geuchisch. gäuchen, Muf. gouchen, hmb. begygeln, decipere. Nott. coukele, magia; cuohlih, insipienter. Dengl. gichler, lachnarr.

hmb. jok, stultus-; joken, hmb. mentiri, Kil. nugas agere. schw. schä-kern, iocari. h. scheuk, gassenhure.

l: Hul, Hal, sch. gal, stultus.

shulv, hmb. schulfern, schluttern, wüst reden und thun; schulsch, plump, res, persona.

r: Hur, hur, huor, -ar, b. AS. E. hor, Isl. hora, scortum; sch. hor, adulterium; hora, Kero huaron, ulf. horinon, moechari, (§. II.) horas, adulter.

gurr, equa, scortum. Kero skern, scurrilitas, illusio; belg. schernen, AS. scornan, h. scheren, illudere; scherz, h. scherks, iocus. Nott. scerromi, iubilatio, vociferatio.

he, hi.y, fraus cauculatoria; hien, heien, imponere.

§. CL. Molitio. (B. §. CXXX.)

Molitio; 2. Iactus; 3. Ictus; 4. Caesio.

1. Molitio, labor.

Sv: Huv, scuf, Ostr. scuaf, schuf; ulf. skop; AS. scaphan, ulf. scapan, sch. scapa, E. skape, h. scheppen, AS. scippan, sceop, facere, formare, creare. schaf-fen, sch. skaffa, agere, parare. hmb. schyffeln, sich kein ernst sein lassen. sch. skipa, ordinare; skepelse, forma; skifte, Isl. skift, ordo, stirpa. m. skeff, creator; ulf. Ostr. ga-, giskaft, AS. gesceaft, geschöp.pf, creatura, -atio. schavt.ft, sceptrum, instrumentum. h. geschaf, geschäfft, opus.

ts: Hüt, m. git, get, AS. klat, die that; Isl. gieta, posse, valere. Isid. chidan, face-re, chideda, fecit.

n: Hün, Han, ulf. han famma (§. CXVIII, 2), debilis. hand, violentia, Beschld. (Hyn: Nott. skeinen, facere, exercere. schimpfeln, ludendo agere.

h: Huh, chocho, fac, gl. monf. chochon, facere.

l: Hul, Hal, sch. hälla, halten, moliri; alrsch. hyla, morari, protrahere tempus (§. CXXI.) §. CLIII, 2). Tat. &c. scalten, schalten, ducere, trahere.

.sch. gill, valens; Ostr. urgilo suar, intolerabiliter grave; Muf. gellig unde lad, lassus a labore. Ostr. gildi, virtus, valentia; gulten, golten, gelten, h. ghelden. Isl. giela, sch. gälla, efficere, valere. sch. gillas, approbari.

r: Hyr, sch. Hyra-, moliri, laborare. Dengl. hauren, deficisci; gl. Lips. gehirmon, quiescere, ungehirmelik, incessabilis.

sch.

sch. göra, kiöra, isl. garnon, agere; KU. kerny, diligentia, kermissa, devotio. AS. gegeartwian, parare.

bair. scharen, laborare.

h. schoeyen, gewerb treiben.

2. Iactus; vibratio; pruritus.

Hv: Hav: b. hlsp. scafft, schaft, hasta. h. schop, stos, Schaukelseil; schoppen.

ts: Hut, Hat, hotten, hozen, h. hötsen, M. Weinspg. hossen, ditm. hüschen, vibrare; NS. hmb. hüssen, hüssken, einwiegen. ditm. hüschtau; schw. gautschen.

h. kitzen, einen stein springend über das wasser werfen.

sch. skott, geschot.s, sagitta, tormentum, NS. schöt, schuß.z, iactus; Nott. scuzzen, iaculari; hmb. toschöt, einschuß, lactis in mammas.

Denzl. güssel, quisquiliae. (sch. udd, stimulus) gudd; schotteln, schütteln, h. schudden, rütteln, schwingen. NT. AS. N. gut, NS. göt, AL. cussa, guz, guß, fusio, i. e. iactus fluidi. AS. gut, NT. got, AL. goz, gos, effudit; sch. guta, giuta, AS. geotan, geatan, ulf. giutan, NT. gieten, AL. Mus. giezen, giesen, fundere; Schilt. gis, giesse, fluvius. ditm. gyseln, rieseln; v. T. gait, hmb. gate, dachrinne, h. gote, S. gosse; h. gudsen, stark rinnen. §. CXLVIII.

n: Hun: ditm. schummeln, (§. XV.) rütteln, fegen -, h. schommelen; schongel, S. schunkel, Schwinge. h. schampen, abglitschen.

h: Huh, Hah, hmb. keke, windstos, procella subita, impetuosa; hagel.

shok, schok, stos. schuken, -eln, schaukeln, sch. skokla, skelka, vibrare, hinc inde movere.; schukkel, pensurum, schukkelfest, festum mobile. holst. schöken; schökreep, gautschseil. h. schigt, pfeil.

dorel hake, hake buchse, tormentum. sch. skaka, excutere; für skingra, dissipare.

juk, Denzl. raptus, impulsio; juken, hmb. jöken, h. jeuken, gl. monf. juchan, scalpere.

h. jigt, gicht, convulsio.

l: Hül, Hal, veron. L. hallen Hagel. Tat. scellen, schellen, confricare.

h. keilen, mit kieselstein werffen.

d. skylle, hmb. schölen, schütteln, schwenken, rühren. spülen, fluid.

r: Hur, Har, ulf. hairus, NS. haur, altsch. Isl. hiör, hiorf, (arf, u. o. yrf, ar, or, yr, §. CCXV, 2.) quidquid armorum vibratur, telum, gladius; sch. hyra, hersa -, vibrare.

ulf. winthis kauro, ventilabrum. h. harp, kornsieb, harpen, sieben.

kehren, scopare, XV; scharren, scheuren, h. schuveren, schieren. schergen, propellere. scherg, büttel. gl. monf. scurgen, gl. Lips. biscurgan, im -, expellere, avertere. h. schar bord, halbbrett; scharrelen, schlenkern.

AS. ascyrran, a -, bescyrian, radere, amputare, secare, §. XIV.

h. goy, wurf, goyen.

schw. heien keien, icere, vibrare; h. kayen, herunter thun, die Segelstange -. Mott. verheien, corrumpere. h. hei, e. hoier, fallblok, heyen, hoien, einrammeln, h. schoeyen.

3. Ictus.

Hv: Huv, Hav: haw, h. houw, ictus; h. hieuw, hieb, ictus, icit; hawen, hauen, hape, hepe, hipe, hope, falx; hobel, dolabra.

h. schop, ictus.

bair. gaffen, illidere. Schilt. hmb. kuffen, ulf. kaupatjan, colaphisare, §. III. h. kabbelen, entgegen schlagen.

ts: Hut, Hat; hazen, kazen, impellere; kat, kaze, cattus, tormentum, §. XIV. sch. Isl. kasta, icere.

h. huts, hutsing, concussus; Mns. widerhüssi, adversitas (anstos); Mns. hutsen, huzzen, h. hotsen, concutere. h. gudz, meisel, stemmeisen, gudsen, meiseln.

schutt, e-, coniectum. Mns. erschott, concussit; LL. sal. scotatio, gl. Lips. schoto, excussio; Otfr. scutten, Kero arscutten, sch. skudda, hmb. schüdden, schütteln, -ern, exconcutere. Mns. schott, detestabile. §. CXLVII, 2. schotteln, concutere; gl. monf. scutisan, trepidare.

as. gysel, -zel, geisel, flagellum, h. gispe; gispen, geiseln.

Dasyp. jutsch, impulsio, momentum.

n: Ham, ictus. gl. monf. hamar, hammer, (ictor) malleus. e. chime, d. kime, sch. kimma, pulsare.

h: Huh, Hah, hak, sch. hugg, ictus. Isid. gahieg, percussit; hakken, Isl. hakka, icere, avide et ictibus vorare, Anders.

Dasyp. heken, sch. skaka, percutere.

sch. hök, accipiter. AS. higrd, picus. gl. monf. hechan, mordere.

l: Hül, h. hal, frosthärte der Erde. kol, schlag vor den kopf; Mns. gylen, impellere. ulf. giltha, falx.

Tat. scellen, schellen. confringere, nr. 2.)

r: Hur, Har; hort, Kil. h. pulsus, -atio, Luth. rupes. hurt, clypeus. ME. haren, pulsare; as. hart, hert, ulf. T. Isl. E. hard, AS. heard, sch. hird, durus; Kero furi hertan, ulf. harduba, adverb. e. harschen, durescere.

herb. f, h. scherp, scharf, durus, acer, atrox.

h. gyr, gl. monf. kir, geir, vultur, §. CLIV.

4. Caesio, a) abscissum, inde foenum, et b) claudicans.

a) Caesio; 2) Foenum.

Hv: Huv, Hav: haw, caesio; gl. monf. howa, hown, farculum, rastrum; howan, concidere.

2) med.

a) med. aev. hew, höwe. l. how, houw, ulf. hawi, foenum. Tat. hewisprekio, gl. monf. howistafro, locusta.

ts: Hut, h. houd, schidium, lignum. hmb. hadder, e. hader, scissum, plej. d. hoste, metere.

n: Hun, Han: ham, Otfr. mancus, Kil. pars abscissa rei cibariae, M. perna. AS. hamelan, sch. hambla, impedire, mutilare, spec. poplitibus scissis; Tat. hamalstat, Golgatha.

a) Al. houmi, heumi, foenum.

h: Huh, Hah, sch. hugg, caesio; hugga, Isl. afhögga, abscindere.

a) AS. hág, heg, hig, foenum.

l. Hul, Hal; Kero haloon, castrare, verheilen. Gesn. galz, porca castrata, §. I, 1.) M. holt, holz, §. XIV. schidium, lignum.

r: Har, har, jar, jer - §. XVI.

Kil. hye, heie, fistuca; hyen, - fistucare.

a) sch. hö, d. höe, h. hou, e. hay, hmb. bium. hau, heu, foenum. Notk. hehoistafele, locusta. AS. haman, heumann, cicada.

b) claudicans. (impeditum, et articulatum)

Hv: Huv, huf, ungula, §. CLXIII. h. e. hapern, hangen, stottern, stecken bleiben, hobbelen, hopeln. h hobben, mit wellen fortschwimmen. hüpfen CLVI, 3.

Al. hiuffo, 1528. huffe, Rab. hufphi, ulf. hup, e. hip, AS. hype, h. heupe, sch. hofft, hufe, huft, coxa, coxendix, lumbus, femur, clunes, CLXIII. scheef, schief, obliquus §. CXLIX.

ts: Hut: h. hodden, stottern, stammeln.

n: Hun, Han: Kil. hame, hamma, flend. E. poples, suffrago. sch. hämma, hmb. humpen, h. hompelen, schw. hümpeln, claudicare; hümpler, stümpler. sch. hämma, hemmen, inhibere, obsistere, arcere; hindern, (§. CCXXI, 3.); h. hinder, Schade.

shim: oberschw. schiemen. schwinden. h. schampen, glitschen, streifen, neben auswichen. h. schuin, quer, krumm, schief. §. CXLIX.

h: Huh, Hah: hinken, gl. monf. hinchen, claudicare.

hangen, impedire. i. pendere, inclinare. CLVI.

l: Hal; ulf. sch. AS. halt, Isl. halltur, Al. E. halzer, claudus. K. Heinr. II. hoffe halz. Otfr. gihelzen, claudere, debilitare. holpern. h. kolleren, hangen-, stecken bleiben. h. scheel, scheel, schief.

r: Har: gl. monf. harci, scapula, §. CLIII, 2.)

§. CLI. Fervor actûs: Bellum. Capere. Bellum; Heros.

Bellum, proelium, (V. §. CXXIII.)

Hv

ts: Hut, Hat. AS. hath pugna. Cap. Lud. I. scats-, scastiegl, scatrage, quies armorum. AS. guth, proelium.

n: Hun, Han; d. gunn, proelium, LL. sal. campus, kampf.pf, gl. monf. chemfpho, tyro. AS. cempha, Mns. kenphe, miles. AA. camf wic, duellum; Kero chamfheit, militia; chemfan, sch. kiämpa.

h

l: Hül: AS. hild, d. hildr, bellum; hilde calla, vir belli.

r: Har, ger, guere, bellum, §. CXXIII.

§. CLII. Heros; mandare; gloria.

1. Heros, dux; audax, praevalens.

Hv: Huv, Hop, princeps, caput.

scop, scabin, scheff, schöff.pf, Schilt. scheffel, Besold. schuft, nobilis, iudex, §. XIII.

ts: Hut, Hat.s: häsas. gäs, strenuus, fortis. gast, strenuus; schwäb. rasch, vegetus, sanus.

kut, h. kuyt, audax, ferox.

n: Hun, Han: schwz. hans, m. henidd, burg. rex hendin, ulf. kindin. kan, possum, valeo, audeo; med. aev. kunnen und mugen. kun, k.cuon, kün, audax. S. hune, hüne, dominus, gygas. altE. gome, gomme, AS. gume.a.en, ulf. gumein, d. gumur, gumnur, audax, heros, dux. AA. g.comman, -en, c.gome, KU. gome, vir, homo, §. CLVIII, 2.). ulf. gumein, gumatuns, masculus. Otfr. goma heit, comitas, magnificentia, fortitudo.

h: Hüh, Hah, hach, kek, d. kiäk, audax. AS. hig, vir, hige rofe, viri magnanimi. gog, gygas, magnus, audax. pers. schach. CLXII.

l: Häl, Hal, AS. häl, häleth, d. holur, sch. hield, held, AA. chelbus. belg. kall, AS. d. galla, vir. S. fris. kilte, robustus, validus.

r: Hur, Har, AS. d. har, dux. Otfr. u. her, herr, St. an. heir, fr. AS. hera, herra, harra, dominus. insep. Pronominum - hard, - ard, robustus; gl. monf. harti, robur; b. hisp. aherten, praevalere. St. an. her, illustris; Tat. herteste, sacerdotes.

AS. fr. Ruod. horska, prudens; d. dim. karsk, vegetus, sanus, validus.

h. karel, KU. keerle, kaerle, strenuus, fortis; schw. kerl, homo robustus; AS. d. ceorl, vir, robustus, rusticus, eorle, homo, heros.

2. Mandare.

Hv: Hav, sHav, fr. giscap, AS. gesceapu, mandatum. östr. schaffen, mandare.

ts: Hüt, Hat, het, hesch, (esch, §. CCXVII.) mandatum. het, Mns. hiesch, Otfr. hiaz, hies, mandavit; sch. heta, h. hieten, heschen, heischen, heisen, AA. haizan, Mns. heesen, oberpfalz. schw. hoisen, bair. hoasan, Märnb. hajen, mandare. ulf. ana husns, praeceptum.

KU. gheus, sch. gosse, famulus, puer.

n: Han, Schilt. hant, potestas, ius, iurisdictio, forum. theot. nuwe hant, novus dominus.

h

h
l
r: Hur, Har, Otfr. heri, imperium; Nott. heren, dominari. h. beheeren, regieren, verwalten. h. hor, obligatio, ge-, behoren, gehören, decere, behörde, chron. Sax. horde, obedientia, territorium, (§. CCX.)

3. Gloria.

Hv: Hav, AS. sch. haf, häf, honor; häfig, -er, honoratus, gravis. ulf. haubeins, gloria, CLXII.

ts: Hut, Hat, sch. hed, honor. insep. pronom. fem. -hed, -heid. AS. a. statt, praestans, eximius. ulf. hazein, laus, hazjan, laudare.

husl, altsch. Isl. oblatio, AS. sacrificium, eucharistia; huslian, acc. (schw. abendmalen) eucharistia donare; husel|ata, vasa sacra. ulf. huzd, thesaurus.

n: Hun, ulf. hunsa, hunsl, sacrificium, -stad, altare. cambr. honsel, strena, donum, (grupen a hand et sellen, dari), §. CLVI, 4. et CLXXXIX.

h
l: Hul, Hal, Rab. kelt vel plostar, caerimonia. Otfr. gualichon. gl. Lips. guolicon, glorificare; Otfr. guallicho, potens; guallichi, Nott. k.cuollichi, honor; guolike, gulike, gloria, potentia, §. CXXIV.

r: Hür, Har, All. her, here.o.a, honor, reverentia, venerabilis, Luth. heilig und her. hir, sacer. harschlich, venerabilis. b. har, AS. hear, sublimis, §. CCX, 2.)

AS. b. star, praestans, eximius.

AS. b. sca, praestans, eximius.

§. CLIII. Capere. Venatus. Capere; tenere.

1. Capere, 2) incipere. (B. §. CXXII.)

Hv: Huv, Hav, hab.p, captio. ulf. gahaban. All. heben, heffen, comprehendere, accipere. Kero pihaftan, occupare. h. happen, schnappen.

habich, havig.k, LL. boi. hapich, dan. hävk, gl. mons. hapeh, accipiter. h. kap, seeraub. kub, alnez.

2) isl. anhap, ulf. uohof, origo, principium. h. sich verhief, anhob, -hub, incepit, -hefen, anheben.

gof, 1528. gauff, cavum manus, §. I, 1.). sgsch. erkobern, Otfr. ubar-, irkoboron, adipisci. schw. kober, fischfang.

ts: Hüt, Hat, haz; hezen, haschen, capere. M. Meinfeg. gassel, handvoll, gaissel. ulf. gitan, AS. gytan, getan, E. get, accipere; ulf. gat, AS. geat, geot, geotte, accepit. ulf. bigitan invenire.

E. catch, capere. hmb. kettje var, fangspiel. bair. keter, lockpfeife. h. kat, katte, anker; die kaze §. VII.

n: Hun, Han, ulf. hunth,an, capere; frahuntans. Will. verhundat, captivus; All. heri hunta, praeda. b. sch handa, -ta, hämta, corripere. Schilt. behemmen, incarcerare. b. hente, accersere. AS.

AS. henthan, perquirere. gl. monſ. hantalon, contrectare.

2) sch. hände sig, contigit. CLVII, 2.

AL. bi-, ulf. dugan, incepit; AL. p.bi-, AS. an-, on-, ulf. duginnan, beginnen, incipere. beginn, Kero anakin, AL. Conf. angenge, 1462. angang, initium.

h: Huh, Hah, hak, uncus, h. hmb. calx, articulus calcei; häkel, hechel, NS. h. hacht. NS. hecht, belg. hechtenis, sch. hächtelse, carcer. hmb. verhacht, mansio. h. haaken, an sich ziehen; schaken, rauben, entführen, mit dem Netze fangen.

AL. huker, höker, öker, wucher, foenus, Stiernh. caupo, propola, AS. hökä.

AS. eigan, adhibere, decalog. ne eig thu, ne adhibeas, eigist thu.

gl. monſ. jagere, foenerator; Nott. jagen, persequi.

l: Hul, Hal; NS. h. halen, ulf. Otfr. holon, capere, accersere. Tat. halon, domum ducere, nubere. sch. hälla, capere. h. hal, uncus; hiel, d. häl, calx; h. hielen, hinden überhangen.

r: Hur, Har, partic. her-, er-, ar-. hmb. beharden, capere.

AL. hur, E. hyre, NS. heur, huer, conductio; hueren, h. hiiren, sch. hyra-, conducere. hauren, schw. haudern, aurigare cisio pro mercede, hauderer, cisiarius. AL. hurling, -mann, colonus. erhüirnen, gewetten.

2) aufhören (h. ophouden), cessare; gl. Lipſ. ungehirmelik, incessabilis.

2. Tenere; 2) custodire; 3) ducere, trahere.

Hv: Huv, Hav, handhab, hebe; ge-, beheb, firme. hob, hub.p, tenuit; heben, ulf. Kero, Monſ. haban, -en, h. heffen, tenere. AL. hiuba, huft, haft, pignus. haft, uncus; ulf. gahaftjan, goth. houpen, adhaerere. hmb. h. haff, insect. frutici adhaer. AS. habern, cancer. -haft, capax, Otfr. kindeshaft werden, concipere; Nott. gerechthaften, iustificare; Rab. ehaftida, religio. haft, heft, manubrium.

bair. gaffen, kaffen, Nott. chapfen, detineri, exspectare, praestolari, CXLV.

2) Otfr. haft, captivus; haft, sch. hefft, AS. häftnet, -node, -nung, custodia, carcer. haften, vincire, apprehendere.

3) sch. hafa, ducere, trahere. hob, shob, schob, duxit, traxit. h. schuifen, schieben. NS. huppen, schw. hauffen, retroducere.

ts: Hut, Hat: a) hut, h. hoed, custodia, tuitio; AL. hudan, huodan, hodan, NS. höten, hüten, sch. hydda. ulf. huzd, thesaurus, §. IX, XI, XIII.

sch. skydda, h. schutten, schüzen; schut.z.

h. gade, custodia, gade slaen, observare; getan, custodire; dalek. gäta, pascere. Dengl. gaz, geiz, stiva.

gizel, gisel, geissel, h. hisp. obses, LL. long. testis, arbiter.

n: Hun, Han, AL. han, hon, teneo. ulf. T. M. hand, manus. Otfr. hantolon, chron. Sax. handteren, tractare, CLXIX. Nott. cham, camus, capistrum.

2) sch. hemna, tueri, defendere.

gom, gouma, custodia, Otfr. gouman, pascere, §. CXLV. d. glemme, tenere.

h:

h: Huh, Hah: hecht, h. firme. gl. monſ. gihuccan, tenere. AS. haca, pessulus; gl. monſ. hacco, rester, hake. Al. hangin, Nott. hengen, hiangan, AS. hengan, hangen, pendere; heng, hieng, pependit. ulſ. hahan, henken, AS. hangan, hoh, suspendere, -dit, (§. CLXII.) ulſ. faurahah, vorhang. h. hengel, henkel, angel; heugel, uncus.

a) NS. OT. hegen, tenere, sparen; Lgsh. heygen, W. Url. furdern, schirmen und heigen. hekken, insidere ovis; hoken, fixum sedere, §. XIX.

l: Hul, Hal, Kero tehal, ll, -pihaltida u, custodia; h. hellen, pendere; hal, uncus. sch. halla, hålla, ulſ. halden, AS. healdan, heoldan, Kero haltan, Isid. halodan, hmb. holden, holen, d. E. holde, h. houden, tenere, servare, pascere, tueri, fovere, defendere. ulſ. haldan, pascere; dfr. halter, pastor. Nott. haltar, Symb. apost. Al. haltend, Isid. chihaloda, salvator.

halfter, gl. monſ. halftro, capistrum; gl. monſ. halp, helm, shal, schale, hmb. schölt, manubrium, capulus. h. hals, Schiffseil. Mns. helsing, restis, laqueus. h. behelzen, continere. Nott. behalben, circumdare.

2) peron. T. hel, catena. halten, insidiari.

3) halt, shalt; Tat. scalten, schalten, ducere, trahere.

r: Hur, Har, h. NS. harke, rastellum; gl. monſ. harct vel ahsala, scapula, §. CL, 4. b).

2) Isid. Mns. AS. hord.t, E. hurdle, ulſ. hurd, gaza; hurdjan, hordan, thesaurizare. Al. hirde, -te.i, hirt, d. hyrde, sch. herde, AS. heord, yrde, Isl. hirder, ulſ. hardeis, h. herder, custos, pastor; AS. hyrdan, d. hirda, custodire.

Becan. ho, tueor, hu, custodia. alsch. hua, hya, tueri.

ha, teneo, Mns. hat, tenet, han, tenere; hach, hal, har, tenens.

§. CLIV. Venatus; 2) bestia agilis; et venatoria.
(B. §. CXXV.)

50 Hav: h. geb, fischernez. kauw, kau, häher, raubvogel.

d. skov, silva.

to: Hut, Hat, hat, haz, heze, Al. chasse, chazze, Capit. Carl. cotia, causia, venatio; non ibi caciet, hezen. heide, §. CCVIII.

gast, guast, silva; LL. Long. gastald, forstknecht, quilibet praefectus, §. CLII, 1.).

2) NT. hat, has, lepus; 1528. erhasen, pavere. d. hest, equus.

NT. geet, Isl. geit, sch. giett, ulſ. gaitel, Nott. geizz, hoedus; dim. jit, geise, kize, capra, (§. CLXI.). hmb. köter, grosser Hund.

n: Hun, Han: ham, rete, hamus; gl. monſ. himil, laquear, gihimilit, laquearus; Luth. hämen, hemmen, hamo capere.

E. hunt, AS. huntan, venari.

2) hinne. hinde, cerva. Germ. hund, h. hond, E. hound, canis. hengist, hengst, equus emissarius, LL. Sal. chengisto, - castratus.

hammel, vervex, (§. LX, 1.). gem, gems, capra; sch. gummer, aries.

h: Huh, Hah: h. jug, b. jog, venatus est; jagen; jagd.
2) hag, taurus. hamb. höke, hoedus. AS. hácid, hecht, lupus.

l: Hul, AS. gaul, generatim pecus, j. all. verres, schw. equus.

r: Hur, Har: harpe, hamus.
fgsh. hurst, AS. hursta, All. horst, horscht, forst, silva.
2) AS. NS. AS. hors, horja, horst, (ors, §. CCX.) equus.
gurr, equa, §. CXLIX, 2.). gyr, geir, §. CL, 3.)
NT. hert, hirt, sch. hiort, AS. heort, E. hart, gl. Lips. hirez, AS. hirs.j, hirsch, cervus.
hay, ein grausamer raubfisch.

§. CLV. Acquiescentia, placidum: Habere. Inclinatio. Habere; Circumseptum; Emolumentum.

1. Habere, possessio, praedium, habitatio. (V. §. CXIV.)

Hv: Huv, Hav, h. hab, n. have, habeo, possessio. HT. ulf. AS. haban, AS. häbban, NT. NS. hebben, N. hafva.e, E. have, AS. havan, habere; AS. havoda, Otfr. habete, habui. Matt. habida, possessio.
All. med. aev. hoba, huba, husa, giufa, hiufa, hof, praedium, iugerum, Besold. All. LandR. hofen, habitare; huber, -ener, possessor.
AS. hive, ulf. heiwa, hof, sch. Isl. hibile, hybbile, domus. AS. hivisce, familia; AS. hiwisker fater, pater familias.
gab, sch. gaf.v, ulf. gabei, possessio, opes; gabig, gabeig, sch. gabigh, Isl. gofgur, v. T. kebbich, dives. gl. monf. giuopida, colonia, -ido, incolatus.
T. gaw, gew, göw, gow, gouw, ulf. gawi, terra, regio, (collectio praediorum, aw, §. CCVIII.). Otfr. gewimez, gl. theot. gauwimez, pagus, districtus.

tv: Hut, Hat: gl. monf. hutta, hütte, sch. hydda, AS. hithe, tugurium, domus. ulf. heth.o, cubiculum. hamb. höden, domi manere.
gut, praedium. Denzl. gad, taberna. §. CLXI. W. Tatl. Stuben gad.
Germ. hus, E. house, h. huys, haus, domus; hausen, propriam oeconomiam habere, curare rem famil. ulf. gudhus, templum, §. seq. 2.

n: Hüm, Ham, ham, AS. quaevis possessio, saltus, nemus; -fris. ager pascuus, pratum fossula incinctum; NS. paludosum, Schilt. fluvius. affix. -ham, oppidum; locus natalis; AS. hamsinthjan, repatriare. sch. hemman, praedium rusticum.
ulf. AS. haim, AS. NT. fris. heym, sch. heim, hem, hemma, E. home, habitatio, domus, locus natalis, ulf. ager, vicus, castellum. sch. heimisi, hämisi, domicilium; altsch. heimkynne, domesticus. sch. hem, heim, domum. i. Isl. altsch. heim, mundus, ambitus. haym-, heimat, -et, locus natalis. W. Urk. weder hawsen noch heimen, husen noch hofen, beherbergen. oberschw. heimgart, gesellschaft sich besuchender personen.

h: Hüh, Hah: AS. haga, agellus, mansio; haeghe, domus. Isl. haz, pascuum, pratum. h. gehugt, weiler ohne Kirche. Wett. heigen, (eigen, §. CCXVI), habere; hegen, retinere, fovere.

l: Hul, Hal, E. Ku. halle, wred. hall, haul, holl, AS. halla, heal, Isl. hollu, taberna, domus in genere, spec. mercium, macellum, forum rerum venalium, domus publica, aula, palatium. sch. hälla, halten, hmb. holen, habitare, manere, durare.

r: Hur, Har; altsch. herd, aula regia, regnum; hirdman, hofmann. sch. hard, T. härde, horde, hurde, Wnf. huirste, crates. h. harden, harren, manere; Denys. AS. hare, harre, mancntia, diuturnitas, (§. CLIII, 2.) AS. decalog. heora, domus.

horen, ge-, Wnf. anhören, pertinere, proprium esse; h. hoir, haeres. cambr. caer, urbs. fr. c. gort, g. curt, curtis, chortis, aula, curia, oppidum, chorus, familia, colonia, praedium rusticum, quaelibet mansio; curtilca, villula, Gold. d. gart, d. sch. gårt, ulf. gard, garda, domus; gnagard, aula. LL. visiG. gardingi, optimates palatii. sch. ic. mote-, jarl-, stargard; (belgrad, §. LIV.). Tatar. horde. sch. gadir, arx, castrum.

go, goy, gau, fris. gå, pagus; gåman, eiusdem pagi incola; gåfeynt, adolescens.

ha; hast, habes; hat, AS. hot, K. Rrb. II. hait, habet; han, hon, Brb. II. hain, habere; hant, schwab. spigel haunt, habent.

2. Circumseptum.

Hv: Huv, Hav: hof, area, hmb. hortus. haf. d, Wnf. habe, portus; gehab, securitas. d. have, hortus.

ts: Hüt, Hat: gat, gatter, AS. gadder, getter, gitter, sepimentum. (§. I, 3.)

n: Hüm, Ham, ham, Ku. heym, sepes. hayn, omne circumseptum. h. heinen, verzäunen. belg. heming, himing, sepimentum. sch. hämna, Ku. heymen, sepire, Becan. oberrschw. circumvallare; Ku. haineye, repagulum. T. hamn, portus.

T. sch. d. himmel, AS. himn.- ol, AS. h. hemel, Isl. himmen, ulf. himin, coelum. AS. himmelz, capella, sub qua fertur eucharistia. §. IX.

h: Hah: AS. AS. haga, hahn, hag, heke; h. hea, hegge, Ku. AS. haeghe, omne circumseptum, indago, gehege. Denys. hagen, sepire. Diebold. gehegtes gericht, iudicium circulare. Schilt. haz, LL. sal. chagen, - ine, mallus, tribunal. Wien. hagen, lebendiger Zaun; hag, thüre. gl. monf. hagan, paliurus; hagan puocha, carpinus; AS. hägu thorn, alba spina. h. hek, lattenverschlag.

l: Hal, Luth. halle, area, porticus.

r: Hur, Har: Isl. hiar, hiarn, AS. heor, h. harre, cardo. T. harde, horde, altsch. Isl. hard, hurd, ulf. haurdai, ianua. AS. hörde, calathus vimineus, hurde. sch.

sch. gårda, sepire. gart, AL. f.c.gardo, - to, d. gaard, sch. gård, h. gaerde, E. garden, h. sch. jord, hortus. AS. or cyrd, - ceard, ort geard, wurz gart. CLIX.

Catt. hayen, plantare.

3. Emolumentum, usus, (§. CLXI.)

Hv: Huv, Hav: hub.f.v, behuf, h. behoev, e. hef, hap, d. behov. d. gavn, emolumentum. Kero kehasener, adiutus.

ts: Hut: sHut.z, beschuß; beschos, profuit; Must. beschiesen, prodesse.

n: Han; gan; sch. gena, lucrari.

h: Húh, Hah; gag, sch. gagn, lucrum, fructus; ulf. geigjan, lucrari.

l: Hul, hulp, §. seq. 2), behulp.f, usus; h. heul, hülfe, heulen, helfen.

r: Har, harv, (arv, §. CCVIII): MT. h. hervt, Nott. herbist, herbst, autumnus.

§. CLVI. Inclinatio; (B. §. CXV.)

2. Carum; 3. Laetum; 4. Pulcrum; 5. Dare.

1. Inclinatio, spes; 2) vergere rei.

Hv: Huv, Hav: MT. sch. hope, d. haab, hoffnung; hoffen.

Kero kab, erogavit: kiban. h. guiven, sich sehnen, §. CXLVII.

ts: Hut, Hat: AL. sch. heiti, votum, assensus, §. CXLVI, 2.) h. hot; hoten, gelingen, gerathen. Ottfr. fergosan, petere, cupere, acc. kos, AS. ceas, optavit; ulf. W. kiusan, AS. ceosan, MT. kesen, AL. kusen, kuzen, kiesen, MS. keisen, sch. kosa, eligere; Nott. chius, vide, delibera; h. keuze, optio. Ottfr. chust, existimatio. h. kust, nach wunsch.

n: Han vid. nr. 2.

2) gen, ergo, §. CLIX. Ottfr. hant, situs, latus, gegend. Ottfr. in alla hand, undiquaque. h. kenteren, umwenden zur See.

h: Hah: hag, hang, W. urk. verhengnusse, - nust, inclinatio; Ottfr. chengen, - en, Will. changan, Kero kehenkan, inclinare, consentire, permittere.

2) hang, inclinatio rei; hangen, vergere.

gegn, erga, §. CLIX. gegend, sch. egend, situs.

l: Hul, Hal: sch. hålla, Ottfr. h. hellen, hillen, (§. CXLVI, 1.), Denys. hålden, Nott. helden, halden, halten, inclinare, vergere, (§. CXLIX, 1), Kero fram halde, pronus; Tgsh. beste halt, bester gernet. hel, ge-, misse hel, med. aev. gehell und geheiß, wille und verlangen; gehelen, assentiri. gl. mons. gihel, consonans, congruens, concurrens. Tgsh. gehullent des, consenserunt.

Tgsh. gelt, interiectio: nonne? petens consensum. gl. l.ipf. gelwi, consensus.

2) hålla, h. hellen, halten, vergere. Ottfr. thiu halt, ea causa (intentione, fine); verhältnis, relatio; sich verhalten, referri, se habere; Kero chaltic, legitimus.

Schilt.

Schilt. fculd, schuld, causa, casus, status; Otfr. gisculdit, bene meritus. sch. halva.n, altsch. alf.v, alvu, plaga mundi. ober-halb.f; AU. ala halba, St. en. allinthalbin, Isid. azs zesuun halp myn, ad dextram meam.

r: Hur, Har: gar, ger, geren, gremium, cor, inclinatio. ger, begehr, §. CXLVII, 1.); f.geran, AU. Conf. gerran, Mons. geren, sch. begára, hamb. gyren, ulf. gairnjan, cupere, velle; gl. monf. garahaft, desiderabilis. gern, h. gaern, Kero k.cernlihho, libenter; W. Urk. 1393. dester gerner. Mons. Cangl. ker, AU. kir, kóre, kur, coere, caire, h. keur, AS. cyre, optio, arbitrium; cyridom, res publica; Besold. wille chur. kor, elegit; Kero churen, kiuren, kóren, velle; Kero keroon, desiderare. gl. monf. anacherran, intendere. 883. koron, experiri, tentare, §. CXLV. v. T. coeren, saporizare, probare, aestimare. h. geur, odor, sapor.

sch. beskiára, verordnen.

2) kehren, vertere, dirigere.

2. Carum, gratum, come.

Hv: Huv, sch. hóf, decens, hóflich, comis, h. heusch.s, (hevisch). [illegible] hofhaben, hofieren, convivio excipere. Tat. geba, gl. monf. gipht, favor, gratia. h. beschoft, beschaft, belebt, artig.

ts: Hut, Hat: AU. gat.d, god.t.th, c. guat-, gut, N. god, ulf. god.th, ajuth, bonum. Mons. guoten, meliorare, augere; Kero cuatithan, gloriari; AS. gedbi, elogium; sch. gádi, bonitas. Otfr. guatih, benedictio, iustitia, Isid. gloria.

T. gud, god.t, Gott, Kero k.cot, cuot, MT. E. god, sch. gudh; Isl. gud, ulf. guth, (plur. guda) perf. choda, Deus. góz, Isl. god, idolum, [illegible] plur. gótte. sch. almerw. gode, ulf. gudja.i, sacerdos, iudex, (cambr. coll.th, senex). altsch. godord, ulf. gudjinassus, sacerdotium; gudjinan, luc. 1, 8. Otfr. gotniss, divinitas. Meek. gote dehte, devotio.

Otfr. kust, kusti, rectum, virtus; un-, akust, vitium, scelus; firchust, vitiatus, chustolos, infidelis. T. g.just, rectus, Hensel. p. 323. h. juist. kos, gl. monf. goz, probavit, giezen, kiesen, probare; guazan, assentiri et cohibere. ergózen; AU. gissel, kóstlich, strasb. gisselmal, -supp. h. keest, kern, mark, das beste. koesteren, zärtlich umgehen.

skat, schäzen, aestimare; scat.z, schaz, amasia.us; thesaurus, Tat. obolus, perf. gaza, §. CLIII, 2.); CLXI. h. scheutig, munter, fertig, mild, freigebig.

n: Hun, Han: MT. N. honing, Kero honec, honig, mel, (suave). Kero pi libes urhungu, pro vitae merito; h. honk, Sammelplaz, honkeren, sich sehnen.

K. Maximil. gan, AU. gon, favit; gunnen, AS. unnan; gunt.st, schwz. künzeln, blandiri. h. jent, artig.

h: Hah, hag, carum; sch. behaga, h. behagen, placere.

l: Hul, Hal, Isl. hille, gratia. hold, amicus, sch. huld; ulf. hulth, propitius; un/hulthå, unhold, daemonium. AS. St. an. holt.d, amicus. All. huld. tl. a, gratia, fides, auxilium; huldan, placare. 1528. huldigen, auxiliari, HT. fidem promittere. d. hilse, salutare.

help, sch. MT. hielp, Kero helfa.u, hulp, hülfe. AS. hulp, T. holf, ulf. hilp, half, auxiliatus est; AS. helpan, ulf. hilpan, All. helpen, helfen, h. helpen, E. help, d. hielpe, helfen. All. MT. AS. N. half, halb, (auxiliante) semi, per, ulf. halb. d. heller, libentius, helst.

ulf. golian, salutare, golein, salutatio; sch. kela, liebkösen. skel: verw. T. kel, amicus, §. CLXXXIV, 1.). h. gull, sanft, weich, iunger Stokfisch; aufrichtig.

r: Hur, Har: Mns. gehüre, comis, mansuetus; gl. monf. ungahiur, ungeheur, monstrum. AS. hire, sanctus, Meibom.

sch. kår, kiär, All. ker, kör, h. keur, carum. h. bekoren, vergnügen; bekorlykhed; knur, possen.

Otfr. scioro, commode.

ja, ga, gea, assensus, favoris. All. jo, imo, sane, utique. SueoGoth. ga, gai, gah, sane, sic.

h. hou en getrouw, ergeben.

3. Laetitia, Exsultatio.

Hv: Huv, hop, saltus, -atio; hupen, d. hoppe, hüpfen.

juw, jow! jubel, jubilus; v. T. juffen, iubilare. h. gaf, gabe, frisch, gesund, ganz.

ts: Hut, Hat; sch. gådi, bakr. gedi, gaudi, gaudium; sch. gådias, voluptate frui. ergötzen, laetitia, laetari. h. gaden, placere, gading, lust, belieben.

n: Han: Otfr. ganz, sanus, ganzida, sanitas, unganzi, imbecillitas animi, corporis. ulf. junda, iuventus.

h: Huh, Hah, MS. höge, laetitia; högen, hagen, laetitia afficere. h. verheugt, laetus; hochzeit, CLXII. juch, jauch, exsultans; jauchen, jauchzen, h. juychen, hmb. juchheyen, iubilare; ulf. juggo, jugg, AS. giung, geong, jung, pullus; juhiza, jüngste, jungatha, novum, jugga laud, adolescens; jugend, hmb. jögd, jung, sch. ung, yng, iuvenis; Will. jungen, renovare. h. jук, jok, iocus. CXLIX, 2.

hmb. jagen, jachtern, ludendo circumagi.

l: Hul, Hal, sch. MT. hel, h. heel, heil, heul, Isl. heyl, Nott. hil, Kero heili, ulf. haili, salus. AS. hal, T. hel, heil, ulf. hail, salvus sanus. sch. hela, d. heele, E. heal, MT. heelen, h. heylen, heilen, ulf. hailjan, AS. hålan, sanare; håland, heiland. sch. hälgd, securitas, pax. sch. MT. helig, Isl. hellac, heilig, sanctus; gl. vulcan. heilhastono, sacerdotes. All. heilizan, d. sch. hälsa.e, E. haile, salutare; sch. hylla, osculari, hälsa, sanitas, hälsen, salutatio. AS. halsigung, adiuratio, exorcismus.

gal,

gal, gol, laetum; altsch. göla, laetificare; gölenge, laetitia.
schw. jolen, hmb. jölen, iubilare, rude cantillare, h. joelen.

r: Hur: Schilt. ker; keren, kehren, delectari.
hmb. göhr, puer, kind.
d. hue, laetitia; hua, laetare. Isl. gae, gaudium.
jo, ju, jau, jö, exsultantis.

4. Pulcrum.

Hv: Hiw, hup; tgsch. der hübeste, pulcerrimus; h. hups.sch, hübsch. AS. hiw, species, forma.

ts: Hut: h. kittig, artig, nett, kottig, h. koddig.

n: Hun, h. kant, schön, artig. Ottfr. scone, NL. h. schon, schön, d. skion.

h:

l: Hul, Hal, pers. kal, pulcrum: Ml. kalaensch, galland, elegans, lautus, scitus. scol: hmb. schölen, h. scheelen, purgare, spülen, AS. scealfan, aqua perluere, §. CL, 2.)

r: Hür, AS. scire, sch. skyr, d. skär, purus, clarus: Ottfr. sciaro, splendidus, praeclarus; hmb. schyr, glatt, lauter, rein, klar, hell; schyren, sch. skyra, skiära, scheuren, purgare, §. CXLVIII. CL, 2.)
h. goe lyk, hübsch, artig.

5. Dare.

Hv: Hiw, Hav: NL. AS. gav.f, Ml. gab.p, k.gaba, geba, ulf. giba, galbr, AS. gyfe, sch. giäf, gäfva, donum. Germ. gaf, gab, dedit; ulf. giban, gifan, Ml. k.geban, AS. gyfan, NL. h. geven, sch. geva, gif.va, gifva, d. gifve, dare. Ml. gabel, AS. gafol, gäbli, donarium, vectigal, onus, passio, abgab. H. NL. h. gift, datio.

ts: Hut, Ml. git, gyt, geit, dat.
bair. schudern, mittere. (CL, 2.)

n: Han, Schilt. hant, traditio; b. hisp. handen, tradere. handel, mercatura. §. CXLIX, 1. CLII, 3. med. aev. hans, hense, mercatus, §. CLVIII, 2.)

h: Huh, Hah; shik; schiken, mittere, donare; sch. skänka, schenken; Wms. schangte, h. schonk, Wedit. schank; geschunken. gl. monf. scenken, -chen, scancta, propinavit, miscuit; scenchen, ponere, fundare; scenchi vaz, poculum. b. hisp. scenke, pincerna. schenke, caupona.
huk; j. angl. huker, propola. ulf. inguigiba, injujinpa, encaenia.

l: Hul, Hal, sch. gal, reddidit; giälla, reddere, solvere, sacrificare, colere, gullit, redditum. gelten, Ml. k.ch.geltan, chaltan, AS. geldan, gildan, ulf. us-, fragildan, h. gelden, sch. gällda, reddere, solvere; galt, solvit. T. sch. geld.t, pecunia. Isid. ghelstar, sacrificium. T. ulf. AS. gild.t, gült, E. guilt. Ml. gilde, gulde, sculd, schuld, (§. XIII. CLVI, 1.) tributum, mulcta. Schilt. chalta, chaſta, praeſtatio laeſionis, delictum, laeſio, LL. ſal. furtum; gelter, debitor et creditor. ulf. gilſtra meleins, cenſus (XCI, 2.)

heller, haller, obulus, Gold. hemiſecla ſ. hallenſis, AS. halpenni, j.arg. helbling. CLXI.

r: Har, gl. monſ. ſcara vel cinſa, angaria. 883. t.giſkeren, beſchehren, largiri. friſ. jāen, dare.

§. CLVII.

Der einfache höhere Hauch

G

halat communionem:

Motus ad-; communio. Motus loco; tempore.

(B, §. CXX.)

1. Motus loco, via.

Gv: Gav, gaw, cito, §. CXLIX, 1.). gäb und gäng. cowin, currus, §. I, 2.).
h. gyp, das umſchlagen des Segels, gypen, plözlich umdrehen.
ulf. ſkewjan, ire. h. ſchavelen, rüken, plaz machen.

ts: Gat, MT. ſch. Jsl. gata, ulf. gatwo, h. gatte, AL. gazze, gaſſe, via, platea. h. MT. ulf. gaſt, AS. k.c.gaſt, ſch. gäſt, AS. gäſt, geſt, gyſt, b. gieſt, Jsl. gieſtur, E. gueſt, hoſpes, conviva, peregrinus, Schilt. der wirth, LL. ſal. Amtmann. Otfr. gaſtwiſſi, diverſorium. h. geus.z, herumläufer, flagge an der bugſtange; geuzen, gut anfangen wehen.
balt. hotten, hoſſen, ire. hoſſen gehen, peregre ire.
ſhot, h. ſchot, fahrt, fortgang.

n: Gan, Kero gannan, ire, kalangannan, obviare. AL. AS. gangan, AL. giangan, Jsl. ganga, ſch. gánga, ire; T. ſch. gieng, hmb. gung, ivit. gang, meatus; Kero zuakanc, umbicang-. AS. bigenge, obſervatio; gl. monſ. achargánch, rusticitas, Tat. accarbigengiro, agricola. gäng, ſch. ſám, planum; jämna, planare. kommen, venire, §. I, 3), CLXII. bequem, conveniens. ulf. gaqwumth, concilium.
Kero ſcangan, ire.

h: Gah, ulf. gagg, platea; gang. ſch. gik, gieng, ivit; ulf. gaggan, gehen. tgeh. gicht, itus, Mnſ. kirchgicht; AS. ſungiht, ſunjechtag, ſingit, Sonnenwende, ſolſtitium, feriae Jo. bapt. ulf. ſauragaggi, praefectura.

l: Gal, Schilt. galen, migrare; gal, gual, peregrinus.

r: Gar, balt. garten, rumgarten, peregrinari, vagari; Friſch: garden, mendicari; die garde, das garden, der Bettel; Mnſ. Canzl. gernder, landfahrer.

hmb.

hmb. kehre, via; ver-, einkehr; kehren, tendere, ire; vertere: emendare. Otfr. giferan, AS. gecyrran, reverti, convertere; All. bicheran, convertere. sch. kóra, gyrare equum, plaustrum, §. CLXIV. h. gieren, hin und her wenden, lavieren. d. kiore, vehi.

sker: hmb. schert weg. abite; schw. sich scheren. h. schorsen, auf eine andere Zeit verlegen.

ga, eo; Mns. gast; gat: gam, imus. Imperat. gi, AS. ga, i; ga, ge, AS. ite. Otfr. gi, eat. Mns. Igeh. gie, AS. geode, eode, ivit. All. AS. gan, h. gaen, sch. gå, d. gaa, E. goe, ire.

h. kuyeren, keuyeren, spazieren.

2. Vicissitudo temporis, fieri. (V. §. CXXI.)

Gv: Güv, Gav: h. kavel, sors, kavelen, losen. sich begeben, fieri.
d. skiebne, Schiksal.

ts: Güt, Gat, Nott. pegatit, accidit. Isid. dhera zuohiddun weraldi, futuri sæculi. h. geschiet, fit, geschieden; Isl. skiedde, factum est.

n: Gün, h. kans, Anlaß, Schiksal. d. hendes, accidit. All. skin, sken, fieri; v. T. maaschyen, h. hmb. misschien, mischyn, fortasse.

h: Güh, skik, fatum; skehen, Otfr. giskehan, geschehen. med. aev. von-, in der geschicht, Igeh. von ungeschicht, olm. van wandschichten; §. CLIX.

l: Gül: h. scheelen, betreffen, angehen. Isid. dhea zuohaldun sine chiburt, futuram eius nativitatem, §. CLVI. (advergens.)

r: Gür, Gar, ulf. jera, AS. gear, T. jar, tempus, annus, §. XVI. Tat. gijaro, quotannis. gl. monf. juer, olim. d. gaar, heri, CXLIV.

Otfr. herti, vicissitudo, Kero hertum, vicissim; gl. monf. Not. herten, alternare, vicissitudinare.

AS. scio, sch. ske, fio; skee, fieri.

§. CLVIII. Communio: Societas. Copula. Copia. (V. §. CVIII.)

Societas: vos; Familia.

1. Vos, vester.

Gv: Güv, ulf. juw, ags. iwih, AS. geow, eow, DS. gejow, jowih, eowih, vos, vobis, euch. All. T. juwer, uwer, Kero iwer, euer, hmb. juwe, §. CCXVI.

ts: Güt, AS. gyt, inkit, vos duo. Otfr. juz, vobis.

n: Gün, olm. jum, vos.

h: Güh, DS. juh.ch, juich, iwh, Otfr. juih, Kero iuuih, gl. monf. guuih, juwih, vos, vobis.

l

r: Gür, Otfr. juer, vos. DS. juer, juor, All. juuer, iwer, vester.

All. ulf. hmb. ju, hmb. jo, jou, h. gy, AS. ge, vos, vobis. hmb. jy, vos; Otfr. hiu, vos, vobis. Otfr. juo, juuo, vester.

2. Familia, Societas, matrimonium. (B. §. CIX.)

Gv: Guv, Gav; v. T. gaffel, societas. gl. monſ. gluvn, jugales, gluvetun, bargluvet, jugis boum. AS. gyfta, nuptiae; ſch. gifta, gipta, desponſare; ulf. fra gibt', desponſatus, b. gift.

Isl. hiw, famulitium; SueoGoth. heiva, familia; ungehiwit, caelebs. h. hiwen, nubere, hiwbar, nubilis; gl. monſ. gihiwe, nubat.

ts: Gut, Gat, gat, gad, gatt, socius. T. gatt, maritus a; godan, guodan, m. westph. pater, Deus. altſch. gâta, gignere, §. II. gl. vulcan. cuuit, grex, §. CVIII, 2.) E. hitze, hitzſche, familia, Schilt. Al. arheiz, coniuratio bona, unio; et mala, seditio, §. CXLVI, 2.). b. gidd, gefärt, begleiter.

n: Gun, Gan, gan, communis, gan erb, ulf. juniane, turbae.

gom, Al. comman ꝛc. (§. CLII, 1.) maritus; gl. monſ. gomman chint, masculus. Otfr. gimma, virgo, mulier (Maria). Eccard cymar, socius, LL. sal. compan, OL. yerel. kompan, j. Sax. prov. kumpan.

hans, socius; Tat. ulf. hansa, cohors; Besold. hense, societas mercatorum; verhensen, excludere e societate.

h: Guh, Gah, Rued. geugeda, coniunctio, Goth.

hah, nupsit; Nott. hihan, nubere; Otfr. hihun, desponsari. hag, matrimonium, Rab. hagastalt, AS. hägsteald, caelebs; hehstald, virgo, - stadhad, virginitas, caelibatus.

l: Gul, Kil. gulde, Lindenbr. gilde, convivium publicum, epulum: societas contributionum, contubernium, curia, collegium, sodalitas, Schilt. b. E. handwerkszunft.

r: Gur, Gar, gar, communis, publicus, garkoch. ulf. N. gard, regnum, §. CLV. Kero cort, ch. gurt, chortar, corter, chorus, grex, cohors. Kero curt, karz, synaxis.

ſch. skar, schar, fr. scara, turba; Capit. 877. scariti sunt. bair. geschirr, bande. garde, belg. gaerwe, gl. Lipſ. gariwen, manipulus.

Schilt. hare, AS. häre neſſe, congregatio. LL. rip. haraho, locus publici conventus; haruc, ecclesia basilica, chirich, kirch. Rab. haruga, delubra, lucus. AS. härg, sacellum; hearg. he, fanum, lucus; haurge, - ara, lucus; haurgar, idolum, fanum.

Wil. hirat, heurat, nuptiae. armen. hair, pater. Nott. charil, - al, Otfr. karl, maritus, §. CLII, 1. E. girle, puer, puella.

hiu, turba, Isl. manſins hiu, hausvolk; Annal. Groenl. hiu og hiord, folk og fä. Otfr. hien, coniuges. hu, h. hou, matrimonium; v. T. hyliken, heuraten, Kil. houliken; hylik, hielik, coniugium; j. ang. heyleich, nuptiae; gl. monſ. hileihhe, matrimonium. (§. XXXIII.)

b. ga, maritus. a.

§. CLIX.

§. CLIX. Copula rei: temporis.

Copula, iunctura, vinculum. (V. §. CVIII.)

Gv: Guv, Gav: a. kieb, funis; AS. cabels, falix; h. hamb. kabel &c. §. CLXI. kuppel. gl. Lipf. kippon, cippus, compes. sch. gipta, gifta, giften, schiften, fügen, iungere.; schiff und geschirr.

ts: Gút, Gat, gat, gad, NS. gadung, gattung, Isl. hatt, species; alls hattader, omnis generis; hamb. nedder gade, unius speciei. gatten, iungere. NS. gaddern, contexere.

G. h. gespe, schnalle, spange, gespen, zuschnallen.

h. ket, kette, sch. kiad, catena. kütt, pix.

b. hos, apud, inter, sub.

AS. scyttels, sera.

n: Gún, Gan, gen, ad, erga. hamb. gyn, strik an der blokrolle. h. kink, knopf, Schlinge. gant, collectio, collegium; concursus creditorum. alter Ps. gunde, plenitudo, §. CLXI. gand, Boxh. chirotheca CXXXIV. hand, species, allers, fgsh. briger-, Mns. manger-, sch. ena-, twegge hand. chund, kund, species, §. II.

h: Guh, Gah, gag, gegn, gegen, Kero kagan, ad, erga; 883. ingagan, W. Ilrf. gagenwurtig. Otfr. gaganen, begegnen, accidere, §. CLVII, 2); h. bejegening.

AL. AS. joh, alf. jah, et, etiam. AL. joh. hh. ch, ulf. juk, sch. ook, MX. jok, blm. júk, pers. juk, iugum. ulf. gajukon, similitudo; gajukjan, vincere, unterjochen. juchert, jauchert, uno die arabile. h. koggel, kuppler.

AS. cáge, clavis. slak; h. anschakeen, anketten; schakel, glied an der kette, mej. skik, schik, schichte, fuge; sich schiken, passen, fügen. Kero uschihty, storea.

l: Gúl, gl. monf. gillen, occurrere, convolare.

h. schalm, glied einer kette.

r: Gur, Gar, hamb. gere, iunctura cunicularis. h. gieren, colligere. med. aev. garen, garn, Otfr. garno, filetum. AS. geard, sch. gárdsel, sepimentum; gárda, giárda, ulf. bigairdan, cingere. CLV, 2. h. korde, AL. c. gurt, funis. ulf. gairda, sch. giord, giordel, gyrdel, gürtel, h. gordel, Kero curtili, cingulum; picurti, ulf. bigaurdans, cinctus. Kero kertu, AL. x. garda. ea. e, gerte, virgultum; Notk. gerten, castigare (§. CI., 4.)

skört, hamb. schörte, schlaufe; schörten, schürzen, cingere. schw. bair. geschirr, copula equorum.

kark, AS. carcern, ulf. karkara, AL. karkar, charchar, T. altsch. kerker, carcer, catenae, §. CLIII.

h. hars. st, harz, gl. monf. harzol, hamb. harpens, pix, resina, §. CLIV.

Isl. hia, dat. apud.

AL. jo, ulf. gl. monf. AS. ja, AS. gea, ea, et, etiam. Notk. jeo unde jo, etiam atque etiam.

Al. f.ga-, ge-, f.gi-, ulf. ga- copulativum. Notk. ge ert, cohaeres. h. weer gat, unius speciei.

h. gy bief, doppelter kloben; gy-, gytouw, Seil, das Segel ein und aufzuziehen; gyen, das Segel oben zusamen ziehen.

§. CLX. Copula temporis, iteratio.

Gv

ts: Gat: LL. Long. cadar freda, iterata pax.

n. Gun, Gan, AS. d. gen, iterum. ME. holst. jummer, immer, semper, §. CXLII. d. gang, -mal, vice.

h: Gah, ulf. gahahjo, deinceps.

l: Gal, AS. gelome, saepe. (§. XXXV.)

r: Gur, AS. georne, saepe, sedulo.

ulf. ga-, Al. f.ga- rc. ge-, iterativum.

Notk. jo, jeo, semper; gl. Lips. je wescon, aeternus: je und allewege.

§. CLXI. Copia. Copia, massa.

Copia, altum. Copia, multum, augere.

Gv: Guv, Gav: Otfr. rc. huf, huffo, houph.f, haufe, ML. hop, ME. holst. hupe, fr. AS. heap, copia, acervus, Wilf. Cantil. hiuffe. gl. monf. Notk. gihuffen, congerere; teut. huffung, accersio. sch. hafva, collectio aquarum, mare. höpe, garbenhaufe. E. kabel, heuleiche (haufe.)

ts: Gut, Gat, Dregl. gad, taberna, Besold. spielgade; Ostr. gade, horreum, caenaculum; Will. gagadame. (§. CLV.)

Germ. skat, schaz, thesaurus; altsch. skat sollar, denarius argenteus; sch. skatt, census, tributum; ulf. skatt, AS. sceat, pecunia, denarius; ulf. skatjans, nummularius. Al. scaz, Tat. obulus, assis, aes, argenteus; gl. monf. quaestus, talentum; Otfr. denarius, thesaurus; Notk. divitiae. §. CLVI, 2.).

Schilt. gader, gatter, collectio, concameratio; ME. gaddern, h. vergaderen, AS. gaderan, j.gätten, birm. jüden, colligere, eradicare. h. gegoedd, dives, begütert.

helsing. kütt, ME. kudd, grex; v.T. cudde, porcus. E. kyt, h. kuyte, ovarium piscium.

n: Gun, Gan: fr. chunna, hunna, du Fr. ch.cant, Otfr. Tat. AS. hund.t, ulf. hund, hundert, ML. hondert, sch. hundrad, E. hondera, centum. (armen. hing, quinque.)

ulf. hiuna, multitudo, populus.

gant, collectio, §. CLIX. ganz, b. gansch, totus.

h: Guh: hok, copia; h. duive hokk, grex columbarum.

schok, cumulus.

AS. iecan, augere, iht, auctus. ulf. jungo, turba. h. E. gicht, Haufen und Mas Kolen, Eisenstein &c.

l:

l: Gul, Gal: NT. NS. sch. hel, all, totus, communis; hülle und fülle.
gl. monſ. galſtro, collectaneus.

r: Gur, Gar, ſch. hár, T. Isl. her, AS. NS. heri, herig, herg, ulf. hairji, harji, h. heyr, exercitus, Otfr. multitudo, gl. monſ. apparatus. Otfr. heriſcaf, heerſchar. Will. heribirga, - ſkal, lager und Einquartirung, gl. monſ. diverſorium, Notk. tabernaculum paſtorum. herbann, - zug, - tog, - eid ꝛc. AS. h. ver-, be-, verheren, ſch. hária, verhergen, vaſtare, §. CXLVII, 2). hard, Untereintheilung iedes der 13. Aemter des Herzogtums Schleſien. fr. hard, herd, AS. ſch. Isl. hiord, ſch. háred, AS. heorod, ulf. hairda, Tatar. horda, grex, Will. herdan, paſcere, §. CLIII, 2). T. Monſ. hort; fr. chortar, corter, AS. corther; ſgeh. harſt; — dieſe alleſamt heiſen copia, multitudo, cohors, pompa, exercitus.

gar, Otfr. garo, ſgeh. gerwe, Ep. ad Laodic. 1462. ganz und garwe, totus, omnis. dän. heers, holſt. jörs, häufiges Unkraut, gl. monſ. garwa, garbekraut, millefolium, h. gerwe.

T. ulf. ga- ꝛc. collectivum.

§. CLXII. Altum, Mons; animal; cuſpis; proſtans.

§. CCX. (B, §. CXII.)

Gv: Guv, Gav: AS. ulf. hof.b, elevavit; höwen, heben, Will. haven, Kero hevan, heffan, NT. heven, heffen, ulf. hafjan, AS. heafian, häbban, ahebban, hafan, heofan, Isl. hefja, ſch. häfva, E. heave, elevare. ulf. athabjan ſik, ſich erheben, accedere. inſtrum. hebel, ſch. hävel, vectis. Otfr. hevig, hebig, magnus, hebigi, maieſtas, ſplendor. hoffart.

hopt, haupt, erectum, caput, Tat. haubit, apex, AS. houbit, hoived, ſgeh. höbet, AS. hea-, heofod, hafod, E. head, Isl. hoffud, d. hoffvit, ſch. hufvud, altſch. hof, hafod, haved, Kero habit ꝛc. Monſ. hube, haube, h. huif, kappe. kopf; ſchop.pf, ſchöpper, criſta. Denil. koppe, cirrus. h. gekuifd, criſtatus. E. howpe, belg. hoppe, huppe, huberon, hupetup, widhopf, (kathhan, gallus ſtercoreus), epops.

hms. heve, AS. heaf, heof, AS. heffen, coelum; Isid. hepfendi, coeleſtis. hub.p, cacumen montis, gl. monſ. 1528. AS. hofer, h. heuvel, ſchw. hübel, Will. huvela, collis. Notk. chaffe, locus. Kero juber, ubar, ſupra.

AS. gibel, gifel, ulf. gibla, NT. gevel, a. gaffl, ſch. gafvel, pinna; T. ſch. gaffel, gabel, gabalus. AS. gabelrend, circinus.

Denil. gufe, acicula. h. gepe, hornfiſch.

td: Gut, Gat, altſch. hid, häd, heed, AS. heath, altus. ſch. hieſſa, gl. monſ. ſcetlo, ſceithl, ſcheitel cacumen montis; ſcheitel, antica; ſchedel, poſtica, Notk. AS. ſcyte hald, praeceps, obliquus.

n: Gun, Gan: AS. han, ſaltus, §. CLV. T. hain, AS. heannes, altitudo.
Notk. homberg, Libanus (altiſſimus). ulf. huniſt, princeps. himmel, coelum, §. CLV, 2.)

kam, Wms. kan, AS. sch. kom, assurrexit, turris, kamen, kommen, assurgere. kamm, pecten, crista, hmb. Rüken des Damms. h. kemel, kamel, camelus, §. I, 3). CLVII.

Kero scamelu, subsellium; schemel, scansorium.

h: Guh, Gah, hoh, hoch, höcher, höchst, altus-; AS. heah.g; heaor, hygr; heahst, hehsta. NT. hog, fris. hag, d. hoi, E. high, ulf. hauh, All. hauh, houg. All. ulf. hahan, suspendere, attollere, §. CLIII, 2); j. aug. haher, carnifex. Ottr. gihohan, ulf. hauh;an, exaltare; haihah, exaltavit, hauhis, (genit.) in altum, hauhein, gloria; hauhila, gloria, superbia. LL. rip. arhahum, tribunal, thronus. 1528. hochfart, superbia. sgsh. hochzeit, - gezit, festum, comessatio, §. CLVI, 3). altsch. högna, venerari.

NT. huk, AS. hihd, sch. högd, höhe, altitudo. Wms. Denzl. hoger, sch. högel, höker, hügel. LL. rip. arhahun, harahum, arahun, altare, locus editior, §. CCX. ME. hmb. huk, h. hock, cuspis, angulus, hmb. uvula colli. gl. Lips. heiger, pelicanus. gog, homo quadratus, CLII, schw. guk eni, atavus.

l: Gül, Gal, hal, altum, acutum; h. hale-, hellepart, (Schilt. corruptum ait a helmbardi, All. quae galeam asciare possit). Besold. halde, mons, burghalde. St. an. haldin, summitas montis (alb). helf (elf), elephas; helfenbein. All. E. hill, cacumen montis.

d. Isl. h. galge, ulf. AS. sch. galga, AS. gealg, All. f. galga.o, E. gallows, gabalus.

r: Gur, Gar, cambr. wend. gor, sursum. hor, shor, Wachr. schor, altus. mons hard z, Caes. or-, horcynius.

prostans, pectus, NT. hart, herte, ulf. hairto, All. hert.ze, AS. heorte, E. heart, Isl. hiarta, d. hierte, sch. hiärta, cor. Kero tahirzan, concordare.

cornu, tuba T. N. AS. E. horn, ulf. haurn; haurnjan, sland. horenen, sgsh. hürnen, cornu canere. hornung, cervi cornua abiiciunt, §. CXLVIII.

cuspis, angulus T. horn, sch. horn, ME. horen, hörne, d. hiörne, AS. hyrn, hern, hmb. höre, §. XVII. ulf. haurn, siliqua, spitzen.

cranium h. vorhoft: ulf. qairn, AS. härne, sch. hierna, d. hiarne, h. hersen. cerebrum, AS. heor, altsch. hiör, gl. mons. hirn. ulf. qairnei, calvaria.

pecten, crinis (cuspis). har, AS. här, plur. Nott. haarer, gl. mons. hareir, pili. Nott. u. harra, saccus, cilicium, vestis e pilis hircorum; AS. harem, camisia. All. har, comae arborum, Ottr. folia, flores; gl. mons. harluf, harlauf, licia. harmin (All. mus armenius), harmo, haramo, hermelin, migale.

skar, schar, vomer, §. XVI. Wms. scharren, borzen, hervorragen.

Wms. ho, sch. ha, altus; herre, altior; häst, altissimus. Isl. haa, AS. hean, attollere. ulf. hauhhairtei, superbia.

All. f. caje, kan, agger; caien en waten, aggeres et vada, (caninefates). Isl. gaa dege, der hohe (mit-) tag.

§. CLXIII.

§. CLXIII. Massa. Massa, globus. Massa, glomus.

Gv: Guv; huf ꝛc; CL. 4. b. gl. vet. hufflon, Will. huffelon, Rab. huflon, genae.
shof, hmb. schöve, schub, cumulus, glomus. ME. schof, schaub, bund stroh. h. schoef, fragen, aufschlag; schof, garbe.

ts: Gut, Gat: h. hot, molken, hotten, gerinnen. h. kodd, densum, koddig, densus, magnus. hmb. küte, küttel, viscera; küten, eviscerare. h. kat, gena; kader, hmb.ködder, starkes Unterkinn, Bart der Hähne. schw. schetten, serum lactis, §. III, 3.) E. kaut, globus, hanf ꝛc. h. koot, knöchel; kuit, wade, rogen.

Nied. chaj chit, informis materia; CL. 1. schutt, agger. E. schütte, fasciculus. h. schots, Scholle. b. git, schwarzer Edelstein, gagat, agat; gittegom, gummigutt.

hmb. hüsch un husch, mischmasch. h. hüßpott, schw. briget, ME. grapenbrade. LL. rip. hassa, fasciculus, cumulus, Reisbund. h. kossem, hangende fele am Ochsen.

n: Gun, Mus. Cam. gunter, Mischung, Schlacke. g. kump, menge fließender Dinge, §. I, 1.)
h. gom, gomme, gummi.
hmb. humpel, cumulus; E. schw. bump, h. homp, dickes Stück.

h: Guh, hok, shok, schok, massa. kunkel. schw. kengel, conus pituitarius.
h. hacht, großes Stück.

l: Gul, Gal: hol, congeries. LL. sal. de hallis vel de ramis cooperuit, begraben.
shol, scholl, Erdscholl; holp, gleba. N. AS. holm, arena, insula, mare, aqua. Ostfr. kolb, ME. kulp, clava, b. kolf; kolven, ballenschlagen.
hmb. kyl, keil, cuneus; bekylen, firmare. ditm. keller, dike Milch; kellern, gerinnen.

r: Gür, Gar: gl. monf. giran, coagulare, conflare. §. III, 2. garbe, E. sheaf, h. gerf, gerve. CLVIII, 2. körper, sch. kropp, corpus.
h. kartelen, gerinnen.
ditm. heu, hei, serum lactis.

§. CLXIV. Globus, convexum, rotundum.
(B. §. CXXXV. &c.)

Gv: Guv; hup, h. hoep, Bausch oder Tragring, faßreif. E. hiefen, h. jopen, ausgeblühte rosenknöpfe. hippe, crustulum. skuv: gl. monf. scipe, h. schyve, scheibe, globus, sphaerula; ME. scheef, schief, curvus.

ts: Gut, jun. in Will. kod, Rab. hod, testiculus. E. hader, handquele.
h. hmb. hyse blok, trochlea; uphyssen, aufrollen. huzel.
ME. küsel, turbo; küseln, in turbinem agi; kiesel; kieseln.

n: Gun, v. T. gymme, b. hisp. gimme, gemma, knospe, aug.
h. genu, jein, gyn, ungrosse. h. komkomer, gurke. h. koon, bake, wange.

h:

h: Guh: kugel. kichern. kegel, §. antec. kukumer.
l: Gul, Luth. keul, globus; v. T. culle, testiculus.
h. kalbas, kürbse. scholle, blatterfisch.
r: Gur, Dasyp. gorch, görk, cucumis. Kero umbiacirh, Otfr. umbikirg, umzirk; zirkel. pers. korbos, gl. monf. curibiz, kürbs, cucurbita. kurk, gork.
h. kork, pfropf, pantoffelholz.
bair. horgel, schw. hurgel, volvile.
gl. monf. hirsi, hirse, milium, h. geers, gierst. h. gort, griz; gortig, finnig.
h. schar, scharre, scherre, blatter Meerfisch.

H, ch, gh, G,

der einfache Hauch, ist vom vorhergehenden Element, in der Bedeutung der Lebhaftigkeit, Bewegung, und Vereinigung, nicht verschieden. Er zieht den Rest von K an sich, so wie er ihm geholfen hat. Bisweilen haucht er auch den Vocal blos an. sch ist in der ganzen Sprache das schwerste. Der Verstand des Worts mus reden, ob H oder K angezischt werden; des neuen und blos HochTeutschen sch vor l, m, n, w, gar nicht zu gedenken.

§. CLXV.

Der vermischte, oder halbgezischte, und höchste Hauch, zugleich ein Zischer,

th

halat violentiam:

Vita; violentia. Vita; Aliquis.

Aliquis. d; Modus. Aliquis. d; et persona altera coram.

1. Aliquis. d, Articulus, pronomen.

tHv: §. CLXXXIII.

ts: thür, that, ulf. that, thata, AS. that, thät, sch. thet, Isl. thad, thed, MT. dat, AT. thaz. s, das, τὸ. ulf. thos, ἡ. ulf. this, T. AE. thes, des, τοῦ. ulf. thize, F. thizo, τῶν; thos, τὰς; thizos, τῆς; thizai, τῇ.

Pronom. MT. dit, hend. dütt, AT. thiz, diß, dieses, hoc. ulf. thata, hic, iste; illam; quod, hoc; pl. haec; thize, qui. Isl. theße, ille; sch. illa, pl. illi &c.; MT. dese -; Isid. dhizo; dieser. e.

n: thün, than: sch. thene, -nne, ὁ; thenna, ἡ. sch. AT. them, AE. tham, ulf. thamma, dem, τῷ. sch. them, AT. then, ulf. thanna, AE. thone, den, τὸν. sch. them, ulf. thans, τὰς. AS. tham, ulf. thaim, den, τοῖς.

Pro-

Pronom. Mons. dien, qui. ulf. thammei, AA. dhemu, cui, ulf. auch quem. MT. dien, cui, quem; pl. Kero diem, Tat. din, Mons. dien, MT. dien, his, quibus. AA. dhein, 842. thein, Ottfr. &c. dehain, thehein, thegein, dihhein, dukein, dekein &c. ullus, aliquis, quisquam, §. CXLI.

h
l
r: thùr, AA. ther, der, ὁ. pronom. ther, der, alt. spost. 1462. dir, Mons. W. tiet. dirr, hic; dirre, hic, huius, horum.

MT. de, die, ὁ. MT. dy, die, Kero, med. aev. du, dia, dea, dei, diu, dui, ulf. tho, ἡ. AS. tha, τήν.

ulf. thai, tho, οἱ; thos, αἱ; tho, τὰ, τὰς. AA. thie. o, dia, dea, dei, AS. tha, Isl. tha, thau, sch. the, οἱ, αἱ, τὰ, et pronomen. ulf. thaiei.

2. Tu; et a) coniunctio cum altera persona, duo.

t5v: thuv: a) sch. dubbelt, doppelt, duplum. twifel, Ottfr. zuival, zweifel; zwivolan, dubitare, (fel, casus, §. CVII.) CXVII, III, r.

ts: thut: ulf. thus, tibi. Schwed. duzgenoss, dauzbruder; AL. duzzen, tuissare, schw. dauzen.

a) ulf. twos, twaddj', duo. baier. döz, ös, vos. holl. b. tweske, gemini, Kero zwiske, bini. h. dozin, duzend, münchlat. duodezim.

n: thùn, AA. AS. thyn, thin, din, dein, ulf. theins, g. -na, Isl. thinn, tuus.

a) AA. masc. zwen, ulf. thwein-. MT. twentig, E. twenti, AL. zwen-, zwanzig, b. tyve, viginti.

h: thuh, ulf. thuk, fr. thek, dich, MT. dik, AS. theh.c, te; sch. b. tik.g, dat. et acc.

a) AS. twygan, tweogan, ambigere, dubitare.

l: thul

a) twel, stirps bifida. dwelk, zwilch (zwei lach, doppelt tuch, §. CCXI.). zwilling.

r: thùr, Isl. thier, vos; tibi, dir.

a) Luth. zwier, bis. Kero zwiror, denuo. Mons. zwirent, duplex, -iciter. zwirn.

T. ulf. AS. pers. thu, N. tu, Mons. diu, du, tu. AS. the, te, tibi.

a) b. du, te, sch. tu, E. tû, MT. sch. E. two, b. due, dwe, AS. twe, twy; ulf. twa, twai, twos, Gues. T. tua, AA. zwo, zwai, §. CVIII, 1.). MT. twi-fald, b. duefold, AS. twefeald, duplex. AS. twystrenge, bifidus. MT. twalf, E. twelve, ulf. twalif.b, AA. twölf, zwölf, Ottfr. zuelif, b. tölf, sch. Isl. tolf, (ailf, §. CCXII.)

§. CLXVI. Modus: Quomodo. Ubi; Quando.

Quomodo, causa impulsiva, ratio, quia, cur; et finalis, ut, ad.

t5v

ts: thut, that: ulf. duhthe, inque; thatei, quia, quum, vel. T. dat, AA. thaz, Isid.

dhazs, daß, quia, m. hmb. düsse, neutr. dütt, düß, h. dus, AL. tus, altus, im, tali modo. MT. des te, desto. AL. hmb. altoost, med. aev. altoys, sane, omnino. gl. Lips. withiti, mithithi, apud, ad; h. tot, ad.

n: thun, than, AL. than, dan, dann, ulf. thana, -nh, than, enim, autem, quum; h. toen, AS. denne, done, quum. Kero denne, denta, danta, quia, quum, dum, quam. thanne, cum-tum, wann-dann, Isl. enn. ulf. thande, thandei, quia, dum. Nott. tuniste, sch. dennest, dannoch. (AL. ten, zu den, h. ten.)

h: thuh, Otfr. thoh, T. N. doch, tamen. sch. ändoch, etsi.

l: thul: N. til, zu, ad.

r: thur, thar, ulf tharuh, ergo. dar, darum, -für, sch. therföre, ideo. (Tat. dir, da ihr). Mns. dur, AL. Conf. thuro, -uh, -ub, -uch, Isid. dhurah, ulf. thairh, durch, MT. dor, dör, h. deur, per, propter, causa impuls. et final. Tat. thuruh slahti, durchaus, nullo modo. (zur, h. ter, zu der)

Kero ta, quia, quum; da, Otfr. x. tha, tho, do, sch. tå, Isl. tha, ulf. thau, quum; theei, quia. Isl. thui, cur, fyrer thui, dafür, ideo. sch. ty, enim. Isl. tho, tamen; thui ad, nam. ulf. bithe, quum; duthe, ideo; thau, aut; thaujaba, etiamsi.

MT. te-, AS. to-, ulf. du-, AL. c. ze, c. zi, za, zio, zua-, zu-, insep. supin. ad-. MT. tu, h. toe, ulf. du, AL. c. ze. u. ua, zu, pers. ta, ad. Otfr. the baz, desto besser; theis, daß es. ziu, Otfr. ad haec, Nott. quare. ulf. theei, ut; du theei, quoniam; du hwe, quid, quare; thei, ut, quia.

§. CLXVII. Loci: ubi, ibi; 2) temporis: quando.

tsd: thad: 2) h. teffens, auf einmal, zugleich, tevens.

ts: thüt, that: ulf. thatei, ubi; thato, hinc; this hwa, quorsum, quocunque. N. tit, illuc; d. saepe, tiere, saepius, tiest. h. tot, ad, usque.

2) ulf. thathroh, deinde; thatainei, tantum.

n: thun, than, Mns. dan, Kero dannan, dannen, AS. donan, inde, hinc, deinde, unde; Otfr. x. thanana, abhinc; thana-, ab-.

2) Otfr. thanne, Kero denne, dann, tunc; Nott. danne, postea. ulf. thanaseiths, -mais, amplius. h. toen, damals als; tans, iezt, thans.

h

l: thal: 2) h. telkens, so oft, allemal.

r: thur, thar, Otfr. ulf. thar; ulf. tharuh, sch. thär, St. an. dir, dar, ibi. Kero dar, dara, illuc. Otfr. thara fun, huc, illuc; tharer, huc usque. ulf. tharei, ubi. dort, Otfr. thorot, Nott. teret, ibi.

2) Otfr. thar, quando, quoties.

AL. tha, tho, do, da, sch. tå, Isl. tha, ulf. thau, ibi, ubi.

2) da x. Isid. dhuo, quando. h. doe, damals als.

§. CLXVIII.

§. CLXVIII. Vita: Ali; Alere.

1. Esse; fieri; proficere, ali, ditescere.

tſv: thúv, Dänisch. detven, stomacho concoquere; Kero unsar detwiti, indigeries. h. dofie, gewinn.

ts: thút, Kil. belg. dyden, gedeihen, taugen.

n: thún, belg. dumet, dung, E. dung, sch. dynga, AS. dinca, fimum. AS. dyngan, stercorare, düngen, das land bessern, fett machen. (f. a tenacitate luti CLXXIII. f. a vapore CLXXX. f. a cumulo CLXXVIII.) dim, Schilt. dihm, -men, dohm, foenum secundarium, omat, grinnet, alimentum pecudum tenerrimum.

h: thúh, Tschech. gedech, geriet, accidit; gedihen, accidere.

gl. monf. deh, Tat. theg, Otfr. theh, AS. theah, Tat. inthoh, ulf. thaih, Otfr. dohta, crevit, profecit; ulf. theihan, AL. thihan, Otfr. Tat. inthihan, Will. tigan, gl. monf. dihan, Mart. &c. diuhen, diehen, thiuhan, dohen, douchen, h. dygen, gedeihen, hmb. deyen, crescere, proficere, concoquere. hmb. dege, das gedeihen. gediegen (gewachsen) Gold &c.

l

r: thúr, T. d. thier, vivens; pl. v. T. dyeren, animalia. h. t'gedierte; tier, Stärke, Wachsthum; tieren, wachsen, gedeihen, gelingen.

Kil. belg. dien, dyen, gl. Lipf. thion, MS. dyen, AS. thean, getheán, gedeyen, abundare, crescere, proficere, ali, ditescere.

2. Alere, educare: pater &c. foetus - i lac, alimonia. CXCVI.

tſv: thúv, HT. tiffe, hmb. teve, belg. tâwe, MS. debe, h. teef, canis femina (multis mammis, §. XXXIV, 2.), alens. AS. dop, gedopta, contubernalis (commensalis).

ts: thut, Germanorum theut &c., schw. daide, pater. j. aug. gevatter oder tott, schw. döde, fem. dote, patrinus a. bém. ded, avus. Walsfr. tod, toda, amatodo, (Amm Mutter), mater. Ulm. totte, obstetrix. Hmb. tóte, equa, stute, AL. stuot, L.L. all. equa ductrix, du Fr. equus admissarius. W. metmúl, tausch, scropha.

T. dutt, tote, hmb. h. titte, AS. titt, sch. titt, tiß, diß, gl. monf. tutto, mamma, papilla. sch. dyt, ulf. daddja, lactatus; ulf. daddjan, lactare. Isl. tada, beste Heu.

S. die dusel, femina, (avium minorum).

MT. sch. Isl. dotter, b. daattek, filia.

AL. zize, mamma. gl. monf. zeiz, -er, -ast, tenellus, carus, -ior, -issimus. S. zaze, canis femina.

n: thún, than, AS. team, foetus, semen. Dän. temt, züchtet junger Hüner.

AS. gestinan, gignere.

h: thuh, MT. d. teg, Otfr. zoh, erzog, educavit, nutrivit; t. digan, Will. zihan, Kero zeohan, Otfr. ziuhan, Mart. ziugen, erziehen, nutrire. MS. wol degen,

bene

bene moratus. St. an. himilbrot dekkit (lanas) manigir stare not. sch. däggia, lactare. ulf. dauht, convivium. gl. monf. ziuh, lacte; Otfr. zuhti, panis.

ML. tygen, AL. ziuhan, zeugen, gignere; Otfr. zuhta, generatio. sch. tocht, zucht, foetura. AS. toht, tohta, teohhe, zucht, schw. züchet, foetus. Otfr. zuht, puer, infans. AL. D. tohter, thohter, AS. dohter. E. daughter, ulf. dauhtar, dauthar, pers. dochtar, filia. Isid. Daci gothorum soboles - dagos de stirpe Gothorum. hamb. tochtling, zärtling. h. tanger, zärtlich.

gl. Lindenbr. zoha, zauche, sch. tik, hamm. tacche, canis fem. gl. monf. zagun-, zohen sun, convitium, Fritsch. ziege, Otfr. K. ziega: e, hircus, capella.

l: thúl, gl. monf. tili, uber; thöle, mamma. ML. teelen, tielen, erzielen, generare, gignere. Kero tatilinga, parentes; b. hisp. getelinge, cognati. thöle, cerva. hamb. tyle baar, ursa. h. telle, equa.

dal; dalen, h. afdalen, abstammen; v. T. maschtael, geschlecht, Art. tiel, teel, belg. telt, soboles. h. hamb. telg, AS. b. D. telg, Tat. zuelg, sch. telning, virgultum, stirpa, surculus, (§. CLXXV.). Wal. teelmann, afterjann. h. teelbal, testiculus.

Isl. stulkan, puella.

r: thúr, ML. NS. teren, tehren, zehren, alere se, gl. monf. ziuran, saturare; Wal. verzoren, absumere, §. CLXXI, I, 6). AL. bederben, uti, frui, ziderbi, -darbi, usus, utilis.

tar, b. teer, tart, teeder, zart, tenellus; h. dartelen, zärteln, liebkosen; hamb. teertig. zahm, wolgezogen de hom. et brut.

Otfr. thiarna, Tat. gl. Lips. thierna, dirne, ML. deern, virgo (maria), filia; Otfr. thiarnadum, virginitas.

ML. to, St. an. zo, educavit; NS. theen, AL. zian, ziehen, prolem suscipere, gl. Lips. tian, enutrire. sch. dy, mamma; dija, lac sugere. (Stiernh. gl. Enb. die, thie, pater, pl. diar.)

§. CLXIX. Violentia actionis et actus.

Actionis operari violenter. Operari; opus.

tho: thuv, ulf. tawjan, operari; gatawida, fecit.

to: thut; that, that, h. dad, Otfr. dati, Frid. II. dait, actio; gl. monf. tatal rahha, historia. that, that, Otfr. deta, AS. did, fecit. h. dadelyk, thätig. hamb. dathlik, statim. detteln, delicate et in mora facere; h. tertig, ausschweifend zierlich.

n: thun, W. Urk. ich tun, facio. gethan, factum, h. gedaen, beschaffen; zo-, so-, dus-, hordanig, sothanig, talis; gedaente, facies rei. h. danne, bilden. balt. tenteln, tändeln, hamb. tünteln, delicate, et cum mora facere, §. CLXXIX, 3.). Isl. thena, laborare; T. dienen, verdienen, mereri.

insep. -tum, ML. M. K. dom, AL. duam, facinus, actus; wisduam, -heit, facies, status; sch. jungfrudom, plur. Isl. krankdáme, morbi. h. timeren, thun, beschäftigt sein.

h:

h: thuh, m. dag, opera; teg, operator. Ottfr. rc. thihan, dihan, dichen, med. aev. tugen, thügen, ulf. tauian, ustiuhan, facere; ustauh, consummavit, ustauhan. ustaujis, perfectus, missataujis, maleficus. h. taik, opus, opera; taikel, kunstwerk und rollen. belr. deken, dirigere. M. bi-, ind. thihan, aggredi, promovere.

M. t. d. thing, res, ens; factum, opus, functio, negotium; Ottfr. causa, praecipue finalis; conditio, modus; thingen, facere, contendere, laborare, collimare. Ottfr. AS. githiungi, apparatus. sch. altinges, omnino.

ulf. thwah, facies.

l: thwl, s. doel, m. t. til, ziel, scopus; sch. mitm til, h. bedoelen, zielen, collimare, Tat. zilon, intendere, observare, aggredi; Kero ellen, studere; gl. l. ips. tilan, festinare, exerceri; E. toile, h. tuilen, laborare; AS. tylgan, anniti; tylung, studium, conatus. gl. mons. tuldan, agere.

r: thur, h. 't gethier, agitatio; hanthieren. CLIII, a. M. durust, opus; Ottfr. Kero, Tat. rc. piderben, expedire.

ulf. tojа, plur. opera, taui, opus.

thue, ulf. thauo, AS. do, facio; thut, AS. dyth, deth, facit; isgh. det (lies) in sterben. Tat. tiat, AS. did, fecit; M. d. tuon, hmb. dohn, AS. don, h. doen, AS. daun, ulf. tauian, tawjan, thaun, facere. Kero letaan, gethan, factum. h. dethen, machen lassen.

§. CLXX. Violenter: vivax, pernix, impetuosus.

thv: thuv, top, citus, pernix; topper, h. dapper, tapfer. h. hmb. deftig, valde, vehemens, impetuosus. E. antobbern, allicere; h. tobben, sich abarbeiten.

M. duua, duba, St. an. tuba, ulf. dubo, Isl. dufa, sch. dufwa, d. due, h. duyve, taube; columba, a pernici volatu. (s. CLXXXI.)

ts: thut, s. dyd, virtus. ulf. usdaudo, thätig, sollicite, studiose. h. datelyk, illico.

2) belr. dassa, saltare.

3) Isl. dils, fera, lupus.

n: thun, than, hmb. damig, valens.

2) tanz, h. dans, E. dancing, saltatio; dansen, tanzen, m. danza. e, §. CLXXIII. blum. densch lauft ein durchgehendes pferd.

gl. mons. tumlon, circumire (-agi); tummeln, festinanter agitare. h. gedommel, getümmel.

3) sch. dön, das brausen, tor döhn, donnerschlag; St. an. dinnen, tönen, resonare; donner, h. donder, pers. tonder, tonitru; Isl. dundu, stürmten. isgh. tonder, tambour, §. CXCI.

h: thuh, M. theg, deh, dohta, Ottfr. dehti, vis, virtus, valor, praestantia; valens. Ottfr. githig, utilis; tug, praestans; thegan held, virtus. hmb. degen, -er, -est, capax, strenuus. gl. mons. dihan, §. CLXVIII, 1.), valere, prodesse, tügen, taugen, tochte, getocht; hmb. dögen, h. deugen, Will. t. dougen. tugend, St. an. dugint, Wach. Will. dugeth, -atha, hmb. dögt, h. deught,

883. dugidi, virtus, valor. Al. Ker. untugenlich, ungültig. h. deeg, rechtschaffen.

3) Al. insep. dag-, vehementer: Otfr. dagleidan dum, magnam molestiam facere. dicht, derb, rechtschaffen.

ulf. dihs, fera.

l: thul, mz. telt, zelt; im zelt gehen, tolutim. zelterpferd. h. tel, paßgang; paßgänger; telle, Stute, CLXVIII, 2.

r: thur, insep. dur-, duruh-, durch-, per-, valde, totalis. derb, rechtschaffen; bederben, stark behandeln. sch. thor, tonitru; thara, donnern; Al. med. aev. dorns-, dunderstag; dürmen. Rhet. turnen, (umtummeln) aurigare in circo; a quo turnir, torneamentum; Al. torner, tyro; torneare; militariter se exercere; tyronium, (Gold. ait corruptum a tyrocinio, ludo militari,), §. seq. 4.

3) thir, thier, AS. thyrs, fera.

gl. monf. sturm, motus, crepitus-, h. sch. storm, Isl. stormr, turbo. Tat. sturmen, turbare, stürmen. sturz, praecipitatio.

h. stoeyen, tobern, rammeln, schäkern.

h. gedoe, getümmel.

§. CLXXI. Actûs: Domare. Tendere. Obtundere.

Domare; et domari. Domare: Domitura. Dominium.

I. Domitura:

1. audere; 2. capere; 3. domare; 4. fustigare; 5. delere; 6. discindere.

1. Audacia; ira.

t5v: thuv: gl. monf. artoffi, temeritas. h. dapper, tapfer, fortis. deftig, h. potens, dim. hmb. pereximius.

ts: thût, Otfr. githiuto, inclytus, eximius.

Kero deismin, fermentum (div. iustitiae); Tat. theismen, AS. thäsma, dast, falsög. teisam, fermentum et faex; geteismet, gehefelt, §. CLXXIII.

n: thun, than: Otfr. wardduam, potestas mortis. L. M. dom, primarius, caput, domkirch. hmb. dim. dann; dennig, potens, valens.

h: thuh, Otfr. thih, Al. t.deg, degen, thegan, -chen, adj. et subst. dignus, praecellens, primarius, primogenitus, vir-. ulf. taihswo.a, dextra.

tanger, derb, frisch, gesund.

2) gl. monf. zuhhu, ruga; Otfr. zihan, arguere, §. CXCII.

l: thul: h. tuil, Eigensinn. h. bedillen, herrisch urteilen, regieren.

r: thur, thur, thor, audax. Isl. tör, Al. thar, b. torf, darf, audeo. audere, Otfr. tharm, Al. Mns. thuren, thüren, durren, torren, törren-, hmb. dören, h. derren, AS. dyrran, dearran, sch. thöras; ulf. dauran, Mns. med. aev. torsten, AS. gedyrstigan, ulf. daursdan; (sch. trösta, AS. gedristian. dreist, sch. dryst, -ig, AS. drysle, §. LX.) AS. dyrstig, bach. thürstig, andacker. hmb. terig, dim. tyrig, muthig.

sch.

sch. dierf, audax; dierfvas, audere. Mas. ge-, be-, bi derbe, animosus, fortis, probus, honestus, (§. CXVI. 3.). h. derven, dorven, durven, därfen, dörfen; durft, M. T. sch. dierft, ausus est.

2) gl. monf. dira, exasperans. h. tierren, toben, schreien. M. T., A. S. sch. torn, zorn, ira, §. CXCII. M. S. verthören, sch. förtörnas. Otfr. zurnan, zürnen, irasci. hamb. tarren, targen, b. terghen, A. S. tyrian, ver-, erzürnen, irritare, lacessere. h. bedartheit, Ernst; tarten, nachessen, herausforderen.

e. stuer, sch. styr, belg. stirs, austerus, ferox, pugna, praelium; hamb. stuyrichelt; stuyrtie, stüre wolb. austerus homo. ulf. andstaurr jan, sch. stirra, fremere; sturk, atrociter, störrig, starrig, §. CCII, II, 2).

b. hisp. tiu uhhen wafen, armis victricibus. ulf. thius, thiumagus, puer, (infans mas).

2. capere; unguis, digitus, tangere.

t5v: thuv, thav; tappe, tope; schw. taupe, unguis, pes; ertappen, capere; gl. monf. thaupot enti cherit, redegerit.

hamb. tipp holen, fus (still) halten. e. tips, berührung, tupf, sanfter Schlag; stupfen, mit fingern berühren.

ts: thut, that: taze, unguis, pes; tasten, capere, attingere, h. tast, Griff, gefül; teezen, klauben; titsig, kützlich; toets, strich, prob.

(vom rustico rom. dix cent, decies centum, leitet Wachter tusend, tausend, A. S. thusend, LL. sal. thosund, tusund, ulf. thusund, w. ur. tusing, tusig, mille, vide §. CLXXVIII.)

n: thun, than, LL. sal. tam, pollex, digitus; allach tam, totus pollex; A. M. T. dom, daum, h. duym, hmb. dühm, M. S. dum, sch. thumme, A. S. th. duam, Isl. thumling. Isl. thuma, manus.

h: thuh, thah, teh, t. zehe, digitus pedis, §. CLXXV. a quo decem, A. T. zeh. ch, toh, ulf. taihun, zehen, A. S. tyn, h. tien, sch. tyio, b. ti, tin, Isl. thu, e. ten, hamb. tein, e. S. te, ti, tiu. hmb. tegen, e. S. theling, der zehend, decimae. ulf. tigus, M. S. sch. deker, e. decher, b. deger, dechend, decas. Kero dehisto, decimus. thuo toc, ol. Worm. thiu hu, viginti. A. S. teontig, Tat. Isid. zehenzug, (zehenzig), zehanzo, centum.

sch. tog, altsch. tok, ulf. taitok, tetigit; ulf. tekan, h. hamb. tikken, digito tangere; h. tik, berührung; tokkelen, kützeln. sch. taka, Isl. teka, b. tage, capere. altsch. arftök, erbbezieher, haeres.

h. tuk, gierig.

[

r: thur: hmb. törren, sistere, cursum inhibere, (capere, tenere). A. S. stieran, hamb. stüren, compescere, cohibere, corripere.

3. Do-

3. Domare; 2) damnare.

tſv: thuw: h. doven, gl. monſ. doubon, Schilt. douwen, domare.
2) ſch. förtappa, condemnare; Jsl. förtöpunar, damnatio.

ts: that h. teiſteren, übel behandeln.
2) tadeln, carpere, culpare. h. tut! vituperantis.

n: thun, than, N. MT. AS. tam, AL. zam, cicur, domitus; ulf tamjan, AS. tamlan, temian. h. temmen, hmb. tämſen, temſen, ſch. tämia, d. tamme, E. tame, AL. zeman, zähmen, domare. demmen, Nott. tademman, temperare, Jsl. temia, aſſuefacere. tgoh. tunſen, tinſen, zwingen, nöthigen.
MT. tom, ſch. töm, AL. zom, zaum, frenum.
2) domen, dömen, ulf. af-, gadomjan, AL. ferdammen, -damnen, h. domnen, verdammen, damnare.

h: thuh, toh, zog; tehen, ziehen, domare; MT. ſch. tucht, zucht; tuchta, züchtigen. h. beteugelen, domare; tegen, contra, tegen ſeggen, contradicere. h. teugel, Rab. zuhil, gl. monſ. zugila, zügel, habena.

l:

r: thar; h. bedaren, domare; deren, vincere.
Jsl. thia, T. dem, domare.

4. Fuſtigare, impellere.

tſv: thuw; bair. täſſeln, ſchw. töſſeln. ND. dubben; dubhammer; h. doſſen; doſ, ruderſchlag; doſt, ruderbank. doppen, aufſchlagen, dop, Schale an Auſtern, Nüſſen –

ts: thutz; bair. ſchw. t. duſchen, durſeln.
2) Oſtr. duzen, ludere matris cum infante, ſchw. placide impellere, ut ovis, hircus.

n: thun: tgoh. dümelen, peinigen, foltern. h. dompelen, praecipitare; d. damp, fuſtis. tgoh. tunſen, tinſen, gedinſen, tundere. h. deining, das ſtete Schlagen der Wellen, deinſen.

h: thah; tak, ramus, cauda, §. CLXXV. h. dak, takel, fuſtis; hmb. tagel, cauda ceti, farrenſchwanz; abtageln, abdakeln, bair. dängla, hmb. dakſen, prügeln, wamſen. bair. ſchw. d. tachtel, ohrfeige.

l: thul, E. daulen, prügeln, Wal.
2) Elſaſ. tilſen, brechen den Hanf.

r: thur (aremor. dorn, cambr. dwrn, pugnus). hmb. törn, anſtos, angriff; d. dörning, impetus. h. torn, harter Stos; tornen, zauſen, plagen, trennen; tornoi, turnir, ſtech-, rennſpiel.
AS. gedärſc, verbera; därſcan, tundere, pulſare, §. LXV.
h. dou, douw, Stos, Schlag.

5. Delere, perdere; premere, ſupprimere. (Relativ. §. CLXXIX.)

tſv: thuv: hmb. döſen, tilgen, dämpfen.
KU. douw, preſſura; douwen, KU. preſſare, Schilt. caſtigare; ulf. dauwjan, vexare, Nott. douben, premere. h. touwen, ſchaben, leder gerben.

to: thut, AS. anatheodan, ſubiicere, nr. II, 1.). ulf. usdaudjan, decertare.
Otfr. ir-, firthuesben, - thuasben, perdere, necare, §. CXVII, II, 2.)

n: thun, than: demmen, ſch. däma, ſtämma, compeſcere, ſpec. aquam; dämm, §. CLXXVI. ſch. dämpa, dempen, dompen, dämpfen, Wil. betheinphen, opprimere, exſtinguere.

h: thuh: Nott. duohen, premere. ſchw. deken, ſupprimere, delere. e. duken, h. dulken, AS. thyegan, e. duk, ſch. duka, premere. hmb. ſtuken, ſtauchen.

l: thul: Iſid. ardilen, ſch. förtällia, tilgen, AS. fardilgan, -ian, MT. delgen, delere, exſtirpare, §. CLXVIII, 2). ditm. delſchen, exſtinguere ignem.
ſtielpa, evertere, corruere, §. CLXXVI.

r: thür, thar, gl. monſ. tar, nocens, tarunga, laeſio; AS. dere, -unge, KU. dere, deyre, noxa, damnum, offenſa. Otfr. ir. d.taron, teren, terren, gederan, d.terien, AS. derian, KU. deren, deyren, nocere. verderben, MT. h. verderſen, perdere.
Nott. irſtarben, -ſterben, mortificare; gl. monſ. ſtirpigi, morticinium. h. ſtoren, ſtören, zerſtören. ſteuer, AU. ſtiur, privatio, tributum. ulf. ſtairo, ſterilis. AS. ſtourbing, exturbatio.
belg. dojen, occidere; dojing, occiſio, Becan.

6. Diſcindere, diripere, diſſipare: fruſtum, pars.

tſv: thuw, hmb. tobben, zupfen, vellere, corripere. brandb. tobbernobben, zwingen wollen, zupfen. ſch. bortapa; verſchlendern, amittere.
ſtob, diſſipatus eſt, ſtieben; Nott. ſtouben, diſſipare; ſtövern, ſtöbern, treiben, um-, verjagen. ſtob, ſtof, ſtaub, b. hiſp. ſtouf, Nott. ſtuppe, Otfr. ſtubbi, ulf. ſtubjus, pulvis. ſtoff, ſch. ſtoft, materia. Wnſ. ſtoft, pulvere coopertus. hmb. ſtöven, ſtäuben, ſtaub machen, kehren.

to: thüt: ulf. inſep. dis-, dis-. hmb. tuſeln, zauſen.
h. todde, fez, lumpe; toote beel, ſchampiges Menſch.

n: thün, Isl. tyna, fortyna, diſſipare, perdere. gl. monſ. dein', minutus.
- bair. zahn, ruptum patens, die Wunde zahnt.

h: thuh, ulf. tahjan, laniare, lacerare. Otfr. zukken, Nott. zihen, rapere; zuhta, rapuit; ber-, entzükt.

l: thül, thal, Beda dal, AS. gadal, MT. hmb. ſch. del, ulf. dail, Otfr. deil, Kero teil, pars, diviſio, j. aug. factio; AS. dälan, ulf. dailjan, ſch. deln, tälia, MS. delen, partiri; Nott. beteilen, privare. gl. monſ. teil, latus. 883. adeil, expers. ulf. gadails, Nott. teteilo, ſocius, particeps. ulf. dailo, minae. talſpg. dalme, ad minimum, vix. hmb. taltern, laciniis, taltrich, lumpig. MS. dal-, ab-: dalbreken-.

883. thia czalo, die Teilung, (§. CXC.)

r: thur, thar: insep. ter-, zer-, zar, zir, zur-, dis-. Mns. zor, diripuit; thóren, ulf. tairan, tairjan, h. targen, NT. terren, b. hisp. zerren, diripere-; hmb. tyren, tórren, trennen; gl. Lips. ferterren, perdere; AS. teran, gatairan, aistairan, lacerare. Kil. h. terwe, HT. zerwe, triticum; hmb. tarwe, h. terwe, hordeum; ter wiso, (§. CVII, 2), cerevisia; gl. mons. derper, azyma, (§. CLXVIII, 2); AS. dárscan, triturare, §. LXV. ulf. astaurnid, rumpit. gataura, fissura. AS. thernod, o. thornad, deprivatus. h. tarnen, tornen, trennen.

All. firdun, verthun, dilapidare; firdan, perditus, nocens, sceleratus, reus criminis, (firdan, §. CXIX.)

II. Dominium: 1. Forense, 2. Pretiosum.

1. Forense, publicum, dominus, judicium, lex, decens.

tsv: thúv, AS. gethywe, theaw, altE. thewe, lex, mos.

ts: thút, thyt rc., publicum. Germanorum theut, Tacit. tuit. st. sco. Ostr. githiuto, dux, princeps, inclytus, eximius, felix &c. teud-, thied-, thid-, theodorich, -bod, -mar rc. AS. theod, dominus; ulf. theodan, thiudan, rex; thiudanon, regnare.

theut, Ostr. thiot, Isid. dheod, b. hisp. thiet, Nott. diet, alf. thiuda, Kero deota, LL. sal. theada, gl. mons. diota, Run. thiod, AS. theod, dhroda, Isl. thiod, Mns. diet, gediet, rc. populus, natio. ulf. thiudangard, -dinassu, regnum.

n: thún; (cambr. dyn, vir); AS. than, Tat. tuomo, dux; Isid. Will. St. an. herduom, princeps, principatus. AS. dema, sch. domare, index. AS. N. dom, NT. dóm, All. dom, dum, dome, dómea, All. d. tuom, Tat. &c. t. doam, judicium; All. dómen, AS. dóman, deman, ulf. domjan, sch. dóma, judicare.

T. N. tam, Run. somi, Isid. zuomi, decens, -entia; sch. támlig, h. tamelic, ziemlich. h. betamen, hmb. tehmen, sch. táma, ulf. timjan, geziemen, decere.

h: thuh, thah: Besold. teg, iudex; Dagobert-; AS. here-, folctoga, All. herizog, dux, princeps exercitus. AS. thegn, thengel, o. thengil, rex; h. deken, oberhaupt.

th. t. ding, iudicium, concilium; Ostr. tribunal, thronus; lis, causa controversa; forum, locus iudicii, litis. saga thing, te-, teiding, iudicium; S. LehnR. tegedingen, citare. frei-, vogtding; dinkhof, -man, -reht, -hus; dingstag, dienstag. LL. sal. thenca, iudicium. gl. mons. githingen, appellare, Ostr. rc. litigare, iudicare, AS. thingian; thingen, Ostr. pacisci, conveniendo promittere, tractare, b. hisp. se devovere. LL. sal. budingum (gebotten Ding), iudicium extra ordinem indictum. th. t. ding, Mns. geding, gl. Lips. getunft, W. Urk. gedingede, pactum, promissio, votum, obligatio, locatio, conductio-. sgsh. teding, pax, conventio; W. Urk. tád-, taidingen und überreinchen (?). h. verdedigen, K. Carl. 1361. verteidigen, defendere. h. dadingen, bedingen, schlichten.

Ostr.

Ottfr. thagen, inquirere. thih, decet, §. CLXX.

l: thúl, thal, AS. t.deil, tr-, ortel, -tal, -teil, Nott. uberteilida, iudicium; altsch. ordalium, feurprob. Will. dolan, dulden, permittere, concedere.

r: thúr, thar: AS. tir, dominus, imperium. (stieren, regere, §. CCII, II, 1.)
Ottfr. thar, darf, licet, nr. I, 1.)
AS. tuu, tug, mars, wovon Ihrens Dienstag, wie erich, erichstag.

2. Pretiosum, laudabile; solenne, festum; gratiosus.

t5v: thav, AS. gethafa, fautor.

t8: thút: Isl. thydest, fovere; AS. tythian, donare. ulf. thiuth, bonum; gathiuthjan, benedicere, laudare; thiutheig, bonus.

n: thun, than: Nott. tuomheit, magnificentia; tuomen, magnificare.
tam, contentus, (lautus); holl. te tehmen, zu gut thun, tehmen laten, d. late betáme, zufriden lassen.

h: thúh, thah: sch. ták, gratus. d. tákkes, placere. Ottfr. doht, bonus; githig, bonitas. d. thing, res pretiosa; Ottfr. Will. Nott. AS. thing, t. gethingi, spes, spec. succedendi, fiducia; donatio, munus, feudum. gl. monf. tading, patronus; tadingi, patrocinium.

l: thul, thal: AS. ulf. til, bonum, s, opportunus; AS. untal, malum. ulf. gatilaba, bene. d. deylig, schön, heiter.
All. tult, solennitas, Kero festivitas; belg. dulte tag, ulf. dulth, dies festus; Nott. dulten, Kero tuldan, celebrare. sch. stilt, solennitas; stolt, stolz, solennis.

r: thur, thar: AL. thur, theur, h. dier, holl. dur, sch. dyr, carus, pretiosus, desiderabilis, dives, celeber, solennis; Ottfr. diuru, Kero tiurida. o, Isl. dyrd, gloria, maiestas, pompa. ulf. gatarhida, insignis. AS. torht, fr. toroht, zoroht, Nott. zorft, illustris; zorhtan, Tat. ouga zorhen, manifestare; zorahto, evidenter; zuoraht, exhibitus, §. CXC. Ottfr. 2c. diuren, magni-, glorificare, h. tuuren.
(h. tarra, abgang, werth der ware.) d. dyrke, magnificare, struere.
h. toi, Schmuk, Zierat.

§. CLXXII. Domari: 1. Pati, 2. Servire.

1. Pati; lacrymae; indigere; onus; debilis.

t5v: thav; AS. thafan, -ian, ulf. gadaban, pati, tolerare. h. daveren, zittern. d. tab, verlust.

t8: thüt: b. teutern, angustare.

n: thun, than: N. dan, dam, tom, vacuus, (indigens); sch. dana arf, d. damne fä, haereditas sine haeredibus; sch. tom göra, vacuefacere; Isl. tom stund, tempus vacuum; tomliga, tarde. holl. dithm. dannig, dennig, lassus, (Richey hälts für das holl. so danig, §. CLXIX.)
h. holl. stenen, stehnen, gemere.

 h:

h: thuh, thah, h. dog, passio, t'meededogen, das mitleiden. Isl. thunga, molestia, thungtega, moleste. sch. tunga, onus, (§. CLXXXIV.). h. bedugt, ängstig.

ulf. tagr, lacrymae, tagran, lacrymari.

l: thul, sch. tol, ulf. thulein, Kero dolunga, passio; ulf. thulan, AS. tholian, -iglan, 883. Otfr. :c. tholon, Mns. dolen, tollen, Kero doleen, sch. tola, d. tale, pati. schw. daul, fastidium.

Otfr. dolg.k, passio, LL. fris. dolg, laesio, plaga quaelibet, mulcta, mors; AS. tholigan, occidere; doleg, exitialis, sch. tolig, patiens. h. talien, Schiffe losten aus und einladen.

duld, Otfr. ic. thulti, ft-, sedult, patientia. ulf. gadalith, consolatio (mitleiden). ditm. hulen un tulen, lacrymari. Kero tole, tolk, vulnera.

r: thur, thar, T. M. tar, tarn, (tran, §. XLVIII, 1.), AS. tear, AL. jar, Kero, Otfr. zahar, zaheri, lacrymae, §. CXCIII. Schilt. turen, dauren, h. deeren, bedauren, (mitleiden). hamb. sit tyren, sich geheben, (klagen); tirreln, gittern, zappeln.

ulf. tharb, pauper; alla tharba, valde egenus. thaurban, Otfr. tharben, darben, indigere, carere, necesse habere; ulf. AL. tharf, bedarf, Isl. hafa thorf. sch. nörtorft, nordurft, d. tarv. Kero durustigan, indigere. h. bederf, verderb, interitus; verdarb, interiit; Isl. fordiarfast, sch. förderfvas, interire.

gl. Lips. thurftec, -thic, egenus. tort, tortura. h. torssen, schwer auf dem Rüken tragen. Schilt. dür, dürr, durr, Otfr. thurr, sch. torr, ulf. thaurs, torridus, siccus. gl. mons. durri, uredo; durra, sitiens. gl. mons. gidart, giderrit, exsiccatus, sch. förtärt, verzehrt; zehren, tabescere; verdorren, sch. torkas. gl. mons. &c. tharran vel truchanen, ulf. gathaursnjan, exarescere. thaursjan. AS. dyrstan, (Tat. thrusten, §. LXIV.), dürsten, arere; sch. torst, durst. h. Schilt. dare. schw. darre, tostrinum. NS. hmb. dörnze, heizbares Zimmer. Dengl. tortsche, fax. torte. ulf. thaursus, aridus, gathaursans, arefactus.

d. dorskhed, trägheit.

2. Servus; humilis; obedire; tacere; petere; gratias agere. debere.

thv: thiv, AS. thiowe, theowe, h. teewe, altE. tib, servus. AL. gl. Lips. thuiwe, thiuwon, AS. theowinne, theowne, ulf. thiwi, thiwiso, ancilla. NS. töwen, h. toeven, d. töve, beiten, warten. E. tewes-, twesdaye, Dienstag.

h. duipen, duken, büken.

ts: thus, th. dict, Kero, deota ic. plebs, §. antec. AS. undertheod, subditus. SueoGoth. thyda, mansuetudo; hmb. tesig, cicur; hmb. tüsß, d. t.dys, tace, tacitus; tussen, d. tysse, dysse, schweigen machen; schw. tiseln, tismen, leis reden. (cambr. dys, servus.) d. taus, tacens. bej. tasig, silens, tasigen, tacere facere.

n:

n: thûn, AS. than, Isl. thion, sch. tienar, Diener, servus; bair. dienl, servula. 883. diono, All. th.deonon, Isl. thiona, sch. tiena, servire; Otfr. githionon, verdienen. th.deonosti, sch. tienst, dienst; Otfr. thionost man, marinae marinus. Kero th.deonon, humiliare. All. dyns-, dyssen-, All. med. aev. zins-, zistag, d.rings-, dienstag. fr. AS. tense, tinse, zins; (ob von census?). unterthan.

h: thûh, All. theg, Otfr. Notk. tega, -en, AS. thegne, servus, ministerialis, miles; Goth. edil degin, ministerialis. 883. githigini, tgsb. gedigene, satellites, plebs, gesind. sch. hesding, landpfleger.

2) humil. hmb. duken, h. duiken, caput demittere. Winsb. zucht, modestia, tgsb. zuht und ere tun, honorare.

3) obed. K. Rud. 1285. sol dingen und maghen, solvere. Otfr. untarthioh, Tat. untarthiutig, -it, unterthan, obediens.

4) sch. teg, d. taug, tacuit; All. thagen, ulf. thahan, sch. tyga, Isl. teiga, tacere. d. daugs, silens. fr. taugno, clam. Isl. thogul, silentium, taciturnus.

5) All. diky, d.thigi, preces, Notk. petitio et intercessio; gl. monf. degan, optio; t.d.thing, petitio; Otfr. githig, desiderium, (§. CXLVII, 1.); Otfr. thigen, thichozen, Kero dikan, dichan, petere; sch. tiggia, emendicare; AS. tychtian, sollicitare. Otfr. thagen, supplicare; LL. sal. tangano, peto, postulo.

6) sch. taka, All. th.dankan, -on, gratias agere, laudare, placere, retribuere. Notk. tanchis, gratis, sine causa; danko tat, gl. vet. gratiarum actio, d. tak. Otfr. thiggen, St. an. anedingen, adorare.

l: thul, thal; T. hmb. dal, humilis; Isid. aridalen, humiliare; E. dalen, devolvi. (cambr. dylu, debere,). ulf. dulgisculans, dulga hainim, debitores. soll, debeo, §. CXC. toll, zoll. ulf. untalans, inobedientes.

r: thûr: Otfr. thiarna, dirne, ancilla, (§. CLXVIII, 2.), Isl. therna, sch. tärna. Isl. thyr, servus.

LL. sal. theu, ulf. thius, servus. Notk. diu, Otfr. thiu, ancilla. All. de, d.theo, th. dio. e, Rudo. deu, humilis; deu ic. muat, -heit, -lih ic. SueoG. thya, humiliare; d. tie, silere.

§. CLXXIII. Tendere.

Tendere. Extensum. Tendere; Tempus.

Tendere, trahere; 2) tenax; 3) ducere; 4) (viam) migrare.

tHv: thav: 4) tappe, pes (§. CLXXI, I, 2.): tappen, h. hmb. ditm. stappen, tretten, gehen. gl. monf. staph, passus, (mensura, §. CCII.). Notk. uberstafon, transcendere, praevaricari. schw. stoppen, minutis passibus incedere.

to: thût, that: tyt, zieht, tendit, ducit, migrat, habitatum it.

2) tenax: hmb. dutten, pituita propendens. dotter, vitellus; Isl. thiettr, sch. tät, dicht; thietta, verdikern; thiette, dike Milch. h. desem, Saurteig; tets, teigig, klebrig, CLXXI.

 3) ducere,

3) ducere, bitm. tösen, schleppen.

4) gl. monf. tat, taith, via.

n: thun, than; AU. gl. Lipf. thenen, 1528. thänen, AS. thenian, hmb. dunen, sch. tåna, Mns. zertennen, dehnen, tendere. Kero zadeni, protendi (-atur).

2) tenax: ton, Nott. tain, lutum, NS. tünt. schwz. dång, fracidus.

3) gl. Lipf. thuns, duxit; Isid. Tat. fgsb. th.t.dinsen, ulf. thinsjan, gl. monf. et Petii danson, trahere, portare; Nott. gedunsen, tractum.

hmb. duunstraft, pancratium.

h: thuh: NT. tog, AS. tug, teh, zog.h.ch, traxit, duxit, meavit; NT. tehen, sch. taga, AS. teogan, ulf. tiuhan, AU. zeohan, zia.uhan, Mns. ziechen, ziehen.

2) NT. teh, hmb. taag, zäh, tenax. sch. deg, h. degh, gl. monf. teig, massa, fracidus.

3) toh.g, ulf. tauh, zog, duxit; tiuhan, AU. ziuhan, zechan, ziehen, tehen, ducere; Kero farzechanto, protrahendo. zug, ductus, tractus, h. teug, togt, tog.

4) NT. toch, ulf. tauh, zog, migravit; tehen, tiuhan, ziehen. gl. monf. zuge, motus, ductus. Offr. zihan, zigan, überziehen, invadere; med. aev. wolgezugt, erzügt, gerüstet. zug, migratio.

l: thal

2) T. talg, adeps. NS. döl, Dotter.

r: thür, thar, E. tar, T. AS. tare, tero, teor, theer, ulf. thior, sch. tiäre, bitumen; hmb. tehren, bestreichen; hmb. tyren, ducere, trahere.

2) schwz. tirgel, placenta mellita.

sch. tåa, AU. th.deen, zian, h. tyen, trahere; St. an. zo, duxit.

h. taey, tenax; doyer, door, Dotter.

§. CLXXIV. Tempus.

tHv: thuv; h. vertoeven, morari, verziehen.

ts: thüt, NT. sch. AS. tyd.t, thit, Mns. das zit, die zeit, tempus; Kero tyt, hora. h. dyd, opportunitas cuiusvis temporis. AS. tidic, opportunus, untid, intempestivus. hmb. h. tyd, Ebb und Flutt; ditm. tyden, Termin abwarten.

n: thün; Isl. tym, tyme, sch. AS. tima, hora, tempus; Kero tum, hora. sch. timmelic, temporalis.

h: thah, ulf. T. sch. AS. dag, AU. d.tag.c.ch, Bussb. T. tag, E. tag.k, AS. däg, Isl. deig, h. dagur, dogr. - dies, aetas, vita, terminus praefixus. dagarod, aurora. Nott. tagenen, illuminare. schw. es taget. AU. th.d.tagen, comparere, citare ad terminum. h. dagtekenen, tagzeichnen, datiren.

l: thül, thal: sch. tola, Offr. dualan (CXXI), tempus ducere.

r: thur, dur, daur, belg. hmb. dür, duratio; AU. duren, dueren, dauren; dura, duerig, durabilis, firmus. insep. dur-, durch-, per-; AU. durwesant, perseverans.

(tambr.

(cambr. di, dies.)

hamb. daueln, ditm. taueln, langsam, verzüglich sein, tempus perdere.

§. CLXXV. Extensum in dimensiones:

Longum. Altum. Planum. Densum. Longum, tenue, acutum, ut: virga, cauda, crinis, funis, spina, pugio, tero, rostrum.

thv: thûv, thav: d. dauw, T. taw, funis. E. daw, dow, monedula (a rostro).
h. tip, E. zibe, was klein und lang ist, an zwibeln, knoblauch, finger, zehen. h. tipen, abkürzen.

td: thût h. teeder, tenuis; AS. thydan, pungere. sch. tut, MT. tote, teute, tuyte, cornu, acutum, rostrum. E. düte, NS. tute, d. teute, spizige guke. sch. tutkanna, h. tuytkan, NS. teute, hölzerne schnabelkanne. h. tuit, harzopf.
Isl. thyssl, gl. monf. thistil, sch. tistel, NS. AS. h. distel, carduus, a spina. h. dissel, deichsel, beil. AS. disl, Jac. Twinger duschele, temo.

n: thun, than, dünn, AS. thyn, sch. tunn, (cambr. tene), perf. tend, h. tenger, tenuis; gl. monf. thunni, tenuitas. schw. dengeln, acuere falcem. h. E. hamb. timpe, cuspis, angulus; tohn, digitus pedis, h. ton. NS. dona, sch. dana, than, donax, sehne. Schilt. than, corrigia. AS. tan, frif. ten, All. teen, belg. tene, ulf. tein, tain, N. tein, teirn, virga, vimen, virgultum, surculus; AS. frif. sors viminalis, virga praecisa ad sortiendum tesseras. draus formt sich d. tiene, h. teene, AS. tan, tänel, ulf. tainjo, All. c. zeina, zeine, zaine, corbis; hamb. ditm. tünteln, flechten, lizen machen. AS. temesid, E. tems, v. T. tempse, cribrum cilicinum, h. tems. st.
ditm. tend, lenseit, am Ende eines langen Tisches, (recta linea).

h: thûh, thah, tak, All. zak, cuspis, Bermann tang, zake, tannzapf. zange, §. CLXXI, 1, 2). dinkel, ador, a spica. dacht, tocht, ellychnium. armen. teg, (tygris) sagitta; All. dagge, -er, All. t. degen, pugio. gl. monf. dehsala, deichsel, d. dixel, ascia, securis. ulf. tagl, crinis. MT. tak, surculus, virga; ulf. ustagg, erue. zehe, digitus pedis, spizlein an zwibeln, knoblauch rc. All. zuog, (zwock, zweig, §. CVII, 2. CXII, 2.) gl. monf. spica, boxh. gl. fr. pampinus. perf. sek, canis, syk, membr. virile. takel, schiffseil. Isl. tog, lange Schafhare; thang, schilf.

l: thûl, thal: gl. monf. teil, funiculus. gl. monf. zila, zeile, linea. MT. telg, Mens. told, tolder. Dasyp. dolder, turio, talus. §. CLXVIII, 2.) bair. zoll, gebogen, wie ein zweig. zollwurst. frim. zal, cauda. zoll, pars minima mensurae; Isl. thel, zarte schafhare.
a rostro: Dasyp. tull, dull, dol, dole, pica; dale, dule, thole. dolch, mucro. h. dol, rudernagel; dolpenne, delde, hölzerner Nagel am Boot. h. talie, daumen breit, leibes dünne, tall, sell.

r: thûr, thar, tar, h. teer, tart, zart, tenuis. ulf. tharih, villosus. altperf. tir, sagitta.

dorn,

dorn, Kero, gl. monf. Will. dorna, ulf. thaurnus, sch. tórn, Jal. thyrn, 1528. thorn, spina; gl. monf. thorn, dumus.

dorsche, krautspitze, b. dorsk. Jal. thar, schilf, meergras.

T. tall, funis.

§. CLXXVI. Altum, Magnum, apex; Turgens, agger, mons; arbor; animal; Ædes, habitare, firmare, superne tegere.

t5v: thuv: h. top, b. dop, apex; tup, tupf, apex, punctum; Schilt. dippen, tupfen, pungere, summo digito attingere. hmb. tubbe, zapf, apex, an Hufeisen, klammern &c., h. tap, zapf am faß. b. tepel, tüpfel, brustwärzlein; topen, köpfen.

stuf.p, &c. §. CCII.

h. dobbel, hmb. dabel, Al. zabel, spiel, a summitate, §. CXII, 2), f. plano, §. sq.

ts: thut, fr. I.L. sal. taut, theuto, taurus; fr. stot, magnus, ingens.

b. thus, gigas. S. dussel, lange mittlere Hausthürbaum.

n: thun, AS. dun, h. duyn, Tacit. taunus, mons; fr. dunjo, propugnaculum in colle. damm, agger; blem. dehme, stük eines eingeteichten lands, §.CLXXI,1,5)

tanne, gl. monf. tanna, h. denne, abies, pinus. h. thonyn, thunfisch, groser fisch.

dan, damhirsch, gl. monf. tamin, tamili, damula, AS. dun, h. dein.

dun, turgidum; Al. dunen, bair. dohnen, dunsen, h. donsen, turgere, elevare se; dans, tursit; wovon hmb. b. dun, Westm. daun, h. duns, pluma; b. dyne, culcitra. schw. verdunsen, aufgeblosen. hmb. dünne, E. duenne, duenninge, Nott. tonwunga, gl. Lips. thinnongun, AS. thunwengan, Rab. thunwengin, (§. CXXXVI.), schläfe, tempora; AS. dunen, fris. duynen, tumescere; duyninge, fluctus decumanus.

h. tent, tentorium.

h. timer, zimmer, aedificium, camera, (§. seq. tabularum CLXIX.); Al. timken, ulf. timrjan, gl. Lips. timbran, sch. timbra, Otfr. zimbron, Kero zimberren, AS. getrimman (§. LIV.) aedificare. W. Urk. 1312. unbezimmert. ulf. thimrja, tignarius. timreins, aedificatio. Ruod. zimber, gl. monf. zimper, materia, CLXIX.

h: thuh, thah, Schilt. dag.k, dagus, supercilium, himmeldeke. Nott. dahta, Kero pidachta, Otfr. thagta, Mns. bedacht, superne texit; Otfr. thehen, Kero dec-chan, sch. taka, deken, tegere. sch. tak, Al. Al. dak, dach, stores. bair. tug, deke; hmb. ducht, verdek im Schiff. gl. monf. tacha, mantum; daha, testa; dachs, taxus. Denl. dangge, cortex. hmb. tegel, tejel, Nott. tegel, ziegel, regula; h. degel, tiegel, catillus. Al. th. dihan, extruere.

h. schw. doch, E. dogge, canis maior. bair. dähel, dama.

hmb. dyk, h. dyc, agger. Tatar. tagh, mons.

h. tyk, federnschlauch.

styg,

ſtyg, ſtege, ſtiege, ſteig, hmb. ſtyg, Not. AS. ſch. ſtiga, Isl. ſtigu, ſemita, proprie in altum. ſchw. hmb. ſteg, balken über waſſer. ſch. M.T. ſtyg, via, ſemita; ulſ. ſtaiga, via, platea, vicus; ſtaig, ſtag, AS. ſtag-h, ſtih, ſtieg, a-, deſcendit; ulſ. ſteigan, ſtigquan, ire, vadere; ſteigan, Kero, AS. ſtigan, hmb. ſtygen, ſch. ſtyga, ſcandere. Will. ſtegeren, aſcendere. Kero ſtiagil, Otfr. ſticla, ſchw. ſtiegel, gradus, aſcenſus. AS. ſticol, -ele, ardous, praeceps.

l: thul, h. doel, M.T. tel, ziel, ſcopus, §. CLXIX. Al. dulle, moenia, muri. h. friſ. til, elevatio, pons; til-, vaſt brugghe; tillen, levare, tollere; tilbaer, mobilis, Kil. Iſid. dilen, fundamentum iacere; Iſidh. umbetüllen, commünire, ulſ. gatulg-jan, firmare, §. ſeq. hmb. dull, pflok, a firmando; h. doelen, firmari.

AS. dil, Denzl. dill, gl. monſ. till, tilli, h. NS. dille, b. dild, d. ſch. dill, anetum, Hechkraut. bair. thillen, geräch aufhenken; h. NS. tillen, elevare. bair. tille, obere deke. hmb. dehle, veſtibulum. M.T. telt, zelt, tentorium. h. doele, Schiesplaz, gröſte Wirtshaus.

Schilt. dold, Tyrol. tolden, apex, S. tolder, dolle, ſch. tull.

ſch. ſtiäl, d. H.T. ſteil, praeceps, praeruptus; hmb. ſteilen, aufbäumen. ſtelze. ſtolle, apex. (CCII.)

r: thur, tur, tor, T. N. AS. ſtur, ſtor, ſtaur, magnus, altus. AS. tor, torr, torra, tirre, turn, turris; gl. monſ. turi, regia; LL. ſal. thurn, ſepulcrum.

Will. dera, belg. tere, (gl. Lipſ. dre, ulſ. triu, trul, AS. triw, AS. treow, treo, try, E. tree, Isl. trie, d. triu, tree, ſch. trä, ſch. träd, arbor, lignum; AS. d. träſ, tentorium. §. LIV.) arbor. gl. monſ. tirnpauma, cornea ſilva.

ſtirn, (h. voorhooft, ſch. aniete), frons, ab alto ſ. turgente.

AS. thyrs, d. thurs, gygas. S. dorſch, N. torſk, kabeljau. ſch. tiur, ulſ. ſtiur, AS. ſteor, E. ſteer, Al. ſtier, taurus. hmb. ſtarke, iuvencula. ſtör, ſturio. ſtorch, ciconia. h. ſterk, alce. S. ſtärke, iuvencus.

Kil. targie, E. targat, Al. d. tertſche, tartſche, targia, parma, (ſuperne tegens). ſturz, ſtürze, tegula; Otfr. biſturzen, obtegere.

AS. da, daa, d. daa, daadyr, E. doe, h. das, ſch. daſhjort, dama.

§. CLXXVII. Planum. Tabula; ſepimentum. Velum, pannus.

tſv: thav; tafel, tabula. gl. monſ. tepihh, tepich, tapes. taffet, h. taft, taf, tabyn, E. tobin, Seidenzeug; h. tabbert, langer Rok.

ts: thütz, Otfr. diſg, tiſch, menſa, ferculum, cibus, (§. CLXVIII, 2).

h. dos, gewand, doſſen, anziehen.

n: thun, than, perſ. -tan, terra, diſtrictus. Notk. den, tenne, area, tabulatum; Kil. dene, aſſer, tabula, planca; LL. ſal. ſu d. tenn, Al. burica, locus ſilveſtris porcis paſcendis accommodatus, die platte. friſ. diemt, ein morgenfeld, ſch. tonne.

2) M.T. tun, b. tuin, LL. Long. zon, Al. bizuuna, zaun, ſepes; alſch. tyna, ſch. tuna, h. tuynen, ſepire. b. tuin, hortus. Isl. tun, pratum.

3) Otfr. dun, dunicha, Kero dunna, tunihhu, AS. tunece, chron. Sax. donc, All. tunch, tunica; gl. monf. Not. tunicha, dealbatio; tunichan, tünchen, tingere, superne tegere.

h: thuh, Tuch, All. duah, gl. monf. tuoch, h. doek, pannus, pallium; Otfr. duahan, consuere. schw. zieche, Dengl. ziehe, cadurcum. hmb. tüg, zeug, textum; apparatus, instrumentum. Otfr. gizing; tügen, comparare, anschaffen, (§. CLXIX.)

d. dakke, E. h. dok, schiffbauplaz, Bucht im Sehafen (sepiment.) Canal zum Schiffbau, CLXXXII.

Otfr. segal, segel, velum. sch. Isl. sang, lectus, camera, §. antec.

l: thül, AS. thele, tabulatum; diel, NS. h. dele, h. deyle, AS. dál, dille, E. deal, sch. tilia (§. CLXXI, 6.), asser. teller, discus. talk, talcum, lapis lamellosus. Schilt. d.till, sepes compacta ex fustibus, lignis, asseribus. S. diele, tenne, geschlagener leimenboden, deke des zimmers, NS. dele, dale.

r: thur, All. duri. e. a. duir, tura, Will. düra, hmb. dör, h. deur, sch. dörr, AS. dur, durn, pers. der, ulf. daur, -ro, Buch. T. thurn, thüre, tor, ianua, porta, (introitus per sepimentum). ulf. fauradauri, atrium. thairko, foramen. dor, durch, (§. CLXVI.) trans. sch. torg, forum.

h. dorp, die rondom geenen muer en hebben, Lev. 25, 31. j. Sax. dorf, villa, praedium, §. seq. h. dorpel, schwelle, dorpeling, landmann.

AS. thyrl, foramen; thyrlan, perforare.

an-, austhun, hmb. uch-, antehn; antog, anzug, vestimentum.

Rheinl. thau, ein Morgenwiesen.

§. CLXXVIII. Densum, femur; fascis, cumulus.

thv: thuv, thav: d. dop, cumulus. hmb. topp, ditm. tapp, zopf, (hmb. poll), federbusch-. S. döbel, zapf, pflok, dobbel. dobber, schwimmend Holz an: Ankerseil.

d. tyve, viginti, (cumulus.)

ts: thut, thatz, belg. tas, acervus, cumulus, Becan. E. tod; = 28. Pfund, l. 4. cloves. All. tusend, ulf. thusund, mille, CLXXI, I, 2. tausend.

n: thun, hmb. dymen, Haufen Garben, Heu, auf dem Feld. E. tun, 20 Centner, tonne; sch. d. dyng, cumulus. fris. diemt, gemessenes Stük land; diemat, demat, NS. Feldmas, Ruthensumme, §. antec.

h: thuh, thah: tak, Bündel; hmb. takk.gg, knoben, haemorrh. geschwulst; takkel, schiffseil. d. stak, acervus, cumulus; stake, cumulare. ditm. stuuk, kleine Haufen Weizen, kleiner Mensch. deker, decher, E. diker = 10. Stük. (§. CLXXI, 2)

All. th.dik,ch, spissus, densus; gl. monf. dichi, grossitudo, silva.

Isid. dheoh, Rab. deoh, Will. diehe, AS. theoh, E. thigh, AS. theh, d. hisp. thiche, femur.

dik,

dik, AL. Conf. diche, W. Urk. dikhe, dikke, Wm. dieco, b. thicco, multus, saepe, S. doke, kurze dike Seule, Büschel, Pupe, Bündel Flachs, &c. striege = 20. Garben, Sprenger, sch. stig, Busb. T. stega, viginti.

l: thul: preus. tolle, kleine quaste. h. tulije, blumenstraus.

r: thur, thar: hmb. teer, Holzhaufe im Schiff: tarret, h. tarling, würfel; AS. turnan, vertere, §. CLXX. Ostr. zarben, zerpen, circumvolvere, rugeln; zirben, circumagi; zirbelenz, thanazapf; zirbeldrüse - Dragl. zirn, pinus. (cambr. torf, turba); sch. torp, thyrpa, copia, copula.

b. dye, die, gl. Lips. thio, femur.

§. CLXXIX. Obtundere. Obtundere: Obscurum. Profundum.

Obtundi; 2. Stupiditas; 3. Fraus.

1. Obtundi, - ere; linqui, animo, viribus.

(correlat. §. CLXXI, 5.)

t5v: thuv; Wm. th. duiWen, Nott. duobon, betäuben, obtundere. Ostr. Nott. &c. doWen, doWen, mori. sch. dosna, linqui animo. hmb. doof, erstikt. ulf. afdawid, languidus, moribundus. h. dubben, dubitare.

t8: thut: AL. tod, t, th, dod, doti.e, toth.a, doud.t, tauta, MG. schw. daut, ulf. dauth, sch. död, AS. dead, mors, mortuus. Capit. 743. de sacrilegio super defunctos, id est, dad sisas, (todesessen, - siz); ulf. dauthnan, mori; gl. monf. dotun, tabescebant. Nott. undotheit, immortalitas. h. dodderig, schläfrig; doods. sch, einsam, leer, tod. h. dut, Zweifel, Traum, Schlummer.

hmb. dösig, lassus; düsig, schwindelig; bedüset, - düsset, obtusus. MG. dusel, schwindel. h. deusig, dunsig, dumm; duizelen, taumeln. h. bedeest, bedut, E. verdutzt, erstaunt.

n: thun, than; sch. dåna, mori; doma, linqui sensibus. taumeln, h. tuimelen. h. tombe, grabstette, CLXXXI. b. dane, linqui animo.

staunen, stupere; bair. taml, exclamatio stuporis.

h: thuh: hmb. dik un duhn, toll und voll. sch. dunka, errare, vagari. MG. dungeln, E. dangle, taumeln. h. tukken, zaudern, talmen.

l: thul; h. dolen, taumeln; in slap bedolven, (§. CLXXXI.). hmb. talporen, mit Füsen zuken bei Convulsionen. Ostr. dolk, LL. fris. dolg, mors, (caedes, §. CLXXII, 1.). h. dolik, trespe, berauschendes unkraut. h. talmen, zaudern, trenteln.

r: thur; Wms. tören, bethören, obtundere. turmeln; Dragl. türmig, taumelnd. torkeln. h. sterf, mortuus est, starb; sterven, sterben.

ulf. staurknan, arescere; sch. storkna, suffocari.

sch. dö, doa, b. doe, E. die, mori.

2. Stupidus, surdus, mutus, balbus &c; 2) furibundus.

t5v: thuv; döw, sch. döf, h. hmb. doov. f, taub; döwen, döben, sch. döfva &c; ulf. afdobnan, -dubnan, obmutescere. hmb. duffig, geschmaklos. düppel, stupidus.

 2)

2) alter Pf. toben, topen, delirare; hmb. jachtern an daven, puerorum; töppelen, inepte fabulari, disloqui; h. dauwelen, plaudern; dauwel, närrisches Weib.

ts: thut; h. tet, ungeschiktes mensch; teutelen, toll, irre machen. Denz. dottern, ambigere, haesitare; stottern. b. touteren, fremere. ditm. dösze, dummes Mensch. h. dutten, schlummern, phantasiren, e. verduzt sein; stuzen, haesitare, stupere.

dos; hmb. dösig, döserei, -igkeit; duzig; schw. dosen, dumm sein.

n: thum, th. t. dumm, h. dom, sch. AS. duwm, dumb, ulf. dumb, mutus, surdus, stupidus. Kero ertumben, obmutescere. hmb. duhn, berauscht.

ulf. stamm, T. sch. stumm, mutus, surdus; verstummen. d. sch. stamm, AS. stamur, E. stammere, h. stamelaer, gl. monf. stammer, balbus; gl. monf. stammalan, stammeln, hmb. stammern, haesitare lingua.

h: thah: bair. daik, der nichts merkt noch achtet.

l: thul, sch. dul, dol, hmb. E. dull, T. till; tolp, tölpel, Morh. delf, stupidus.

2) toll, b. doll, furibundus; St. an. doleheit, stultitia. bair. dalen, ineptire more infantum. hmb. tahlke, ineptiae.

r: thur: th. dor, stultus; h. deerlik, stolide.

3. Fraus; Magia.

tsv: thuv, sch. tiuf, AS. deofa, hmb. deef, NT. h. dief. d, ulf. thiub, dieb, fur. ulf. thiubi, Kero diuffa, NS. duve, deube, furtum; Otfr. githiuben, furari. Denz. disig, listig. Otfr. dufar, latro, barbarus. ulf. thubjo, clam. NS. dödel, zizania.

2) eS. töw, magn; töwer, -el, tyvel, düvel, h. duyvel, teufel, Kero, Isid. diubilo, Otfr. diufal, Wil. diaval, diabolus; Nott. urtiefel, rex daemoniorum; hmb. overdüveln, überdölpeln; Jat. diofulodu, (beteufelt) besessen.

gl. Lips. toufer, veneficus; gl. monf. joupar, divinatio; zauprari, ariolus; zaubern, töwern. ulf. gadaubida, verstokt.

ts: thut; 1528. teding, tand, fraus. (wend. tat, fur.) e. dotter, dost, tost, zizania, s. antec. h. dotten, betrügen, dot, verworren Garn; hmb. tidern, fila perplectere.

d. thus, latro; ditm. tuus, boshaftigs Mensch, Kröte. tauscheln; täuschen, fallere; h. tuisch, tausch, Handel. e. düsseln, schleichen. schw. daus, fraus.

2) d. thus, spectrum. All. dusa, succuba, vetus concubina. Run. disa, dea mortis; duschi, dusse, manes, et animae mortuorum. Nott. tüisa, daemonia. NS. duus, diabolus.

n: thun: Nott. tum, dolus. h. dunheid. bair. schw. dampf, fraus. schw. deinsen, schleichen, henisch: pedem clam referre. 1528. tant, gaukelei; tanten, tändeln, bair. tenteln, hmb. dammeln, ineptire. ulf. daimonareis, daemoniacus.

h:

h: thuh, tük, fraus; blem. betrügen, fallax; Otfr. zukken, irzucchen, suffurari, subtrahere. Dengl. t.dichen, teichen, schw. dicheln, NS. dukkern, schleichen; bair. dechelet, der vor Fette nicht fortkommen kan. NS. dukel-, schw. dokelmäuser (XCIII.), duchler, fraudulentus. h. doeken, betrügen; duker, diabolus.

l: thul, h. dool, verirrt, (defraudatus); doolen, oberrare; dooling, error. sch. tule, ineptiens, lepidus. E. dalen, ineptire.

AS. tälnesse, detractio, blasphemia; hnis. betalgen, decipere. E. talken, NS. tellen, Isl. thylia, thaular, inepte loqui.

stal, diebstal, Cntr. stalu, LL. sal. stalaca, furtum; stal, furatus est; AL. AS. stelan, AS. stälan, sch. stiäla, sch. d. stiela.e, Isl. stela, ulf. stilan, E. steal, stehlen, furari, AS. Cons. ob-, irrepere.

r: thür, thar; Mns. tören, bethören, effen, decipere.

Isl. daara, irridere. Canz. darge, Fischerinstrum.; NS. targen, zergen, allicere. E. dort, durt, dotter, zizania.

2) AS. thyrs, d. thurs, spectrum, latro.

§. CLXXX. Obscurum. Obscurum: nubilum; vaporosum.

1. Obscurum, tenebrae; Nox, dormire.

t5v: thuv: tgsh. tolv, hmb. doof, NS. duff, h. dof, duffig, trüb. ulf. daubiths, coecitas; daubata, occoecatus. tappen, ambulare in obscuro.

1528. toblen, cubitum ire.

ts: thutz; schw. dosen, schlummern. Dengl. dussel, OL. hmb. düster, E. duskel, dunkel. W. Weinsbg. dusel, crepusculum. AS. thystre, theostrá.a.u, tenebrae, h. deusternisse.

n: thüm, AL. dim, dym, dhemar, demer, Will. thimster, tenebrosus, -sterniffe. Notk. timberi, tenebrae; betimberen. (Tat. Elisabeth tam gihta sih, occultabat se, §. CL, 1. vid. Schilt. Thesaur. glosf.)

dinte, atramentum, §. seq.

h: thuh; AS. doc, AL. t.dougen, dongen, d. tage, obscurus, occultus. Notk. toucno, Otfr. gidougno, Mns. tougen, clam; tougani, -ani, obscuritas, occultatio, gl. monf. sacramentum; taugni, mysticus. Will. donchna, Otfr. dougna, -er, arcanus.a; Tat. t.dougli, occultus; Notk. dougenheit; Mns. tuken, se occulere. dunker, donker, b.hisp. tunker, Notk. tunchel, dunkel. gl. monf. tinctun, atramentum; tincta horn, atramentarium.

Dengl. dig, geräuchert; digen. Isl. daukr, niger.

l: thul; sch. dolia, occultare; doldt, fördolt.

sch. stiäla, occultare.

r: thur: thorm, turmel, sopor, (NL. sch. d.trom, traum, somnium, §. LIV.)

(cambr. du, obscurus.)

2. Nubilum; procellosum.

t5v: thuv: AL. d. taw; duft. h. duf, dumpfig, schimlich.
ts: thut: hmb. dust, dunst, bair. dusam. h. dyzig, deizig, dumpfig; bodderig, benebelt; duist, staubige eines Dings.
n: thun: dimp, th. damp, pf; gl. boxh. thaum, sch. dimma, dimpa, nebula; dam, pulvis. schwz. timper, nubilus. verdumpfen. Nott. dunest, tempestas; H. MT. N. dunst.

h. tan, gerberloh, von der Sonne verbrannt, verfinstert wie die Sonne, der Mond; taneit, braungelb, lohfärbig.

donner, thunar, belg. donder, AS. E. thunder, tonitru, §. CLXX. Nott. toniris-, dunres-, h. donderdag, donnerstag.

h: thuh, thah: MT. ducht, duft. d. dage, hmb. daak, Isl. thokn, sch. tökn, nebula; dagig und daket, nubilus. Isl. sleipe dögg, sch. schlagregn. h. dokig, dämpfig, düster.

ulf. theihwon, -wo, tonitru.

l:

r: thur; sch. thor, tonitru; AL. durs-, AS. thurs-, d. thors-, thars-, j. Sax. prov. dorns-, E. thursdaye-, dag. donnerstag. thormanet, Martius.

Nott. turbil, turbo. Dengl. dürnisch, torvus.

tau, duft; tauwetter, h. doy; doyen, auftauen.

3. Vaporosum.

t5v: thuv, thav: Isid. dav, Will. touwe, taw, h. dauw, ros.
ts: thütz: hmb. desem, biesem, balsam.
n: thun: gl. boxh. fr. thaum, E. (trifer) toum, schw. teum, deim, taum, h. stoom, vapor; E. täumen, sudare; östr. damen, sudore madefacere. Isl. ulf. daun, odor; v. T. tamper, scharf, herb; tamperheit, acrimonia.

stank, Ottfr. odor, foetor; Will. suozen stank; Nott. die stancha, myrrum; stank, stunk, odoravit; stinken, Ottfr. bene olere et foetere.

h

l: thul: sch. duala, vaporare, §. CXVIII, 2.)

r

gl. Stirnh. daa, exhalare, evaporare, evanescere, liquescere, dissolvi.

tau, ros.

§. CLXXXI. Profundum. Profundum; Aqualis. Profundum; submergere.

t5v: thüv: MT. d. tiep, tief, sch. diup, AS. deop, d. dyb, E. deep, hmb. deep, düpe, Ottfr. diof, diaf, t. diuf, profundum. Nott. tiefi, abyssus; ulf. gadiupida, alte effodit. gl. monf. tiuph. ffi, umbilicus, sinus, altitudo, abruptum. 1528. tobel, Nott. getubel, vallis.

2) AL.

a) AL. tuffe, Isch. töf, MT. dop, taufe, AA. dupio, immersio; AA. duffen, tofan, taufan, ulf. daupjan, AS. depan, dyppan, b. döbe, sch. döpa, doppa, immergere. ulf. daupein, die Taufe. b. dubba, creare (regenerare). hmb. doof, vadosus, bedaven, Fleisch mit Brüh überdeken. tufstein, incrustat (-ns plantas,) h. tuf, schwamm-, schwimmstein. h. dobberen, mit den Wogen auf- und niedertreiben, dobber, angelfeder, ankerholz, kleiner Kahn.

hmb. stippen, tunken.

ts: thutz: ME. tussen, AL. med. aev. tusch, tüsch, tüschen, zwischen, Tat. zuisgene, sub, inter. tuschen, occultare, illinere, nigrare.

n: thun, AS. dune, adune, deorsum. don, E. declivis. donen, declinare. hann. döns, E. down, infra, deorsum. sch. dunsa, cadere.

a) Becan. donc, locus, cuius circulus immersioni obnoxius est. h. donk, immersit; d. tunken. damm, ME. fossa, piscina (CLXXVI). dümpfel, ME. tümpel, vortex, lacuna; dümpeln, h. dompeln, submergere. rohrdommel, botaurus. bair. dumbar, dumpfig, schwz. timper, hol-, tiefschallend, CXCI. h. dommelen, brummen.

h: thuh; tuchen, tauchen; hmb. düken, tauchen, Nott. u. d. tunken, immergere. teich, stagnum. gl. monf. tuhhil, mergulum; tuchil, graculus. duk-, tufstein.

l: thul, thal; E. dal, ulf. dalath, deorsum; dalathro, ex infernis. sch. MT. dal, AA. d. tal, inferius, vallis; AS. dal, infernus. ulf. dalei, sch. daal, däld, vallis. h. E. dalen, absteigen.

Denpl. tille, lacus. h. tullen, sauffen, feppen.

AS. dalf, delf, dielf, dealf, dulf, fodit; Isch. underkalp, suffodit; h. delven, AS. delfan, Schilt. telban, talpen, dolben, Isch. telben, tolben, ue delben. h. dolv, verschlang; dolv, ulf. dalja, fovea; ibdalja, descensus.

r: thur, b. dur, aqua.

turf, torf, du Fr. turba, LL. all. zurb, zurba, zurff, zurufft, terra fossilis (CLXXVIII.)

§. CLXXXII. Aqualis, vas fluidi; et in genere.

t5v: thuv: d. top. pf, Denpl. düpfe, parella; bair. dauffel, hmb. tubbe, wassergeschirr. t. daube, hmb. deve, Schilt. tufel, tauge, faßstük. ME. tabel, korb, §. CLXXV. h. toffel, E. tuffel, crepida; stiefel. §. CCII, II.

h. doppen, eichen, visieren; tob, tobbe, Zuber, Schapf, Waschfaß.

h. tap, krug; tappen, zapfen, ausschenken.

Kero stoup, stauf, gl. monf. stouph, stuoph, cyphus, calix. hmb. stoof, stauf, h. kil. stoop, cantharus; stübchen, stöveken. ditm. stappen, milchkübel. j. aug. stubich, stüwich, mensurae genus. hmb. stove, staven, gehäus zum fyke (kolenkessel); stoven, unter dekel kochen.

ts: **thut;** d. dude, AS. theote, canalis. hmb. teute, groſes Trinkgeſchirr. E. düte, vas papyreum. tad, vas quodcunque. NS. döſe, vas. doſe, ſch. doſa, Isl. dos, taus, ſchw. ſchwz. tauſe, pyxis. NS. teuſe, deſe, maetra. öſtr. taſt, fruchtbehälter. h. tas, taſche, Ottfr. daſcu, gl. monſ. taſco. u, pera, loculus, ſiſtarcus, h. teſch.
h. teſt, kolentopf.

u: **thun,** AS. tunne, cupa, cantharus, dolium; AS. tenne, bad-, weinſtande. Gold. d. toende, E. tonne. hmb. tyne, dekelfäßlein. waſſertümpfel, ſchöpfer, gutzper.
d. dönde, pyxidula.

h: **thuh,** tuge, hmb. düge, tauge, faßſtük; düge, h. duyge, tonnenſtab. Dengl. deuchel, teichel, canalis; E. dok. h. dogger, kleines Schiff zum Fiſchfang.

l: **thul,** Dengl. tolle, waſſergraben. dole, canalis; gl. monſ. dolu, cloaca. Schilt. dhole, tholus, waſchkeſſel. E. dille, canalis. ſch. tull, fovea. h. dal, pumpenröhre.
h. tolke, linter, ſcapha. Kil. j. arg. tolker, lintrarius, ſchuyt boeve.

r: **thar:** Rab. tharma. darm, inteſtina (canalis), ſch. tarm, Isl. tharm, AS. thearm, h. derm, darm.
h. durk, Schiffboden, wo ſich das unreine waſſer ſammelt.

tH, t, d,

der ſtärkſte Hauch, ſpricht Macht, Zucht und Strenge; und wird oft vom Allemann ganz angezischt.

§. CLXXXIII.

Sibilus Dentis et Torrentis.

Dens ſibilat Vitam, Senſum, Affectum.

Vita; Aliquis. Aliquis. d, Articulus, Pronomen.

(tH, §. CLXV.)

Sv: **ſav;** ulf. ſaw, hic, ille.

ts: **ſat:** ſch. ſådant, ſådana, ſodaner, e, es, talis; om en ſådant ſått, von einer ſolchen weiſe, Pſ. 2, 7. (niſi compoſitum, ſo than.)

n: **ſum,** ſch. ſom, qui. AS. ulf. ſum, Ottfr. ꝛc. ſumer-, E. ſome, altſch. ſumir, quidam, aliquis, Ottfr. ꝛc. alius; plur. 883. Ottfr. ſume, h. ſommige, ſch. ſomlige, einige. hmb. ſum-, h. zomtyds, E. ſometime, interdum. (AS. ſun, ſi in, ſei in).

h: **ſüh,** **ſah:** ulf. ſah, ὁ; ſah wazhun, quicunque.
Tat. ſih waz, aliquid, ſih welcher, (ſo welcher). hmb. ſeke, femininum, von ſie, illa: heken un ſeken, maſcul. et femin.

l:

l: sul: Otfr. selas, isti; Not. solers lichen, talis lucis. selbe, iste a. ud. Tat. Kero, solih, a. solch, h. zulk, altsch. tholik, talis.
alter Ps. selde, numquid.

r:

T. so, qui ae. od. alf. sa, ê, sael, qui; AS. se, altsch. sa, ô, ille, qui.
alf. si, sei, T. si, sie; AM. sü, sui, su; AS. seo, altsch. so, su, ŋ, illa, quae.
alf. sa, istud.
Otfr. sia, sua, ihr, femin.

§. CLXXXIV. Vita socialis. Sociale; iungere.

1. Sociale: ad, cum; pluralis; particula comparativa;
2) multum, spec. sex, septem; grex; familia.

Sv: suv: 2) gl. boxh. fr. souvo, agmen, globus. sieben, Kero, alf. sibun, AS. seofan, b. siuv, E. seaven, seven, septem; Kero sibunto, sibto, septimus; sibunzog, alf. sibuntig, sch. siutyo, septuaginta. (zifer, cifra, nota numeri.)

AS. syb, sibb, AM. sip, sibba, MT. sibbe, pax, amicitia, necessitudo, affinitas, cognatio; v. T. sybbe, genus; AM. sibbi, -er, cognatus, boxh. gl. fr. affinis, AS. sip-and; Isl. min syppeblut, blutsverwander. AU. ghesibbe, sch. sifskap, sipschaft. MT. gesibben, affinitatem contrahere. AS. godsippe, goseppe, compater, -mater; sch. gudsivia, cognatio spiritualis. ull. siponeis, discipulus.

ulf. sib, pax; gasibjan, reconciliari; unsibja, iniquus; AS. unsibbe, inquies, seditio; sibbian, pacificare.

ts: suth: partic. comparat. Otfr. rc. sus, AS. E. thus, ita; Belg. alsus, W. Urk. 1363. weder sus noch so; Kero susthhan, -aner, huiusmodi, talis. sust, sonst.

copulat. temp^s. LL. Edgar. sid, T. sith, seit, Otfr. Winf. sidor, -er, Rund. syder, h. zedert, b. siden, MT. sedert, Rund. sodert, seither, usque huc. AU. post, deinde, postquam, inde, postea. CXCIII. AS. sithe, vice. Nott. sideri.o, posterior; AS. sithest, b. sidst, ultimus, novissimus, CCI. 1528. seitmal, siquidem. AS. sidhdhan, postea.

2) sex, MT. h. ses, pers. ses. sester, sextarius, mensura aridi et fluidi, pers. sad, Buch. T. sadd, centum.

plural. sch. sitt, vos, ihr.

AS. gesid, comes, socius. suster, soster, systar, soror, (domestic. §. CIX).

alf. saud, sch. sodh, ovis.

n: sun, san; Otfr. -sun, encliticon: heimort sun, domum, ethen sun, antea-.

partic. comparat. sam, 1528. quasi, gleichsam; Kero sama, tam, quam, velut, similiter, similis, una, simul; Isl. sem, sicut. ulf. samaleiks, aequalis, samaleiko, similiter; samen, simul. Isl. rc. sama, assimilare, convenire. Subst. bibl. mog. 1462. behaltsam, servatio.

partic. copulat. ulf. -sintha, affix. numerale, -mal.

temp^s. M. K. sind, sint, sindert, hactenus, post, inde; sintemal, siquidem. ulf. sinteino, -an, AS. simle, simble, singalicce; Kero, Otfr. simblum, -olon, Isid. simbles, -es, -es; Tat. simblun, -stum, semper. ulf. sintein, perpetuus.

2) Mus. Lanhus. sant, samt, cum. AS. sam, semi, (cum auxilio). ulf. samathran, concurrebat. Isid. samwist, conversatio. gl. Lips. sammung, synagoga. Mnet. R. tesemane, gesammenunga, concilium. LL. Long. sana, adunatio. M. sams-, Otfr. sambazdag, samstag.

Otfr. zumfti, zunfti, zunft, conventus, ordo, lex, (ziemen, §. CLXXI, II, 1.); gl. monf. gizumpht, pactus; ungazumftan, dissidere; Tat. gizunstig, concors.

K. senne, seyne, send, sinde, seynde, synodus; Schilt. zenta, z.c. send. t, centena, coetus, Einteilung eines Gaues; LL. all. smiscalcus.

b. AS. suner, sunrae, grex. Besold. sennerei, Viehzucht. AS. sinc, omnis generis collectio, thesaurus, coetus. AS. fr. sondre, soundre, grex.

LL. all. sene, sine, sune, familia, congregatio. M. sun, son, Sohn, ulf. sunus, sch. E. son, Isl. sonur, d. sön, AS. suna. u, h. sone, (suin, §. CIX.), filius. M. gesind, famulitium; ulf. gasinthja, comitatus, h. gesin. AS. samwist, matrimonium.

h: suh, sah: Kero sehs, secho, ulf. saihs, Kero, M. sex, E. AS. six, (§. CVIII, 2), sex. Kero sehzugosto.

l: sal: selb-, cum. partic. compar. Tat. selb sama, similiter, wie gleichsam, und samaseik.

2) Otfr. zala. u, plenitudo, numerus, summa; (pars, §. CLXXI; I, b); zalan, supputare. sellig, multus, totus, omnis, valde. h. selle maend, Februar. (§. CLXXXIX.) selle, socius, socialis; h. gesel, gesell; versellen, comitari. sch. sälskap, hmb. sellschop-.

r: sur: partic. copulat. temp^s. hmb. sör, sört, södert, seit: sör ehergestern. sch. siu, Isl. siö, septem.

2. Iungere, suere, colligere; vas.
2) comitari, iter.

Sv: suv: M. siwan, E. sewe, sowe, AS. siwigan, suere. h. sypeln, Isl. safna, colligere.

td: sut; Isl. siod, siodur, thesaurus (collectio). Sidel, cista; frank. baier. seidel, mensura fluidi, ½ Maas. b. seisen, Taue fest binden. M. Meinsp. sudel, copia, cumulus.

2) AS. sith, iter; gesid. th, comes.

n: sun, sam, 1528. samen, zu-, beisammen; M. LandR. semlich, omnes; summe, summa. Mnet. saman, 1369. besamen, AS. samman, sammnian, M. samanon, sch. samna, sampna, colligere, congregare. gl. Lips. versaemen, excommunicare.

T.

T. sand, arena. E. sahn, coagulum.

fr. somme, AS. suun, AL. soumo, sauma, AS. seam, sarcina, sagma, onus; saumarius, saumar, -roß, bos, bubulcus, b. hisp. sómere, asinus, AS. seamere, mulus. Durlach saum, Faß Weins (½ W. Eimer). Goth. simmera, schw. simre, frisl. simer, vas, mensura solidorum. Simmer = 40. E. saum, pakträger. Ostr. sindel, mens. minima aridi.

Otfr. sum, circum, circiter. sin-, sinwel, schw. sinel, rotundum, §. CXXXV. schw. sims, proiectura, contignatio. ulf. bisandjan, circumdare.

gl. mons. saum, ora (circumsutum).

2) Otfr. san, ivit; sinan, ire, tendere; gisuimen. Otfr. -sun, partic. insepar. motus ad locum (ar. 1.), -wärts; thara sun, huc, illuc.

sand, misit; ulf. sandjan, mittere. Tat. afsenten, abiicere. AS. sinth, iter; sinthian, iter facere. Otfr. sinda, iter; saman sindo, comes. senten, gl. mons. destinare, Otfr. dirigere, ire, iter dirigere, mittere.

h: sah; ulf. sakk, sch. b. säk, AS. sacc, säce, AL. E. sak.c, saccus, cilicium; AS. bisäc, fr. besace, bissac, pera; b. wynsak. Otfr. sekil, -chil, pera, saccus, schw. Seckel.

b. sanke, colligere. hrab. senkel, schmale lederne Schuh-, Hosenbändel, schnur. ulf. bisitungam landis, finitima, circumiacentia regionis. sch. sokn, Sochn, districtus ecclesiasticus.

l: sul, Wes. silen, siln, summt, iugum. sul, subula, §. CCL

hrab. sehl, bügel, Handgriff, -habe am Eimer, Kessel-

r: sur; AS. syran, besyrwan, illaqueare (§. C.)

b. T. sort, species, eiusdem generis.

§. CLXXXV. Vita. Vita; Vegetus. Vita, id est, esse; ipse.
(th, §. CLXVIII.)

Sv:

ts: sitz: sis, Otfr. es, et sis, seist. ulf. sis, se, apud se; sis misso, inter se; sis silbin, se ipsum.

n: syn, sam; AS. som, sum, fio. ulf. sijum, AL. sumes, sumus, simus; AL. ulf. AS. sin, sum, sind, Isid. sindun. AS. sin, syn, sumus, estis, sunt. ulf. sijan, AL. syn, gesyn, esse. Otfr. sind, occasio, modus; Kero sinde, temere.

ulf. sama, sch. samma, ipse. syn, AL. ulf. seins, suus.

h: suh, ulf. T. sik, sich, sch. sig, sibi, se.

l: sil, ulf. silba, AS. sulf, sch. sielf, AL. selb.p, selbs, selbst, ipse. Kero selbwillin, sponte. LL. Long. selbmundia, sui iuris. selbgerichte, faustrecht.

r: sur, Gal. sier, sibi.

ulf. sa, ipse.

T. si, sy, sei, sit. AS. sie, esse. ulf. siu, sumus; sijuth, sind, sunt; sial, ero, erit.

§. CLXXXVI. Vegetus, promtus, alacer, cito, statim; opportunus, aptus, sanus; prosper, felix, fortuna. (th, §. CLXX.)

Sv: sav: Otfr. zalwen, aptum esse, convenire, decere. h. seffens, illico, promte.
ts: sut, sat: AS. sádlice, iam.
ulf. sut, facilis; sutizo, sch. sotare, facilius, tolerabilius.
n: sun, san: E. soon, ulf. suns, sunsaiw, cito, statim; All. san, iam, ofsan, obschon; Isid. san imman, dum. Lamb. sunig, diligens.
AS. semninga, -unga, subito. Kero rc. samfto, samft, facile, possibile; unsemfta, difficilis.
2) Otfr. gizami, aptus, congruus, decens; zimen, decere (§. CLXXI, II, 1. 2), zumfti, lex, ordo, (CLXXXIV, 1.).
Otfr. gisunt. gesund, h. gesont, sanus, incolumis, rectus, pacificus. Otfr. rc. sent, das lat. sanctus.
h: suh, sah: AS. segga, b. seggur, altE. segge, strenuus miles, vir, masculus; ulf. sigor, siher, AS. sigora, victor, dominus. All. sig, sieg, h. zeg, sch. segr, b. AS. sigor, -ur, oE. sige, Isid. sigu, sieg, victoria, Mns. sigunft, mit. b. NS. sacht, facile.
3) Kero sihhur, sicher, sch. säker, securus.
l: sul, sal, 883. sal, promtus.
2) AS. sel, seel, opportunitas, tempus.
3) ulf. sel, bonus, unsel, malus, unselel, nequitia. Isl. sch. säll, L. sch. b. salig, selig, beatus. sch. e.usäl, miser; sch. säla, beare. Capit. fr. salicheit. salus. selig, securus in asylo, sala principis, immunis; K. Eiglam. 1431. sicher und selig.
Nott. salde, salus, felicitas; saldo.a. salutaris; Otfr. salida, felicitas, salus, felix, beatus, salvator. Mns. selde, salus, fortuna, delectatio; Isch. unselde, infortunium.
r: sur, sar, 883. Otfr. rc. sar, saar, sareo, Kero sario, cito, confestim. sehr, valde. Run. siar, victor, dominus.
AS. so, cito, statim. sa, h. tsa! heisa! lustig.

§. CLXXXVII. Sensus: Percipere, Inclinare, Dicere. Percipere, (videre); Lux, (instrum. visus externum). Percipere, Mens, Visus.

Sv: suv, sav: AS. sesa, b. sefe, seffe, mens. Anima, AS. saiwel, sowul, sawl, sabel, sabl, ulf. saiwala (visor). h. seffen, beseffen, cognoscere, concipere. Nott. sewen, videre; Otfr. insuab, percepit, audivit.
gl. Lips. gesifte, visio.
ts: sut, sat; AS. gesath, vidit, particip. gesethen. oE. gesythe, visio. gl. monf. zisi, pensitatio. Nott. foresistig, propheticus.

n: sün, san: san, meditatus est, sinnen. Otfr. sin, der sinn, sch. syn, b. siun, AS. b. sien, sion, Otfr. gisiun, visus, sensus, intellectus. sens, Tat. mens, Otfr. sensus, spec. mysticus. ulf. siuns, visio, visus, species. gl. Lips. sien ogun, AS. seon eagen, pupilla oculi. Nott. siunen, sch. synas, apparere. ulf. in siunai, apparuit. MT. sien, syn, videre, video, sch. i sin, videtis; Mnf. ge san, gesehen. Kero selbsauna, - suanu, arbitrium, (§. CX, I, 4). ulf. silba siunis, testis ocularis.

Will. Nott. sino, ecce. sch. besinna, agnoscere; Mas. viel wol besint, besonnen. Nott. sinechen, sapere.

h. sim, simme, simia, (wie: Aff, CCXIV.-)

h: süh, sah: AS. sah, ulf. gasahw, vidit; saihwan, AS. sehan, videre. Rac. seha, pupilla. AS. sih.ch, siht, AS. siht, gesiht, Kero kasiht, visus. Mnf. gesicht, augenschein; ab-, ein-, vorsicht. AS. geseh, - seah, gesag, - seag, vidit.

sich, Isid. &c. seegu, ecce.

l: sül, sal; AS. sol, sel, sele, sil, MS. seile, sch. siall, b. siel, Isl. saalu, AS. saul, E. soul, b. hisp. MT. siele, Nott. seulu, seele, anima. Bibl. mog. 1462. selig, animalis. LL. Goth. salefrid.

Morh. zillen, videre; Kero kezellan, reputare.

r: sür: armen. sirt, cor.

se, video; sa, vidi. sch. see, sea, sy, altsch. sya, Isl. sia, b. E. see, h. seen, AS. seon, gesean, videre.

Kero &c. se, see, ulf. sai, ecce.

§. CLXXXVIII. Lux; ignis. (CXCV.)

Sv

ts: sut, AS. sud.th, T. sud, süd, hmb. söde, meridies.

n: sun, AS. AL. sunna, ulf. sunno, Bast. T. sune, E. sun, MT. son, sonne, sol. splendor. zinne, h. tinne, pinnaculum; h. tinteln, fulgere. zin, MT. tin, stannum.

AS. sinc, zink, obryzum. b. tinne, splendor.

urere, sengen; zünden, ulf. tandjan, AS. tendan, sch. tända. b. tende, incendere, lucem praebere. Nott. zander, Tat. zanter, pruna. Kero zuntra, zunder, h. tintel, AL. tindre, tundre, sch. tunder, b. AS. tynder, E. tinder, fomes. gl. mons. sinter, scoria; h. sintel, abgebrannte Schmidkolen.

Nott. &c. sund, plaga meridionalis; sunt-wint. h. hisp. sundert, südwärts. Schilt. sundgaw, Alsatia meridionalis.

h: sah, boxh. gl. fr. saccari, ignis, rogus. sengen; hmb. sangern der Glieder vor Kälte.

l: sul, AL. sol, sch. söl, ulf. sauil, sol.

sch. b. sölf, sch. silfer, AS. seolfer, MT. h. E. silver, Bast. T. silvir, AL. selver, silbar, silber, silvar, ulf. silubr, argentum. salm, salmo, (auratus, a fulgore.)

z: ſar: gl. monſ. anazari, incenſor, inſtigator.
h. torts, fakel. d. ſort, niger.
gl. monſ. anazzi, inſtigaſſet; anazit, inflammat; gl. anazer, ſtimulator; anazan, inflammare.

§. CLXXXIX. Inclinare, Indagare, interrogare: Propenſus, bonum, dare, benedicere.

Sv: ſuv, ſeph; Kero ſora ſileſephan, propitiatur. hamb. ſybeln, hebeln, zärteln, tändeln mit kindern.
tv: ſut, ſat: tgoth. beſatt, obtulit, conſecravit; ſetten (§. CCL.)
n: ſun, ſan; ſenen, ſehnen, cupere.
j. arg. ſynnen, examinare menſuram, eichen, ohmen (§. CLXXXIV, 2); Otfr. ſinien, LL. Baiw. c. zingen, menſurare, modum dicere; Otfr. ſind, modus.
h. zuinig, ſparſam.
2) tgoth. ſenißmußtris; ſanft, mitis. gl. monſ. giſunſt, benedictio.
h: ſuh, ſuh; ſch. ſuka, Brz. ſuchten, ſich ſehnen. erſuchen, h. verzoeken, petere. ſucht, h. zucht, cupido. Nott. giſuoch, geſuch, lucrum, uſura. AS. ſoh, ſoht, inquiſivit; ſecan, geſacan, Al. ſuachan, ſuochan, h. j. ſoeken, ulf. ſokjan, ſch. ſökia, d. ſöge, E. ſeek, ſuchen, indagare, inquirere, poſtulare, diſputare. Rab. ſoohni, inquiſitio. Isl. ſakia, AS. ſokan, Nott. irſuohen, Kero erſuahhen, tentare, examinare, inveſtigare; urſahhidu, verſuch, examen; geſuch, petitio.
2) ſacht, h. zagt, mitis et lentus.
1528. ſägen, der ſegen, Otfr. ic. ſegana, -enl, -ini, benedictio; ſegnen, ſch. wälſigna.
l: ſul, ſal: Al. c. zilen, ſtudere. Kero, Iſid. zellen, argumentari, inquirere, petere.
2) ulf. AS. ſel, bonus; unſelein, verſutia, malitia. AS. gob, beter, ſeloſt, optimus. AS. ſellic, dignus, mirabilis. Mnſ. ſelde, probitas, civilitas. ſeltſam, gl. monſ. pretioſus, peregrinus, Otfr. rarus; Nott. ſeldena, h. zelden, ſelten, d. ſielden, raro. ulf. ſilda leik, mirus; CXCIII.
fr. ſala, -unga, traditio; fr. Kero ſyllen, Nott. ſelen, fr. MS. hamb. Kero ſellen, AS. ſellan, ſillan, ſyllan, ulf. ſaljan, alſch. ſalia, ſch. ſala, E. ſel, h. zellen, Tat. ſalen, AS. ſealden, dare, praeſtare, tradere, vendere; ulf. hunſla Daſta ſaljan. AS. d. ſal, ſälge, venditio. NS. verſellen, Mnſ. ſelwen, vergeuden; hmb. upſellen, aufgezehrt haben; ditm. ſelmand, September; h. ſellemaend, Febeuar.
Nott. ſalde, benedictio; ſaldon, benedicere.
r: ſur (Σωγ. deus. franz. ſir, dominus.) §. CLXXXVI.
AS. acſian, interrogare.
2) bair. ſchw. ſe, en, accipe!

§. CXC. Dicere, significare, canere.

2) Verum, rectum, debitum.

Sv: sив, sав: AS. ywan, ostendere. ulf. sibna, AS. stefen, stefn, vox.

Ts: sut: AL. tuten, diuten, deuten, h. duiden, dieden, interpretari, indicare, monstrare, publicare, docere, explicare, AS. aethioten, getheodan, (§. CLXXI, II, 1.), sch. utyda. Isid. titul, -el, gl. monf. tital, titulus; v. T. tutteln, titulare. h. deut, hamb. dutt, moneta parva. AS. getáth, monstratus.

Kero disco, discipulus; gl. vet. tisco, alumnus, commensalis.

Isl. thotte, AS. gethote, cogitatio; ulf. thata, Isl. thote, cogitavit. h. tatteren, E. tattern, lallen wie kleine Kinder, stottern.

2) AS. sod, sodlice, fulsod, certe; sooth, Isl. satt, verum.

Jt: sun: h. ton, signum; MT. h. hamb. tonen, significare, indicare. ulf. fauratanja, prodigia. AS. tungel, astrum, planeta, sidus; tungel cráft, astronomia. h. deun, lied, Gesang, Spaß.

Run. dáme, exemplum; dámesagur, fabula. AS. teaman, advocare. h. teem, langsame Sprache, teemen, die worte schleppen, CLXXIII.

Kero ic. stimma a, stemma, AS. stema, a. h. stemme, sch. stáma, vox. Ottfr. gizellen, indicare, exponere, declarare; Matt. jenan, provocare. hamb. femp, langes Geschwätz (Rich. von semp, sinapis).

2) sun, verum; ulf. sunja, veritas, sanctitas, sch. sanning. a. sand, sandhed; ulf. sunjein, bonus, verus, sanctus; bisunga, vere, sane; Isl. sannur, sch. sann, a. sand, verus; sansagn, veriloquium; sansogul, verax. a. sande, asseverare.

sam, zum, ziom, tam, (§. CLXXI, II, 1.), rectum, decens: Isl. sóma, E. seeme, decere; sámlig, E. seemelig, decens; sch. sáma sig-; altsch. Isl. sámd, sómd, decens, decentia; AL. Run. somi, decus, honor, existimatio.

Wms. med. aev. wir sun, son, san, sout, sollen.

Forense: sun 1) iudicium, ulf. saun. Matt. suonotag, dies extremi iudicii. Kero suano, iudicium; suanarri, iudex; suanan, Symb. apost. suonen, iudicare, (§. CX, I, 4. CLXXXVII.); AL. suontst, iudex; ulf. sinists, presbyter, senior, sinelgs; sinist, Burgund. summus Episcopus. send, iudicium, §. CLXXXIV, 1.); sendbar, semper, sunder, sendmäsig, gerichtsfähig; seinem Gerichte unterworffen.

2) pactum, pactio, Gal. suona; Goth. suun buoch, charta conventionis; AL. suonen, transigere.

3) transgressio, peccatum, AS. synne, sunt, Kero ic. sunta, sund, sünde, sch. synd, MT. sond, AL. Conf. sunde. Kero suntigo, Ottfr. suntig man, peccator. Matt. suanan, condemnare.

4) culpa, impedimentum, sun, son, LL. sal. sonnis, sunnis, sounis, sonia, sumis, sumnis, LL. Goth. somnis, h. summis, versuim, impedimentum; LL. Goth. exoniare, extra moram ponere. AL. saumen, act. impedire, inhi-

inhibere; Kero farsuuman, negligere. gl. monf. gsouual, apparatus. sch. sehn, tardus. h. senzelen, cunctari.

5) Reconciliatio, St. an. sune, Will. suona, Otfr. suna, W. Urk. 1342. Tin luter und ganz sun; 1286. sgeh. der sune. sünen, versünen, Al. suuonen, Will. kasuanen, NS. versceunen, sch. sona, sona, placare. (ulf. saun, redemtionis pretium.)

h: süh, sah: NT. sch. tek, tekn, ulf. taikn, signum; sch. tekna, winken; AS. tácan, docere; ulf. taih, nuntiavit, teihan, nuntiari; teihnan, significari; gataik-neins, ostensio; gataiknjan, ostendere, Minf. zeigen; zögte, monstravit, docuit; AS. thegen, discipulus; tucht, Otfr. ic. zuht, disciplina, gl. monf. eruditio; zuhtari, doctor; ziuhan, formare, instituere. Kero zeihhan, -auuu gu, signum. h. tooghen, ostendere; toogher, digitus.

saga, Tat. narratio, Isid. numerus, AS. depositio testium; saghan, numerare. sch. tyg, zeug; j. all. feud. gezewg, testis et autor ipse, med. aev. gezüg; 1336. gezugnust; sch. betyga, bezeugen.

tonga, NS. tunge, sch. ic. tunga, ulf. tuggo, Al. AS. zunga, lingua. hamb. tuken, Hüner loken.

th. t. ding, Otfr. Notk. ic. verbum, sermo, colloquium; AS. thingan, b. thinga, perorare. ulf. gataihan, respondere; faura gataih, praedixit. ulf. thagkjan, thaggkjan, bitankan, AS. dinkan, gsd. thencan, Al. thenken, denken, sch. tánkia, Isl. theinkia, d. tenke, E. think, cogitare; AS. doht, duht, sch. tánkte, Otfr. ic. th. dahta, cogitavit; Al. Conf. githanc, Isid. ghidanc, Notk. gedang, gl. monf. gidanch, E. thought, cogitatio. sch. tykia, Al. duhen, thunken, ulf. thugkjan, dünken, putare; ducht, deucht; Kero si teduht, visum fuerit. ulf. mikilthukt, arrogans. b. Isl. thekia, AS. thogan, a. cognoscere. dichten, meditari; Otfr. thihti, meditamentum; dihton, dictare, scribere. Notk. gedehtigi, memoria. ulf. andtahta mik, scio, besinne mich. Otfr. githagan, consultare, meditari, sich bedenken. Minf. Tanhus. gedagen, meminisse.

AS. sac, gl. Lipf. saca, gl. monf. sahhe, sache, res, causa; dicere, sagen, NT. hamb. seggen, AS. secgan, säggan, Isl. segia, sch. säya. AS. widsagan, contradicere; sch. ursaka, excusare; ulf. tunsagaht, sermo; W. Urk. 1374. ubersagen, convincere. Otfr. forsago, Kero forasaku, wizago, propheta.

M. saga, carmen &c., sch. fabula, sage, h. gezagh, gloria.

Al. sanc, gesang, cantio, carmen; sang, sung, cecinit; sinkan, singen, Al. AS. singan, Deut. T. singhen, sch. siunga, canere. zinke, buccina, cornu, (§. CLXXVI.) AS. singan, recitare; ulf. siggwan, legere, usaggw', legit.

2) verum, seker, sicher; versichern.

NT. sch. segel, siegel, sch. AS. insegel, b. indsegel, Isl. insigle, E. seal, sigillum. AS. sigla, gemma, monile; ulf. sigljan, sigillare.

Foren-

Forense sah, 1) causa, lis, sache, saka, AS. saca; absagen, befehden; Schilt. besagen, litem movere; tgsh. secher, pars litigans. AS. sokna, b. sokn, causae exactio.

2) transgressio, Tat. sahha, delictum; AS. sac leas, insons. sch. saker, Isl. sekur, reus. LL. visiGoth. sajo, poenator, tortor. ulf. sakan, arguere, increpare; sok, increpavit; Kero lisahchan, culpare. zig, culpatio, Dengl. im zig haben, zeihen; Otfr. zihen, profiteri, gl. monf. criminari. Wat. zicht, inzicht, opprobrium, convitium; bezüchten, -igen. zucht. poena, züchtigen.

3) reconciliatio, AS. sahtnysse; saht, reconciliatus; sahtlian, reconciliare.

l: sul, sal: MT. N. tal, verbum, loquela, lingua; ulf. thalsan, MT. talen, AS. tallian, sch. Isl. tala, erzelen, loqui. beir. tallen, reden wie die kinder. Wat. h. talman, tolk, dolmetsch; ulf. talzjand, praeceptor. ulf. untals, inobediens, Otfr. zalan, zellen, dicere, recitare, censere, explicare; zalti, dixit. Tat. fallen, enarrare, docere. Otfr. inzellen, excusare; anazellen, sizelen, accusare, convincere. Otfr. zala, noxa &c. §. CXCIII. N. teihn, harpfe.

MT. sch. tal, hmb. tall, zal, numerus; zälen, Kero kizellan, computare. Kero salmsang, Nott. saltersanch, psalmus, cantio.

2) verum, N. sal, wahre Beschaffenheit. insep. affix. - sal, sensu malo: All. zwang-, sucht-, werrisal, corruptibilitas; neigge selig, plenus afflictionis. bono: hubselig, -. (Schilt. leitets von zala, periculum, sala, traditio; Wachter von salig, animatus, -. Es kommt von - el hinder dem adiect. - s: rätsel, stöpsel; schrusal &c; sch. - els, - else.)

Rectum, decens: sal, soll, h. zal, debet; hmb. solen, sollen, ulf. saulan, debere, (nicht von skal, §. XIII.). gl. Lips. &c. sal, fiet, signum futuri.

sch. tull, MT. toll, zoll, debitum, tributum. sold, h. zold, merces; solsdarius, -atius, soldurii, Caes. soldurus, söldner, mercenar. miles.

r: sur, sar: h. term, wort, (terminus.) Isl. sor, iuravit, (§. CX, II, 2.)
All. zorhan, zorhtan, declarare, exhibere, §. CLXXI, II, 2).
sch. tee, ostendere, Isl. tia, praeter. tiede.
hmb. sâ, dixi, - it.

§. CXCI. Affectus. Deus; Ira; Tremor. Deus: Sibilus, - ans.

Sv: süv, sav: zifer, sibilans, schw. Gänse, Enten, Hüner &c; unziefer.
tabur, alter Ps. mit tabuen singen, tympanizare.

ts: sütz; MT. h. tiss; tissen, sissen, zischen, sibilare. schw. zeiselmaus, cricetus. zeisich, sus, saus; hmb. zaustern, garrire.

b. hisp. thuz, truhze, Nott. doz, thôs, getôs, sonus; b. hisp. thôs, insonuit; Dengl. tosen, Nott. diezzen, All. dosen, sonare, pulsare cum impetu et fragore. Nott. der frosg dôsta sie, rana disperdidit eos, Ps. 77, 45. St. an. dujzin, sonare tubarum. Wessa. dase, breuse. schw. tausen, brausen.

hmb. tüte, wasservögel vom pfeifen, blashörnlein; tüden, b. tude, bair. düdeln, düdhorn, AS. schw. dudeln, pfeifen. AS. thutan, theotan, ululare. E. düten, NE. tuten, h. tuyten, sch. tuta, sonare, (cornu, §. CLXXV). h. tuit, pfeife.

AS. toth, dens; plur. teth.dh; goma teth, maxillares.

n: sun, san: sum, gesumm; sumen, sumsen, susurrare. ton, sonus; sch. dön, brausen; ovdöhn, donnerschlag, §. CLXXX, 2.). St. an. diunen, thönen, resonare; Igsb. tanber, tambour. veron. T. tompe, trompete.

. GrT. tan, armen. atamn, pers. dend, ulf. tand, tundus, hmb. tahn, h. tant, AL. zan, zahn, dens; gl. monf. zanon, rodere, Nott. insidiari, schw. dentire. ziemer, turdus.

h: suh: AL. mit tuihte slizzen, fliesen mit geräusch (oder hefftig, §. CLXX.)

l: sul: h. tylpen, zwilchen, schirpen, geschrei der iungen Sperlinge.

r: sur; surren, sibilare, susurrare. sch. sorla, tumultuari. h. sirken, schirpen, wie iunge Spazen. suirr, swirren, hmb. zwirken, zwitzern der Vögel, Grille rc., §. CXXIX. CX, 2. h. tor, käfer; tortel, turteltaube. T. pers. star, sturnus.

bs! sibilus, bisen, (§. CX, II, 2.)

tutu, sonus tubae.

§. CXCII. Ira, frendere; 2) Impetus. (th, §. CLXX. CLXXI.)

Sv: suv, sav; bair. saifer, spuma irati, saifern, irasci, indignari, aemulari. alter M. virsewen, exprobrare; talsp. zeplen, expostulare.

2) bair. suff, turbo. zupfen, rapere, vellicare, §. CLXXI, I, 6).

ts: sut, sat

2) Otfr. zessa, cesson, turbo; zessen, fluctuare; gl. monf. cessode, fervore. talsp. zessenmacherin, Hexe. zausen, gl. monf. zascon, rapere. cambr. sawd, bellum, proelium.

n: sun, san; zenn, zank.

h: suh, sah: gl. monf. zuhhu, ruga, §. CLXXI, I, 1,) Kero secha, zek, zech, zank, rixa, tumultus; bair. zaken, zäkeln, rixari, (§. CXC.)

2) Otfr. zangan, zengan, AS. tengan, impetuose invadere; gl. monf. anazunggi, stimulus, instinctus. Nott. zochen, rapere, diripere.

l: sal:

2) Otfr. zala, noxa; Nott. zalig, noxius; Otfr. zalan, spoliare. h. sollen, cum impetu proiicere.

r; sur, sar: zoren, zorn, §. CLXXI, I, 1.).

2) t. zer-, se-; t. zerren, zergen, h. sarren, diripere, ib. 6). Kero ser, dolus, astutia, sorchaster, suspectus. sch. sarga, impellere.

§. CXCIII. Tremor, fletus; 2) solus, exilium, aeger-. (th, §. CLXXII.)

Sv: suv, sav: h. suff; suffen, versuffen, mente perturbari, stupescere; suff, delirus; hmb. verzufft, perturbatus, territus. Otfr. alfch. hmb. suften, Igsb. süfzen, seufzen, b. savne, vermissen. zap-

zappen, -eln, zablen, trepidare; Denzl. zäbelen, gradiendo incedere, schw. zepperlen, minutis gradibus propere incedere. zipper, tremor artuum.

2) gl. Lips. suste, pestilentia.

ts: sut, sat: zitter, tremor; zauder, trepidatio. zetter, ululatus, NS. 1269. ceder lo dute, Frisch. h. tsidderen, zittern.

2) sch. sott, Isl. soot, morbus; schw. sotbennen.

Schilt. schw. zadel, gl. mons. zadal, esuries, penuria.

partic. separat. hmb. süss, alias; umsüss, frustra, wat süss, was sonst.

sid, post, CLXXXIV, 1.

n: sun, san: zen, fletus; Denzl. zennen, flere. Mns. send, miseria.

2) sun, separatio; sund, sond, Otfr. suntar, sonder, sine; nisi, quam: sed, sondern, AS. sunger. besonder, ulf. sundro, sch. synner lig. AS. on sundran, AL. suntrigo, E. asunder, seorsim; Kero suntric lihchi, peculiaris; sundran, sondran, sondern, AS. syndrian, sch. syndra, Kero ksontron, separare. sunst, sonst, hmb. sünst, alias; umsonst. d. sent, lentus.

schw. h. somber, sonderbar, seltsam, düster, betrübt.

h: suh, sah; zag, tremens. sch. suka, hmb. suchteen, h. suchten, gemere. zuken, tremere. d. suk, gemitus.

2) aeger, AL. siuh. oh. eh, sch. siuk, h. siek, hmb. sük, ulf. siuk, d. sing, Isl. siugur, AS. seoc, siech; Isl. hugsiuk, solicitus; Kero suhtig, -dig, morbidus. NS. süke, h. siekte, Kero siuhchi, seuche, ulf. sauhtsiukai, AS. saht, AL. suhti, sucht, morbus. gl. mons. ursuhti, dysenteria; Otfr. irsiechen, siechen, sochen, hmb. süken, aegrotare. Heldenb. siegen, mori; siht were, necessitas, periculum.

l: sul, sal: ult. silda leik, stupor; silda leikjan, mirari. CLXXXIX. d. sulten, famelicus; sildig, serus.

2) AL. zala, Otfr. noxa, Kero periculum, Rab. exilium.

r: sur, sar, AS. d. sar, AL. Mns. ser, tristitia; 2) dolor, vulnus, ulcus, scabies; seren, Mns. dolere et laedere, verschren; AS. sarian, dolere; j. seren, h. uitteren, auszehren §. CLXXII, 1.). Mot. serewen, Denzl. abserben, tabescere; gl. mons. serawen, arescere; AS. searen, arefacere. gl. mons. serezan, parturire.

T. sch. sorg, ulf. saurga, E. sorrow, gl. mons. seregi, -agi, moeror, tristitia, Otfr. Mot. moestus; AS. sorgian, ulf. saurgan, AL. suorgen, sch. sória, timere, solicitum esse. h. zeer zorgvuldig; Otfr. seragemo muate; in serlichen zaharin.

zar, zähre, lacrymae. saur, sur, aegre. sorg, AS. dolor, hmb. leichentraur. sarg, capulus. Otfr. zorkolon, aegrotare. sch. sarga, vulnerare.

§. CXCIV. Sibilus torrentis per emissarium clathratum morati. Torrens: aqua; Bulliens. Aqua; fluere.

Sv: siv, sav: Otfr. K. sewe, ulf. saiva, marisaiv, mare. Will. zawe, gezawe, canalis, rinne, röhre.

2) h. hmb. E. sypen, triefen; sever, bair. saifer, saliva, trieler.

ts: sut, sat; Dengl. sod, hmb. soot, ziehbrunn, brauwasser; altfris. sad, fossa, fovea; h. sas, enger Schleusengraben. AS. decalog. sás, mare.

n: sun; sump.pf, Ottfr. sumft, palus, sordes. MS. seem, seim, dichtes, sanftes und ebenes Flüßige; semig, seimig; Will. seim, mel. hmb. semp, senf, sinapis. sund.th, mare angustum.

2) Nott. suummen, §. CXL, 2), sch. simma, natare. Verel. sund, natatio; sund lätt, natandi facultas; LL. sal. sundlero, anser. S. sinter, Tufstein.

h: suh: AA. gesik, ulf. saihwa, lacus, stagnum; Nott. gesik, lacus in torculari, gl. monf. gisich, stagnum; sihan, liquare, §. CXCVIII. AS. sinc, aqua.

l: sul, MS. sule, rivus; hmb. syl, aquaeductus, Siel, Kil. syle, sille, sulle.

2) boll. zille, scapha, CLXXXII.

r: sur; armen. dschur, aqua, §. CLXXXI. cimbr. sirenn, AS. sirenne, -endae, mare.

se, Ottfr. Nott. stagnum, mare, h. zee, sch. sió, sue.i, Isl. sio. gl. monf. seo, lacus, gurges.

§. CXCV. Bulliens; fermentum, sal, succus.

Sv: suv, sav: AA. suppa, Gold. suppe; h. sop; soppen, S. suppen, tunken. ulf. supan, condire. h. sap, hmb. sapp un saft; suppig, sappig; sappen, saften, saft geben. E. sofft, dulcis, suavis.

ts: sut; sieten; gesotten; Nott. siuden, AS. asceodtan, seodtan, coquere, ebullire; soden, h. sodden, decoctus; syde, coquere. sot, coxit; h. sod, ius; boxh. gl. fr. sodhe, edulium; hmb. schw. sood, AS. segda, ebullitio bilis, §. CXCIII. hmb. sott, fuligo.

sos, MS. sasse, sost, hmb. saust, Dengl. sassen, embamma, h. saus.

zyth, Tat. cidi, zyther, zitter, zythum. sut, sch. sot, süs, AS. Kero ic. suaz, dulcis; E. suet, suavis. gl. monf. suozi, delectamentum; gisuazan, condire, sanare. h. sour, sal.

n: sun: seim, semp, §. antec. decoctum, succus.

h: suh: zik, acidum; ziken, acescere. h. sek, sect, süßer wein. arab. zuker, saccharum. schw. säker, was zumal gekeltert wird. tgsb. süß und seiger, vom schlechten Wein.

l: sul, sal: AA. sal, MA. N. E. ulf. Gust. T. salt, AS. sealt, salz, sal. hmb. söle, sülte, sülze, salzquelle. hmb. solt, sülte, sulz, succus. h. sild, Hering.

ulf. unsaltans, insulsus.

r: sur, sar: MA. sch. sur, sch. syr, Ottfr. suor, saur, acidus. balt. sur, salsura, hmb. acetum. boxh. gl. fr. surro, cepe. hmb. süring, sürken, sauerampfer. syrup, syrupus, (Syriac ὀπὸς?)

MS. sarp, Ottfr. sarph.f, (Will. scarf, scharf, von herf.h, §. CL, 3), acer; Nott. sarfroesen, saevire.

gl. monf. sou, succus.

§. CXCVI.

§ CXCVI. Emiſſarium clathratum: Sipho; Qualus.
Sipho; effundere. Sipho; ſorbere; ſugere, lactere. CLXVIII, 2.

Sv: ſuv: ſuff, ſop, hauſtus; ſof, ſop, potavit; AS. ſupan, ſypan, ſipan, ſaufen, ſorbere; verſupen, h. verzuipen, verſaufen; Tat. ſuffun, mergere, mergi. Otfr. biſaufan, ſuffocare, ertrenken; Kero piſaufit ſi, abſorbeatur. zapf, ebrius. Mott. ſuber, h. ſober, ſobrius.
h. ſippen, koſten, verſuchen.
ſopen, ſupen, ſupfen, ſorbere, ſugere. Rab. zoba, zaupe, canis femina, Friſch.

ts: ſut, ſat: ziz, mamma. T. ulf. ſad.t, h. zaad, ſat; Otfr. ſeti, Kero ſety, ſacietas. Mott. ſaten, Wnf. ſatten, ulf. gaſothjan, ſättigen. ulf. ſaditan, ſathnan, ſatiari, reſtitui, ſanari. Otfr. ſaz, ſizlt, utile.
n: ſun, ſuin, lactans, ſcropha, foetus, §. CIX.
h: ſuh; ſog, ſuxit, hmb. ſäugetilch; Wnf. ſoug, lactavit; hmb. ſöge, ſchw. ſuke, ſcropha. zauch, catella. ſogen, ſaugen, ſorbere, ſugere. ſugen, Otfr. ſougen, ſaugen, lactere; hmb. ſögen, Wnf. ſöugen, ſäugen, lactare.
l: ſul, hmb. ſöl, ſuff, rauſch, betrunken; ſelig, inebriatus; ſchw. beſeligen.
r: ſur; gl. monſ. ſiuran, ſaturare; ſürfen, -eln, ſorbere.
ſu, ſau; b. ſoen, ſus, proprie ſcropha.

§. CXCVII. Effundere, mingere, exhalare.

Sv:
ts: ſut, ſuit (MT. ſwet, ſudor, ſudavit, ſchweis; ſulten, ſwiten, Otfr. ſuizzen, ſudare, CXL, 3.)
n:
h: ſuh, (ſeich, h. zeyk, mictio, mictum, §. ſeq.)
l
r
bſ (piſſen, mingere, §. CXL.)

§. CXCVIII. Qualus. Qualus; Textura; Sativum.
Qualus, colum; 2) Lotium, ſordidum, mundum; 3) Unctio.

Sv: ſuv, ſav: MT. ſeve, h. zeve, ſieb, gl. monſ. ſiſa, calamus, b. ſiv.
2) ſch. ſipa, MT. ſepe, h. zeepe, ſeife, ſebum. ſch. ſopa, Mott. ſeweron, Iſid. ſüfern, ſäubern; Wnf. ſufer, MT. ſuver, ſover, h. zuiver, ſauber, mundus. gl. monſ. ſupri, venuſtas. Tat. ſubar neſſe, purgatio. Mott. unſubri, immunditia; Kero unſubro, ſordide. zuber, lavacrum.
hmb. ſapp, ſordidum; ſabbeln, ſubbeln, ſchmozeln, ſudeln, h. zabberen, zeeveren.
3) MS. ſabbel, unguentum.

ts: ſut: ſudel, lotium; ſudeln, h. beſoedelen, inquinare. ſchw. ſlittern, rinnen.

n: sun: e. sintern, rinnen.

h: süh, sah: sig; siech, sieh, colavit, seihen, -chen; Nott. sigen, colari. versiegen, 1528. versehen. seicht. e. sakern, sikern, rinnen.

2) gl. monf. zehhan, tingere.

3) d. sagul, unguentum.

l: sul, sal: 1) sch. syl, colum, syla, colare. 2) AS. sole, d. söle, sch. sööl, volutabrum, spurcities. Schilt. sulen, AS. sylian, E. soil, sch. söla, solka, d. söle, hmb. sölen, saltern, contaminare; ulf. bisaulnjan, contaminari. hmb. salter, der kleine Magen des Rindviehes, buch, blatermagen, manchfalt. Will. fr. salo, AS. sal, fuscus, niger; hmb. pallidus, schw. an farb abgeschossen, crit. Beitr. 18.

3) AS. insil, inzil, axungia, sebum. salbe, gl. monf. salpa, Kero salbo, ulf. salbon, Will. salva, AS. sealfan, sch. salfa, MS. salve, h. zalve, unguentum; ulf. salbon, ungere. salbei, salvia, h. sali, salie.

r: sür: AL. ziora, ziari, zier, h. cir, cierat, mundities. h. zwier, Art, Anstand. AL. Conf. werchen une gezierden. boxh. gl. fr. sorda, sordes.

holst. see, sey, colum. hmb. sey, treber, malzkleien. das seyen, seihen, MS. syen, d. sie.

§. CXCIX. Textura: 1. Textura, 2. Fimbria.

1. Textura, linteum, filum; 2) lenis.

Sv: suv, sav; ulf. Otfr. saban, Tat. sabun, sindon, linteum. gl. monf. sapon, theristrum. Schilt. sebenden und liesche, culcitra.

2) AS. soft, lenis.

ts: süt, sat; saite, seta; Kero seid, laqueus. gl. monf. zatu, coma, Denzl. zotte, villus. zettel, stamen; S. Schärung. zetteln. syde, seide, Isl. saudan, Denzl. E. satin, sericum, h. satyn.

h. sits, ziz, gemalte indianische leinwand.

n: sün, san; senne, sehne, AS. sinuwa, alter Pf. sennetwa, nervus, arcus. Wns. zendal, sindo. zandel, Denzl. zendel, bombycina simplici textu.

h. sim, hmb. semm, Angelschnur von pferdharen. 1482. sembde, schles. senden, iuncus.

2) samet, textum lene. Nott. rc. semfte, senifte, sanft, gl. Lipf. senphte, mollis.

h: süh, sah, Germ. sac. k, sec, sagum, (saccus §. CLXXXIV, 2.). MS. phryg. sok, soccus.

2) d. hmb. sacht, h. zagt, lenis.

l: sül, sal: gl. monf. zellan, texere. gl. monf. seil, restis, S. salte, Sille; ansillen.

h. seulen, mit einem Netz fischen, das ein Pferd zieht.

r: sar, Schilt. sar, sericum; AL. sarewat, sericales & tunicae, Gold. E. serge.

h. sargie, Sarsch, Sersch, wollener zeug.

h. sal, feines gewebe; sayet, fein baumwollen garn.

2. Fim-

2. Fimbria; 2) Scurra.

Sv: suv; **zobel**, h. sabel, mustela, (villosus). **zobel**, **zopf**, büschel Har, §. CLXXVIII. **zobeln**, **zopfen**, §. CLXXI, I, 6). 2) sof, h. sop, hans sop en pekel haring.

td: sut; zod, schleppe, zott, **zottel**, **zaser**, fimbria.
2) AS. sot, h. sott, scurra; zod, **zuttel**, Kero zuzsa, Lena. **zott**, nugae.

n: sam, **samet**, (supr.). Luth. **sernisch**, zottlich.

h: sah; **zak**, fimbria.
2) RL. Ki. sak, lupa, scortum, **schirppsak**.

l: sul: 2) h. sul, narr; **sullen**, glitschen, fahren auf dem Eis.

r: sür, suir, h. zwir, zottel; zwiren, zotteln, CXXXII.

§. CC. Sativum; falx.

Sv: sav, AS. sew, sevit; AS. Tat. sawan, AL. sawen, E. sow, serere; AS. sawen, satus.
2) **sabel**, gladius, §. XIV. b. sav, Säge.

td: sat, sat, h. zad, sch. säd, sementis, semen. gl. monf. sati, satio. hmb. sode, die **sat**, cespes. Otfr. sat, usat, dissipatus; schw. **zetten**, dissipare.
2) h. seisse, hmb. seessel, falx manuar. gl. monf. seitunga, gladius.

n: sam, AL. sam, som, semen. h. somer, Kero sumar, **sommer**, aestas. gl. monf. semala, **semel**, polenta; semidahi, carectum; senawa, avena.
2) **sense**, falx.

h: sah; sahan, serere; gl. monf. sahari, sator. Luth. **sichten**, cribrare.
2) sak, säk, sica. hmb. sage, **säge**, gl. monf. saga, blm. **sekel**; LL. all. salga, sagia, serra, et denarius serratus. gl. monf. Nort. Tat. frif. sahs, novacula, St. an. culter grandis, gl. vulcan. gladius longus; AS. sähs, säx, seax, sax, sex, culter, pugio, gladius. gl. monf. sihhila, **sichel**. gl. monf. segansun, Schilt. segessen, schw. **segese**, falx.

l

r

sch. säa, b. Isl. saae, **säen**, alf. saian, h. saeyen, hmb. seyen, serere. alf. saiso, sevit.

§. CCI. Mora: Sedari, deorsum, sopire; 2) Sedes, fixum.

Sv: suv, sav; alf. Otfr. RL. M. sof, sopor, somnus; soffen, h. RL. sofen, sch. Isl. sofva, suafa, altsch. Isl. sifa, sopire, dormire, quiescere, cessare. E. sofft, quietus.

td: sut, sat: b. hmb. syd, nieder, deorsum; AS. sidreaf, toga ad talos demissa. alf. saltqua, occidens; seithu, sera, vespera: Kero dera sunnuum **sedal** tanga, solis occasus. alf. seithus, serus, CLXXXIV, 1.
h. sus! stille, halt! sussen, schweigen machen. **St!**
2) fixum, sedes, **sit**, **sat**, 1) plantatio; alf. satjan, **sezen**, sch. sättia, plantare.
2) habitaculum; hmb. sad, **sas**, du Fr. saz, c. sideter, cidelarius, colonus. Nort. anasiden, sitten, **sizen**, habitare; alf. bisitlands, vicinus. Nort. sesazza, tabernaculum; med. aev. gesez, geselz, **siz**, domus.

3)

3) ſedes, h. ſet, NS. ſett, gl. Lipſ. ſetti, hmb. ſade, ſch. ſát, Otfr. ſez, ſiz. AL. ſidel, ſedale, ſedile, Otfr. thronus, reſidenz, AS. ſetl. ulf. MT. ſch. ſat, AS. ſát, AL. ſaz, ſas, ſedit; Nott. ſiden, AL. ſizen, ulf. ſitan, AS. ſittan, MT. ſitten, ſch. ſittia, ſedere. ulf. manaſeths, mundus (ſedes hominum).

AS.-ſet, ſeotte, poſuit; ſettan, MT. ſetten, ulf. ſatjan, ſezen; perſ. ſazden, ſch. ſättia; b. ſotte, E. ſett, ponere. ulf. atſatjan, Otfr. giſidalen, ſiſtere; gl. monſ. giſidili, ſeſſio. Denl. ſidel, ulf. ſitl, cathedra, ſedes, nidus, ſeſſel. ſattel. ſch. upſát, vorſaz; und ſátta, entſezen, liberare. entſezen, horrere; ulf. andaſets, abominatio; ſat, dieſat, horrore affecit; Nott. inſazin, revereri; gl. monſ. inſizan, metuere.

4) latus (adiacens), ſyte, Rab. ſita, ſeite, ſch. ſyde, h. zyde. fr. zeſo, Otfr. zeſu, -ua, zeſawi, Nott. zeſun, -uun, zeſewun, AL. Conf. zeſuin, Schilt. teſewa, ulf. taihswo, dextra.

5) quies, hmb. ſade; upſate, ſeditio; aufſäzig, ſeditioſus, hoſtilis.

Fixum morale, mos, Will. derſido, ſitte, AS. ſida, NS. ſede, h. zede, a. ſád, Kero ſitiu. Otfr. ſiton, -ota, ſolere, facere, aptare.

Dalec. ſod, ius; ſaz, geſez, lex. Otfr. ſizzam, moderate (Schilt. ſih zam, decebat). Jsl. ſiſla, officium; ſiſlumadr, ſyſloman, iudex.

n: ſun, ſch. ſom, ſomnus; ſömnig.

h: ſuh, ſah: AL. AS. ſigan, Winsb. ſigen, geſigen, ſch. Jsl. ſyga, MT. ſygen, ſieken, deorſum ferri, h. hiſp. ſubſidere, Nott. gl. Lipſ. declinare, ulf. ſigan, ſubſidere, delabi; gaſag uuil, cum occidiſſet ſol; ſiigquun, mergebantur. ſank, ſunk, ſubſedit; ſenken, Otfr. x. ſangan, ſankan, firſenken, ſch. ſänkia, mergere. hmb. h. z. ſakken, deorſum ferri, ſubſidere, wie Erde, Meel -. Schilt. ſegan, ſiniſtra (inferior -); ulf. ſaggs, occidens. S. ſeiger, ſenkrecht.

2) zeke, ricinus, (infixus cuti pediculus). h. tekt.

l: ſul, ſal; ſch. ſel, interſtitium inter fluctus. ulf. ſilan, -alda, conquieſcere, ceſſare. AS. ſolcen, deſes, ein Schläfer.

2) fixum: ſal, 1) AL. ſch. ſedes, manſio, domus; ſelida, ſedes in genere, Tat. habitatio, nidus; Nott. ſeldon, gl. Lipſ. ſelitha. u, AS. geſele, Otfr. ſelida, zelt, tabernaculum, §. CLXXVI. Otfr. Kero dſelida, zelle, cella, §. XI. gl. monſ. ſelidili, caſula. Otfr. giſelidon, tabernacula facere. Schilt. ſeli ſuch, Hausſuch. Nott. ſeldare, inquilinus, conductor, Hausmann; ſeldon, collocare. ulf. ſaljan, divertere, hoſpitare, habitare, manere; ſalithwa, manſio, habitaculum.

2) aula, palatium, curia, AL. ſch. AS. ſal, b. ſalur; (et iudicium in aula, §. CXC.). Lex ſalica, Beſold. lex aulae, ſalbuch; terra ſalica, Cron -, Herrengut, procerum poſſeſſio libera, praeter miniſteria ſalica. ſalman, teſtis, ſcabinus -.

3) fundamentum, (cambr. ſail). Procop. h. G. 4: vocarunt Scythae Thenaim ſylin, hoc eſt fundamentum, munimentum. ſch. ſyll, tabula

bula crassissima fundamentalis aedificii. sch. sola, substratum, infimum solum, planta pedis: sto sola, AS. sol, ulf. sulja, T. E. sole, solea calcei. AR. suli, tabula; ussulit, tabulatum. §. CLXXVII.

4) Gabalus, phala, turris in limine territorii; indeque altum, acutum, limen, §. CLXXVII; Matt. ic. sul, suule, h. suyle, AS. syl, saul, seule, columna; sal, camera in alto, Otfr. solâr, söller; h. oppersal und solderling. Kero sulzer, eminulus.

acutum, hmb. sul, d. syel, schw. die sal, sole, sule, ale, alse, pfriem, acutum, E. soul, suel, subbel, sugel, sch. syl, §. CLXXXIV. 2.

AS. sul, süle, (suelle, §. CXIV, 3) limen. LL. Goth. sulingl, vicini.

r: sür, sar: Schilt. serr, clathrum, schlagbaum, barre, staket, Verschlag, serra, obseratum. Seres, Indi, et gl. monf. serzlant, Arabia, nonne a limine terrae?

§. CCII. Sat, Set, fixum,

wird zusamengesezt, und nochmal ministrirt:

A) Sistere; B) Figere.

A) Sistere, sisti, quies, latus; 2) habitaculum, sedes.

Stv: stüv, stav: AS. stow, locus.

E. stop, pausa music. hmb. stoppen, sistere, cohibere.

2) hmb. stave, Niederlag, Comtoir; stapel, idem, Becan. fundamentum, quo pes insistit; stapelrecht, ius exponendi merces.

AS. stosa, hmb. stove, stube, hypocaustum, balneum. St. an. stiphtan, aedificare, stiften, fundare, gl. monf. nutrire, stiefvater-, nr. II, 2. B.

ts: stüt, stat, AR. stat, sted, ulf. sch. h. stad, AS. styd, E. stead, d. AS. sted, h. hmb. stede, stette, statt, Isl. stadur, gl. monf. stata, locus; Otfr. Kero steti, gradus, §. CLXXVI. falsp. stat, status, conditio. sch. stâdia, loco sistere; gestatten, locum dare; Kero kistaton, collocare. ulf. stoth, stetit; stodjan, incipere, anastodeith, incipit; -dein, principium; andastaths, -stathis, adversarius; usstaß, resurrectio. von statten, (e loco) prospere; Mns. statt, fortuna, anstatte, molestia, damnum; statten, causari, efficere. h. stade, nuzen;

2) AR. ML. sch. stad, Isl. stadur, statt. dt, urbs. ulf. stad, diversorium. stadel, fundamentum; burgstadel, castrum dirutum; stadel, Niederlag. Otfr. Tat. stad, gestad, AS. stäth, d. stadhe, ulf. stathe, ripa, littus.

n: stun, stan: Run. stim, stom, stand, locus; stand, stond, stund, AR. stiond.t, stetit; stantan, ulf. AS. standan, sch. stânda, Isl. standa, E. stand, stare. urstanden, resurgere. stemmen, Run. stämna, sistere, coarctare, spec. equam. ungestümm.

h: stah; stehen, stare. stechen, vergere. hmb. stak, querdamm im fluß, (sistens, coarctans). h. staken, pfälen, hemmen.

l: stúl, stal: still, sedatus &c.; Otfr. gistillen, sedare, cohibere. stellen, stallen, bestallen, locare. Otfr. abstalt, cessavit; abstellen.

Otfr. stullu, stillu.e, tranquillitas; T. sch. still, quietus; Kero tastillan, quiescere; stillen, quietare.

2) Nott. stal, stall, burgstall, AS. stell, stálle, stol, stelle, locus. All. Buxb. T. stul, ulf. N. AS. E. MT. stol, a. h. stoel, sella, sedes, thronus. ulf. gastaldan, possidere. gl. monf. stuol, accubitus, triclinium.

r: stúr, star; star, locus; Luth. liechstar, candelabrum. All. MT. sterr, T. Buxb. T. stern, ulf. stairno, perf. ster, stareh.k, E. starre, Isl. starre, plur. stiorna, d. sch. stierne.a, AS. steorna, stella.

St! siste gradum, cessa!

sta, sto; Mns. stast; stat, W. Urk. 1374. staut, med. aev. stalt; AS. ic. stod, ulf. stoth, stetit. Kero stan, h. staen, sch. stá, d. staa, stare.

versta, sch. förstá, verstehe, intelligo (sto audiens); er-, verstehen, hmb. perferre (stando, non cadendo). Mns. gastan, gestehen, fateri; bestehen, ungekränkt bleiben; beistehen, dat. All. instuan, percipere.

hmb. stauen, inhibere aquam.

B) Figere baculum.

I.] Baculus, II.] pro diverso fine.

I.] Baculus (surculus); acutus; truncatus.

1. Baculus, scipio; 2) sceptrum;

Stv: stav, LL. Sal. stava, MT. staf.v, hmb. staff, stab, scipio. N. MS. staf, E. staves, faßdauge.

2) ulf. stava, sceptrum, iudicium; T. staven, statuere; Schilt. stablich, iudiciarius; sch. stava, iudicare, dictare sententiam. Otfr. ruogstab, iudicium, actio criminalis. schw. stab, ius poenale. ulf. andastava, adversarius.

ts: stut, stat: gl. monf. studah, staude, rubus; studag, nemorosus.

2) stat, h. staet, regimen, regnum, pompa.

m: stam; stamm, stipes; progenies; Otfr. liutstamm, homines, gl. monf. montanus.

h: stúh, stah: stak, hmb. contus. ditm. gartenzaun. h. Stok, Stamm, Familie. gl. monf. stanga, stange; stek; stok; stikel; Nott. stigo, ovile.

2) ulf. stogan, iudicare.

l: stúl; gl. monf. stil vel haccum, uncinum. stiel. stilet, pugio.

r: stúr, star: gl. monf. sterchida, baculus; sterchi, lacertus, brachium. nr. II, 1.)

2) gl. monf. stiura, baculus, remus, puppis; stiuri, magnificentia, auctoritas, maiestas, debitum. Otfr. stiura, stiuro, gubernator, nauclerus; stiurfan, regere. sch. stiorn, regimen; sch. d. styra.e, regere, ducere. Lgsb. das

rich

rich oſtür, oſter, ledig, ohne Haupt; hmb. ſtür, ſteurruder, gubernaculum; överſtür, frebegängig; ſtüren, clavum tenere, mittere. AS. ſteor, gubernaculum; ſtyran, ſteoſtio-, ſtieran, ulf. ſtiuran, E. ſteer, h. ſtieren, ſteuren, regere. ſteur, h. beſtiering, Schuz, Regiment, Obſicht. hmb. ſtürlos, eigenwillig.

2. Aculeus, acutus, cauda. CLXXVI.

Stv: ſtüv: ſtiv, ſtep, ſtift, hmb. pflöklein, Nagel ꝛc. ſtup. pf, gl. monſ. ſtuph, hmb. ſtippen, apex, punctum; ſteppen, acu pingere.
ts: ſtüt, ſteis, cauda.
n:
h: ſtüh; isl. ſtikil, proprie extrema pars cornu acuta; cornu; vas potorium; ulf. ſtikls, calix, poculum, gl. Stirnh.
ſtachel, aculeus, Engl. ſtahel, chalybs.
l: ſtül, ſtal: ſtiel, uncus. ſtal, chalybs.
r: ſtar: h. MS. ſtert, cauda, h. ſtart.

3. Truncus; 2) ſtipare (ſteif, voll).

Stv: ſtuv: e. hmb. ſtub, ſtubbe, ſtybbe, truncus. AS. ſtof, ſtirps. hmb. ſtuf, curtum, ſtupfel, ſtoppel.
2) h. ſtuwen, feſt paken; ſtoppen, ſtopfen, bair. ſteiffen, ſtipare; ſteif.
ts: ſtut, ſtoz, truncus. hmb. ſtoot, portio operis.
n: ſtum, ſtam, ſtamm, Run. ſtom, ſtum, ſtipes deciſae arboris; hmb. ſtummel, ſtümmel, particula truncata, ſtiparum; ſtümmeln, ſch. ſtumpa, mutilare. ſtump, curtus, hebes, truncus, caudex. hmb. ſtuntſel, homo curtus, denſus. ſtümper, -pler, mutilator.
h: ſtuh, ſtah, AS. ſtak, e. ſtage, ſtipes. ſtuk, ſtük, ſch. ſtyk, fruſtum; gl. monſ. ſtuchi, ſciſſura, fragmen, pars. brem. ſtakkel, ſchlechter Kerl.
2) hmb. ſtengen, mund verſtopfen; ſik ſtengen, ſich würgen.
l: ſtul, ſtoll, ſtolp, ſtulp, truncus.
r: ſtur: ſtorr, ſtipes, truncus.
hmb. ſtauen, feſt zuſamen paken.

II.] Pro diverſo fine:

1) Pangere; 2) Fulcire; 3) Pungere.

1) Pangere, figere; firmare.

Stv: ſtüv, ſtav; T. ſtaven, pangere, figere. hmb. ſtävig, MS. ſtif. ſteif; ſteifen; sil. ſtyven, rigeſcere facere; Notk. irſtaben, obſtupeſcere.
hmb. ſtyvels, h. ſtyſſel, amylon, vulgo amedahm. ſtiefel CLXXXII.
2) ſtip, firmus, h. ſtipt; ſtiptheit, certitudo. H. MS. ſtoppen, ſiſtere, cohibere.

ts: stüt, stat; Nott. statan, Offr. stattan, AS. stathelian, **bestätigen**, stabilire, fundare.

2) stet, **stetig, stets**; AS. stith, constans; stadighet, firmitas; hmb. stedigkeit, patientia. Nott. stat, stabile, firmum. ulf. astath, certitudo, veritas. M. urstatt, cautio. gl. monf. statigi, veritas, Kero stabilitas. Nott. statan ꝛc.

n: stün, stan; stamm, firmus; hmb. stämmig, steif, stark. stimm, firm. **bestimmen**, firmare. **stampfen, stempel.** lapis (a fixitate,) AS. stan, M. ulf. stain, **stein**, Isl. steirn, E. stone, NT. sch. d. steen, lapis; sch. stena, ulf. stainjan, **steinigen. staunen**, stupere. ulf. steinahs, lapidosus.

h: stüh, stah: **steken, stekte**, pangere, figere; **stak**, stach, stoch, h. stook, infixus sedit; **steken**, firme sedere; **gestoken.** sch. stika, stinga, infixum esse. Nott. stengel, arundo. gl. monf. stoch, stirps, nervus. Denzl. **staucher**, calantica.

2) stich, NT. sticht, firmus; gl. Lipf. AS. h. stichten, fundare.
h. stag, stets, immer.

l: stül; stulp, hmb. stülpe, limbus pilei, stiefelkappe, (steife); **stülpen**, h. stelpen, deken. NT. h. stolt, **stolz** (steif), superbus, -ia, §. CLXXI, 2, 2.

r: stur, star; hmb. **sturr, starr**, steif, moral. et phyf. **störrig.** gl. monf. stornent, attonitus. stark.ch, Will. durus, Kero fortis; kestarachit, confortetur, §. CLXXI, I, 1.) nicht auch der **Star**, die Steife oder Dichte, das Fell des Augs? veron. T. stien, fermare.

2) Fulcire; fundare.

Stv: stüv, stav: Becan. stapel, fulcrum; hmb. styper, stüze, saul; schw. **steipern. steifen**, inniti, firmari. **stiften**, (fulcire) fundare.

ts: stut; stut, **stüze**; h. stuten, **stüzen**; Kero kestudit, fundatum.

n: stun, stan; stamm; **stemmen**; gl. monf. stamph, pila, stumpha, basis.
h. steun, steunsel, fulcrum. MS. schw. **stande**, Gefäß, das unten weiter.

h: stüh: stikel, fulcrum. AS. NT. stichten, fundare.

l: stul; gl. monf. stollon, fundare; ulf. du stolista timrjan, coepit aedificare.

r: stur, **steur, stier**, fulcrum.

3) Pungere; flagellare, impellere.

Stv: stuv; stup.pf.ph, gl. monf. apex, punctum; **stupfen**, pungere, stimulare. h. stip, punctum. hmb. stup, **staub.p**, flagellum; hmb. stupen, sch. stupa, **stäupen**, flagellare.

gl. Lipf. stowing, increpatio, E. stimulatio; gl. vet. stowan, queri, causari. h. stouwen, stimulare.

ts: stut, NT. stot, gl. monf. stoz, **stos**, ictus; stiaz, **sties**, percussit; **stosen**, AS. stozzen, NT. stooten, ulf. stautan, sch. d. stöta, e, impellere. Wms. gestöß, das hin und herlaufen. W. Ur. 1370. stozz, zweifel oder irsal. Kero stozzonto, trepide. ulf. asstaß, divortium.

stuz,

stuz, impetus; stuzen, impellere, stupere. stazen, stottern, hmb. stötern, haesitare lingua. stettig.sch, recalcitrans. stiiz, hmb. upstees, - stede, upstikkensteeß, iam iam, auf den streich, stuwf, der stelle. Nott. stuzzelingen, temere.

n: stun: Kero stunt, momentum, gl. monſ. punctum, articulus, Offr. tempus, hora, genus mensurae, hydriae. tgsh. stumpffs, illico.

h: stuh, stah: stich, ictus. stach, pupugit; stechen, duellare, pungere, ferire. gl. monſ. stecho, palus, paxillus. stachel, Dengl. stahel, chalybs, eS. sticcel, stimulus. ulf. stika, punctum, momentum, sch. stik, NS. stek, stich. stik, pünctlich, genau; tem stik, (strich) sehen, stikfinster. stiken, acu pingere.

ulf. stagg, pupugit; stiggwan, staggan, usstangan, AS. styngan, sch. stika, steka, stinga, E. stike, NL. steken, Nott. stungan, gl. Lipſ. stukan, eS. styclan, stechen, pungere, stimulare -; Nott. gestunget, gestochen. Kero stunemissi, compunctio. sch. stånga, cornu petere. ulf. stigquan, ruere, staggw.

sch. stuka, hmb. stuken, h. stuyken, stauchen, ulf. stingan, gastiggquan, impingere, cespitare, offendere; bistagun ahua, illisa sunt flumina; gastaugujaisei, impingas; bistugw, scandalum. sch. stygelse, nausea.

hmb. staken, schleben; forschen, stichern, stöchern; schieren das feur rc., anpfälen; jagen; stökern, stiegeln. h. stoken, schieren. anstekken, incendere, inficere. b. stege, assare. hmb. stikk, stöklein, steft, wagzüngleln; upsteken, aufstekken, gewinnen; verstekken, tegere, §. CLXXVI.

l: stul; Offr. stulla.n, momentum, gl. monſ. hora.

stolpern, impingere.

r: stur; NS. stür, stimulus; stüren, stürgeln. sturm, vid. §. CLXX.

zischt, mit dem Halbzischer, als Aspirant, Lebhaftigkeit; und ahmt, als Consonant, einem durch ein Fach laufenden Wasser nach.

§. CCIII.

Der dritte Abschnitt.

Der Vocal,

nach verschiedenem Affect.

A

hictat

Mirum; Carum; Malum:
O E U

O

miratur

Mirum; Naturam; Sensum.

Mirum, stupor. §. CCX.

Ov: Ow, aw! af —
ts: at —
n: On (§. CCXXI.), Kero untar, mirum, wunder, §. CXVII, III, e); Isl. undra, sch. förundra, mirari.
h: Oh! ah!
(AS. ág, sch. aig, ágg; gl. monf. Wns. eig, ovum.)
l: al —
r: Or, ur — §. CCX.
o! a! ei! j! je! E. ay! Wns. hey, ahy!
(b. oe, T. ei, fr. ai, ay, ey, ovum; aiery, nidus. vid. §. CCXXII.)

§. CCIV. Natura: Elementa et Universum.
Elementa: Aqua; Aer; Ignis; Terra. Aqua; In aqua.
Aqua, fluvius, aquatile.

Av: verf. ab, Mear. T. aw, ut bon aw ꝛc., AS. ewe, aqua.
ts: fluvii: adda, äst, est, etsch ꝛc. oder. gl. Baxteri, cambr. isc, aqua. äsch, Thymallus (piscis) adder, otter, gl. monf. ottar, AS. otr, lutra, §. CCXIX.
n: an: fluvii enz.6, ems ꝛc.; fischenz, piscina; durre Enz, verdrefnete quelle.
(AG. ulf. unn, Otfr. z. unda.e, aqua., §. CCXXII.)

h:

h: ah, AE. ahn.o. acha, aka.s, ach, wie: achen, urach rc., ulf. ahwa. AS. eg, aqua. AS. eg stream, fluvius; ágem, egor, d. egur, aequor; E. eager, aestus maris. schwed. akel, piscis.

l: al, Schilt. al, alb, elb, d. elf, fluvius; alse, else, elise, elle, ille, fluvius Alsat. Denil. albel, bratfisch, albula; alet, mugil. al, anguilla, CCX, 2. fluvii il, iler rc. elfen, elementum. v. Boxhorn. all, universum.

r: ar. Schilt. ar, ur, fluvius.

Schilt. alrsch. a, aa, sch. áá, AS. ea, aqua, fluvius.

§. CCV. a, aqua cum praefixo n, in (§. CCXXII.):
In aqua; 2. vas aquarium.

1. In, sub aqua.

Nav: Armen. nav, AE. naw, navis, naue, lastschiff, schnaue, h. snauw.
ts: MT. nat, naß, AE. naz, humidus; nazza, humor; AE. nazzen, nassen, nezjan, humectare. ulf. gilatjan, rigare. gl. monf. ginezan, nezen, infundere, tingere, atterere. Lasb. nezzen, mingere; blm. nette, lotium.
natter, Tat. natra, AS. naedre, nádder, hydrus, vipera.
ulf. nota, navis; nuta, piscator.

n:

h: nah, nache, navicula; náhe, navis plana. AS. snacca, cimbr. snekia, navis, h. snik, gl. monf. nihhus, crocodilus.

l:

r: nar, AS. [illegible], [illegible], navis.

2. Vas, proprie aquarium.

Nav: naf, gl. monf. napho, nap.pf, crater, patera. LL. sal. nauff, sarcophagus.
ts: nasc, henb. nasche, theca. nössel, mensura fluidi. h. nis, e. nische, tiefe in der wand, worinn ein Bild steht.

n

h

l

r: nar: narte, gl. monf. narto, pelvis.

§. CCVI. Aër.

Av

ts: at; Kero, Nott. átum, athem, odem, othem, halitus; Kero atumlihh, spiritualis; gl. monf. atomon, athmen, AS. óthigan, spirare. h. assem, halitus. d. AS. ader, eder, avis.

n: an; M. and, d. AS. ond, spiritus, anima. h. aam, athem, amborstig, engbrüstig.

h: ah, alrsch. ah, ulf. ahma, spiritus; alrsch. aha, spirare.

l:

r:

§. CCVII. Ignis; fuſura, metallum.

Av:

ts: at: AL. ait, Notk. eit, ignis; Notk. eidon, fr. aidon, Wil. eiten, E. eitern, urere, Schilt. Friſch aeit, caminus. ald -, agſtein. Oſtr. Eiterbuz, ſtachelbeer.

ä, äſche, eſſe, uſtrina; gl. monſ. eſſa, con -, ſufflatorium. Kil. h. friſ. NS. aſt, eſt, HT. eſſe, toſtrinum, focarium, darre. ulf. aiz, aes, pecunia; aſſarj', aſſis, aſſarium. Tyg. eſch, uſtio. aſche, ulf. azgo, gl. Lipſ. aſca, Otfr. aſgu, Isl. ſch. aſk, AS. axa, cinis.

Boot. yſel, ſcintilla. ys, yſen, - er, AS. iſen, - ern, AL. iſan, - ar, ulf. eiſarn, eiſarneins, eiſen, - ern, ferrum, - eus. wovon ys, eis, glacies (aereum), h. d. jis, Notk. ſch. AS. is.

Hmb. öſel, glimmender Tocht, lichtſchnuppen. AS. oſle, E. ouzel, gl. monſ. amphſla, amſel, merula, (a ſplendente nigredine).

n: an; d. ſch. and, lux, ſpiritus. h. amer, amber, AS. aemyr, NS. d. emmer, E. ember, loderaſche. ambra (Eccard von anbernen, - brennen, wie bernſtein, al. arab. ambar.) NS. ammern, h. ameren; Isl. eimyria, AS. ämyrian, ſcintillare. ammer, emmeriz, embriz, emmerling, hemmerling, galbula.

h: ah: (Kar. ohn, ignis). ehern, aeneus. agtſtein (fulgurans.) Isl. jak, Eis; jökkel, Eisberg.

l: al: Denzl. albe, chalaſis, alba (ab albo, fulgente). ſch. ol, canduit, incendit; ala, accendere, perſ. flamma, ignis; AS. äled, ſch. eld, ignis.

r: ar, AS. är, Otfr. er, aes, Wnſ. v. T. ere, erz. Iſid. erin, AS. ärene, aeneus. AS. yr, yren, E. iron, ferrum; AS. yrenne, Iſid. irnin, ferreus. cambr. arf, ferrum, inſtrumentum, Oſtr. arb, n'arb, ianuae retinaculum, Popowitſch.

§. CCVIII. Terra fertilis: Ager. Arbor. Cibus.

Ager: 2. Labor ruralis. Ager, praedium; ſpica, meſſis.

Av: aw, die au, campus ad amnem, inſula, ow.

2) Schilt. aver, averia, habe, haber, haberie (§. CLV, 1.), bona mobilia. avena, der haber, haver. E. over, brachfrucht.

ts: at; altſch. aud, audö, NS. od, praedium. öd, ſchwz. quilibet ager, campus amplus, AS. d. häd, E. heath, ſch. heed, h. heyde, ulf. haithi, heide, öde, campus incultus, gramine floribusque nitens; öd, incultus; unde ulf. haithno, ſch. heden, hedning, d. heydninge, AS. häden, E. heathen, h. heyde, heid, ethnicus, ruralis; ulf. haithiwiſk, ſilveſtris.

AS. äthel, ſedes, patria. Iſid. edile, genus, familia, §. CCXVIII. altſch. odal, - el, T. adel, edel, eitel, nobilis, (poſſeſſor praedii). Otfr. otag, ulf. audag, altſch. audig, AS. eadig, dives, beatus; ulf. audahaft. AL. 1528. euter, ager, etter, ether, eder, ider; LL. Longob. iderzon, feldzaun, LL. boi. ezziſcun.

aſc,

asc, Schilt. asch, esch, eschen, schw. ösch, zelg, campus siccus in arva perennia excultus. ulf. asa, -an, messis; asthathri, annus.

2) h. adere, spina spicae, die ader, AS. ädde, pl. äddran, fibra, vena.

An: an; isl. ann, messis, tempus messis (annus); altsch. anna, metere, messem colligere.

H: ah; Al. auge, aue, campus ad fluvium. ulf. akr, pers. akar, T. aker, ägert, Besold. anger, Mat. anga, ager, terra, pascua. Ostf. akar, achar, flur, bann: mas, 30. 40. äker sind eine hub. Schilt. agarten, äg-, egerten, ager desertus, pascuus.

ulf. aih, habuit. AS. agan, isl. äga, ulf. aigan, aihan, Kero eigan, eikan, Mat. heigen, possidere, habere. AS. aht, äht, gl. monf. egan, Al. aigenes, ulf. aigins, possessio, proprium. Kero eht, substantia i. e. possessio. isl. NT. egen, eigen, proprius; isl. egit, egendom, eigentum. NS. egen, eigenen, competere, accidere. §. CCXVI. ulf. afaikan, denegare; afaiak, denegavit; aihtrands, mendicans; AS. ähtemen, servus, verna (leib eigen); ähtige, dives.

2) ulf. akran, fructus. Ostf. rc. akus, isl. agh, ulf. ahs, ahsa, agisk, fr. aher, -ir, aker, AS. ehr, ähher, ähir, eher, ähre, Schilt. agana, -ena, arista. ulf. ahan, isl. agnar, agel, palea, §. CCX, 3). S. agen.

L: al; alod, alodum, allodium. praedium proprium, (possessio privativa, §. CCXXI, 2.)

R: ar, Schilt. terra, altsch. proventus terrae; arbeit, das warten des feldes; §. CCXV, 2). ard, Isid. aerd, ulf. airtha, Isid. erdha, Kero erda, erde, AS. eorth, altsch. eord, terra. AS. yrd, fundus arabilis, novale; yrding, laborator; irden, -isch, terreus. LL. sal. ort, hortus. Schilt. arden, silva, §. CCX, II, 1.)

Tat. arten, Isid. ardan, -en, ordan, gl. Lips. orden, AS. eardian, oneardian, habitare.

2) Ostf. rc. aran, arno, erne, ern, sgsp. erne, ernde, Notk. arnot, messis; Carl M. arn monat, augustus. Al. fris. arnen, metere; Notk. arner, messor; thür. fränk. arklohn, pro cultura agri. Al. arnen, mereri; Kero arnunc, AS. earnunga, meritum. gl. monf. eran, accipere. Schilt. hanerre, possessio, bona.

Al. arbe, arve, arff, erve.u, erveta, AS. yrfe, isl. arf, ulf. arbi, haereditas. isl. ärfve, NS. h. erv.f, Kero erib, erb, ulf. arbja, haeres; AS. yrfenuma, -weard, ulf. arbinumja, erbnehme. Notk. erbe, testamentum. Al. erben, haereditatis possessionem alteri relinquere.

Al. ar, är, ähre, h. air, AS. ear, arista.

isl. Isl. ar, annus.

Schilt. a, au, aue, terra.

2. Labor ruralis: 2) Portatus.

Av: av: 1) h. as, mediolus rotae.

rs: as: ulf. atisk, satum; asnja, -neis, mercenarius. holl. ascher, NS. escher, esker, ligo. 2) Walafr. ascella, axilla (a portando).

biam. eide, occa; eiden, occare.

n: an; alsch. anna, messem colligere, laborare; ulf. ansj', mercenarius.
2) ulf. amsa, humerus.

h: ah; sch. áka, arare, metere. T. ege, egge, egide, AS. egthá, occa, v. T. acies. Otfr. Tat. akus, achs.st, AS. ácse, acas, acase, ulf. aquizi, sch. yxen, -an, Isl. öxen, securis (falx). visiGot. aczadus.a, bidens.
2) Kero ahsal, achsel, Nott. hahsel, Drupl. uchs, Rab. oahchasa, axilla; ahsala, spathula.
sch. áka, portare, vehere; achs, axis vehiculi; sch. áka, eka, currus.

l:

r: ar; aren, h. aeren, ulf. arjan, sch. ária, Isl. eria, E. eare, W. Urk. eren, LL. fris. AS. erian, erigean, belg. eeren, errien, arare.
2) T. sch. arm, ulf. arms, arma, Otfr. arim, pl. armon, arumen, brachium; gl. monf. arm, ulna. armbrust, (armrüstung) arbrost, armbst, MS. armborst, -bost, b. armbosse, sch. arborst, (bresten, rumpere, XLVII, 2. bossen, pellere, CXXX.) ärmel, manica; Isid. armelausa, armilausa, sarca, genus pallii, (armlos, s. -los; fliegender ärmel, §. CXCIX.)

§. CCIX. Arbor. 1) Arbor; 2) Cibus, proprie originarius.

1. Arbor; (etiam ab alto, §. seq.); fructus arboris.

Av: ap; dimin. apel, apfel, W. affal, aphal, -ul, appele; pl. ephela, Will. ephelon, ephill, malum. afalvera, afoldre, AS. apuldur, malus, §. CLXXVI.
eb-, ep heu, epich, gl. monf. epphi, AS. ifec, E. iven laub, ive, evig, ebhöw, äböw, eppe, epf, apft, edera, apium. eben, eib, iben, taxus, abies, ibe, ive, ise, eye, AS. iv, E. ivy, yew. schw. ibisch, hibiscus, herba.
AS. ovet, h. ooft, gl. Lips. ovita, AS. ofät, -et, obs, fraga, cibus arboris.

ts: at, as: (cambr. eidden,) sch. ide, taxus. T. ulf. ast, surculus, plur. 1528. öste; ast, AS. ost, nodus. fr. astula, segmentum.
Schilt. ask, asch, äsch, AS. äsc, E. ash, b. esch, fraxinus.
aspe.a, populus, cupressus, tremulus. gl. monf. hasal, corylus, amygdalus; hasel, §. III, 3). hamb. dim. hester, junger Baum.

n.

h: ah, gl. monf. uva. AS. aac, W. aich; gl. monf. eih, eiche, h. eyk, sch. ek, quercus; eichel, eker, h. eyker, E. akern, glans. eckerich, glandarium. MS. eker, b. egerne, ikhorn, AS. ac weorn, Eichhorn, sciurus.
achorn, acer, ähre, ahre.

l: al: olm, ilm, ulmus, gl. monf. elin; Frisch, älse, sorbus. Drupl. alber, populus. sch. al, AS. alr, älr, fr. elira, E. eller, elder, else, elster, b. elle, Norw. older, alnus. b. ollen, olden, glans.

r: ar; arl, erle, ornus, arle, Norw. or.
Isl. sch. AS. ar, E. oar, palmula.

2. Cibus

2. Cibus in genere.

2) acre, acetum (ab acu, §. seq. 3); 3) oleum, putre.

Av: ader, §. antec. 2) Isl. apur, acetosus.

tb: at, MT. M. at, b. ede, H. az, as, AS. aes, cibus; gl. monf. aza lost, inedia. AS. atae, lollium; häth, bruscus, thymus. sch. MT. at, Al. as, AS, cibavit; sch. äta, Isl. eta, AS. etan, MT. eten, ulf. etan, itan, Al. ezzan, ezen, essen, b. ede, All. etten, edere, fland. pascere. belg. ething, pascua. Dengl. attich, acteea, (herba). azel, assel, esel, eisel, nassel, tinea. äzen, cibare; azung.

2) h. azyn, ez, Al. ezig, eßig, acetum. AS. ebrog, acetosus, rumex.

3) Schilt. az, AS, Otfr. azeine, sch. ätel, cadaver (loßspeise und fäulnis.)

n: an: ulf. anna, annona. AS. ämet, E. emmet, AS. eme, emke, emerke, empte, ameis, Dan. am-, anbeiz, formica, grillus. emmel, AS. hämil, curculio. j. erg. amat, omat, schw. omd, imd, foenum secundarium, pascua tenerrima. 2) ampfer, M. h. amper, acre, acetosum. Dengl. emmeri, amarellen, cerasa duracina.

h: ah, ank, Kero ancka, Dengl. anken, butyrum.

2) ulf. akeithis. schw. ägerst, sch. ek, acetum; eken, acidus; ekna, acescere.

l: al; sch. ala, nutrire, alere, saginare. ulf. alidan stier, vitulus saginatus; alla brunst, holocaustum; ailjan, sanare (§. CLVI, 3); Kero alli, sanus (CCXV.)

3) ulf. alewa. sch. olja, T. olie, oli, öl, oleum; LL. sal. ale-, olethardis, elecharde, apis. sgoth. olengen, ölen. ulf. alewja, olivifer. olm, putris, brab. caries; olmig, -erig, cariosus; olmen, putrescere. ulm, ilm, putris, lignum emortuum.

r: ar; arv, hamb. arft, gl. monf. arawiz, -eiz, erbis, erbse, erve, v. T. eritten, ervum. AS. yrfe, opes, pecunia, pecus, §. antec. Sach. orte, Kan. urd, frans. ürt, yrd, ientaculum, comestio, epulae.

Isl. aa, saugschaf.

§. CCX. Universum. Valde; Magnum; Multum.

1) Valde.

Av: ulf. af-, Al. x. af-, ab-, sch. of-, partic. intensiva: ulf. afetja, edax; awi stabo. altsch. avr, afr, avar, ulf. abraba, valde. helsing. sch. obort, -ert.

tb: ulf. at, valde, atflu, admodum multi. Al. ethe, partic. exaggerat. superlat. b. hisp. ethe grose, firmissime.

n: Al. ana, in- auctivum; Otfr. anaguate, optimum; insnalta, praesentivi-

h: ah; -ahtig, signum superlativi; Nort. oben ahtiga berge, summa montium. -

l: Al. al-, exaggerat. wie erz-: Schilt. al homer, infamis. sch. alf, valde.

r: Al. x. ar-, er-, ir-, yr-, or-, ur-, intensivum; gl. monf. irgramitter, ergrimmt, effrenatus.

sch. or, firmus, acer.

Uralt-, Urmer, ſuperilluſtris; Beſold. Urkund,-ſch, notitia, cautio certificata. E. uren viel, permultum-.

A-, inſepar. augens ſignificationem ſimplicis radicis: Abulgi, ira; Abere, manifeſtum, Schilt.

a! o!

II) Magnum. 1. Altum; 2. Longum.

1. Altum 1) Phyſ. Mons, Ædes, Animal.
2) Morale: excellens, honor. 3) ſurſum; ſuper; trans.

Ov: Büſching ob, ulf. abr, magnus. Tat. of, Hof, aula.

fornax, (cacumen domus apertum), T. oven, Kero ovan, ofen, Isl. ofn. ND. open, Otfr. ofan, offen, apertum; ofono, coram; Notk. Kero offanon, offenan, öffnen, ND. openen, ſch. opna, öpna, aperire, clarificare, publicare; up, uf, auf, apertum: ulf. ufſneithjan, mactare, §. CCXXII.

Animal. AS. Holl. S. eber, ciconia. M. ebir, eber, verres, Schilt. inſigne militare Germ. et Gall. aper. Dengl. ibſchen, ibex.

3) ſurſum, HD. of, uf, auf, ND. AS. up, ulf. iup. ND. offer, AS. ophar, oppir, opphir,-or, opfer, holocauſtum. ſupra AS. Muſ. ꝛc. ob, öf; ub, Kero ob-, opana, oben, Isl. ofan, ſch. ofvan.

ſuper, Kero ꝛc. oba, e, obar, opar, ober, NS. över, Holl. aver, Kero ubar, iuber, ulf. ufar, iup; aiſiupathro, ex ſupremis; ſch. uppät; ypperſt, ſupremus; ulf. ufargudja, princeps ſacerdotum; ufana, Notk. deſuper. Kero oparori, ſuperior.

trans 883. obar, NS. öfer, ſch. öfver; ulf. ufar, uhufar, über. Notk. oberon, ſuperare, occupare, erobern. h. oever, ufer, ripa, littus.

excedens modum, reſiduum, uber, über ꝛc. Lgob. uberkommt in, ſuperat eum; ulf. ufarfullá, abundantia. übrig, reliquum. üppig, Muſ. ſuperfluus; üppekeit, exceſſus; Notk. in uppe, in vanum.

Ts: os, ſch. a. ör, uroör, ND. oß, bos, urus. ſch. äſna, ulf. aſilus, eſel, aſinus, (diminut. von oß). T. ade-, edebar, ciconia. adeler, adler, aquila.

2) gl. boxh. fr. ot.d.th, excellens, potens, validus, ſalvus, dives. Otfr. adhal, ethel, edel, adel, egregius, praecipuus. M. as, Deus, pl. aſer, äſer; aſa, äſa, Dea. Lactant. eſus, heſus ꝛc. §. CLII. ulf. aiſtan, aeſtimare, honorare.

3) h. iſſe, vertex.

n: on:

2) T. Goth. ans, eximius, rex, heros; ansbert,-frid ꝛc.; anſa, hanſa, vectigal principum.

3) ulf. ana, ſuper; altT. enand.t, ſtr. enthen, enther, ultra, trans. anda, ent-, emp-, ſupra; ulf. andanumſt, aufnahm.

h: oh, (cambr. uche, ſupra, uchel, altus); ſch. ugn, ulf. auhn, fornax; auhmiſt, cacumen, ſummitas, ſummus. Holl. oken, oberſtes Stockwerk. veron. T. ech, mons. ulf. uhjzwa, atrium.

ani-

animal. sch. ök, altsch. eik, equus; Schilt. öge, b. oegh, iumentum; H. T. sch. Isl. öchs, ulf. auhsn, bos. LL. all. auca, anser (groser Vogel); Capit. Carl M. ehlecha, ethelecha, -ocha, cygnus.

l: ol, al, altus, eximius: albuch, -gow etc. albrich, -bert etc. alb. p, N. alf, mons, Gold. pascua montana. ulf. AS. alh, T. alah, b. alhn, basilica, Frisch taberna mercatorum.

animal. Otto M. elo, groses Jagdthier, el, edel. alp, h. elp, elephas, elpenbeen, Helfenbein. ulf. ulbans, Tat. olbent, olbunb, AS. olfend, -pnd, camelus. gl. monf. olpentaro, Dromedarii. Dengl. elbisch, Frisch, älbisch, Schilt. albiz, -piz, AS. ylfette, cygnus. alch, elch, All. sch. elh, elah, elg.ch, Isl. elgur, b. ellsdiur, eland, elend, alce.

r: or, ort, Kil. locus, statio, summum, margo. ar, er, super. ern, ehern, obere Gang. Dengl. erker, -el, podium (in alto). med. aev. arcora, (arch CCXXII.) 1528. arm, panier.

2) ar, ari, -in, era, Kero ero, hero, Isid. aer, sch. är, AS. are, honor. era, Kero corona, gl. monf. palma; Mns. ere, liberalitas; eren, Kero honorare, Mns. munificum se gerere. erz-, archi-. erhaft; herost, prior. Isid. aerlos. ulf. airizam, ehrsam, senior. arimani, clientes, arimania, comitatus. AS. aran, honorare. aripert etc., araberius, arnulf (-hülf), -old etc., ariovist, ernst. Kero kaarnen, mereri, arnunc, meritum, §. CCVIII, 1.). armen. air, vir; ulf. airus, altsch. ara, legatus; Otfr. arunti, Nott. arindi, legatio, mandatum. AS. earle, comes. er, ehr, ehrn-(Herr-) med. aev. praefixum nomini proprio, Schilt.

animal. ur, Cas. schwz. uri, bos ferus; belg. oor, bos. ork, bellua. ors, equus, §. CLIV. All. ar, ari. o, Mns. aren, arn, schw. örn, oren, Run. aurn, AS. earn, E. arne, h. arent, aquila, Dengl. ahrn.

3) sursum, Isl. ur; ur grofum, ex sepulcris. urstend, Otfr. irstantnissi, Tat. urresti, resurrectio. T. urbar, ulf. urruns, oriens; urrinnan, oriri solis. trans, M. Uct. urfar, transitus.

Isl. a, auf, in: a himnum, a alsared, a weige etc.

h. ode vaer, ciconia.

2. Longum, tenue, acutum.

Av.

ts: at; ader, spina, fibra, §. CCVIII, 1.). Mon. eide, occa. gl. monf. ida, vena. azel, pica. sch. äds, trabs. [illegible]

n: an; v. T. amen, zwei lange schmale, aus dem Bauch des Schweins geschnittene Stücke. ulf. anz. a, trabs.

h: ah; ah, spica; agel, ulf. ahana, sch. agnar, palea. Agathias: angon, hasta Francorum. angel, hamus; Kil. anken, infigere. All. ancali, änkel, talus. anker, anchora. schw. ägerst, pica. egge, occa. ulf. aihwa tundi, rubus. gl. monf. Nott. igel, egel, echinus. ek, angulus; eng, angustus. Dengl. egle, perca.

l: al: al, anguilla, §. CCIV. sch. Isl. alen, aln, ulf. alleina, AS. elln, eln, T. E. elne, Rab. helina, ele, ulna. die ale, alse, subula. alpa, gl. monf. linea, Fritsch lintea, vestis sacerdotalis. älke, monedula; alster, älster, aglaster, pica hmb. yle, MS. ile, eile, echinus.

r: ar: ar, dr ic. spica. ort, Kil. AS. ord, belg. oord.t, cuspis, mucro; hmb. ort scheef, schiefwinkel, örden, zu winkel schieben. ulf. urata, apex. pomm. erpel, verpa, anas mas, §. CCXVIII.

acutum tubulatum, HT. MS. or, ör, wovon die orgel, Ottfr. organa, Wachter. orgin', lyra, harpa. hmb. ohrfnge, krempe am Hut ic.

§. CCXI. All inversum La: 1) Longum; 2) Latum.

1. Longum; 2) tenue, filum, §. XLI.

Lv: Lüv, Lav: St. an. Lafter, klafter, mensura longitudinis.

ts: Lüt:

n: Lün, Lan: MT. Lyn, linea, series, h. langes dünnes Seil, S. leine. schw. lan ne, temo. Isl. lan, laun, langer Heuhaufe.

2) cimbr. linne, serpens, lint.d, gl. vet. basilicus, Kil. worm.

h: Lüh, Lah, ulf. lagga, sch. läng, T. AS. b. lang. AS. E. long, longus; Isl. leingd, länge. HT. hmb. langen, reichen. lachter, mensura longit.

2) slank.g, schlank. schlange.

l

r

2. Latum, planum; a) Situs, regio, §. XXXIV.

Lv: b. Law, Kil. slaf, planus, amplus, superficies plana; ulf. plap, a, platea.

ts: Lüt, Lat; Lat, latum, amplum, (remotum; latstr. lezte, remotissimus. XXVI, 2.) laz, tgeh. lez, latus, margo; AL. anlaz, -eze, adlaterale telum, culter XXXVI.

planum: platt, plaz, planum. hmb. plate, platte, sch. plät, lamina. blatt, folium papyri. pflaster, platea; pflästern.

·v. flad, libum, placenta.

sch. flätt, b. flett, Isl. fliettur, planus, schlecht.

2) situs: hmb. lede, grundlede, fundamentum; sch. luta, legen.

n: Lün, Lan; h. Laan, Germ. land, Wachter. gelende, terra; T. gelene, accola; Kero lantkeffi, provincia; AL. gelander, pagensis; E. elsendiga, advena. landen, anlenden, St. an. leintan, appellere. Wmf. plan, aequor campi; plan, blom, brunstplaz. h. plein, plaz.

2) situs, lende, gelend; lenden, St. an. leintan, tendere. XXXV.

h: Lah.a, planum, latum, §. XXXIV. AS. leah, campus; bair. leich, ebener Plaz, Tafel, Kegelbahn. p. blach, planum. h. hmb. plagg, platte angestochener Rasen, zu deckung der Hütte. b. flag, flach, hmb. flak, pars longitudinis et plani.

2) lag, situs, et situs fuit; liegen; AL. gelegener, Otfr. gilanger, propinquus, frater; Hens. blangen, iuxta. chron. Sax. bleke, plaga, situs. sch. anbelangande, quod attinet, respicit.

Denzl. lachbaum, arbor in confinio; lachelen, sylvam caeduam metari.

r: Lur: AS. flere, ang. T. v. flur, h. vloer, pavimentum, NS. tenne, h. boden, kammerboden, schw. isl. bain, gegend, district.

2) flur, situs, regio, pars campi; h. vloer, tenne, vloeren, bodenlegen. h. vla, vlaye, flade, kuchen.

AS. lea, campus.

§. CCXII. Multum rei; temporis. Multum rei, 2. actionis.

1. Multum, omnis, copia.

Ov: uf, auf; Denzl. äufnen, augere, aufnung, incrementum.

ts: Ot: AL. ost, exercitus; ostendienst, hostenditia, militia, Besold. §. CLI. ulf. usfassus, abundantia, §. CCVIII. CCX.

(ut, üt) sch. &c. it, universalis; itmal, festum universale, conventus civium; iber, omnis; Tat. itmalen tag, dies festus; AS. edwelu, caerimonia, sacrificium.

n: On, an: Tat. ansa, hansa, §. CLVIII, 2), multitudo congregata, concio, concilium.

(un, ün) AL. in -, etiam.

h: Oh, MT. sch. ok, med. aev. och, K. Lud. öch, ulf. auk, auch, etiam. Kero auchon, ulf. aukan, Isl. altsch. auka, AS. äcan, eacan, geiccan, altsch. öka, T. öken, Kero ouchon, augere, addere. altsch. ochsa, augeri, crescere. sch. oker, wucher, §. CXI, 1. foenus; okra, foenerari, fructificare. Otfr. ougter, multo magis.

octo, acht, ulf. ahtau, E. eight, ait, ét, d. aate, sch. otto, AS. ehtuvi, eahtayn. v. T. achtennig, ulf. ahtautehun, achzig; ahtuds, octavus.

AS. eke, etiam; eeked, additus. AL. eoc, eoco, yg, ieg (§. CXLI.), AS. äg, omnis, quilibet; ägther, utraque, §. CCXXI.

l: Ol, al; Germ. all, omnis, pl. Otfr. ell, Isl. öll (cambr. Irl. oll) E. whole, AS. eal. Kero alli, totus, AL. Conf. allich, universalis. AS. allic, eallunga, AL. alanga, -nger, ulf. allis, omnino; and all, ubique; Otfr. alc.g, alanga, -er, integer, totus; er alongi, ex integro. W. Wet. elleclich und iedelich. blm. - elc, omnes; MT. elk, singulus et omnis. ulf. allakja, omnis.

sch. alt, omnis; Suec. alde genera, universalia. AL. als, omnino, enixe. alf, ailf, eilf, E. aleave, d. eleve, h. elf, sch. ellof, Otfr. Kero einilif, AS. endlyf, isl. ainolif, Tat. einliven, undecim, (multum, ultra decem digitos). all ein, solus.

r: Or, ar: Schilt. ara, here, §. CLXI. exercitus; arafelo, aribana.

2. Multum actionis: Saepe, iterum.

Ov, av; Otfr. avur, afur, Kero avar, AS. avur, -or, Nat. aber, aberein, -mal, iterum; Nat. aberunga, iteratio; Otfr. av -, afaren, med. aev. äfern, repetere, restituere.

AS.

AS. eft, alsch. aptur, ulf. aftra, bair. afften, iterum. ulf. aufta, aufto, alioquin, forte; AS. áfre, unquam.

oft, sch. ofta, Kero ofto, ufta, saepe; ufto, forte.

td: **at:** sch. áter (§. CVIII.) iterum; v. T. edercouwen, ruminare; Germ. it-, id-, iterum: AL. it-, ithwiorvi, denuo; itlon, retributio, itporam, renatus; sch. idrag, ulf. idreigan, resipiscere.

m: **am:** Otfr. emez, emmiz, frequenter, §. CCXV. immer, semper, §. CXLII.

h: **ah:** chron. Sax. echt, iterum.

l: **al;** Schilt. Aventin. albe, semper.

r: **ar-, er-, it-,** iteratio. irfangida, repetitio. ursal, restitutio &c.

Isid. Kero, Matt. all, et, etiam.

§. CCXIII. Multum temporis. Ævum; ante; origo.

Ov: **av:** sch. Isl. áve, áf, ulf. aiwa, AL. ewa, ew, aevum; ulf. du aiwa in aiwin; AL. Conf. in ebun ewig, Otfr. ewon. Kero ewic.f, eowig, m. ulf. ewig, ewenklich, ewig; K. Lud. 1336. éwiklichen; ulf. aiweins, aeternus.

Isch. eh, ante, prius.

td: **at;** Isl. aadr, antequam, prius.

ost, AS. est, origo. Chron. Friburg. óste, ortus; Otfr. ostana, von osten. ostern, (urstend, urstan, urstendida.)

n: **an:** gl. Lips. antisce, eintisc, antiquus.

h: **ah;** AS. age, aetas; ulf. aiukduth, aevum. ehe, ante. b. uge, woche.

belg. AS. uh, uht, belg. uhten, ulf. uhtwo, mane; belg. uchstand, AS. uhtid, tempus-, uht gebed, preces matutinae.

l: **al,** h. al, hub. ol, ole, old, E. & MS. old, AS. ald, eald, Kero x. alt, vetustus, senex. sch. allhár, hucusque. alsch. álli, AS. aldre, aldor, b. aldur, AL. altar, alter, ulf. alde, sch. áld, aetas. AL. alt-, alden, senescere, Otfr. prolongare, cunctari, altinon, differre. AL. altin, prior, altern, maiores; AS. eldan, cunctari. Isch. eltest, primogenitus. sch. eilifo, aeternum. Tat. Otfr. altduom, ulf. aldoma, gl. Lips. eldi, ureldi, AS. aldhad, senium. ulf. fram aldrs, senex. Notk. alta.i, vetustas.

r: **ar,** AS. sch. ar, AL. er, ulf. air cum genit. ante. Kero er allu, -bene; a) erist, herist. gl. monf. ertage, vortag. Isid. aer, etiam loco plusquamperfecti: aer quhad, dixerat (ante dixit), Schilt. gl. monf. er, dudum; Otfr. eriu, antea. ulf. airis (genitiv.) airistau, AS. áresta, árra, primus, olim.

AS. or, origo. sch. ór, atomus; óra, oriri; órt, AS. or, ort, radix, planta, aroma, §. CVII. AS. ord, primus, exordium; erörtern, ab origine deducere. h. ord, ordo; ordnen, Tat. ordinon, contexere. gl. monf. ort, Otfr. ordo, ordo, series.

ur, origo, aetas, vetustas, antiquum. b. hisp. urd, praemature; urhab, initium, urthas. fach x. (ur, uhr, ὥρα, tempus, annus, hora, §. CXLIV. CLVII, 2.)

b.

b. ar, ard, origo, exordium; die Art, origo, species facti &c., h. brontra aert, bibax, isl. ard ꝛc. ulf. aurt, herba, radix; aurti gard; aurt jans, hortulanus. b. urt, herba, flos.

AS. a, aa, semper. altsch. Isl. á, semper, aetas; Rudbec a, ai, au, á, aevum, diuturnum. AS. eá life, vita aeterna. altsch. ó, semper.

ê, ante; Winsb. ê zit; sgsh. S. LehnR. ê der samenunge.

§. CCXIV. Sensus.

Sensus, Animus. Sensus, Apperceptio.

Av: ap, aff, visus, simia.

ts: as: ulf. aus, auso, auris; armen. atschkh, oculus. AS. escon, eiscon, audire, auscultare; percontari, perscrutari; j. feud. Sax. vereischen, experiri, §. CCXVII.

n: an; am, h. aem, ulf. ahma, -an, -la, anima.us. sch. anda, spiritus; anen, anden, praesentire. Isid. andinc, Rab. endi, frons, Isl. enne.

Isl. b. AS. onda, anima.us.

h: ah: ulf. augo, Isl. auga, aug, Mt. og, sch. öga, AS. e.S. eag, E. eye, oculus: hmb. ögeln, äugeln, blandiri; ögesken, öske, äuglein, die Hafte, das Ringlein zum Haken. Kero ta augan, apparere; te auken, te hiuken, §. CXLV. ulf. augjan, Isid. &c. augon, ostendere. Strasb. eugen, sich ereugen, araugan, Otfr. ꝛc. ir-, urougon, eräugen, ereignen, manifestare. ulf. and augiba, palam.

ulf. ahjan, Nott. ahten, ahton, sch. achta, AS. ehtian, attendere; cogitare, existimare, taxare, numerare; honorare; opinari, fluctuare. AS. achta, acht, attentio, Etroster: der ahte.

l: al, AS. alder, aldre, b. aldur, vita, anima, spiritus.

r: ar: schw. aur, Isl. eyra, or, ohr, sch. ör, orat, auris. ör, hor, gehör, auditus, observantia; Isl. sch. ord, wort, verbum, §. CX, II, 2). Mett. hor, auris; Kero horan, AS. heoran, Isl. heyra, hören. hmm. harken, horchen, §. CLII.

§. CCXV. Animus. Animus; Navitas.

1. Animus, animositas, affectus; ira, indignatio.

Av: av, aff, ap, ira, simia; Drayl. äffern, imitari. W. Urk. geäveren, geäfern, geanden nach rechen, 1372. efern. eifer, yver, zelus.

ts: at; AS. ad-, ed-, fr. it-, ita-, re-, iterativum cum zelo, valde, creber; Tat. itwizon, exprobrare. nie. äspern, vexare, angere.

n: an; altM. ame, rixa, damnum. Nott. ando, Kero anti, zelus; T. and, molestia insolentiae; anden, aegre ferre, ulcisci; AS. anton, expostulare, reprehendere, inquirere. balt. andig, murrisch. sch. ena, AS. einon, decernere, CCXVII.

h: ah, Aelfrici gl. Sax. aac, acha, vigor, vis, robur, virtus; sch. aga, äggia, ulf. agan, auhjon, tumultuari, turbare. i.

l: al, Kero alli, ſanus §. CCIX, 2). AS. ellen, eln, ellean, b. ellon, - un, fr. ellan, Notk. ellen, vis animi, virtus, alacritas. Heldenb. ꝛc. ellendreich, - haft, fortis. gl. monſ. ella, aemula; ellinungo, aemulatio.

N. ill, accuſatio, reprehenſio; illa, accuſare; ulf. inilo, excuſatio (irreprehenſibilitas).

Isl. olmer, ſaevus. b. alvor, Ernſt.

r: ar, Becm. aar, ira; Kero arandi, aſper, gl. monſ. arendor, auſterus. SueoG. ár, árr, furibundus, inſanus. T. erre, ira, iratus; h. in erre mode, irato animo; erren, irritare.i; ernſt, Otfr. ernuſt, ſerium rei ſtudium; AS. eornesti, ſerio; §. XLV, 1.).

ſch. yr, ferus; irra, irritare; AS. yrre, irre, ira, iratus; yrrian, iraſci. Notk. irrede, ſcandalum, ſchiſma. ſch. yrje, yrſl, furor.

- ſch. ören, ferus.

2. Navitas, ſtrenuus, illico.

Av: av, ab; v. T. abel, aptus, wizig, hübſch; abelheit, Wiz, Artigkeit. All. ꝛc. äffern ꝛc. repetere. AS. efnan, b. efna, perpetrare, praeſtare. N. T. effen, eben, iam iam. Otfr. ebeno, eben, ſtudioſe, accurate. ulf. abrs, validus, CCX.

üben, h. oeffen, weſtph. öven, All. uaben, uoben, gl. monſ. uopan, exercere, praeſtare, colere. Notk. chriſt uobo, chriſticola.

ts: as, Schilt. aſe, facile; ulf. azet, facilis, aze -, azeliizo, facilius. AS. eſne, ſtrenuus, vir, maſculus. AS. ädre, illico. E. eſchern, fatigari labore, curſu, CCVIII, 2.

Isl. ys, feſtinatio, tumultus. H. T. iz, izt, jezt, §. CXLIV. CLVII, 2). ulf. iddjan (propere) ire. ſch. id, opus, ida, agere, facere. NS. eitel, ſtrenuus, agilis.

hmb. öde, agile, facile, paucis. ulf. ſuffix. - aud notat facilitatem, commoditatem. Otfr. thes thio liuti was ſiu od, qua-praevaluerunt; Otfr. oth, Tat. odi.u, poſſibile; odiro, facilius; anodi, impotens, impoſſibilis; gl. monſ. odag, idoneus; Otfr. odag, Kero otak, dives; Notk. otwal, divitiae, §. CCVIII. AS. ead, facilis; hmb. olmadig, ſacht, allmälig.

n: an; ſch. Isl. anna, properare; ulf. anaks, ſubito, ſtatim. ſch. Isl. ant, celeritas, and: tgoth. Luth. endelich, Isl. ſch. enteligen, endeliga, naviter, ſtrenue. Otfr. ꝛc. emez, emmiz, emmizig, emſig, ſtrenuus, navus, §. CCXII, 2); emmizigon, continuare; Notk. emezen, exercere.

h: ah; balr. aichen, abaichen, agere. ſch. äggia, agitare, movere, §. CXX.

blam. äkern, fleiſig, häuslich.

l: al, hmb. all, iamiam; allſchon, allerweile. ſch. alſvar, navitas.

ell, 883. ellian, eile, il, Otfr. ilan, ilta, Kero, gl. monſ. ilunga, feſtinatio, opera, ſtudium; ilantlihho, feſtinanter. gl. monſ. ilan, anhelare, flagrare, fervere &c. Schilt. ellin, ilen, eilen, properare. ſch. il, planta pedis.

r: ar-, er-, ir- x. navirer: arbeit. sch. arna, agere, decernere. alf. arnsba, solicite, caute. bern. art, diligentia. AS. arn, cucurrit; arnan, yrnan, currere; urnon, cucurrere, §. LXXI.

sch. ora, orra, hurra, orda, urda, se movere, §. CL, 1.)

R. irk, opus; Isl. yrkia, operari, würken, CVII, 3.

Isd. ärcn', firmus, certus, egregius.

§. CCXVI.

amat vitam, communionem.

Vita, esse; 2) aliquis, articulus, pronomen.

Ev: ew; iwer, vester; iwih, vos, ewih, DS. eowik, AS. eow, vos, vobis; eower, MT. uwe, AO. uwer, vester.

es: et, sch. ett, Isl. eitt, articulus neutr. All. et. d. th, etwer, -was, -lich, Kero etes-, edeswaz, -welicher, aliquis. d; edderwenne, aliquando, §. CCXII, 2). sch. et, tysch. emetswas, aliquid. All. ez, es, MT. et, id.

Isl. ad, ein, artic. abstract. masc.

sch. it, id, iet, aliquid; ulf. ita, Otfr. is, iz, es, id, illud. ulf. is, ille, is, suus; izei, qui; izwis, batr. dz, Wal. Isl. ydr, sch. eder, vos, vobis. Isl. ydar, ydwar, ulf. ithwar, izwar, vester. Nun. ic, vir, homo,

tysch. üt, uit, uitzwit, ütschet, aliquid. AS. us, sch. x. usig. h. k. ch, nos, nobis; AS. use, noster.

esse: LL. fal. MT. is, ulf. T. AS. ist, existis, -it; sch. x. äst, es.

n: en: Isl. em; ulf. im, sum.

MT. en, een, Isl. HT. ein, ulf. All. ain, AS. än, an, ein artic. abstract. Otfr. ein, einiu, hic, ille; ene, illa, jene: ene und tise, hi et isti; enez, illud. Kero im, imo. n. el, all. imma. ab, inna, dat. illi; im, ins, illis; ina, ihn, eum.

baier. an, perf. an, ein, ille. gl. Lips. an woml, ein Baum. Isl. anna, sch. annon, -or, ander, ulf. anthar, aliquis. sch. hwar annan, einander. All. Conf. anden, nominare. baier. enter, vester; enk, vos, vobis.

MT. ons, HT. ulf. uns, nos, nobis, ulf. unsis; unsar, noster. unker, AS. nostras, Otfr. dual. nos duo.

h: eh; altsch. Isl. MS. eg, MT. All. ulf. ik. h, ich, altsch. ig, sch. iag, d. ieg, ego. T. ichz, sch. igen, idem, iterum. suffix. -ig, praedicatum rei, adiectivum; MT. MS. -je, -ge, -g. chen, E. h. -ken, perf. -ke, (slav. ka, ko), diminut. CCXXI, 2. -ing: penning. med. aev. ihezit, aliquid.

AS. inker, vestris. All. uch, vos, vobis, ulf. iggwis, igkwis. Isl. ykur, -wr, -ar, ulf. ugkis, uggkis, uggwis, ungkis, AS. ung. k, dual. nos, nobis.

L: el: AS. eld; fr. eldbar, homo (aliquis), AS. yld, yldo bear.
AS. ylk, ylka, ille, ipse.

R: er: All. er, ille, masculus; Isl. er, aer, qui, sing. et plur. gl. monf. ir, Otfr. iru, vos, plur. sui, fem. sua. dalec. or, AS. ure, noster. sch. &c. ar, sum, est; dalec. ar, ir, est. AS. ar, sum; arth, eart, es.

M. AS. E. T. e, Becan. Frisch, &c. Berol. e, a, flam. E. e, å, gl. Strimb. schw. a, artic. abstract. ein, aliquis: e man, a man. å man, ein Mann &c. Isid. &c. eo man, -wihe, aliquis.d; E. eo so wer, e werle, quilibet, §. CXLI. Otfr. Notk. ioman, Tat. ionan, iemand, aliquis.

ulf. tia, illa, tios, eas, eis, plur. illi.

sch. Isl. i, vos, §. CLVIII. M.T. iu, vos, vobis, Isid. eu, undar eu mittan, in medio vestri.

schw. i, ego.

gl. Stimb. a, esse.

§. CCXVII. Communio.

Communio; Familia. Communio; Vinculum.

1. Communio: ad; propter, ergo, quia; circum.

Ev: Isl. ef, si, connexionis; sch. effter, quia, secundum, iuxta.

ulf. Isl. T. af, Capit. fr. ave, abo, ab, ad, apud, in; fr. abe therno cibe, in illo tempore; ulf. af taihswein, ad dextram; abred, -siche. All. avur, igitur, scilicet; iuxta; quoque.

Otfr. ob, pro.

ts: et: ulf. sch. at, All. Isl. ad, ad, apud; ad-; ulf. atwisand, praesens; at attin, ad patrem. Isl. giet ad, accessus; sch. at brenna &c. ulf. aten, adesse.

All. az, iz, ad, apud: Kero az pim, adsum; az-, iz erist, in primis. Notk. iodanna, alsdann (ad tunc).

n: en, ende, enti, v. T. ind, Kero inti, 883. indi.e, ant, anti, fr. belg. ande, tatian. unn, gl. monf. unta, T. und, et. ulf. unte, enim; an, annuh, ergo; anah, ut. Kero ana, propter. an, ad.

an-, ein-, in-, AS. on-, ande, te-, ant.d-, anda-, ulf. anda-, ent-, emp-, All. in-, im-, int-, b. hisp. unt-. sch. ulf. und-, ad-, in, erga; ante, coram. ambos, incus. Otfr. anan, in; schwz. ana, porro, fort-. 1528. entpfacht; Notk. infahen, accipere. b. hisp. untphieng; sch. undfått, accipit; ulf. undgreipan, -rinnan, obvenire. Rab. endi, Isid. andinc, frons, (ad, coram). astro-, visiGoth. anden, nunciare; Symb. Apost. Goth. geandot, annunciatus. endern, applicare navem navi.

umi, propter, Isl. per. am, amb-, om, um, circa. ambo, Frisch, amiculum, Hemd, §. IX. Kero &c. inu, ecce; inunu, igitur.

M.T.

MT. onder, unter, zwischen; AU. ondern, ongheren, meridiari, prandere. AS. undern; underntyde, hora tertia, schw. z'undern; ulf. untaurnimat, prandium. AU. inondern, inongheren, somnum meridianum capere.

h: ch: ulf. iggtwarai, iuxta, secundum. -achtig, -echt, -icht: thorachtig, thorechte, thoricht. Isl. og, sch. och, et. MT. og, Otfr. uh, AU. Landr. uch, auch, etiam, §. CCXII, 1.)

l: el: al, alrus, also, als, cum, sicut.
ulf. allathro, undique.

r: er-, ar-, ir- ar ad-, ac-; Notk. erchonen, consequi; Otfr. er ahto dago, in octavo die. irbiaren, erbieten, offerre; urbar, reditus.
sch. å-, ad-. ulf. ei, ut, si; eithan, igitur.
Ang. o, quum, als, da.

2. Vinculum natur. 2) morale: obligatio, lex, iuramentum, officium.
3) relatio: par, aequale-.

Ew: ew

2) Kero. Run. belg. fris. ew, ewa, AS. æwe, lex, testamentum. LL. sal. landeva, -esa, landRecht.

3) Kero x. eban, MT. esen, AS. h. effen, sch. åfven, ulf. ibn, eben, con-, par, aequalis, aequum, planum; Kero eban ing. coaiors; gl. monf. epano gi grapana, consepulti. Otfr. Notk. ebeni, aequitas, aequanimitas, moderatio. gl. monf. epani, o, planicies, ordinare. ulf. gaibnjan, ebnen, sch. åfne, planities.

ts: et

2) MT. sch. ed, eed. th, AS. atha, ulf. aiths, eid, iuramentum. esk, esch, debitum, postulatum; sch. eska, Otfr. x. eiscon, eisgon, eschen, HT. h. eischen, heischen, §. CLII. postulare. W. Urt. ysche, zol und ungelt.

3) T. ester, estrich, franc. asterreich, pavimentum, planum. Sgth. glas geestricht.

n: en; eenen, einen, unare; Otfr. kigieinon, Notk. decernere, sibi proponere; einung, decretum, mulcta. Notk. iniken, unire.

2) amt, M. a. embet, alem. ambut, o. umbat. D. T. h. ambacht, (§. CCXIV.) ambactia, LL. sal. ambascia, Kero ambahti, ulf. andbahti, praefectura, officium; andbahtei, ministerium; andbahtjan, Kero ambahtan, ministrare. officiarius anman; Kero ambath, ulf. ambat, andbahts, - AS. ambyht, ombiht, legatus. (Ennius, Caes. ambactus, Gall. servus) sch. ambat, - ut, ancilla. Otfr. imbot, mandatum.

3) anen, assimilare; ähnlich; amen, imitari. E. - enzen, und - einen, similem esse.

h: ch; Frisch anke, iunctura ossis convexi in concavum, cervicis, extendicis, hanca, §. CLIII. et tali, änkel, h. enkel, aenclauwe, (§. XL, 2.), AS. ancleow, E. ancle, sch. ankel, b. ankelkode, agilo, Isl. ökul, h. hanke, e. hanch; AU. anken, inserere.

ulf. at ïhlands, captus, traditus. b. aag, iugum.

2) Isid. ancutus, ministerialis domus regiae; Schilt. ank, enk und oberenk, unter dem Gesind, Schilt. in Egsb.; Egsb. angwerk, handwerk (oppos. S. gudeman, nobilis); engergelt, frohn. M. Urk. enge, engethum, leibeigene Gült; LL. Baiow. angergnago, farrengaus; enger, carrus angariis destinatus, et mensura eius generis, Schilt.

eh, eha, ech, all. Lex, testamentum; K. Frid. II. 1219. echlos, exlex; Nott. eha scrift, litera legis. eh, ah, eht, rectum, iustum, echt; h. echter, iustius; Egsb. echte, siquidem. Nott. egi, Kero egy, eky, disciplina; Nott. abeh, male; All. abahe, -er, perversus; abahan, pervertere, reiicere, negligere; abolha, praevaricatio; abohell, aversio; Ostfr. aboh, abuh, perversitas, male; Nott. awelki, -er, pravus, (§. CCXIX.)

3) NS. iken, aequare, eichen.

l: el: al

2) ald, hald, LL. Long. aldius, Const. Carol. M. aldio.a, in aldio, schw. spiegl. ethald, ministerialis. Besold. herold, minister communis.

r: er: Denyl. ürt, symposium, symbolum, §. CVIII, 1.)

All. rc. e, ea, eo, eon, AS. á, iusiurandum, sponsio iurata; altsch. Nott. Egsb. rc. lex, bibl. mog. 1462. in der ee des herren, in seiner ee, Ps. 1. rectum, iustum, legitimum: ehafte not, iusta causa &c.

§. CCXVIII. Familia;

2) eiusque membrum quodlibet; 3) amor, gratia.

Ev: ew, fr. ewa.e, E. ewe, AS. eow, ewede, -yde, T. even, dimin. öwelen Schilt. Lindenbrog. eowede, eowth, ovis femella; Tat. &c. ewit, euit, grex, spec. ovium, etiam Tat. porcorum. gl. florent. ewist, mandra, caula, Kero ewiste, Isid. äwiste, ulf. aiwistr, ovile.

2) ulf. abin, maritus,

ibid, mamma, LL. sal. ibidem bruche, mammillae capulatio.

3) ulf. aibr, donum.

td: et; schw. edde, LL. fris. ette, atte (titulus iudicis), ulf. All. Egsb. atta.e, hatto; N. fris. hatte, §. CLII, 3.), All. otto, N. od, odin, ad, adin, pater. §. CCVIII.

b. eida, ulf. aithei, mater. ulf. attauhun, parentes.

sch. ätt, genus; ätting, gentilis. b. id, foetus; ida, filius; AS. idis, -es, -esa.e, femina.

3) schw. eidei, blandientis infant. AS. est, altsch. b. ast, gratia, amor. Celt. astar gydia, Dea amoris; asta rád, amoris domina. AS. äfäst, invidus; äfestinesse, invidia; Nott. abestend, insurgens.

n: en, Schilt. eni, aberenl, avus, abavus; E. der ahn, baier. än, andel, ändel, avus. Ostfr. anon, maiores; anaron, gianaron, propagare. All. ansas, Ahnensig, Stammgut. ane, avis. AS. eanian, parturire. amm, mater; Denyl. ammevater. All. ameige, amica. om, patruus, Schilt.

Schilt. ank, iuvenis; dimin. enkel, nepos. MS. ankemoor, (EnkelMutter), E. aunt, proavia.

3) altsch. anna, favere; Mns. and, carus, placidus. altsch. all. Kero anst, gratia; abanst, abanti, invidia. St. en. einste, gratiosus, lenis.

sch. unna, (gunna, gunnen, §. CLVI, 2). AS. unnan, favere; sch. afund, d. affwind, invidia. Otfr. Notk. ondan, indulgere, permittere; Notk. unste, indulgentia; anunstig, invidus. d. yndig, reizend, angenehm; om, zart, weich, omhed, zärtlichkeit.

h: eh, ehe, h. hamb. echt, matrimonium; h. echt brevt. Kero eht, res familiaris, ius familiae. chron. Sax. ehte schaft, cognatio.

All. ohen. - en. - eim, oheim, patruus, pl. öhen.

l: el, al: sch. ala, gignere. ulf. alde, progenies.

r. ar: (erpel, verpa, CCX, 3.)

e, ehe, matrimonium. eiei! blandientis.

§. CCXIX.

U

Plorat Dolorem; Solitudinem; Imum.

Dolor, ululatus, timor;

2) Vae, malum, mor. et phys.

Uv: uw, gl. bamb. fr. uwila, bubo, §. CXLVI, 1.)

2) ulf. All. ubil, Kero hubu, übel, h. euvel, AS. yfel, b. ebul, malum. ulf. ubilaba, male. bair. der ubel, avel, vulneris, das gefärliche, das wilde Fleisch, der Brand. AS. ofr, ruber. Notk. eiveri, amarus (crudelis, zelus, relativ. §. CCXV. 1).

aw! av-, af-, ab-, wa-, malum: h. ave rechte, iniustus; aberglaub rc. isgeh. abe gott rc. schw. aberwetter. abel, fatuus, insipidus; e. äbicht, eiwig, sch. afvig, perversus.

ts: ut; Isl. ottast, sch. attas, timere. All. ysen, eysen, E. aisen, eissen, esen, horrere; eysig, yselik, abominabilis. hamb. ötje, misellus.

2) belg. Lips. otter, All. eitar, -er, h. eyter, h. MS. etter, E. atter, pus, ulcus. Rab. Mc. ettar, Isl. SuevG. eitur, gl. Lips. eitir, Notk. eitter, catech. Teut. ettar, AS. ättor, E. attor, venenum; AS. anguis, §. CCIV. v. T. adel, tumor, ulcus, callus. sch. ödla, Isl. ethla, v. T. adesse, gl. mons. edehsa, Eidechs, Dengl. heidochs (CCVIII.), E. edyss, egdes, eglos, lacerta, (venenosum).

isgeh. eys, schw. eise, pus. fland. belg. een eus mensch, homo pravus, Becan. hamb. uze, bufo.

n: un-, on-, in-, un-, malum. ulf. ſch. ond, malus; Tat. unſar onti, innocens. and, dolens amiſſum; anden. ulf. -amma, mancus; halt amma, claudus, haihamma, monoculus, haihamma, luſcus, §. CXVIII, 2). All. amere, dolor; ameren, jammern, §. CXLVII, 3) Notk. miſereri. gl. monſ. ammarari, humiles. Isl. aumr, miſericors.

h: uh: b. ugle, ulula. Notk. uohtu, ulf. ukto, ME. ucht, crepuſculum. ulf. og, timuit, ulf. uht, timor; uhtan, timere; uhtwon, mane; ogn, terror, minae; ogis, AS. oga, oht, Isl. ogn, timor; fr. ulf. ogan, timere. Isl. ogurligur, timendus. ulf. agis ME. agſt. Schilt. ango, angſt, terror, timor; ſch. ångſla, ängſten; ſch. ånga, Isl. aungt, ulf. agg', eng, anguſtus, §. CCX, 3); med. aev. engen, Kil. enghen, anguſtare. Will. Mnſ. ege, AS. egen, egſa, egeſa, gl. Lipſ. egiſſo, Kero ekiſo, egiſo, AS. egiſo, egenys, terror, timor, metus. Mnſ. egebar, eges-, eyſe-, egſperlich, terribilis; Notk. egon, ME. eigſen, terrere. ulf. agei, timor, unagei, ſecuritas.

oh, ah, ach! 1528. ächzgen, h. anken, ME. janken, lugere. ſch. önka ſig, miſereri; enkia, vidua. b. ynkelig, miſer; ynkjom, miſericors; ynke, miſereri.

2) ſch. aga, morſus, punctura, ſolicitudo. Kero ahchuſt, unrecht, vitium, §. CLVI, 2) ulf. aglo, afflictio, aglu, difficilis; agluba, difficulter, moleſte. AS. aglac, miſer; aglàca, miſeria, dolor; eglan, -tan, nocere. alte Bibl. Luc. 19, 20. angſane, ſudarium.

hmb. dat is akke, vah! ekel; hmb. eken, ſuppurare.

l: ul, N. ME. ule, eule, ulula; heulen, hmb. hulſern, ululare, §. CXLVI. Isl. ſch. ulf, lupus, §. CXXV. ſchw. ilteo, iltis (lupulus). bgsh. eley, das iſt ein gros geſchrige.

2) brem. hmb. ulk, ſarum, miſeria, dolor. hmb. olſ, homo ſtupidus, miſellus, alber, v. T. aluwer, ſtupidus. S. alefanz (enzen CCXVII, 2), aſtutia, petulantia. Edda elv, dea, larva nocturna, elf.v.p, alv.f.p, incubus, Keyßler Berggeiſt. b. ild, malus. Isl. uldna, faulriechen.

r: ur: urru, hiurru, ulula. b. urd, fr. urdi, ſarum. irr, moleſtia; irren, bgsh. ꝛc. moleſtare, impedire; errare. Oeſtr. ꝛc. g'irren, perplexum reddere; All. geloubs irre, haereſis; Notk. irrar, haereticus; irreto, irrituom, irtum, error.

Becan. ar, mora, impedimentum. ar-, er-, ir-, or-, ur- malum, perverſum. Mnſ. er-, erebeit, arbeit, dolor, luctus, labor, §. CCXV, 2); Kero arabeiti, tribulatio, gl. monſ. procella, Otfr. perſecutio; Notk. arbeiten, tribulare, ulf. arbaidjan, laborare; AS. earbedlicá, aegre. ulf. arwjo, ſine cauſa, Schilt. arwn, fruſtra. b. ar, -narbe.

arg, malus, All. piger, AS. adultera; b. argur, improbus. Kero arachuſt, ärgſte. Notk. gearгeren, deteriorare, demoliri.

b. hiſp. ecarmen, pati vindictam. arm, pauper, Otfr. improbus, Kero aram, pauper; armen, erarmen, armen, ulf. arman, b'armen, AS. ofearmian,

mian, misereri. ulf. armahairtei, -eins, Kero armiherzidu, Notk. -herzin, Otfr. armherz, barmherzig, misericors. Otfr. ara muati, Kero armida, armut; ulf. armaio, eleemosyna. Schilt. armelüte, homines misericordes et proprii.

Otfr. arzat, 1528. arzet, arzt, h. heelmeester; arzen, medicari. gl. monf. arzat, pigmentarius (Frisch von artista.)

ulf. arzjan, errans.

u! ululantis; uu, uhu, gl. monf. uuo, bubo.

o! dolentis; sch. Isl. o-, un-, male &c.

a! vae, vah! Kindern a doen, cacare infant.

§. CCXX. un inversum nu, (vid. M, XCIV.)

1) Negativum; 2) Malum; 3) Insolens; 4) Nubilum. 5) Deorsum.

1. Negativum; 2) derogativum, sed; 3) parum, post.

Nuv: nav: gl. monf. nupi, non. ulf. niaiw, (§. CCXIII.), AS. náfre, (áfre, §. CCXII, 2), E. never, nunquam.

2) Tat. noba, (ni oba, nicht ob), ulf. niba. ai, nisi. Tat. nubi, nibi, sed, Isid. nibu, non nisi. Wil. neware, ac si; St. an. newere, tantum. Otfr. nub (ni ob?), nubar, si, an? quam. Wil. nouen, nobe, sed, verum. 1569. nuwent frowen, non nisi mulieres (ni wen). gl. Lipf. navo, sed.

3) naw, genau, parum, gracile, angustum. b. neppe; h. benepen, b. hmb. schw. knapp, genapp, paucum, minus, angustum, vix, parcus; hmb. kneep, rahne taille. h. beknopt, eng, klein, kurz.

ts: nút; MT. K. nit, Otfr. niut, nis, Notk. nes, Tat. E. not, non. Otfr. nizenio. hmb. in de nöte, in nihilum, verlohren. ulf. nithau, -auh, -an, non; nithana seiths, non amplius. Wil. nuite, nihil. ulf. Otfr. nist, non est; AS. nás (ne äs) non es. Isl. asnepta dat. abnegare, wedersaka.

2) Otfr. nisi, (ni si, non sit), es sei dann, nisi.

3) hmb. nüsseln, zauderend arbeiten, nüsteln; b. snuistery, lumperei, gerümpel.

n: nün, nein, neen, non; Notk. ninneht. hmb. nin (ni een); pl. neene, nin minsch, E. none, hmb. nüms, ulf. niman, -anna, -anahun, niainshun, niai-, nianohun, nullus, nemo. Otfr. nioni, gl. monf. niomer, nimmer, nunquam. Notk. ninin, Isid. ninemant, nequaquam. Dengl. nienen, Mas. nienent, nusquam. ulf. ninauh, nondum. schw. nunts, nihil.

2) alrsch. nema, nisi. Ditm. nenken, interdum. Capit. fr. Besold. nonnus, monachus, nonne, (sola).

3) hmb. knen, zart, rahn.

h: nüh, MT. nich, ulf. nih, perf. neh, nicht, AS. noht, non. noh (ni oh) noch, eZ. nic, gl. Lipf. neok, nec. sch. neka, b. nágte, negare. Otfr. nihein, nullus; nihe-einheit, inutilis. ulf. nihwanhun, nunquam; nihwashun, nihthan, nemo.

3) nah, nach, post.

hmb. snukke, kleine Art Schafe in den Heiden.

l: nül; hmb. vernylen, vernichten. null, nil. b. hisp. nol, Nott. nals, Kero nalles, non; nalles eo naldre, non aliquando; nalles einin, non solum; nullus gin, non iam; naldre, nunquam. Mns. Canzl. versnalt, periit.

r: nür, nirgend, hmb. narns, narms, nullibi.

2) nur, tantum. nar, post; hmb. ners, h. nars, podex.

3) hmb. knir, tenuis, knirfiker, kleiner schmächtiger Mensch.

ulf. ni, ne, AS. ni, ne, na, sch. nei, Otfr. rc. ni, ne, non. nie, nunquam. Nott. nieo, ne quando. niu, non, nonne. Kero neo man, nemo. Otfr. ni wihe, Kero neo wehe, ulf. ni wihe, ni waihe, nil quidquam. Otfr. ni was, nequaquam. Will. ni wanne, nunquam. Otfr. ni -, Nott. nie weder, neuter. gl. Lips. nie wergin, niergin, usque quaquam.

2. Malum, necessitas, fatum, angor;

2) Lassus, aeger, vulnus, mors, cadaver; 3) morale: nequitia, §. XCVII, 3.

Nüv, nav: now, naw, hmb. nau, b. nauw, benauwtheit, noth. h. nopen, nöthigen; sch. näppa, bedrohen. now, naw rc., angor; h. benaut, beängstigt. ulf. ganipnands, sch. nipin, contristatus. hmb. knype, kneife, Enge, Noth, Weh, Schmerzen, Schnitt, §. XCV, 2.) h. sneven, -elen, umkommen.

2) 1528. nafzen, Nott. naphezen, dormitare; gl. mons. naffezunga, dormitatio. h. nuf, einfältig, zaudernd.

ulf. naus, mortuus, gen. naweis, pl. - wins.

3) sE. nyiwe, niwe, nequitia; niwing, nebulo.

td: nüt: Otfr. der not, obligatio, periculum, necessitas, difficultas, coactio quaelibet, spec. civilis, criminalis, citatio, mandatum, impedimentum; angor, calamitas, Al. Mns. AS. h. not, AS. neod, d. sch. nöd, altsch. naud, ulf. schw. nauth, E. need. Al. notl.e, causa, necessitas; b. hisp. ginota, ulf. nauthjan, sch. nödia, naudga, nöthigen, necessitare. ulf. naudi band, catena. Al. nooda, AS. nides, nedes, invitus. Al. Conf. notag, nöthig; unnotac; bgdh. gar nöte, valde invitus. Nott. genothaffter bi Pont. Pil. passus.

gl. Lips. nosan, fland. h. nosen, OS. naussen, nasen, nösen, neisen, molestare, impedire, affligere; Nott. neiz, afflictio, molestia; neizeselig, plenus afflictionum. Kero rc. keneizzon, affligere. gl. mons. ginotzogan, nothzüchtigen, devirginare. h. onnozelig, insons. schw. gennesen, zum Narren haben.

2) ditm. naad, Linderung der Schmerzen. schnattern, tremere.

3) Al. nith, nyth, Otfr. nide, h. nyd, AS. nid, sch. nit, ulf. neith, Al. Conf. niut, neid, invidia. d. nida, depravare; ulf. nidiwa, aerugo. sE. nith, nequitia; nithing, nebulo. ulf. naiteins, blasphemia. ditm. nöttig, stößig wie ein Ochs. hmb. nidsch, gierig. Isl. nid, schandschrift, beschwörende verfluchung. h. snod, schnöd, flagitiosus; alt. Ps. der schneude Lewe; helsp. schnatten, livor. Nott. snudan, subsannare; nase snuda, subsannatio.

h: nüh: holl. neken, gniken, necare, §. XCV, 2). hmb. snikken, neutr. ersniken. h. snakken, seufzen; snikken, schluchzen.

2)

3) Kil. nuke, AS. Conf. visu nichu, E. nuke tuke, NS. Chron. 1482. olle nüke, hmb. nükke, astutia. ulf. hnaigan, contumeliose habere; Isl. hneyesla, scandalizare. h. sneukelen, ins Hurenhaus wandeln. necken, ludibrio habere.

l: nül

2) hmb. nölen, lassum, lentum esse, cunctari,

3) h. snol, Hure.

r: nür, nar. h. nar, ängstlich, schröcklich; snerpen, schmerzen; benarren, angustare, benard, verstürzt.

2) b. nar, cadaver. narbe, vulnus, callus.

3) h. nar, T. AS. narr, frivolus, stultus; gl. monf. irnarren, desipere, obstupescere. Isl. AS. na, ne, cadaver. hmb. nau, necessitas.

3) h. sno, arg, schnöd.

3. Insolens, novus.

Nuv, nüv: W. urt. nuwe, nüwe, AL. niwi, -er, AS. niw, niow, neow, E. new, h. nieuw, novus, ulf. niuwi, neutr. niwi.

ts: nüt, hmb. neit, neet, novus.

n: nün, b. nyn, novus.

h: nüh, ulf. niuhj', novus; niujithai, novitas; niuhseina, visitatio (renovatio, CXCVII, 1.)

l: nül: hmb. nülk, nielk, hmb. nieelk, neylk (neulich), lecker, zur Neuerung geneigt.

r

sch. ny, perf. nau, neu, neu, novus. ulf. niujis, novum.

4. Nubilum; 2) mane; 3) nudus.

Nuv, nüv: Otfr. nibulnissi, nebel, nebula.

AS. snav, E. snow, ulf. snaiw, h. sneeuw, nix; AS. hsniwich, ningit.

ts: nüt, nat: Isl. noot, b. nat, sch. natt, nox.

n

h: nüh, nah: E. night, neight, AS. niht, naht, ulf. naht, AL. naht, nact, nox; gl. monf. pinahten, obscurare.

2) mane: Not. nohtun, matutina; Kil. nuchte, -en, -ens, mane, ante meridiem, fland. morgen nuchten, cras mane; nuchten stond, hora matutina. nüchtern, ante prandium. Not. nohturna, nocturnae, horae antelucanae, die wachun. ulf. anda nahti, vesper.

T. nihs, nix, spectrum marinum, Rob. shirmwint, nimpha (nimbus).

3) nudus, Otfr. nakot, Kero nahhut, AS. naccot, nachet, nahhat, E. naked, sch. nakot, h. naekt, b. nögen, Isl. naken, nakend, ulf. naquads.

l

r

AL. sne, snio, b. snee, sch. snö, sniö, altsch. sneo, Isl. snioor, schne, nix. (§. CII.)

5. Deorsum, profundum.

Nav: h. benepen, deorsum. ulf. hneiwjan, humiliare; hnaiwelns, humiliatio.

ts: nad; j. feud. all. sone ze gnaden gang. sch. solena gå ned, sol occidit. h. be-, sch. förneden, hmb. nedden, sub; gl. monf. nidane, subter; nidarotes, deorsum. Otfr. nidan, infe-

inferior. MT. sch. neder, hamb. nedder, Isl. nidur, nieder; sch. förnedra, erniedern, humiliare; Kero, Tat. nidaran, AS. nitherian, damnare; gl. monf.ganidiran, - aran, deiicere.

n.
h: nah: d. sneg, serpsit. snige, schw. schneckeln, ut cochlea §. XCV.
l:
r: nar, h. naar, neer, deorsum.

§. CCXXI. Solitudo: Solus; 2) Particulae remotivae; 3) Pone.

1. Solus, sine; 2) vacuus, vanus.

Uv: up: upon, evacuare; Nott. teuppot, evacuatum. Kero ubig, üppig, otiosus, vanus; upigi, uppigi, otium, - ositas.

ts: ut; sch. uthan, sine. schw. it, unus. eitel, purus, solus. T. sch. öd, desertus, vacuus. od, altsch. aude, ulf. authida, Otfr. K. ein ote, - ode, Isid. odhin, SueoG. eida, Isl. eydemörke, eremus, solitudo, vastitas; öden, Isid. sprodhanen, vastare. as, unicus, unus. ulf. assarius, assarium.

gl. monf. osi, vastitas; osta, (oster) devastavit, osan; tysch. ösen, devorare.

2) Otfr. ydal, M. AS. ital, - el, eitel, AS. h. M. idel, AS. aidlice, vacuus, desertus, vanus; v. T. idel, vacuum, cavum; Kero ital ruam, gloria; Tat. italo racha, convitium; aritalen, evanescere; E. iddle, otiosus; AS. idlenesse, vanitas, Isid. adalnisse, desolatio. Frisch adil, vilis, abiectus, fränk. tahadel, - atel, mistwasser, lotium; v. T. adel, sumpf, pful, §. CCXXII.

NS. alsch, elsch, turpe, §. CCXIX.

n: un, T. ulf. un, Otfr. ono, ohne, ulf. inah, AL. gl. Lips. ana.e, M. Urk. 1319. aun, an, sine, AL. Conf. una. K. Ludw. 1323. an gevärd; j. ang. anwasel, todes vieh (ohne wesen); ulf. unagein, sine timore. Kero untar, mirum, §. CCIII. (sine simili)

unicus LL. sal. ani, ulf. M. ain, HT. Isl. ein, NT. een, E. one, ünan; M. ainig, ulf. ainaha, AS. änig, ana; änliwig, sch. enig, endels, einzel, Kero einluzze, singularis. ulf. ainohun, Norm. noan, AS. nan, nänig, Isl. eingen, önguan, altsch. änguan, ulf. anguan, nullus, nemo. AS. anwald, monarchia. Mons. einikeit, vita coelebs. Kero einfalt, - muatlihho, simpliciter. ulf. anfalth, simplex. NS. enkel, - eld, non nisi. h. engel, minimum pondus, 2½ = 1 drachma, unz, uncia. Deutsch angster, teruncius. teutsch anzen, enzen, einspännig doppelte Deichsel.

h: uh: sch. ökne, desertum. Will. okkeret, Otfr. Nott. ekkerent, ekkert, echert, ekord, Tat. eccorodo, solum, duntaxat. M. eoco, AS. äg, äghwa, - hwär, - hwilc, singulus, (distributive; vid. collective, §. CCXII, 1.)

l: ul: NS. h. elk, singulus, AS. älk, (vid. ibid.) ulinst, hinstlein. s. Schilter in Gloss.

2) Nott. olter, scoria (vanum, vacuum).

r: ur-, or-, ir-, er-, ar- sine: AS. orsaker, innocens, vid. seqq. d. eru, unus.

u-, o-, a- sine: LL. Long. amund, maiorennis; h. amagt, unmacht.

2. Parti-

2. Particulae remotivae: 1) adversativae: aut, alius; sed, si; contra, re-;
2) exclusivae: non; ex, se-, a.

Uv: uv, Nott. ube, Mns. üb, ob, of, an: K. Frid. II. off he will. (ulf. ibai, num; ibaiei, ibai thu, numquid.) h. of, ofte, an, aut; Otfr. oba, utinam. ob, 883. ut, Otfr. quod, daß; si, etsi. hmb. överst, averst, Otfr. avur, Frid. II. aver, Tat. abur, aber, sed; Capit. fr. avur avor, oder aber; Capit. Lud. 819. avo, si, Will. ast.

Isl. ef, si; AS. hmb. ef, efte, aut; gl. Lips. eft, aut. Nott. ebin, schw. eben, restrictive. E. if, Isid. Kero ibu, si.

2) ub-, uf-, op-, of-, sch. effter, ab-, af-, auf-, se-, re-: ulf. ufhaban, tollere; -ligan, deficere; ufarmunan, oblivisci.

Propositio ab: ab, All. aba. e. i. o, ulf. abu, ulf. N. NT. af. aberwitz-wandel. lgsh. afterland, von Hausweg. h. afô, perversus.

AS. E. N. Kil. NT. ebb, refluxus maris, E. ebba, -ing; Kil. ebben, recedere.

Ts: ut: ulf. uthan, aut; usja, All. uzz, Kero, AS. uzzan, ausser, excepto, sed. Otfr. All. Conf. odo, alts. oda, oder, All. edo, Kero ede, -eo, alts. Isl. eda, Kil. fr. NS. cimbr. edder, E. ether, Capit. fr. athe, Isl. átha, ulf. aiththau, v. T. ader, aut. AS. auther, aut, alter, secundus; n'ather, n'awther, neuter; AS. other, outher. Isl. ôdr, alter, alius, secundus. ulf. aiththau, ith, autem.

2) re-, se-, it-, et-, AS. ed-: b. Sarac. etsagen, entsetzen, obstupescere. NT. ulf. ut, HT. ulf. us, de, ex, foras; ulf. uta, utana, utun, sch. utom, ex, extra. ulf. uza, -uh, ex; uzathro, extra. Kero uzze, -aan, uzana, foras; b. hisp. uzar, ex. Kero uzzana, extra, uzorosti, äusserste, extremitas. Nott. uzon, äussern, uzor, exterminat. ulf. uzon, Tat. enrun, exspiraret.

N: un-, in-, ent, and. t-, non, contra, a: ulf. unbarands, -barnah, sterilis. All. untwesen, sch. undfly, entfliehen; Nott. inberen, entbähren, carere; inbern, aperire; Otfr. inban, apertus. v. T. entkrist, antichrist. Kero antlaz, venia.

All. ana, de, a; j. ang. anewerden, schw. anwerden, schwz. entwerden, Frisch, ohn-, annichwerden, amittere; anen, All. privare, NS. carere; entabnen, privare. All. enie, privatus. Willer. a. onich. g, immunis, liber, indigena. sch. intet, nihil.

sch. om, si. Isl. enn, sed. Kil. en, ne, non. Mns. en, negativum, cum et sine negatione expressa; lgsh. en wiste, nescivit; en weders, neuter.

ulf. an, an? Isl. anna, sch. annan, -or, ander, alius; Isl. annad, aliter. ändern, mutare; ostro-. visiGoth. andare, progredi, ambulare. LL. sal. ande sito, contra morem. All. gl. Lips. ana, praeter, extra.

H: uh; Tat. oh, Isid. ohr, sed. Isl. sch. NT. ike, non, T. sch. ing, ingen (vid. nr. 1.), nullus, nemo. -ig, -ing, diminutivum, rei origo, §. CCXVI. Isl. eige, non; gl. monf. eigan, eigen, privatus, privative proprium, §. CCXVI. Isl. ekert, nihil.

AS. ac, ah, ulf. ak, akei, sed. echt, lgsh. si, modo, gl. Lips. vero.

2) All. ohl, acht, proscriptio; Otfr. Nott. achten, AS. ehtan, persequi, ver-, fechten, verachten, proscribere; AS. ehtnysse. Kero ahtunga, persecutio, gl. monf.

monf. tempestas; Otfr. ahtsal, trûbsal, §. CCXIX. fgsb. verechter, persecutor. ulf. alhtro, mendicatio.

l: ul: AS. al, etsi; ulf. alja, L. als, nisi. Naob. alde, Frisch. alder, aut. Isl. alldrel, sch. aldrig, nunquam. Kero, gl. monf. altinon, dissimulare. sch. alliës, AS. áleor, alias. ulf. al gasts, peregre.

sch. eller, Isl. ellegr, aut; hellder, sed. Will. els, alias, non.

2) AS. ellor, alibi; elle, reliqui, ellende, procul, aliorsum. gl. boxh. fr. eli poro. Isid. eli dheodig, AS. el theodig, peregrinus, proselytus (alienae nationis); Isid. alilendi, Tat. elilentter, Al. el-, eli-, elilende, peregrinus, exsul; Otfr. elilent, peregrinitas, exilium. Nott. ellendi, captivitas; geellendan, captivare; gl. monf. ellentuom, captivitas (extra patriam).

r: ur-, ir-, or-, er-, ar-, a, de, ex-: Urminne, -reht, -minnes, undenklich; Urphed, iuram. de non vindicando, absque odio; Otfr. Urwise, exilium, verweisung. Isl. ur, ex. sch. Ursach, excusatio; Nott. Urlost, redemtio. Urteil, urtel, -del, ortel ic., discretio, iudicium, purgatio, probatio: wasser-, fûrordel. (verteil; med. aev. verteilter, verurteilter, Besold. §. CXVII, II, 1.)

urche, non nisi. AS. Orweg, devius. ort, quarta pars (decisum). E. or, aut. Al. ir, ex: Otfr. ir himile, ex coelo. Al. ir standan, resistere; Otfr. ir triban, vertrieben, eiectus; irwentin, Otfr. avertere, Nott. re-, converti. Otfr. irwiggen, oblivisse; irwerran, perire. Al. erren, E. erre, errare. Kero er, ex; erurerban, exhaeredare; Mns. erwenden, abwenden; erwinden, deficere &c. Al. Conf. erteilen ulber lebend unt tot. Tat. arthenen, extendere; arworzalon, eradicare; arfirran, auferre, arsuar, discessit; argangan, exire. Kero arminsami, excommunicatio. ulf. airzjan, seducere.

b. sch. u-, un-; gl. monf. uziohan, producere.

Isl. sch. o-, um-; Tat. o, sed.

Elend, exsul. Isl. ei, non, ulf. ni; eithan, alioquin.

ulf. Al. AS. a-: ulf. afaran, AS. aletan, alosan ic.; Al. a deil, expers, a gild, nullius pretii; a wiggon, a werf, abweichen, abwerff ic.; gl. Lips. a mazeendelic, intolerabilis.

3. Pone, posterior; extremum, finis, limes, usque.

Uv: úv; ulf. ibuk, retrogradus; ibukai, retrorsum; iftumin, iftumin daga, postero die. sch. efter, postquam. Isl. sch. efter, post.

ulf. afar, post, secundum, sequens; afar daga, us afar, a posteritate; aftana, retro; aftuma, posterus, aftumist, ultimus. Al. after, post, Otfr. extra, HT. podex, ML. E. post: afterred ic. ulf. aftaro, retro; AS. áftera, secundus, alter; aforan, posteri.

ts: út: ut, us, aus, finitum. LL. Long. ider zon, grenzzaun; Al. ethar, etter, limes, territorium; AS. eder, eodor, sepimentum. Run. dags etur, diei occasus. N. -udd, landEnd. Capit. Lud. 819. ather, post.

n: un: gl. Lips. un, unt, untes, sch. ända, ulf. und, altsch. und, unte, unst, unz, Isid.

Isid. untazs, AE. Kero, Monf. ꝛc. unz, unze, uns, hind, hinz, usque; AE. ulf. hindar, post, reliquum; hindana letthan, praeterire; hindumisto, hinderste. ulf. undvaiach, deorsum. tgsh. der hunderste, ultimus.

AE. end.t, endi, -ti, eindi, ulf. andi, -eis, finis, Ende; Tat. entan, mori. Offr. Notk. einzen, einst, aliquando. Notk. ennan fona, inde a, (enont, trans, §. CCX, 2.)

annon a podice vocatur AE. entLe, eneta, ant, AE. LL. sal. aneta, Capit. Carol. M. eneta, anas; LL. Baiw. anot hapuch, Entenhabich ꝛc. aut est aquatile? §. CCIV.

h: üh: ek, angulus, §. CCX, 3. extremitas; tgsh. ehter cruze, crux terminalis. Capit. fr. MR. hmb. achter, pone, podex; altpers. achterrats, afterrede.

I.

r: ur, or, ór, ort, margo, finis, §. CCX, 3). gl. Lipf. eureude, finis. ND. h. eers, OE. ars, arsch, posterior, podex.

o! siste gradum.

§. CCXXII. Imum, infra, deorsum, sub; ex imo; 2) intra, vas.

Uv: uv, ulf. uf, sub; ubiza, -izwa, porticus, §. CCX, 2).

af, ab, deorsum; Isl. ofan aff, bergab, abhalrig, declivis; alt. afgrundiche, abgrund. ábig, Frisch. ábicht, hmb. áffch, obliquus, aversus. E. schwz. aben, occidere, deficere, rubescere; abend, AE. abund, -and.t, sch. afton, vesper; Kero Abachs lob, cantica vespertina.

uf, up, auf, ex imo, herauf. s. över, sch. jusver, jur, uber.

2) hmb. ever, S. Eber, scapha. ofe, hmb. kalkneß = 10. lasten.

to: ut: Offr. Otmuati, Tat. Odmuoti, AE. eadmodnesse, humilitas; Offr. Otmuatig, K. Carl 1361. Otmütig, h. Ootmoedig, sch. Ödmiuk, humilis, submissus.

sand. ucs, modestus, Becan.

Isl. ude, pluvia; uda, pluere; udr, humor. AE. yth, fluctus; ythian, fluere. utar, AE. h. uder, hmb. üdder, ND. ydder, gidder, uber.

ut, us, aus, foras, ex imo. blam. ösen, brunnen reinigen; sch. ost, haustum; ND. oster, auster, ostrea, et hmb. excrementum, tenax, densum.

2) ulf. uzeta, praesepium. Notk. isila, insula (in aqua -); hmb. össel, halbe quart.

LL. sal. ascu, Schilt. Wacht. ND. N. AE. aske, asche, navicula; ascoman, nauta, pirata. asch, fitula. Dangl. aser, siscus. ascher, blam. ask, theca. ND. esche, cupa.

n: un, ulf. unn, AE. unn, unda, e, aqua, §. CCIV. AE. unda, fluctus. unden, unten, 1528. hneunden, infra. ulf. undar, perf. ender, Kero untar, unter, infra, sub.

E. ulf. in, in, intra; AE. inn, cubiculum, domus; ulf. inna, intra, domus, innatauh, domesticus; innathro, intrinsecus; Kero inna, inana, intra. ind', ing', incola. carol -, cod ingi, dependentia, posteritas, familia -. Notk. inthaban, enthalten, includere. AE. innethe, Notk. innadhen, gl. Lipf. innethea, St. an. inaderi. Tat. innodilu, E. inward, ingeweid, viscera. fränk. dester, mesenterium.

ab

ab insidendo: inger, bruchus. h. inkt, atramentum;
ime, schw. spiegel ynime, fris. ime, MS. imme, ympe, apis, s. §. CCIX, 2.
Nott. impin, impen, impfen, inoculare.

M. innewendium, interne, Grupen.

Kero innana, infra; innoror, inferior.

2) vas: in, intra. E. inch, mensura minima aridi. W. Weinsg. invel, ⅛ simri. imi, mensura aridi, Würt. Steinlach ½ simri, Ulmisch Scheffel, schwb. ⅟₁₆ müt; fluidi, du Fr. ⅛ sestri, schw. ⅟₁₆ Eimer. Schilt. ymin, ⅛ sestri. pfalz immer, ½ summer.

om, ohm, Schilt. ame, mensura aridi.

om, ohm, ame, sch. am, Isl. amr, d. E. ahm, h. aem, E. ame, awm, ome, T. emmer, Eimer, Schilt. amber, AS. ambra, amphora. gl. monf. eimbre, eimpre, hydria. um-, ungelt, vectigal de vino.

j. aug. ame, äme, Eich; aemen, ämen, eichen, mensurare.

gl. monf. ambl, ampel, amula. kaisp. umler, habitus episcop. Otfr. an, ana, anan, acc. in, intra.

h: uh, Dengl. uchs, schw. uchsen, (ueichs.) weichsen, balt. yexen, ala, spathula, Papias gl. ascella, locus sub brachio, Gold. §. CCVIII.

2) vas: ek, mensura aridi, schw. ⅛ simri; fluidi ek, eich; eichen, mensurare. v. T. eekeren, kessel.

NS. oxthoft, 6. anker handw. d. oxhoved, E. hogshead.

sch. d. ankar, hmb. anker, ¼ ohm, berlin. ½ Eimer. Dengl. angster, langes Trink-, gütchglas, bombylius.

Ache, h. ak, navis.

l: ul

2) gl. Lips. ula, olla; ulengasse, platea figulorum. Ulenzsafen
S. ulm, alme, almet, almrit, schles. almer, vas, scrinium; Frisch Almerei, Sacristei (armarium).

Lausn. alter, fruchtbehälter.

gl. monf. alpun, subucula.

r: ur: T. ur, scaturigo, aqua, §. CCIV. alisch. stillans. Dengl. urch, purus.

2) urch, ulf. aurki, urceus; aurahja, sepulcrum, monumentum; aurali, sudarium (grabtuch).

urne, urna.

M. NT. sch. ark, arche, AS. earc, erh, cista, §. CCVIII, 2); ulf. arka, marsupium; alisch. ark, loculus sepulcralis.

d. oi, AS. eia, eu, Eiland, insula, (intra aquam).

Wann das ei, Ei, ovum, §. CCIII. seine Bedeutung nicht, umgekehrt, von der Insel hat, aliquid intra: so gibt es keine bessere Stelle für dasselbe, als im angeführten Paragraphen, wohin es gesezt worden ist; mirum, animal ex inanimo. Oder möchte es unter dem §. CCXVIII. dem Begriff gignere, progenies, seinen Plaz finden?

Verzeich-

Verzeichnis

jeztlebender, besonders schriftmäsig, auch idiotisch-

HochTeutscher Wurzelwörter,

nach welchem ihr Ursprung und Grundbegriff, ihr Alter, und ihre Ausbreitung im Germanischen, aufgeschlagen werden kan.

A.

bil,

bil, bill, libellus, 135. globus, antes, 136. lex, 110, 3.
billig, aequum 116, 3.
pille, pillula, 136.
bilchmaus, glis 112, 2.
bild, icon, 116, 3. 33.
bilk, gilten, foetura, 109.
pilger, peregrin, 120.
billen, latrare, 110, 2, 2.
pilsen, vile, 117.
pilz, fungus, 140, 2. 136.
(bimsenstein, pumex, 136. lapis spongiosus natans 140, 2.
bin, sum, 107.
biene, apis, 112.
pin, viscus, 126.
binde, ligatura, 137.
(binetsch, spinacia, 112, 2.
pinkeln, mingere, 140.
pinn, pfählein, 112, 2. cacumen, 113.
binnen, intro, intus, 114.
binst, lac, 111.
bint, pinte, cuspis, 112, 2. vas, 122, 2.
binse, iuncus, 137.
(pinsel, penicillus)
pinsel, grisbald, 113, 2.
pipen, lamentari 118.
pip, pullus, 112.
bir, bier, cerevisia, 111.
birne, pirum, 111.
pier, lumbricus, 129.
birke, arbor, 113. 136.
birsch, venatio, 125.
bis, usque, 120.
(bisem, bisam, viso, 195)
bisen, sibilare, 191. 110, 2, 2. currere, 131.
s en, ursus, 173.
biss, imbiss, cibus, 111. bolus, manducatio, 111, 2.
s ken, panem, 117.
bissen, violenter agitari, 127.
pissen, mingere, 140. 197.
bist, lac, 111.
bit, biet, ditio, 114, 3. mora, 114, 2.
bieten, praecipere, citare, 110, 3. 110, 2, 1. offerre, 115, 2. li-citare, 133.
pot, tristis, 118.
bitten, cupere, 115.

bitter, amarus, 117, 1.
pizel, labor parvus. 117, 1, 2.
blach, planum, pattuch, 211, 3.
blaf, planus, 211, 3.
blag.k, lucidus, 29, 2.
plag, 40, 2.
blaken, praedari, 40, 2.
plaffen, macula, 37.
blan, plan, aequor campi, 211, 3.
bland, sub, 26, 3.
blank, lucidus, 29, 2.
plank, vas, 26, 3.
s schen, crepitare 25.
plantsen, placere, 31.
plantzen, plaudere, 33, 3.
plappen, garrire, 23.
blase, vesica, s en, flare, 27.
blass, pallidus, 29, 2.
blarr, 27.
plat, illico, 26, 2.
s en, turgere, 27.
s e, supparus, 211, 3.
platt, planum, 211, 3.
s e, lamina, 26, 3.
plätt, navis, 28.
s ern, garrire, 23.
platschen, crepitare, 25.
s ig, 27.
plätschern, plätschen, 28.
blau, 29, 2.
blaug, simplex, 38.
plaudern, 23.
blauen, percutere, 40, 2.
plaz, planum, 211, 3. mandatum, 33, 2.
s zen, rumpere, 27.
blech, 30.
bleben, turgere, 27.
plegen, saltare, 31.
blei, plumbum, 30.
s ben, manere, 34.
s ch, pallidus, 29, 2.
blecken, hiare, 41.
blempern, fulgere, 29, 2.
blenken, migrare, 26, 2.
blesse, 29, 2.
bletsche, 44.
plez, assumentum, 26, 3. ruptura, 41.
bly, laetus, 31. amoenus, 32.
plicke, schiffwerk, 211.
blid, laetus, 31. mitis, 32.
blik, 29.
blind, 29, 2.
s be, catapulta, 40, 2.

blinkern, 29, 2.
s ken, 29.
pinken, kleine fische, 36. impurus, 111, 3.
pinnen, 29.
s er, ensis, 211, 2.
bliz, 29, 2.
blöd, simplex, 38.
biege, plica, 35.
blok, glomus, 43.
(s haus, 26, 3.) paludosus, 37.
blök, mugitus, 24.
blomen, turgere, 27.
blom, 29, 2.
plop, tumultus, 25.
plärr, mugitus, 24.
blos, manifestus, 29. vacuus, 36. 42.
blossern, torrere, 30.
plozen, crepitare, 25.
plit, spriessch, 28.
s lich, illico 26, 2.
blühen, 34.
s ffen, stupefacere, 38.
plug, dolus, 40.
blume, 34.
plump, 39.
s en, 25.
plünne, assumentum, 26.
plunder, 36.
s g, plunger, 43.
plusen, vacillare, 26, 3. vellere, 40, 2.
plüs, plüsch, pennula, 27, 2.
blüse, (sentzimmer), 29, 2.
blust, 34.
blut, stät, 34.
plutt, nudus, 42.
plötz, illico, 26, 2.
pluzer, melopepo, 34.
(pöbel, populus, 118, 2.)
pochen, icere, 130.
pöder, insipidus, 111.
bod, mensa, 113.
boden, batus, 122, 2. mensa rotunda, 113.
boben, 120.
boden, lagena, 122, 2.
bog, directio navis, 120. arcus, 136.
bogg, rana, 117, 2.
boy, pannus, 134. carcer 137.
bok, gestell, 13. hircus, 125. defect. 118, 3. error, 127, 3, 2. truncus, 136. ictus, 130. convex. 136

bolen,

tank,

auch idiotisch-HochTeutscher Wurzelwörter. 335

tank, denk, 172, 1. gedank, 190.
Dann, nam, 166. tunc, 167.
dannen, inde, 167.
tanne, abies, 176.
dännig, valens, 171.
lassus, 172.
tanse, pytina, 182.
tanz, saltatio, 172.
(tapere, tapes, 177.)
tapfer, fortis &c. 170. 171.
tappe, taupe, unguis, 171, 1.
pes, 173.
-pen, in obscuro, 180.
ertappen, capere, 171, 1.
Dar, ad, 166. ibi, 167.
darben, indigere, 172.
darf, audeo, 171. licet, 171, 2, 1.
darge, fischerinstrum. 179, 3.
darm, intestinum, 181.
darre, tustrinum, 172.
darret, cubus, 178.
tartsche, parma, 176.
Das, 165.
tas, acervus, 178.
tasche, vas, 182.
Daß, 166.
tasten, 171.
That, actio, 169.
thätig, solicite, 171.
(Dattel. dactylus, 171, 2. 175.
tau, funis, 175. vapor, 180, 2.
-ern, tardare, 174.
dauen, concoquere, 168.
taub, surdus, 179, 2.
taube, columba, 171. faßstük, 182.
tauchen, mergere, 181.
taufe, immersio, 181.
däufel, vas, 182.
tauge, faßstük, 182.
-gen, prodesse, 171.
dauen, fastigare, 171, 4.
taedere, 172.
daum, pollex, 171, 2.
taumeln, 179.
daur, duratio, 174.
bedauren, 172.
tauscen, fallere, 179, 3.
-nd, mille, 171, 1, 2. 178.
tausch, mercatum, fallacia, 179, 3. scropha, 168, 2.
-sen, dauzen, 165, 2.
(tax, taxa, tac, 171, 2, 1.)
tave, unguis, 171.
Decher, decas, 171, 2. 178.
Deftig, valde, 171.
Degen, ensis, 175.
teich, stannum, 181.
-chel, canalis, 182.
Deichsel, ascia, 175.
vertheidigen, 171, 2, 1.
Deig, massa, fracidus, 173.
gedeihen, accidere, proficere, 168.
teil, pars, 171, 6. urteil, 171, 2, 1.
Dein, tuus, 165, 2.
deinsen, schleichen, 179, 3.
teisam, fermentum, 171.
Decken, supprimere, 171, 5. tegere, 176.
-r, decher, cumulus, 178.
Telmann, agricola, 168.
telben, fodere, 181.
dehle, vestibulum, 176.
telg, stirpa, 168.
teller, 177.
deilschen, delere, 171, 5.
Dem, den, 165.
demuth, 172, 1.
demmer, crepusc. 180.
dämmen, temperare, 171, 3. compescere, 171, 5.
-pse, tempse, cribrum, 175.
-l, temel, foetura, 168.
behemt, eingebeicht, 176.
Denen, dehnen, tendere, 173.
dengeln, acuere, 175.
denken, 190.
dennig, potens, 171.
tenne, area, 177.
densch, impetuosus, 171.
tens, tenseit, 175.
teppich, 177.
Der, 165.
therr, bitumen, 173. holzhauer, 178.
terig, vegetus, 171.
Derb, valde, 171. beherb, animosus, ib. 126, 3.
beherben, frui, 168.
verderben, perdere, 171, 5. interire, 172.
Deren, vincere, 171, 3. nocere, ib. 5.
Desem, biesem, 180, 2.
tessig, cicur, 172, 1.
desto, 166.
detteln, delicate facere, 169.
teufel, 179, 3.
theur, 171, 2, 2.
Deut, moneta, deuten, 190.
Die, ή, 165. femur, 178.
Dieb, fur, 179, 3.
Dich, te, 165, 2.
Dichen, schleichen, 179, 3.
Dicht, valde, 171. spissus, 178.
-ten, meditari, 190.
Diden, dyden, proficere, 168.
tief, profundus, 181.
tiffe, canis fem. 168, 2.
Dig, fumatus, 180.
gediegen, 168.
tiegel, catillus, 176.
Dik, spissus, saepe, 178. furibundus, 179.
deil, agger, 176.
Diel, asser, 177.
tilfern, frangere, 171, 4.
-gen, delere, 171, 5.
Dill, anetum, 176. sepes, 177.
till, stupidus, 179, 2.
thillen, suspendere, 176.
tille, obere dele, 176. lacus, 181.
Dim, dihm, dind, 168.
dymum, acervus, 178.
timpe, cuspis, 175.
dienen, servire, 172, 2. laborare, verdienst, 169.
tyne, vas, 181.
dienstag, 171, 2, 1.
Ding, res, 169. iudiciale, 171, 2, 1. sermo, 190.
dingen, pacisci, 171, 2, 1.
Dinkel, ador, 175.
Dinsen, trahere, 173.
Dinte, atram. 180.
Dir, tibi, 165, 2.
thier, animal, 168. fera 170. handthieren, 169.
tyren, ducere, 173.
Dirne, virgo, 168. ancilla, 172, 2.
tirrein, tremere, 172.
Dis, dieser &c. 165.
tiesein, tisnen, 172, 2.
tisch, 177.
Distel, carduus, 175.
tittel, 190.
tobel, vallis, 181.
-len, cubitum ire, 180.
toben, delirare, 179, 2.
dobbel, lusus, 176.
Doch, tamen, 166. canis, 176.
tocht, ellychnium, 175.
-er, filia, 168.
tod, mors, 179.
Dof, vadosus, 181. ersticht, 179.
töfen, delere, 171, 5.
toffel, crepida, 182.

töffeln,

trub,

auch idiotisch-HochTeutscher Wurzelwörter. 337

trab, trüb, tristis, 48.
truche, 66.
= chſeſ, 60.
trug, insidiae, 45, 2. quies, 54.
druk, 66.
trumm, ſonans, 63. ruptura,
trumpf, 47, 2.
truhe, vas, 66.
trumpel, crepitus, 63.
drus, faex, incubus, 66.
drüſe, tuber, 48, 2.
verdruß, 48.
gedrüß, pugna, 46.
trutt, incubus, 66. ſaga, 45.
magus, 57.
truz, trux, 45. confidentia, 54.
du, 165, 2.
tuch, pannus, 177.
duden, = eln, ſonare, 191.
düdern, perplectere, 171, 6.
duſig, ſchwaſlos, 179, 2. trüb,
180.
tuffstein, 181.
duft, nubilum, 180, 2.
tugend, virtus, tüchtig, 170.
tüge, tannen tab, 182.
tuk, tüke, fraus, 179, 3.
tulen, loſen, 190.
dulen, demittere, 172, 2.
= ſtein, 181.
dult, ſolennis, 171, 2, 2.
dulden, pati, 172.
tum, actus, ſtatus, 169.
dumm, ſtupidus, 179, 2.
dämeln, affligere, 171, 4.
tummeln, agitare, 170.
dampf, vapor, 180, 2.
tümpfel, gurgites, 182.
dun, turgidum, 176.
duhn, furibund. 179.
thun, facere, 169. duere,
177. verthun, dilapi-
dare, 171, 6.
dünn, tenuis, 175.
tunchen, tingere, 177.
dung, fimum, 168.
dunkel, 180.
= n, putare, 190.
tunken, mergere, 181.
dunſen, turgere, 176.
tunſen, cogere, 171, 3.
tundere, 171, 4.
dunſt, vapor, 180, 2.
düttein, plectere, 175.
tupf, apex, punctum, 176.
düpfe, patella, 182.
düppel, ſtupidus, 179, 2.
thüre, ianua, 177.
durch, 166. 171. 174. 177.
nothdurft, 172.
dürmen, agitare, 171.
= liſch, torvus, 180, 2.
turmel, ſopor, 180.
= n, obtundi, 179.
turn, turris, 176.
= ke, 171, 4.
dürr, torridus, 172.
durſt, ſitis, 172.
turteltaube 191.
dus, ita, 166.
duſchen, fuſtigare, 171, 4.
tuſchen, tegere, 181.
duſel, crepuſcul. 180.
tuſeln, vellere, 171, 6.
düſig, obtuſus, 179.
tüſt, tace, 172, 2.
duſt, nubilum, 180, 2.
düſter, 180.
tüte, waſſervögel, 191.
dutte, mamma, 168, 2.
= en, pituita, 173.
duzen, placide impellere, 171, 4.
duzend, 165, 2.
duzig, ſtupidus, 179, 2.
zwy, zwey, malitioſus, buſo,
179, 3.

E.

Ebb, refluxus, 221, 2.
eben, taxus, 209. iam, accura-
te, 215. par, aequum,
217, 2. reſtrictiv.
221, 2.
eber, ciconia, verres, 210, 2, 1.
ſcapha, 222.
echt, iterum, 212, 2. verus,
217, 2.
ecke, pater, 218.
edel, nobilis, 208. egregius,
210, 2, 1.
ege, occa, 208, 2. 210, 2, 2.
= le, perca, 210, 2, 2.
ehe, ante, 213. lex, 217, 2. ma-
trimon. 218.
ehern, aeneus, 207. ehrre haben,
210, 2, 1.
ei, mirum, 203. ovum, 222.
eibe, taxus, 209.
eich, vas fluidi, 222. quercus,
209. aequatio, 217.
eid, iuram. 217, 2.
eibechs, 219.
eidel, blandientis, 218.
eifer, zelus, 215.
eigen, proprius, 208. 221, 2.
ereignen, 214.
eile, feſtinatio, 215.
eimer, vas fluidi, 222.
ein, artic. 216. ad-, 217.
unus, 221.
= en, unare, 217, 2.
einſt, aliquando, 221, 3.
einzel, ſingulus, 221.
eis, glacies, 207.
eiſch, turpe, 221.
= en, experiri, 214. poſtula-
re, 217, 2.
eiſe, pus, 219. eyſen, horrere.
= en, ferrum, 207.
eitel, purus, vanus, 221. ſtre-
nuus, 215.
eiter, ulcus, 219.
= ern, urere, 207.
ek, vas aridi, 222. angulus, 210,
2, 2. 221, 3.
ekel, 219.
ekern, ſeſſel, 222.
= ich, 209.
ele, ulna, 210, 2, 2.
elbſch, cygnus, 210, 2, 1.
elend, alce, 210, 2, 1. exilium,
221, 2.
elf, undecim, 212.
elk, ſingulus, 212. 221.
elp, elephas, 210, 2, 1.
emel, curculio, 209, 2.
eme, ehme, formica, 217.
= rl, 209. = riz, galbula 207.
emp=, ad-, 217. empören 213.
= ſig, 212, 2. 215.
enend, ultra, trans, 210, 2, 1.
end, finis, 221, 3.
= ern, navem navi, 217.
eng, anguſtus, 210, 2, 1. 219.
enk, ſervus, 217, 2.
= el, nepos, 218. unicus, 221.
ent=, ad-, 217. contra, 221, 2.
ente, anas, 221, 3.
enter, veſter, 216.
enz, fiſchenz, 204.
= enzen, ſimilem eſſe, 217, 2.
epheu, 209.
er=, intenſiv. 210, 1. iterativ.
212, 2. mavitatis, 215,
2. ac-, 217. ex-, 221, 2.
ille, 216. ehre, honor,
210, 2, 1.

erb, haeres, 208.
erbse, ervum, 209, 2.
erde, terra, 208.
erker, podium, 210, 2, 1.
erle, ornus, 209.
ernde, messis, 208.
ernst, 115.
err, ira, 215.
erst, 213.
erz, archi-, 210, 2, 1. aes, 207.
es, illud, 216.
esch, campus, 208. debitum, 217, 2. cupa, 222.
escher, ligo, 208, 2.
-ern, fatigari, 215, 2.
esel, 210, 2, 1. tinea, 209, 2.
esse, ustrina, 207.
-en, edere, 209, 2.
essig, acetum, 209, 2.
estl, tostrinum, 207.
-rich, pavimentum, 217, 2.
etwas, 216.
euch, vos, 216.
eule, ulula, 219.
euer, eure, vester, 216.
euter, uber, 221, 2.
ewen, ovis fem. 217, 2.
ewer, scapha, 222.
ewig, 213.

F. V.

fach, vas, 122, 2.
-chen, flare, 138. spirare, 107.
fad, sepes, 114, 3. filum, 126. fibra, mensura longi, 134.
faden, fähig, 122.
fähe, canis femina, 111.
fakel, fax, 139.
fakkeln, vagari, 120.
vakra, saepe, 108, 2.
fal, fäl, fraus, 119.
falb, gilvus, 139.
falch, id.
falk, 138. falco, 125.
fall, casus, conditio, 107. ruina, 117, 2, 1. mors, 118, 2.
gefall, placitum, 115, 2.
verfall, caducum, 119.
falle, decipula, 126.
gefäll 119.
fals, crena, 136. plica, 135.
falsch, falsus, 119.
falte, plica, 135.
-falt, vice, 121.
fan, fahn, fascia, 137. vexillum, 108, 2.
fanden, involvere, 137. inquirere, 110, 2.
fangen, capere, 122. amplecti, 137.
anfangen, ordiri, 107. aggredi, 107, 3.
empfangen, accipere, 122.
verfangen, prodesse, 116, 2.
far, pulcer, 116.
faren, vehi, gefärt, 120.
anfaren, impetere, 117, 2, 3.
auf- impetuose, 130.
be- vereri, 117, 3, 1.
er- periclitari, 110, 2.
ver- agere, 107, 3.
wieder- accidere, 107.
gefar, periculum, 117, 3, 1.
gefär, mendax, 119. ungefär, 110, 2.
gefären, persequi, 117, 2, 2.
farb, color, 139. farch, sanguis, ib.
farr, taurus, 125.
gefärt, socius, 107, 3. 120.
fas, festuca, 112, 2. fimbria, 131. fibra, 134. crescens, 107. soboles, 109.
-eln, generare, 109.
fasch, sanguis 139.
fäsig, rarus, 110, 2.
(vasall, wesel, 124.)
fass, vas, 122, 2.
-en, capere, 122. disponere, 124.
gefasst, promtus, 131.
fast, valde, 130.
-en, ieiunare, 110, 2.
vater, pater, 109.
faul, putre, 117, 2. lassus, 118.
faust, 122.
faz, malus, 117. -wort, iocus, 115, 3.
-en, despicere, 117, 2.
fäzen, altercari, 117, 2, 2.
fee, spectrum, 110, 2.
feh, multicolor, 139.
mus rusticus, 125.
fechten, luctari, 123. medicari, 118, 3.
anfechten, impugnare, 117, 2, 2. angere, 117, 3, 1.
fed, fehd, odium, 117, 2, 1.
urfehd, cautio iurat. 110, 2, 1.
feder, penna, 138.
fegen, verrere, 127.
feig, iners, 117, 3, 1.
(feige, ficus.)
feil, venalis, 133.
-e, lima, 112.
feim, reticulum, 116.
fein, pulcer, 116.
feind, 117, 2, 1.
feir, feriae, 110, 2.
feisten, pedere, 117, 2.
feist, pinguis, 111.
feil, error, 117, 3, 2.
felkeln, furari 119.
-ken, ala, 138.
fel, fehl, defectus, 118, 3.
crimen, 119. error 117, 3, 2.
befehl, mandat. 124.
fellig, tutus, 114, 3.
felbe, salix, 107.
feld, campus, 114.
felge, occa, 112. curvatura rotae, 135.
felgen, rutare, 135.
fell, vestis, cutis, 134. meretrix, 132.
fels, lapis, 111.
femel, cannab. tenerr. 116.
fenn, palus, 140.
-er, magistratus, 124.
(fenchel, foeniculum, 107.)
-gen, accendere, 139.
fenster, fenestra, 138.
ver-, intensiv. 107, 3. contra, 117, 2, 1. pro, ex, per, 120.
vergeben, ebibere, 132.
fern, procul, 120.
fernd, ante annum, 120.
ferk, porcus, 125.
fersen, calcaneum, 120.
-te, via, 120.
fertig, promtus, 107, 3. 131.
fest, festum, 110, 2. firmus, 122.
fessel, fascia, 182.
fett, pinguis, 111.
vetter, 109.
(vettel, vetula, 213.)
feucht, madidus, 140.
feud, panis, 111.
feur, ignis, 139.
fez, scissura, 130.

fieber,

(fiber, febris,)
fichte, pinus, 126.
fidel, viola, 115, 3. pruritus, 128.
fieder, pluma, 138.
vieh, animal, 107. 111.
ficke, marsupium, 122, 1.
-en, fricare, 128.
fiel, fielen, pedere, 117, 2.
viel, multum, 108, 2.
fillen, sepelire, 114, 3. fustigare, 130. gefilde 114.
filz, cutis, 134. avarus 117, 2, 1.
finden, quaerere, 110, 2. empfinden, sentire, 110. befinden, decidere, 110, 4.
finger, digitus, 122.
fink, fringilla, 118.
finne, pinna, 140.
finster, obscur. 139.
fyren, fed nachlassen, 122, 2.
vier, quatuor, 108, 2.
firrig, foetidus, 117, 2.
first, 113.
fys, delicatus, 116, 2.
fisch, piscis, 139.
fisle, fimbria, 132.
fitscheln, prurire, 115, 3. agitare, 127.
fitzen, plicare, 135.
flabbe, labia, 22.
flach, planus, 211, 3.
flachs, 26.
flad, stercus, unflat, 28. 37. placenta, 211, 3. 34, 2.
fladern, item, 26, 3. 27, 2.
flag, procella, 27.
flagge, velum, 211, 3.
flak, tribula, 40. depressus, 211.
flatte, petra, 26, 3.
flamme, flamma, 30.
flammen, flere, 42.
flarren, vacillare, 26, 3.
flasche, lagena, 26.
flau, insipidus, 37. flauen, lavare 28.
flaus, fraus, 40.
fleb, schnepp, 211, 3.
flechten, 35.
fleder, pennula, 27, 2.
flege, ornatus, 32.
-el, 39. 40.
fleben, 42.
fleim, laudare, 33, 3. ornare, 31. vituperare, 40. lavare, 28.
fleis, solertia, 26, 2.
fleisch, 35. 37.
fleck, macula, 37. lacerum, 41. assumentum, 26, 3. vicus, 26.
fleim, flumen, 28.
fler, ala, 27, 2.
flerr, lacerum, 41. 26, 3.
fleus, fort, 44.
flik, pennatus, 27, 2.
-en, assuere, 41. 26, 3.
flink, promtus, 16, 2.
flins, silex, petra, 26, 5. 28.
-ern, fulgere, 28.
flipen, maulmachen, 22.
flirre, grille, 24. frustum, 26.
flistern, 40.
flitter, flitsche, 26.
flitte, lasseisen, 28.
flitzen, agonizare, 39.
flob, culex, 26.
flok, floccus, 26.
-ern, flotzen, flammare, 30.
flomen, Schupe, 28.
flommen, pinguis, 37.
flor, floris, 34. peplus, 42.
vlor, internecio, 40.
florre, fluens, 28.
flöte, 27.
flos, fluens, 28. pennula, 27, 2.
flötz, os, 22.
flubbern, garrire, 23.
fluch, petra, 26, 3. execratio, 40.
flucht, fuga, 26, 3.
flug, volatus, 27, 2.
flur, pavimentum, 211, 3.
fluss, fluvius, 28.
flutt, fluens, 28.
-ern, vacillare, 26, 3. volare, 27, 2.
vogt, praefectus, 124.
vogel, avis, 138.
folken, furari, 119.
folle, vorderfegel, 138.
fole, pullus, 109.
folgen, comitari, 107, 3. obsequi, 124.
volk, populus, 108, 2.
voll, plenus, 108, 2.
folter, tortura, 117, 2, 2.
von, a, 117, 2, 1.
fön, auster, 138.
foppen, eludere, 117.
vor, ante, 120. supra, 112.
fohre, forelle, trutta, aurata, 139
forche, picea, 126.
forcht, timor, 117, 3, 1.
fordern, maiores, 109. quaerere, 110, 2. cupere, 115.
förder, porro, 120.
-g. förg, nauta, 120.
förden, exsequi, 107, 3.
foele, föhren, picea, 126.
(form, forma.)
forke, furca, 112.
vornen, ante, 120.
forschen, quaerere, 110, 2.
forst, saltus, 125. 113.
fort, porro, 120.
fos, sest, 107.
fotz, villus, 132. pud. mul. 122, 2.
fracht, vectura mercis, 73.
-g. interrogatio, 57.
frais, terror, 50. spasmus, 70.
-sch, malitiosus, 45.
frak, abiectus, 51.
frank, asper, 45, 2.
-ze, fimbria, 69, 3.
frass, vorax, 47.
fratt, vulneratus, 48, 2.
frau, uxor, 54. domina, 59.
fratz, torvus, 51.
frech, libidinos. 45, 2. avarus, 72.
fred, ira, 45. vindicta, 46.
frefel, ira, 45.
frei, liber, 53. in instanti, 72.
-en, nubere, 54.
fremd, 71.
frett, laborios. 73. ictus, 74.
-en, allicere, 45.
freude, gaudium, 52.
freund, amicus, 53.
fried, pax, 54.
frig, carus, 53.
friken, fricare, 75.
frimen, ordinare, 59.
frieren, algere, 49.
fries, margo, 69, 3.
friesel, 49.
frisch, frigidus, 49. alacer, 52.
frischling, porcell. silv. 64.
frist, mora, 54.
froh, laetus, 51.
fromm, pius, 53.
-en, facere, 68, 2.
fron, acquisitio, 47. publicum, 59. 60. 61. 62.
frosch, rana, 74.
frost, frigus, 49.
fruh, früh, mane, 49. mox, 72.

frucht, frux, 65. 67.
frum, frigus, 49. alacer, 52.
prudens, 57.
fuchs, vulpes, 125.
= tel, gladius, 123.
fuder, cibus, 111. mensura flui-
di, 122, 2.
fuge, cavatum, 122, 2. 136. li-
gatura, 108, 3. con-
veniens, 115, 2. ius,
concinnum, 116, 3.
fülen, sentire, 110.
fülle, pallus, 109. plenitudo,
108, 2.
fulter, theca, 121, 2.
fummeln, vagari, 120.
fund, inventio, 122.
= f, fünf, quinque, 108, 2.
fünfisch, fraudulentus, 119.
funk, scintilla, 139.
funseln, furari, 119.
fur, für, pro, 107, 3. hinfüro,
120.
fuhr, aliment. 111. decen-
tia, 116, 3. portatio,
122, 2.
aufführung, actus, 107, 3.
furch, sulcus, 112. 136.
furnis, 116.
fürst, princeps, 112, 2. 124.
furz, crepitus, 117, 2.
fus, pes, 120. promtus, 131.
= el, schlechter brandewein,
117, 2.
füssig, palpitans, 128.
fut, pud. 122, 2.
= er, theca, 122, 2.
füttich, ala, 138.

G.

gab, opes, 155. donum, 156, 5.
gäb, gäng, 157.
gabel, 162.
gad, taberna, 155. 161.
gaffel, societas, 158, 2.
= en, illidere, 150, 3. praesto-
lari, 153, 2. aspice-
re, 145.
gagel, palatum, 3.
gägen, inclinare, 149.
gäh, praeceps, 149.
gaffen, 146.
gal, vacuus, 1. rheuma, 147, 3.
stultus, 149, 2.
gale, riane, 1, 3.
galle, fel, 147, 3.
= and, elegans, 156, 4.
galen, migrare, 157.
galerre, 149.
galg, gabalus, 162.
galstern, flagitare, 147.
galz, porca castrata, 150, 4, a.
gammel, perdix, 146.
gan, communis, 158, 2.
gähnen, oscitare, 16.
gang, meatus, 157.
gäng, 157.
gans, anser, 146.
gant, collectio, chirotheca, 159.
ganz, integer, 156, 3. 161.
gar, vacans, 147, 3. promtus,
149. communis, 158,
2. totus, 161.
gär, fermentum, 148.
garbe, manipulus, 158, 2. 163.
= fraut, 161.
garn, filetum, 159.
garstig, detestabilis, 147, 3.
gart, castrum, 155. hortus,
155, 2.
= en, migrare, 157.
gasse, platea, 157.
gast, conviva, 3, 3. hospes, 157.
gat, foramen, 1, 3.
gatt, socius, 158, 2.
= en, iungere, 159. = ung,
species, ib.
= er, sepimentum, 155, 2.
collectio, gätten, 161.
gau, regio, 155. celer, 149.
gauf, cavum manus, 153.
gaukeln, 149, 2.
gaul, equus, 154.
gaum, palatum, 3.
= en, curare, 145.
gautschen, vibrare, 150, 2.
gaz, stiva, 153, 2.
gäze, situla, 1.
ge =, copulat. 159. iterat. 160.
collect. 161.
= ge, diminut. 116.
gegen, 156. 159.
= end, situs, 158.
gehen, ire, 157.
geifern, convitiari, 147, 2.
geige, 149.
geil, cupidus, 147.
geir, vultur, 150, 3.
geis, capra, 154.
geisel, flagellum, 150, 3.
geissel, obses, 153, 2.
geist, spiritus, 148.
geiz, avaritia, 147. stiva, 153, 2.
gek, stultus, 149, 2.
= zer, singultus, 146.
gelb, flavus, 148.
gelfen, fraus, 20.
gell, fonius, 2. 146.
= ig, lassus, 150.
geld, pecunia, valens, 150. in-
teriectio, 156. solu-
tio, 156, 5.
gelte, vas, 1, 2.
gemel, cupido, 147. petulantia,
149, 2.
gems, ferox, 147. capra, 154.
gen, erga, 156. 159.
ger, gladius, 16. ala, 149.
begehr, cupido, 156.
ger haber, curator, 145.
gerben, coriare, 9.
gern, libenter, 156.
gerst, siccum, 148.
gerste, hordeum, 3, 3.
gerte, virga, 159.
gestern, heri, 144.
vergessen, oblivisci, 145.
geuden, dissipare, 14.
gibel, pinna, 162.
giben, oscitare, 16.
gicht, convulsio, 150, 2. con-
fessio, 146, 2.
gift, datio, venenum, 156, 5.
gig, begogeln, decipere, 149, 2.
gil, gylen, impellere, 150, 3.
gilfern, lamentari, 147, 3.
gilg, lilia, 148.
gin, ginen, oscitare, 16.
beginnen, incipere, 153.
gipfel, 162.
(gips, gypsum, 10.)
gir, gier, cupido, 147.
gyer, fris, 159.
girren, 146.
gyrlin, tiefrin, 150, 2.
gitter, sepiment. 155, 2.
glaf, prudens, 33, 1.
glang, gläng, ornament. 32.
gland, gländer, reclinator, 39.
glander, Tischpelle 29, 1.
glans, irrisio, 23.
= z, fulgor, 29, 2.
glarren, glozen, 29.
glas, vitrum, 29, 2.
glast, fulgor, 29, 2.
glat, hilaris, 31.
glatt, lubricus, 26, 3.

glaub,

H.

haft, pignus, custodia, 153, 2. qualitatis, 141.
hag, taurus, 154. sepes, 155, 2. carus, 156, 2. matrimonium, 158, 2.
-el, 150, 2. rixa, 147, 2.
-er, 147.
hain, altum, 162. sepimentum, 155, 2.
heyen, plantare, 155, 2.
hak, uncus. 153. rastel, 153, 2. ictus, 150, 3.
-ebüchse, torment. 150, 2.
hakfch, verres, 2.
hal, altus, 162.
häl, praeceps, 149.
halb, semi, 156, 2. situs, 156.
halde, mons, 162.
hälden, inclinare, 149. 156.
halfter, capistrum, 153, 2.
hall, sonus, 2. 146.
-e, taberna, 155. area, porticus, 155, 2.
halm, caulis, 1, 3.
hals, collum, 3.
halt, claudus, 150, 4, b.
halten, iudicare, 145. inclinare, 149. moliri, 150. tenere, 153, 2. insidiari, 153, 2. durare, 155.
halter, pastor, 153, 2.
ham, mensura, 1, 2. induciae, 9. aestus, 148. ictus, 150, 3. perna, 150, 4, a. poples, 150, 4, b. rete, 154. possessio, 155. sepes, 155, 2.
hammel, vervex, 154.
-er, 150, 3.
hamster, cricetus, 9.
hahn, epistomium, 1, 3. gallus, 146.
hand, violentia, 150. potestas, 152, 2. manus, 153, 2. situs, 156. traditio, 156, 5. species, 159.
handel, iurgium, 147, 2. tractatio, 153, 2. mercatus, 156, 5.
handig, solers, 147, 2. celer, 149.
hanf, cannabis, 1, 3.
hang, cupido, 147. inclinatio, 156.
hangen, pendere, 150, 4, b. 153, 2.
hanse, socius, 158, 2.
hape, falx, 150, 3.
har, vomer, 16. 150, 4, a. crinis, 162. fimum, 148.
-e, congregatio, 158, 2.
hard, pagus, 161. mons, 162. robustus, 152.
herden, allicere, 147.
harke, rastrum, 153, 2.
-en, sureare, 146.
harm, luctus, 147, 3.
harn, urina, 148.
harnisch, 10.
harpe, hamus, 154.
harpfe, cithara, 146.
harren, manere, 155.
harschlich, magnificus, 152, 3.
harschen, durescere, 150, 3.
hart, vehemens, 147. iratus, 147, 2. durus, 150, 3.
harz, resina, 159. mons, 162.
has, lepus, 154. tibiale, 9.
has, tunica, 9.
haschen, 153.
hasel, germen, 3, 3. corylus, 209.
haspel, -en, 149, 1 & 2.
haß, odium, 147, 2.
hast, fervor, 147. mox, 149.
hastig, valde, 147.
-el, verres, 2.
hau, spiratio, 145. ictus, 150, 3. caesio, 150, 4, a.
haube, 9. 162.
hauch, spiratio, 145.
haudern, aurigare, 153.
hauf, copia, 161. retro, 153, 2.
haupt, caput, 13. 162. praeses, 152.
haur, gladius, 150, 2.
-en, desetiisci, 150. aurigare, 153.
haus, domus, 155.
haut, cutis, 6.
haz, impulsus, 150, 3. venatus, 154.
heben, tenere, 153, 2. elevare, 162.
beheb, firme, 153, 2.
anheben, 153.
hebel, vectis, 162.
hebbeln, cauculare, 149, 2.
-en, inhiare, 147.
hechel, uncus, 153.
hechs, maga, 149, 2.
hecht, lupus, 154.
hefe, faex, 148.
heft, manubrium, 153, 2.
heftig, valde, 147.
hegen, tenere, 153, 2. 155.
gehege, 155, 2.
heher, graculus, 146.
hei, ferum lactis, 163.
heien, vexare, 147, 2. corrumpere, 150, 2.
heide, 153, 2. 208.
heigel, eleibaft, 147, 3.
heil, salus, sanus, heilig, 156, 3.
verheilen, castrare, 150, 4, a.
heim, domus, 155.
-lich, clam, 17.
heis, calidus, 148.
-sen, nominare, 141. postulare, 152, 2.
verheissen, asserere, 146, 2.
heiser, raucus, 146.
heßig, horridus, 147, 3.
heischen, postulare, 152, 2. 217, 2.
heister, pica, 146.
heit, personalitas, 141.
-er, serenus, 148.
heke, sepes, 155, 2.
-en, percutere, 150, 3. insidere ovis, 153, 2.
hel, occultus, 17.
-be, palea, 15.
held, heros, 152.
helfenbein, 162.
hell, voce clarus, 146. lucidus, 148. ge-, mishell, 156.
hellepart, 162.
heller, obulus, 156, 5.
hellig, sitiens, 147.
helm, cassis, 9. manubrium, 153, 2.
hemd, indusium, 9. 217.
hemmen, inhibere, 150, 4, b.
-erling, galbula, 207.
hend, behend, illico, 149.
henken, suspendere, 153, 2.
hengst, 154.
henne, gallina, 146.
her, huc, 143.
heer, exercitus, 161.
verheeren, perdere, 147, 2. 161.
herling, 147, 2.
-old, 217, 2.
herb, 150, 3.
herbst, 155, 3.

herd.

herd, focus, 148. grex, 161.
hermelin, 162.
herr, dominus, 152.
hery, pectus, 162.
hester, iunger Baum, 109.
heuten, eludere, 147, 2.
hersch, vehemens, 148.
hetschein, demulcere, 152, 3.
heu, foenum, 150, 4, a.
heuchein, 149, 2.
heuk, toga, 9.
heulen, flere, 146. 219.
heur, 144.
ungeheur, 156, 2.
heurat, 158, 2.
heut, hodie, 144.
heyen, 153.
-e, -el, graculus. 146.
hie, hic, 143.
hieb, ictus, 150, 3.
hichsen, singultire, 146.
hiddern, ardere, 148.
hill, velox, 149. cacumen, 162.
him, tegmen, 9.
-herr, 143.
himen, fruchen, 146.
himmel, 155, 2. 162.
himpein, claudicare, 150, 4, b.
himpte, vas, 1, 2.
hin, hinnen, illuc, 143.
hinde, cerva, 154.
-en, post, 143.
-r, post, 221, 3.
-ern, impedire, 150, 4. b.
hinken, claudicare, 150, 4, b.
hippe, falx, 150, 3.
crustulum, 164.
hir, hier, hic, 143.
hirn, cranium, 162.
hirsch, cervus, 154.
hirse, milium, 164.
hirt, pastor, 153, 2.
histe, iurgium, 147, 2.
hesen, volvere, 164.
hize, fervor, 147. calor, 148.
hische, familia, 158, 2.
hobel, dolabra, 150, 3.
hoch, altus, höhe, 162.
-zeit, 156, 3. 162.
hod, testiculus, 164.
höbel, hild, 147, 3.
hof, area, 155, 2. praedium, 155.
höflich, comis, 156, 2.
hoffart, 162.
hoffen, sperare, 156.
hog, höge, laetitia, 156, 3.
hok, copia, 161. massa, 163.
hoken, cacare, 19. 153, 2.
fine foedere, 153, 2.
hökr, hoedus, 154.
-er, foenus, 153. altum, 161.
hol, congeries, 163. cavum, hölle, 1.
holen, accersere, 153.
hold, amicus, 156, 2.
holder, sambucus, 1, 3.
holm, arena, 163.
holp, gleba, 163.
-ern, cauculare, 149, 2.
holunk, lacerta, 14.
holz, lignum, 14. 150, 4, a.
hon, hohn, honos, 147, 2 & 3.
honig, mel, 156, 2.
hop, höpe, garbenhauf, 161.
hopfen, lupulus 148.
hopein, cauculare, 149, 2.
hor, hören, horchen, 214.
gehören, decere, behörde, 152, 2. pertinere, 155.
aufhören, cessare, 153.
horn, cornu, angulus, hornung, 162.
hornis, crabro, 146.
horscht, silva, 154.
hort, pulsus, rupes, 150, 3. offensa, 147, 3. tuitio 13.
copia, 161.
hosche, opprobrium, 147, 2.
hosen, caligae, 9.
hossen, vibrare, 150. ire, 157.
hott, dextrorsum, 143.
hotten, vibrare, 150.
hozen, vibrare, 150. concutere, 150, 3.
hub, praedium, 155. mons, hübel, 162.
hübsch, 156, 4.
huchel, tepidus, 148.
huddeln, 149, 2. eludere, 147, 2.
huf, massa, 163. animus, 145.
ungula, 150, 4, b.
behuf, emolumentum, 155, 3.
hüfte, coxa, 150, 4, b.
hug, animus, 145. mons, hügel, 162.
hui, 149.
huk, altum, cuspis, 162.
-er, propola, 156, 5.
huld, gratia, 156, 2.
hulfern, ululare, 146.
hulster, 9.
hülfe, auxilium, 156, 1. 155, 3.
hulk, curtus, 14.
hull, hülle, tegmen, 9. copia, 161.
hülse, crusta, 10.
hummen, sonare, -el, fucus, 146.
humpel, cumulus, 163.
hun, huhn, gallina, 146.
hüne, gygas, 152.
hund, canis, 154.
hundert, centum, 161.
hunger, 147.
hunzen, verhunzen, perdere, 147, 3.
hüpfen, saltare, 156, 3.
hure, scortum, 2. 149, 2.
huer, conductio, 153.
hurde, crates, 155, 2.
hurgel, volvilis, 164.
hurken, cacare, 19.
hurn, erinnern, gewetten, 153.
hurtl, commotus, 147.
hurt, clypeus, 150, 3.
-ig, alacer, 149.
husch, 149.
hüsch, mixtura, 163.
hüssen; vibrare, 150.
husten, tussis, 6. 146.
hut, custodia, 153, 2. pileus, 9.
insidiae, 17.
hütte, tugurium, 155.
huzel, 164.
huzen, expostulare, 147, 2.
cuncutere, 150, 3.

J.

ja, jahen, 146, 2.
jäh, iratus, 147, 2.
jach, cupido, 147.
jagen, properare, 149. foenerari, persequi, 153.
circumagi, jachtern, 156, 3.
jagd, rixa, 147, 2. venatio, 154.
gejäkr, clamor, 146.
jak, amiculum, 9.
jammer, 147, 3. 219.
janen, jahnen, oscitare, 16.
jank, amiculum, 9.
jar, pecten, vomer, 16. 150, 4, a.
annus, 157, 2.
jär, fermentum, 148.
jas, jäs, ferment. 148.
jäst, spuma, 148. fervor, 147.
-jätten,

jätten, colligere, 161.
järhen, ſonare, 146, 2.
jauchert, 159.
jauchzen, 156, 3.
ibſchen, ibex, 210, 2, 1.
ich, 216.
je, 141. ſemper, 160.
jeder, 141.
jeglich, 141.
jemand, 141. 216.
jemehe, 142.
jent, illuc, 143.
jener, 141.
jer, ferrum, 16. 150, 4, 2.
iezt, 215.
-ig, diminut. 221, 2.
adjectiv. 216.
igel, echinus, 210, 2, 2.
jilſchen, lamentari, 147, 3.
jippen, pipire, 146.
yle, hirudo, 210, 2, 2.
ilg, lilia, 148.
iltis, ictis, 219.
im, ihm, n, 216.
imme, apis, vas, 228.
impfen, inoculare, 222.
immer, ſemper, 212, 2. 141. 160.
in, in, 222.
-ing, diminut. 221, 2.
inkt, atrament. 222.
inſel, inſula, 222.
imel, vas, 222.
jo, clamor, 147, 2 & 3. iubil. 156, 3.
joch, iugum, 159.
jok, ſtultus, 149, 2.
jolen, rude canere, 156, 3.
jobre, fermentum, 148.
ir, ihr, vos, 216.
irden, 208.
-gend, 143.
irr, moleſtia, 219. error, ib.
yſche, tributum, 216.
-ſel, ſcintilla, 207.
iſt, eſt, 216.
jubel, 156, 3.
juch, ſuppe, 148.
juſſel, locuſta, 148.
jugend, 156, 2.
juk, raptus, 150, 2.
jung, 156, 2.
jupp, tunica, 9.
jöe, mager, 148.
jutſch, impulſio, 150, 3.

K.

Kabel, cumulus, 161. -tau, 159.
Kachel, 1, 2.
Kad, cadus, 1.
-der, felis, 7. gena, 163.
kaddeln, diſcerpare, 14.
Käfer, 3, 2.
Kaff, palea, 15.
-en, tuſſire, 6. praeſtolari, 153, 2.
Kay, agger, 162.
Kaken, coaxare, 7.
Kakeln, käkern, garrire, 5. iurgare, 6.
kak, pranger, 19.
Kal, calvus, 10. avarus, 147.
-eſche, eſſedum, 1, 2.
Kalb, vitulus, 7.
Kalk, calx, 11.
Kallen, loqui, 5.
Kalm, quies, 13.
Kalt, frigidus, 21.
Kamel, 162.
kamin, caminus, 1, 3.
kamiſol, 9.
Kamm, caupo, 4. pecten, 16. 162.
Kammer, camera, 11.
-eren, fornicari, 2.
Kampf, proelium, 151.
Kan, ſcio, 5. cornix, 7. ſcapha, 22. poſſum, 152.
kanel, 1, 3.
Kandel, candela, 148.
-ig, alacer, 149.
Kaninchen, 17.
Kanne, 1, 2.
Kant, limes, 14.
Kapis, 3, 3.
kappe, 9. 162.
-en, amputare, 14.
Kar, pecten, 16.
karch, carrus, 1, 2.
karg, avarus, 147.
karniffeln, decorticare, 10.
karbatſche ib. & 130.
karpf, carpio, 10.
Karr, carrus, 1, 2. rupes, 149.
karſt, ligo, 16.
karz, ſynaxis, 158, 2.
Kas, caſeus, 3, 3.
Kaſch, vegetus, 152.
Kaſſ, naſturcium, 3, 3.
Kaſt, arca, 1.
käſte, caſtanea, 3, 3.
Kat, excrement. 19. gena, 163.
Kauen, ruminare, 3, 2.
kauf, mercatus, 4.
kaul, käuler, zuchtſchwein, 2.
kaum, vix, 147, 3.
kaur, gelu, 21.
kaut, globus, 163.
kauz, 7.
Kawe, cavinna, 1, 3.
Katz, felis, 7. 153. cattus, 14. 150, 3. ſentis, 16. iurgium, 147, 2.
Keb, clandeſtinum, 17.
-weib, 2.
Kefig, 1.
Kegel, 164.
Keib, cadaver, 147, 3.
Keien, vexare, 147, 2. icere, 150, 2.
Keil, cuneus, 16. 163.
Keim, germen, 3, 3.
Kein, nullus, 141.
Keit, perſonalitas, 141. german. 3, 3.
Kek, audax, 152. os, 3. procella, 150, 2.
Kele, guttur, 3.
Kelch, calix, 1, 2.
Kelle, trulla, 1, 2. cella, 11.
-ter, cella, 11. dike milch, 163.
Keis, homo vilis, 147, 3.
-ter, torcular, 11.
Kelzen, rixari, 6.
Kemnat, camin. 1, 3.
Kenden, incendere, 148.
-gel, pituita, 163.
Kepſen, mercari, 4.
Ker, kehre, murmur, 6. via, 157.
kehren, verrere, 15. ſcopare, 150, 2. delectari, 156, 3. tendere, 157. dirigere, 156.
Kerbe, -fe, crena, 16.
kerl, 152.
kerker, 159. carcer.
kerm, querela, 147, 3.
kern, 3, 3.
kerze, candela, 148.
Keſſel, 1.
Keſtigen, caſtigare, 147, 2.
Keter, loſſeriſe, 153.
Kerſchen, quaſſare, 3, 2.
Kette, catena, 159.
Keuchen, tuſſire, 6.
keul, ratis, 12. globus, 164.
keuſch, caſtus, 2.

Keuſter,

Keuster, tussis, 6.
Keuter, columbus, 7.
Kezern, lacerare, 14.
Kibb, rixa, 6.
- ig, gavia, 7.
Kichern, gleba, 164.
Kief, cibus, 3, 3.
- er, - el, genae, 3, 2.
Kiffe, casa, 11.
Kike, keulenkessel, 1, 2.
Kikert, rana, 7.
Kiel, ratis, 12. caulis, 1, 3.
Kilre, robustus, 152.
Kymer, victor, 1, 2.
Kimme, crena, 16.
Kien, scandula, 14. taeda, 148. maxilla, 3, 2. germen, 3, 3.
Kind, proles, 1.
- bel, camin, 1, 3.
- dig, avarus, 147.
Kippen, amputare, 14.
Kirch, 158, 2.
Kirr, 146.
Kirsche, cerasus, 3, 3.
- ner, 10.
Kies, calculus, 14. fastidiosus, 147, 3.
Kiesel, gleba, 164.
- en, seligere, 156. probare, 156, 2.
Kyt, ovarium, 161.
Kitze, 7. capra, 153, 2.
Kladden, inquinare, 37. purgare, 29, 2.
Klaffen, garrire, 23. hiare, 41.
Klafter, mensura long. 211, 2.
Klag, querela, 42.
Klak, crepitus, 25.
Klamm, fauces, 41. glutinosus, 37. forceps, 40, 2.
Klang, sonus, 25.
Klant, socius, 43.
Klapp, ictus, 40, 2. celer, 16, 2. valvula, 26, 3.
- en, garrire, 23.
Klapf, strepitus, 25.
Klar, promtus, 26, 2. lucidus, 29, 2.
Klären, ornare, 32. docere, 33, 2.
Klas, monedula, 24.
Klatschen, crepitare, 25.
Klatte, macula, 37.
Klau, ungula, 40, 2. lucidus, 29.

Klauen, scandere, 26.
Klauben, 40, 2.
Kläuel, globus, 43.
Klause, praecipitium, 41. cella, 26.
Kle, 34.
- ben, 37.
Klei, furfur, 41. siliqua, 36. argilla, 37.
Kleiben, insidere, 37. volare, 23.
Kleid, vestis, 9. 26, 3.
Klein, 34. 36.
Klek, macula, 37. fissura, 41.
- en, sufficere, 33.
Klemm, vita, 34. vacuus, 36.
- e, forceps, 40, 2.
Klette, 37.
- tern, dissipare, 41. scandere, 26.
Klieben, findere, 41.
Klik, stupidus, 38.
Klimmen, scandere, 26.
- men, illinere, 37.
Kling, torrens, 28. lamina, 211, 1. viscera, 35.
Klink, schlagbaum, 35.
Klip, glaucus, 29.
- ppe, praecipitium, 26, 3. 41.
Klobe, fasciculus, 41. 43.
Klod, acervus, 43.
Klon, klönen, quiritari, 42.
Klopf, strepitus, 25.
Klor, klör, color, 29, 2.
Klos, gleba, 43.
Klot, testiculus, 43.
Klötern, crepitare, 25.
Kloz, globus, 43.
Klucht, laetitia, 32.
Kluft, laetitia, 31. hiatus, 41. cumulus, 43.
Klüfern, klauben, 40, 2.
Klug, prudens, 29. ornatus, 32.
Klukern, blandiri, 32.
Klump, gleba, 43.
Klunen, viscera, 43.
Klunk, lassus, 39.
- ern, vacillare, 41.
Klunns, fauces, 41.
Klunt, massa, 43.
Kluppe, hamus, 40, 2.
- pen, castrare, 41.
Klüstrin, blandiri, 33, 3.
Klütern, ineptire, 36.
Kluttig, tarde, 39.

Knove, clava, 43.
- ven, rimari, 29.
Knab, puer, 99, 2.
Knagge, 100, 2.
Knak, 102, 2.
Knall, 102, 2.
Knapp, paucum, 220.
- ppen, claudicare, 92. confringere, 102, 2.
Knarr, 102, 2. knarsen.
Knastern, confringere, 102, 2.
Knaul, globulus, 100, 2.
- eln, mordere, 95, 2.
Knebel, nodus, 100, 2.
Knecht, 99, 2.
Kneien, flechtweiden, 92.
Kneif, culter, 95, 2. nodus, 100. angustia, 220, 2.
Knep, schöne taille, 220.
Kneten, pinsere, 100.
- tern, confringere, 102, 2.
Knie, genu, 92.
Knik, crepitus, 102, 2.
Knikern, conterere, avari, 95, 2.
- er, globulus, 100, 2.
Knikks, genu flexio, 92.
Knipp, fasciculus, 100, 2.
- pen, concrepare, 102, 2.
Knirr, tenuis, 220.
Knirschen, frendere, 97, 3. 102, 2.
Knittern, confringere, 102, 2.
Knoblauch, 100, 2.
Knod, nodus, ib.
Knoch, id. ib.
Knoll, nodus, 100, 2.
Knopf, id. ib.
Knopein, confringere, 95, 2.
Knorr, nodus, 100, 2.
Knosp, id. ib.
Knotern, murmurare, 97, 3.
Knotten, besen, 92.
Knuk, fasciculus, 100.
Knükel, nodus, 100, 2.
Knull, knüllen, fustigare, 100, 2.
Knup, knüpel, nodus, 100, 2.
Knupern, confringere, 102, 2.
Knurr, murmur, 97, 3.
Knust, fasciculus, 100, 2. cortex panis, 95, 2.
Knutschen, conquassare, 95, 2.
Knut, nodus, 100, 2.
Knütten, nectere, 100.
Kobe, conclave, 11.
Kober, 1. kobold, cadmia, 16.
erkobern, acquirere, 153.

kutte,

auch idiotisch-HochTeutscher Wurzelwörter. 347

lutte, lüttel, 9.
= tel, viscera, 163.
lutter, eiectament. 147, 3.
lütt, pix, 159. grex, 161.
lüten, eviscerare, 163.
lütter, cachinnus, 6.
Luvern, lassum esse, 13.

L.

Lab, coagulum, 37.
= ben, 34, 2.
lach, medicus, 34. 2. lacuna, 37.
lachen, ridere, 23.
= ren, metari silvam, 211, 2.
lachs, esox, salmo, 29, 2.
lachter, mensura long. 211, 2.
lad, asser, 211, 3. piger, 39. capsa, 26.
laden, citare, 23. 43.
lady, femina, 43.
lafern, garrire, 23.
laff, = r, 36. sordidus, 37. stultus, 38. malitiosus, 40.
lag, aqua, 28. lex, 33, 2. situs, 211, 3.
lager, sedes, 26.
läg, obliquus, 26.
= gel, lagena, ib.
lal, servus, 43.
laid, schlauch, 26. palmes, 34.
lak, pannus, 26, 3. paucus, 36. 37. stupidus, 38. lassus, 39. gummi, cera, 37.
lakei, servus, 43. 26, 2.
lalle, stupidus, 38.
= en, 23.
lam, lämmel, lamina, 211, 2.
lahm, stupidus, 38. debilis, 39.
lamm, hamus, 211, 3. agnus, 24.
lamp, dependens, 26, 3. lampas, 30.
lan, lähn, panzer, 26.
Lanne, termo, 211.
land, terra, = en, appellere, 211, 3.
Lang, longus, 211, 2.
= en, porrigere, 211, 2.
belangen, referre, 211, 3.
verlangen, 33.
lanke, lacuna, 37.
lange, 41. 211, 2.
lapel, mare, 28.
lapp, lintea, 26, 3. ictus, 40, 2. scissum, 41. stultus, 38.
= pen, lambere, 22.
lar, lager, 211.
lasche, 26, 3. caro, 35.
last, lassus, 39. servus, 43.
= en, 34. 44.
last, vestigium, 33. mandatum, 33, 2. onus, 39.
= er, crimen, 40.
lat, latus, 211, 3.
gelat, species, 33.
(= werge, electuarium.)
latte, tigillum, 35.
lattich, lactuca, 34, 2.
latsch, stupidus, 38.
lau, tepidus, 30.
laub, folium, 26. umbraculum, 26, 3.
erlaub, licentia, 33.
läublein, cloaca, 37.
lauch, olus, 34.
lauf, cursus, 26, 2. ala, 27, 2. armus, iunctura, 35.
lauge, lavacrum, 28. 37.
laun, 31. schlaftrunken, 39.
laur, 40.
laus, pediculus, 36.
lauschen, = stern, 33, 2. 40.
laut, clara voce, 23. 25.
= ter, 29, 2.
läuten, sonare, 25.
laz, assumentum, 26, 3.
le, diminut. 36. humilis, 39.
lee, lehe, falx, 211, 2.
leben, vita, 34. tumultus, 25.
leber, 35.
lech, 41.
lede, ledde, 211, 3. ager incultus, 39.
= der, corium, 26, 3.
= dig, liber, 44.
lefze, 22.
legen, 34. belegen, praegnare, 42. überlegen, 33, 2.
lehen, 33. lehnen.
lei, species, 33.
leib, panis, 34, 2. corpus, 35. frustum, 41.
leich, placidum, 32. corpus, 35. cadaver, semen pisc. 37. planum, 211, 3.
cumulus, 43. fuans, 42.
leichen, conspirare, 40.
leicht, leve, 26.
vielleicht, 26, 2.
leid, 42.
leidig, 40.
leig, iter, 26, 2.
leiben, 32.
leim, leimen, 37.
lein, parvus, 36.
leinen, lineum, 26, 3.
leir, lyra, 25. = en, acidum, 36.
leis, 40. insulsus, 36.
leist, modulus, 33. obsequium, 43. subscus, 35.
leisten, praestare, 32.
leiten, ducere, 33, 2.
geleiten, comitari, 26, 2. 43.
= ter, scala, 26.
lem, belemmern, impedire, 42.
len, leen, scrupus, 34, 2.
lehne, reclinator. 39.
lende, lumbus, 35.
= den, tendere, gelend, situs, 211, 3.
lenken, gelenk, 35. dirigere.
lenz, 29, 2.
ler, leer, 36.
lehre, doctrina, 33, 2.
lerche, 24.
lerm, tumult. 23.
lernen. discere, 33, 2.
leschen, declinare, 26.
lesen, legere, 33, 2. congregare, 43.
let, littera, 33, 2. impedimentum, 42.
lette, 37.
= tten, attendere, 33, 2.
leumut, = den, 33, 3.
leunen, inficiari, 40.
leute, homines, 43.
= tern, iudicare, 33, 2.
lev, pestis, 39.
lez, perversus, 36. latus, 211, 3.
verlezen, laedere, 40, 2.
lezt, 211, 3.
lieb, carus, 32. belieben, placere, ib. lied, vox, 23.
lich, 33. parvus, 36.
liechen, minuere, 36.
licht, lux, 29, 2. corpus, 35.
= en, elevare, 27.
lid, liquor, navis, 28.

lidlohn, 43.
 lied, laus, 33, 3.
liefern, dare, 32.
lig, servus, 43.
 liggen, 34. 211, 3. erliggen, deficere, 39.
lilau, ululatus, 24.
 lilie, 34.
lünke, passer, 36.
line, lyne, schnur, linie, 211, 2.
lind, lenis, 26. basilisc. 211, 2. minus, 36. tilia, 26, 3.
ling, 36. dimin.
 gelingen, 31.
link, 36.
linse, lens, 36.
lippe, 22.
lir, lye, ploratus, 24.
 verlieren, 43.
lisch, corbis, 26.
lismen, commodare, 35.
lispen, balbutire, 23.
list, scientia, 33, 2.
lit, parvus, 36. transitus, 26, 2.
 lith, articulus, 35.
liz, schnur, 35.
lo, locus altior, 211.
lob, 33, 3.
 geloben, 33. ver- ib.
loch, os, 22. 41.
lod, faex, 37. pannus, 26, 3.
 -bern, 30.
lof, löffel, 22.
 -n, amare, 32.
log, oriog, bellum, fatum, 42.
 logen, mugire, 34.
loh, flamma, tepidus, 30. coriariorum, 36.
lok, capillus, 26.
 loken, vocare, 25.
 loker, leve, 26. 36.
 lokener, sortilegus, 26, 8.
 lök, mugitus, 24.
lollen, sugere, 22.
lom, embolon, 35.
 lohn, merces, 32.
lop, löp, fasciculus, 43.
lor, lör, lorum, 35. ploratus, 24. lacinia, 26, 5.
 loren, tumult. 23.
lord, inclytus, 33, 3.
lorken, lorpjen, 24.
lorer, fax, 29.
los, sors, 26, 2. consensus, 32. scropha, 34, 2. vacuum, 36. dolus, 40. liber, 44.
 löschen, 30.
losen, auscultare, 33, 2. clam, 40.
 losung, tributum, 43. vox, 23.
 lösen, vapulare, 40, 2.
loß, lynx, 29.
lot, plumbum, 30. merces, 32. pondus, 33.
 löten, ferruminare, 35.
lott, piger, vanus, 40.
 -ern, vacillare, 26, 3.
low, 24.
lozen, navem, 43.
luen, ululare, 24.
luchs, 29. -en, imponere, 40.
 -k, sinister, 36.
luder, 37.
 lüderlich, 40.
luft, aër, 27. saliens, 31. sinister, 36.
lug, specula, 29, 1 & 2. mendacium, 40.
lui, putre, 37.
luk, later, 36. fissura, 41. clausura, 211.
lullen, sugere, 22.
 lülch, 34.
lummer, lassus, lümmel, 39.
 lump, assument. 26, 3.
lun, embolon, 35.
 -en, verdrießlich, 39.
lund, nemus, 26, 3.
lunge, pulmo, 23.
lungern, tarde incedere, 39.
 lauern, 40.
lunschen, 40.
 lünschen, infant. 39.
lunt. 30.
lupen, insidiari, 40.
 lüppen, vergiften, 37.
 lupe, lupa, 34, 2.
lupfen, elevare, 27.
 cannabis, 43.
lurken, sugere, 22.
lurr, lumbi, 35.
lusch, meretrix, 40.
 lüs, lumpf, 37.
lust, 31.
 lüstern, auscultare, 33, 2.
lüy, vultus, 29. paucum, 36.

M.

machen, facere, 90. vituperare, 92.
 gemach, conclave, 81. fortuna, 86.
 macht, potentia, 90.
made, 80. 88.
mag, possum, 90. volo, 86. 91, 2. papaver, 79. luna, 81, 2. stomachus, 85. socius, 89, 1 & 3. cognatus, 89, 2.
 mägen, lac concret. 80.
 mager, tenuis, 93, 3.
magd, 89, 2.
mai, mähen, metere, 81, 2.
 -e, vernis, 88.
 -jer, villicus, 82, 2.
mak, deliciae, 86. docilis, 91, 2. stultus, 93.
makel, defectus, 93.
 mäkeln, mucere, 80. mercari, 82, 2. vituperare, 92.
 mäkler, palus, 81, 3.
mal, macula, 80. terminus, vice, 81, 2. mensura, pera, 82. coena, 84. coniunctio, vice, 89. iudicium, lingua, nota, 91. census, 92. stultus, 93. vulnus, 93, 3.
 gemal, 89, 2.
 malen, molere, 83. pingere, 91, 2.
malk, quivis, 89.
 -latsch, lepra, 93, 3.
malm, aes, malmes, 83.
malter, 82.
malz, 79.
mama, uber, 84, 1.
 mamen, in deliciis esse, 86.
 mampfen, 83.
man, olus, 79. gaudium, 86. aliquis, 89, 2. tantum, 93.
 mahnen, monere, 91.
 mähne, iuba, 90.
manch, 81, 3.
mand, corbis, 82. -le- 89, 2.
 -el- 89.
 -el, amygdal. 79. 81, 3. cumulus.

mang.

mulde, vannus, 82.
= ger, mixtura, 89.
mume, muhme, 89, 2.
= eln, ruminare, 83. murmurare, 87.
mummer, proditor, 93.
vermummen, obscurare, 94, 4.
mun, mucor, 80.
= ig, coena, 84.
mund, os, 85. vormund, 91, 2.
mündig, 90.
munken, nubilare, 94, 4.
= eln, murmurare, 87.
munt, muntaß, holzbok, 93.
munter, 90.
münz, moneta, 82, 2. olus, 79.
mur, morus, palus, 79.
= b, mürb, 83.
murk, faeces, 80. bolus, 84.
murmeln, 87. = elthier, 88.
murr, bolus, 84.
= en, 87.
mus, gemüs, 79. esca, 84. mensa, 82. possum, 90. volo, 91, 2. debeo, 92.
muse, otium, müßig, 93.
muschel, 80.
mußeln, inquinare, 80.
= sper, munter, fein, 90.
muster, 82.
= ung, 91, 2.
mut, pomum, 79.
müt, modius, 82.
muth, lust, 86. valor, 90. mens, gemüth, 91, 2.
vermuthen, 91, 2. zu= postulare, ib.
mutschiren, 82, 2.
mutter, faex, 80. mater, 84, 2. telonarius, 92.
= ern, mussare, 87. 93.
mutz, tunica, 90. ebrius, 93.
aufmutzen, imputare, 91.
mütze, cappa, 90.
= er, mus, 88.

N.

nabe, modiolus rotae, 100.
= el, umbilicus, 100.
nach, post, 110.
nache, navis, 105.
nacht, nox, 110, 4.
nad, schmerzenlinderung, 110, 2.
nadel, acus, 96.
= dern, accedere, 99.
naffen, dormitare, 110, 2.
nagel, ungula, 96. clavus, 100.
= gen, fodicare, 95, 2.
nahe, prope, 99.
nahe, navis, 105.
nak, aculeus, 96. cervix, 102.
= end, nudus, 110, 4.
nald, acus, 96.
name, nomen, 97, 2.
naper, terebra, 96.
napf, crater, 105, 2.
genapp, parum, 110.
nar, nieder, 110.
narbe, vulnus, 110, 2.
= be, frutex, virga, 96.
narr, stultus, 110, 2.
narre, pelvis, 105, 2.
narung, cibus, 98.
nase, nasus, 95.
naschе, theca, 105, 2.
= en, cibare, 98, 1 & 2.
nast, 105.
= el, asellus, 96.
natl, nodus, 100, 2.
nat, sutura, 102.
natter, 105.
nau, angustia, 110, 2. necessitas, ib.
naue, lastschiff, 105.
genau, parum, 110.
aptus, 100. 98.
naussen, molestare, 110, 2.
neben, iuxta, 99.
nebel, nebula, 110, 4.
nebern, fuere, 100.
neid, invidia, 110, 2.
neife, cortex, 100, 2.
neige, inclinatio, 102.
geneigt, propensus, 98, 2.
nein, non, 110.
neissen, molestare, 110, 2.
= , = schen, explorare, 97.
nekken, necare, 110, 2.
nemmen, capere, 95. genehm, gratus, 98, 2.
vernemmen, intelligere, 97. amor, 99.
vornemmen, proponere, 97, 2.
nennen, 97, 2.
neper, terebra, 96.
nepsen, pedes impingere, 102.
neren, nehren, defendere, 98.
neren, ringere, 97, 3.
ners, podex, 110.
nesen, genesen, sanari, 98.
nessel, urtica, 96.
nest, nidus, 100.
= stel, ib.
nett, nitidus, 98, 2.
neu, novus, 110, 3.
neun, novem, 99, 2.
netz, rete, 100.
= zen, humectare, 105.
nie, 110.
nicht, non, 110.
nichte, neptis, 99, 2.
niedlich, 98, 2.
= der, deorsum, 110, 5.
nietlich, avidus, 110, 2.
nifte, neptis, 99, 2.
niken, nuere. genik, cervix, 102.
niemand, nimmer, 110.
benimmen, nominare, 97, 2.
niener, nusquam, 110.
= ich, mynich, aliquis, 99.
nipp, acutus, 96.
= en, fodicare, 95, 2.
nirgend, 110.
nirn, globulus, 100, 2.
nis, nist, conditio, 98.
niesen, sternutare, 97.
nisk, lens, 98. 100, 2.
nit, non, 110.
nieten, iungere, 100.
noch, nec, 110. iam, 101.
nodern, rostro fodicare, 95, 2.
nol, collis, 96.
nölen, cunctari, 110, 2.
nold, nodus, 100, 2.
nollen, sugere, 95, 3.
nonne, monacha, 110. sus castrata, 95, 2.
nord, aquilo, 96.
norren, fodicare, 95, 2.
nos, nösen, molestare, 110, 2.
nösch, singultus, 97.
nost, genest, socius, 99, 2.
= el, asellus, 96.
nössel, vas, 105, 2.
note, nota, 99, 2.
noth, necessitas, 110, 2.
nöthe, sponsa, 99, 2.
nuchter, nüchtern, 110, 4.
nüchteln, mucere, 98, 2.
nudel, 100.
nuff, nüff, rostrum, 95.
nuser, alacer, 101.
nug, genug, sat, 98.
nuk, nüke, astutia, 110, 2.

nuf=

O.

Q.

R.

rul,

schlud,

schlud, vagina, 26, 3.
⸗ ern, garrire, 23.
schlarffen, crepida, 39.
schlutten, 22.
⸗ zer, singultus, 24.
schlummer, 39.
schlump, casus, 26, 2.
schlund, 22.
⸗ s, lacinia, 26, 3.
schlupen, glutire, 22.
schlupf, iunctura, 35.
⸗ en, 22. 26, 3.
schlurig, debilis, 39.
schlürfen, glutire, 22.
schlurrig, 26, 3.
schluss, clausura, schlüssel, 26.
entschluss, 33, 2.
ver ⸗ consumtio, 41.
schlutt, 26, 3.
schmach, 92. schmähen, 93.
schmächtig, tenuis, 93, 2.
verschmachten, 93, 2.
schmaddern, ungere, 80.
schmak, sapor, 86. foetor, 80.
schmal, tenuis, 83. 93. ⸗ thier, 80.
schmalz, 80.
schmarotzen, 86.
schmarr, decoctum, 83. vulnus, 93, 2.
schmätsch, gracile, 83.
schmatzen, 83. 86.
schmauchen, 86. fumare, 94, 4.
schmaus, 84.
schmeicheln, 86.
schmeidig, 83.
geschmeide, 83.
schmeissen, 80.
schmelle, 79.
schmelzen, deficere, 93. 83.
schmer, 80.
schmergel, smyris, 83.
schmerz, dolor, 93, 2.
schmettern, 83.
schmid, 83.
schmiegen, 86.
schminke, 86. virga, 92.
schmierle, olus, 79.
schmieren, 80.
⸗ le, aesalon, 88.
schmiss, 83.
schmol, bolus, 84.
⸗ llen, subridere, 86.
schmoren, assare, 83.
schmorchen, perire, 93, 2.
schmoz, pingue, 80.
schmuk, pulcrum, 86. ornatus, 90
schmunken, apparere, osculari, 86.
schmullen, 80. 84.
schmunzern, subridere, 86.
schmorren, perire, 93, 2.
schmutzern, 86.
beschmutzen, 80.
schnabel, 95.
schnäbeln, sugere, 95, 2.
schnaddern, 97, 2.
schnak, culex, 95. anhelitus, 97. loquela, 97, 2.
schnalle, 100. pessulus; papaver, 98. talitrum, 95, 2. thürklappe, 102, 2.
schnalzen, concrepare, 102, 2.
schnapmesser, 95, 2.
⸗ sak, 100, 2.
⸗ pen, hiare, 95, 2. blaterare, 97, 2. springen, 101.
schnaps, cito, 101.
schnarchen, stertere, 97.
⸗ ren, murmurare, 97.
schnattern, livor, 220, 2.
⸗ ern, tremere, ib.
schnau, acutus, 95, 2.
⸗ en, 97, 3.
schnauben, pochen, 97, 3.
schnauffen, 97.
schnauze, rostrum, 95.
⸗ en, 97, 3.
schnee, nix, 220, 4. aphrogala, 98.
schneide, schneisse, tenuis, 100.
schneke, testudo, 95.
⸗ eln, serpere, 220, 5.
⸗ tzer, singultus, 97.
schnell, cito, 101.
⸗ en, 101. concrepare, 102, 2.
schnep, cuspis, schnepf, avis, 95, 2.
schneuzen, 97.
schnifen, erstiken, 220, 2.
schnipfeln, secare ludendo, 95, 2.
⸗ pisch, rixosus, 97, 3.
schnirren, 102.
schnitt, sectio, 95, 2.
schnitz, id. ib.
schnod, schnöde, flagitiosus, 220, 2. scitus, 97.
schnoller, schlotzer, 95, 2.
schnopern, edere, 98.
schnorr, rostrum, 95.
schnotz, id. ib.
schnubben, schnübbeln, stolpern, 101.
schnuff, schnüff, rostrum, 95.
schnüffeln, perquirere, 97.
schnukk, 220. singultus, 97.
schnupp, schnupfen, 97. confestim, 101.
schnur, filum, 100. nurus, 99, 2.
schnurren, garrire, 97, 2. cito, 101. murmurare, 97, 1 & 3.
schnurrn, propere ire, 101.
schoch, congeries, 161.
schoden, lac, 3, 3.
schok, stultus, 20. ictus, 150, 2. cumulus, 161. massa, 163.
schökk, capricornus, 9.
⸗ en, vibrare, 150, 2.
scholen, garrire, 5. vibrare, 150, 2. purgere, 156, 4.
schölm, cadaver, 19.
scholl, massa, 163.
⸗ ig, imbecillis, 147, 3.
schölt, capulus, 153, 2.
schon, iam, 149. obschon, 186.
schonen, parcere, 13.
schön, pulcer, 156, 4.
schop, vas, 1. gausape, 9. ictus, 150, 3.
schopf, lof, 9. 162. porticus, 11.
schöp, scabinus, 13, 152.
⸗ er, crista, 162.
schöpfen, haurire, 1, 2.
geschöpf, creatura, 150.
schöps, 9.
schor, camin, 1, 3. altus, 152.
⸗ e, 16.
⸗ en, fulcire, 11. dividere, 14.
schorgen, properare, 149.
schoss, germen, 3, 3. imum vestis, 9. gremium, tributum, 13.
geschoss, sagitta, 150, 2.
schott, schutthüre, 11. detestabile, 150, 3.
⸗ eln, vibrare, 150, 2 & 3.
schow, camin, 1, 3.
schrad, obliquus, 72. schraden, secare, 47, 2.
schrag, 69, 3 & 4.
schräg, obliquus, 72.
schral, clamor, 56.
schram, forum, 58.
schramme, vulnus, 47, 2.
schrank, insidiae, 45, 2. septum, 69, 3.
schranne, 69, 3.

schranz, adulator, 45, 2. lacerum, 47, 2.
schrap, pera, 55.
- pen, radere, 75.
schraube, 55. 66.
schrei, clamor, 56.
schreiben, 57, 2. 75.
schrein, septum, 69, 3.
schrek, terror, 70. heuschrek, 72.
schrem, declivis, 72.
schremmen, ordinare, 59.
schrenken, obvertere, 55.
schrepfen, 75.
schreve, linea termini, 69, 3.
schrik, gerüstbok, 69, 3.
schrit, gradus, 72.
schroden, tegere, 65.
schrok, schrekel, baculus, 67, 2.
schroff, rupes, 72.
schrot, schroten, discindere, 47, 2.
schrötel, miser, 48, 2.
- er, scarab. 74.
schrull, furor, 45.
schrumpfen, rugare, 52.
schrunne, schrunde, vulnus, 47, 2.
schruttern, horrere, 50.
schu, schuh, calceus, 9.
schub, divisum per vices, 14. cumulus, 163.
- cht, schüchtern, 19.
schudern, mittere, 156, 5.
schuft, nebulo, 20.
schuffuth, ulula, 17.
schüffeln, radere, 15.
schuken, vibrare, 150, 2.
- el, petaurum, ib.
(schule, schola, 158, 2.)
- en, latere, 17.
schuld, debitum, - heis, 13. statua, 156. tributum, 156, 5.
schulfern, wilfthun, 149, 2.
schulsch, rudis, 149, 2.
schulter, humerus, 9.
schumer, crepusculum, 149, 2.
schumel, scortum, 149, 2.
- eln, radere, 15. vibrare, 150, 2.
schunk, perna, 9.
schünnen, incitare, 147, 2.
schimden, id.
schupe, crusta, 10.
schupf, fraus, 10. illusio, 147, 2.
schur, scissio, schüren, radere, 15.
schurf, laesio cutis, 16.
schurk, nebulo, 10.
schurz, supparus, 9. cingulum, 159.
schuß, lectus, 150, 2. cauculator, 149, 2.
ausschuß, 14.
beschuß, usus, 155, 3.
schüssel, vas, 1, 2.
schutt, coniectum, 150, 3. agger, 163. tegmen, 9. 11.
schütteln, cutere, 150, 3.
schutz, tutela, 13. 153, 2.
schütz, ictor, 150, 2.
schwabbeln, fluctuare, 140. palpitare, 128.
schwach, infirmus, 118, 2. subdolus, 119.
schwad, schwaden, emplastrum, 118, 2. schwade, 132.
schwadem, dunst, 140.
schwager, affinis, 109.
schwaich, schafweide, 111.
schwal, calor, 139. ebullitio, 140.
schwalbe, 138.
schwalg, vorago, 140, 2.
schwamm, 140, 2 & 3.
schwan, 140, 2.
schwang, exercitium,
- ger, gravida, 136.
schwank, flexilis, 132.
- en, vacillare, 128. 132.
schwanz, cauda, 132.
schwar, schwor, ulcus, 118, 2.
schwarm, turba, 129.
schwarte, 136.
schwarz, 139.
schwatterin, 128.
schwatzen, garrire, 110, 4.
schweben, 132.
schwefel, sulphur, 139.
schwegeln, sonare, 110, 2, 2. tibils, 115, 3. prurire, 118.
schweher, socer, 109.
schweib, agitata, 109.
schweif, flabrans, 132. convexum, 136.
- fen, vagari, 130.
schweig, grex, 108, 2.
- gen, silere, 117, 2, 2.
schwein, scropha, 109. trabs, 113.
- en, deficere, 118, 3.
schweiß, sudor, 197.
schwelen, glosten, 139.
schwelgen, 140, 2.
- ge, virga, 132.
schwelle, limen, 114, 3.
- en, 136.
schwemmen, luere, 140, 3.
schwenden, perdere, 117, 2, 2.
- k, vibratio, 132. eluere vas, 128. facetiae, 115, 3.
schwepe, flagellum, 127.
schwer, gravis, 133. pretiosus, 114, 3. aegre, 117, 1. 118.
beschwerlich, 117. 118.
schwert, pugio, 123.
schwetter, 109.
schwimmen, 140, 2, 3.
schwinge, ala, 138.
schwindel, deliquium, 118, 2.
- den, deficere, 118, 3.
geschwind, celer, 132.
schwippen, fegen, 127.
schwip, flabrans, 132. convexum, 136.
schwyr, pompa, 129.
schwirren, 129. 192. 110, 2.
schwögen, gemere, 118.
schwöger, 109.
schwole, schwulst, ulcus, 136. calor, 139.
schwung, vibratio, 132.
se, 194.
sechs, 184.
seffen, intelligere, 187.
segel, velum, 177.
- gen, benedictio, 189.
- gese, falx, 200.
sehen, videre, 187.
sei, sit, 185.
seich, mictio, 197.
- l, 198.
seide, sericum, 199.
- del, 184, 2.
seife, sebum, 198.
- fern, irasci, 192.
seiger, perpendicular, 201.
seihen, colare, 198.
seil, restis, 199.
seim, mel, 194. decoctum, 195.
sein, suus, 185.
seit, inde, 184.
- te, latus, 201.
sekel, 200. pera, 184, 2.
sele, anima, 187. sehl, bügel, 184, 2.
selb, cum, 184. iste, 183.

selbst,

spri-

ſprizen, 78.
ſproſſ, ſurculus, 67, 2.
ſpruch, dictum, 57.
ſpuddig, ſchmaſig, 117. ſpudd, ſtudium, 115.
ſpuk, phantaſma, 110.
-en, 139. ſpuere, 117.
ſpule, 134. pinna, 140, 2.
ſpülen, luere, 140, 3.
ſpulgen, ſaepe agere, 117.
ſpull, conſuetudo, 107, 3.
ſpunnd, tegula, 113.
ſpur, ſenſus, 110. veſtigium, 110, 2.
ſpurt, feſtinatio, 131.
ſt! ſiſte gradum, 202.
ſtab, ſcipio, ius poenarum, 202, b, 1, 1.
ſtachel, aculeus, 202, b, 1, 2. ſtimulus, 202, b, 2, 3.
ſtadel, fundament. 202.
geſtad, ripa, ib.
ſtak, contus, 202, b, 1, 1. quer-baum, 202.
ſtal, chalybs, 202, b, 1, 2. dieb-ſtal, 179, 2.
ſtall, 202.
ſtamm, ſtipes, 202, b, 1, 1 & 3. firmus, ib. 2, 1. fulcrum, ib. 2, 2.
-eln, balbutire, 179, 2.
ſtumpf, 202, b, 2, 1.
ſtand, locus, 202.
-de, vas, 202, b, 2, 2.
ſtange, contus, 202, b, 1, 1.
ſtänk, odor, 180, 3.
ſtapel, contoir, 202. fulcrum, ib. b, 2, 2.
ſtappen, ire, 173.
ſtar, ſturnus, 191. lichtſtar, candelabr. 202.
ſtark, firmus, 202, b, 2, 1.
-e, iuvenca, 176.
ſtarr, firmus, 202, b, 2, 1.
ſtat, ſtatus, 202. beſtätigen, ib. b, 2, 1.
ſtatt, locus, urbs, ge-, verſtatten, 202.
ſtauen, ſtipare, 202, b, 1, 3.
ſtaub, pulvis, 171, 6.
ſtauchen, impingere, 202, b, 2, 3. 171, 5. -er, calantica, 202, b, 2, 1.
ſtaude, rubus, 202, b, 1, 1.
ſtauf, pulvis, 171, 6. cantharus, 182.
ſtaunen, ſtupere, 179.
ſtaup, flagellum, 202, b, 2, 3.
ſtaven, pangere, 202, b, 2, 1.
ſtazen, haeſitare, 202, b, 2, 3.
ſtehen, be-, ge-, verſtehen, 202.
ſtechen, ſtimulare, 202, b, 2, 3.
ſteft, aculeus, ib. 1, 2.
ſteg, 176.
ſteif, ſtipatus, 202, b, 1, 3. fixus, ib. 2, 1. innixus, ib. 2, 2.
ſteig, 176.
ſteil, praeceps, 176.
ſtein, lapis, 202, b, 2, 1.
ſteipern, 202, b, 2, 2.
ſteis, cauda, 202, b, 1, 2.
ſtek, baculus, 202, b, 1, 1.
-en, figere, inſidere, 202, b, 2, 1. inficere, ib. 3. incendere, ib.
ſtelen, furari, 179, 3.
ſtelle, locus, 202.
ſteize, 176.
ſtemmen, ſiſtere, 202.
ſtempel, 202, b, 2, 1.
ſtenen, ſtöhnen, gemere, 172.
ſtengen, ſtipare, 202, b, 1, 3.
ſteppen, acu, 202, b, 1, 2.
ſterben, mori, 179.
ſtern, ſtella, 202.
ſterz, cauda, 202, b, 1, 2.
ſtet, ſtets, ſtetig, 202, b, 2, 1.
ſtettig, renitens, 202, b, 2, 3.
ſteur, regimen, 202, b, 1, 1. fulcrum, ib. 2, 2. privatio, 171, 5.
ſtieben, ſtirben, diſſipare, 171, 6.
ſtich, ſtichern, ictus, icere, 202, b, 2, 3.
ſtiefvater, ſtiften, fundare, 202. ib. b, 2, 2.
ſtiefel, 182. 202, b, 2, 1.
ſtift, aculeus, 202, b, 1, 2.
ſtiege, gradus, 176. acervus, 178.
ſtikel, 202, b, 1, 1. fulcrum, ib. 2, 2.
-en, acu pingere, 202, b, 2, 3.
ſtiel, 202, b, 2, 1. uncus, ib. 1, 2.
ſtill, ſedatus, 202.
ſtimm, vox, 190.
beſtimmen, firmare, 202, b, 2, 1.
ſtipper, fulcrum, 202, b, 2, 2.
ſtipen, mergere, 182.
ſtier, taurus, 176. fulcrum, 202, b, 2, 2.
ſtirren, regere, 171, 2, 1. 202, b, 2, 1.
ſtirn, frons, 176.
ſtöbern, pellere, 171, 6.
ſtöchern, 202, b, 2, 3.
ſtoff, materia, 171, 6.
ſtok, 202, b, 1, 1.
ſtoll, apex, 176. ſtolp, truncus, 202, b, 1, 3.
ſtolpern, impingere, ib. 2, 3.
ſtolz, ſuperbus, 202, b, 2, 1. ſolennis, 171, 2, 2.
ſtop, cantharus, 182.
ſtopfen, ſtipare, 202, b, 1, 3 & 2.
ſtoppel, 202, b, 1, 3.
-en, ſiſtere, 202. incedendo, 173.
ſtor, magnus, 176.
ſtör, ſturio, 176.
ſtöhren, 171, 5.
ſtorch, ciconia, 176.
ſtorr, ſtipes, 202, b, 1, 3.
ſtörrig, ib. 2, 1. ferox, 171.
ſtos, ictus, 202, b, 2, 3.
ſtos, portio operis, 202, b, 1, 3.
ſtottern, ib. 2, 3. 179, 2. 190.
ſtove, arbaus, 182.
ſtoz, truncus, 202, b, 1, 3.
ſtraub, ſträubletn, ſtraubezen, ſtriblita, ſpritzkuchen, 78.
ſträuben, reniti, 69, 3. 73.
ſtraf, ſtreng, 45. reiectio, 51. poena, 46.
ſtraff, ſteif, 70.
ſtrak, directus, 69, 2.
ſtras, 72.
ſtral, archi-, 45, 2. radius, 69. ſagitta, 72.
ſtrál, pecten, 65.
ſtram, ſteif, 73.
ſtrampfen, 71. 73.
ſtrand, littus, 69, 3.
-ig, funis, 55, 2. 73. fons, 78.
ſtras, via, 71.
ſtrauch, frutex, 67, 2.
ſtraus, moleſtia, 48. ſtruthio, 72. flores, 67, 2.
ſtrazen, 70.
ſtreben, agitare, 68. niti, 70. 73.
ſtreich, ictus, 72.
-en, meare, demittere, 71.
-eln, demulcere, 65. agitare, 68.
ſtreif, radius, 69.
-en, 65. 47, 2. vagari, 71.

U.

W.

wals,

wike,

Z.

zerren, 192. 171, 6.
zerwe, triticum, 171, 6.
(zettel, schedula,)
textorum, 199.
zettern, = eln, dissipare, 200.
zetter, ululatus, 193.
zeug, textum, 177. testis, 189.
= en, gignere, 168.
ziebe, longum tenue, 175.
ziedre, cadurcum, 177.
ziefer, cifra, 184. sibilans, 191.
zig, arguitio, 189.
ziege, capra, 168.
= el, tegula, 176.
ziehen, nutrire, gignere, 168. dotare, 171, 2. migrare, ducere, 173.
bezziehen, capere, 171, 2.
über = invadere, 173.
zicken, acescere, 195.
ziel, scopus, 169. 176.
erzielen, generare, 168. studere, 189.
ziemen, decere, 171, 1, 1. 186.
= er, turdus, 191.
clunes cervi, (178.)
zymbel, 8.
zimmer, pierzig, 184, 2. camera, 176.
= er, 1, 3.
zin, stannum, 188.
zingen, mensurare, 189.
zink, obryzum, 188. buccina, 189.
zinne, pinnaculum, 188.
zinn, 172, 2.
zipper, tremor, 193.
zir, zier, decor, 198.
zirbel, convexum, 178.
= en, circumagi, 178.
zirkel, umzirk, 164.
zischen, sibilare, 191.
(zitrone, κίτριον, 3, 3.
zither, cythara, 7.
zyther, zythum, 195.
zitter, tremor, 193.
ziz, mamma, 168. 196.
zobel, mustela, 199, 2.
= eln, vellicare, 199, 2.
zod, schleppe, 199, 2.
zog, herzog, 171, 2, 1.
zoll, debitum, 172. pars minima, 175. numerus, 189.
zopf, fascis, 178. 199, 2.
= en, vellicare, 199, 2.
zorn, 171. 192.
zott, mugae, 199, 2.
= e, villus, 199.
= el, fimbria, 179, 2.
zu, ad, 166.
zuber, lavacrum, 198.
zucht, foetura, züchet, 168. domatio, 171, 2. modestia, 172, 2. poena, 189.
bezüchtigen, vid. zeihen.
zug, ductus, tractus, migratio, 173.
anzug, vestiment. 177.
zügel, habena, 171, 2.
zucken, rapere, 171, 6. suffurari, 179, 3. tremere, 193.
= er, saccharum, 195.
zunder, fomes, 188.
= eln, 217.
zünden, cendere, 188.
zunft, conventus, 184. ordo, 186.
zunge, lingua, 189.
zupfen, vellere, 171, 6. 192.
zottel, scurra, 199, 2.
zwagen, lacerare, 140, 3.
(zwacken, zak, zwek.)
zwang, coactio, 122. 123.
zwanzig, 165, 2.
zwar, quidem, is' wahr.
zwei, 108. 165, 2.
= ung, discordia, 117, 2, 2.
= fel, 165, 2.
zweig, 107, 2. 112, 2. 132. 175.
zweck, ramus, 107, 2. 112, 2. 175.
zwehle, mantile, 137.
zwerch, transversum, 117, 2, 1.
zwerg, nannus, 118, 3.
zwetschgen, prunum, 130.
zwibel, cepa, 175.
zwick, zäpflein, 112, 2.
= en, zwek.
= el, 137.
zwilch, 165, 2.
= ling, 165, 2.
zwinger, 135.
zwie, zottel, 199, 2.
zwirken, susurrare, 191.
zwirn, 165, 2.
zwischen, 181.
zwist, rixa, 117, 2, 2.
zwietracht, = trecht, ib.
zwizern, micare, 139. sibilare, 191.
zwölf, 165, 2.

Dieses alphabetische Hoch- und OberTeutsche Verzeichnis ist gleichsam nur für den ersten Anlauf, oder ein bloser anfänglicher Fingerzeig, bei welchem der Eintrag immer seine Wege gehet. So kan ieder Liebhaber das vorhandene NiederTeutsche, so wol zusamen, als ieder Gegend besonders, in alphabetische Ordnung herausfezen und vermehren; und für iedes ermangelnde wird sein gehöriges Pläzlein bereitet sein. Der Liebhaber der Angelsächsischen Sprache wird seinen Manning-, der Schwed seinen Ihre, u. s. w. nach der Form dieses Elementenbuchs ganz paragraphiren können. Und was wäre leichter, als den ganzen Ulphilas auf gleiche Weise vollständig herauszuschreiben?

Aber damit ist die Absicht dieses germanischen Wurzelwörterbuchs noch nicht alle. Die Sprachen, welche eine offenbare Verwandschaft mit der Germanischen haben, wie das sogenannte Celtische, oder Gallische und Cambrische, das Griechische, lateinische, Slavische, u. s. w. giesen sich von sich selbsten ganz in diese Form. Die Proben sind gemacht, und ieder kan sie machen. Und wenn die germanischen Elemente, und ihre erste Zusamensezungen, Elemente und Wurzeln der Menschlichen Organe oder der Menschen selbsten sind, wie sie es sind: welche Sprache ist so dann, die sich diesem Formular entzöge?

Jede Sprache ist entweder, wenigstens zum Teil, noch selbst archaisch, oder sie hat ihren

Archaismus,

bekand oder unbekand. Glük für sie, wenn sie ihn aufweisen kan. Der Römer Bund mit Carthago wie alt ist er einem Polybius? Duilius Seule, Scipions Monument, die zwölf Tafeln — wie alt sehen sie aus gegen einen Cicero, wie iung sind sie gegen Romulus? Wie iung ist Herodot gegen die Aufschrift Amphitryons —, gegen die Sprache der Pelasger —, und ihre fremde Lehrmeister, Cadmus —, die Titanen? Die Natur gibts, daß Anani, der zehende von Serubabel, 1 Par. 3, 24. zur Ptolemäer Zeit, daß Jaddua, Neh. 12, 11. anders als Esra, Esra anders als David, dieser als Moses, und Moses anders als Isaac gesprochen habe. Und unsere Documente von ihnen sind alle einerlei hebräisch.

Es gibt Nationen, deren Begriffe nicht merklich wachsen, und deren Sprache gleichwol in der Fertigkeit und Zartheit der Aussprache, der Zusamensezung der Begriffe, der Bewegung der Wörter, der Bestimmung des Lauts u. s. w. sehr volkommen ist. Die Sprache ist mannbar worden, ist modern; die Nation ist ein Kind geblieben, ist archaisch. So ist die Grönländische. — Ein Rätsel vor unsern Augen. Die meisten bleiben Jartausende ihrer ersten Einfalt, wie in allen Stüken, so auch in der Sprache, treu. Wie lange nennte sich der Teutsche selbst noch einen Barbaren! die wenigsten, villeicht gar keine, haben sich ohne merkliche Beihülfe selbst gebildet, wie China und die ältesten Südorientalische Völker. Wissen wir aber eine einzige Nation, welche an Kentnis, Weisheit, Künsten, Wissenschaften, folglich auch in der Verfeinerung der Sprache, zugenommen hätte, und an eng eingeschrenkten Bedürfnissen, Frugalität, und Unschuld der Sitten, man lasse uns sagen, wild geblieben wäre? Es scheint über die Kräfte der menschlichen Nationalnatur zu gehen. Waren es die alten Scythen? Lycurg hat etwas dergleichen versucht, aber blos den Krieg zum Zwek gehabt. Die Sevarambes

rambes sind von Peru abgezogen. Die allermeisten werden von andern gebildet, das ist, angestekt. Die Lehrmeister fangen beim Verderben an; reizen durch Kunstwerke, Bequemlichkeit und Pracht; vermehren die Zal der Bedürfnisse; erweitern damit die Kenntnis; geben ihre Sprache zur Benennung der neuen Dinge, und zum Vorbild der Feinheit; bekehren zu ihrer Religion; und achten sich damit, Wilde zu sitten, und sich gleich glükselig —, eigentlich zu ihren Knechten, und was sonst noch? und zu würdigen Innwohnern der Welt zu machen. Das haben von je her die Assyrer — in Asien, die Aethiopier in Africa, und die Phönicier in Europa gethan. Die Griechen, die Araber, die Europäer sind von einem Geist getrieben, zu gewinnen, zu herrschen, und den Gözen ihrer Sprache aufzustellen.

Wie neu und hermetisch ist Forskals Nachricht: „daß die ganze alte Pharaonische Sprache nur sieben Hauptbuchstaben habe„. Kan es denn in den ältesten Urkunden, der menschlichen Natur nach, anders sein? oder hat der Mensch mehr Sprachorgane, als: die simple Mundöffnung, den Vocal; die Webenden: den Blaser, den Hauch, und den Zischer; und die Mitlauter: die Zunge, die Lippen oder den Mund, und die Nase? Sind die 3. Buchstaben, die Isiris erfünden, etwa diese 3. Classen? „Jeder der 7. sei hernach in der Aussprache dreifach gebildet worden.„

1.) Der Vocal. Das Aleph der Alten, ein eingebildeter Consonant (auser etwa von Hindem), ist ein gemeinschaftliches Schreibzeichen für alle Abänderungen des Selbstlauts. Einfach steigt er durch eine Leiter von 8. Sprossen, ohne Rukside auf die Dehnung; und sein Aufsteigen und sein Absall gehen durch alle mögliche Doppellaute rund um die Welt. Noch wirbelt iede Elementarwurzel allenthalben oder in allen Sprachen, wie in der Germanischen, zwischen den zwen äusersten Tönen a und ú: באר, fodit, puteus, בְּאֵר, בור, ביר; מרר, mutavit, מור, מֻר, מִיר. — Alius, ollus, ullus, ille sind von Einem laut, u. s. w. Die orientalische Punctirung ist eine Krüke, so wie man dem Pfaffenpöbel der Europäischen Vorzeit die Meßbücher mit Accenten drukte. Und die dreifache Vocalbildung ist keine andere, als der dreifache Affect: das Erstaunen, die Liebe, und das Geheul.

2.) Der Blaser hat 3. Stufen nach dem menschlichen Organismus. Es kommt auf blose Lindigkeit oder Härte an, daß das griechische B, und die hebräischen ב, פ, ein f, und בּ, פּ, ein b, p, werden. Der Lateiner sprach sein v als ein w aus, und erst Chilperich der Frank hat dieses aus dem doppelten v gezeichnet. Die lateinischen vinum, veritas, vanitas, veho, video, vinco — sehen sich in den germanischen Elementarwurzeln win, wár, wan, wag, wet, wik —; und die geringste Verhärtung macht w wieder zum v und b: Teutsch hewen, heben, tenere, hob, hief. — Im Archaismus und in Dialecten versehen sich die Blaslaute ohne Unterschied. Der Lateiner hat sein b vom Griechen, und sein V und F vom Hetrurier, und als ein Aeolier, und das war alles. Er schrieb: serbus, ferbeo, atabus —, und duvius, vonum, vene (bonum, bene) —. vivo, bibo und fuo heisen leben, sein —. Das blieb ihm in den schönsten Zeiten hangen: vectus, profectus. verbum, fari. Populus, (poplicus) publicus. flecto, plecto; fligo, plaga. — פה, נבא, φαυ, fabula —. בין, פנים, binnen, penitus —. Noch sagt der Hebräer: אבה, אוה, cupivit —. בתת, פתת, fregit —. גף, גו, corpus —.

3.) Der

3.) Der Hauch hat seine 3. Stufen auf gleiche Weise, h, g, k. Der Lateiner hat sein K vom Griechen, und C vom Hetrurier, diß ist der ganze Unterschied, Kalendai —. Sein altes Q hat keine Besonderheit vor ihnen, qur, pequnia —. Er hat sich bis V. C. 540. ohne G befunden, sofracia, cerens, macistratos —. Ch ist selbst dem Griechen neu. Und jor ist allenthalben bald ein feinerer bald ein härterer Guttural, janua —. Nichts kan von Schriftstellern verschiedener geschrieben werden, als die Aussprache der Chinesen. Bayer schreibt yu und chu, gemma, yeu und geu, vomitus, hao, desidero, yao, volo —, chin, gin, pietas, hoei, guei, circa —, und merkt an, daß y wie g, h fast wie k — ausgesprochen werde. Die Südorientalen sind die reichsten an Gutturallauten. Gleichwol nimmt der Hebräer von seinen sieben fast jeden für den andern. Nun siehe man Schönheit und Wolklang drinn, was ursprüngliche Gleichgültigkeit und Einheit ist: חנה, חנת, resedit; אנה, אנח, אנק, clamor gemens; זרה, זרק, זרע, spargo —. נהר, נגר, manavit; פלח, פלה, פלג, fidit —. חמר, עמר, חמר, vas, profundum —. חלך, ילך, ivit —. חבל, כבל, ligavit —. חלל, קלל, maledixit. חמר, עמר, cingere —. תקן, חכן, ordinari —. סגר, סכר, clausit —. שעה, סכה, videre —. כשר, ישר, placidum —. גרת, כרת, חרת, scidit —. עיר, קיר, civitas —.

4.) So sind auch 3. Zischer, der gelindeste halbe —, d; der stärkste halbe —, t, (th) und der ganze Zischer s. Kein Archaist unterscheidet die beiden erstern, und immer noch sind sie den Mundarten, auch der grösten Cultur, gleichgültig: sput, haut —, Θεος, deus —. דחה, סרה, pellere, שם, שד, vastare —. דל, תל, elatum. סעה, תעה, errare. דור, סור, תור, ordo —. d und t mögen leicht ein wenig hefftiger werden, so sibiliren sie. Man braucht keinen Unterschied des hohen und niedern Dialects dazu: שם, הם, ibi, יעץ, יעט, consuluit —. Jede eigene Mundart thut es schon für sich: רלל, סלל, altum, פס, פת, frustum, דד, עד, mamma —. Daher muß דת, lex, eben nicht nothwendig ein Chaldäismus sein. Der griechische lateiner bildet hierdurch seine Zeiten: video, visus, patior, passus —. Die griechischen Verwechslungen δ in τ, in σ, in ζ; ϑ in δ, in τ, in σ; σ in δ, in ϑ —; τ in ϑ, in σ, in ζ —, heisen jezt dialectische Galanterien. Noch weniger sind die verschiedenen s von einiger archaischen Bedeutung. Der alte lateiner verdoppelte es nicht einmal: iousos, iussus, esent, esse —. Die hebräischen 4. ganze Zischer gehen durcheinander: כמז, קמץ —. זהב, צהב, nieder, רהב; und זיו, ציץ, ציה, splendor —. עדו, ערש, congregare —. ספן, צפן, texit. נתס, נתץ, נתש, destruxit. עלז, עלס, עלץ, exsultavit —. צנן, שנן, acutus. צחק, שחק, cachinnor —. Neben dem bekanden Unterschied des hebr. und chaldäischen: שרף, כרף, cendit —.

Die Anziehung einer Wurzel geht durch die ganze Welt. Vergeblich hält man sie im Orientalischen für einen Chaldäismus: חם, עדן, calidus —. חר, סתר, altitudo. צחר, חור, albus. עד, ivit, צעד, gressus. הוף, texit, שחיף, tectorium —. Das völleste s, der hohen Sprachen Eigentum, und so besonders auch der Hebräer: שש, ses. שאב, sop. עקה, sog. עדם, sat. — ist gleichwol nichts als s. Man drehe sich wie man wolle, das ש ist, wie der Griechen, der neuern Teutschen — sch, doch vielmal ein Wurzelguttural, vor dem ein unwesentlicher Zischer steht, ohne welche Kentnis man das Wort nicht auf seinen Ursprung leiten kan. Man erlaube mir ein halb Duzend Beispiele: גב und גבה heisen altum, eminens; angezischt שגב (ʃgab): also ist שפה nichts anders als ʃkapah; und שפי, clivus, nichts anders als ʃkepi (germ. ʃkop), crista und porticus. גאל, חיל, Heil, Hülfe: angezischt שכל, secundari, scal. was ist שליש, שליש anders, als ʃkalit, ʃkalisch, ein scald, Σκολοτ -. עט, ein Schreibgriffel, (lat. caedo, angezischt scido, scheda -): שטר ist also ʃkatar, schreiben. קצף; angezischt שקף, ʃkap, ein abgebrochener Ast, Spize, (ʃkap, schaft, scopus -), und שבט, (ʃkept), sceptrum. עוף, שוף (ʃkup), obscurare. חרם, שרם (scarat), incidit. — Wie kan es anders sein, der wesentlich bedeutende Guttural muß erstiken. Das volle sch, in dem er ligt, verwandelt sich wieder in ein simpels s: סר,שר,כר, princeps. גלים, שלם, vestis. Σκυλον, Συλον, spolium. In andere Zischer, die den Guttural noch mehr versteken, besonders צ: chald. עמר, hebr. צמר, (zkamar). arab. שמה (ʃkamah), chald. צמם, texit, צמה, coma. בצל (baskal) und Silpha (ʃkelph) cepe, decorticavit —.

X aller Welt ist ein Schiller. Es behaucht den Zischer ks; ist selbst simpler Zischer: ξυν, συν. chines. ꝛun, sun, urbs; ist ein bezischter Guttural: ξυλον, καλον -. In China versieht es auch das sonstige St: ꝛe, lapis -. Der Aeolier bezischt den Hauch: ὑπες, super. ἑκυρος, socer -, und behaucht den Zischer: ἁλς, sal -, und bläst den Hauch: hostis, fostis -. Der Franzos schibilirt seiner Eltern simple Hauche: genie, chien -; und die ç, tsch, ps, - die man in der Welt umherträgt oder findet, müsen von einem Elementen- und Originalwurzelforscher erst zergliedert werden.

5.) Bei den Mitlautern gilt die Aussage von der dreifachen Aussprache nicht. Der Zungenlaut hat nur zwen Grade. Der zarten Kindheit ist das R zu schwer. Es gibt ganze Völkerschaften, die keins haben. Der Chinese spricht: lui, Donner, ul, Ohr. — Eliots Nordamericaner sezt an die Stelle des nördlichern R ein N. Die XII. Tafeln haben dem Römer erst sein R geschrieben. Er zeichnete vorher: Lom, Lomulus -. fusiosus, iniousia, maiose -. Es geht der Sprache noch nach: colos -. torreo, tostum -. Im Griechischen heisens Dialecte: ϛλεγγις, strigil -. Egede widerspricht denen, die dem Gebnländer das R absprechen. Doch steht in Andersons Verzeichnis kein Wort, das mit L oder R anfienge. Es scheint, sie schnarren oder lorpsen. Die Brasilier haben weder L noch R. Mögen sie doch. Andere Organe ersezen ihre Begriffe.

6.) Der Mund- oder Eßlaut ist in aller Welt der einzige. Die Blaser oder Lippenlaute sind seine Verwanden, z. B. im Germanischen: winnen, minnen, amare; win, min, paucus -. Der Huron hat weder das eine, noch die andern, (doch läßt man ihn: avista, ferrum, avetti, omnes - nennen), So lautet er -, und haucht er doch die daher entstandenen Begriffe. In Otaiti schließt man den Mund nicht, und spricht fast in lauter Vocalen.

7.) Der Nasenlaut unterscheidet sich vom vorhergehenden, wie der Thiere Mund vom Schnabel der Vögel. Und es ist viel, daß nicht mehrere Völker den einen durch den andern gar ersparen. Wenigstens dem Chinesen, und welchen Völkern nicht mit ihnen? ist m, n, ng, ein Endlaut durch die Nase, einerlei.

Hier

Hier sind die sieben. Mehrere Organe gibt es nicht. Cadmus bringt aber schon 16. Zeichen nach Griechenland, Plin. h. n. 7, 56. Und was will man von der Ulphilanischen Buchstabenzal und Ordnung für ein Altertum beweisen?

Aus ihrer gegenseitigen ersten und einfachen Bedienung entstunden die Elementarwurzeln, aus der zweiten und mehreren ihre Bekleidung. Und zwar

Vorsezlaute.

1.) Ein vor dem eigentlichen Wort hergehender Vocal ist eine Gewonheit in allen Sprachen. Vielmal ist er von eigener Bedeutung, und macht also ein zusammengeseztes Wort, davon ist aber hier nicht die Rede. Der German weist (mit den einsilbigen Sprechern ienseit des Ganges) von iener Gewonheit nichts. Nur Ulphilas der Griech sagt: ahaks, columba. Der lateiner: amarus -. duo, iduo -. pubes, ephebus -. opinor -. Der Grönländer: paltic, eputa', riemen -. Sikadin, isiket, fus -. okallopoch, kallen, reden -. unnuach, Nacht -. דם, das natürliche leben, אדם. דן, iudicavit, אדן. זר, corona, אזר, cinxit. בן, אבן, rectum -.

2.) Der Blaser ist fast allenthalben ein bloses Maul voll luft, oder eine Emphasis, auf die wahre Wurzel; oft auch die Bedeutung eines Umstands, so viel oder minder, als das Teutsche be-, und hebräische ב: בגר, perfide egit; בהל, clamavit; פאר, ornavit; פגע, obviam; בשר, caro, laeta nunciavit -. Besonders vor dem Zungenlaut: פלג, פלח, divisit -. blaftero, ploro, fluo -. ברק, fulguravit; בריח, extensum; ברח, transcurrit -. braxo, premo, fragor -.

3.) Der Hauch ist desgleichen ein purer Hast aufs Wort: hwit, weis -; ein hottentottischer Gluchser: kmu, videre, ktsul, confrater; ein ה emphaticum; und ein anscheinendes oder würkliches ge - collectivum, oder כ comparativum: lat. hemon, homo. (רמס, subiicere) הדום, suppedaneum. (צר) יתצר, arctavit. (דל) גדל, magnus. (פח) נפה, exspiravit -. Glaux, gloria -, clarus, clino -. חלש, lassus. גלש, nituit. עלף, labes. קלס, elusit -. Graecus, grunnio, gryllus -. cracio, crudus -. (רסס) הרס, diruit. (רץ) חרץ, movit se. גרד, rado. (רץ) ערץ, violenter egit -. קרב, proelium, פרב, חרב, גרב, vastavit -. knod, ענר. knop, ענף, ramus -. Es sind etwa ein Duzend hebräische Wörter, in denen das י wurzelhaft ist, die übrigen sind allesamt lauter Vorschläge.

4.) Der Zischer ist eine Emphasis, vom härtesten Hottentotten: tkumma, alce. Tchou, caper. Tnona, vitulus - bis zum feinsten Griechen. (פלג, fulsit) הלג, שלג, nix, candidus. (אלח, putridus) דלח, turbavit aquas -. dromus, trudo -. (ארך) דרך, calcavit. טרף, rapuit -. Der alten lateiner: duellum (dwell.), bellum. duonum, bonum. duis, bis. - Das Slavische: wiz, schwiz, lux -; das lateinische: picus, spica, Spize -. פה, שפה, os. (פח) שפח, expandit -. לאף, שלח, legavit -. (אמן, nutrivit) שמן, pinguedo. (פוח) שטח, expandit -. Σπλαγχνον, splendor -. Archaischlatein: stlis, stlein, lis.

5.) Den Schnauber braucht der Hebräer für einen Umstand, wie י und ב: סף, נסף, fastidium. סך, נסך, texit. גר, נגר, manavit. בקע, נבקע, יקע, divulsus membro -; und anstatt dessen das מ: זר, מזר. זור, מזור. - womit er sein participium formirt. Der Chinese

nese liebt: ngai, amo. ngan, pax. ngao, superbus. nge, frons. ngen, beneficium. ngo, ego. ngu, mustela. Und das ist, mit seinen zusammen gesezten lauten: tsch (ch), dsch, (ge, gi), hu (hw), und sch (x), sein ganzer Vorschlag vor seinen Wurzeln. Einen

Nachklang,

oder Zusaz hinden an der Wurzel hat er nicht. Sein allereinfachster Organlaut endet sich mit einem, auf 32.erlei Art geformten Selbstlaut, und einem 27. fach daraus entstehenden Mund- oder Nasenklang. Dadurch hat er sich viel zu enge eingeschrenkt. Denn der Mensch kan ieden seiner 7. Organlaute, mit diesen 7. Organlauten am Ende bedienen. Das thut sonst die ganze Welt. So sind aus den Elementen die ersten Wörter und Wurzeln' entstanden, die auf so vielfältige Weise weiter bedient und angekleidet werden. In dieser zweiten Verbindung und so fort fügt sich hinden an

1.) ein Selbstlaut, mit dem die Wurzel gemeiniglich in der Gewalt der Aussprache einen Abfall leidet: thia, die -. duo -. Gemeiniglich bedeutet er an Namen und Zeitwörtern.

2.) Ein Blaser schließt den Mund wieder. Hier scheint א noch eine Verrichtung zu haben: גיא, germanisch göw. לביא -. Die lateinischen: rhomb'. barb'. cannab'. - calv'. nerv' -. culp'. camp'. corp'. - mit aller Welt.

3.) Ein Hauch. Im Germanischen hat er oft sichtbarlich seine Bedeutung. Wo der Chaldäer ein Endא hat, da haucht der Hebräer ה. במה, excelsum -. Die lateinischen: calc'. manc'. hirc'. casc'. conch'. bulg'. marg'. Siliq'. propinq'. torq'. - haben allenthalben ihres gleichen.

4.) Der Zischer kennt im Germanischen sein Amt, und findet Gesellen durch die ganze Welt. lateinisch: calid'. cand'. gurd'. - calth'. canth'. - digit'. caput -. ars, puls'. ans'. - Die Namen- und ZeitEndungen: as bis us. - t, und - nt. -. Und der zusamengesezte Zischer - st: gust'. cist'. - samt sc: musc'. -

5.) Die Zunge. lateinisch: tener, tenell'. flagr'. flagell'. - Fessel, חתל, כתר, -. חפל, רבר. - ספר, u. s. w.

6.) Mund und Nase: אזן, auris. אלן, arbor. חדן, fumavit. תרן, Turn. — Höhere Sprachen lieben einen völleren Mund: שמן, שמש. קנה, קפה. - centrum, - on. Die so weit umher reichende morgen- und abendländische mehrere Zal in Zeit und Namen. — Doch genug hievon.

Wurzel.

Was sind sie alle diese Nachklänge, diese Vorsezlaute? wesentliche laute sind es, ieder für sein Wort, dessen Verstand er bestimmen mus; für das Wort seiner eigentümlichen Sprache. laute, die man unmöglich wegnemen kan, ohne den Sinn des Worts, und die Natur der Sache aus einer bestimmten Sprache zu entwenden.

Court de Gebelin! und wie viele Vorfahren hat er nicht! Er vermißt sich, die Grundwörter der hebräischen Sprache, mit der lateinischen, der Griechischen, der Seinigen, auf einfache Silben zurük zu führen. Welche chimärische Vorstellung, welches abentheurliche

Hirn-

Hirngespinst! Andere Sprachen haben zwar einsilbige Wurzeln. Im Grund sind auch alle eines gemeinschaftlichen Ursprungs. Mus sich eigentlich nicht das mehrsilbige dem einsilbigen bequemen; das zusamengesezte dem einfachen das höhere Alter, das ursprüngliche zugestehen? oder glaube man zufälligen lauten gleichen Rang mit den nothwendigen geben zu können? Das hiese, zwar alte aber schon verfeinerte, vom Archaismus entfernte, geschliffene, gekünstelte Sprachen archaisch, ursprünglich machen, die Natur verkehren. Gut! aber wo Gründe, wo Schranken felen, die uns leiten müsen, die uns sagen können, was zufällig ist? Soll man in die luft etymologisiren; sich lächerlich machen? חפן, manibus cepit, zu einem פח, phah, capio, bestimmen, da es הן, han, capio, auch versehen kan? טבע. fixit, von טב, tob, oder בע, bag? und so zu tausend. Sonderlich in Sprachen, wo alle etymologische Kentnis felt: der Hottentotten dilcatóre, anas; der Peruaner havarek, poem; der Algonker nikanisch, frater; der Huronen skenragette, miles; der Patagonen asquie, barba, und so ins unendliche. Stehen lassen mus man können, wo Regeln, wo Urbegriff, wo Analogie, wo Archaismus des Worts - in seiner bestimmten Sprache felen. Dem gemeinen Ursprung oder den Elementen der Menschensprache ist nichts dadurch benommen. Er bestätigt sich bei ieder vernünftig-grammatischcritischen Entwiklung, ohne welche alles Thorheit ist; und diese läßt sich nicht erzwingen.

Unter etwa 3000. hebräischen Bibelwurzeln sind keine 400. einsilbigen, alle sogenannte verba irregularia mit eingeschlossen; und diese sind archaisch. Viele Wurzelbuchstaben benemmen sich an dem, was bisher gesagt worden ist, den wesentlichen Anteil am Elementarwort selber. Und wenn, man erlaube nur ein halb Duzend Beispiele, שסף, שסע. שסה, שסס, dithdit -; wenn חרך, חרל, חרך חרם, חרר, urens, ustum -; wenn נקד, נקב, נקר. נקק, perforavit, fixit -; פרק, פרץ, פרז, פרם. פרש. פרד, פרם, פרם. פרר scidit, partitus -; wenn נפץ. קפץ, קפז, פזז, פזר. בזר, בזק und der Archaismus פץ. dissipavit, subsiluit -; wenn endlich כרב, כרת. כרם, כרה; קרח, קרע, קרש, קרץ; חרץ, חרש. חרם, חרת. חרם, fidit, fodit, heisen: so darf man nicht fragen, was daran wurzelhaft, und was zufällig sei? Buchstaben, die weg sein können, und weg sind, die mit andern wechseln, und deren An- und Abwesenheit nichts zur Hauptsache beiträgt, reden selbsten. Wenn der Hebräer sonst nichts weiß: so verdoppelt er den hindern Radical: רע, רעע. רץ, רצץ. - Nun dann! das ist hebräisch, das ist seine Natur, und die Natur seiner Verwanden. Und wenn man solche Gründe hat, dem Südorientalen diese seine Natur zu nemmen, was wird folgen? Die Südorientalische Sprache hört auf, dieselbige zu sein; sie wird eine andere, eine ältere, ein Kind, die für sich betrachtet, Mutter, Ahne war. Und was ist diß sodann für ein Verbrechen, für eine Chimäre, wo das Urbild vor Augen ligt? für abentheurliches Zeug, wo Vernunft und Erfahrung sprechen? Der Hebräer einsilbige, ihenen unregelmäsige Wörter sind grad dieselbigen, welche allernächst Wörter einer Muhme, z. B. der ältesten Pharaonensprache, so dann bei ieder andern Muttersprache wahre Wurzeln, Erstgeburten der Organlaute sind. Das Coptische ist sicher das alt Egyptische, nur durchs Griechische - überschwemmt. Es besteht aus lauter unabgeänderten einsilbigen Wurzeln, und blose Artikel machen die Zalen und Geschlechter der Namen, und die Personen und übrige Abänderungen der Zeitwörter.

Man ist bei der Erlernung und Beurteilung der Sprachen immer, und das von Jugend auf, gewohnt, nur den Unterschied der Wörter bis aufs kleinste Pünktlein zu betrachten. Diß ist uns so zur Natur worden, daß wir das Gegenteil, die Uebereinkunft der Sprachen, die Einschichtung der Wörter, oder die Natur des Archaismus, freilich für eitel und sprachwidrig, und wenn wir uns ereifern, für aberwizig halten. Der Orthograph sieht nicht über den, von den feinsten Zeiten einmal festgesezten Buchstaben hinaus. Dem Lateiner würde ein osum, adulo, moriri, cupire, iuvavi, collus – seine ganze Ehre rauben. Er zittert vor einem solchen Wort. Wo er nicht grammatische Regeln und Freiheiten vor sich sieht, da wagt er sich nicht hinein. Folgt es darum, daß es nie eine Zeit gegeben, in der man sich nicht geschämt hat, so zu reden; ia da man nicht dran gedacht hat, daß eine Zeit kommen würde, in welcher man sich dessen schämen müse? Gleichwol ist das archaische Latein: nocere aliquem, decet mihi, opus est divitias – natürlicher; gleichwol ist homo ohne hemon, mit tausend seines gleichen, unverständlich; gleichwol nähert sich iede Sprache der andern nach Masgab, daß man solche urkundliche Schnizer macht. Seres, sereo – sehen in dieser Gestalt Wörtern anderer Sprachen volkommen änlich. Und wie natürlich geht es nicht zu, vermittelst des Archaismus zum lieblichen Anblik unzäliger solcher Harmonien wieder zu gelangen? Das gilt von ieder Sprache, wenn sie anderst erlaubt, ihren Archaismus einzusehen. Archaismus, den Kalkopf komm herauf! der allenthalben unter dem Spott der Ausnamen und Unregelmäsigkeiten steht, den man vertilgt, und aus Liebe zur Feinheit oft leugnen würde, wenn man könnte. Und man thut es in gewisser Art würklich, wenn man behauptet, Adam sei sogleich mit einer eingegossenen Sprache, in ausübender höchster Vollkommenheit dagestanden, und die Erzväter haben in ununterbrochener Reihe alle Weisheit und Wissenschaft besessen und vermehrt, wovon die andern abgefallen. Man kan sich des Lachens nicht enthalten, wenn man z. B. sez, den Hindern, und das Recht, שת und Sydok, צדק –; אלהים, ein Camin, kommen und ein Gefäß –; die Gnade, den Knopf, das Nez, ein Nest, und die Nat der Schneider , und tausend solche, dem feinen neuern unvereinbare Sachen unter Einer Classe sieht. Hat man Geduld, sich den wahren Begriff des archaischen Worts, unter welchem solche Thorheiten begangen werden, sagen zu lassen: so geht der Hohn in Ehrfurcht über.

Das Griechische löst sich regelmäsig in die äuserste Einfachheit, in den höchsten Archaismus auf. Z. B. χυσις, χυδην, χυτος, χυθεις, χυθεις –; χοανον, χυνω, χυμενος, χευμα, χυμος –; χυλος –; χευω, χεεω, χεω, χω, und ω ist das blose Zeit Hülfszeichen. Das Lateinische nimmt Teil daran. Z. B. flatus, flas, flasc (flare); flamen, flamma, flans; flagro; flavi, flavus, – flabro, flabilis – resolviren sich ohne Bedenken in flo, und o ist nichts als die erste Person der gegenwärtigen Zeit. Das gilt. Ein anderer sieht z. B. Schimmer, Glanz, Feur – heisen im Hebräischen זו, זך, זהר, זיו. מזל זרח. ז ist beständig und wesentlich, und nimmt die andern als Diener nach der Reihe an, ohne dem Verstand an sich das mindeste zu schaden. Versammlung, Gesellschaft heisen עי, עד עדה על. עם. עיר. ע wechselt mit Willkür und Gleichgültigkeit alle andere Organe. Im ersten Fall versehen Gleichlaute צ, ש, ס. die Stelle des ז; und im andern versehen ה, ח, י, ג die Stelle des ע, und der erste Begriff bleibt wie zuvor. Der Archaismus sichert uns der vervielfältigten Organlaute Jugend zu; es reden so gar geschichtliche Urkunden; und das soll nicht gelten?

Die

Die Formation mechanique des langues et des principes physiques de l'Etymologie gründet sich auch auf 7. Organlaute, verkennt aber den Archaismus der Sprachen, und sucht die erste Sprache unter den bekanden Sprachen der Welt. Da es keine ist; da jede der Muttersprachen gleich alt; da die Elemente, woraus sie alle entstanden, keine Sprache sind; und da, wenn die Sprachen auch nicht entstanden wären, sie sich doch auf eine und ebendieselbige gemeinschaftlichen Organe gründeten.

Zur Zergliederung gehört genugsame Kentnis einer Sprache, Archaismus, und grose Behutsamkeit.

Das lateinische Pax ist pac's, pacis. [illegible]is, das lateinische Kleid ausgezogen, ist pac. Es leitet sich so wenig von παυειν, quiescere, als paxillus, ein Stecken, das Diminutiv von palus ist. Sie kommen wol aber beide von pango, archaisch pago, paco, pacitum, pigo, einstecken, anheften, stechern, paken, pflanzen. pac ist demnach ein Zweig, propago, ein Zeichen des Friedens, den der Herold in der Hand hat. Und bak heist ein Ast, §. CVII, a.

תיכון, medianum, von תכן, ex-, perpendit numero, mensura, pondere; aptavit, disposuit, aequavit -. Man sagt, es ähnliche כון, aptavit, disposuit. Es mus sich aber mit תָּוֶךְ, תוך medium, reimen. Unter der Bedeutung dieses Worts stehe die Wage. Man wigt, mißt, zält, ordnet, gleichet, und sieht auf die Mitte. Die Wage selbst ist vom Schwanken eines Asts hergenommen. Und tak ist ein Ast, §. CLXXV.

Das Grönländische Nukkakangilak, kraftlos. - ngi - ist ihre Verneinung, die sie allezeit mitten ins Wort versezen. Es ist das selbständige nagge, nein. Ihre verba negativa sind sextae coniugationis, und gehen alle auf - lak, - ngilak in tertia persona praesentis aus. Nekoakau heist stark. - kau ist der positivus. Und die Wurzel läuft auf ein Nek, Nuk, hinaus. Niuch, Fus: Niakok, Niakau, Niakoa, Kopf: Nukietka, Niak, Har; Nekapoch, niederfallen — stimmen alle mit niuktipoch, biegen. Aber nik, nak, heist cervix, inclinavit - §. CII. nak, ist ein Ast, §. XCVI.

Der Jameos Poettarrarorincuroac, drei, was will es weiter sagen, als den Rassler? §. LVIII. Und Elliots Nordamericanisches

Kum mog kodo natto ortum mooetitean gannunnonasch, unsere Frage? Es zeigt sich aus andern Wörtern, daß gannunnonash, unser, und Natootomwehteaonk, Frage, heise. Und aus andern, als: kukkootomwehteaonk, lehre, und ouwoteank, Nuzen - sieht man, daß tomwehteaonk zur Frage noch ein Zusaz sei. Was bleibt weiter übrig, als Nato oder Na? Und na nat ist ein gemeines appropinquatio §. XCIX. exploratio §. XCVII.

Man verspricht sich mit dem grösten Rechte unendlich viel vom la Crozisch-Jablonskisch-Coptischen Wörterbuch samt der Grammatic. Es wird aber die Wurzeln und Urgründe, die schon aus andern Sprachen bekand sind, nur bestätigen und vermehren. Es selbst wird ein Fragment sein, wie ein jedes einer andern Muttersprache auch. Und im Noth- oder feinem Entgehungsfall wird man die andern brauchen können. Denn sie fliesen doch alle am Ende in eins zusamen, sonst müsten nicht menschliche Organe die gemeine Quelle sein.

Man zankt sich vergeblich um rakia, expansum, ob von rakia, plätten, raka, stampfen, oder rakak, verdünnen -, wo ein Urwort rah, expansum, spricht §. LXIX. Vergeblich heist Theut nichts weiter als Denkmal, §. CXC. - Kol, Stimme, Hauch; pi, Mund;

 bau,

bau, finster; dsom, Same; mok, Schlam, Gebärung -- (mit tausend Wurzelwörtern, die man sonst allenthalben findet), sind schon alle vorher da. Für dser, jer, sar; Mas, Ausforschung - ist ein Plaz, §. CLXXXIX. - Und die älteste Urkunde des Menschengeschlechts erkennt daran, und bekennt am „Wort der Ursprache, Or„ selbsten, daß es nicht so ernst gemeint sei: „der Philosoph möge untersuchen, wie und wie tief er wolle, so mache er nur aus, daß er Sprache erfinden könne, Vermögen, nächste Möglichkeit und Anlage dazu habe -, und daß er auch mehr nicht ausmachen wolle, Herders Preisschrift; da sich die Philosophie mit Würklichkeit, dem Beweis des Daseins (eine so andere Sache!) nicht abgebe, p. 117. „

Ohne Kentnis der Urwurzeln, wie sie nächst an den Organen stehen, und ohne die weite Ausbreitung und den Ursprung ihrer Bedeutungen, ist in der ältesten Geschichte der Menschheit, in den Namen und Bildern der Väter, der Götter, der Helden, der Natur, der Wissenschaften und Künste, Chaos und cimbrische Finsternis.

Man macht der Chinesischen Sprache den Vorwurf, daß Ein Wort 30. und mehrerlei Bedeutungen habe. Wie kan es anders sein? Etwas über 300. Wörter, 80000. Charactere, und ein täglicher Wachstum der Begriffe! Bei andern Sprachen ist diese Schwürigkeit durch mehrere dienende Organlaute, durch Ankleidung der Wurzeln, und zwei- und mehrsilbige Modificationen derselben, nur etwas erträglicher gemacht. Es bleiben bei dem allem in jeder Sprache noch viele Wörter übrig, die sehr vielerlei bedeuten. Was hat die Sprachwelt nicht für Ränke und Wendungen gebraucht, mit Haufen heran wachsende Teilbegriffe, die sich immer aus ihren gemeinen Halmen schoben, von einander kentlich zu machen? Man sieht ihrer ängstlichen, oft lächerlichen Arbeit mit Lust und Erbarmen zu. Das Klatschen der Hottentotten Zunge, das Wakeln der Chinesischen Köpfe, und ihre richtige Angabe des musicalischen Tons, und die unaussprechliche Dehnungen so mancher Americaner -, sind höchstgezwungene Hülfsmittel. Die Accente, die den Verstand eines Worts bestimmen müssen, durch die Zeit, Höhe und Kraft des Tons, sind so unzureichend als allgemein. Man hat die Laute zergliedert, vervielfältigt, in Grade und Classen eingeteilt. Eine Menge Selbstlauter, eine Menge Blaser, Haucher, Zischer -, nichts reicht hin.

Nun seze man sich an die Quelle selbsten. Sieben Organlaute, und eine Welt vor Augen. Siebenmal sieben erste Wurzeln in Unform, und täglich neue Gegenstände -! Muste nicht der Anblik der Sache und der Gebärde des Tönenden bei dem Anhörer das beste thun?

Villeicht ist die Zeichnung so alt, als die Sprache, villeicht auch nicht. Der Zweifler verdient wenigstens keinen Zorn. Aber konnte sie besser sein, als die Sprachbedeutung? Die sichtbare Vorstellung, das Bild, der Stein, die Malerei, das Schnizwerk, muste mit dem Namen einerlei Gebrechen haben. Es muste so allgemein, so unbestimmt, so vieldeutig sein, daß ein jeder anderer, der nicht bei dem bedeutenden Innhalt gewesen, oder sich hat deuten und näher bestimmen lassen, sich nach eigener Vorstellung einen jeden andern Teil- Neben- und Unterbegriff draus bilden konnte. Starb die Deutung unter eben denselben -, oder in der Verwechslung des Plazes mit andern Völkern: so bekam das Bild, der Name des Helden u. s. w. andere, jüngere Personen, Sachen, Geschichten, die eben das bedeuteten, eben diesen Namen führten. Die Verwechslung und Verwirrung wuchs, wie ein Schneball, mit zunehmenden

menden Personen, Zeiten, Begebenheiten und Wissenschaften. Und Ovidische Verwandlungen, und priesterliche Geheimnisse stekten mit Vorsaz alles in einander; Untersucher machen jüngere Bedeutungen Einer Sache zu ältern, und den ersten; und so wird die Demmerung vollends dike Finsternis. Was Wunder so dann, wenn ein Pezronischer, Byzantischer Paroxismus; ein blos für seine Lieblingssprache eingenommener Grammaticus, ein Schwarm Lexicographen mit Becanischen Herleitungen –, wenn ein vorurteiliger Hieroglyphen- und Bildererklärer – bedachtsamere Gelehrten veranlaßt, alle Herleitungsgründe zu verwerffen, und um elender Auslegungen willen, alle Zierden heidnischer Tempel als Fratzen und Teufelslarven abzumalen.

Die älteste Menschen- das ist Sprach- und BilderGeschichte hat ihre Regeln und Vorerfordernissen, ohne die man sicher irre geht.

A.) Der Feler ist schon sehr alt, daß man aus der gebräuchlichsten Bedeutung eines Wurzelworts seiner Zeit auf den Sinn einer alten Urkunde schließt, mit Hindansezung oder Verwerfung anderer Bedeutungen, welche mit eben diesem Wort ausgedrukt worden sind. Es heist das, sagt man. Und es kan mit eben dem Rechte noch vieles andere heisen.

B.) Daß Menschen, natürliche Dinge, theoretische und moralische Wissenschaften und Geschichten mit einander verwechselt werden; und Personen mit Personen, die sich mit einerlei Eigenschaften und Thaten merkbar gemacht haben, und einerlei Namen führen. Denn was ist gewisser, als daß alle nachmalige eigene Namen im Grund und ursprünglich Appellativa oder gemeine Wörter sind?

C.) Ein Urwort und ein Bild sagen den völligen Begriff in seinem ganzen Umfang, mit allen Eigenschaften, Beschaffenheiten und Verhältnissen, intuitiv und ungeteilt. Da ist kein Unterschied unter dem gemeinen und der Gattung, dem Begriff und seinem Gegenstand, dem sittlichen und natürlichen, der That und dem Gethanen. Die Sache, die Handlung, der Thäter, das Werk und das Werkzeug, das activum und passivum, das relatum und correlatum – ist alles einerlei. Jezt kömmt ein Philosoph der neuen Welt, und findet im alten irrige Begriffe, Chaos, Pantheismus, und was er will.

D.) Es ist allen gepuzten, und in die Feinheit ihrer Sprache verliebten Völkern eigen, alte und fremde Wörter entweder durch volubile Zusäze oder Veränderungen zu schleifen, oder gar wegzulassen, und dafür eigene Wörter zu sezen, die ihrer Meinung nach gleichviel bedeuten; und nicht die Bilder selbst, sondern nur ihre, oft eingebildete Auslegungen zu geben. Das ist die gerechte Klage über die Griechen und Römer, deren ohne Zweifel schon die jüngern Egypter, Chaldäer, Phönicier – schuldig sind. So verdoppelt sie sich, weil wir auch dieser Urkunden meist blos durch der Griechen Hände haben. Die Klage über unsere alte Mönchen, welche die altTeutsche Urkunden lateinisch gemacht, oder in die Mundart ihrer Zeit abgeschrieben, sodann zerrissen, und das Teutsche mit dem lateinischen verhunzet haben.

E.) Die angehende Macht und Gelehrsamkeit eines Volks schäzt sichs zur Schande, Alter, Sitten, Religion und Urkunden, mit ihren Unterthanen oder Lehrlingen, Barbaren, Wilden, gemein zu haben. Andere sind von gestern her; Sie selbst von Saris und Aeonen, (eigenliebigen Bestimmungen unbestimmter Zeiten). Die Gottheit, die Geisterlehre, die Naturwissenschaft, die Erziehungen, die Sitten anderer, sind Teufel, Gewäsch, Dummheit und Unmenschlichkeit.

F.) Ein

F.) Ein für seine Nation eingenommener Geschichtschreiber vereinigt in seinem Stammvater, in seinem Volk, in seiner Geschichte, alles, was er von der alten Welt weiß, was von alten Geschichten, durch alte Lieder, Steine, Zeichnungen, Hieroglyphen - auf ihn gekommen, nach seiner oder derjenigen Phantasie, die sie ihm hinderlassen haben. So machts der Egypter, der Phönicier -, der Griech -, die Edda -. So machens unsere Gelehrten mit alten Geschichten, wo sich nur der geringste Schein einer Namensänlichkeit ereignet.

G.) Hochmut und Einfalt lassen die ältesten Geschichten alle in ihrem Land geschehen -, die ältesten Väter und Helden alle auf ihrem Boden gebohren sein. Noch können sich so manche nicht entbrechen, die Urkunden derjenigen Völker, die sie aufbewahren, auch in derselben Länder zu versezen, und, wie die Engl. Welthistorie, die Erzelung der Americaner von der Sündflutt für einen Beweis anzunemmen, daß das Wasser über America gegangen sei.

H.) Endlich mus man merken, daß alles graualte überhimmlisch, göttlich, anbettenswürdig sei. Wie alles ausserordentliche hoch, himmelauf, vom Himmel.

Sinnbilder, mehrere Bedeutungen Eines Worts, hyperbolische Ausdrüke durch Mund und Hand:

a.) Die Menschliche Gestalt ist der Eigenliebe die bedeutendste Vorstellung unsinnlicher höherer Kräfte, beliebter Eigenschaften; die auch durch Andichtung von Thiergestalten, und deren Menge durch Vervielfältigung der Glieder, bezeichnet werden.

b.) Das Ei ist Bild der Entstehung des lebendigen, Ursprung der Dinge, sinnlicher Anblik des Himmels und der Erde, Weltall. -

c.) Schlange, Drach, die grösten Thiere aus Eiern gebohren, sind Ursprung, Schöpfung, Schöpfer, Geschöpf C.). Als ungeheure Länge, die Zeit -. In sich Geschlungen, die Wiederbringung der Dinge, die Ewigkeit. Ihre Stärke, Gröse, Fruchtbarkeit - alle Stärke, Macht, Gottheit, Dämonen -.

d.) Die Schildkröte, aus dem Ei - mit ihrem Schild: Eben das, und Schuz, Bedekung, Heil -.

e.) Das Mutterschwein, das einzige gröste Thier, das viele Dutten hat, Bild, Sprache der Fruchtbarkeit, Gebärung, Mutter, Narung -.

f.) Der Hund, das nächst gröste Thier mit vielen Zizen; der Wächter, der Jäger, der Eilfertige - (Der Hahn, die Henne -)

g.) Der Ochs, gros, hoch, stark -, Macht, Gottheit, Dämon, Held -.

h.) Das Horn, Macht, Stärke, Held -; Zierde der Helden, die die Häute dieser, auch anderer Thierköpfe über ihre Häupter zogen -; und als Trinkgefässe: Ueberfluß, Gütigkeit und Freude.

i.) Der Fisch ist das Wasser, alles: Mensch, Held aus dem Wasser -.

Und unzälige andere Vorstellungen, womit die Wurzeln der Menschensprache so schön, oder noch schöner reden, als die Bilder.

Ist uns eine kurze Reise durch die alte Welt erlaubt?

Die Urkunden der ältesten redenden und bildenden Welt, die vom Ursprung des All handeln, gehen zuverläsig nicht über den Horizont, über den ersten Menschlichen Anblik, den grauen Dunstkreis, die Nacht oder das so genannte Chaos, hinaus. Offenbarungen von der eigentlichen

chen Schöpfung, dem sein aus nichts, und das Nachspüren der Unendlichkeit des All in Zeit und Raum, sind sicherlich Jartausende jünger, als eine starke Speise für nur männliche Geister. Die ältesten und erste Vorstellungen, als blose Muttermilch dagegen, sind der Mischung oder Sonderung der Natur mit und von der Gottheit weder schuldig noch unschuldig C.). Die richtigsten Begriffe, die sie haben konnten, hatten, oder nicht hatten, sind uns durch Sprachwurzeln und Bilder, die immer beides heisen, unerklärlich. Der und die Amida der Japaner, der und die Pussa der Chinesen, der und die Phthas - der Egypter, Zoroasters Mithras und Oromaz, Berosus und Orpheus Urlicht u. s. w. sind so gewis das Geschöpf, als der Schöpfer, die Ursache als die Würkung.

Z. B. „Das Bild des Schöpfers aller Dinge Amida zu Meaco steht in einem runden Wasserbehälter. Aus dem Wasser ragt eine Schildkröte. Aus deren Rüken steigt ein diker Baum auf. Auf dessen Spize sizt das Gözenbild, gekrönt, schwarz von Leib mit Wollenharen, gekleidet, trägt in 4. Händen einen Ring, eine Lilie, einen wassersprühenden Krug und einen Reichsstab„. Die Schildkröte d.) ist die Allmacht -. (Die Chinesen haben das Sinnbild eines Drachen mit einem Schildkrötenschild bedekt, unter dem Namen ihres Fe, Fo, Heilandes, Gottes, Vaters, §. CIX. der höchsten Gottheit, von den Braminen bekommen, welche sagen: die Welt stehe auf einem Drachen, so aus einer Schildkröte gebohren.) Die Macht und Güte Gottes trägt alle Dinge; sie hat die fruchtbare Erde, die Welt, aus dem Wasser erhoben. Der Baum ist das Bild der Besamung. Aus dem Samen steigt die schöne Natur. Schwarz ist den Japanern die Farbe der Freude. Ihre Güter sind der ewige Wechsel, der Segen der Erde und des Wassers, und das gesellschaftliche menschliche Leben. Und wenn im Gegenteil die Gemalin des Japanischen Königs Cub nicht zweifelt, Amida habe nach seiner unendlichen Güte ihren Tod beschlossen, daß sie um so früher zu himmlischen Freuden gelange; wenn sie vor dessen Altar hintritt, um Vergebung der Sünde bettet, und durch Handauflegen des Priesters die Absolution bekömmt: so wäre es unverantwortlich zu zweifeln, wen sie mit Amida meine.

Die Völker erzelen alle aus Einem Mund einerlei, nur iedes mit seinen Worten. Sanchuniathon (man bezweifle ihn, wie man wolle) ist der zuverlässigste und deutlichste. Nur hätte er nicht erklären sollen, und die Griechen hätten seine Namen sollen beibehalten. Manethons Ordnung ist dieselbige. Uebrige Egyptische Urkunden. Berosus, Zerdusht u. s. w. Alle fangen an von der

I. Nacht. Finster im All. Himmel und Erde unkenntlich auseinander. Ein flüssiges Ganze. Sanchun. „Anfang der Welt, die grose Geist- und Windvolle Finsternis. Ein trübes Chaos, gestalt und grenzenlos, undenklicher Zeit her dunkel„. Manethons „Ocean (turgens, messe CCXII.), Hephäst I. (CXXXVIII.) Vulcan I.„ (CXXXIX.). Wir wollen alle so oft und so verschieden vorkommende Namen numeriren, wie die gleichnamigen Könige der Erde, wie sie vorkommen, ohne Nachteil ihres Rangs, ihrer Zeit und Vollständigkeit. Dunkle, wallende, heise Masse „regirt 9000. Jar„. Egypt. Athor. Grich. Chaos -.

Sanchun. „Der Geist verliebte sich in seine eigene Principien. Es ward Mischung. Noch erkannte er seine eigene Schöpfung nicht. Aus dieser Mischung ward Mot

(Schleimm

(Schlamm LXXX. Zeugung LXXXIX.), aus dem alle Samen der Schöpfung kamen. Aus diesem Mot schienen Sonne und Sterne hervor. In dieser grosen Samenmasse schliefen noch die Zophasemim, mit Vernunft begabte Geschöpfe, in Eiform.„ Alle Weltgeschöpfe sind da, nur noch nicht sichtbar. Egypt. mout, mot, buto; dsom und dso - besamte Eimasse. „Wasser Urgrund des All -, woraus ein Drach mit einem Löwenhaupt; in der Mitte seines Körpers ist das Antliz Gottes, sie nennen ihn Hercules I. die Zeit„. Lebendige Kraft. Aelteste Urkunde. Aber wie viel geht hier nicht altes und junges, ursprüngliches und abgeleitetes - durcheinander.

II. Licht. Manethons Chamesen, Oceans Sohn, übersezt Helios, Sol. Ist es der Chemosch der Moabiter, Ammoniter -, schámásch, licht, auch Hize, Wärme (CXLVIII.). Egypt. Phanes, der erstgebohrne, der erste, lieblichste Gott des Weltalls. Griech. Eros -. Osiris I. und Isis I. die Sonne mit Scepter und Auge, der König des Himmels, der Sohn Phthas und Neitha -. Sanchun. „Vom Winde Kolpia und seinem Weibe Baau, (בהו, CXL, 2.) welches die Griechen Nacht übersezen, wurden Protogon und Aeon, און„.

Aus Nacht wird licht. Alle Geschöpfe werden sichtbar, entstehen.

Von nun an gehen einzele Urkunden ihre verschiedene Wege. Manethon fähet fort:

III. „Hammon I. übersezt Agathodämon I. Tritons, Königs in Libyen Sohn, vertreibt seinen Vorfahrer, den Chamesen.„ Ein gütiger Wind aus Westen, (Manethon spricht von seinem Egypten, G.) vertreibt die Hize, den Sohn der wallenden heisen Masse. Nun kommt .

IV. Bacchus I. Dionysius, Chronus I. Saturn I. sein Sohn„. Nahrung, Baumfrucht (CVII, 2.). Trokner, besamter, fruchtbarer Boden. Zeitmas. -

V. „Osiris, Serapis II. vom Bacchus als Kind aufgenommen„. Der Mensch. Und

VI. „Isis II. sein Weib, die Tochter Chamesens von Rhea I. vom Mercur, I. unterrichtet, bezwingt alle anliegende länder, auser Babylon u. s. w.„ Das menschliche Geschlecht, (יד und אב und עץ - sind Urwurzeln so alt als andere. Feldbau, Narung von Bäumen und Pflanzen.) mit seinem Brod, von der Wärme dem Vater, und der Erde der Mutter, entsprossen: In Zeitmas, Narung und Gewerb unterrichtet, hat sich (von Egypten aus) über die ganze Erde ausgebreitet; auser Babylon. Wie klug! konnten die Egypter ihrer Mutterstatt undankbar sein? Bis

VII. „Typhon, ein Ries, den Himmel bestürmt, und von Jupiter ersäuft wird„. arab. al Tufan, chald. דוב, hebr. ציף. זיב (CXCIV.). Die Sündflut.

Diß sind Manethons sieben Auriten (Oriten, CCXIII.) Götter H.) Zerdushts ormuzd und 6. amschaspands.

Anders: „Vulcan I. zeugte Saturn II. und seine Schwester Rhea (Himmel und Erde); die zeugten Osiris und Isis, und deren ward die Herrschaft der Welt„. Und diese sind eben so wol das Menschliche Geschlecht (II.), als Sonne und Mond (I.). Hiemit wären Sanchuniathons Protogon und Aeon, die erstgebohrnen des Menschlichen Geschlechts nach Cumberland, gegen das Herderische Urlicht und den Zeitbeginn, und alle Vorwürfe untereinander geworffener Widerholungen bereits gerettet.

Und

Und noch anders, und ganz anders:

I. Licht.

II. Himmelshöhe. III. Erdniedere.

IV. Sonne.

V. Geschöpfe { des Wassers / der Luft. } und VI. der Erde

VII. Sabbat.

Sieben uralte Abteilungen. Eine heilige Zal H). Abschnitt der Sache, der Zeit. 7. Wochentage, 7. Auriten, Urgötter, γραμματα und Töne, 7. Organlaute und Buchstaben, 7. hermetische Wissenschaften, 7. gewisse Völker, 7. Planeten — und was sonst noch? — in einen Glükstopf gethan und herausgezogen: was ist das erste, das andere, das lezte? Allegorie! wie jung ist sie?

Und nun die Bildung des ersten Menschen. Sanchun. „Protogon, Vater aller Götter, aus dem Ei gebohren, erstgebohrener der stierförmigen Zophasemim, und sein Weib און.„ „In einem Tempel zu Meaco stöst ein goldner Ochs auf ein Ei. Unter dem Ei und der steinigen Erde unter des Ochsen Hinderfüsen ist ein groser Wassertrog auf einem Fusgestell. Die Japaner erklärens: die Welt sei in ein Ei gehüllt gewesen, und auf dem Wasser geschwommen. Endlich habe der Mond Erde und Steine aus dem Grund hervorgezogen, auf welchem das Ei sizen geblieben. Der Ochs habe es aufgestosen; sein schnaubender Athem sei in Pou, d. i. eine Kürbse geflogen, woraus Pourang, d. i. der Mensch entstanden.„ Die Menschenwelt ein Ei. Ebb und Flut ein Werk des Monds. Der Ochs ein Sinnbild der Gottheit. Pou ist ein Blasen (CXXXVIII.). Zum Unglük heist dieses Wort in Japan eine Kürbse, wie alles Runde (CXXXVI.) A.). Berosus: „Im ersten Jar Morus ist Oannes, Oes, Evahanes, halb Fisch, halb Mensch, aus einem Ei gebohren, in Chaldäa aus dem roten Meer G.) gestiegen, und hat die Menschen unterrichtet„. Seiner Fischgestalt nach ist er dem Ostindischen Machautar, Japanischen Konon, dem im siebenden Geschlecht nach ihm aus dem roten Meer erschienenen Odacon, und dem Dagon der Phönicier - änlich. A. i.). אוזיה, און.

Die Grundbildung Adams ward geformt (ייצר) nach dem Sabbat, Gen. 2. Sie entwikelte sich durch zarte Teile der Erde, und bekam Leben. Inzwischen wuchs der Garten, in welchem der Mensch (שום) gesezt, hernachmals (לקח) gefasst, und endlich (נוח) hinterlassen worden. Er sah die Thierpare, und fülte seine Einsamkeit. Und seine Gattin war gebaut aus seiner Lende. Kan dis dem, der streng am Hexaemeron haftet, eine blose Erweiterung dessen sein, was am sechsten Tage mit dem ברא des Menschen vorgegangen?

Auf Manethons 7. AuritenGötter folgen zehen Mesthäer, Halbgötter. Und wie vielmal haben wir nicht die 10. Sethiten und die 8. Cainiten!

	I.	II.	III.	IV.	V.	VI.	VII.	VIII.	IX.	X.
Genesis:	Adam,	Seth,	Enos,	Kenan,	Mahalal.	Jared.	Enoch.	Methus.	Lamech,	Noah.
		Cain,	Hanoch,	Irad,	Mahuj.	Mathus.	Lamech,	Jabal,		
Manethon:	Orus,	Ares,	Anubis,	Hercules,	Apollo,	Ammon,	Tithoes,	Sosus,	Zeus,	Menes.
Berosus:	alOrus,	Alapar,	Amelon,	Amenon,	Metalar	Daos,	Evedor.	Anodaph	Ardates,	Xisuthr.
Sanchun.	Protogon	Genus,	Phos,	Cassius,	Memrum,	Agreus,	Chysor,	Technit.	Elijun,	Uran.
China, Ostek:	Fo hi.	Tienunn,	Limmuei,	Chim,	Min,	Y,	Ley,	Yu vam,	Hiuenyuen	Hoamti.
	,,	,,	Hoangti,	Tahong,	Chaen hiei	Co,	Chen	Yao	Xun	Yu
Mendoza:	Panzon,	Tanom,	Telenoom	Tunnoom	—					
Martini:	Puon cu,	Tienhoang	—							
	Cyzham,	Azalam,	Azion,	Usoo,	Hunjui,	Schirutei			Chon low	Biwi.

Und was sind die 3. Chines. kaiserliche Familien, die erste des Himmels, die andere der Erde, und die dritte der Menschen, anders, als etwa Manethons Dynastien der Götter, der Halbgötter und der Menschen, und die mancherlei Vorstellungen verschiedener Secten und Nachrichten von einerlei Geschichten?

I. Orus, al Orus (CCXIII.) übersezt Protogon. Tai Fo hi, magnus pater -, mit seinem Weibe Micua (niu, femina -). Nach Mendoza hat Tain (der im Himmel,) Erde, und Wasser, welche von Ewigkeit, geschieden, und aus nichts einen Mann und ein Weib gemacht, Panzon und Panzona. Puoncu, der erste Mensch, aus dem Chaos, dem Ei, entstanden. Alorus hat 10. Saros, (Zeitmase, deren iede die eitle Nachwelt zu 3600. Jar gemacht.) 10 mal 360. und 360. die Zal der Tage des Jahres.

Der erste Mensch.

II. Cain ein Akermann. Manethons Ares (CCVIII.), er heist auch Mars, I. (LXXXIV.). Panzon machte, nach der Macht, die ihm Tain gegeben, auch aus nichts, einen andern Menschen, Ta nom (magnus agricola), und noch 17. Söhne neben ihm. Er gab allen Geschöpfen ihre Namen, (worinn er mit seinem Vater verwechselt wird). Azalam lebte 900. Jar. Tin num (immortalis agricola), genannt meek, (me, frumentum, panis), der Erfinder des Akerbaues, im ersten Krieg auf dem Berge Fan vom Nachfolger erschlagen, (dunkle Nachricht vom ersten Todschlag). Alapar, Alaspar hat 3. Saros. Cain (§. II.) übersezt genus und genea.

Die erste Zeugung. Der Akerbau. Der Brudermord.

III. Enos, אנוש ist nur mit andern Punkten Anubis, (אנש, נוש, נוד, die Klage der umschwärmenden Naketen). Zur Zeit Amelon, Amillarus von 13. Saris, steigt das zweite Thier Annedotus, Oanni gleich, aus dem Meer. (נוד, נוד, Gen. 4, 16. Noth, der es villeicht abhelfen sollte?) Sanchuniathons Uebersezung Phos, Phur, Phlox, die Erfindung des Feurs, durch Reiben der Hölzer. Kan man denken, daß die Erfindung des Feurs bis auf die Enkel angestanden, durch welche der Noth und Zerstreuung abgeholfen worden, und um daßelbe Versammlungen entstanden? Cain hat seinem Hanoch (חנך, er hat erfunden, ist vorangegangegangen -) עיר, eine Versammlung (CLV.-) gebaut. Amelon hat man die Wal, sich von אסף, der Noth (XCIV, 2.) oder der Versammlung (LXXXIX.) herzuleiten. Telencom hat viele Bruder und 12. Söhne. Aylon, dessen Mutter Lutim heist, lebte 800. Jar. Hoang ti, Erfinder der Kleiderordnung, der Baukunst u. s. w. (das ist, Hülfe wider das Ungewitter,) fähret vom Kinsianischen Gebürg lebendig gen Himmel. (Eine offenbare Verwechslung der Personen gleiches Namens).

Nothdürftige Verwahrung und Bedekung des Leibes. Unterschlauf und Sammlung ums Feur. Die Erde hatte ihre überflüßige Hize verlohren.

IV. Kenan und Hercules II. Jrad (עירד). Sanchun. nennt die fürnemsten Berge seines Phöniciens G). Amenon (אמן, Gesellschaft? - LXXXIX.) mit 12. Saris. Tuuncom zeugt 9. Söhne, und mit andern eine Menge Nachkommen, die über 90000. Jar gewähret, (wenn man alle Nebenlinien auf einander sezt, E). Usao lehrt Häuser bauen von Bäumen, vor den wilden Thieren, auch Kleider machen. Xahong baut die ersten Städte und Wägen.

Bequemere Bedekungen und Versammlungen auf Anhöhen.

V. Mahalale El. Mechuia El. Metalar, Megalar mit 18. Saris. Apollo I. der Gott der Lieder. Memrum, Hypsuranius, baut Tyrus G.), erfindet Hütten von Binsen und Rohr, opfert zuerst dem Wind und Feur, heiligt zwen grobe Steine. Usous sein Bruder erfindet Kleider von Thierhäuten, und wagt sich auf einem abgehauenen Baum zuerst auf die See. (Er ist der chinesische Usao in That und Namen). Hunzui erfindet Feur, kochen (kaufen), und Knöpfe an Schnürlein. Chuen hioi macht den ersten Calender -.

Bequemlichkeiten machen Muth. Ursprung des Vorzugs, des Eigentums -, der Freuden, der Lieder, der Lobserhebungen.

VI. Jared (ירד, ירוד, ירוד). Mathusael. Ammon, Hammon II. Daos, Daonus mit 10. Saris, unter welchen 4. andere Thiere aus dem Meer gestiegen. Agreus und Halieus, villeicht mehr für den Krieg, als Jagd und Fischfang.

Vorzug gibt Neid und Hochmut; Gewalt und Widersezlichkeit.

VII. Enoch (חנך). Tithoes. Evedorach, Evedoreschus mit 18. Saris, unter welchen noch ein Thier Odagon aufsteigt. Der Macht übend' und leidende Lamech (מלך), mit zwei Weibern. So schön der Name der ersten ist, (עדה, CLVIII, 2.) so verdächtig, so wüst villeicht ist der Name der andern. Chysor, Hephäst II. Vulcan II. der nach seinem Tod Zevs michius, Jupiter diamichion genennt worden ist, sich in Worten, Segensprechen und Warsagen geübt, erstmals mit leichten Boten gesegelt, und Angel, Fischerneze und lokspeisen erfunden hat. Sein Bruder hat die erste Mauren von Stein gemacht. Y), (regere). Co erfand Music und Vielweiberei. Ochieutei führte den Ehestand ein, und spielte viele Instrumente, daher man glaubte, er sei vom Himmel gekommen.

Krieg, Wollust, Ueppigkeit sind Kinder der Ehre und Bequemlichkeit.

VIII. Methuschalach (mörderische Wafen). Sosus. Anodaphus, Amphis, Amempsinus. Thubal Cain; Jubal; Jabal; Naema. Technites und Geinus autochton (übermenschlich gebohren); Malachi und Epher. Cheu, Grausamkeit halber abgesezt.

Das Elend mehret sich durch Erfindung zum Schaden für Leben und Sitten.

IX. „Lamech. Ardates, Otiartes (ein allgemeiner asiatischer EhrenName). Elion, Hypsistus, mit seiner Gemalin Beruth (LIV.). Zevs Jupiter „. Er füret diese grose Namen, als Vater des ersten Menschen nach der Sündflutt, sonderlich bei Völkern, die höher auf nichts wissen. Sanchuniathons Agrus und Agrotis, Agroverus, Akerleute, die auch Aletä und Tytan heisen, welche eine Seule und einen Tempel mit etlichen Joch Ochsen herumgefüret, und mit ihren Söhnen Amynus und Magus Zauberer gewesen sind. Kinder Gottes, Vornehme -, Tyrannen, gewaltige leute. Ezonlom erfindet Arznei, Astrologie, Pflug und Karst -, und lebt 400. Jar. Zur Zeit Yao gieng die Sonne 10. Tag nicht unter, darüber sich viele Wälder entzündet, viel Ungezifer, und eine Ueberschwemmung eingefunden, die 13. Jarlang muste abgeleitet werden.

X. Den Mann, der im Schiff der allgemeinen Flutt entronnen, kennen noch fast alle Völker. Wenigstens wissen sie, daß die Welt aus Wasser entstanden. Die die vorherige Geschichte vergessen haben, verwechseln hier alle Noah mit Adam, die Flutt mit dem Chaos, seinen Vater mit dem Schöpfer.

Noah, Mühe und Arbeit. Xisuthrus verschwindet sobald nach der Flutt, und eine Stimme vom Himmel befiele, die zu Sippara vergrabene Schrift auszugraben, und Babylon wieder zu bauen G.). Der Indianische Sattia Warti steigt bei eintrettender Flutt auf einen Berg, und Whistnou verschafft ihm ein Schiff, worinn er 40. Millionen Selen und Urstoffe von Geschöpfen borgt, zur neuen Bevölkerung (Indiens G.). Die Geschichte der Copten aus persischen und arabischen Morgenländern zält, nach einer langen Reihe Gin, Könige vor Adam, von ihm an, 18. Könige bis zur Sündflutt, (die 2. Reihen 10. und 8. aufeinander E.). Phiraoun (פרעה. Φαραωθ, Φαρ, patriae (CXIV), πατ, pater (CCXVIII.) Der lezte, will den Buspredíger Noah vom König Darmasel getödet haben; sein Hoherpriester gibt Cham seine Tochter, und wird mit ihm in der Arche erhalten. Manethons Menes, der lezte Halbgott, und Vater der Menes Theniten, der Thiniten, eingebildeter Könige von This A); denn nach Herodot und den Aethiopiern ist Egypten zu Menes Zeit bis nach Theben noch mitten ein zusamenhangender Morast, und unten ein Meerbusen gewesen. Uran und sein Weib Ge oder Tyt, sind hier zuverläsig weder Himmel noch Erde, wol aber einerlei Ursprungs mit ὑρος (CCXIII.) und γεν, gignens, pariens, (CLVIII, 2.) und Tyt, mamma (CLXVIII, 2), domina (CLXXI, II.). Er heist Avtochthon und Epigens, als der erste Mensch, Mensch der Erde, Gen. 9, 20. Cölus, der Vater des Japetus der Griechen, und sein Weib Terra sind unzeitige Uebersezungen. Er wird auch mit Deucaleon verwechselt. Er ist der Ligurer Celten Janus, der nach Catons Fragment, von den Sacen Scythen, bei welchen das menschliche Geschlecht neu entstanden, mit den Celten nach Italien gekommen ist G.) Und Becans Indo-Scythica haben so unrecht nicht, wenn sie behaupten, Er sei Bacchus II. in Nysa, in Margiana am Paropamisus, und Hercules III. Der römische Saturn III. mit seinem Schiff -. Er ist der Germanen Mann, (den die Rugier wie den römischen Janus abgebildet haben), der Sohn Tuisko, des terra editus, (der Egypter Zevs, This, Θεος, Θεος, Avtochthon -), und hat 3. Söhne. Villeicht auch der Donn-Scythen Targitaus, der Sohn Jupiters und (des Flusses) Danapris, mit 3. Söhnen;

Tausend

Tausend Jar vor Darius ist eine unbestimmte lange Zeit. Der Gallier Man, Ac Mon, Wassermann, der Sohn Dis, Doeas, Dhew. Der Phrygier Nannacus, der 300. Jar gelebt, so lang als Noah nach der Flutt. Eine Urkunde aus dem glüklichen Arabien: „Ad, der Sohn Aws, des Sohns Almataca, des Sohns Sata, habe sich in Hadramaut (Adrama) gesezt. Sein Sohn Sheddad, Saddad, sei der erste Fürst daselbst gewesen, habe einen Garten in Aden, Jrem (Aram) genennt, und ein Haus von Edelsteinen gebaut, und sei drüber vom Wetter erschlagen worden. Seine viele Nachfolger haben sich zur Abgötterei gewendet. Der Prophet Hud habe sie gewarnt. Worauf sie, nach einigen, auf eine 3. järige Dürre vom Wetter erschlagen worden; nach andern, durch einen 7. nacht- und 8. taglangen heisen Wind erstikt; bis auf ihren frommen König Lokman, der vorher nach Mecca geflüchtet, und 7. Adlersalter oder 600. Jar gelebt. Die wenigen, die mit ihm entkommen, seien in Meerkazen verwandelt worden; Stadt und Garten aber noch unsichtbar vorhanden„. Es scheint, sie werffen dreierlei Geschichten durcheinander. Erstlich Ad, Vater Adam, mit seinem Sohn Saddad, Seth, und dem Garten Eden. Hernach Sata, Seth; Almataca (Enos); Aws (Kenan), und Ad (Mahal.), der fünfte von Adam, (wie Kraus auch der fünfte von Adam mit 78. Selen nach Egypten gereist ist -), ein Stammvater der Araber vor der Sündflutt. Bis auf Lokman (Noah), ein kluger, gerechter Mann -. Endlich drittens die jüngere Geschichte: Ad, der Sohn Aws (Uz), des Sohns Aram, des Sohns Sem, dessen Stamm von Hud (Prophet Eber) gewarnt, und zu Grund gerichtet worden. Man allegorisirt mit Geschichten, wie mit Bildern.

Nach Mendoza sind die Nachkommen des Tauncom von Tain ausgerottet worden, wegen der Schmache, daß sie ihm, für so viele Künste, die er sie gelehrt, ungehorsam gewesen sind. Er lies den Himmel fallen, und machte einen andern Menschen, Lozizam, (Loxiram). Lozizam hatte zwei Hörner von lieblichem Geruch, daraus Manns- und Weibspersonen worden, von denen die jezige Welt herkommt. Er selbst ist verschwunden. Vitei, Ezonloms Sohn, ist der erste König in China G), dessen Nachkommen einander im Regiment gefolgt sind. Puonen ist mit seinem Weibe einer allgemeinen Ueberschwemmung entkommen, Engl. Weltgesch. Die Chinesische Regentengeschichte leugnet die Sündflutt Noah nicht, nach der Aussage eines Arabers im Anfang des neunten Jarhunderts, aber sie soll nicht einmal bis nach Indien gegangen sein. Wir wissen, daß ihre zuverlässige Nachrichten so alt nicht sind. Unter Xun, dem Nachfolger des Yao, bricht die See durch die Dämme, und mit ihm geht eine Dynastie, oder nach ihrer Erzelung das Waldkönigreich, zu Ende. Yn fängt die erste Geschlechtsfolge an. Es scheint in ihm, und dem vorherigen Yao mit dessen Brüdern Hi und Ho eine verwirrte Geschichte Noah und seiner Söhne zu liegen. Freilich hätten diese 3. Brüder nöthig gehabt, den Calender zu verbessern, wenn der Himmel, nach Plato, zum zweitenmal einen andern lauf genommen hätte; wenn mit dem erstenmal, durch die Bewegung um die Achse, im grösten Cirkel der Taurische Ring um die Erde -; und mit dem zweitenmal, durch einen Stos von Süden, die auf den, aus dem Aequator gerukten Ring, perpendiculär stosenden Gebürge, seine Unterbrechungen, und die südlichen landspizen und Meerbusen erst entstanden wären. Sie können aber auch, mit den Versteinerungen, und vielfachen lagen oder Schichten der Urgebürge unendlich älter sein.

Es steckt irgendwo in einem Wort, (es sei Gen. 9, 22. [illegible], [illegible], [illegible], was es wolle), eine Zweideutigkeit, daß Sanchuniathon sagen kan, Uran sei von Chronus seinem Sohn verschnidten worden. A).

Noah hat allenthalben drei Söhne.

Japhet der erste. יפת, [illegible], פתן, [illegible], [illegible], heisen im Grund alle, ausgebreitet, wovon Neptun, Pontus, Posidon, nur Varianten sind. Wie alt ist nicht die Metapher: ausgebreitet, und am und im Meer ausgebreitet; Nereus, Meergott, Pontus, Meer. Auser etlichen unbekanden länderNamen der Genesis -, weiß die OrientGeschichte nichts von ihm.

Sem, Sanchuniathons Sydyk, mit 8. Söhnen. Pluto. Er ist, die Cabyren, besonders den Aesculap, und Arphachsads Linie ausgenommen, eben so unbekand.

I.) Ham füllt die ganze Geschichte. Er hat bei Sanchuniathon alles gethan, F.) Er hat alle Ehrentitel: Ilus, אל, על; Baal, Bel, Misor, Moloch (Milcon), Ammon III. Chronus II. Alle Urkunden sind Ammonisch, sind sein und seiner Kinder. Er ist den Sabäern „der Erfinder der bösen Künste, Magie, Astrologie, Talismane und Gözenbildung„. Ein toller Kopf. Er hat 5. Schwestern zu Weibern: Astarte (Asthoreth), Rhea (Herrin), Dione (Venus) -; und viele Töchtern: 7. Titaniden, Dione (Baaltis), Proserpine, Athenä - H.); und 6. Söhne:

Chus, Chum; Adod; Thot, Thaaut, griech. Hermes, Mercur II; der Egyptische zweite König Athotes. Chronus hat Egypten dem Thaaut gegeben, G). Eine Ehre, die Sanchuniathon den Egyptern läßt. Sind doch die Aethiopier als Väter der Egypter, mit den Arabern und Chaldäern, würkliche Chusiten.

Mizraim, Sanchuniathons Chronus III. Der Morgenländer Bansar, des Hohenpriesters Enkel. Ist doch Mizraim ein dualis, und das einsilbig Coptische vom zweisilbig Aethiopischen verschieden; zweierlei Völker in Einem land.

Phut. Sanchun[s]. Zevs Belus; Und ohne Zweifel auch der sechste Apollo II. Pythius. Und Canaan, Cnah, Pun.

II.) Thot, Thaaut, Theut, Gott, Denkmal, Denkmalstifter, und zugleich bestimmte Person, vergöttert, Altertum H.) „Er ahmte das Bild Uranus nach, er zeichnete den Chronus, Dagon und andere, heilige Charactere. Er gab dem Chronus 4. Augen und 4. Flügel. Er übergab den Söhnen Sydyks, den 7. Cabiren, die heilige Schrift für die Nachwelt. Sie kam in die Hände der Hierophanten; bei diesen war sie unter Allegorien verkleidet, (deren Innhalt Natur- und Weltideen waren): so erhielt sie sich in Bewunderung und Erstaunen der Sterblichen zur Nachwelt, und kam auf künftige Geschlechter und Eingeweihte, deren einer, Isiris, die 3. Buchstaben erfand, und Bruder des Chna war, des ersten Phöniciers„. „Und Tabion, der erste Phönicische Priester, der die Denkmale in Sinnbilder brachte„. Den Egyptern hat Er, als Erfinder, alles gethan, wie sein Vater alles, als Held, F.); Sein sind die 7. Grammata, 7. Buchstaben, Zalen, Meßkunst, Astronomie, Music, Natur- und Götterlehre. Was gehört nach Sanchuniathons Worten Thaaut der Person? Noch nicht Allegorie, noch nicht Buchstaben -; nur Abzeichnung, intuitives Bild. So malten noch die Mexicaner ihrem Motezuma die landung der Spanier. So malen noch viele Völker, Goguet I, p. 171. —

Thier,

Thierhäute über Kopf und Schultern -. Fürchterliche Namen, Löwenmuth, Ochsengröse, Adlerflug -, Baumhöhe -. Jupiter mit Bliz und Schaft. Juno schön wie ein Pfau. Osiris ein Ochs. Oannes ein Fisch. Hercules ein Löw -. Mars wird ein Wolf, Pluto ein Stier - zugeschrieben -. Bacchus wird von Tygern, Löwen oder Luchsen, Neptun von Tritonen auf einer Muschel, Venus von Schwanen, Tauben, Sperlingen, gezogen -. Alte und neue Helden ohne Unterschied. Man hatte kein ander Mittel, die Begebenheiten, die Natur der Dinge, die Künste und Wissenschaften zu bezeichnen. Die Sache, die Sprache gaben die Zeichen selbsten. Die Luft Hephäst. III. (vesta maior, Cölus Weib), eine Trommel; der Donner ein Hammer -. Das Feur Hephäst IV. (vesta minor, der Vestalinen -), rein wie der Himmel; das irdische, Vulcan III. mit Cyclopen. Die Zeit Chronus III. Saturn IV. des Cölus und der ältern Vesta oder Terra Sohn, der seine Kinder frißt; Eine Schlange, ihren Schwanz im Mund. Der Erde Rhea (LXE., 3.), Ops (CCVIII. -), Kybele, Scheschach (mit getürmter Krone und einem Blumenkleid) -, und der Keres waren ein trächtig Schwein c.) heilig, dergleichen die reinlichsten Egypter am Bacchusfeste opferten. Das Bohnengeheimnis; Bacchus III. ist die ganze Narung; mit Mänaden - und ein geiler Bok gehn auf die Trunkenheit. Serapis III. Fruchtmas, und der schwarze Ochs - (der Acker). Die Aufnam des menschlichen Geschlechts bezeichnete Juno; Dione (diva genitalis), Lukina - ; Venus aus dem Meerschaum, auf der Austerschale. Mercur III. (XC.) Sage, Ruhm; und (LXXXII.) Grenze, Handel, Wage -. Aesculap Schlange, Hahn. Der bald wiederkehrende Krieg: Apollo III; Pallas, Athene; Mars II. (XC. XCII.), von Juno (dem Ueberfluß) ohne Mann gebohren, sein Bild ein Specht, (CXII, 2); Bellona. Victoria. Fama -. Der Himmel (Schaupl. der Natur IV. 334.). Sonne, Chemosch, Bel samen, Nebo, Moloch, Sol, Phöbus, Apollo IV. mit Stralen um den Kopf, und, mit Mithras, von Pferden gezogen. Mond, Diana, Hecate, Isis III. Astarte -

Zu welchem allem Theut den ersten Fingerzeig gegeben. Wie sparsam und wie roh, ist leicht zu denken.

III. Nimrod ist Thaauts Sohn oder Bruders Sohn. Chus hat ihn gezeuget. Und Seba (CLXXXVII.) ist Chus erster Sohn. (Der Sabäismus darf feinen, und der Weisheit Vater so gar hoch auf nicht suchen). Er entzieht sich der hausväterlichen Regierungsart und Sitte. Väterliche Erfindungen gewinnen ein bürgerliches Ansehen. Sie verbinden sich mit noch ältern Cärimonien und Festen. Die festliche Wiederholung gibt ihnen von nun an die Gestalt und Stärke der Religion, und verknüpft sie mit der uralten Verehrung Gottes. Die bürgerliche Verfassung zieht Gottesdienst, Künste, Wissenschaften in Städte, und legt den Grund zu Gebäuden, die ihnen allein gewidmet werden. Noch auf diesen Tag ist es bei der Regentenreligion in China gewönlich, öffentliche Woltäter - mit Tempel und Rauchwerk zu verewigen, blos zum dankbaren Angedenken, ohne göttliche Verehrung. Tempel erforderten eigene Menschen von besonderer Wal, in denen sich der Dichter, der Sänger, Prophet, Priester und Warsager, der Gelehrte, der Arzt, der Künstler vereinigte. Durch beides musten sich die Cärimonien sogleich mit dem Ursprung häufen. Und dadurch trennten sie sich gewissermasen von bürgerlichen Geschäften.

Die Unterhaltung eines ewigen Feurs; der Weihrauch; das Oel -; die heiligen Gefässe; die Farbe und Gestalt der Kleider -; das Verbrechen, etwas verstümmeltes und misgemachtes zum Opfer darzubringen; die Enthaltung vom Beischlaf und Anrührung der Toden; die Entfernung verschuldeter leute, unreiner Weiber und neugebohrner Kinder vom Tempel und Altar -; Auch die bildliche Vorstellungen und Bedeutungen - haben bei allen Nachkommen der teilnemmenden Väter, den Egyptern, Chaldäern, Syrern, Phöniciern, Ostindiern -, und ihren Pflanzvölkern bis in China, Japan - und den äusersten Norden; desgleichen in Griechenland, Italien, und vom heidnischen hernach auch dem Christlichen Italien, bis zu den Druyden des andern äusersten Nordens, und in die entferntesten Atlantische Gegenden -, eine so wunderbare Uebereinstimmung willkürlicher Gebräuche, daß sie ohne einen solchen hohen gemeinschaftlichen Ursprung nicht begreiflich ist. Die Alten beschreiben die Opfer, die Schaubrode, die Kleider und Glocken, die Enthaltung, das Jungfernheuraten - der Gymnosophisten oder Brachmannen, und ihren Vorzug, allein ins innere des Tempels zu gehen -, wie die Jüdischen Hohepriester (Beitr. zur pract. Relig. III. 440.). Und die neuern beschreiben die Braminen, Grepos, Oscianos und Bonzas - wie die Gymnosophisten.

Die Achtung, die Reinigkeit, die Enthaltung eines Flamens von ungekochtem Fleisch, Bohnen, gesäurtem Teig -, von Toden; die Opfergebräuche: die Enthaltung von Weibern, das Waschen, die Infuln -; die Untadelhaftigkeit, die Bekränung, die Weihe - des Opferviehes; das Weinkosten, die Besprengung des Altars, der Weihrauch, die Popen, das Verbrennen oder Abteilen und Essen des Opfers - bei den Römern, sind ebendieselbigen, welche die Griechen, und der Griechen dieselbigen, welche sie die Phönicier - gelehrt haben. Vasco de Gama fand (1498) in einem Tempel zu Calecut eine solche Aenlichkeit der Priester, Bilder, Bildseulen, Weihwasser -, daß er sich zu Haus zu sein bedunkte, und mit nöthigem Vorbehalt, vor den Bildern niederfiel. Der Grund zu dieser Gemeinschaft im Ganzen mus gelegt worden sein, noch ehe es Egypter, Phönicier, Indier -, ehe es Mager, Gymnosophisten, Druyden - gegeben hat. Hier ist die Quelle.

Inzwischen war diese lage der Sachen von groser Bedenklichkeit. Die Bildervorstellungen hatten ihre Gebrechen. Ihre Vieldeutigkeit muste die Nachkommen verwirren, deren Priestern es anlag, heilige Geheimnisse draus zu machen. Ja sie sezten die Nachwelt offenbaren Gefahren aus, Wissenschaften des Himmels und der Erde, sichtbare und unsichtbare Kräfte, Gott, Dämonen und die Menschen, Menschen und Menschen - alles durcheinander zu vermengen; und aus höchstverschiedenen Verehrungen eine und ebendieselbige zu machen. Man sah voraus, die Nachkommenschaft würde sich nicht entbrechen können, die verborgenen Urwarheiten näher zu beleuchten, und in Abgründe zu verfallen. Das ist das Schiksal aller symbolischen Bekentnisse. Man quetscht den Buchstaben, daß Unsinn herausquillt. Man klebt an den Bildern, und alles Wesen geht verlohren. Die Nachkommenschaft würde sie mitnemmen, und es dürfte weiter keine andere Gemeinschaft dazu gehören, als die menschliche Sinnlichkeit, um sich insgesamt die einzige Gottheit als eine unendliche lichtmaterie; die Elemente, den Himmel, die Zeit, die Nahrung -, die Wissenschaften - mit ihren einzelen Teilen, unter ihren Bildern, als Götter vorzustellen; und den unsichtbaren Kräften, guten und bösen, als Vorstehern von Erd- und Himmelsstrichen; ingleichen ausgeflogenen Selen, gleiche Ehre der Opfer - anzuthun.

thun. Der Pöbel würde die Metaphern – im eigentlichen Verstande nemmen, die Schlange, den Ochsen – für Gottheiten halten, und würklich glauben, Saturn sei ein Liebhaber von Menschenfleisch, Moloch von Kinderasche, Venus von Unzucht, Bacchus von Trunkenheit – Berechtiger aller Laster. – Die ganze belebte Natur sei Gottheit –. Der Erfolg stimmte überein. Jede Nation machte sich von ersagten Säzen und Bildnissen ihre eigene Erklärung, und war sinnreich genug, zu beiden immer hinzuzuthun, und sich endlich von andern durch eigne Sitten, wie durch ihre eigene Sprache, abzusondern.

IV. Ninus, der Sohn Bel, ist schon König. (So warscheinlich auch das meiste einem zwölfhundert Jar jüngern Belesus, Ninyas und Semiramis gehören mag.) Die Völker sind abgesondert, viele Staten sind errichtet. Creter Titanen schweifen nach Griechenland. Unter Catechos, dem zweiten König der zweiten Thiniten-Dynastie soll schon Apis im Ochsen zu Memphis, und Menes in Heliopolis vergöttert worden sein. Abraham geht im Eifer aus. – Alles im dritten Jarhundert nach der Flutt. Noah lebte noch. Was konnte er zu allen diesen Grundlagen gesprochen haben? Aber er (Xisuthrus, Lozizam) war den Bilderformern verschwunden. Die meisten Semiten, alle Japhetiten (die Hellenischeigene Nachrichten von Urans Titanenfamilie, besonders Japetus mit Asia, seinem Sohn Prometheus –, und Enkel Deucalion u. s. w. ausgenommen), sind in der Geschichte tod. Herodot suchte die frommen glüklichen Hyperboreer, die übermenschliche Jare erlebt, und von keinem Streit u. s. w. gewust haben –, noch zu seiner Zeit. Lange holte man Weisheit im stillen Scythenlande; und von da aus gieng ein Städt- und Bildersturm bis ans Teutsche Meer. — Schon Ninus führt einen Krieg mit einem bactrischen Zerdusht, (Oxyartes). — Die noch in der Völkerclassification unberichtigte Gegend zwischen dem Caspischen und Schwarzen Meer, ist von jeher zugleich die Schiedwand und der Zankapfel aller Monarchien gewesen, an denen seit der Assyrischen, die Persisch und Griechische, die Parthopersisch und Römische, die Griechisch und Arabische, und die Persisch und Türkische Macht, sich begrenzt und gestosen haben.

„Es geschah, daß sie zogen„, Gen. XI, 2. Wer? Ists nicht die erste grose Trennung? — „Der Turnbau, ein Name, ein Zeichen, damit wir nicht zerstreut werden, V. 4. Ein Tumult, keiner (שמע, §. XCI.) hört den andern mehr„. Wer? die zweite kleine Trennung? Sieben Völker, Südorientalische Dialecte, unter tausenderlei nachmaligen Sprachen, die vor weniger als 300. Jaren noch auf einem Haus beruhten.

Jezt gehn sie auseinander. Allenthalben entstehen Hierophanten –. Egypten bekömmt darinn den Vorzug. „Aus den im Seriadischen Lande gelegenen Seulen hieroglyphisch im heiligen Dialect characterisirt von Thot, dem ersten Hermes. Gedolmetscht nach der Flutt (Noah? Prometheus Egyptischen? Ogyges, Deucalions Griechischen?) aus dem heiligen Dialect in die griechische Sprache. In Bücher niedergelegt von Agathodämons Sohn (einem Egyptischen Genie), dem zweiten Hermes, Vater des That. Und nun in den Geheimnissen der Priester vom Oberpriester (Manethon dem Ptolemäer) gebraucht„, bleibt Warheit unverrukt.

Diese Völker handeln, herrschen, und besteken die ganze Welt. Wie artig wäre es, mit den Urwurzeln ihnen dahin nachzufolgen?

Wir kehren zu unsern Wurzelwörtern, die wir ordnen und auseinanderschichten.

I. Ursprung, Kindheit der Sprache. Der Mensch.

1.) Ursprung der Sprache.

Ein ungeschlachter Vocallaut aus vollem Hals, der dem Menschen so natürliche, mechanische Schrei bei dem Schrecken, dem Vater der Verwunderung und des Schmerzens, §. 203. (219), ist noch der erste laut des Menschen beim Anblik und der Empfindung des unerwarteten. Immer mus er sein erster laut beim erstmals bewusten Gefül der Natur sein, und gewesen sein. Alles wundersame ist O; A! §. 203. aller Stillstand, §. 221, 3. [illegible], A! Das Erstaunen über jeden Teil der Natur, Erde §. 208. Wasser §. 204. Höhe §. 210, 2. Menge §. 212. alles ist A. Sein Anbliken, seine Sinne, Augen und Ohren sind A, O, §. 214. Sein Gefallen, das Dasein seiner und der Dinge §. 216. sein Affect, §. 215. und die Verwunderung selbsten, sehr §. 210, 1. Der Mensch begreift die lebende Bewegung schon unter der Natur überhaupt im Vocal; O, A, ein Ding, ein leben. Es müste ihm ein auserordentlicher Anblik gewesen sein, etwas lebendiges aus einem unbeweglichen leblosen Ding hervorkommen zu sehen, wenn der Germanische Begriff und laut O! Oi, Ei! wunderbar und das Ei, ovo und ovum, Ov - ein Originallaut wäre.

Auf die Bewegung, die den ersten laut ausgepreßt hat, folgt eine andere, eben so mechanische. Stöst dem Menschen etwas auf, das sich von Ort zu Ort bewegt: so sezt er sich in Verfassung, und haucht und bläst es an. Das was in und ausser ihm vorgehe, ist weben (Spiration), nach Masgab der Hefftigkeit in Graden, teils h, gh, th, teils w, p, ph. Er bedeutet damit etwas auser ihm, §. 141. 103. sonderlich einen beweglichen Gegenstand in der Natur, §. 149. 138-. 120-. Und seine eigene leibs- §. 157. 120. und Gemüthsbewegung, §. 145. 107. Sein Verlangen oder Abscheu §. 147. 115-117. sonderlich seine Begierde, §. 155. 115. auch die Art, sich mit dem Gegenstand zu vereinigen, §. 158. 108. ihn zu erhaschen, §. 153. 171. 122. und mit ihm nach Gefallen umzugehen, §. 151-. 171- 123-.

Diese Bewegung reißt gleichsam seine Zunge los, die sich zitternd aufwärts an den Gaumen krümmt. Nun ist er nach Graden um zwen Töne reicher, welche Eines Ursprungs, und vermittelst der Zähne nur Abänderungen sind. L und R beurteilen den Gegenstand, und bezeichnen Gefallen oder Abscheu, Haß oder liebe, und allervorderst alles, was der Mensch in der Natur dieser flatternden und rasselnden Bewegung seiner Zunge änlich findet. L das angenehme §. 31. für Gemüth §. 32- und leib §. 34- in ihm; das unangenehme an wüsten, so lebendigen §. 38- als leblosen Dingen §. 36-. Die Bewegung, das leichte §. 26. der luft, des Wassers und des lichts §. 27. und die Zunge §. 22-. R rasselt, um des Menschen fröliche §. 52. verdrießliche §. 48. und zornige Bewegung §. 45. und seinen - §. 56. und jeden andern laut §. 63. und alle Regung §. 67- und Bewegung §. 71- auszudruken.

2.) Die Narung.

Von nun an gehe alles durch Metaphern, teils wie sie mit dem ersten Begriff von selbst verbunden sind, teils wie sie die Einbildung gar natürlich zusamen füge.

A, die Erde, heist ihm alles, was den Hunger stillt, §. 208.

M, ist der laut und die Bewegung des Mundes, wenn er ißt, §. 79.

M,

N, der Schnabel §. 95. der Thiere Mund, mit seiner Verrichtung, Schall §. 97. und Essen §. 98. Der Mensch änlicht ihm seine Nase, welche diesen laut hervorbringt, und alles, was sonst mit der Nase und dem Schnabel verglichen werden kan, §. 96.

K, der Guttural, das loch des Mundes §. 3.

S, das Zischen des Zahns, und eines rauschenden Wassers, §. 183. Dieser laut ist die einzige erste einfache Nachahmung der Natur. Und die drei lezern sind die ersten Metaphern des Menschen von der lezten Gattung.

3.) Die Bedekung, Wohnung.

U, der verdumpfene Vocal, schwer gezogen, klagt den Schmerzen §. 219. Der Mensch schliest seinen Mund, und schnaubt Unwillen; der Nasenlaut klagt und verabscheut oder verneint allenthalben, wo Menschen sind. Die meisten Ableitungen gehen auf die widrigen Empfindungen der Nacht und Witterung §. 220. Er drukt zugleich Ideen aus von: darunter, hinein, heraus, einen Unterstand, eine Bedekung, Tiefe, Höle, §. 222.

K, ein loch, ist ein Begriff für alles, was zur Bedekung dient. Ursprünglich eine Höle, Kluft, die leden Ein- und Abschnitt, die Bedekung, die Verbergung, die Finsternis, und den Klang in sich schliest, §. 1. —

4.) Die Gesellschaft.

U, §. 219. u, אוּ, Chinesisch uu, noo; o, אוֹ, a! vornemlich ach, אח! der Schmerzen, ist auch der laut, der die Einsamkeit beklagt. (Von nun an sind alle Wurzeln, die keine besondere landschaft, als: chin. (chinesisch), grönl. (grönländisch) u. s. w. vor sich stehen -, und keine Buchstaben ihrer Sprache haben, wie hebräisch, griechisch, allesamt germanisch. Also:) u, o, a, sine, chin. ui, אח, ach, allein, verlassen.

Der Mensch verengt seinen Mund, und zieht die Spizen desselben lächelnd zurük in e, i; und gibt seinem fühlbaren a einen besondern Ton und Geberde, beim lieben Anblik von seines gleichen, §. 216. Er schäzt sie von gleichem Werthe mit sich selbsten: i, iemand, ich; e, a, iemand, das Wesen, e, Band, ein schmeichelndes ei. Er hält sie von gleicher Nothwendigkeit mit seiner Narung: M, Essen und Gesellschaft ist ihm eins, §. 79. Gh ist Versammlung, gierige freudige Hastigkeit §. 158. W ist leben, §. 107. und beisamen §. 108.

Diß sind die ersten Laute alle, welche den Menschen die Natur seiner Organe lehrt, und aus welchen alle menschliche Rede entstanden ist. Ein Schrei der Verwunderung beim Anblik der Natur und seiner Narung; ein Anweben des Beweglichen, und das Wallen seiner Zunge bei demselben; das Zischen des Zahns und Wassers; die Spize der Nase; das Dampfen; die Höle; das Weh; und die Freude der erworbenen Gesellschaft, sind die ganze ursprüngliche Summe der symbolischen Begriffe, und die erste Sprache, eigentlich der Grundstoff zur Sprache des Menschen.

II. Das Knabenalter der Sprache. Die Familie.

1.) Die Sprache.

Der heftige Ausbruch des Affects bringt immer auch andere Organe, und durch verschiedene Wiederholung, verschiedene Organe, mit iedem Organlaut mechanisch in Bewegung.

Zum Beispiel und besonders durchaus mit dem Vocal: die Lippen: ua, wa, wie allen vollen Mäulern und gewaltsamen Schreiern widerfähret. Er holt den laut aus der Kele, und dieselbe schallet mit, gha, wie es ungefär der Alemann machte, von dems der Schweizer behalten hat. Der Hebräer ist an solchen Vorschlägen ganz besonders reich. Und der Hottentott machts so arg, daß dieser Gluksen und ein Wort einen sehr seltsamen Klang zusamen machen. Es kündigt den kommenden laut auch bisweilen ein Schnauben, nA. Man darf nur grobe Baurenstimmen hören anfangen zu singen; NAN, NN! §. 219. Es geschicht auch in der Heftigkeit, daß seine Zunge an die Zähne fährt, und er den laut halb oder ganz anzischt, ta, sa. Ein ungeheurer und ungewohnter Mund zieht sich wieder zusamen, ehe er mit dem laut noch fertig ist, ow, ob, of. Oder läßt die Kele noch einen Nachklang hören, oh, ogh. Auch die Nase gibt ihren Ton wieder am Ende on, oder ie nachdem der Mund sich schliest, om. Der geschlossene Mund, der den Ton abbricht, und den Rest der luft damit aus der Nase gehen läßt, ist die Mechanie, mit welcher m und n, nach einer allgemeinen Uebereinstimmung durch alle Welt, von China an durch den Orient und Europa- bis in America, hierinn am Ende verwechselt werden. Auch ie nachdem die Zunge an die Zähne stöst, ot, os; oder sich sonst in eine Schlange legt, ol, or.

Jezt fieng eine Art von Sprache an. Es sezten sich laute zusamen, und es unterscheideten sich die Bedeutenden von ihren Mitgehülfen; von b, gh, t.s, und n von vornen, die dem laut herausgeholfen; von b, t.s, n, gh, l, r von hinden, die ihm nachgetönt, wie es etwa das ungefähre Schiksal gab; mit welchen der laut anfieng und zur Ruhe gieng, ohne alle besondere, oder unter sich verschiedene Bedeutung. Man kan sagen, daß die 7. mal 7. mögliche Laute, mit ihren Abänderungen oder vielmehr mit ihrer Unbestimmtheit, gleichsam alle zumal entstanden seien. Es hat wenigstens ieder mit dem andern gleiches Recht. O ist der wundernde Vocal, er erscheine als wO, ghO, oder tO-, als Ow, Ot.s, On, Oh, Ol oder Or. R poltert, es komme in der Gestalt eines wR, gR-, oder Rv, Rt.s, Rn.m, Rh, Rl oder Rr. M ißt mit Mw, Mt. Mn, Mh, Ml, Mr, u. s. w.

Die Erhebung des Bedeutenden über seinen Gehülfen verursachte eine Ungleichheit in der Stimme. Der Bedeutende hatte den höchsten Ton.

Es ist schwer, sich von diesem Anfang einer Sprache einen Begriff zu machen, in welcher gemeiniglich zweierlei Töne waren, und bei Spiralen und Consonanten der Ministerialvocal entweder gar nicht merklich, oder wenigstens von keiner Bedeutung sein konnte; weil wir jezt nur gewohnt sind, bestimmte Vocale auszusprechen, und unschreibbare Schälle als pöbelhaft und thierisch von der Sprache gleichsam auszuschliesen. Villeicht hat die Sprache der Jameos etwas änliches. Sie haben, wie die NeuEngelländer, Wörter, die man kaum mit 10. Silben schreiben kan, und die doch von ihnen, wie es scheint, mit 3. oder 4. Silben ausgesprochen werden, so daß man fast keinen selbstlautenden Buchstaben hören kan. Condaminens Reise in das innerste von Südamerica. Diß ist ein so wesentlicher Grundsaz der Sprache, daß man noch bis diese Stunde ohne denselben, oder bei Verkennung des unwesentlichen Dienstvocals, mehrere sonst sich vollkommen gleiche Wörter, nur daß sie, nach dem Südorientalischen zu reden, verschieden punctirt sind, in den allernächsten Dialecten von einander trennen müste. „Wir müsen uns ihre Rede als abgebrochen, ungleich und stürmisch vorstellen, sagt die vortreffliche

Unter-

Untersuchung des lebens und der Schriften Homers (Hamb. Magaz. XIII, 59), die Silben oder der Ton konnten nicht gewis sein, sondern wenn sie durch die Wiederkunft der leidenschaft, in der sie dieselben erfunden hatten, ihren Schlund weit aufthaten, und verschiedene von diesen lautenden Zeichen zusamen sezten: so schienen sie selbige zu singen. So viel ist gewis, daß die ersten Teile der Sprachen - rauhe, unabgeänderte, unpersönliche, einsilbige Wörter sind, welche - die heftigste leidenschaften und Gegenstände ausdruken, die am meisten rühren, und sich in einem einsamen wilden leben von selbst darstellen,,.

Schon ist vorläufig reden, singen, sagen und zeigen eins mit ieder andern Stimme:

K, §. 5. שיר, cano, dico, clamo. הגה, effatus, gemuit, rugiit. Ker, loquela, garritus, stridor. Chin. Kim. vox, sonus, spiritus, accentus.

L, §. 23 - Loh, voco, risit, pulsatio; לחש, locutus, mussitavit. Lut, vox, vocavit, sonavit, garritus, mugitus, risit.

R, §. 56. Ril, clamor, rugitus, chorea -, in diesem laut stoßen alle articulirte und unarticulirte Töne zusamen. Run, רן, Chin. Lun, Gesang, Rede, Gemürmel -. רחש, excogitavit, ebullivit.

N, §. 97. - nam, intellexit, nomen, appellavit, [illegible]נא, dixit. nah, anhelitus, loquela, nugae, garritus. Chin. nao, semper loqui.

P, §. 110. - Chin. pu, consilium, Herodots spu, oculus, spa, aspexit (צפה), inquisivit, praedicavit, Σπω -. Wat, qwet, vigilia, vidit, scivit, sapuit, sententia, dictum, clamor, cantus. bar, vox, murmur, cantio, declaratio, בשר. Bow -.

Gh, §. 145 -. gal, sonus, vox, cantio, carmen cano, narratio; hal, cogitatio, indico, sonavit, narratio. -

S, §. 187. sa, vidit, interrogavit, dixit. sag, vidit, narratio, dixit, carmen, sang, sam, [illegible]ח, cogitatio, loquela, societas; Chin. San, concentus, su, sermo, seu, excantatio, tu, video, appareo. Tek, signum, docuit; Grönl. tekoa, videre.

2.) Die Familie.

E, ist die Selbstheit, §. 216. und zugleich eine gesellschaftliche Verbindung, sonderlich das eheliche Band. A, aliquis, ad, sponsio iurata. ab, ad, apud, in, maritus, אב, abba; אוה, aveo. ad, at, aliquis, ad, apud, pater; ät, mater, genus; אתה, accessit; Grönl. attata, Ungar. attya, pater. an, aliquis, ad, in, erga, similis, favor, parens; am, [illegible]א; lat. amo, Germ. ann. al, gignens, alens. -

K, §. 2. heist, aus seinem Urbegriff, Beiwohnung, Weib, Geburt, Kind, Geschlecht. Chin. chi, stirps familiae. γυνη, uxor, welches in China cu, beim Hottentotten koo, und in Peru huayna. chaf, concubitus, נקבה. Kätt, zorn, concubitus, libido, proles. Kotto heist bei den Juliern in Africa pudendum muliebre. Kun 1) generatio, קנה, קין, γενω. 2) uxor, γυνη, Grönl. kona. Chin. kiuen, parentes, chin, puella. 3) genitale, cunnus. 4) proles, Ung. kon, Hottent. gona, puer. Chin. gin, homo. 5) genus, semen, familia; Chin. hjun, frater. Kum, genus, Chin. nin, puella; [illegible]הר, coivit, concepit, Kam, coitus, skam, genitale, kon, genus, slavisch schona, uxor. - Aus gleichem Grunde heist

 Loh,

Loh, profundum, lat. loci muliebres, Lucina, dea nativitatis; לידה. Lag, slag, concubitus, generatio, genus, als eine Metathesis von Kul. Eigentlich ist L hier der Begriff des lieblichen: Leo, לב, vita, ἐλευθω, ἐλυθεια, dea nativitatis, לבן, lac habuit. Los, Len, Le, scropha. Chin. Li, cibus, offerre - §. 34.

R, §. 54. heist Freude, Ruhe, Frieden, liebe, Treu, Freund und Gattin: tu, tru, fides, foedus, sponsio, uxor, fru, mulier, nupsit, truw, fiducia, uxor, רוף, recubuit. trut, dilectus, brut, desponsatus, diß ist wol die natürlichste Wurzel vom German. Persischen - Bruder, frater; rad, res uxoria. ruh, pax, amicus, spons. רע, convictor, amicus. רחם, puella, fulva, misericordia.

M, §. 89. ist in seinem Ursprung das Essen, und hat einen so zärtlichen gesellschaftlichen Verstand: me, ego, meus. mav, puella. mat (מתים) homo, puella, mut, amita, Grönl. ad, mot, erga, מוט, iugum. Man, communis, aliquis, homo, maritus, proles, מן, qui; In Sierra liona, in Congo heist ein Menschenfresser man ez, ein weiser Mann oder Europäer man puto; מאום, aliquis; ימן, ad dextram. Grönl. manepoch, adesse. mah, communis, iunctura, socius, familia, maritus, proles, מה, qui. mal, vice, coniunctio, conversatio, coniux, coniugatus, מול, coram, erga. mar, puella. Das ist auch

N, §. 99. na, prope, Chin. ille, accipere, ναω; Chin. ni, convenit, pax, tu; נו. nos heist Germanisch socius, und lateinisch wir; נשים, homines, feminae. נער, ist eigentlich ein Säugling, von nar, Speise, Narung. נין, Grönl. nianga, filius.

W, b, f, §. 108 - heist das leben, die Gesellschaft, liebe, Familie, eheliche Verbindung: wi, nos. wiv, persona, virgo, uxor. qwed, mater. win, mulier, cognatus, socius, §. 115. carus, laetitia. Ba, ambo, slavisch po, ad, apud, der Hottentotten bo, pater; baba, papa, Arab. babus; bub, puer, Esthisch pois, παις, pusus. בן, βαια, Grönl. pannia, filia. German. Finnisch poh, puer, puella. Παιδος, bul, carus, infans, affinis. Bar, homo, socius, par, generavit, proles, filius, βαρ, בר, pario -. Fo, generavit, Chin. pater. Fod, foetus, generans, die Wurzel von Vader, pater. Fem, virgo, femina. Fol, pullus, puella, pater.

Gh, §. 158. ga, copula, coniux; גבא, sociavit. gat, socius, maritus, uxor, genuit; עז, adiutor; חצן, Hebr. sinus, Aethiop. lactavit, educavit, Arab. mater foetum fovit, in ulnas cepit. gom, maritus, γαμος, gim, mulier, socius. γαλως, בעל, coniugatus.

Hu, matrimonium; hi, apud, Chin. hie, concordare, hiu, simul. Hiv, familia, huw, nuptiae; hah, nupsit, matrimonium. הרה, generavit. Armenisch hair, pater. -

Th, §. 168. ist ein so hefftiger Ton, ein besonderer Haß, und hat diese zärtliche Begriffe: di, pater, mamma, nutrio; Chin. tai, generatio. Germ. to, Alem. zo, educavit. צאצאים, propagines, filii, kommt so wenig von יצא, exivit, als das Teutsche erziehen von ziehen, tendere, wenn auch schon die Vergleichung von Pflanzen hergenommen wäre. Tev, canis femina; Tit, mamma, lactans, lactatus, דד, mamma, latein. tata, pater. Tot, parens, equa, mamma, דוד, patruus, amicus. Tam, foetus. Toh, educavit, nutrivit, τεκω, pario, ist ohne Zweifel die wahre Wurzel von Tohter, θυγατηρ. ידע, חכן, cohabitavit. Til, genero, uber, cerva, soboles, θηλη, mamma, טלי, puer, טלה, agnus recens. Ter, consumo, edo, tenellus, thirn, virgo, filia, und thir, θηρ, vivens. -

Die

Die Mutter reicht Milch, der Vater erwirbt Speise. Muss man sich wundern, warum in dem unlängst entdekten Omagua mitten in America, und vielen andern Americanischen und andern Ländern, die Namen Abba, Papa und Mama gefunden, und, da gleichwol die Glieder der Familie in ihren Benennungen so sehr durcheinander gehen, warum, meines Wissens, diese Namen von keinem Volk verwechselt werden? Bei den FamilienNamen zeigt sich die Natur in ihrer ganzen Stärke.

3.) Die Narung.

A, §. 208. terra. Ap, fructus arboris, apium, epulae, οψον, אב, אבה, offa. At, edit, cibus, εδω, satio; az, cibus, cibavit, οζω. Ah, quercus, glans, uva, campus, αυλος, און. Al, alo, olus. Ar, terrae proventus, arista, accepit, ερα, ארז, ervum, ορεβος -. Der ganze Geschmak geht auf das Saure: az, ak; und das Fette: az, putridum, ol, oleum.

K, §. 3. Der Mund kaut die Feld- und Baumfrucht, kau, ruminatio; Hottent. kou, Chin. chi, ya, dens, xe, comedere, co, quo, fructus, kieu, olus, porrum, flos, keu, os, radix; In Ostindien heist geu, Gerste, (Francisci Lustgarten p. 974.) welche Goguet T. I. die erste Saatfrucht nennt. Kap, Kiv, germen, cibus, καβη, copis -. Kyt, olus, skod, lac, שקד, castanea; kos, gustavit, cibus, adolescens, Kas, coagulum lactis; In Congo heist kashu, malum, und n'kashe, fabae. Kum, prandium, kumin, כמון, gilt, so sagt man, durch alle Orient. und Occident. Sprachen. Der Neger um St. Vincent in Africa sagt: begge kome, date panem; und den Reis nennt der Hottentott t'koume; Kym, germen, mucor, κωμος, epulae; coena; chunno heist der Brasilier Brod von der Wurzel Papas. In Congo ist keko die Palmfrucht, und kolas, eine Frucht, Kol, olus, κολον, cibus, עול, lactens, foetus, חלב, γαλα. Kor, korn, kern, germen. -

L, §. 34. Der Begriff der Junge und des lieblichen gibt hieher: Bly, flos, laetus, kle, olus, virens, χλοη, עלה. Lib, vita, carus, cibus, insedit, adoluit, labia, λαιστα, Lab, refectio, cibus, lambo, לבן, λαινα. Lot, palmes, crevit. Chin. leam, oryza. blum, flos, prunum. Lah, cepe, olus, allium, refecit. Lul, suctus, lallitum, lilium, λειριον. -

R bezeichnet nur den Wachsthum, aber nicht die Speise.

M aber ist der eigentliche Esslaut: Ma, quasso, Chin. sesamum, equa, mi, oryza, mo, fructus, arbor, mu, mater, German. quasso; Chin. mie, mel, me, panis, frumentum. mat, cibus, pratum, esca, mut, potum, cibus, manducatio; Egypt. muth, Slavisch mati, Pers. mader, μητηρ; מם, manducavit, μαζα, maza heist in Congo der grose Hirsen, der Canadenser maiz. Man, olus, pascua, מן, manna, אמן, nutrivit, muana ist in Congo ein Säugling von Menschen und Vieh; mam, uber, mater, in deliciis habeo, Chin. herba, in Congo Weizen, Hirsen; mamphula, panis syriacus. Mah, papaver, deliciae, volo, coagulum lactis, mok, scropha, mica. mal, lac, mel, molle, coena; lat. malum, mel, μελι, מליח, Gebrl. milloe, uber, גמל, lat. mulier. Mar, glans, castanea, morus, foetus, campus fertilis, mor, scropha, mater, equa.

W, §. 107. 111. Wet, salix, cibus, pastio, pascuum, esus; lat. vitulus. win, pascua, Chin. vum, germen. wah, vivus, germen, palmes, fructus.

Bu,

Bu, lac, vacca; βους; βοα, vegetabile. pap, lat. pavi. bet, pascua, cibavit, manducavit. חמר, adeps, Arab. puer obesus; pot, βοτανη, βους, boter, butyrum -; Armen. pan, panis, spen, mamma. bah, ramus, arbor, scropha, Pers. hortus, das bekannte Phrygische bec, panis, בב, bejus heist in Brasilien der Kuchen von der gemeinen Wurzel Mandioca. Pal, offa, בגל, proventus terrae, arboris; Grönl. pilloch, φυλλον, folium. bar, animans, et quidquid fert terra, פרח, voro, βορα, בר, οπωρα, fructus, autumnus, Jalofisch und Fulisch bouron, panis; Chald. ברא, Copt. Φαε, terra, פרי, fructuosus, effloruit, פרות, arbor.

Fe, panis, alimentum, animans. Fas, olus, crescens, gignens, אבם, saginavit; Fod, cibus, cibavit, Φυτον. foenum, foeniculum. Φαγω. Fur, alens, Φερβω.

th, §. 168. Der schöne Familienbegriff sagt auch di, dew, dyd, deh, das Verdäuen, und Gedeihen, concoctio stomachi, abundare, crescere, proficere, ali, direscere. סבבה, gekocht, zeigt im abgeleiteten תבואה, Obst, und das lat. daps, דבש, mel e dactylis, was der eigentliche Verstand gewesen sei. Dim, foenum secundarium, fimum, דמן. Teh, crevit, profecit, nutrivit, ταγας, נטע, מטע, planta.

S, §. 196. su, scropha, Συς, υς. sup, haustus, potavit, suxit, canis femina, שאף.ב, hausit, שבע, satur, ספק, sufficere, plaudere. Das German. und lateinische sat. süh, suxit, lactavit, scropha, catella, שה, agnus, שחם, expressit succum, שקה, bibere. sol, suctus. sur, satur, sorbeo - gehen nur auf den Trunk.

Alle diese Begriffe auf Haufen sprechen, neben dem Säugen, und dem Weiden der Thiere, den Unterhalt des Menschen von den Pflanzen. Baumfrüchte sind unstreitig die erste Narung der Menschen gewesen, wie Gras und Geschos die Narung der meisten Landthiere ist. Eicheln, Kastanien - bei vielen Nationen sinds noch die Wurzeln. Die Frucht selbst hatte die Natur ohne Menschenhand hervorgebracht. Und was vom Thierreich genennt ist, heist Milch, Schmoz, und Honig.

Fleisch ist allenthalben sehr sparsam genennt, und meistens sehr weit hergeleitet, wenigstens zu einem Originalbegriff sehr ungewis. Im HauptEßbegriff

M, §. 80. ist Fleisch, Schmer, Mark, mit Butter, Milch und Honig, eins mit Schmoz, mäuchzeln und beflecken. Unter diesen allen hat der Schweizer, meines Wissens, von allen Teutschen allein maw, caro. Oder ist es auch mus, musculus, die Muskel? Armen. mis, caro. smal, pecus domesticum, smalz, adeps. μυελος, מרח, unxit, mark, smer, murk, faex. Chin. mie, mel.

K, §. 3. Das Chinesische Yo, das Nordische klöt, das lateinische caro, und das Hebr. skar, שאר, בשר, sind im Grundverstand ruminabile, cibus, Chin. co, fructus, German. kult, Obst, und Hebr. כר, pascuum.

L: [illegible]לח, heist für sich kauen. Das Germanische lask, fles, caro, §. 37. ist lutum.

B, bah, perna, spek, lardum, ist bah, scropha, alimentum. spint, adeps, ist spen, mamma. βυω, §. 111.

N, §. 95. Der Grönländer, der nichts als Fleisch zur Narung hat, nennt Fleisch und Fische nek, womit er auch seinen Magen und Bauch, und ein Kind benennt. Der eigentliche Begriff kommt vom Raubvogel: Chin. ne, capio, Germ. nu, gnu, contero, νεμω. nib, rostrum, fodicatio, ruptura, sugere more avium, snub, cibus, rostrum; lat. napus, rapum.

not,

not, cepit, occupat, snut, rostrum, nasus, nut, nuz, usus, sat, gratum, נץ, accipiter, νωτος, panis. nag, fodicare, lat. nacca, νυξω, lat. nux, נזק, נתק, lactavit, furit, nug, sat, gratus, Grönl. nèka, caro, nak, stomachus. nam, captio, praeda, cepit, rapuit, gratus, cecinit, annona, Chin. nim, praestat, pax, quies. nyl, rostro fodicare, nol, sugere, Grönl. malia, mater. nar, cibus, nor, fodicare, snor, rostrum, lat. naris, Grönl. nerriok, nutrio.

Wir dürfen also bei der Kindheit der Sprache und der menschlichen Begriffe auch noch nicht an die Jagd gedenken. Und ursprünglich hängt von der Jagd die zahme Herde ab. Noch weniger kan hier schon die Rede vom Kochen sein. Die Zubereitung durchs Feur ist spätern Zeiten vorbehalten.

4.) Die Wohnung.

U, der Unterstand, (wovon oben); uf, ex imo; ut, foras, ex imo; um, lat. umbra, imus, Germ. unt, sub, infra, in, intra, infra, ind, ing, incola, familia, Grönl. inna, Wohnplaz, inguin, indigena; inni sind der Brasilier Schlafgarne. ur, ex.

K, die Höle, war eine reiche Quelle, Schuz und Wohnung anzuzeigen: ku, tego, Chin. ke, occulo. kuf, גוב, fovea, חוך, בקר, קפה, operuit, lat. cubo, κυβω; skap, שכב, שדיף, Σκεπω; ישב, habitavit, sedit. Kut, κοιτη, cubile, עטה, כסה, texit, חסה, fugit in protectionem, חוה, latuit, custodivit, requievit, cubiculum, skut, tegmen. Him, tegmen, occulens, Chin. kin, incolo, occludo, hen, operio, hn, reconditus, obscurus, han, locus quietis, גני, כני; skan, שכן, habitavit, recubuit, ישן, dormivit. Kuk, גג, tectum; skah, שך, tugurium, סכה; שוחה, fovea, stammt von שח, שחח, incurvari, propendere, deprimi, deiici, von bedeckenden Aesten, שכך, texit, שוכה, ramus. Kul, tegens, lat. culo, celo, כול, עליף, καλυπτω, כלא, claudo, חיל, residere; skul, occultum, שלה, quievit. Hur, skur, tectum, fulcrum, tutum faciens, סכר, סגר, clausit, שרא, habitavit, אשירה, lucus, und תאשור, buxus, Gebüsch, zeigen an, daß die wahre Wurzel eine Baumbedeutung geheissen habe. In diesem eigentlichen Hollaut haben schlafen, ruhen, wohnen, Verbergung und Sicherheit ihre Namen vom Plaz, und dem Finstern desselben, von einer Höle, und im Hebräischen sehr deutlich auch von Bäumen. Der German aber spricht nicht so bestimmt.

Lok ist ein loch, eine Höle, ein lager, Schlafstette, und ein Gebüsch, Celtisch lucus, lugus, silva, Welthist. XVII, 98. Auser diesem hat L noch eine eilfertige Flucht in einen Unterstand, §. 26. Le, suffugium, locus a vento, sole immunis, tectum, fuga, Lh, petra, tabernaculum, Chin. Leao, tugurium; Flu, praecipitium. Lod, asylum, umbraculum, velare, fuga, cursus. Lot, asylum, iugum montis, פלט, slet, quidquid tegit, cubile. Lun, Lund, nemus, Lint, tilia, Bland, sub, Chin. Lam, domicilium. Luh, sluh, fuga, fugit, suffugium, Lag, lectus, domicilium, sedes, lat. locus, λεχος, cubo. Lar, habitatio, mansio, domicilium, ein überhangender Felsen, eine laube.

R, §. 54. hat unter dem Begriff der Ruhe, zwar auch die Bedekung: ruf, tectum. rot, tectum, frid, locus securitatis, lat. fretus. רגע, quievit, רחץ, confisus -. Er scheint aber ein neuerer, eigentlich ein Kriegsbegriff zu sein.

M, §. 81. ist ein sehr weit hergeholter Begriff vom eigenen Brod, dem Eigentum liegender Güter, man, mans, ein ganzes Gut, μενω, maneo. mah, conclave, contubernium, der Gallier - magus. mark, fundus, campus, terra, silva, humus, regio, μοργη -, und gehört nicht hieher. So hat auch

N, §. 99. 100. nichts, als der Vögel ny, nest, nidus; und Chin. nui, intra, vasa, habito, von der Gesellschaft. Aber es klagt sehr lebhaft über die Ursachen, die den Menschen, Bedeckung zu suchen, nöthigen, §. 220. ni, non, Chin. contrarius, monacha, נִי, lamentum, Grönl. nuia, nubes, Germ. sne, nix. nom, nop, necessitas, angor, γνοφος, turbo, caligo. snav, nix, nibl, νεφος, nebula, nubes, נטף, stillavit, nubo, tego. Das HochTeutsche nassen, und das Algonkische la Hontans nipa, dormire, geht warscheinlich eigentlich auf die Ermattung. not, non, quaelibet coarctatio, nox, נדד, erravit, fugit, lat. nudus. nos, molestia, נוס, erravit, fugit; נוע, heist eben das, נח, lamentum, nek, lat. nego, neco, Grönl. nagge, non. lat. noceo, ανάγκη; niht, νυξ, νυχθη, נחת; נחה, postrelictus. lat. nix. nakt, נקי, unbedeckt. nin, non, nemo, nonn, lat. nonnus, nonna, νοννοι, Aegyptii viros et virgines pietate insignes nonnos, nonnas appellavere, Besoldi thesaur. Chin. nuon, frigidiusculus. lat. ningo, nimbus. nol, non, nil, nullus, lassus. nur, tantum, nar, post, cadaver, נאר, detestatus. Elend, matt, allein, nakt, Nacht, kalt und Ungewitter.

W, §. 114. wis, esse, habitare, manere, tranquillitas, altum, mons. won, habitare, assuescere; wih, vicus, habitaculum. wil, villa, sedes, quies, mora, latibulum, locus editus. war, fuit, mansit, locus tutus.

B, bu, habitaculum, sedes, mansio, buscus, ein archaisches βυ, altum, βυω, tego. bed, lectus, mora, בית. bin, sum, intus, habitaculum, altum, cacumen montis, בין, בן, inter, בנה, lat. pinna, βουνος. bom, altum, arbor, operimentum, במה, excelsum, βωμος, pomus. bug, pagus, villa, excelsus, בגה; bol, mansus, altum, collis. bur, cubile, vicus, habitator, altum.

sal, texit, securum fecit, mons altissimus. Und

H, §. 155. 162. ha, habeo, altus. hid, habitaculum, exaltavit, cacumen montis. hut, habitaculum, cubiculum, altus. ham, possessio, saltus, nemus, habitatio, altus. hag, mansio, domicilium, altus. hal, mansio, duratio, habitare, altus. har, manentia, altum. Doch wir wollen diesen Begriff auf die Zukunft versparen, wo er bald deutlicher sprechen wird. So auch

th, §. 176. to, altus. τοπος, locus. dun, mons, δωμα, habitaculum. dah, tectum, texit, tegens, mons, θωκος, locus, טח, tego, τεγος, תחת, subter. Til, elevo, superne tegens, vestibulum, lat. tilia. Tor, altus, arbor, habitaculum.

S, §. 201. a fixa sede kommen: Chin. sao, nidus. sof, sopor, quies, cessatio. sed, sedes, sedit, habitaculum, posuit, quies, latus, צד. som, somnus, שום, statuit. sag, subsedit, יצג, statuit. sal, sedes, mansio, habitatio, nidus, domicilium, sedes in alto, סל, אצל, צל, umbrosa arbor, obumbrari, profundum petere, אסל, Chald. arbustum, saltus, silva.

St, §. 202. German. lat. sto, maneo, στυ. stow, stop, locus, mansio, habitaculum in alto, lat. stuba. stat, locus, habitaculum, gradus, fundamentum, diversorium. stom, locus, lat. stimo. stal, locus in alto, sedes, tranquillitas. star, locus, στεγη, quiesco, lat. sterto.

O, §. 210. of, habitaculum, sursum, επ', υπερ, עבר, אבר, culmus, elevare se, גבה. od, possessio, sedes, altum, aedes. an, super, ad; lat. antrum. oh, habitatio loco superiori, οικος, Cambr. ucho, supra, אש, quercus. al, altus, habitatio, arbor, אלן. or, locus, summum, statio, super. lat. arbor, ארן.

Schwer

Schwerlich hat jüngere Menschenhand allein an dem Begriff der hohen Bedekung, oder der bedekenden Höhe, schuld, die sich natürlicher Weise von der Höhe des Felsen, und des Baums herschreibt. Die Wohnung und Haushaltung, wenigstens der nächtliche Aufenthalt war in und unter hohen Felsen, und grosen schattigen Bäumen.

5.) Das Gewerb.

Alle Organe reden von der animalischen Bewegung, und lebe hat ihren Eifer und Affect in sich, munter oder mühsam, thun, schaffen, heben, tragen, streken; die Glieder. Gemeiniglich ist auch ein Werkzeug dabei genennt. Auser dem findet sich bei einem jeden laut, der die Speise besagt, auch der Begriff von einem Behältnis, das sie aufbewahret, auch die Art und Bemühung einzusammeln.

A, naviter, §. 210. 215. terrae et arboris proventus, labor, §. 208. 209. ab, αυχ, lat. ops, οπις, ub, exercitium. at, valde, admodum, as, facilis, esca, ask, situla, אשיד. an, labor, aw, humerus, vas, ambr, amphora, amula. ah, portavit, ago, vas; axilla, axis. al, alf, valde, navus, alme, vas. ar, valde, naviter, arm, brachium, ulna, armus, artus; arh, arca, ארון, αργανον, εργον, αιρω.

U, die Tiefe, das natürliche Behältnis, besonders des stehenden Wassers, §. 222. ut, ex, German. und latein. uter, υδωρ; us, ex, profundus, ujt, vas, os, hausit, össel, vas. un, aqua, om, im, vas. ul, olla. ur, scaturigo, urh; υρχη, urceus, urna.

K, §. 1. ist der eigentliche Begriff von Gefässen: Cambr. cau, Chin. co, kia. Kud, kad, כף, גבע, קב, cupa -. skaf, vas, hausit. Kad, kas, כד, χυτος, כוס, skad. - Kan, κανθαρος, canna, כנה, קנה. - Kum, kam, κυμος, camus; camu sind der Brasilier irdene Häfen, Chin. chuam, cacabus, עמר. Kah, κογχη, skah. Kal, כליד, קלח, καλιξ, callao in Ostindien ein Krug; skal. Kar, כר, חר -; κεραμος, die Brasilier nennen Geschirre, Gefässe caramenos; Coptisch cue, arca, der Egypter Charon, Fuhrmann.

כף, das Gefäß, heist כפה, ein Ast, Biegen und Drehen.

L, §. 22. Labl, concha, pelvis, cochlear, eine Metapher von der Zunge, vermuthlich des Hundes. Loh, Lahl, pelvis. Uebrigens heisen vom laib und leben §. 25. Glieder: Laf, armus, junctura. Lid, artus, articulus. Lim, artus, Lend, lumbus. Lih, corpus, artus, junctura. Lur, lumbi, femur.

R nennt §. 69. die Regung, §. 73. die last von der mühsamen Bewegung, und §. 66. die Gefässe vom flüssigen und triefenden: twri, dre, tornare, dro, onus; ρεω, fluo, stillo. rop, lacuna, trop, gutta, stillavit, τρυβλιον -. rad, motus quilibet, paravit, instrumentum, πραττω, מרד, valde occupatus; rud, porrexit, rhytus; krus, urceus, drus, laboriose duxit. - ran, tetigit, trun, vas -. rah, porrexit, agitavit, opera, ארך, prorogo, εργον, שרק, nervus, kreg, רכש, acquisivit, πραγμα, פרח, laboravit, זרע, brachium; Trih, vas, tulit, traxit, τρυγλη, krug. - ril, repositorium, fluens, tril, exercitium. rur, movere, tangere, canalis, ריר.

M, §. 82. der Eßlaut, sezt allemal ein Gefäß darzu: mut, mus, mat, mas, vas. mun, manus, mand, corbis, מאן, mantica. mah, lat. magis, magida, mactra. mal, pera, patera.

N, der Schnabel, §. 95. und seine Spitze sagen zugleich einen Zweig, und sein Stecken, biegen, binden, knaken, §. 102. und ein Gefäß, §. 205. Chin. no, colligare in fasciculos. lat. nuo, schwanken mit dem Kopf, biegen wie einen Ast, kni, genu. nip, rostrum, fodicare, acutus, forare, knip, frangere cum crepitu, κναβος; ννω, νυω; naf, נבל, vas, geflochten. not, capio, contero, cito, exercitatus, compages; נוע, nuto; knit, knad, capio, contero, flexio, necto, crepitus fracturae; knus, נגר, rostro fulsit; νυσσω; nist, knast, sonus fracturae, nask, theca. nam; lat. enerne. nag, rodere, inclinavit, cervix; knak, knik, atterere, nodus, nectere, flexio, fractura sonans; νυξω; lat. necra, necto; nicto, Grönl. nukti-poch; κναχη. נצר, ramus tener, נקר, fixit, perforavit, נטה, declinavit, desiliit. nul, fodicare rostro, acus, nodus, flexura, knal, fragor, knol, nodus, fustis. nor, fodicatio, quam cito, nodus, knar, knir, fractura cum crepitu; nart, vas. -

W, thut, schafft, §. 107. 127. häuft, bindet, §. 102. 137. faßt, und nennt Gefäße, §. 122. web, ordiri, agitare, pendere, nutare, texere, involvere; lat. vieo; גבע, cavum -. wad, bulga, agitavit, ramus, textura, sura, innixit; wit, cumulus, ramus, sinus (inflexum) -. wan, opera, soleo, quot, vannus, agitavit; wand, texuit, volvit, vertit, glomeravit, fasciavit; lat. vimen. wah, germen, ramus, fecit, agitavit, vacillans; lat. vacuus. wal, opera, puteus, agitatio, fervor, valde, volvit -. wer, navitas, lebes, agitatio, textura, tornavit.

B: απα. Germ. spu, festinatio, navitas. σπευ; Buf, impulsus. Bit, laboriositas, fascia. bat, vas, impulit, בת, פתא, φατνη, בד, ramus; lat. pedo, pendo. ban, cumulus, vinculum, ligavit, vas, fascia; span, texuit. bah, vas, ictus, ramus, sarcina, convexum; lat. pago, pango, propago; poculum; baculus; pugo, pungo -. טבע, fixit, הפך, vertit, דפק, pulsavit, [illegible], aequavit, comparavit, סבך, implexum, גבע, convexum, בוק, vacuo, מערה, fovea, specus. bol, impetus, rotundum, πολεω, פלש, פלך. bar, fecit, tulit, vas, ברא. Der Egypter, Herodots und Diodors von Sic. bara, vas.

fa, facere, capere; υφαω, texo; Chin. feu, vas, fu, βυω, tego. fat, capit, vas, fimbria, פד, ramus, פתל, intortus -. fan, cumulus, textum, fascia. fah, capio, vas, amplexus est. fih, vas, cepit, fricavit; fuh, ligatura, ligavit, cavatum; lat. figo, einstecken und bilden; dieses macht den פֶּחָר, figulus, dem Begriff nach ursprünglich zu keinem Häfner. lat. facio. fil, phiala, velo, fallo -; פלא, סֵפֶל. far, actio, negotium, portare, ferre, promtitudo.

H, der Hauch, §. 150. 153. geht eigentlich nur auf den Angriff und Ernst zur Arbeit: Persisch hauen, agitare; Chin. chu, fabrico, cho, inchoo, cheu, impulsus, yeu, habeo, dextra, γυια, ye, procreare, laborem finire, yeu, recipio, custodia, observo, manus. ασκεω, exerceo, laboro. hab, lat. coepio, incipio, capio; כף, vola, חפן, cepit manibus, pugillus, עבד, operari; skuf, fecit, formavit, duxit, traxit. hud; haj; gat, cepit, accepit, custodia, observatio, egit, potuit, כדד, laboravit - עשה, fecit, causa -. han, hand, illico, violentia, corripuit, prehendo, teneo, manus, Jalofisch fedehendo, digitus; Chin. hin, opus, obtinere; skin, facio, cito, Chin. yen, manus. ham, ictus, abscissum, poples; καμνω, עמד, perstitit, labor, oneravit -. hah, יקע, tudit, לקח, accepit - hal, pronus, molior, teneo, abscindo, capio, accerso; lat. hallus, helix, halter. κελης, celer, מהל, festinavit, על, fecit, operatus est -. hur, propere, molior, pulso, hard, capio, מהר, festinavit, ὁρμη, impetus, ἀρπω χερσι, capio.

gh,

gh, bindet, knüpft, §. 159. und häuft, §. 163. - ge- copulativum, γε, και, lat. -que, Chin. ke, et; ye, yeu, etiam -. lat. ceu, כ־ comparativum; Chin. cha, chi, texere, kia, addere, pao, cingulum. glb, cippus, iunctura, copula, כבל; ἅπτω, עבת, עשש, contorquere -. hob, copia, elevavit, cumulus, עב. עוה, κυπτω, Grönl. kavipoch, curvare se; stif, iunctura. gat, iunctura, collectio -, חתל, כתל, fasciis involvit, coegit in unum. גר־, Pers. gelden, colligere, גל, rotundum -. gen, ad - גם, Chin. kem, lat. etiam; עם, Chin. yn, lat. cum. - χωμα, cumulus, קמץ, collegit in pugillum. gag, ad, erga, jah, et, etiam, joh, iugum, lat. iugo, iungo. jek, augeo, hok, copia, congeries, עקש, tortuosus; stok, cumulus, congeries, שגא־, augeri. hol, copia, congeries, globus, גל, cumulus, glomus. ger, iunctura, multum, corpus; קרס, curvus. skir, copula, cinxit, שיר; שרג, implicatus, perplexus. -

th, thut, §. 169. und faßt, §. 171. dehnt und zieht, §. 173. ausdeutentlich den Zweig, §. 175. mit dem ganzen Gebrauch desselben: To, traxit, Tau, opus, funis -. tev, zib, eine lange Wurzelfaser, Tap, digitus, unguis, capio, dop, subegit, vellere, apex, cumulus, fasciculus, vas, תף, tuba. Tat, opus, fecit, acervus, cumulus, vas, יתד, firmiter adegit palum; Tast, capio, attingo, Persisch manus; Tut, agit, canalis, calix, דוד, lebes; lat. tudo, tundo. Tan, factum, comparatum, potentia, tetendit, vimen, surculus, virga, corbis, טֶנֶא; Chin. tan, accipio; lat. teneo, tenus. Tam, pollex, digitus, compescuit, fustis, Chin. scipio; תמך, apprehendit, tenuit, אטן, funis; Tun, cupa. Tah, opera, fecit, valuit, vehementer, digitus, ramus, fustis, lacero, cuspis, surculus, acutum tenue, storea, texit, fascis, nodus, tensum; מטן, fixit, ש.תקל, appendit, libravit, שען, baculus, niti, incumbere, סקר, nictavit; lat. theca, סוד, תור, משך, extendit, מתח, saccus, extendit, דגר, collegit, σαγ-, ταγμα. Til, scopus, studium, exerceo, fustigo, confringo, funiculus, turio, elevo, munio, tegmen superius, tabulatum, sepes. Tir, agitatio, traho; lat. tero, torno, torqueo; Tar, diripuit, tenuis, acervus. So ist auch

S, fixum, §. 201. ein Zweig: sat, plantatio, infixit, posuit, שית. צנף, circumcinxit, obtexit, vas, urna. jal, cuspis, surculus, שען; סעד. fulcivit -.

St: stav, stipio, pango; stup, stipes, apex, stirps, truncus, curtus, firmus, fulcrum, flagellum. stot, stipes, truncus, fulcrum, fundatum, ictus, impetus. stam, locus, stipes, germen, mutilus, firmus, pila, fulcrum; lat. stino. stah, insedit, baculus, stipes, fragmen, fundatum, pupugit; lat. stigo. stil, fixus, baculus, uncus, truncus, tegens. ster, stir, fixus, baculus, fulcrum, pungo; lat. stirps, τερος -. Das Isländische stikl, cornu, vas potorium, Ulphilas calix, poculum, proprie extrema pars cornu acuta, ist dem Uebergriff nach, ein abgebrochener Ast, ein Prügel. Sonst sind Hörner, Muscheln, Schalen, auch Schedel, die natürlichen Gefässe, wie sie sich in der Geschichte finden.

Die meisten Organe sprechen vom Gebrauch der Aeste, einer Erfindung, welche die Biegsamkeit des Zweigs der Einbildung von selbst darbot, unter dem man wohnte. Die abgebrochenen Aeste sammelte man, und machte eine Büschel, und eine Art Erhöhung draus; man stekte sie in den Boden, oder sonst in ein Loch, als den ersten Nagel oder Bohrer; man brauchte sie zum Pochen und Schlagen; und verglich alles mit ihnen, sonderlich am Leib, was mit ihrem Schwanken, Bug und Knaken beim Abbrechen, eine Aenlichkeit hat. Man flocht sie. Das

gab

gab Gelegenheit zu Namen von allerlei Knöpfen, Niken, Bändern, Wendungen und Dehnungen. Der erste Handwerker ist der Zeinenmacher.

6.) Die Sitten.

Jede Empfindung gibt eine ihr proportionirte Gemüthsbewegung. Empfindung, Sinne, Sele, ihre vereinte Kraft und Uebung durch alle Aeste, geben Laut, Zeichen, Wort, Rede; und sind beide eins mit dem Gegenstand. Sache, Empfunden, Versicherung und Wahr bleiben unzertrennt, wie Empfinden und Wollen. Nur mit dem für die Menschensprache so wichtigen Unterschied, daß Eine und ebendieselbige Empfindung eines und ebendesselbigen Gegenstands, daß Eine und ebendieselbige Gemüthsbewegung, ohne eine uns ergründliche Wal, auf verschiedene, auf alle Organe fällt.

A, §. 214. ad, ap, visus, ingenium, imitatio, zelus, animositas; אף, vultus, οπτω, οπα. Os, ος, lat. ausia, Armen. atse, auris; esk, audio, perscrutor, פיה, lat. os, facies. am, animus; lat. aemulor, imitor. änd, anima, animus, frons, praesentio, inquiro, zelus. Og, oculus, ostendo; Slavisch oko, αυγη; ah, attendo, cogito, existimo, numero, honoro, opinor, vigor, virtus, tumultus, ago; ακοη; Grönl. oka, lingua. Chin. ul, auris. Or, lat. oris, auris, auditus, obedientia, movear; ορεω, ωρα, attentio; ερω, ειρω, dico.

K, §. 5. Chin. yu, colloquium, ki, manifesto, oda, ke, lingua, propono, ki, ostendo, poema, kue, loqui, explico, prophetia. חוה, annuntiavit. Kan, scio, notum facio; Chin. yn, vox, sonus, tonus. Kal, loqui, die Wurzel von Notkers calstrare, mathematici; קול, vox; Sich unterreden heist in Grönland okalloroch, am Sanaga und Gambra kalder, wie in Dänemark; und bei den Juliern halle; καλω, calare; lat. calleo, clueo, verstehen, hören und reden; אכל, clamavit, χειλος, os, sermo. Kor, loquela, קרא, vocavit, כרה. -

L siehe, warscheinlich vom Begriff des Lichts, §. 29. glo, perspectus, lucidus. βλεπω, Lip, lux. Lit, visus, vultus, facies, lux. glun, aspectus acer, βλεμμα, Liom, lumen. Lug, visus, Luht, lux, λυχη. Lor, frons, fax. - Es spricht aber auch zugleich: Lu, gly, clamor. Laf, hit, los, vox. lat. clamo. Luk, λεγω, loquor. λαλεω. Lor, clamavit.

R, §. 57. ρεω. ruf, pruf, vocatio, interrogare, probare, gustare; ריב, causa, litigavit, ראה aspectus. rad, sermo, sententia, ratio, intellectus, conjectura, frod, mens, prudens, sapuit; lat. ratio, credo, ερωταω. run, sermo, lingua, mysterium, interrogavit, consilium; Φρην, animus, Φρονεω, sapio, ρημα, rumor. rah, sermo, narrare, explicare, res, causa, curare, sprah, sermo, dixit, eloquentia, concilium, contentio; רגז, desideravit, lat. rogo, ορεγω, רע, cogitatio; lat. subfragor; רוה. -

M, §. 91. Mut, mens, animus, animositas, sermo, colloquium, hortatio, postulatio, doctrina, iudicium; μαθω, disco; mas, sententia, משל, loqui; mal, sermo, pinxit. myn, mens, sentire, cogitare, intelligere, attendere, quaerere, memoria, recordari, eloqui; lat. menere, mentio, moneo; μενος; memor; μιμος, mynd, imago, idea; אמן, veritas, fides -. mah, volo, possum, docilis; שמע, fama, sonus; lat. imago, mih. - mal, lingua, loquela, nota; מלל, locutus, μελος, μελω. - mar, fama, docere, nunciare, nota, observo, cerno; אמר, locutus, μαρτυς. -

N,

N, §. 97. πνεω, spiro. πνευμα, snuf, spirare, odoratu perquirere. נשב, flavit, spiravit; snos, spirare, explorare, cognoscere; snut, sapientia. nam, intellexit, didicit, appellavit. snag, spirare, scitus, loquela. gnar, odorare, considerare, cognoscere. -

W, §. 110. wit, wis, video, attendo, scio, scientia, dico, testor, assevero, certus, ostendo, voco, canto, clamo. Win, provideo, iudicavit, aestimavit, memorare; Chin. vam, contemplari. wah, vigil, exspecto, iudicium, consideratio, ars, mentio, effatus, interpretatus est, proposuit; lat. vox. Wal, deliberatio, declaratio, weler, labium, lat. vultus. War, observo, attendo, exspecto, existimatio, asseveratio, sponsio, praestitit, verum, labium. swär, respondit, iuravit; lat. quaero, verbum.

B: Chin. pu, consilium, נבא, pronunciavit, spi, speculor, indago, praedico, dico, explico, Σημα. bid, observo, exposco, praedico, accerso, נבט, intuitus, בטא, pronuntiavit, באר, declaravit, πειθω, persuadeo. בין, intelligo, οπτω, פנה, aspexit, facies; פן, opinor; span, persuasio, lat. spondeo. פה, os, פקד, vidit, visitavit, spoh, exploravit, vidit, שפה, צפה, lat. specio, specto. פלס, בלס, consideravit, scrutatus, פלל, iudicavit, oravit, spel, declaravit; lat. pellare. bar, manifestus, respondere, declarare, vox, clamor, cantio; חבר, observavit, פרש, declaravit; lat. perio. -

F: Fe, quidquid videtur; Φαω, lat. fari. Fop, vox, clamor; lat. fabula. Fas, quaero; lat. fatum. Fon, cognovit, invisit, statuit; Φημη; fama. lat. facies, faux. Ful, sensus, iudicium; Φυλαξ -. Far, tentare, inquirere.

H, §. 145. hu, animus; Chin. ki, spiritus, kial, attendo, penetro, explico, che, intellectus. Huf, animus, huw, spiro, indico, skow, video, considero, chaf, aspectus, vigilia, exploro, skaf, animus, ingenium, iudicium. Hut, memoria, conscientia, meditatio; jat, gat, intellexit, explicavit, dicere, asserere. gum, attentio, cura, observatio, memoria; Chin. han, anima, kin, declaro, verum; Kan, scio, dico, γινωσκω, contor. Huh, spiratio, vivus, animal, mens, intellectus, cogitatio, memoria, attendo, fides; היה, חיה, fuit, vixit. Hal, iudico, cogito, dico, narratio; lat. halitus. chor, aestimare, attendere, tentare; שור, contemplari.

Th, §. 187. Θεα, spectatio, Chin. ta, cognosco, tu, video, appareo. Thi, iudicare, monstrare, titulare. Ton, signum, sonus; tam, advoco, mirum. Teh, signum, doceo, testatus, cognovit, consultavit, meminit; Grönl. tekoa, videre, tagneit, anima. Tal, lingua, loquela, numerus, recitatio, explico.

S, ibid. sa, Chin. çu, seu, vidit. sef, anima, cognosco, video, audio. sit, videt, visio; zis, pensitatio. sin, mens, sensus, visus, intellectus, examinare, Chin. cor, credo; Chin. sim, spiritus, siam, imago, cogito; שׂר, cogitavit. sah, vidit, dixit, res, narratio, numerus; sith, inquiro, postulo, cupio; ש.ו.טס.ף.כ.ח.ע, vidit, cogitavit, חזה, pectus. sal, sil, animo, video, studere, proprietas, traditio, inquirere, אל[illegible], imago. Armen. sirt, cor; lat. sardo, intelligo.

Was wir Teutschen Geschmak, und die Orientalen ט[illegible], gustus, sensus, ratio, consilium - nennen, das stammt von den Speisen; und gut und widrig, Verlangen, Genüge und Abscheu, von Empfindungen. Die Liebe des Guten, und der Haß des Bösen, wie sich beides in der Vorstellung bildet, oder wie es eigentlich aus der Empfindung schlußähnlich folget, ist dem

dem Menschen so wesentlich und unwillkürlich, als die Empfindung wolbestellter Organe und ihr Ton.

So gewis es ist, daß Gut und Bös, Liebe und Verabscheuung ihre wesentlich verschiedene Töne oder Concent der Nerven haben, daß sie nicht können in einander übergehen, und verwechselt werden: so gewis ist es auch, daß sie im Organlaut, dem Wort, oder dem Ton in einem andern Verstand, dem Schrei, an sich selbst ganz nicht voneinander zu unterscheiden sind. Das Wort sagt den Affect, von dem es gezeugt wird; und Affect an sich ist Affect, er bedeute gut oder bös, lieb oder widrig, Vergnügen oder Abscheu. Ein Laut eines Organs, und jedes Organs, ist in einerlei Sprache und Dialect immer derselbe, er sage das eine wie das andere, gut und bös, so widersprechend sie sich auch sind. Hier zeigt sich die wesentliche Verschiedenheit zweier Begriffe, die in dem Namen des Tons zusamenfliesen, und zu unserer Zeit so sehr verwechselt werden. Der Ton das Wort sagt Affect überhaupt; und der Ton, der Concent der Fühlwerkzeuge, die Geberde, die Musik, die Höhe, das Zeitmas, kommt dem Wort zu Hülf, und bestimmt es zu dem einen oder dem andern, dem Widrigen oder dem Geliebten.

A ist Animosität, a-, ab-, at-, an-, -aht, al-, und ar- sind particulae intensivae, exaggerativae, augentes significationem, valde, §. 210. ab, zelus ist §. 215. studium; aptus -, und ira, אף. at, it, valde, iteratio cum zelo; asper, austerus. an, amo, imitor, und rixa, damnum, molestia; ant, animus, strenuus, navus, und zelus, reprehensio, molestia. ah, vigor, virtus, tumultus, und das seufzende ah. el, vis animi, virtus, alacritas, sanus, aemulus, studium, festinatio, und (olm) saevitia. ar-, tr-, naviter, art, diligentia, und ira, furibundus, [illegible], odium conceperit excitavit.

B hat für sich keine Leidenschaft, als welche die Höle gibt; und was K mit Eifer spricht, gehört zu seinem Verwandten H, dem Hauch.

L, laetus, §. 31. carus, 32. iustum, 33. und perversum, vile, despectuosum, §. 36-40. Chin. lo, laetitia, reditus, liber; li, ratio, pretiosus, cibus, offerre, lucrum; λάω, volo, bly, laetus, amoenus, aequum, ly, cantilena -; und le, vile, parvum, humi; ly, putre, mendacium, bli, percussio. - Lyf, lev, carus, placidus, traditio, lov, permissio, sponsio, laus, hymnus; und Laf, insipidum, sordidum, stupidus, pestis, malitiosus. lat. levis, aequum et vile. Lod, decens, gloriosus, und despectuosus; lod, consensus, concedo, und dolus, malitiosus; Lust, affectus in genere, Wollust, desiderium, delectatio, und das alt alemannische Leidlust, tristitia; List, scientia, ars, und astutia. Lum, λῆμα, status animi, der gute und üble Laun, und Lum, debilis. Luh, prosper und vilis, perversus, wie schlt, aequus und iniquus. Lur, laurus, gloria, und despectuosus, parvus. -

R, laetus, §. 52. carus, 53. pax, 54. und ira, §. 45. passio, tristitia, 48-51. ru, tru, ruw, quies -, und molestia, luctus, adversitas. rg, deliciae und ira, reg; truz, pax und trux; fred, pax und ira. reg, alacer, animosus, freh, laetus und avarus; רע, convictor, amicus, und malum, tremuit, [illegible], commoveri ira et pavore. rar, pretiosus und deficiens.

M, deliciae, pulcrum, §. 86. und malum, 93. defectus, despectuosus, lugere, 94. me, magis und sed. mut, commodum, laetitia, und vexavit, indignatio, renitentia. mann, deliciae, dulcedo, blandiri, und pusillanimis; minn, amor, und minus, paucum. mah, deliciae, smah, sapor, und smah, parum, vile, despectus; smuh, pulcrum, und muh, vexatio, ratio, inquies. mal, prandium und plaga. mer, carus, magis, und ſed, terror, turbare.

N, gratum, §. 98. und ingratum, 220. Chin. ni, convenit und monacha. Der Hund nagt ſein Bein mit Wolluſt, und murrt darzu. ſnuf, ſpirare, minari. nil, deſiderium, delectatio, uxor, ſatis, und non, invidia. gnad, gratia, und murmur canis. nam, gratus, accepit, und rapuit, praeda. nuh, ſatis, contentus, und murmur canis, aſtutia. nur, pulcer, contentus, und tantum.

W, voluntas, cupido, favor, carus, laetitia, §. 115. bonum, ſuave, pretioſum, 116. und taedium, vile, odium, ira, pavor, 117. dolor, languor, inopia. Chin. vi, inſtrumentum muſicum, ſopor, und parvus. weh, cupere, allicere, und dolor, anguſtia. wat, pulcritudo, und qwat, malus. wan, ſpes, cupido, amavit, und malum, vah, vereor, error, fletus, debilis, defectus. wah, favit, bonum, und vile, inutile, timeo, miſeria, debilis. wal, bene, electio, und malum, maculavit, ſtupor, error, dolor, plaga. war, conceſſit, bonum, und malum, rixa, ingemuit.

B, Chin. po, ornamentum und non. bad, cupivit, obtulit, bonus, uſus, proficere, und malus, inutilis; bas, ius und malus, odium, ira, ſtupor, pernicies; ſput, proſper und taedium. ſpan, allicio und odium. bah, petiit, pretioſus, und poſt, tergum, contradictio, rixa. bal, amaſius, und malum, ira, miſeria, dolor. bar, reditus, deſpondit -, und miſer, defectus, nudus.

F, Chin. fo, felicitas, und non, nunquam. Fats, iocus, und fad, malus, paucus, diffidatio. fah, pulcer, utilis, und paucum, vile. Fal, carum, und malum, caſus, mors. Far, pulcer, und ſe -, metus.

H, Haß und Eifer §. 147. zur Liebe 156. und zum Haß 147. ha, ho, aggrediendo, ja, ga, favor, aſſenſus, und vehemens, emphaticum. hap, inhiatio, ſtupor; חרד, optavit, und acceleravit cum tremore. gal, avide petiit, und hat, fervor, valde, ira, iurgium; gos, kos, optavit, probavit, rectum, und tentavit, anxit, caſtigare. jah, hah, vehemens; inclinatio, carus, laetus, und iratus, rixa. gam, cupido, und ham, ira, vindicta. gal, laetus, dedit, cupidus, und nimie cupidus, avarus, libidinoſus, contagium, fel, anxietas. ger, cupido, voluntas, carus, und avarus; kor, elegit und tentatio, triſtitia; hyr, vehementer, comis, und commotus ſtupore, ira.

tH, die Heftigkeit in Thun, §. 170. und leiden, 172. 179 -. Chin. te, virtus, propoſitum, nimis, und malignitas. De, potens und humilis, ſervus. Taf, fortis, fautor, und patior; יאב, תאב, deſideravit et abominatus eſt, bonum et malum. Thit, populus iſt dominus und plebs. Tum, poteſtas, princeps und ſtupidus -; θυμος, animus, und ira praeceps; Tam, decens, und exclamatio ſtuporis. Thih, decet, bonitas, und preces, ſervus; Tah, vehementer, gratus, und lacero, ſtupidus. Til, bonus und ſtupidus -. Tar, licet, audeo, und noxa, lacrymae, indigere, darf.

S, das Gemüth, der Zahn ziſcht Freude, §. 186. Zorn, 192. und Schmerzen, 193. Chin. ſal, doctrina, und tſal, infortunium. ſev, propitius und exprobratio. ſut, facile, und ſot, morbus, eſuries. ſun, verum, bonum und ſeparatio. ſuh, quaero, cupio, poſtulo, und ſollicitudo, morbus. ſal, ſtudere, bonum, und zal, noxa, periculum. ſer, valde, und triſtitia, dolor.

Diß ist ein Grundsaz für alle Sprachen, für ieden intuitiven Begriff, der eine helle und dunkle Seite hat, und ein Correlat, Thun und leiden - in sein Wesen schliest, ohne dessen Kentnis man irre geht, und keine richtige etymologische Herleitung machen kan.

Was durch des Menschen Sinne eingieng, was er gewahrte, das war ihm wahr; was er sagte, das meinte, und was er dachte, das sagte er auch. Sein Gefül gab recht. Die Sache, Sehen und Sagen; Verstehen, Denken und Erzelen; leben, Empfinden und Verlangen, lieben oder Hassen; Reden und Hören; Vernemmen und Thun - machen ein eins zusamen.

Der Gegenstand malt in der Sele ein Bild. Die Vorstellung wird lebhaft. Die lebhaftigkeit, die leidenschaft erwekt ein Organ. Das Organ gibt laut. Und laut, Affect, Vorstellung und Ding werden eins. Kein Affect, kein laut; wie kein Ding, keine Vorstellung. Das Sprechen ist ein hoher Grad der Gemüthsbewegung, und ein Ausbruch des Organs, ein wahrer Zwang. Es ist allezeit die ganze Sele, das ganze Herz dabei. Ganz liebe gegen das gefülte Gute, ganz Abscheu gegen das Böse. Daher der Vorwurf der Grausamkeit, und das Wunder der Grosmuth.

Sinnlichkeit, Affect, Einfalt, Offenherzigkeit und Redlichkeit sind die Grundlage der ersten menschlichen Sitten.

7.) Die Wissenschaft.

I. **Die Thiere** haben ihre Namen von ihren Eigenschaften, und sind durch den ganzen Raum der Sprache ausgestreut. Es ist natürlicher, und der Sprache gemäser, sie nach den lauten der Organe, in ihrer Reihe zu übersehen, als iedes einzel, nach seinen verschiedenen Namen anzugeben: um so mehr, da so viele Thiere an einerlei Eigenschaften Teil nemmen, und damit einen gemeinschaftlichen Namen haben.

A, 1.) von der Höhe, §. 210. ebr, ciconia, verres, ibs, lat. ibex; der Egypter ibis. ot, os, bos; asn, esl, asinus; adebar, ciconia, adler. ök, equus, iumentum, ohs, bos, oh, cygnus. el, groses Jagdthier, alp, elephas, אלוף, bos, איל, cervus, aries, olf, camelus, albs, cygnus, alh, alce. or, ur, bos; ork, bellua, ors, equus, ar, arn, aquila; aries; urus. -

2.) Von der länge und dem Schnabel: ὄφις. azl, pica; anguilla, al; älk, monedula, alstr, pica; yl, hirudo, besser von der Eilfertigkeit.

3.) Vom Gesichte, ap, אף, vultus, simia.

4.) Von der Herde oder Gesellschaft, §. 218. ew, ovis.

5.) Vom Geheul u, bubo, ugl, ul, ulula; ulf, lupus, und ilt's, iltis (lupulus); ursus.

6.) Von ant, pone, post, dem Hindern, §. 221. ant, anas.

7.) Von ost, haustum (ex imo), 222: ostr, ostrea; uz, bufo. ab insidendo im, apis, ingr, bruchus.

K, 1.) vom Kauen, §. 3. Chin. cu, caper; Ku, Pers. ghau, Armen. kuew, lat. ceva, Hottent. tkouw, vacca; Käfr. Hottent. khauna, agnus, tkamma, cervus. - Kyr, vacca, כר, agnus.

2.) Von der Stimme, §. 7. Chin. ya, anas, anser, ki, gallina. Germ. gal, cornix. gas, Slavisch gesk, anser; kaz, felis; kiz, עז, גדי, hoedus; kauz. Kan, cornix. Kuk, pal-

lus

lus gallinaceus, κιχλη, der Hottentott nennt die Henne konkeren, und der Schwab den Hanen giker; kikert, rana, mit seinem quachsen, das queken der Hasen; עגור, hirundo, pica, grus, psittacus –. Dergleichen menschliche Nachahmungen der Thierlaute, und Benennungen der Thiere davon, sind viel zu selten, und viel zu unbestimmt, als daß, in Rücksicht auf den Ursprung der Sprache, viel drauf zu bauen wäre. kalf, vitulus; skalt, das Schreien der Hirsche; שלו, coturnix; cornix, κορωνη, cirrhis, caregus –.

3.) Vom Fell, §. 9. כבש, skaf, ovis, Chin. kien. skök, capricornus. Chin. ze, capra, castor, zibelina felis. Von der Schale: Chin. keu, gueu, testudo, hiai, cancer. gambr, lat. cammarus, cancer. cicada. Σκυλλα. karp, carpio, cyprinus; scorpio.

4.) Vom Magen, §. 15. Grönl. koperloch, vermis; skab, tinea. κις, cossus, costis. skarb, pelicanus, ibis.

5.) Von der Verbergung, §. 17. κωβιος, gobius; כפיר, leo; skubut, ulula; שפן, cuniculus, mus montanus. kunin, cuniculus, kull; חלד, mustela. gor, sker, talpa. Chin. hu, leo, tigris, lupus; chu, ngu, zu, mus; ze, serpens. Vom dunkeln, schwarzen, corax, corvus – §. 18.

6.) Vom Betrug, §. 20. κερδω, vulpes, callidus.

L, 1.) vom Zungenlaut, §. 24. nennen sich: Lu, Luw, leo, mugiit, לביא. Lobus, lupus; αλωπηξ. ליש. Lam, ovis. gluk, αλεκτωρ; lucius (lupus). lerch, alauda. slir, bubo, slir, gryllus.

2.) Von der Leichtbeweglichkeit, §. 26. lat. lepus. floh, pulex; likr, lörk, papilio.

3.) Vom kleinen Verächtlichen, §. 36. kley, termes. lus, pediculus. lynk, passer.

4.) Von der Länge, §. 211. lin, slang, Chin. long, serpens.

R, 1.) vom Zorn, §. 45. rid, rah, canis.

2.) Vom Raub, §. 47. rab, rust, rain, עורב, corvus. roh, accipiter, אריה, leo, carpsit.

3.) Von der Stimme, §. 56. ru, rugitus, kra, cornix, rah; lat. scropha. rus, susurrus oestri; trosta, trutilo, ῥοθος; rus, leonis, bruisk, asini, christ, verres; rit, rugitus leonis, lat. rudo asini; rum, psittacus; brem; spren, sturnus; kran, grus; lat. rana, ranco, grunnio –. ruk, krah, galli, lat. gracus, crocio, rugio, שאג, cervi –. krel, felis, bryl, leonis; lat. gryllus –. brarch, porcus. –

4.) Von der Eilfertigkeit, §. 71. ros, animal vehens. lat. dromas. רכש, equus, mulus, celer. §. 72. ra, re, caprea. trap, ornis. frod, vitulus. rin, admissarius; ram, aries, vervex, ερν, ovis, rheno, רמך, equa. reh, caprea, frik, vitulus. –

5.) Besonders vom Kriechen, §. 74. lat. raia. rup, krup, krap, crabro, σερφος a ερπω –. rat, raz, ערץ –. ram, רמש, lat. rana. rah, aranea, Slav. rak, cancer –; draco, צרע, crabro, rauca, eruca, bruchus –.

M, 1.) vom Mundlaut, §. 87. mu, boarus, bos. Chin. mia, felis. muh, mugitus. μηλον, ovis.

2.) Vom Rüssel und Schnabel, §. 88. my, apis, μυια, mus. med, nisus. mad, mod, mit, vermis. miz, culex, lat. musca; mez, passer; μυς. muk, musca, culex, meh, larum.

. mol, stellio, papilio; mal, מול, נמלה. molyris, μελισσα, μελις. - mir, myrmecia; murm, ericaceus; martes; נמר. -

- 3.) Vom Säugen, §. 84. Chin. ma, Germ. myd, moz, mar, equa. -

N, vom Schnabel, §. 95. snak, culex, snek, testudo. נץ, accipiter.

W, 1.) vom leben, §. 107. fi, βοτον, feh, wah, quik, animal, pecus.

2.) Von der Stimme, §. 110, 1, 2. wy, hinnus; wuw, latratus. lat. pipio, אסף.

3.) Der Narung, §. 111. bu, vacca, lac. lat. vitulus.

4.) Dem Schnabel, §. 112. bi, apis. pip, pullus, pipio, vipio; bibr, fiber. passer, spaz, Σπιζιας. bin, apis; fin, picus. pica, specht. spar, passer, צפר. -

5.) Von der Gröse, §. 113. boa heist die gröste Art Schlangen in Ostindien; bu, bos, lat. bovis, Hottent. buhaa, βυβαλος. boma in Congo die gröste Schlange; בהמות. wal, balaena; bol, bos, canis. fil, animal grande, altEgypt., Aethiop., Türkisch, und fast in ganz Orient der Elephant. bar, animal grande, ursus, verres, vervex, lupus, פר; barrus, wovon ebur, in Indien bari, Chald. beira -

6.) Von der Jagd, §. 125. Chin. fi, ovis, capra (§. 107.), fo, tygris, pavian; ϐου, pecus. bu, βυς. baz, ursus, verres. vos, vulpes. wan, animal venatorium, wint, canis venaticus. wih, accipiter; wilt, fera, wulf, lupus, vulpes. feh, mus ponticus, foh, vulpes. lat. pecus, altmedisch spaco, canis. falk; lat. felis. far, taurus, ferk, porcus, fers, vacca. lat. fera, Φηρ. פרא, אביר, taurus, equus.

7.) Vom Gewebe, §. 134. wesp, vespa. spinn, aranea. -

H, 1.) vom Gesicht, §. 145. קוף, cabus, κηβος, Chin. heu, simia.

2.) Von der Stimme, §. 146. huw, bubo. hystr, pica. gas, Plin. gansa. han, gallus. gak, cuculus -.

3.) Von der Flüchtigkeit, §. 149. gob, gobius. Jagd und Fischfang, 154. Chin. kau, keu, canis, ki, ki, porcus, kieu, quadrupes. lat. caper; καπρος, עתד; ιππος, καβαλλης. hal, lepus; catus, ατη. חזיר, שחץ, fera, leo. hin, cervus, ιννος, hunt, canis, venatus; lat. hinno, hengist, Chin. jan, jam, equus. haml, Arab. חמל. gems, capra, gumr, aries. lat. canis, κυων, Grönl. kimmech, Chin. kiuen. hah, taurus, heh, hoedus, heht, lupus. עגל, vitulus, properavit. gaul, pecus, verres, equus, כלב, canis, ελλος, γαλη, שחל, leo ferox. hart, hirt, cervus, hors, equus. lat. hircus, Hottent. horri, animal.

4.) Von der Regung, §. 157. Chin. chi, yai, vermis pedatus, venire aliquo.

5.) Von der Gröse, Höhe, Spize, §. 162. kemas, gems, חמור, dama, asinus, acervus, גמל, καμηλος. In Congo neloko, ein groses Thier. gehörnt: cervus, Σκαραβος, עור, bos. -

Th, 1.) vom leben, §. 168. thir, Θηρ. Ted, canis femina; Tot, equa, mamma; Tel, cerva, טלה, agnus.

2.) Von der Flüchtigkeit, §. 170. Chin. tu, lepus, ti, gallina montana, תוא, תאו, bubalus. דאה, pernix volans, דיה, vultur, דהר, quadrupedavit.

3.) Vom Fang, §. 171. דג piscis.

4.) Der länge, §. 175. Chin. tu, tinea; תנין, serpens. Pers. sek, canis a cauda; Tul, pica a rostro.

5.) Von

5.) Von der Höhe, §. 176. גמל; Chin. to, camelus. Thur, taurus. Dog, canis maior. תור, taurus. -

6.) Von der Stimme: תור, turtur, turdus, sturnus -. und

S, 1.) dem Gezische, §. 191. זבוב, musca. Σης, tinea. sorex, ψαρ.

2.) Vom Saugen, §. 196. Zob, canis femina; zith, catella, capella, שה, agnus. - Nebey der Hündin mit vielen Dutten, (und der Stute, wovon der Teutsche mehrere Namen hat), ist das Mutterschwein von reicher Benennung: Lon, Los, 34. mok, mor, 84. bahn, swin, 109. bach, 111. Tusk, 168. suh, sit, sus, Συς, 196.

II. Die Pflanzen sind eben so durch die Sprache ausgestreut, und meist schon in der Speise 3), und dem Gewerbe 5) angegeben.

A, §. 209. - ast, surculus, ask, asp, fraxinus, populus, עשב, עץ, בץ. אלן, eln, alnus, aloe, ulmus. ארן, erl, ornius, arbor -.

H, §. 3. Chin. hoa, flos, creo, genero; che, flos. -

L, §. 34. die Vegetation - Lot, glot, palmes plantationi idoneus; lat. flos, βλαστος. planta. לוה. flor. -

R, die Vegetation, §. 67. ro, iuncus, fro, semen, gro, germen. rap, prop; lat. rubus. rut, lat. ruta; rit, arundo, ρυτη; krut, olus, ramus; lat. frutex. ras, surculus, ris, ριζα, rosa; gras, kres; גרש, שרש; pros, spros, πρασιος -. ron, ran, beta, grun, viridis, lat. gramen, brom, rubus; prunus -. ruh, virga, ירק, רען; racinus. prih, surculus, Φρυγμος; struk, frutetum. rulk, millefolium. ror, iuncus.

M, §. 79. mos, μοσχος; mespilum. smak, ficus; αμυγδαλος. lat. moly, melo, melina, milium, malva; in Congo malanga, Gurke. - morum, μορια; תמר, dactylis cibavit. -

W, die Vegetation, §. 107. - Φυτον. - Chin. vum, germen. pago, πηγανον. - viola. vireo, virga. -

In H kömmt, §. 150. ha, hu, אזוב, how, חציר, hun, hig, χορτος, cordum, vom Abhauen, dem Hau, und sonst hat dieser laut mit der Vegetation nichts zu schaffen.

tH, §. 168. Thi, cresco. - lang und zahn, §. 175. zib, cuspidatum. - Ten, Tak, דק, דל. - Hoch, §. 176. ששט, cedrus. Tan, abies, תאן. Til, anetum; lat. tilia. Tor, Tre, תרז, δρυς, quercus. -

III. Die Erde heist fruchttragend, §. 208. A, au; od, ask; aug, akr, und ar, ark, lat. arvum, ερα, lat. erda, Arab. ardon, ארץ -. Und

Eine Fläche, th, §. 177. Chin. ti, tu, terra, tabula, planum; דף, lat. tabe, תבל, orbis. In Congo heist die Erde toto, Chin. tam, terra, tien, terra, rus, cælum. altlat. tera.

Die Erde als ein Mineral, ein dehnbarer leimen, Tyt, tendit, טיט, lutum; טין, Ton. Tah, massa, πηλος -. §. 37. Ly, putre, kly, argilla; slib; ιλυς; limus; slik, ler -.

Der Stein, stan, a sixo, §. 202. Chin. xe, çui, 201. Das lat. os, οστεον ist, §. 210. עז, durus, robur; und §. 150. cos, קשה, durus. - Lapis, lapidare, Lap, ictus, §. 40. rupes, scrupus a ruptura, grin, calculus, §. 72. רגם, lapidavit, 75. 47. - Das Grönländische tank, ab impulsu, 171. סקל, lapidavit, lat. saxum. -

IV. Das Wasser heist A, §. 204. Persisch ab; Cambr. isc. enis, fluvius, piscina; un, unda. ah, lat. aqua, aequor. ar, αρς, eridan -, αρυειν, αρυσ-

L,

L, §. 28. Chin. lieu, aqua, manare, liquesco, lu, ros; flit, lat. fluo, φλυω, πλυνω-. λιβος, gutta; flov, fluvius, lapl, mare. lid, liquor, fliit, fluens; λιζω, stillo; לשד, humor. Chin. lum, unda maris, lim, tegula stillans, flem, lat. flumen, lympha. Lag, aqua, mare, liquor; flyg, fluens; fluctus. -

R, §. 78. ρεω, ρευω, Französ. ru; βρυω, mano, scateo. Cambr. riw, torrens, rivus, ρευμα, impetus alluentis aquae. Trof, ערף, stillavit. Persisch rud; Rhodan, Cambr. rhedag, fluxit, fluvius, ροαδης. Altpersisch araß, Germ. ros, aquatio, רסס. ran, fluxit, unda, ρανις, gutta, Tran. θρομβος; strom. - ryh, torrens, ריק, effudit, ירה, pluvia, praecipitatus; Arab. roha, Rußisch reka, fluvius; lat. rigo, βρεχω, Traht, fluctus. rol, fluxit, rivus, canalis. ריר, fluxit, salivavit.

M, §. 83. ab humido, liquido: altEgypt. mon, Ioseph. contra Apion. l. 1. Coptisch μωου, aqua. lat. meo, madeo; in Congo masa, aqua. lat. mano; migo, mingo, ομιχεω. mor, palus, stagnum, mare.

N, §. 205. proprie in aqua; νεω, νεω; אני; Armen. nav, Germ. Grönl. naw, ναυς, navis. nat, humidus, mingere, lotium, natr, hydrus, not, navis, νοτις, humidus, נטף, stillavit, נזל, fluxit. nih, crocodilus, nah, snak, navis; נחל. knar, navis.

W, §. 140. wah, aqua, fluctus, fluctuans. wad, humidus, was, Slavisch woda, aqua; Arab. wad al kibir, fluvius magnus. wag, wog, fluctus. wal, swal, fluctus, quel, fons. werf, fluctus, fluctuare -.

Mandingoisch batto, fluvius, ποταμος. ban, mare. bah, rivus, πηγη, נבע. bul, fluctus, lat. bullio; pul, palus, מבול, יבל, פלג. בור, ביר, באר, born, fons. Der Americaner, para, fluvius.

lat. fudo, fundo, fons; fen, locus aquis exundans; fuht, humidus. Chin. feu, natare. fisk, Ungar. fiset, lat. piscis, a natando, oder auch von fus, promtus, celer §. 131. fin, pinna. font, baptismus; ful, lavo, purgo, baptizo.

H, §. 148. Manding. gee, ji, aqua, fluvius; Chin. ho, fluvius, hu, lacus, ki, gutta, promanare, hue, scaturigo, hai, mare, yu, pluvia, piscis -, χεω, χευω, υω. lat. gutta, נגר, manavit; gut, guß, χυσις, [illegible]; Grönl. koes, fluvius; skut, χυδην, אשד, effudit. Ham, aestus maris, illuvio, κυμα, χευμα; עין, Chin. chuen, fluvius. גיח, גחון, Grönl. kok, fluvius, koch, mingere. - גל, fluvius, scaturigo, fluctus, נחל. גב, alveus, נגר, נהר. -

TH, a profundo et submersione, §. 181. Tus, immersio, δυω, טבע. Donk, tingo. Tuh, immergere. Til, lacus. Dur, aqua.

S ist der eigentliche Flußlaut, §. 194. se, mare lacus; su heißt bei den Patagonen, su, sul, bei den Mogolen und Tatarn, aqua, Chin. sui, aqua, lacus, ςe, exundare, ςiao, irrigare, ςieu, natare, vinum, autumnus; צי, navis. sav, mare, syp, defluere, צוף, זוב. alt Egypt. sabbo, Krankheit der Eingeweide (Fluß, Durchfall) Ioseph. ib. l. 2. sod, fons, שטף. sink, aqua; Chin. ςim, ςin, aqua, puteus, ςiuen, res piscatoria, suon, lacus profundus. זר, effluxit. sih, lacus, liquo; Grönl. siko, gutta; סחף, abrasit more torrentis. syl, rivus, סלל, aestuare. Cambr. sirn, mare; Armen. dsur, aqua; [illegible]זר, inundavit; Grönl. sarbach, fluvius, siruksua, pluvia. -

Stagnum, stillare, a fixo, §. 202.

V. Die

V. Die Luft ist A, §. 206. αω. lat. avis. αετος, Germ. adr, avis; aether; atm, ατμὸς. aud, spiritus. ah, spiro, spiritus; Huronisch oki, spiritus; [illegible]אוירח; aquila. αυλω; ala. αυρ, aura.

L, §. 27. Chin. lu, alae, pluma. flo, volavit; lat. flo. Luf, ala, armus, luft, aër, elevavit. flud, volatus, fluz, plus, penna, flyt, blis, flavit. plum, pluma; πλευμον. luht, aër, elevavit, fluh, volatus; flik, ala, aptus evolandi. fler, ala.

W, §. 138. wa, flo; weh, sweb. wad, west, aura, spiritus, occidens; vesper. wint, ventus. wah, flare, wik, ala, swigl, aether. wal, volare; swalb; lat. vultur. wort, aura.

lat. Papilio, babilius. πτερω; pos, caulis pennae, pust, flatus. penna. אבק, pulvis vento agitatus. Pers. bel, ala; πελεια, columba; lat. pulex, Grönl. pillektach. אבר, volare.

Chin. fi, ala, volare. Fit, pluma, ala. Fön, auster. Chin. fum, ventus, volans, phoenix. fah, flo, ala.

GH, §. 148. Chin. ki, aër, odor, elevatio; y, chi, njao, avis; yu, ala avium; ye, hirundo; ri, deorsum volens. עוף, avis, אגף, ala. עוט, involare. Chin. yen, hirundo; hoan, modus volandi. יונה, columba. איה, vultur, accipiter; hiks, ahaks, columba. קל, חלק, leve, velox. ger, ala. hirundo.

TH sagt blos die Hefftigkeit des Flugs, §. 170. Tub, columba, oder auch vom Baden, 181. טוס, volavit. דאה -

VI. Das Feur, mit allen seinen Eigenschaften, licht, Glanz, Farbe, Wärme, Brand, Dürre -. A, §. 207. αυω, splendeo, sicco. at, ignis, uro, az, ustrina, ask, cinis, esl, scintilla, אש, אץ. lat. asso. amr, favilla. Slav. ohn, lat. ignis. lat. albus, αλφος. אור, lux, אור, ignis; lat. uro, areo, iris; נור, luxit.

L, §. 29. 30. Lo, Chin. ignis, Germ. tepidus; λευος; liare; gli, splendidus, lucidus, candens; fli, albugo, bla, caeruleus. Lup, lux, לבן, albuit, λευκος; לפר; glew, splendidus; lat. glaber, livor, flavus, laevis. lut, luz, lux; blus, gliz, fulsit, lat. glisco, צלש. Lum, lumen; lamp, fulgor, lampas; flamma. Luhs, λυξ, λυχν; luk, blig, בלג; blak, caeruleus, subalbus; Algonkisch alanc, stella; להט.ב, Loh, fluk, Φλεγω, flagro. - Lor, fax; gler, vitrum; lat. clarus.

W, §. 139. Chin. qua, lumen, clarus; swe, uro. wip, fax. wit, albus, flavus; lat. vitrum. Chin. von, pingere. Slav. swic, lux. wal, swal, calor, ustio. warm, calidus.

Grönl. Poe, fulgor, opa, igne consumere. βαφη, color. bet, fermentum, color; ברץ, nituit colore, byssus. bak, calidus, [illegible]פחם, carbo, nigrescere, יפע, luxit. Cambr. bel, sol, בלג; βελος, βαλιον -. bar, illuminatus, bern, uro; Copt. πιρι, sol; πυρ, Altphrygisch pyr, ignis, Hensel p. 370.

lat. Fio, pio; Chin. feu, fumus; Φαινω, Φαινω; Φοιβος, sol. fon, ignis; Φανος; lat. fomes, fumo. fak, fax; fag, rutilans; lat. focare. Fal, Φαλος; lat. fulgeo, fulvus. Far, color; fyr, ignis; lat. formus, calidus, forceps, - pex. -

H, §. 148. hau, fulgurans; καιω, uro, כוי. Chin. ge, sol, dies, he, claritas, coloratus, niger, hao, clarus, ho, ignis, hoe, flamma; hoei, luna, mensis, bruma, yai, color albus, hia, aestas, re, humiditas splendens, ru, calor. Grönl. kavoch, lux, dies; כוה, ustio, כוא, fenestra.

hit,

hit, hiz, קים, קיץ; קדר, combuſtus; ξανθος, flavus, ξεστος, politus. - chan, chand, candens; kend, cendo, Cambr. cynne; lat. cinis, κονις; Grönl. kanich, nix; עין, color, oculus, Grönl. kinag, facies, Chin. yen, oculus, hoen, lux, ignis, huon, clarus, albus; יום, dies, חם, calidus; Chin. kam, han, magna ſiccitas, yam, incendo, hoam, flavus, hiam, kim, clarus, hum, conſpicuum reddere, ruber, ignis; Grönl. kaumeh, luna, kaumerſuit, vitrum. ſkin, ſplendor, שחן, incaluit, שמש, luxit, ſol. hak, lux, יצת, uſſit, נגה, נגה, כבב, ſplenduit, Grönl. kakok, albus. hel, lucidus, gel, helvus, galbus, gilvus; Cambr. haul, ἡλιος, ἑιλη, ἑλη, Grönl. jlioun, jlidut, ſol; קלה, torrefecit, expolivit; lat. color, calor, caldus - hyr, Armen. hur, ignis; Franz. jour, dies; בהר.נ, ſplenduit, חרר, aduſſit, חרם, ſol. lat. carbo, καρφω. - ſkyr, lucidus, clarus, צחר, albus, שרב, arſit, combuſtus. -

S, a viſione, §. 188. Aleman. zi, flammo; Chin. ҫao, aurora, ortus, ſai, color, ſe, color, figura, calidus, ſie, effigies, ҫul, clarus. זו, ſplendor. In Congo tubia, ignis (der German ſagt Te, oſtendo). ſud, meridies, ציה, זרח, cendit, ſplendor; Huronisch tſiſta, ignis. ſun, ſol, zin, tin, ſplendor; Chin. ſun, ſplendens, ſin, color, ҫan, reſplendeo, ҫim, color, caeruleus, ҫem, flavus; tem, lucerna, tan, ruber. - שמש, luxit, ſol. ſakr, ignis, rogus; Grönl. ſakanach, ſol; צח, זיו, ſplendor. Germ. und lat. ſol; Σελας, luna; מזל, planeta, צלה, torrere. zar, cendo; כוכב, planeta, זרח, ſol, ſplenduit, ortus. -

Die Slaviſchen ſwiety, und ſwant, ſanctus, kommen von wit, ſplendens, und want, ſpiritus. Und and, §. 207. und wand, §. 139. ſpiritus, heiſen lux. Und Geſt, der Geiſt, iſt Feur und Glanz, Holländiſch gheſteren, geiſtern, ſcintillare -. So erſcheinen Gott und Götter und Dämonen in den Kirchen- und profanGeſchichten und Gedichten.

Die Schönheit der Natur, nach welcher der Menſch ſich und andere Dinge im ſtillen Waſſer ſah: ſkem, Schemen, - machte ihm (neben der Vergleichung ſeiner mit andern, und anderer Dinge unter ſich: lat. eco, ego, und icon -, min, ego, מין, ſpecies, ſimilitudo -, an, ſam. -) den lebhafteſten Begriff von der Aenlichkeit und der Nachbildung.

VII. Uebrigens iſt der Himmel eine obere Deke, eine Stürze, ein Gewölb, das die Erde überdekt, ein haſ, hoſ, altum, profundum, cavum, ſeptum, himl, himn, tegmen ſuperius, von himen, contegere; der Holländer nennt den Gaumen 't gehemelte. Chin. kien, yuen, cœlum, abyſſus, longe, elevare, camera. שמים leitet ſich am natürlichſten vom Arab. שמה, ſkamah, ſuperne texit. Das lat. cœlum, und Grönländiſche killach, kelling, von Kul, der Bedekung, §. 11.

Und das lat. ſidero, wittern, kömmt von ſidus, und dieſes, ſamt dem Perſiſchen und Europäiſchen ſter, ſtella, von ihrem feſten Siz, §. 202.

Sturm, Bliz, Donner und Wetter 1.) krachen R, §. 63. Chin. lui, tonitru. αστραπη. ברד, grandinavit. βροντη, Deus brontons. ברק, fulgur; fragor. ſtral. und 2.) tönen mit Hefftigkeit, §. 170. Chin. tui, tonitru, fulgur. Dön, turbo, donr, tonitru; θυελλα; Thor, Taran, Taran; turbo, ſturm. - מטר, pluvia. tH iſt finſter, Dunkel, Dampf, Wolke und Elend, §. 180. Grönl. taa, obſcurus; Chin. tai, obſcuro, nubes, color e longinquo apparens; איד, vapor, nubes, calamitas, - Und Nacht, Wolken, Schne und Geſtöber machen Angſt, Noth, Heulen und Wehklagen, Nu, §. 220. S, §. 193. Chin. tſai, infortunium, zal, angor; zes, turbo. zen, fletus, צנן, frigeſcere. zag, tremens, זעף, cœlum nubilatum, indignatus, clamavit prae dolore et anguſtia.

8.)

8.) Die Lustbarkeit.

A! O! ευ, bene, ovare, das uralte ευαι, evohe! אוה, aveo. ad, at! αδω, αειδω, ωδη – §. 218.

L, §. 31–33. Chin. Lh, ul, parvulus, activus. Li, cantio, carmen, glu, facetiae, κλεος, gloria. – Lob, hymnus, laus, Lyp, Lop, saltus, saltavit. Lyd, blid, glat, Lus, Lust, lat. laetus, und Phryg. Lyt, Hensel. p. 370. cantilena. lat. plodo, plaudo. blant, placidus, blandus, planz, plausus, plins, saltus. Luk, gluk, kluht, prosperitas, laetitia, lusus, lek, pleg, ludus, saltatio. Lur; lat. lyra, gloria. –

R, §. 55. ry, rig, Reige, Reihe, heist ein Band und Tanz. Man faßte sich an den Händen, und machte einen Kreis; daher kommen die Namen von einer Menge Bänder und Ründungen: rif, omne rotundum, rad, rota, Chin. Lun; rund, Kron, Kranz, corona; ῥεμβω. rig, rik, rink, chorea, annulus. rol, krul, rotundum, גרל. –

F, §. 115. Chin. vi, certare per iocum, instrumentum musicum. Faz, iocus, Fisit, fidl, fides. lat. faustus. fah, gaudium, gavisus; fweg, gaudium, exsultatio, instrum. musicum, sonus. lat. felix. Persisch ferah, laetus.

H, §. 156. hu, laetitia, Chin. hu, musicalis, hi, laetari, yo, musica, laetus. Germ. ju! exsultandis, lat. ju, jo, jeo, jou, ovantium, iuvenis. Germ. juh, lat. jubilus, juvenis. hop, saltus, saltatio. gad, goz, lat. gaudium; גדוה, κιθαρα; ᾄδω, cano, ἥδω, delecto, הידד, vox ovantium. ענג, deliciari, γανυμαι, γανοω; cano, ענה; נגן, pulsavit musice, כנור, cithara. Chin. hin, laetari, him, felix, hiam, gaudeo. hog, laetitia, juh, exsultans, pullus, lat. jocus. עגב, geige; שעשע, oblectare. hal, hil, salus, salvus, alacer, αλλω, salio, ἱλαρος. gal, laetus, גיל, עול, exsultavit, ingressus more parvulorum, adolescens; חליל, saltavit, tibiis cecinit; γαλερος, αγαλλω. jol, jubilus, cantilena rudis. ger, deliciae, puer; כרר, saliit, laudavit, חרף, iuventus, עיר, pullus, asellus. Σκαιρω, salto, אשר, beatus, directus, nuntiavit laeta.

Th, die Hefftigkeit, §. 170. Chin. tao, saltare. טפף, incessit more parvulorum plaudendo et saltando. דוץ, exsultare, Germ. daß, dans, saltatio. –

S, §. 186. so, promte. Σως, sospes, שש, שמחה, hilaris. sunt, sanus. ישע, salvus. sel, promtus, sald, salus, salvus, צלח, prosperari. sar, promtus. –

Diß sind Laute der Munterkeit und der Lust, der Jugend, des Hüpfens und Springens, die Urgründe zu den gemeinschaftlichen Vergnügungen und der Music der nachmaligen Zeiten.

Man richtete sich unbesorgt, wie die Vögelein des Himmels, nach dem Schiksal der Witterung und der Narung.

III. Das Hirtenalter, oder die JünglingsJare der Sprache, und der menschlichen Begriffe. Die Geschlechter.

1.) Die Sprache.

Die Minister, welche der Mensch blos nach verschiedener Gewalt der Organe ohne weitere Bedeutung den Regenten angefügt hatte, bekamen nun noch eine Bestimmung und besondere Verrichtung. Es entstund eine Art von Grammatic, von welcher aber der Chinese nichts weiß, noch wissen kan. Von hinden wurde -gh ein Zeichen der Eigenschaft einer Sache, wie das germanische -ig; -t, -s, die Person ausser mir im Zeitwort, wie das germ. -et, -est; das partiticipium, wie -et, -end; auch s das Adiectiv, der Umstand, wie das germ. -isch, das griech. lateinische -as, es, is, os, us. -l und -r, beide ein Zustand, Behandlung, Werkzeug, auch ein Diminutiv, und Frequentativ, wie das german. -el, -er. -n, der Infinitiv, das Nominale, wie das Teutsche -en. -w, bleibt der Stellvertretter, der dem Regenten bedient, so lang er sich allein befindet.

Von vornen: -w, gemeiniglich geschärft b.p, wurde vorangesezt, die Art und Weise anzuzeigen, wie der Germanen be-; gh- wurde eine Emphasis, der Artikel, die Person auser uns, ein Collectiv, Comparativ, wie das germanische ge-. n- der Artikel, wie germ. n', ein; und die Präposition, wie in-, ein-, samt dem Negativen. t- der Artikel, die andere Person, das Supinum, wie das germanische te-, und s-, das besagen.

Es waren in allem nur zwo Personen, der Vocal, oder insbesondere i, die eigene, und th, gh, die andere, der Gegenstand. Alles noch ohne Geschlecht, ohne Fall, ohne Zal, und ohne Zeit. So ist das Chinesische noch. Das Activ und Paßiv, Thun und leiden, Reden und Hören, lehren und lernen, - das Correlat auf und ab, hoch und tief, gros und klein, nemmen und geben -, war alles einerlei.

Die Sprache bereicherte sich immer mehr an neuen Begriffen und Metaphern bei einerlei Wörtern.

Nun sezten sich auch ganze Wörter zu ganzen Wörtern. Eins sollte des andern Eigenschaft und Beschaffenheit, Thun und leiden, zeigen. Nur die Stelle machte diesen Unterschied. Das Hauptwort behielt seinen vorzüglich bedeutenden Ton; und das Gesänge, welches iedes einzele Wort schon verursacht hatte, breitete sich nunmehr weiter aus. Währender Zeit war der unarticulirte und ungewiese Ton allgemach, hie und da in einem Wort, zu seiner Bestimmung gegangen, und iede Bestimmung hatte sich an einen oder den andern in dem laut liegenden Begriff geheftet. Die Wörter müsen uralt, und ihr Begriff der ersten Nothdurft sehr angemessen sein, die in den nachmaligen Sprachen diese gemeinschaftliche Bestimmung fortgepflanzt und behalten haben. Denn von der gelegenheitlichen Uebereinkunft in einem speciellen, oder wol gar gleichsam individuellen Begriff, zumal wenn auch noch der Wortlaut ganz willkürliche Bestimmungen und Zusäze hat, wie das grönl. pillektach und lateinische pulex, mit tausend andern, wird niemal die Rede. Und man entehrt die Harmonie der Sprachen, wenn man sie hier suchen, oder hieraus lächerlich machen und widerlegen will. Wir sprechen blos von elementarischen Wurzeln, und ihren natürlichen und nothwendigen Begriffen.

- Der Herzhaftere sprichr aus einem höhern und stärkern Ton. Der Grundstoff zum frühesten Unterschied einer höhern und niedern Mundart. Einzeler Organgebrechen dieses und ienes Vaters nicht zu gedenken.

2.) Die Gesellschaft.

Jezt zeichneten sich entferntere Glieder der Familie, und die Familien selbsten voneinander aus, wie zuvor einzele Menschen. Und der Hausliebe sezte sich die Neigung zu seiner Familie an die Seite.

A, §. 218. אב der Vater wird lat. avus, ἀπφυς. am, die Mutter, und an, ad, apud, wird an, die Ahne, der Aehne. am, der Vater, wird om, ohm, patruus. אמה, Chald. Syr. Aeth. amt, ancilla, ein Mägdlein, wie ank, lat. ancus, iuvenis, servus, die Wurzel vom Teutschen

schen enkel, nepos (anculus, Knechtlein) ist: und in aufsteigender Linie Arab. hamat, amita. eht, res familiae; ohn, patruus. ald, progenies, das Alter aller Arten.

In, §. 222. intra ist ind, ing, incola; Grönl. inguin, indigena, innuk, innut, homo.

M, §. 89. muit, lat. amita, mum. mag, cognatus, affinis.

N, §. 99. nef, nepos, nift, neptis. nil, cognatio, nepos, Cambr. neptis. niht, neptis, נכד, nepos, knecht, puer, discipulus, famulus. Es scheint, die GrosEltern haben ihre Enkel besonders zu ihrer Bedienung gebraucht.

W, §. 109. was, amita, swas, domesticus. bas, paterfamilias, amicus, amita. fem, virgo, femina, ist auch die Wurzel von famul, oscorum servus, und familia; und πενθερος, socer –. swag, affinitas, die Wurzel von Schwager, Schwiegr, Schwäger. Φυλον, genus. wer, herus, sponsus. por, πορ, Φυε, lat. fur ist puer und servus.

S, §. 184. sib, cognatio. Das germanische sun, congregatio, filius, heist Chinesisch nepos. Persisch zen, femina. Rußisch semja, familia.

Die Tochter erbaut eine fremde, der Sohn die eigene Familie. Jene macht den Vater reich, beliebt und bündisch. Dieser verdoppelt seinen Arm, und macht ihn mächtig und furchtbar. Husen, hausen, ist verheuratet sein, eine eigene Familie und Haushaltung haben. בנה, Kinder zeugen, und ein eigenes Haus bauen; und auf arabische Art אהל, ein Zelt aufschlagen, heuraten und eine eigene Familie anrichten, §. 210. 218.

Der Mensch hat seinen Namen von der Gesellschaft und der Herde.

A, multum, §. 212. familia 218. at, ad, parens, genus; der Perser sagt adem, homo. Möchte diese Herleitung nicht besser sein, als von rubuit? id, proles, und it, universalia, alles zusamen. An, Band und Familie, ans, multitudo, concilium; αγη. eh, res familiae, ist auch etiam, omnis; lat. ac, αγω, agmen; oh, etiam, αγκος, augeo –. al, omnis, όλος; alt, omnis, totus. ar, exercitus. –

M, multum, §. 81. societas, familia, 89. עם, ad, cum; me, magis. mat, homo, maj, socius, lat. mas, Germ. magis, plus; mos, erga, turba, conventus; mutuus, מצא, supervenit, אנשים, homines. mit, μετα, Grönl. apud. man, homo, das Abiectiv Mensch wird substantive genommen, Polnisch monsch, vir; Archaischlatein he mon; und man, manh, multitudo, communis. mah, familia, membrum familiae, communis, socius, multus, gens; מאה, centum, המון, tumultus. mal, coniux, conversatio; μαλλον. מלא, plenus, multus; mille. lat. maris, Pers. mard, vir; עמר, manipulus; mer, magis. –

N, multum, §. 98. societas, 99. Alkonkisch nibila, multum. nit, homo, genus. not, noß, socius; אנוש, נשים. –

W, §. 108. wit, nos, ad, circum, wit, swit, grex, turba, multum. win, socius; wang, sweg, grex. wol, turba, tumultus. wir, nos; werd, werl, werf, coetus, multitudo.

Chin. po, multum, pao, omnis; Slav. po, επι, bi, ad, apud. bit, cum. πας, עם, multitudo. ben, homo; lat. penes. ban, turma, span, socius. bag, ambo, Cambr. bagd, turma; צבא, agmen, משפחה, famula, familia, genus, gens. bul, socius; πολυς. bur, sodalis, bat, homo, socius.

Fan, turma, Chin. totus, summa summarum, van, ven, myrias. fol, populus. ful, multus, plenus; lat. vulgus, Φυλον, Volk. firt, exercitus,

GH, §. 158. hi, turba: Chin. ye, refertus, villa, pagus, chi, omnis, pluralis, ho, unio, congrego, hie, concordare, coniungi; עי, agmen, גוי, gens. Chin. ke, convivium, ki, familia. Hiv, familia, (giv, iugum), gasl, societas, גבא. חבר. hij, familia, coniuratio; gat, socius, גו, lat. coetus. γειτων, vicinus. עוש, עוש, congregavit. gan, communis, hans, socius, cohors, כנס, congregavit; lat. gens. Chin. chim, totus populus regni, abundantia, chum, orbis terrarum, china, pars, bini. עם, populus, עמר. חם, socer; κωμη, urbs, vicus. יקה, aggregavit. γαλως, glos. ἁλια, coetus; בעל, coniugatus, קהל, congregavit, guld, sodalitas Σχολη, coetus. gar, communis, har, congregatio, gard, regnum, kort, χορος, גור, congregavit, αγειρω, עיר, קיר, civitas. garw, skat, manipulus, שאר, propinquus.

S, §. 184. sub, agmen. sun, congregatio; Συν, ξυν; צאן, ζευγ. sam, iunctim, Chin. tsam, simul, sem, populus, sum, omnes, totalis, אסף, זמן. sel, multitudo, socius. lat. sollus, totus.

Die Gesellschaft schliest zugleich die Gefärtschaft, einen Gesellen auf der Reise, und die Reise selbst mit ein.

M, §. 89. mat heist auch comes; מוט, מוש, motus; Germ. mot, occursus, obviam venit. man, mak, comes; מצא, attigit, pervenit aliquo; Algonkisch mican, via. Grönl. malikpà, sequi, ἁμαρτεω. -

G, §. 157. gat, socius, heist auch it, via; gast ist ein Reisender, der einkehret und bewirthet wird. גור, peregrinari, congregare.

S, §. 184. sid, usque, comes, socius, sith, iter, comes.

Reisen ist ein gesellschaftlicher Begriff.

3.) Die Narung.

Der Mensch fürchtete sich noch nicht vor seines gleichen, nach dem Begriff, den er sich vom Menschen machte. Wol aber vor den Thieren. Die Nothwendigkeit sich der Fleischfräsigen zu erwehren, gab ihm villeicht den ersten Gedanken, wie Muth und Geschiklichkeit, sich auch der andern zu bemächtigen. Eine Quelle von einer Menge Neuigkeiten.

Es gibt Thiere, welche Menschenfreunde sind. Nachkommen von denen, welche in der Jugend gefangen, und von Menschenhand ernähret und erzogen worden sind. Das Schaf, die Ziege, die Kuhe; Milch, Anken, Molken; Fett, Schmalz, Mark, und das Fleisch.

I. Die Zubereitung durch das Feur.

A, §. 209. ap: אבא. at, aj, cibus ist auch cadaver, die Speise der reissenden Thiere, und die Lokspeise am Angel, die Aeze.

K, das Käuen, §. 3. heist auch kochen, §. 4. Chin. chu, coquere, porcus, eine ihnen eigene tägliche Speise. kuh, culina, placenta; lat. coquo, colina.

R, §. 64. bry, massa coctilis. רבך, frigo. brat, frit, assum, πρηθω, Φρυγω. brun, arsit, fuscus; grind, craticula; βρυω, ebullio. ruh, coctura, brug, ius, riht, demensum cibi; Φρυγω, frigo, pregl. brul, ebullitio, gril, craticula. Fast selbst alle laute, welche Brühe, kochen, prozeln, dörren, braten, röschen, nennen, sind hergeleitet.

M, §. 83. ma, concido. mes, culter, mas, Celt. materis, Cäs. matara. mak, machaera, מכל; masto, μαγειρος. מגל, μαυλις, σμιλη, culter. smar, decoctum, assatum, מרא, bene coxit, pinguefecit. Chin. mien, massa ex tritico; Mandingoisch mungo, panis.

B,

B, §. 111. pap, puls. ψωμ; panis. buh, coxit panem, bah, Brod, Kuchen, Speise, Schänken. -

S, §. 195. sup, ius, condio. sot, ius, coxit, edulium, זוד, coxit, ius, pulmentum, זית, Arab. condivit cibum oleo; sod, embamma. -

II. Die Jagd, und der Fisch- und Vogelfang wurden Hauptgeschäffte, und Gelegenheiten zu Erfindungen allerlei Werkzeuge. Hier sind die Spiranten sehr reich, und in ihrem Elemente.

H, Hast, Eile, §. 149. Bestreben, schwingen, Wurf, Schlag, Hau, 150. fangen, halten, 153. Jagd, Jagdthiere, Fischfang, 154. hei, vibratio, ictus, ἱημι, κειμαι, ἰος, hasta; Chin. ye, yi, iaculor. haf, habeo, teneo, haft, carcer, capax, captus, manubrium, instrumentum, skaft, instrum. hasta. hat, habet, venatio, חוח, iniecit, extendit. hot, hoß, vibratio; hasta, gesa, חץ, קשת, iaculatus, יקש, tendiculam ponere; cassis. skut, iaculatio, שוט, scutica, Slav. kyt, skytta.

Ham, ictus, hamus, hama; hamak heist in Brasilien ein Netz, מכמר. hak, tormentum, uncus; חח, חכה, hamus, exspectavit, Grönl. kachsut, sagitta, rete. שכך, tendere retia, quiescere, skak, percussio, vibratio. hal, teneo; ἁλιευω, capio, piscor. hyr, skyr, quidquid armorum vibratur, ὁρμη, impetus, ἁρπη, ἁρπη; חרב, hamus. -

TH, capere, §. 171. Chin. ti, teneo, tao, culter. Tap, unguis, capio. Taz, unguis, Pers. Dast, manus, Tast, capio, attingo. Tam, cicur, digitus, [illegible]חט, frenavit, percussit in naso; חטף, apprehendit, lat. teneo, tenus. Teh, digitus, דג, piscis, lat. tago, θιγω, [illegible]
§. 175. Tau, funis, [illegible]. Tak, cuspis. Til, funiculus; lat. telum. Pers. tir, sagitta.
§. 179. Betäuben mit Gewalt und Hinterlist. Der Vogelfang lehrte den Menschen die Verstellung; bedekt, im Finstern, verborgen, Betrug: תך, fraus, von Tak, List, Bedekung. -

B, fassen, §. 122. Jagd, 125. Vogelfang, 126. Nik, - 124. Spize, 112. und Betrug, 119. Pissa, bitumen, πιττα. πιαζω, apiscor; spiz, hasta, aculeus. pin, viscus, pinus; spina, Σαβινη, sabina, telum. pik, spih, cuspis, mucro, spica; pih, pix. פח, παγις, laqueus. bolis, βελος, bolt.z, pilum, vom fliegen, §. 138. bor, forare; sparus, sper, bard, hasta. -

Fa, capio; fat, faß, תפש, cepit; fad, filum, dolus; בד, filum, ramus; viscus; בדא, mentitus, effinxit, פתה, seductus, pellectus. Chin. vam, dolus, rete, fam, comprehendere; Germ. fan, amplexus est, invenit, linteum. venari; funis, Archaisch ffonis. fah, captura, cepit; fuh, mentitus est, פוך, fucus, φυκος. fal, laqueus, decipula, casus, fraus; falla, Σφαλλομαι, φηλος, fallax. Far, capio, dolus, periculum, celeritas.

K. So lauren die Raubthiere in ihren Hölen, Chin. hu, leo, tigris, lupus. hut, tectum, insidiae, §. 17. 20.

L, spricht die Flüchtigkeit des Pfeils, §. 26. flit. - Le, falx; glev, hasta, lanz, lancea; Leh, falx; laqueus, λαιφος. - Und die Kunst und Gewalt des Raubvogels, §. 40. kla, unguis; clepo; klup, unguis, hamus; glubo. klyn, versutus, klam, forceps, angustus. -

R, rapere, capere, §. 47. iaculum, 72. Französ. ru, ictus teli; lat. ruo; grif, captura, arripuit, Pers. keristen, capere, γριφος, rete. rat, raz, eripuit, rapax, praz, unguis, δραττομαι. rete, רשת; restis. brost, arcus, erupit. ram, iaculum, framea, רמה, iaculari, [illegible], cum impetu abripuit, [illegible], contrivit, exossavit, os. pral, kral, resiliit, sagitta. -

III. Die Feldarbeit.

A, §. 208. adr, bona mobilia, odr, proventus agri novati. od, praedium, ager; adr, lat. ather, ador; eid, occa, atisk, fatum. as, messis, asn, mercenarius -. ann, messis, labor, tempus et collectio messis, ans, mercenarius. ar, messis; arare, erctum, hercisco, arvum. -

K, Einschneiden, §. 16. Chin. chue, fodere terram, koa, pecten. חרש, aravit. Kam, pecten, vomer, eppluda; kamp, campus, καμπτος, novatus ager. Kar, ger, jer, skar, שער, vomer, כרב, aravit. -

L, scissum, §. 41. Luk, scissum, pluh, hians, findens, aratrum, מלג. -

R, spricht, §. 65. von der Frucht, dem Reiben, sichten, Stroh, schlagen, tretten, dem Tumult des Dreschens, re, secretio puri ab impuro; βαιος; frio, τρυω, stro; wre, tegere. ryp, seges, messis, maturus; τρεφω, alo, τριβω, tero; רפד, stravit. Tryd, triticum, דרד, grad, sternere. drask, trituravit, area, גרש, frumentum contritum. gran, triticum, granum; bromus, avena; stramen. rok, fruht, triticum; τρωγω, edo; ירק, frico, מרג, tribula, רק, tenuis, rek, parus. rel, terens, strel, terens, pecten. rar, tenuis.

M maht und malt, §. 83. mal, messis, mi, sma, gracilis, ma, concido, mu, quasso. lat. metere. מגל, falx messoria. mul, μυλη, mola; mel, farina, mul, pulvis. mur, mollis; lat. merges.

W, §. 137. qwern, mola, ist blos circumgyratio.

S, von der Ausstreuung des Samens, §. 200. begreift das ganze Fruchtgeschäfft in sich, vom Anfang bis zum Ende, die Frucht, die Spate, die Sat, den Keim, das Aushülsen, das Meel und den Genuß: sa, sevit; Chin. cai, ducere aratrum, co, cui, sui, annus; lat. zea, ζεα. seiw, sevit. sat, Σατον; שדד, occavit, שדה, ager; Σηθω, cribro. sam, bolus, semen; Sembul heist Persisch und Arab. die Aehre, und die Jungfrau der Eclyptic. זמר, praecidit, cecinit, eine Metapher, die noch durch ganz Africa üblich ist. Der Sommer ist die Ernde. si, genus annonae, alimentum, Chin. cun, cum, rusticus. sah, sero; seges; פזר, dissipatus, יצע, stravit. sah, sahs, sihl, sica; seco. Siligo. - Sero, זרע, Σπειρω; זרה, spargo. -

4.) Die Kleidung.

Frost und Blöse war die periodische Klage der Naturkinder, neben dem Mangel und der Einsamkeit.

1. K ist die Bedekung, auch unmittelbar, des leibes, ohne Unterschied, Kleid, Haut und Fell, §. 9. ku, hu, tego, sku, Chin. hiai, calceus, y, ke, keu -.

Einige Begriffe der Bescheidenheit, unter dem Abschnitt der Verbergung, §. 19: sku, schen, verentia; koss, clunes, skuw, verendia; kot, excrementum, skit, חרא, cacavit. skam, pudor, genitale, schimpf, שמצה; kun, cunnum, κυνος, quino. huk, caco, skuh, verentia. kul, coles, clunes, כלם, pudere; skal, coitus, putridus, של, impudentia. hor, fornicatio, lutum, cacatio, sker, excrementum, Σκωρ - lassen schliesen, daß man gewiese Teile, wenigstens zu gewiesser Zeit, bedekt, ob hier gleich keine Originalbegriffe reden; denn die natürlichen Dinge, und die Geburtsglieder nennen sich ohne alle Scheu.

Zwen Teile des leibes haben im Teutschen ihre Namen von der Bedekung, in zwei einzeln Wörtern, welche überdas auch keine Wurzelwörter sind: skunk, der Schenkel, Schunk, von skin,

skin, pellis, cutis, tegmen, von kun, tegere. Und skulter, Schulter, humeri, von kulter, thorax, tegmen, skul, kul, tegmen. (שכם, dorsum).

Möchte vielleicht nik, nak, das Genik, der Naken, von nah, nik, nicto, der Flexur, §. 102. mit naket, nudus, 220. bei dieser Schulterdeke den unbedekten Teil besagen? Die Geschichte spricht bei diesem Volk von Thierhäuten.

Bei dem nakenden Menschen legten die erfundenen Körbe, zusamt dem Geflecht der Rinden und der Spinnen, und die nunmehrige Materialien, Felle, Gedärme, Fiebern – den Grund zum

II. Nehen. N, §. 100. nan, concinnus, Chin. no, colligare in fasciculos, sen. naw, assuo, Pers. naf, umbilicus. nat, sutura, נאד; knod, ענד, fila texuit; nez, filum, nisk, fibula. necto; nagl, clavus, ligamen; snag, vestimentum (consutum). snal, obex. snar, snur, chorda, filum.

R spricht vom Drehen in die Ründung, §. 55. ry, vinculum, series; lat. stria. ryf, jugum, corrigia, viscera, costa, auch Persisch funis. רדה, ligavit; drat, filum, fimbria. rad, laquear. rim, lorum, prun, sarcivit. rik, ligatura, funis; lat. rica; ארג, texuit, θριξ, τριχος. Tril, fimbria.

gh, copula, §. 159. Chin. cha, chi, texere. קו, filum; עבו, עבת, contorquere. חוט, filum, consuere. gyn, funis, גדל, constrictus, γομφος, necto. lat. jugo, iungo. עול, iugum. ger, gurt, chorda; skir, שרי, cochlea, ligula. Und

III. Weben, §. 134. ὑφαω. wab, favus; wob, texuit, textrinum. wat, wast, lat. vestis. wand, texuit, vestis. wahs, favus. wil, vela muliebria; wul, ὑλος, mallo. wer, vestitura, werk, stupa, textura. pi, päd, pannus; span, texuit; [illegible]ש, plicatura. buhs, caligae, סבך, implexum. pel, textum, spil, fusus; plicare, בלה.

S, die Ausbreitung der Fäden beim Weben hat ihren Namen von der Zerteilung des Wassers durch ein Fach hergenommen, §. 199. Chin. su, משי, sericum. sab, sindon, סדין; syd, seta, zot, villus; שש, linum tenuissimum. sen, סיב, nervus. Germ. und Phryg. sok, soccus. סו, texuit, זג, cortex. zel, texo, syl, salt, restis. sar, sericum; lat. ser, Σηρ. Und das nehen §. 184. Συω, suo, Chin. sa, calceus. siw, suo. sak, שק. syr, illaqueo, Σειρα, sura.

5.) Die Wohnung.

Wir haben die Menschen unter den Bäumen verlassen. Nun sehen wir Wohnungen von Menschenhand; und der vormalige Aufenthalt wird ein Altertum, ein Heiligtum.

K, §. 13. nennt alle Arten erbauter Pläze. Chin. hu, kia, yeu, keu, ze, zi. kuw, kib, חוה; (civis). kot, kat, kas, hus, casa, כסה. kamr, camera, Chin. yum, cum, quam; kim, aula, kin, incolo; yun, hien, kien; חנה, hospitium, castra posuit. Chin. zun, sun; Σκηνη, scena, tugurium, שכן. אהל, שך. kil, kell, cella, היכל. קיר, עיר.

L, §. 26. Ly, tabernaculum, Chin. hospitium, leao, tugurium. Lop, camera, elevo. flet, domus. Chin. lam, domicilium. Lag, Lar, habitatio.

W, §. 114. bo, habito, struo sedem, bu, by, vicus. buw, aedifico, habito, sedes, agricultura. wedl, bodl, vicus. wun, praedium. bag, pagus, byg, domus, villa, pagus, praedium, struo. wal, praedium. wer, possessio.

Allenthalben ist mit der Wohnung eine ganze Gegend und eine Verzäunung und verwahrte Grenze verbunden:

K.

K. caula, aula, קיר, heist auch murus, ακχυρος, munitus; skur, munimentum.

L, klus, cella. claudo. slot, clausit.

R, §. 69. brat, latus, vastus, extendit, margo. frid, locus securitatis, territorium. krys, ora, tractus, regio; roh, villa, aula, krug, ager septus, bruh, domus, locus munitus.

M, §. 81. mah, contubernium, horreum, conclave. mark, campus, fundus, regio, limes.

W. wih, castrum. wal, praedium, vallum; palt, locus palis septus, domus regia. sal, oppidum circumseptum. bar, barh, bur, burh, locus septus. ban, bant, ditio, limes.

H spricht noch deutlicher, §. 158. go, (Chin. yo, territorium), gaw, גיא, pagus, districtus. hof, praedium, domus septa. hem, possessio, habitatio, sepes, septum. hag, mansio, agellus, septum. hal, domus, area, porticus. hard, hord, crates, aula, oppidum, calathus, ianua; besonders gart, kort, ein umgebener Wohnplaz, das Mogolische horda, aula regia, Tatarische horde, castrum, das Punische gadir; welches den Specialverstand gart, jord, Türkisch jerde, Tatarisch jirde, lat. hortus, bekommen hat.

TH, §. 177. von der Fläche, Tan, Persisch terra, districtus; Tun, sepes, hortus. Tur, porta, trans, (per sepimentum), Persisch dor, θυρα, Chald. תרע; אטר, obturo. -

S, §. 201. יצב, statuit, Samar. sedit, Arab. fixit. sat, plantatio, infixit, habitaculum, sedit, latus; (צר) מצר, locus munitus. sul, sal, sedes, domus, camera in alto, limen. ser, clathrum, sera. - Dieser ganze Begriff scheint vom Pflanzen hergenommen, daß man anfänglich einen lebendigen Hag um seinen Wohnsiz hergezogen hat.

stah ist ein abgebrochener Ast, firme sedit, infixus, στεγη, tectum, tugurium, lat. stega, ponticulus; stig, steg; ascendit - §. 176.

Der Nagel, נצר, observavit, ist nak, ein Zweig, ein Stecken, mit dem man verschliest, §. 100. hingegen ist der rigl, Riegel, בריח, vectis, repagulum, ein rik, rige, ein Bendel, eine Schlause, 55.

Sehr deutlich ist der Giebel des Hauses. Von

O, altum, §. 210. ob, of, altum, sursum, kommt die Metapher oben, ofen, offen, supra, fornax, apertum; oh, summus, fornax. Von

bo, altum, boven, Sorbl. povane; bun, altum, supra, in alto, dem Giebel des Hauses, leitet sich das Griechische βαυνος, fornax. Von

ho, ghof, der Höhe, dem Giebel, §. 162. kommt כבש, Höhe, überhangende Höhe, und hievon כִּבְשָׁן, fornax. Auch der Griechen καπνος, fumus, καμινος, caminus. Selbst das Camin von kam, assurrexit, altum, cuspis, tergum aggeris, kemat, kemnat, und camara, καμαρα. Der Hebräer umschreibts mit כמר, calefieri, denigrari, convolvi, tetrico vultu.

TH, §. 176. das Arab. דחן, dach, tectum domus, heist Hebr. fumavit. Und der Ofen תנור, wenn er nicht besser allein von נור, Feur, hergeleitet wird, wie das lateinische fornax, 139. müste noch ein תן, zur Wurzel haben, welches eine Höhe heist.

Venster, fenestra, heist Spanisch ventana, und Englisch wind ore, Windloch, kommt also von der Zugluft, und heist zugleich finster, dunkel, rauchig. Das Chald. כוא, fenestra, kommt von כוה, כי, ustio, καιω, 148.

Die Tinne, Zinne ist Dach und Feur, Tin, zin, splendor, §. 188. Wenn anderst hier nicht der Glanz eine blose Zierde heisen soll.

Also

Also wurde die erste Wohnung von Menschenhand, vermuthlich von Baumstüken, die in die Erde befestigt worden, aufgerichtet, zusamengefügt, und so überdekt, daß oben ein Rauchloch offen blieb. Mag etwa der lebendige Hag, der nachmals den ganzen Besiz umgab, ursprünglich die künstliche Wohnung selbst gewesen sein?

6.) Das Gewerb.

Zu Haus und auf dem Felde war nun mehr zu thun.

I. Die Körbe und natürliche Vertiefungen waren unzulänglich. Das Zähe des Leimens bot eine andere Erfindung dar.

L, §. 37. Ly, kly, putre, argilla, slib; klib, adhaesit, coagulatus, לבן, lateres formavit. Let, Lud, lutum; πλαττω, plasmo, לוש, depsere. -

W, §. 117. pot, stercus, vas. figo, bilden, figulus, Chald. פֶּחָר.

G, rotundum, §. 164. חסף, rotundum, argilla, testa figuli.

TS, §. 173. zäh, leimen, Wachs, טיט, טין. -

S, §. 198. von zir, Zier, ציר, imago, dem Schmuz und der Säuberung, kömmt יצר, figulus formavit.

Ferner alle Arten Sculptur und Einschnitt, in Holz und Stein.

K, §. 16. Chin. ke, chua, choa, chan, xoa; ξεω, ξυω; Grönl. kappua, incidere, koppua, findere, חפר. - חשב, insculpsit, aravit, fabricavit, cogitavit, חרש. Grönl. kikach, חקק. קלע, calo, caelo. kar, skar. -

II. Man erfand andere Getränke, als das blose Wasser.

K. kam ist ein langes holes Gefäß, §. 1. und damit auch ein Trog; daher heist חמר, efferbuit, rubuit vinum, turbida aqua, bituminavit, lutum, wenn man es zusamen nimmt, ein Maltrog.

R ist die Rebe, das Tretten, der Trog, das Drehen, die Presse, das Tropfen, Trinken, kurz die ganze Arbeit von der Weinlese an, durch die Kelter, bis in den Mund: wri, dre, tornare. Triw, uva, drap, racemus, terebrum, Trib, tornavit, τρεπω; trapes, τραπεω. Trot, torcular, drat, tornavit, רטב, madere, רתח, fervefacere. Trys, troclides, tornare, cunctari, preß, pressura; brisare; רזה, emaciavit, תירוש, mustum. drus, incubus, faex, seneciae. τρεμω, torno; Trun, lente diducere. τρυγη, frux, vindemia; druk, pressura; מרס, concussit, putruit, humidum. Tril, tornus.

M, §. 83. quassatio. μεθυ, vinum. מסס, liquesco, מצה, infermentatum, מיץ, pressura, exsugere; most, Persisch must, lat. mustum.

S, vom Fliesen, ist die Zubereitung eines gährenden Tranks, §. 195. su, succus, ζεω. sabaia, Illyr. cerevisia. zyth, zythum, ζυθος, cerevisia. sem, semp, decoctum, succus, sinapis; Samzou heist in China der in ganz Orient gewöhnliche Reistrank. zik, acidum; שכר, Σικερα, Teutsch seker, locus, in quo concluduntur humida. זקק, fudit, liquavit, stillavit, defaecavit. sur, sarp, acidum; sirapa, sireum, serum. בצר, vindemiavit. -

Gleichwol haben weder Salz, noch Gewürz, noch Wein, noch Bier - einen, uralten Völkern gemeinschaftlichen Namen. Das Europäische sal kömmt vom Fliesen, der Quelle, oder dem Süten; und das Hebr. מלח von mal, der Speise. - Gewürz ist eine Wurzel;

aroma liebe Speise, und נכאת leitet sich von נכת, momordit. יין und win, der Wein kommt vom geliebten. Und Bir ist pirum, und potus hordeaceus. -

III. Das Waschen ist der blose Begriff des Wassers, und vermischt die Beflekung mit der Reinigung.

L, u, flu, aqua, lavit, λουω, κλυω; flew, lavo; κλυζω; πλυνω; lixo - §. 28.

W, §. 140. bai, twa, lavo. βαπτιζω. wask, כבס. swem; lat. quino. font; twog, buh; twal, spul, Σπιλοω, ful, lavo, purgo, baptizo. -

S, §. 198. Chin. si, lavare, sie, purgare, çai, ornatus; Σειω. Germ. se, colum. sev, sep, qualus, sevum, sebum, sapo, Σαπω, Σηπω; sub, sordidum, subr, mundum. sudl, lotium, Σαθρος. Σαινω. sih, colavit. sul, volutabrum, contaminavit; sil, sebum. serum, seria; sord, sordes.

IV. Man schmelzte und schmiedete die Metalle, nach dem Begriff teils der Flüssigkeit, teils der darzu angewendeten Kräfte.

M, vom Malmen, erweichen, §. 83. meß, cusum. smit, metallum, cudit, faber. min, minera, minium. malm, aes; smelt, liquefacere metallum. malleus. merga, marra, smyris. -

B, vom Schlag, §. 130. פז, exsilire, fusum, depuratum.

S, vom Fluß, §. 195. Chin. siao, fundere metalla. Σιδηρος, ferrum. יצק, נסך, effudit, effluxit, durescere, cohaerere, consistere, סיג. scoria. זרב, effusus, effluxit, coarctavit, adustus, צרף, conflavit, purgavit, probavit metalla, בצר, aurum lectissimum.

Az, aes; ys, ferrum. aeneus. ehrn, aheneus. ar, aes, yr, ferrum - §. 207.

Es kan nichts unschuldiger sein, als der Grundbegriff der Metalle. Sie haben ihre Namen blos von ihrem Glanz, oder höchstens dem Feur, wie die eben angeführten aes, ys, yr; lat. orum, aurum. αργος, αργυρος. -

S, §. 188. zin, tin, stannum, splendor. silv, argentum.

L, §. 30. glu, candens, bla, pliw, plumbum. Lot, plumbum, stannum. stan, stannum.

W, §. 139. vitrum (wit, albus). bern, uro.

K, §. 148. kan, kand, candens. Chin. kin, aurum. Der Grönländer nennt den Mond kaumeh, und das Glas kaumersuit. gel, flavus, gold, aurum.

Einige nennen sich von der Tiefe, woraus sie gegraben werden:

K, §. 16. Chin. chue, fodere terram. עפר, plumbum, koper, cuprum. kobold. כתם, aurum, insigne, abscondidit. lat. cudo. נחש, aes. נקב, cudo. kalmei, cadmia.

Th, §. 181. dal, deorsum, infernus, dalf, fodit, סל־, tegere, obumbrare, מכמן, cudit, fossile, μεταλλον.

7.) Die Sitten.

Die Hut der Herde und die Jagd bildete den ersten Helden, und legte den ersten Grund zur Verschiedenheit und Unterordnung der Menschen. Die Natur hatte schon dergleichen etwas in die gesellige Thiere gelegt: עתד (ein Herdenthier §. 158), und תיש (audax, 171.), heisen hircus maior, dux, promtus, paratus, ein Bellhammel, ein Steer. -

Man

Man klatschte der Stärke und Geschiklichkeit des Hirten und des Jägers frolokend entgegen. Doch dieser Held verlohr sich bald in einem andern.

Die Haut eines bekämpften Thiers war die erste Pracht, (wovon wol die Geschichte, aber nicht die Sprache redet); und eine schöne Herde war der erste Reichtum:

קנה. acquisivit, possedit, pecus, §. 155.

כבש, ovis, pecunia, §. 9.

κτηνος, possessio, iumentum.

προβατον, ovis, von προβασις, proventus, emolumentum.

Pecus, pecunia. Warum stempelte man die erste Münz mit dem Schafbild?

fe, ovis, pecus, panis, alimentum, opes. -

8.) Die Wissenschaft.

Die Feldarbeit erforderte ein Mas des Raums und der Zeit.

M, die Narung, ist §. 81. mal, messis, mensis messis; αμαω. mat, מד, mensura, lat. meta, meto; αμητος, messis. metz, limes, אמש, vespera hesterna, mas, mensura. mand, messis, man, min, mon, μηνα, mena, luna; und mond, μην, mensis. Chin. miam, annus. mah, luna, Persisch mensis. mal, mensura, terminus, tempus, vices. mar, marh, mensura, proportio, limes; morg, mensura et portio agri, und cras. μοιρα.

J, §. 16. jar, annus, ist jer, vomer, ferrum, die Zeit des Akerns, חרש, aravit.

A, §. 208. annus, das Jar, der Ring, ist Germanisch ann, tempus - et collectio messis.

Die übrigen Begriffe der Zeit sind:

H: חדש, חרש, כסה, novilunium, supputavit, numeravit, von der Finsternis, §. 18. oder der Versammlung, §. 158.

R, rectum, §. 59. ירח, statuit, determinavit tempus, luna.

W, motus, §. 121. wik, hebdomas, lat. vice. wil, bil, twal, tempus, mora.

G, motus, §. 157. עת, עדן, tempus. שנה, annus, iteratio. jar, annus, tempus, καιρος, χρονος, ὡρα. -

TH, tensum, §. 174. Cambr. di, lat. dies; diu; Chin. tai, saeculum. thit, tempus. Tim, hora, tempus, Chin. tim, procrastino. Tag, dies, aetas, vita. dur, דור, duratio.

stund, hora, a fuso, §. 202.

Sah und Zal, narratio, numerus; מנה, חשב, ספר, cogitavit, narravit, numeravit, machen keinen Unterschid. Die Namen der Zalen haben bei den Völkern nichts gemein. Sie sind eines ieden Volks eigener Bestimmung überlassen worden. Ein Beweis, daß bei den Anfangsgründen der Sprache, und so lang die Völker in gemeinschaftlichen Lendern gelegen, noch nicht an das Zälen gedacht worden sei. Diß gilt von allen speciellen Begriffen, die nicht für sich in den gemeinschaftlichen Wörtern der Völker liegen.

Viele Völker in America zälen nur mit zwo Zalen. Die Jameos am Amazonenfluß haben nur Wörter für eins. zwei und drei. Aristoteles sagt von einem Volk in Thracien zu seiner Zeit, das nur vier Zalen hatte. Die meisten Völker in America zälen nach fünf, den Fingern einer Hand (Goguet T. I, 195.). Die Jalofer in Africa zälen bis fünf, und combiniren bis an 10. 20. 30. Die Grönländer zälen auch bis dahin, und haben eigene Wörter von 6. 10. 11. und 16. Sie kommen nicht weiter, als auf 21. - Gleichwol ist die Gewon-

 heit,

heit, die Finger beider Hände zu nennen, uralt. So zälen die Chinesen -, die Mandingoer, die Hottentotten - mit tausend andern Völkern.

Wir wollen die Germanen zum Grunde legen.

1. en. 2. tuo. 3. dri
4. fir, 5. fem.
6. ses. 7. sev. 8. äht
9. nyn, 10. tekn.

1. en, heist einzel, allein, §. 221. Jemand, ἐν, Chin. yn, Pers. in, hic, ille; אנ, eno, ego, §. 216.

2. tuo, tu, δυω, duo, Pers. du, die andere Person, Germ. lat. Pers. tu, τυ, אתה, 165.

3. tri, tres, τρεις, viel, Haufen, Zal, 58. von einer Wurzel zu tuo, tut - numerus.

4. fir, (Alem. fior, Engl. four,) cumulus, cœtus, turma, numerus, 108. Die Wurzel vom Altkeltonischen firth, exercitus, Ulphilas faurd, concilium. Das AngelS. MösoGoth. und Busbeks Tatarische fidr ist eine geringe Versezung, wovon sich Ulphilas fidwor, und das Cambrische pedwar, modificirt haben.

5. fim, (ibid. 108. Der Engelländer nennt das Teutsche - mal, vice, fime,) in einigen Modificationen, als Alem. MösoGoth. fimf, Kero finf, Tatians finevi, Leg. Salic. fimmiha; Cambr. pump, eine blose Verwechslung der Gleichlaute f und p. Persisch penz.

6. ses NiederTeutsch und Persisch, übrigens sehs, AngelS. six, 184.

7. sevn bei den Niedern und AngelSachsen, sibn bei den Alemannen und MösoGothen, und in Norden verzwikt siu, siö - ib. 184.

8. aht beim Teutschen und MösoGothen. Beim AngelSachsen in eahtayn, ehtuw, in Engelland in eight, ait, et, Dänisch in aate, Schwedisch in otto, abgeändert und erleichtert, von ah, augeo, etiam, 212.

9. ni in Norden, Persisch no, Cambrisch naw, Alem. nün, durch allerhand Veränderungen, Engl. nine, NiederT. negn, AngelS. nigone, 99.

10. Alem. Deh, Toh, MösoG. tähun, Alem. und HochT. zehen, welches auch digitus pedis heist, und die Spizlein an Zwibeln u. s. w. von tak, zak, cuspis, virga, surculus, 175. Diß ist von den NiederT. Dänen, AngelS. in tin, Engl. ten, in Norden und von den Sachsen in Engell. in ti, und Persisch in de, verwandelt worden.

11. einzehen und zweizehen sind vor zwei alten Wörtern nicht aufgekommen, deren das erste elf, auch einelf genennt, die äuserste, höchste Zal, eine grose Menge, anzeigt, 212. und den Begriff versah, mit welchem viele Americanische Völker noch an die Hare ihres Hauptes greifen. Die andere hies zwelelf, 12.

Einzehen und zweizehen, als enteg, entog; und tuotoc, twentig, konnten auch darum nicht aufkommen, weil sie, statt der Addition, inzwischen die Verrichtung der Multiplication erhalten hatten, wie dreisig, u. s. w. bis auf das alte

100. Alemannische zehenzig, AngelS. teontig, welches vor dem ältern Alem. AngelS. MösoG. hund, und altFränkischen hunna, dem jezigen allgemein Germanischen hondert, Nord. hundrad, Engl. hondera, du Fresne chant, cant, lat. centum, 162. auch nicht aufleben konnte. Es scheint schwer aus dem lateinischen herzuleiten zu sein. Wie Notker

1000.

1000. tusend, (welches dem MösoG. AngS. und den Legg. salicis mit allen Germanen gemein ist), von der romana rustica, dix cent, decies centum, herkommen läßt, welches villeicht eben so gut vom Nordischen dus, der riesenmäsigen Gröse, §. 176. und dem erstaunenden, 179. hergeleitet werden kan, mit der participial- und der adjectivischen Endung -end, und -ig, wie die Schwaben gesprochen haben, und zum Teil noch sprechen. Es würde folgen, daß die Teutschen vor dem Ursprung des verdorbenen lateins, worzu sie selbst mit beigetragen, nicht hätten 1000. zälen können. Die Aehnlichkeit des Worts tusend mit dixcent ist geringer, als die Uebereinstimmung der Teutschen einzelen Zalen

1.) Mit den lateinischen, aus welcher in gleichem Falle folgen würde, daß die Teutschen vor der Ankunft ihrer lehrmeister in ihre Nachbarschaft nicht ein, zwei, drei, haben zälen können. Man spreche das Cambrische pedwar, mit dem dritten Blaslaut w, wedwar, aus; und das Cambrische pump (pümpe, wie fineve, fümfe) auf gleiche Weise, winwe, aus: so werden quatuor und quinque nimmer so fremd erscheinen. Denn von unus, en; duo, two; tria, dri; sex, sehs; septem, seven; octo, aht; novem, naw; und decem, tehen, ist die Frage nicht. Und es wäre unbegreiflich, warum die Teutschen nicht lieber das alte mille, multum, 81. 89. als das neue decies centum angenommen haben?

2.) So ist auch die Gemeinschaft des Griechischen, in den Hauptzalen, mit dem Germanischen auser Zweifel. μια, una, quaedam, מי, quae -; me, ego, ipse - 89. πεντε mit dem Persischen penz. - χιλιοι, hul, copia, hel, totus, כל, 161.

3.) Das nächste an dieser ZalenVerwandschaft ist das lithauische: wenes (jen.); du; tris, trins, (so spricht auch Ulphilas): keturi (quatuor, fidwor); penki (penze); schesche; septine; aschtone; dewine (dequen); deschims, deszimti (decem); schimtes (centum); und tuxtontis hat mit tusend, bei einer Erklärung wie bei der andern, offenbare Aenlichkeit.

4.) Auf dasselbe folgt das Slavische: gedna, jedna (Germ. ge, je, jed', singulus, Chin. ye, kia, unus - 141.); dwe; tri, trzi; czterzi (Türkisch tord) scheint eine verstärkte Wiederholung von drei zu sein, wie das Griechische τετρας; pientsch (penz, penki), wovon sich piec, pesch, peut und pet, modificirt zu haben scheinen; sjest, zjese, scheschz, schest; seden, siedne; osm, ojn, (aschtone); dewet, tschewenz (dewine); und diset, dziesic, tscheschinz, (deschims); auch tsye, tyschianz, tissenta, (tuxtontis aus dem lithauischen) sind auser Zweifel.

Noch zeigen die meisten Indostanische Zalen mit den Germanischen eine Verwandschaft. 1. jek, 141. 2. do. 5. patsch (penz). 6. sche. 7. sat. 8. att. 9. nau. 10. das. Weiter aber in der Welt geht sie nicht; auser etwa in dem blosen Begriff, den die erste Zalen haben. So zält z. B.

Der Chinese: 1. ye't, ye, unus. 2. ngy, ny; ni, ru. und lh, ru, duo, plus, et, etiam; und sam, som, duo, per rerum. 3. sam. - und der Siamer stimmt gänzlich mit ihm ein.

Warum sind sechs und sieben ebenderselbige Wortlaut auch im Hebräischen? Es scheint, die gemeinschaftlichen Väter haben eigentlich nur Begriffe von eins, zwei und drei gehabt: allein; du, oder ein anderer noch zu mir; und eine Versammlung oder Gesellschaft.

 (Das

(Das Chald. תרי, zwei, ist das gemein Scythische tri, drei). Den Rest der ersten Hand haben sie sodann nach Belieben angedeutet, und der Nachwelt zu bestimmen hinterlassen. Dem ersten Finger der zweiten Hand scheinen sie aber selbst schon einen Zischlaut beigelegt zu haben, aus welchem sich der nächste an ihm gebildet: שת, שש, ses. שבע, sev. Der Fetuer in Africa zischt auch diese beide Zalen allein: essia, essam. Das Schilhische daselbst nennt 7. sad, wie der Chinese und Siamer sal, tset; das Grusinische in Iberien nennt diese Zal sitti, der Wogul, vom Finnengeschlecht, nennt sie sat, und der Samojed sagt sittu. -

Viele multipliciren den laut, wie der Hottentott: gissi, 10. gissi, gissi, 100. gissi, gissi, gissi, 1000. der Algonker in Canada: mitassou, 10. mitassou mitana, 100. mitassou mitassou mitana, 1000.

Unstreitig sind die Zalen eine Characteristic für die Verwandschaft der Nationen. Es sind es auch die Farben -.

Die Gegenden und Winde. Der Sonne Aufgang, or, ur, ortus, oriens, und os, us, ex, hausit, wovon der Ost. Der Sonne Untergang, ab, deorsum, aben, occidere, deficere, abend, aft, vesper, אחר, occidit, desiit, 222. west, vesper, der atlantische Wind. Nord, aquilo, ab apice, alto, 96. sud, die Hize 188.

Die Jarszeiten: der Somer vom Samen; der Winter vom Wind; der Lenz vom Glanz, 29. Tacitus sagt mor. Germ. c. 26. autumni perinde nomen et bona ignorant; hervt, von arv, ar, proventus terrae, 208. 155. -

9.) Die Lustbarkeit.

Wir berühren hier nur die ältesten Instrumente:

L, §. 33. Lör, Tumult, Gesang, lyr, lyra.

K, §. 8. von dem holen, die Chines. cu, geu, auch Hottentottische gum, gung, yung, Trummel, Pauke, Gloke, Teutsch kumbl, cymbalum.

R, Trum, instrum. sonans, vas cavum oblongum, tuba, von rum, ruml, strepitus, 63.

B. die Pauke von Pochen, boh, ictus, 130.

tS, tu, tuba; tuden, tosen, sonare tubarum, tompe, tuba, a sono 191. cornu, 175.

Zum Tanz und Reigen gehören gleiche Bedeutungen: Chor, chorus, χορη, eine Versammlung, ein Kreis, ein Fest, §. 158. 164. דר, festum, circumgyravit, circulus, ib.

Das Spiel. lat. alea ist al, eine Höhe, Spize §. 210. wie pal, eine aufgerichtete spizige Höhe, wovon spil, ein hölzerner Spies, und das Spiel, spel, lusus, 112. dabl, zabl, dobl, lusus, von dop, top, zap, apex, 176. War es etwa die Vogelstange, und war diese Art Ergözlichkeit nur den Teutschen eigen?

IV. Das Heldenalter, oder die männliche Jare der Sprache.
Die Völker.

1.) Die Sprache.

längst schon fallen die alten Wörter mit ihren Urbegriffen auf besondere und Nebenbegriffe herunter, die nur so weit bei den Völkern zusamen stimmen, als sie natürlicher Weise einerlei Bedürfnisse aus einerlei Begriffen mit einerlei Organen und deren Modificationen leiten. In allen andern Fällen, deren unzälige sind, musten sie sich von einander trennen, oder

ganz

ganz zufälligerweise zusamen treffen. Unter der Willkür vieler Wörter, die einerlei bedeuten, wurden manche in manchen Gegenden fremd; sonderheitlich bei Völkern, denen ganze Organlaute, als Hauptstämme felten, oder deren Eigensinn manche OriginalwortEndungen ausschlos. Die gröste Trennung verursachte ohne Zweifel der häufige Zusaz zu der wahren Wurzel. Die unerbeterten Modificationen wurden nicht nur sehr willkürlich und verschieden bestimmt; sondern die Urwörter selbsten, hie manche, da viele, dort alle, wurden auf gleiche Weise an- und eingekleidet; und alle mögliche Grade eines jeden Organlauts auseinander gesezt. Aus der einfachen Combination des Regenten mit den Ministern entstund eine zusamengesezte. - Man betrachtete die erste als eine für sich bedeutende Nominalwurzel, und führte sie neuerdingen durch die Dienerschaft. Z. B. ga, gab, copula, gas, gat, copulæ, gan, copulare, gal, gar, copulans -; Nun gaba, gabs, gabt, gaben, gabel -; gate, gattet, gatten, gatter -; gant, gart, garn. -

Längst sind die Menschen in Mundarten, und die älteste Mundarten in Sprachen, voneinander abgewichen. Zu diesen allerältesten Abweichungen zält man billig alle vom Mittelpunkt entlegenste Grenzvölker der Welt im Atlantischen Meer, im äusersten Africa, dem tiefen Norden, und dem jenseitigen Ganges. Jenseit dessen die Wörter die abgestuzt einsilbigsten, wie jenseit des Atlantischen Meers die Wörter die allerausgedehntesten und vielsilbigsten der Welt sind. Wo, aller Verschiedenheit unerachtet, die Elementarwörter oder gemeine Sprachwurzeln allenthalben hervorbliken; auch sobald unzweifelhaft erwiesen werden, als man das Glük hat, sich in dieser Völker grammatische Bildung, Abänderung und Zusamensezung ihrer Wörter, in den wahren und originalen Begriff ihrer äusersten Wurzeln, und in die Entstehung anderer Begriffe aus denselben, sicher hineinzusezen, welches noch bei den allerwenigsten geschehen ist, und in Absicht auf ihren hierzu unentbärlichen Archaismus, geschehen kan. Auser diesem Wege ist alle gefundene scheinbare Harmonie der Sprachen ein lustiges Blend-, Spiel- und Schattenwerk.

Inzwischen behielt die Mittelwelt augenscheinliche Gemeinschaft, und wesentliche Uebereinstimmung. Wem ist die dialectische Verschiedenheit der Canaanitischen, Syrischen, Chald. Arab. und Aethiopischen Sprachen, wem ist ihre grose Ausbreitung und Verpflanzung auf der einen Seite -; wem ist auf der andern die ungeheure Ausdehnung einer Sprache unbekand, von welcher die Perser, und ihre Väter die Scythen, die Phrygier, die Helenen, die Pelasger, die Mösogothen, die Germanen -, Kinder, und die Cambren, Slaven, Armenier - Brüder sind?

Noch haben Südorientalisch und Europäisch einen sanften Endvocal für das weibliche Geschlecht; den Artikel th, ־ה, für den Gegenstand und Fall oder Umlaut; ein -n, ין, (ים) für die mehrere Zal; eine geringe Beugung des Vocals zum Unterschied der Zeit; und eine Menge Wörter - mit einander gemein. Noch sind ihre Formirungen der Personen, Zeiten, Umstände, u. s. w. einerlei. Z. B. ga, propere, 158. גא; gaid, gäb, גאב ga i, ־י, propero; th'ga, oder gat, ־ת. properas; w'. m'ga, mui, nos propere, oder gam, gan, ־ם, ־ן, ־נו; gah, properus, gal und gar, properator, properans. (auch das Diminutive -l: בְּתוּלָה, filiola.) g'ga, collective, correlate, invicem; b'ga, circumstantive, beget, בגא; n'gat, n'gas, adproperat, נגא -, נגש t'ga, s'ga. -

Darinn

Darinn haben sich diese zwo Hauptsprachen besonders voneinander ausgezeichnet, daß die Scythische bei der radicalEinsilbigkeit, und der richtigen Bedeutung der hinzugesezten Endungen geblieben ist; die Südorientalische aber sich eine radicalZweisilbigkeit gekünstelt, und dadurch die Bedeutung ebenderselbigen Endungen verlohren hat.

Die Sprache selbst war in dieser Stufe des Alters noch ein Ausdruk des Herzens; des redlichen, des bewegten feurigen Herzens. Die Aussprache hart und schwer und Affectvoll. Sprechen war Arbeit und Beherztheit, Bedachtsamkeit, Gewicht, Kraft und Nachdruk; dichterisch, voller Bilder, wie es das Wesen der Sprache selbsten gibt; sparsam, bestimmt, und der Wichtigkeit und Natur der Sache angemessen; nichts überflüßiges noch gemeines. So spricht noch einigermasen allenthalben zu unserer Zeit der ungekünstelte, vernünftige, einfältige Land- und Handwerksmann.

Immer dieselbige Wurzeln mehrten sich nun durch tausenderlei Einkleidungen und Zusäze, ein-, zwei- und mehrsilbig; und mit und nebendenselben, doch immer in ungleicher Verhältnis, die Begriffe, durch täglich neue Geschäfte, Kenntnissen und Begebenheiten, sonderlich durch den Krieg und den Handel, fast ins unendliche.

2.) Die gesellschaftliche Wohnung zum Krieg.

Nun verhielten sich Nationen gegeneinander; und die Familienliebe wurde eine angebohrne Liebe zum Vaterland.

I. Man verwahrte seine Grenzen, und die Wohnung der Höhe bekam den SpecialBegriff der Verwahrung und Sicherheit vor seines gleichen.

A. al altum, subala §. 210. ist obelus, eine Saul, ein Turn. Ar, super, gibt arx.

L. Lo, locus altior, slot, caminus, wird slot, arx, clausit.

K. kam, ein durchbrochenes Gefäß, eine Röhre, hole hohe Spize, wird ein Gang rund umher auf, ein Turn, §. 1. קרם, locus, altitudo, קרמים, adversarii, insurgentes, אל־קים, non surgere, invictus, חמק, circuivit se subducendo -. kant, Grenze, Spize, langes Gefäß.

Lug, lat. locus, ist eine Höhe, Celtisch lugue, lucus, ein Wald, eine Wart, ein Turn, und die Wache;

Roh, rih, arx, bruh, arx, pons, locus munitus, §. 69. צרח, clamavit, צריח, turris munita, §. 56.

W. §. 113. pen, Bergspize, פִּן, turris, Chin. pin, murus. pal, ein Pfal, Grenzstok, phala, פלך, scipio, tractus, פלג, rivus, divisit; wal, vallum, limes. war, litus, locus tutus, custodia, vigilantia, specula. bur, burh, mons, arx, turris, πυργος, מבור.

GH, altum, §. 162. ist Chin. cha, גבל gabalus, ein Grenzstok.

TH, altum, Top, apex, τοπος; טי, סף, signum altum in termino. Θωκος. τοιχος, paries, חיל, antemurale. Til, murus, pons, elevo, munio, sepes. Tur, turris, porta, טיר, arx. - stur, altus, σταυρος, palus - §. 176.

S, sat, צד, latus, מצד, arx, munitio. sul, sal, gabalus, limen, סל, altum, חסל, Chald. terminus. ser, clathrum, serland, Arabia, und Seres, Indi, a limine terrae.

ὄσσα, sehen und schreien; ער, vigil, cura, Chald. vociferari.

Die Grenzen verwahrte ein Fluß, ein aufgeworffener Wal, ein Stok, ein hoher Turn, mit seiner Hochwacht. Solche Türne waren den Teutschen nicht unbekand, aber sie haßten sie.

II. Der

II. Der Begriff des Kriegs kömmt ursprünglich von reissenden Thieren.

K, occultum, specus, insidiae, §. 17. כפיר, leo iuvenis praedari discens. hut, techura, insidiae.

L, §. 40. Luh, לוח, spelunca, scissum, mendacium, caedes, bellum; lucta; לחם, pugnavit, incidit dentibus, gladio.

R, §. 46. αρνω. raf, percussio, tref, קרב, praelium. strit, ris, lat. lis, stlis; krig, חרג; strages. praelium - kommen vom verlezen, rauben, reissen -.

M, μαχος, vom Schlachten, §. 83.

N, §. 95. νεῖκος, νικη; נצח, - vom Raubvogel.

Die Spiranten haben hier vieles zu erzelen:

W, §. 123. Φαω, צבא, militia. wet, qwet, luctatus est. win, bellum, pugna, victoria, lucrum. wig, bellum; vico, vinco, vincio. wal, praelium, strages; lat. duellum, bellum. war, guerr, wirr, bellum, wer, victoria.

Bat, caedes. παλη, balg, lucta, πολεμος. fed, bellum. feht, pugna. -

H, §. 151. Chin. ya, ke, vinco. קבע, spoliavit. ἡττάω, vinco. hat, gut, skat, gunn, kamp, praelium; Chin. chim, ym, chuen, bellum, arma, certare. כוח, pugnando vicit, יקע, adortus vehementi pugna. hild, bellum, יכל, superavit. ger, bellum.

Die meiste Wafen sind Erfindungen des Jägers; und die den Leib vertheidigen, kommen vom allgemeinen Begriff der Deke:

K, §. 9. כידון, cetra. קשת, cassis. מגן. galea, chelone, αγκυλιον. helm, kolt; kulter, kürs. - wap, die Wafen und das Wapen; und skild, der Schild und das Schildern sind schöne Teutsche Urkunden, Tac. mor. Germ. c. 6.

Die Schlacht selbst war ein Gelerm, Geschrei, und ein allgemeines Gesänge, welches sich an den Schilden brach, und von Ammian dem Gemurmel der Meereswellen verglichen wurde:

ענה, clamavit, cantavit, afflixit, afflictus est.

הוד, vox ovantium et sese hortantium, echo, barritus, susurratio maris.

Bar, vox, murmur, clamor, barritus ursorum, cantio, susurratio maris, §. 110. Auch privatim ist gruz, nominatio, salutatio, praedicatio, inquisitio -, zugleich clamor, provocatio et irritatio hostis, §. 56.

Man vertilgte im ersten Grimm. חרם, devovere internecioni, harma. - und erbeutete Reichtümer, und Menschen zu Knechten. Die Quelle (neben dem unglükseligen Eigentum) zur Leibeigenschaft. Gysel, der Geissel, obses, von gitan, capere, custodire, גזל, abripuit, §. 153.

בצע, scidit, vulneravit, spoliavit, quaestum fecit, praeda, aurum, abundantia §. 127.

Man machte Frieden, vermittelst eines sinnbildlichen Zweiges, des ersten Bandes, der ältesten Befestigung: pax, pignus, pago (pango), propago, §. 107.

3.) Das Gewerb.

Im Frieden war ein Verkehr der Völker an der Grenze.

M, §. 82. Chin. mai, emere, comparare. mina, μνα; מנה, numeravit; mango. מכר, mäkl, mercatus. mark, limes, mercatus, proportio, pondus, libra. merz, merco. עבר, lucrum - vom Eßlaut. Auch Geschenke, מנח, munus, waren zum Essen.

K, §. 4. von Schwaren: kop, emtio, lat. copo, καπηλος; שבר, emit, vendidit. kut, mutatio mercium. kam, caupo; cambio. כרה, convivium apparavit, emit.

L, Gewinn, Lohn, Gabe, sind liebe Dinge, §. 32. Chin. li, lucrum. Led, traditio, λαβω, accipio. Das lateinische libra kömmt von der Oscillation (26). Lot, Let, merces, pretium. Lon, Len, donum, merces, mutatio. Luh, Lag, donum, donavit, mutuo dedit.

R, die Reisgesellschaft, §. 58. rud, רב, multitudo, רבע, quadratus, coire, ערב, negotiatus. rut, turma; gret, mercatus. kram, mercatus; geranium. רכל, mercari, deferre merces et verba. rul, mercatus.

W, oscillans, §. 133. lat. venum, venio, vendo. quant, commercium, mutatio mercium, von wand, vertit, mutavit. wag, oscillans, oscillavit, libra. war, merx.

Byt, licitatio, mutatio mercium. buh, emtio, venditio, [illegible], aequavit, comparavit. פלס, libravit, appendit. πωλεω, vendo.

H, gratum, §. 155. 156. Chin. xi, defero, שי, donum. הב, da; gab, donum, dedit. שחד, donum, muneravit. gen, lucrum, hant, traditio; Chin. yen, dare beneficium, נתן, tradidit. gagn, lucrum, fructus, gugt, encaenia, hukr, propola. gal, galt, reddidit, praestatio, יעל, profuit. skat, tributum, largitus est, שור, munerare.

tH, §. 175. Tal, ramus, תקל, שקל, appendit, libravit, תכן, libravit.

N, §. 96. ענף, ramus, נקף, fixit, אנך, libella.

נשך, foenerare, serpens momordit; German. fel, venalis, licitatio, §. 133. fraus, fallacia, 119. und Tauschen, Täuschen, sind Metaphern, welche dem Handel schlechte Ehre machen, und deutlich sagen, was sich dieses Alter und seine Unschuld für einen Begriff davon gemacht habe.

4.) Sitten und Wissenschaften.

Der Held gebar eine ganz neue Welt.

I. Der Starke, der Herzhafte gieng voran, war Vorfechter, und hatte Ehre. Er ist Herr, die andern folgen seinem Wort und Beispiel. Er prangt mit Beute, Kleid und Leuten. Hier ist die Sprache am allerreichsten.

W, §. 124. Cambrisch wy, dux, victor, miles, Chin. vu, fortis, bellicosus, miles. wow, audax, audeo. wat, dux, strenuus, βασιλευς. Chin. vin, heros. wun, gloria, swint, fortis, validus. wag, audax, wih, dux, heros, miles. wal, walt, potestas, imperium, wult, gloria. wer, heros, lat. vir, virtus; אביר.

bas, dux, strenuus. Slavisch pan, dominus; banr, dux, der den Fahnen hat. bal, bald, בעל, potens, princeps. bar, heros, dominus.

fad, dux, dispono. Chin. vam, rex. fan, fenr, fetnr, dominus. פחה, dux, פקד, praecepit, visitavit; vagt, praefectus, gloriosus. fal, mandatum, mandavit, folg, פלח, obedivit. var, firt, firs, dominus, dux, Φαρ; vor, prae; vorst, princeps. lat. fortis.

H, §. 152. Chin. ko, possum, arma, cu, fortitudo. lat. queo. Chin. chi, ordinare, regimen, principium, nosse, prudens. ska, eximius; Chin. xao, superior, virtus. hop, caput, princeps, skop, nobilis, iudex. haf, honor, skaf, mandatum. שבח, laudavit.

kut, audax, ferox, גאון, robustus. הדר, had, haz, honor, laus; het, mando, mandatum; skat, praestans, eximius. gás, gast, strenuus, fortis, עז, [illegible], fortis, חסן, fortis, ferox. -

gum,

gum, audax, heros, Chin. kam, masculus, audeo, cham, virtus, עז, fortitudo impetuosa, Chin. kam, kan, masculus, kuon, mandarinus, כן, הגן, rectum, κανων. Kan, possum, valeo, kun, audax, κονεω, conor, חנך, initiavit. hant, potestas, iurisdictio. lat. honor.

hah, kek, audax, hig, vir, altEgypt. hyc, rex, Ioseph. apion. l. 1. Gog, gigas; כח, robur; Persisch skah, rex.

hal, kal, gal, in Congo akkala, vir, heros, יכל, valuit, חיל, robur, propugnaculum, opes. lat. colo. kulh, potentia, gloria, kelt, caerimonia.

har, her, dux, illustris, dominor, imperium, honor, venerabilis, sublimis. heros, herus, ἡρως. κυρος, auctoritas. lat. cerus, procerus. skar, eximius.

tS, die stärkste Gewalt betäubt, schlägt nieder, vertilgt, bezämt, macht zu Knechten, befielt, und wird geehret, ist prächtig, und teilt Gnaden aus, §. 171. Chin. ti, victoriosus, impero, te, virtus, propositum, tui, principalis, ta, impero, gratia, magnus, tao, guberno, instituo, to, gubernator. De, domatio, dominatio, humilis, Dol, occido. δεω, ligo, δω, do; tueor. דין, Arab. day, Japan. dayr, magistratus summus, שדי. Tof, temeritas, thaf, fautor, patior. lat. dives.

thit, inclytus, dux, dominus, bonum, foveo, dono, laudo, plebs, mansuetudo. Pers. daden, dare. lat. dis, dos. -

Dom, potestas, primarius, magnificus, θυμος, domo, δαμαω, damno, dominus. dam, compescuit, Tam, laurus, placens. damel heist in Kayor in Africa, König. Chin. tutam, gubernator generalis. הדום, suppedaneum. τιμη, pretium und damnum. Tan, potentia, dux, princeps. thin, servus. Pers. dane, sapiens. Δυναμις, Σθενος, δεινος .. Chin. tuon, דין, iudicavit, אדון, Tin heist in Baul, und Tonka in Galam in Africa, König. Thing, iudicium, res pretiosa, donatio, spes, patronus.

Theh, virtus, valor, praecellens, vir, dux, rex; thig, servus, preces. δικαω, iudico. dux. dignus, δεξιος. -

Dal, humilis, Cambr. dyl, debeo, δουλος. Til, bonus, tilt, festivitas. τολμα, audacia.

Thor, audax, lat. thurus, dirus, Θαρσος. Thur, pretiosus, celeber, solennis, gloria, pompa. dar, domavit. אדר, הדר, magnificus. stur, ferox, stir, regimen. τηρεω, servo, tiro, Θαρσυ. -

S, §. 186. Chin. su, magistratus, doctor, çai, gubernator, praecipere. In Congo soda, dominus, iudex. seh, strenuus, victoria; נסיכים, principes. Sachim, Oberhaupt in Canada. sel, promtus, bonus, trado. lat. sal, prudentia; consul. Grönl. silla, prudens, §. 189. sir, victor, dominus, סר.

st vom Stab oder Scepter §. 202. stab, scipio, sceptrum, iudicium. stat, regimen, regnum. stog, iudico. stir, baculus, remis, rego, regimen.

A, strenuus §. 215. אמיץ, robustus. αυδαω, loquor arroganter, loquor, audax. So hat Sprechen etwas Herrschendes. דבר, dux, locutus est. אשש, fortis, fundavit. משל, dominari, loqui. Tac. germ.

K, der sittliche Schutz, §. 13. Chin. y, regere, ye, dominus, hie, caput, hoei, guei, princeps, maiestas, honoratus, doctus, kuei, kin, chao, chu, ci, keu. Kop, caput, κυβερναω. skop, שרש, שבל, שבט; sceptrum, skaft.

קצין, in Domingo hies gazich, cazic, Herr. skut, tutela, tributum.

Kum,

Kum, dominus, Chin. cum, dominus, revereri, hoam; cham, praefectus, ſceptrum, virtus; kem, kuam, kium, kiun, kin, yuen; chim, chen, gubernatio, nobilis, dives. Kung, rex, Tatariſch chan, כהן, rexit, כנה, titulo uſus. ſkon, tuitio. Chin. kam, ſupremus, mandarinus, Bonzius, aeſtimo. Chald. שמש, miniſtravit.

Slaviſch chacha, chagan, rex. יכח, iudicare, נגד, נהג, duxit, rexit. Perſ. ſchach, שוע, nobilitas.

Cala heiſt in Oſtindien Herr, נהל, rexit. ſkalt, ſkultet, ſkultes, שלט, dominatus eſt, שלים, שליט, סלטן, Saltan. Herodots Scythiſche Könige Σκολοται. של[illegible], pacem habere et dicere, ſaluto. ſkal, debeo, ſkalk, ſervus.

Hort, tuitio; גר, dux, כר[illegible], generoſe ſuperavit et genuit, בכור, primogenitus, חור[illegible], nobiles. שר, princeps, שרת, honeſte miniſtravit. –

L ſpricht den Ruhm §. 33. und die Client- und Dienerſchaft, §. 43. Lai, λαιος, λαος. Lud, Lid, populus, plebs, obediens, collegit, citavit; Lot, comitatus, turba, laudemium. lat. Latro, miles, λατρευω. lito, λιτομαι. Laz, ſervus, congregavit, Lod, obediens, debitum. Chin. lin, collectio. lat. leno, legatus, Lak, Lig, ſervus, miſſus; לאך, legare, שלח. lat. lim. Lor, conſors, collegit. lat. lar, ſpectandum ſe praebens, Hetrur. lars, Engl. lord. Chin. li, mandarinus, gubernare, caerimoniae; lao, ſenex, veneror; lie, vires, leao, facere habere res dictu infandas.

R, der Held, der Herr, §. 60. mit ſeinem Prachte, Anzug, Reichtum, §. 61. und ſeiner Dienerſchaft, §. 62. ri, ſri, dominus, Cambr. rhey, rex. dry, magnus; ſra, prae. rud, clarus, illuſtris, liberalis, numerus (turba); red, gref, grad, iudex pagi, iudicavit, edictum dedit; raf, rob, veſtis; רהב, ſuperbia; crepo. βραβευω, rego, munero. רפה, gigas. lat. robur, drap, krapt, kraft.

Perſ. rad, magnus, honoratus; rat, ſenatus, diſpoſuit; ſrad, ſtrenuus, prat, ornatus. Trot, troſt, comitatus, prut, ſuperbus, רדה, dominari. dryt, dryt, drut, drot, droſt, rés, dominus, dynaſta, iudex. רזון, princeps, רז, ſecretum, πρεσβυς, ſenex, legatus. רדש, dominatus, praecepit; ירש, poſſedit; Tres, theſaurus, pris, laus, laudavit, praz, ſuperbia. riz, groz, gigas, magnus, magnificus, kruſn, pallium. Triz, druid, fortis, quadratus.

ſron, publicum et ſacrum et politicum, dominus, illuſtris, eximius, decus, miniſterium. frum, miniſterium, principium, initium; fram, prae, προ, πρυμος. fran, audacter. ρωμη, robur. rum, gloria, gratia, beneficium, רו[illegible], elatum. brun, lorica, galea. ren, veſtis pellicea, maſtruca.

rek, heros, magnus, ſtrenuus; rik, princeps, regnum, magnificus, dives. lat. rex. ברך, genua flexit, honoravit, preces; brak heiſt der Jalofer König. rok, ſuprema veſtis, brok, bracca. prunk, praht, ornatus veſtium. Trek, diadema, ornamentum capitis, elegans. driht, truht, dominus; trek, freg, ſtrenuus, dryht, familia, plebs, dreng, ſervus. kraht, robur, maieſtas, gloria.

pral, ſuperbire; Tril, ornatus veſtium; Trál, ſervus. βριαρος, firmus.

M, §. 90. ma, poſſum, valeo; man, manica (Schleppe, Zierde). Chin. mi, admirabile, humanitas, bonitas, miao, praeclarus.

mut, potentia, valor, gratiosus; mit, comis, lat. mitis. Gallisch mettr, potens, med-dir, der Ofer Obrigkeit. מרח, firmus, μοθος, prœlium. muß, valeo, possum, אמץ, fortis, robustus, משל, dominari. mutz, ornamentum, tunica, tegmen capitis.

man, dominus, possessor, man heist nach Morhofen in vielen Sprachen praefectus; mene hiesen die Egyptischen Könige. Innerhalb Bambuc heisen die Häupter elemanni. In Congo ist mani Herr. Der Mandingoer König heist mansa, mensa. - mun, valeo, possum, munt, comitas. Chin. min, illustris, clarus. lat. mantelum, manica, (Ornat, Schleppe).

mag, possum, potentia. μαχη, prœlium, מחר, rasit, delevit. מגד, donavit, μακαρ, felix. סגל, pretiosum, smuk.

mal, solennitas, חמל, clemens; milt, comis; la Hontans Algonkisches mila, dare; מלך, regnavit. μωλος, prœlium, lat. miles.

mar, celeber, gloria, mars, mirificus. lat. mirus, μυριος, immensus. Arab. mir, amir, emir, praefectus, wovon seit den Kreuzzügen unser ammiral, admiral. מרא, dominari, efferre, volare.

Alle diese ecstatische Thaten, Vorzüge, Namen und Lobeserhebungen sind Früchte des Kriegs. Sie legten natürlicher Weise den Grund zur Auflösung des menschlichen Bandes. Völker, welche nur die äuserste Noth sich dieser Pest unterziehen lehrt, haben es, unter sich selbst, niemal so weit kommen lassen. Der Hottentott, der Grönländer - lobt die Stärke, die Kühnheit, die Geschiklichkeit, den Helden, auch; Er weist auch, was gehorchen, was das gemeine Beste heise. Aber dabei läßt er es bewenden, bis ihn villeicht die Lüsternheit, Pracht, Ueppigkeit und Goldflitter eines bessern unterrichten.

Alle Tugend und Vollkommenheit, und alles Lobenswürdige vereinigt und verliert sich in dem Helden und seinen Eigenschaften; In der Gröse, Stärke und Fertigkeit des Leibes, und in der Kühnheit, Kriegswissenschaft und Kriegserfahrenheit.

II. Die Volksversammlung vermischt ihren Namen mit dem Helden. Thyt, publicum, populus wird dux und plebs. Dom, iudicium, Δημος, populus -. Lai, λαος, Lid - das Volk wird ein Anhang. fron, publicum, dominus; ruh, iudicium, truht, dominus -. mal, §. 89. mallus, conventus populi, multitudo, solennitas, colloquium - wird mal, curia, solennitas principis. -

Auf derselben machte man Verordnungen. Der Volksschluß, der Wille des Vorstehers war Gesez, Recht und Verbindlichkeit. Und die Kentnis und Lehre des Gesezes war Weisheit und Verstand; welche das Gedächtnis ausfüllete, und das blose Gefül der innerlichen Sittlichkeit so stark verdunkelte, als strenge schweigen hies.

E, §. 117. e, lex, iusiurandum, causa, rectum, iustum, legitimum. ew, lex, testamentum, par, aequalis. ed, iuramentum, eßer; esk, postulatum, debitum. amt, ambaht, officium. eh, lex, rectum, iustum. art, ordo, αρχος; ορκος, iuramentum.

L, §. 33. Lat, Loy, lex. In China heisen die Mandarinen lau ye; lie, lex, ordo, lege, status imperii. Low, lex, glaw, sapiens. Lud, laudum, Lez, plast, Last, mandatum, List, doctrina, attentio, scientia. Chin. Lim, edictum, praecipere, λημμα, sententia. Luh, Log, Lah, lat. lex. klug, sapiens. Der Chinese und der Araber hat seinen Locman, und der Hetrurier seinen Lucumon. Lar, Ler, doctrina.

R, §. 59. lat. res, reus, sind rechtliche Wörter. rad, lex, pactum, iustus, ordo, regula, prod, ius; lat. ritus. ruh, iudicium, reht, ius, iustitia, lex, rectus, regula.

M, §. 91. mut, conventus populi, iudicium, dispensatio, volo, debeo. man, actio iudicialis, citatio, statuo, sentio, memoria. lat. mando. mal, causa, actio forensis, forum, iudicium; גמל, retribuit bonum et malum. μελει, curae est. mark, iurisdictio, locus iudicii et negotii. מרק, ius.

W, §. 110. wit, wiz, lex, pactum, scientia. bot, lex, praecepit. ban, lex, mandatum, obligatio. pog, lex, mandatum, spah, sapiens. bil, lex, aequitas. werf, werk, iudicium publicum. Chin. fa, iustitia, regula. lat. fas, fastus, dies iudicii.

H, §. 152. skaf, mandatum iudicis. het, mando, mandatum. hant, iurisdictio, forum. hor, obligatio, obedientia, vom Gehör.

tH, §. 171. Thyw, lex, mos. Θεμις. Tam, decens. Thing, forense. Thik, lat. decet, [illegible] Tal, iudicium, declaratio. Thar, licet.

S, §. 190. sit, mos, sod, ius, saz, lex. סור, דת. sin, iudicium, pactio, peccatum, culpa, impedimentum, damnatio, reconciliatio, rectum. suh, narratio, testimonium, causa, [illegible]lis, delictum, reconciliatio. sal, debeo.

Verbrechen und Strafen sind von natürlichen Uebeln hergenommen.

A, §. 219. αινος, honos, Gellii noct. att. 12, 9. arg, malus; arguo.

K, §. 20. Betrug und Schande, vom Verbergen. kyb, nebulo, חוב, peccavit, reus, debuit. skuf, fraus, irrisio, שוב, rebellavit, fugit. חלל, קלל, profanavit, maledixit. skal, nebulo. lat. scelus; של. kar, maleficium, mulcta.

L, §. 40. Ly, mendacium, Laf; Lot, Los; Lun, slim, Lak, Lug; Lur, Bosheit, Lüge - und leiden, Strafe, lat. luo; plago, plango -.

R, §. 48. Unter den Klagen steht auch die Reue: ru, ruw, ruz. רע, malum.

M, §. 92. mis, perperam, mos, fraus, furtum, מאס, renuit; mot, contumax, prostibulum. man, perfidus, מאן, renuit; μεμψις, incusatio, vituperatio, querela. mah, smah, vituperium. mal, census, stultus. lat. malus, mulco, mulcta. mir, marz, scandalum, מרי, rebellavit. smer, blasphemia, opprobrium, משמר, carcer.

W, §. 119. wit, lex, ist auch poena, opprobrium. wan, swah, wal, fraus. wer, scandalum. bat, bot, bos, malitiosus, poena. ban, crimen, iurisdictio; poena. pecco. bal, crimen, נבל. Fed, dolus, contentio; lat. vitio, vito, veto. Fan, diabolus; Chin. vam, dolus. fuh, mentitus est, שוא, fucus. fal, crimen, fraus, caducum iuris. far, perperam, dolus. lat. fur. -

tH, §. 179. Chin. te, tai, malignitas. Dib, fur; דבה, infamia. Ted, fraus; lat. deter. Tant, Tyh, dol, fraus; stal, furtum -

Diebstal, Vergewaltigung, besonders das Ausreissen, und die Widersezlichkeit. Der Unterschied des natürlichen und bürgerlichen Rechts.

III. Die Begeisterung des Helden begeisterte den Erzäler seiner Thaten, der auch die mündliche Sazungen dem Volk ins Herz zu prägen hatte. Damit teilte der Dichter, der Lehrer den Ruhm der Weisheit und die Verehrung mit dem Helden.

H. קסם, divinavit, sagax; עדה, ornavit se; קדש, separatus, sanctus. kan, scio, possum, כן, rectum, כנס, congregavit, כנה, titulo usus. חכם, peritus, sapuit, כהן, Arab. prae-

praesagivit, Hebr. sacerdos, praefectus. kar, certus, sanctus; אשר, beatus, directus, ישר, כשר, rectum, placidum, בשר, nuntiavit laeta, שור, contemplari, cantare u. s. w. bemerken so bald den Dichter als den Helden.

חוד, das Schlachtgesang und honoravit, gieng auch auser der Schlacht den Sänger an, der es dichtete und lehrete; הוד, חדד, placida voce et aenigmatice loqui, ist ein Prophet. Wenn die Herleitung des Druyden von druy, Eiche, und hud, richtig wäre, wie die Weltgesch. T. XVI. diese Begriffe zusamensezt: so hätte der Teutsche sicherlich keinen Teil daran, denn er machte sich von hud einen schlechten Sinn. Seine Wurzel ist hüten, eilen und betrügen, hudeln wie die Gecken, die Gaukler und die Hechsen, §. 149. Sein Gottesdienst war aber auch dem Gallischen entgegen gesezt, wie der reformirte dem catholischen. Man mus die Kanten der Ostsee hiebei nicht mit dem festen Lande der Teutschen verwechseln, und um derselben willen nicht von Tacitus Nachrichten abgehen, welche von der ganzen übrigen Geschichte bestätigt werden.

נחש, magus, serpens und aes, ist eins so tief und verdeckt als das andere; חשך, occultus; oder kömmt der erste Begriff auch von חוש, festinavit?

W. wit, lex, sapiens, der das Gesez erklärt. pog, lex, spah, sapiens. φυθω, divinor, poëta. vates, propheta. Ein fatist. fatum, dictum, oraculum; Φατις, fama, βαξις. bar, das Lied, und bard, der Dichter. Φαω, נבא, pronuntiavit, prophetavit.

L. Lov, lex, ist laus, hymnus. Lud, lex, inclytus, Lid, cantilena; למד, docuit, didicit, מליץ, interpres.

R, §. 57. rat, lex, ordo, regula, computatio -, ρυθμος. frod, prudens, doctus, doctor, Isländisch frit, oraculum. drud, magus (§. 66. incubus, saga, abermal ein zweideutiger Begriff vom Druyden). run, sermo, mysterium, arcanum, magia; runer, magus, drym, magus, veneficus; drymer, spectrum. rim, series, congruentia, numerus. Persisch reg, ordo, series; Nordisch bragwise, ars poëtica. Dry, magus, sensu bono et malo.

M, §. 91. μυω, doceo sacra. mal, sermo, madr, doctor, μαθω, disco. mut, doctrina, lex, hortatio, μυθος, fabula. muz, forense, lat. mos, musa, μουσα, ars, cantio, μασσω, mando; mysta, sacerdos, vates. man, forense, doceo; mantes, vates, μανθανω. mah, potens, valeo, docilis; Pers. magus, doctor, sapiens. Die Aerzte in Chili heisen maci, Franc. lustg. 1003. mal, lingua, forense, nota, pictura, מלל, μελος, carmen, cantio. mar, fama, rumor, nota. אמר, loqui, efferre, מרא, dominari, exaltare; lat. mirus.

. Th, §. 171. thit, publicum, bonum, laudo. תודה, laudavit, than, princeps, Pers. dane, sapiens. Δικη, ius, δικαζω, iudico, consecro. - Und §. 179. דביר, oraculum, von dôiw, magus, die Wurzel von dôwl, diabolus, Betäuber, und dôbern, zaubern. thus, spectrum, tuisa, daemonia, succuba, die Nordl. disa, dea mortis -; thurs, spectrum, latro.

S, §. 189. Chin. Su, doctor, sai, doceo, doctrina, seu, excantatio. סופר, אשף, Σοφος, Σαφις, Σεβω, colo. Chin. can, concentus masculus, laus, panegyricus; sang. שיח, scientia, diht, meditatio, carmen. Grönl. osouga, laudare; sagio, sancio; סגד, adoravit, סגן, antistes. -

Αδω, cano, placeo, ωδη, αοιδος -

5.) Die

5.) Die Religion.

Die Gottheit hat keinen eigenen Original-Namen.

אב, der Celten (α und ω) heist Vater; das ist auch אבא, und der Nordische Odin. Den uralten uran wollen wir weder bestimmen noch zusammensezen. Das Nordische as, deus, asa, dea, ist warscheinlicher eins mit Lactantius esus, hesus, עז, stark und mächtig. Ein Grund, warum Hieroglyphen, Bilder und Dichter so einstimmig vom Ochsen reden; das gilt auch von אל, על, בעל, gros und stark.

Der Schöpfer ist skop.f, §. 13. mit dem Stab, שבט, sceptrum, dem Zeichen seiner Macht. Fron, drust, druht, driht, dryt, und froh ist dominus, und heist Gott, den Regenten, und den Priester. Der Braminen Gott und Priester brama, ram, der Secte Bishnou ramram.

metod, deus (mut, potentia). moloch, מלך. mars, mirificus. Der Monomotapaner mezimo. Der Canadischen kriks manitou.

Numen (adnuens), nom, gratus, placuit, cecinit, laudavit; Chin. nem, possum, debeo. Der Mariner und Kamaschen nom, num. -

Papäus der Scythen beim Herodot.

Bug der Slaven und Tungusen, (buh, excelsus §. 113.) Der Goldküste Bossum, Bosse foe. Der Braminen Wistnu, בעל. bal, bald, potens 124. oder Cambr. bel, sol, 139. der Chilier pillan, in lüften schwebend. Der Mongalen und Nertschinischen Tungusen Burkan.

Häsus (gás, fortis, עז). Der Jeniseier, Ariner, Kotowen und Assanen im asiatischen Norden, Es, Ess, Esch, Oss. Her, dominus, Tatians herteste (potentissimi), sacerdotes.

Gud, Gott, der Germanen, der Perser choda, von god, bonus, und Nordisch und Mösogothisch gode, gudja, sacerdos, iudex, §. 156. Chin. tien, deus, cælum, (wie Tien) ab alto, 162. Der Tscheremissen und Woten juma, und der Finnen jumala. Der Hottentotten gounja gounja, Gott der Götter. Der Mesenischen und Jugrischen Samojeden chai; In Sierra leona quoia, kanow. -

T, virtus, §. 170. dominus, 171. altus, 176. די, שדי. Der Brasilischen Tupinamben Gott heist Tupa, höchste Vollkommenheit. Der Europäische und Mexicanische Theut, Egyptische Θευθ, Cicer. Divin. 3. Thoyth, Arab. Tot, deus, dominus. Dämon, dom, אדון. Der Hottentotten Tikquoa. Thor, fortis, audax, tonitru; der Wogulen und Ostaken am Irtysch, Torom; der Grönländer Torngarsuk.

S, §. 186. Wenn Augustins: sihora armen, domine miserere, richtig wäre, (man sehe Ihren;) so wäre es eins mit dem AngelS. sigor, Sieger, victor, dominator, Nord. siar, Σιος. -

Und

Der Gottesdienst: lat. ara ist von areo §. 207. oder altus aro. Chin. ta, tai, tam, altare, thronus, altus 176. Θυα, Θυια, arbor odora, thus, odos, הדס, myrtus, a festivo 171.

Das Nordische husl, oblatio, sacrificium, Mösogothisch hunsla, ist Cambrisch honsl, strena, donum, 152. lat. fio, pio, 139. Und wi, wig, sacrum, ist weiwen, voveo, oscillare, 133.

זבח, דבח, טבח, mactavit, occidit, coxit et sacrificavit.

Uebrigens kan der Name Gottes allein für sich keine Characteristik der Völker sein, weil er sich gar leicht von den Lehrmeistern der Religion auf Lehrlinge erbt, die oft sonst keine andere Gemeinschaft mit einander haben.

6.)

6.) Die Schrift und der Ursprung der Charactere.

Was die Wurzelbegriffe hievon sagen, beruht auf folgendem:

K kratzt ein und auf, §. 16. Chin. ke, sculptura, chua, choa, scalpo. kap, Grönl. kappua, incidere, Σκαπτω. lat. caedo, cido, caestrum, κεϱος; חתם, sigillavit, כתב, scripsit. [illegible]; comma, incisum nummi; Chin. yn, sigillum. (caelo) celtis. skal, interpositio; sculpo, Σκολοψ. kar, crena; carere, κειϱω; κηϱος, cera; character. חרט. skur, skart, skarb, crena, incisum. שרט. scarpo. -

R reibt §. 75. (57.) ry, rado, bri, literae. grav, sculpsit, fovea; scribo, γϱαφω. rit, rist, rasit, circinus, exaratio, signavit, insculpsit; rut, litera. rado, rodo, רשם, consignare, scribere. run, littera, scriptura; γϱαμμα. ril, rado. גרר, trahendo duxit ut serram, secuit.

L spricht die lehre, §. 33. Let, littera, Lat, Las, legit litteras. lat. lego, lectio, [illegible]. liber; λεπος, λεμμα, cortex.

B. Buh, liber, vom Einrollen, wie βιβλος und Volumen, §. 135. stab ist ein Griffel, ein Stecken, wovon sich der Buchstab nennt.

Die ältesten Buchstaben, die wir wissen, sind die Altgriechischen des Cadmus. Alle andere haben eine Aenlichkeit mit ihnen. Die zwölf himmlische Zeichen haben ihre richtige Bedeutung; sollte es nicht eben so mit den Zeichen der menschlichen Laute beschaffen sein? Es sind ihrer sechzehen. Man sagt, es seien folgende. Darf mans wagen, sie zu erraten? Wir bleiben bei den gemeinen DrukerCharacteren.

1.) α, a. 2.) β, b. 3.) Γ, g. 4.) δ, d. 5.) ε, e. 6.) ι, i.
7.) κ, k. 8.) λ, l. 9.) M, m. 10.) ν, n. 11.) O, o. 12.) π, ϖ, p.
13.) ϱ, r. 14.) Σ, C, s. 15.) τ, t. 16.) υ, u, y, u.

Weil die Vocale bemerkt sind, so mus das Schreiben mit diesen Zeichen zu einer Zeit und an einem Ort im Gebrauch gewesen sein, da man schon angefangen hat, bestimmter zu reden -. Sie sezen also eine viel ältere Zeit, und viel ältere und wenigere Zeichen voraus, mit denen man, der Sprache an sich selbst, und den Orientalen gemäs, unpunctirt geschrieben hat. Liegt doch ein halbes Jartausend zwischen Cadmus und Theut.

Die Ordnung, worinn alle Buchstabenverzeichnungen übereinkommen, ist: a, b, g, d. und l, m, n; der Vocal, der Blaser, der Hauch, und der Zischer. Die Zunge, der Mund, und die Nase. Und das sind die 7. Organlaute, und die 7. erste Buchstaben.

I. Der erste laut ist der verwundernde Schrei aus vollem Hals, und hochoffenem Munde; der Name des unbestimmten, unpunctirten Vocals. alf, Aethiop. alph, Syr. olaph, Arab. elif, Hebr. aleph, Coptisch, Griechisch alpha - heist Nordisch verwundernd, valde, und allenthalben magnum, §. 210. und multum, alf, ultra (decem) numerum, אלף, mille, - 212.

o 11.) ein Ring, die Form des schreienden Mundes. Dem gemilderten Ton desselben gab man einen Abfall, gleichsam mit einem abhängigen Strich

a 1.), woraus der Reihe und Abweichung nach das kleine so genannte Gothische oder Europäische, klein Griechische, Russische, CyrillischSlavische, Groseuropäische, Marcomannische, Mösogothische, Runische, Samarit. Palmyrenische, bis zum Hebräischen א, sich gebildet haben. Oder ist dieses, vom o unabhängig, das Ibisbild? die HermesFigur?

ε 5.), e, der zurükgezogene, halboffene Mund. Umgekehrt das aleph der Aethiopier und Armenier -, und das ayn der Samaritaner - und Araber -.

ι 6.), i, noch enger, ist der zärteste, und gleichsam rahenste laut, ein Strichlein.

Eusebius hat vor dem I, i, ein H, h, und läßt dafür den lezten υ, y, u, weg. Das ita der Griechen ist das doppelte i, welches H Simonides eingeführt hat, worüber das H, h, bei den Griechen abgegangen ist, nachdem Callistratus ihre Buchstaben in die heutige Ordnung gebracht hatte.

υ 16.), ü, y, u, eins mit

κ 7.), k, eine Querlinie, die mit dem Perpendicularstrich unten zusamen läuft, und einen Stollen hat. Ein kuv, kav, Gefäß, Kübel, Hafen und Unterstand, §. 1. 1222.

II. Der andere Laut ist die Spiration, ein Haschen mit Hauch und Blasen, ein Jagdbegriff.

1. β 2.), b, sieht wie eine Pfeil- oder Angelschnur, wie

π, 12.) p, und B, der ganze Pfeilbogen. und Π; oder auch wie das Cyrillische gamma, und wäre sodann dieses vom Cadmischen g eine geringe Abänderung. Die Mutter vom Europäischen p, und umgekehrten b. Das Runische nennt das p ein d, und der Samaritaner nennt es k.

2. Γ, 3.), g, ist ein Haken. Hetrur. Samarit. Scaligers Syrophönicisches, das Armenische und Toledanische, mit unserm g - sind es umgekehrt.

3. δ, 4.) d, scheint ein Vogelrik.

τ, 15.), t. Wenn man das Marcomann. Runische, Coptische und andere t; wie auch das neuere Griechische ch des Palamedes, das Aethiopische haut und tait, und Hunnische t und gs - damit vergleicht: so ähnliches einem Pfeil.

Ein geringer Zusaz zu diesem, oder dem Γ, macht das Aeolische digamma und Europäische F, L Aus welchem das Marcom. gh, und die Runischen k, q, und w, entstanden.

Man bemerkt, daß alle webende laute vermischt genommen worden.

Σ, s, C, 14.) S, Elemente von allen ganzen Zischern, s, z, ζ, und ξ. ш ist das sch der Russen, Copten, Samarit. - Woraus das Samaritanische W, und ש - entstanden. ш ist aber das uralte Zeichen des Wassers. Uebrigens ist auch das Hunnische cz, und czs, das Griechische ψ, das Aethiopische psa, und zadai, und das Palmyrenische ś - das Zischen eines Pfeils.

III. Die Consonanten sind

λ, 8.), l. Aus diesem Zeichen erkennt man freilich die gebogene Zunge nicht mehr. Das so genannte Gothische oder Europäische, das Hetrur. Runische, Syrische, Samarit. und Hebräische - scheinen die Krümmung derselben; und das Palmyren. und Iberische - ihre zitternde Bewegung zugleich mit anzuzeigen.

ϱ, 13.), r, ist eben diese krumme Zunge, wenn sie mit dem Altpersischen, Samaritan. Hebr. und Hetrurischen, und mit dem Palmyrenischen - verglichen wird. Das Altpersische und Iberische r ist dem l zimlich änlich, beider Verwandschaft anzuzeigen.

M, 9.), m. die Figur nur flächer, und die zwen Spizen oben gerundet, zeichnet den bewegten, geschlossenen dreispizigen Mund.

ν, 10.), n, ist unstreitig der Vogelschnabel, die Nase.

Die

Die ältesten Zeichen der Originallaute mögen demnach, mit ihren nächsten Kindern, folgende gewesen sein:

O, der schreiende Mund, (mit dem Abfall; seiner Verengerung; und seinem tiefen Ton, v, u.)
β, ϖ, (w, b, φ); ſ und ↑ (⽕, ⼬, ⺊, das ist th, ch, h), Bogen und Pfeil.
Wozu ein anders Zeichen gezogen worden, Σ
M, der Mund. ν, der Schnabel. Und ר (ל und ר,) die Zunge.

V. Das polite Alter

ist in der That über die Culmination hinaus, und geht in vielem Betrachte der grauen Kindheit entgegen.

Die Sprache sorgt von nun an nur für das leichte der Zunge, und die Zärtlichkeit des Ohrs. Sie verflittert, ründet, schleift und entstellt die Wurzelwörter; und lacht iezt der Bedeutung, die einmal im Wort selbsten soll gelegen sein. Die Wurzelbegriffe sind längst alle. längst schon sind die Quellen ausgeschöpft, und man schöpft gleichwol immer noch; oder, die Begriffe nemmen kein Ende, und die Organlaute und erste Wurzeln, in tausenderlei Formen gegossen, oder der alte Kasten nur lakirt, müsen Namen darzu hergeben. Bei aller dieser Armut mustert man die meisten Kraftwörter um ihres Gewichtes willen aus, und stöst sie, mit vielen andern, ohne Ursache unter den Pöbel und den Schimmel des Altertums. Das Regelmäsige mus der Feinheit weichen, und der Eigensinn der Gegenden und der Unkunde entscheidet eigenmächtig, oft gegen alle Gründe. Ein Redner, ein Dichter, an den man glaubt, gibt einem Wort Ansehen, macht eine Sprachregel; die Vernunft, die aus dem Wesen des Worts, der Sprache, Schlüsse macht, mus schweigen. Man schöpft lieber aus fremden, als pöbelhaften und obsoleten Quellen, besonders aus dem ernsthaften Altertum. Wer wird nun leicht ein ausgeschliffenes Wort in seinem Grunde mehr erkennen? Wer wird aber auch so thörig sein, daß er sodann eine Herleitung zu versuchen, sich erkühne? Die Sprache unsers Alters ist, laßt es uns gestehen, wenn sie gefallen soll, geschwäzig, eitel, und wässerig, und hat ihren Geist und Kraft, Nachdruk und Gravität oder Ernsthaftigkeit verlohren.

Die überhäufte Menge der Gegenstände ermattet die menschliche Sele, die nicht stärker worden ist, noch werden kan. Und die unendlichen Bedürfnisse, wie man Nothdurft, Bequemlichkeit und Pracht, dem Stande nach, ohne Unterschied zu nennen beliebt, stürzen sie in tausend Widersprüche.

Gemüth und öffentliche Sitten stehen den vorigen gerad entgegen –. O Göz von Berlichingen! Gröse, Gesundheit, Kräfte, Sorgenlosigkeit, Freiheit, Einfalt, Frugalität – sind verlohren oder pöbelhaft.

Die Künste aller Arten, als Kinder des Hungers, der Pracht und Ueppigkeit, steigen zu einer auserordentlichen Höhe. Die Grundregeln weichen dem Schönen, wenn sie nicht zusamenstimmen. Alte Helden trillern. –

Nur die Grösenlehre geht ungehindert ihre linie dahin, und die Naturlehre folgt ihr mit langsamern und furchtsamern Schritten nach. – Der Mensch vertieft und verirrt sich oft in der Unterscheidung und Verbindung seiner ins unendliche anwachsenden Begriffe. Jene allein gibt ihm ein saures –, diese für sich ein posierliches Ansehen. Und der glükliche Wiz, der die Vernunft übermannt, blos die Empfindung wiegt, und die Einbildung beschäftiget, wendet alles mögliche an, dem Menschen recht gütlich zu thun, ihn ganz weich zu machen. Genie ist die losung unserer Zeit. Eine sich übertreibende Zärtlichkeit sezt an leib und Sele alle Kräfte zu.

Und zulezt erstirbt sich der Mensch zu dem unsinnigsten Barbaren. So ist es bisher allen polit gewesenen Völkern gegangen, so wird es auch dem Teutschen gehen.

Dieser Versuch einer Sprach- und MenschenGeschichte aus der Sprache selbsten bittet um Verzeihung seiner Trokenheit. Man hat ihn lieber (so gros auch die Sucht der Aufhäufung änlicher Wortbegriffe aus allen Weltgegenden ist), allenthalben abgebrochen, und immer getrachtet, mehr zu deuten, als auszuführen. Sind es doch nur wenige Blätter, die man im Nothfall übergehen, oder, (wie das Wurzelwörterbuch selbsten), für die Neugier blos zum Aufschlagen brauchen kan. Den meisten wird dieses schon freilich viel zu viel, vielleicht aber auch einigen Wortkritiern zu wenig sein; so wie die hinzugesezten Bedeutungen vielen unnöthig, manchen aber billig scheinen werden.

Gleichwol ist dieses der einzige Weg, die sichtbarliche Uebereinkunft der Sprachen zu erklären. Wer hie und da und dorten Schwäche, Unzulänglichkeit, Willkür, Irrtum und Unwissenheit, in der Herleitung eines Wortes findet, der vergebe, versetze, streiche aus -, oder lache, zürne -, wie es gefällig ist. Dem Ganzen wird nichts benommen sein, wenn man nicht mit dem Epicurischen Ungefär den Knoten zerhauen will. Das Gebäude steht unerschüttert, so lang man die Germanischen Wurzeln, welche daliegen; so lang man den Grund der Wörterzergliederung, und die Identität der Wurzelwörter mit ihren Begriffen in den übrigen Sprachen der Welt, und die gemeinschaftliche Abkunft und Claßification der Hauptvölker, nicht umzustosen vermögend ist.

Wie leicht wäre nun ein Germanischer Sprach- und Sittencommentar über Tacitus Germania! Wie leicht derselbige auf iede andere Nation dieser Stufe der Nationmenschheit angewendet! Wie schön die Belege aus den Urkunden des Menschengeschlechts, und gemeine Schlüsse auf alle Stufen der Menschheit aus einer allgemeinen Sammlung aller Völker; und ins kleine und einzele iedes so alten, als noch lebenden Volks durch alle Stufen seines Alters!

Eine solche (Iselinische) Arbeit könnte eher bei einer Pfeife Tabak und einem Täschen Coffé gelesen und überblättert werden, als die schwerfällige Grundlage darzu, die in diesem Werk gestrigt worden ist.

Der Leser beliebe nachstehendes wenige zu verbessern.

p. 12. lin. 2. von unten auf: grossen Augen.
13. l. 4. bu-, buochonia.
19. l. 3. u. auf: feinen Bauren.
22. l. 4. u. a. unstreitig.
30. l. 3. u. a. cantabr.
36. l. 12. u. a. glacies.
37. l. 7. wic, vicus.
44. l. 11. vermis. 88.
45. l. 6. dicere,) verum.
7. 193. (Sibilus
24. ex, se-, pone.
47. l. 2. B und V
5. g, h, c, ch, k-
64. l. 2. u. a. schouw. h. schoud
67. l. 3. ulf. Lausquithe
18. cuerder, esca
25. Kam, L. caupo (mit lateinischen Buchstaben.)
68. l. 2. (AS. cnawan,
72. l. 12. holl. schatt un schuld (d. i. Schatz und Schuld).
77. l. 11. Boxh. gl. fr. (d. i. francicum).
l. 2. u. a. cumbr. Lef, vox. lieben, 2 Sam. 22, 42. S. kleiben, AS. clepan, vocare; Weis. 1946. schw. claffen, Engl. lafern, klappen, plappern, holl. flubbern rc.
84. l. 14. schley, tinca.
85. l. 5. h. blos, blosje,
15. S. glumern, splendere.
ult. schleie, tinca.
87. l. 3. AS. liaf. p, leib
88. l. 1. glaub, ulf. gelaubei, AS. ge-lauba; geleafan
23. holl. slacht, richt, portion.
96. l. 22. flo(u)zen, (d. i. flozen, fluzen.)
101. l. 7. u. a. rabaud,
104. l. 11. , , corvus.
105. l. 11. , , trabs (ein lateinisches Wort)
107. l. 15. , , ring, paucus.
110. l. 14. , , altfr. frioen
119. l. 7. AS. rihti, gericht.

p. 126. lin. 10. sch. D. rot. d, radix.
131. l. 16. unten auf: vectura equo, rotis (ein lateinisches Wort).
132. l. 7. hinc inde moveri, hossen.
136. l. 12. AS. grammatic, a rutilo colore
137. l. 3. fradur, acer; holl. wreed, herb
9. AS. recels, thus (ein lateinisches Wort, Weihrauch.)
139. l. 1. man, mon, olus.
140. l. 4. ulf. machstus, fimentum.
142. l. 19. 4 mütt, malter.
145. l. 18. h. moesje.
149. l. 14. u. a. gl. Halcaus. medeye,
153. l. 6. Rab. framano,a, (d. i. framano, framana) contemtor.
156. l. 17. u. a. d. gnave, gnov;
159. l. 9. genau marken.
160. l. 2. u. a. chron. Sax. nynich
162. l. 2. muraenulae
163. l. 19. Will. nici, (ein latein. Wort).
176. l. 5. u. a. gewitscype,
184. l. 8. AS. wyine, ancilla.
189. l. 21. moe en beu,
204. l. 22. fulter, theca, fultern
217. l. 17. wall heist 80. (octoginta).
220. l. 9. sulphur ist lateinisch.
221. l. 8. u. a. gehauen, h. fruche.
231. l. 2. rheuma ist lateinisch.
233. l. 18. ora, ist auch Schwedisch, heist mit den andern properare.
234. l. 17. h. scherts, iocus.
238. l. 1. kamp. pf.
239. l. 14. (Grupen, autor, derivat) a hand et fellen.
246. l. 10. verm. L. fel (d. i. fel) amicus.
257. l. 20. theins, f. (das ist, femininum) - na, (d. i. theina)
265. l. 10. u. a. schlampigers Mensch.
279. l. 10. hanov. (hanövrisch)
287. l. 11. fulsod.
299. l. 3. stro-, stio-, stieran.
365. l. 20. נדח, pellere.

Noch sind aus der Revision des Stiernhielmischen Texts und Wörterbuchs folgende Verbesserungen im Mösogothischen zu bemerken.

---

p. 67. lin. 16. smakka heist ficus, §. 79. nicht skamma.
22. kijan, nicht kejan, germinare.
69. l. 24. skaut heist nicht calceus, sondern fimbria, §. 14.
76. l. 2. skohsla, nicht skobsla.
79. l. 5. unten auf: leitan, ire, nicht laitan.
84. l. 22. ludja, visus, nicht liudja.
85. l. 23. liuhtjan, und liugan, lucere, nicht lukkan.
86. l. 9. liuhath, nicht liuhada.
89. l. 1. laiseins, doctrina, nicht laiseino.
96. l. 24. liusan, (laus. lusans,) heist mittere, (§. 44.) nicht perdere, percutere.
98. l. 11. gasleithjan, detrimentum facere, laedere, nicht galeithjan.
100. l. 10. fralaus, amisit, nicht farlos.
14. fra-, aftetan, nicht litan.
102. l. 4. ustriuthjan, calumniari.
103. l. 25. nicht: ulf. writs, vindicta, gawrisan.
107. l. 17. nicht: ulf. sondern Alem.
109. l. 14. nicht frakan, contemnere, sondern frakannjan, §. 5.
110. l. 6. friathwa, dilectio, nicht fraithja
111. l. 26. triggwa, testamentum, nicht tringi.
8. u. auf: fragibt (§. 158, 2.) nicht fraigiht.
116. l. 9. frathi, mens, nicht frathja. o.
14. froth, sapuit, nicht frotha.
22, 23. andrunnun, disputarunt, andrann.
117. l. 3. frah, comperuit, nicht freha.
17. writ, nicht wruta.
122. l. 14. brau, nicht bron. brinnan, nicht brannan.
125. l. 7. u. a. urrisun, surrexerunt, nicht urrisa.

p. 125. l. 7. u. a. nicht: ulf. rihts, novus.
127. l. 14. , , dribans, nicht drib.
128. l. 21. Al. reichan, nicht ulf.
129. l. 13. u. a. rums, nicht rumis.
132. l. 3. u. a. rath, facile, nicht urrithe, quam cito.
133. l. 9. anddriuso, nicht andruoso.
135. l. 12. u. a. drob, excavavit, nicht drab.
136. l. 6. nidwa heist aerugo, §. 220, 2.
l. 6. u. a. AS. rih, hirsutus, nicht ulf.
137. l. 10. u. a. atgarunjo, inundatio.
139. l. 4. smakka, ficus.
140. l. 7. u. a. manath, ulf. menoth.
141. l. 14. manags, multus, managei, multitudo.
7. u. a. mitath, mensura, modus.
143. l. 6. matjan, mathjan, manducare.
144. l. 3. maurgjan, heist nicht abscindere, sondern maturinare, §. 81, 2.
147. l. 8. misso, invicem, nicht mejo.
148. l. 3. mis, mihi, nicht me.
10. ulf. mannisk, mannik, ist kein substant.
149. l. 16. possum, gamoste, potuit, nicht ulf.
151. l. 11. mathlei, loquela, nicht medel.
21. gamund, nicht gamunja.
4. u. a. ulf. mathljan, dicere, nicht malthjan.
152. l. 5. nicht ulf. markan.
154. l. 8. u. a. gamaid, mancus, nicht meidan, debilitare.
157. l. 21. sneithjan, secare, metere, nicht snejan.
159. l. 7. u. a. ulf. annom, annonis, von anno, §. 209, 2.
162. l. 8. naat nicht ulf.
165. l. 15. hwis, hwizuh, cuius, nicht quid, item, quidquid.

p. 165.

p. 165. l. 18. hwammma, cui, quali. hwammeh, cuicunque.
166. l. 5. hwo, quae, qualis.
8. waitei, numquid, nicht waite, waiei.
8. u. a. nicht ulf. hinnandedis.
7. „ „ hwono, qualium, fem.
4. „ „ hwathro, nicht qualthro.
167. l. 2. „ „ warth, ſiebat.
169. l. 25. bluhti, nicht bluthi.
2. u. a. gawaurhta, fecit.
170. l. 21. bajoth, nicht batho.
25. auch nicht bagoth.
171. l. 5. aiwiſtr, ovile, §. 218. nicht wiſtris
8. hwan filu, quam multum, nicht quot. ſo auch p. 182. l. 9. nicht quantus.
172. l. 8. andband.
174. l. 2. wahtwo, nicht wahts.
16. witan, nicht withan.
175. l. 13. u. a. witoth, lex, nicht propheta.
9. „ „ bauth, nicht buth.
176. l. 11. „ „ qwitha, dico.
185. l. 6. hweila.
10. u. a. filgan, abſcondere, fulgin, abſconditum.
6. „ „ warjan, prohibere, §. 117, 2. 1. nicht warajan, cuſtodire.
186. l. 6. bairgan, nicht bairjan.
188. l. 5. waldan, procurare, §. 124. nicht contentum eſſe. auch nicht wiljudons, ſondern awiliudons, gratias agens.
1. u. a. ulf. fagr, utile, unfagr, inutile.
189. l. 2. „ „ uswaurht. frawaurht.
191. l. 5. „ „ faw, paucum, nicht fagr.
193. l. 13. quiſtjan, fraquiſtjan, perdere.
197. l. 24. nicht famma, mancus, handfamma, §. 219.
200. l. 13. unſelei, fraus, nequitia (§. 186. 189.) nicht unfelein.
201. l. 17. u. a. hwairban, circuire. hwarbon, ire.

p. 206. l. 12. nicht wuſdrian, gloriari.
210. l. 9. u. a. waltidedun, nicht waltidet.
1. „ „ wullareis, nicht wuſlareis.
213. l. 8. inwait, adoravit, nicht inwaiht.
219. l. 2. 3. nicht ulf. ſwigljans, aether.
9. u. a. ſauil, ſol, nicht woil.
220. l. 5. gabairhtjan, nicht gabairthjan
224. l. 10. jabai, nicht gabal, j. gau.
7. u. a. jainthro, nicht janthro.
227. l. 20. jaithan, frajaithan; jath, probavit.
230. l. 13. nicht ulf. haiſ.
231. l. 1. hali, infernus, nicht mors.
232. l. 15. kol, nicht ulf.
18. hauri, pruna, nicht haurja, focus
234. l. 10. u. a. hanfamma, derivus von hanfs, mancus, §. CL, 4.
238. l. 4. u. a. anabuſns, praeceptum, §. CX, 3. nicht anahuſns.
239. l. 7. hauheins, gloria, nicht haubeins
13. hunſl, nicht hunſa.
12. u. a. andhof, (incepit) reſpondit, nicht uphof, origo, principium.
240. l. 11. hoton heiſt beim ulf. nur fraudare, nicht capere.
241. l. 19. huzd, huzdjan, nicht hurd, gaza, nicht hurdjan, hordan, theſaurizare.
21. hairdeis, nicht hardeis.
242. l. 19. nicht ulf. heiwa.
247. l. 21. giba, nicht gaibr.
6. u. a. injuſitha, nicht ingugitha.
250. l. 11. jumjo, turba.
252. l. 24. ſkatjans, nummularii.
6. u. a. hiuhma, nicht himma.
253. l. 3. harjis, exercitus, nicht hairjl.
2. u. a. nicht ulf. humiſt, princeps.
256. l. 8. u. a. thos, οἱ, τὰς, nicht ἡ.
5. „ „ thata, τό, hoc, nicht: hic, iſte, illam, plur. haec.
thize, τῶν, horum, nicht qui.
257. l. 1. thammei, nicht: ulf. auch quem.
11. tho, nicht οἱ, und nicht τὰς.

p. 258. l. 15. u. a. thathro, nicht thato, hinc.
260. l. 6. dauhtar, nicht dauthar.
261. l. 8. thuah, facies, nicht ulf.
16. tauja, facio, nicht thauo.
266. l. 4. ulf. ga-, distairan, nicht aistairan.
268. l. 10. nicht ulf. gadalith, consolatio.
7. u. a. thiwi, nicht thiwiso, ancilla.
270. l. 21. thior, bitumen, ist nicht ulfilanisch.
271. l. 18. tain, virgultum, nicht tein.
273. l. 20. triu, nicht trui, lignum.
276. l. 22. thiubjo, clam, nicht thubjo.
280. l. 9. u. a. sau, hic ne, nicht saw, hic, ille
281. l. 7. sa, ille, nicht istud.
283. l. 2. u. a. sium, sumus, nicht siu.
284. l. 15. Goth. sigor, sihor, nicht ulfil.
285. l. 4. in siunai, in visione, nicht apparuit.
286. l. 8. Isid. san innan dhiu, iam dum.
287. l. 9. thahta, cogitavit, nicht thata.
288. l. 10. u. a. insahts, conspectus, nicht innsagaht, sermo.
289. l. 11. taljan, loqui, nicht thaljan.
24. nicht ulf. saulan, debere.
290. l. 9. tundus, dens, nicht tand.
291. l. 21. sauht, siukei, nicht siukai.
292. l. 8. saiw, nicht saihwa, lacus.
295. l. 10. u. a. sof, sopor, nicht ulf.
7. „ „ sagqws, occidens, nicht sailqua.
296. l. 23. gasaqw saull, nicht wil.
299. l. 3. stiuran heist ulf. dissipare, §. CLXXI, 6. nicht regere.
300. l. 12. u. a. dustodida, incepit, nicht dustolista.
301. l. 11. stiggwan, nicht staggan, nicht usstangan.
17. bistagqw ahwa, illisa est aqua, nicht bistagun.
gastagqwjais, impingas, nicht gastaugnjasei.

p. 302. l. 1. u. a. ain, aqua, ist nicht ulfilanisch, so auch §. CCXXI.
305. l. 16. ahs, nicht agisk.
306. l. 1. asneis, nicht ands', mercenarius.
307. l. 19. vitulum saginatum.
20. hailjan, sanare, nicht ailjan.
309. l. 17. airiza, senior, nicht airizam, ehrsam.
310. l. 6. nicht: ulf. urata, apex.
312. l. 1. austo, nicht austro.
15. u. a. alds, aetas, nicht alde.
313. l. 1. 2. agan, timidare, auhjon, tumultuari.
314. l. 15. u. a. -laud, nicht -aud, notae facilitatem.
315. l. 19. u. a. izwar, vester, nicht ithwar.
12. „ „ im, illis, ins, eos.
316. l. 15. „ „ atwisan, adesse, nicht atan.
317. l. 4. iggwarai, vestra, nicht iuxta, secundum.
318. l. 1. atgibans, traditus, nicht atihdans.
10. u. a. nicht ulf. attauhun, parentes.
320. l. 1. nicht: ulf. ond, malus.
2. nicht ulf. amma, mancus; haltamma heist claudo, hanfamma, manco, und haihamma, lusco.
321. l. 6. airzja, erroneus, nicht arzja.
323. l. 2. hnaitan, contumeliose habere, nicht hnaigan.
18. niujith, novitas, niuhseins, visitatio.
324. l. 12. u. a. nicht ulf. anguan, nullus, nemo
325. l. 14. uththan, autem, nicht uthan, aut.
18. aththan, autem, nicht aththau.
20. utana, nicht utun.
326. l. 14. u. a. nicht ulf. afaran.
10. „ „ ibukana, retrorsum, nicht iburai.
isturnim, nicht isturmin.

www.ingramcontent.com/pod-product-compliance
Lightning Source LLC
Chambersburg PA
CBHW032010300426
44117CB00008B/974
* 9 7 8 3 7 4 1 1 8 4 7 1 0 *